Heinz-Hermann Krüger · Ursula Rabe-Kleberg
Rolf-Torsten Kramer · Jürgen Budde (Hrsg.)

Bildungsungleichheit revisited

Studien zur Schul- und Bildungsforschung
Band 30

Herausgegeben vom
Zentrum für Schul- und Bildungsforschung (ZSB)
der Martin-Luther-Universität Halle-Wittenberg

Heinz-Hermann Krüger
Ursula Rabe-Kleberg
Rolf-Torsten Kramer
Jürgen Budde (Hrsg.)

Bildungsungleichheit revisited

Bildung und soziale Ungleichheit
vom Kindergarten bis zur Hochschule

2., durchgesehene Auflage

Bibliografische Information der Deutschen Nationalbibliothek
Die Deutsche Nationalbibliothek verzeichnet diese Publikation in der
Deutschen Nationalbibliografie; detaillierte bibliografische Daten sind im Internet über
<http://dnb.d-nb.de> abrufbar.

1. Auflage 2010
2., durchgesehene Auflage 2011

Alle Rechte vorbehalten
© VS Verlag für Sozialwissenschaften | Springer Fachmedien Wiesbaden GmbH 2011

Lektorat: Stefanie Laux

VS Verlag für Sozialwissenschaften ist Teil der Fachverlagsgruppe Springer Science+Business Media.
www.vs-verlag.de

Das Werk einschließlich aller seiner Teile ist urheberrechtlich geschützt. Jede Verwertung außerhalb der engen Grenzen des Urheberrechtsgesetzes ist ohne Zustimmung des Verlags unzulässig und strafbar. Das gilt insbesondere für Vervielfältigungen, Übersetzungen, Mikroverfilmungen und die Einspeicherung und Verarbeitung in elektronischen Systemen.

Die Wiedergabe von Gebrauchsnamen, Handelsnamen, Warenbezeichnungen usw. in diesem Werk berechtigt auch ohne besondere Kennzeichnung nicht zu der Annahme, dass solche Namen im Sinne der Warenzeichen- und Markenschutz-Gesetzgebung als frei zu betrachten wären und daher von jedermann benutzt werden dürften.

Umschlaggestaltung: KünkelLopka Medienentwicklung, Heidelberg
Druck und buchbinderische Verarbeitung: Ten Brink, Meppel
Gedruckt auf säurefreiem und chlorfrei gebleichtem Papier
Printed in the Netherlands

ISBN 978-3-531-18057-1

Inhalt

Heinz-Hermann Krüger, Ursula Rabe-Kleberg,
Rolf-Torsten Kramer & Jürgen Budde
Bildungsungleichheit revisited? – eine Einleitung 7

I. Bildung und soziale Ungleichheit im Elementarbereich

Friedhelm Pfeiffer
Entwicklung und Ungleichheit von Fähigkeiten:
Anmerkungen aus ökonomischer Sicht 25

Ursula Rabe-Kleberg
Bildungsarmut von Anfang an? Über den Beitrag des Kindergartens
im Prozess der Reproduktion sozialer Ungleichheit 45

II. Bildung und soziale Ungleichheit in der Schule

Hartmut Wenzel
Chancengleichheit in der Schule – eine nicht abgegoltene Forderung 57

Kai Maaz, Jürgen Baumert & Ulrich Trautwein
Genese sozialer Ungleichheit im institutionellen Kontext der Schule:
Wo entsteht und vergrößert sich soziale Ungleichheit? 69

Rolf-Torsten Kramer & Werner Helsper
Kulturelle Passung und Bildungsungleichheit – Potenziale
einer an Bourdieu orientierten Analyse der Bildungsungleichheit 103

Katrin U. Zaborowski & Georg Breidenstein
„Geh lieber nicht hin! – Bleib lieber hier."
Eine Fallstudie zu Selektion und Haltekräften an der Hauptschule 127

John Pryor
Pedagogies of in/equity: Formative assessment/Assesment for Learning 145

III. Soziale Ungleichheit und außerschulische Bildung

Hans-Uwe Otto & Mark Schrödter
„Kompetenzen" oder „Capabilities" als Grundbegriffe einer
kritischen Bildungsforschung und Bildungspolitik? 163

Heinz-Hermann Krüger & Ulrike Deppe
Mikroprozesse sozialer Ungleichheit an der Schnittstelle
von schulischen Bildungsbiographien und Peerorientierungen 185

Manuela du Bois-Reymond
Chancen und Widerständiges in der Ganztagsbildung.
Fallstudie Niederlande 203

IV. Soziale Ungleichheit und Hochschulbildung

Rolf Becker
Warum bildungsferne Gruppen von der Universität fernbleiben
und wie man sie für das Studium an der Universität gewinnen könnte 223

Reinhard Kreckel
Zwischen Spitzenforschung und Breitenausbildung. Strukturelle Differenzierungen
an deutschen Hochschulen im internationalen Vergleich 237

V. Soziale Ungleichheit und Berufsbildung

Christian Imdorf
Wie Ausbildungsbetriebe soziale Ungleichheit reproduzieren:
Der Ausschluss von Migrantenjugendlichen bei der Lehrlingsselektion 261

Martin Baethge
Neue soziale Segmentationsmuster in der beruflichen Bildung 277

Ingo Wiekert & Reinhold Sackmann
Mehr Ungleichheit durch weniger duale Ausbildung?
Probleme der Ausbildungsbereitschaft 301

Autorinnen und Autoren 323

Bildungsungleichheit revisited? – eine Einleitung

Heinz-Hermann Krüger, Ursula Rabe-Kleberg, Rolf-Torsten Kramer & Jürgen Budde

1 Die aktuelle Renaissance der Bildungsungleichheitsforschung

Das Thema der Bildungsungleichheit unterliegt Konjunkturen und Schwankungen. Seit der „Entdeckung" einer nach Schichtzugehörigkeit, Geschlecht, Region und Konfessionalität ungleichen – und damit ungerechten – Teilhabe am Bildungssystem in den 1960er Jahren hat die Frage nach den Ausprägungen der Bildungsungleichheit und den Bedingungen ihres Zustandekommens immer wieder die Bildungspolitik und die wissenschaftlichen Bezugsdisziplinen beschäftigt. Mit der Absicht, diese Ungleichheiten zu minimieren und das Bildungssystem als Ganzes zu optimieren, folgten aber auch Enttäuschungen. Bildungsungleichheiten gerieten dann als Thema nicht selten wieder in Vergessenheit. In der Mitte der 1990er Jahre kann ein wiedererwachtes Interesse an Fragen der Ungleichheit und Benachteiligung im Bildungssystem für Deutschland festgestellt werden (vgl. z.B. Bolder/Rodax 1996), dass nun etwa 10 Jahre später in der Folge der PISA-Studien eine neue Blütezeit erlebt. Die Wiederentdeckung des Themas der Bildungsungleichheiten wurde „wiederentdeckt".

Aus Anlass dieser Wiederentdeckung des Themas Bildungsungleichheit kommt es nun nicht nur zu einem deutlichen Anstieg der Forschungsaktivitäten, sondern auch zu unterschiedlichen Anknüpfungsversuchen an frühe theoretische Erklärungsansätze oder zu neuen Theoretisierungsversuchen (vgl. Becker/Lauterbach 2004; Georg 2006). Nicht immer sind jedoch neue Befunde auch mit neuen Perspektiven verbunden. Und teilweise sind die Erklärungsversuche zur Bildungsungleichheit so unzureichend und hilflos wie zu Beginn der bundesdeutschen Ungleichheitsdebatte in den 1960er Jahren. Um den aktuellen Stand der Diskussion genauer auszuloten und um nach aktuellen Befunden und der Entwicklung neuer theoretischer Erklärungsperspektiven zu fragen, veranstaltete das Promotionskolleg der Hans-Böckler-Stiftung („Bildung und soziale Ungleichheit") gemeinsam mit dem Zentrum für Schul- und Bildungsforschung (ZSB) der Martin-Luther-Universität Halle-Wittenberg Anfang Oktober 2008 eine internationale Fachtagung in der Leucorea Wittenberg, die von der Hans-Böckler-Stiftung finanziert wurde. Die Substanz der Beiträge und besonders die Auforderung des Diskurses in unterschiedliche Bildungsbereiche (mit der Möglichkeit von Querverbindungen) versprachen eine anregende Weiterführung der wissenschaftlichen Diskussionen, so dass wir uns für eine Publikation in diesem Sammelband beim VS Verlag entschieden haben. Bis auf einzelne Ausnahmen wurden alle Beiträge dieser internationalen Fachtagung in den vorliegenden Sammelband übernommen. Ergänzt wurden diese durch zwei Beiträge aus aktuell laufenden Forschungsprojekten des ZSB, die zu Mikroprozessen der schulischen Selektion an der Schnittstelle der Schul-, der Sozialisations- und der Jugendforschung angesiedelt sind.

Mit dem Thema Bildung und soziale Ungleichheit greift der Band somit ein zentrales Problem der aktuellen bildungspolitischen Diskussion (und zugleich ein Dauerthema der Bildungsforschung und der Bildungswissenschaften) wieder auf. Spätestens seit Beginn der Bildungsreform ab Anfang der 1970er Jahre hat sich in Deutschland eine Diskussion um den Zusammenhang von Ungleichheit und Bildung entwickelt. In der ersten Bildungsdebatte in Westdeutschland standen noch demokratietheoretische Argumente, die Durchsetzung von Chancengleichheit und „Bildung als Bürgerrecht" (Dahrendorf 1965) im Vordergrund, während das bildungsökonomische Motiv der „Ausschöpfung von Begabungsreserven" (Picht 1964) eher sekundierend wirkte. Zur damaligen Zeit stand vor allem das dreigliedrige Schulsystem in der Kritik, dem ein erheblicher Anteil bei der Tradierung und Manifestierung ungleicher Bildungschancen zugemessen wurde. Als Gegenvorschlag wurde das Modell der Integrierten Gesamtschule propagiert, ohne dass es sich jedoch in der Folgezeit umfassend hat durchsetzen können. Insbesondere im Gefolge des PISA-Schocks erlebt die Ungleichheitsforschung zum Bildungsbereich eine erneute Renaissance (vgl. im Überblick Becker/Lauterbach 2004; Engler/Krais 2004).

In der aktuellen Debatte stehen die bildungsökonomischen Argumente stärker im Mittelpunkt. Nicht nur führende deutsche Wirtschaftsinstitute weisen nachdrücklich darauf hin, dass die hohe Selektivität des deutschen Bildungssystems die Innovationsansprüche des Wirtschaftssystems gefährdet. Ein größeres Angebot an Bildungsmöglichkeiten und der Zuwachs an Bildungschancen in allen gesellschaftlichen Gruppen haben bislang nicht bewirken können, dass eine erfolgreiche Bildungsbeteiligung für alle gleichermaßen möglich ist (vgl. Schimpl-Neimanns 2000; Solga/Wagner 2007).

Das deutsche Bildungssystem weist dabei im Bildungsverlauf einige Spezifika auf, die mit dazu beitragen, dass sich soziale Unterschiede hierzulande in besonderer Weise als Bildungsungleichheiten kulminieren. In kaum einem anderen Land korrelieren das kulturelle und ökonomische Kapital der Eltern und der Bildungserfolg der Kinder auf so hohem Niveau signifikant wie in Deutschland. Der Bericht des UN-Sonderberichterstatters für Bildung, Vernor Muñoz, kritisiert diesbezüglich die Ausgrenzung von „Kinder[n] bestimmter Randgruppen […], wie beispielsweise Kinder aus unteren sozialen Schichten, Kinder mit Migrationshintergrund oder Kinder, die mit Behinderungen leben" (Muñoz 2007, S. 22). Vor allem das frühe „tracking", d.h. die frühe Zuweisung der Schülerinnen und Schüler auf unterschiedliche Schulformen mit der daraus resultierenden Zuweisung von sozialen Positionen bei geringer Durchlässigkeit zwischen den Bildungsgängen, verstärkt soziale Herkunftseffekte. Auch die vergleichsweise hohe Stratifizierung der Bildungswege ist als besonderes Kennzeichen der deutschen Bildungsinstitutionen zu markieren.

Allerdings ist die Bildungsungleichheitsforschung ein schillerndes, widersprüchliches und äußerst heterogenes Feld. Während beispielsweise einige Forscher davon ausgehen, dass sich die Bildungsungleichheiten in den letzten Jahrzehnten in Bezug auf Milieus verschärfen (vgl. Berger/Kahlert 2005), attestieren andere eine Abnahme auf einem allerdings noch immer besorgniserregenden Niveau (Becker/Hecken 2008; Müller/Mayer/Pollak 2007). Auch die Gründe, mit denen das Phänomen erklärt werden könnte, sind umstritten. Neben den auf der Mikroebene (z.B. Bildungsaspirationen, Bildungsverhalten) angesiedelten Faktoren existieren weitere Faktoren auf der gesellschaftlichen Makroebene (z.B. Bildungspolitik, Bildungsreformen) wie auch auf der Mesoebene (z.B. Bildungswege, Curricula und Ausstattungen der Bildungsorte). Umstritten ist weiter, inwieweit Bildungsungleichheiten innerhalb der Familien und Herkunftsmilieus tradiert werden bzw. inwieweit das Bildungssystem selber dazu beiträgt, Bildungsungleichheiten zu tradieren oder gar hervorzubringen. Die Tatsache, dass relative Einigkeit darüber besteht, dass soziale Herkunftseffekte bedeutsam sind, kann mit einer problematischen Akzentverschiebung bei der Ursachenanalyse in die Familien und Milieus hinein einhergehen.

Weiter wird in der Bildungsungleichheitsforschung häufig vernachlässigt, dass sich Ungleichheiten nicht lediglich auf einzelne Bildungsinstitutionen beziehen (z.B. den Kindergarten oder die Schule), sondern sowohl aus subjektiver Sicht biografisch aufschichten als auch unter Karriereperspektive als kumulativer Prozess erweisen (vgl. Baumert/Schümer 2001). Die Betonung der generationalen „Weitervererbung" benachteiligter Positionen blendet häufig aus, dass sich diese Benachteiligungen gleichsam „aufhäufen". Diese Lücke schließt der vorliegende Band, indem er den gesamten Lebenslauf anhand unterschiedlicher Bildungsorte in den Blick nimmt und Bildungsungleichheiten in den verschiedenen Bereichen des Bildungssystems vom Kindergarten, über die Schule, die außerschulische Bildung, die berufliche Bildung bis hin zur Hochschule thematisiert. Dabei werden Anschlüsse an die internationale Diskussion hergestellt, um das Phänomen der Bildungsungleichheit gleichsam multiperspektivisch in den Blick zu nehmen. Die Multiperspektivität wird auch dadurch unterstrichen, dass die Beiträge von den methodischen und theoretischen Ansätzen die gesamte Brandbreite der erziehungswissenschaftlichen und bildungssoziologischen Diskussion abdecken.

Je nach Bildungsort bzw. -bereich ist der Stand der Bildungsungleichheitsforschung unterschiedlich gut entwickelt und ausdifferenziert. So stellt sich die Datenlage im Bereich der Bildungsforschung für das *Elementarbildungssystem* äußert lückenhaft dar. Zwar gibt es im Kontext der Elementarpädagogik inzwischen eine Reihe von Studien zu Versorgungsquoten oder zur Qualitätsentwicklung in Vorschuleinrichtungen (vgl. zusammenfassend BMFSFJ 2005). Die Erforschung von Phänomenen und Prozessen sozialer Benachteiligung in den öffentlichen Institutionen der Elementarerziehung ist allerdings ein zentrales Defizit in der Bildungsforschung zur frühen Kindheit. Aufgrund von Untersuchungen und Erfahrungen zum Zeitpunkt der Einschulung bei Kindern unterschiedlicher sozialer und ethnischer Herkunft und unterschiedlichen Geschlechts können erhebliche Grade von Ungleichheit in der Ausprägung zentraler Bereiche elementarer Bildung festgestellt werden – vor allem im sprachlichen, sozialen, musisch-ästhetischen und im Bereich der körperlichen Bewegung und Gesundheit (z.B. Nickel 1975; Griebel/Niesel/Wörz 2004; Schneider 1996; Witting 1989). Es muss demnach vermutet werden, dass soziale Ungleichheit in den Bildungsressourcen aufgrund von sozialer Herkunft nicht erst in der Schule entsteht, sondern bereits in vorschulischen Institutionen eine wesentliche Rolle spielt. Zum anderen muss aber auch festgehalten werden, dass offensichtlich in den regulären Einrichtungen der Kleinkinderziehung ungleiche Startbedingungen aufgrund unterschiedlicher sozialer Herkunft im Laufe der ersten sechs Jahre nicht oder kaum ausgeglichen oder gar aufgrund zielgruppenspezifischer Förderung kompensiert werden können. Ähnliches gilt für unterschiedliche und ungleiche Chancen aufgrund des Geschlechts der Kinder, wobei sich wiederum Geschlecht und Herkunft für Jungen aus „bildungsarmen" Milieus und aus Migrantenfamilien kumulieren. Diese gelten deshalb vermutlich zu Recht bereits in diesem frühen Alter als besonders benachteiligt (Rabe-Kleberg 2005a und b). In der internationalen Forschung gibt es im Rahmen von Cost-Benefit-Untersuchungen Ergebnisse über langfristige positive Folgen von spezifischen Vorschulprogrammen für Kinder aus benachteiligten Familien, Milieus oder ethnischen Gruppierungen („targetted groups") (z.B. Heckman

2006; Kershaw 2006; Tayler 2006a und b), die allerdings auf die deutsche Situation nicht oder nur begrenzt übertragbar sind.

Im Gegensatz dazu ist inzwischen über Auswertungen des Mikrozensus, von Kohortenstudien oder durch die internationalen PISA-Studien (vgl. etwa Müller/Haun 1994; Baumert/Schümer 2001; Ehmke/Hohensee/Heidemeier/Prenzel 2004) die Benachteiligung von Arbeiter- und Migrantenkindern im *Schulsystem* relativ gut erforscht. Viele Studien belegen zudem die generell hohe Relevanz der institutionalisierten Statusübergänge im Bildungssystem als zentrale Hürden und Selektionsschleusen im Bildungsverlauf (vgl. auch Büchner/Koch 2001; Maaz 2006). Diese zumeist auf quantitativen empirischen Studien basierenden eher makrosoziologisch ausgerichteten Analysen fokussieren dabei vor dem Hintergrund sozialstruktureller Ansätze in erster Linie auf die Verteilung der Lernenden auf verschiedene Schulformen, die Ausgestaltung von Schullaufbahnen sowie die Durchlässigkeit des Schulsystems (vgl. z.B. Schümer/Tillmann/Weiß 2002; Tillmann/Meier 2003; Köller u.a. 2004). Dabei dominiert in diesen Untersuchungen eine Sichtweise auf Schule, die diese im Wesentlichen als gesellschaftliche Reproduktionsinstanz begreift und dabei die interaktive Basis und kulturelle Praxis von schulischer Selektion weitgehend ausblendet (vgl. z.B. Mehan 1992; Engler/Krais 2004; Budde/Willems 2009). Erst in jüngerer Zeit sind einige vor allem qualitative Studien realisiert worden, die stärker die Mikroprozesse der Herstellung sozialer Ungleichheit in Schule und Unterricht in den Blick nehmen (vgl. Breidenstein/Helsper/Krüger/Kramer 2006; Breidenstein/Meier/Zaborowski 2008; Helsper/Kramer/Brademann/Ziems 2008; Kramer/Helsper/Thiersch/Ziems 2009).

Für den Bereich der *außerschulischen Bildung* liegt ein so ausdifferenzierter und systematischer Diskussions- und Forschungsstand nicht vor. Es fehlen sowohl systematische quantitative Studien wie mikrosoziologische Studien, die untersuchen, wie an den Übergängen zwischen den verschiedenen Stufen des Bildungssystems und an Schnittstellen zwischen Bildungsinstitutionen und außerschulischen Bildungsorten Ungleichheit interaktiv hergestellt, verstärkt oder biografisch verarbeitet und kompensiert wird (vgl. den Überblick in Büchner 2003; erste empirische Ergebnisse in Krüger/Köhler/Zschach/Pfaff 2008).

Ähnlich wie in der Schulforschung (und in der Berufsbildungsforschung) ist auch die Datenlage in der ungleichheitsbezogenen Bildungsforschung zum *Hochschulsystem*, zu den Übergängen in die Hochschule und den dabei auftretenden sozialen, geschlechtsspezifischen und ethnischen Selektionsprozessen auf der Ebene der Makrodaten inzwischen gut dokumentiert (vgl. etwa DSW 2004; Statistisches Bundesamt 2005; HIS 2005; Konsortium Bildungsberichterstattung 2006; BLK 2006; Wissenschaftsrat 2006). Ähnliches gilt für repräsentative Studierendenbefragungen (zuletzt Bargel/Ramm/Multrus 2005) und für internationale Vergleiche (u.a. OECD 2006). Abgesehen von der intensiven Rezeption des Bourdieuschen Ansatzes in der universitären Fachkulturforschung (vgl. Engler 1993; Krais 2000; Engler/Krais 2004) bleibt das vorliegende Wissen über die gesellschaftlichen Folgen von Hochschulexpansion und Hochschulreformmaßnahmen in Deutschland jedoch weitgehend deskriptiv und oftmals spekulativ (vgl. zusammenfassend Teichler 2005a und b). Deshalb wird ausgehend von einer sozialwissenschaftlichen Perspektive immer stärker danach gefragt, ob sich durch die aktuellen Hochschulreformmaßnahmen (z.B. Einführung neuer Studiengänge, Einführung von Studiengebühren) die soziale, geschlechtsspezifische und ethnische Selektivität beim Zugang zu den deutschen Hochschulen verstärkt festsetzt oder zu einer Öffnung für bislang unterrepräsentierte Gruppen führt.

In der Berufsbildungsforschung ist inzwischen unter einer makrosoziologischen Perspektive relativ gut belegt, dass die Mehrheit der in Deutschland lebenden Jugendlichen im dualen Berufsbildungssystem ausgebildet wird und dort einen qualifizierten Berufsabschluss erhält (vgl. Konsortium Bildungsberichterstattung 2006, S. 79). Gleichzeitig verweist die Übergangsforschung in das *Berufsbildungssystem* seit Mitte der 1980er Jahre auf ein anhaltendes Ungleichgewicht zwischen dem Angebot und der Nachfrage nach Ausbildungsstellen mit der Konsequenz, dass der Konkurrenzdruck für Hauptschulabsolventen gegenüber Jugendlichen mit höheren allgemein bildenden Schulabschlüssen gestiegen ist. Neueste Forschungsergebnisse aus der Übergangsforschung dokumentieren, dass Hauptschulabsolventinnen und -absolventen angesichts dieser Situation zu einer Revision ihrer Berufswegplanung gezwungen sind und viele Ausweichstrategien entwickeln, um ihr Berufsziel doch noch zu erreichen (vgl. Reißig/Gaupp/Hofmann-Lun/Lex 2004). Dabei zeigen sich auch hier deutliche Differenzierungen in den Übergangsverläufen nach den Kriterien Geschlecht, Herkunftskultur, ethnischer Zugehörigkeit und Geburtsland.

2 Zum Aufbau des Bandes und zu den Beiträgen

Der Sammelband ist in fünf thematische Blöcke gegliedert, die jeweils den Stand des Diskurses und aktuelle Befunde für den Bereich der Elementarbildung, der Schule, den Bereich der außerschulischen Bildung, der Hochschule und der Berufsbildung versammeln. Diese Gliederung verspricht zum einen eine stärkere Orientierung an den Bildungsphasen und -etappen des Lebenslaufs, in denen Bildung angeeignet oder in denen von spezifischer Bildung ausgeschlossen werden kann. Damit stellt die Gliederung des Bandes in Rechnung, dass Prozesse des Bildungserwerbs oder des Bildungsausschlusses kumulativ und sequentiell angelegt sind. Zugleich kann der Band in der Gesamtsicht den z.T. unterschiedlich weit fortgeschrittenen und ausdifferenzierten Stand der Erforschung der Bildungsungleichheit illustrieren und dem Leser interessante Querbezüge und neue Verbindungslinien eröffnen. Ein besonderes Novum und in dieser Form vielleicht einzigartig ist die Bündelung der Thematik für den Bereich der Elementarbildung und der außerschulischen Bildung, die beide im Diskursfeld der Bildungsungleichheit einen ambivalenten Doppelcharakter tragen: Beide Bildungsbereiche sind bislang eher noch an den Rändern des Diskursfeldes und der Empirie platziert, während ihnen theoretisch und konzeptionell der allergrößte Stellenwert bei der Hervorbringung und Verstärkung von Bildungsungleichheiten zugesprochen wird.

I. Bildung und soziale Ungleichheit im Elementarbereich

Den Thementeil zu Bildung und soziale Ungleichheit im Elementarbereich eröffnet der Beitrag von *Friedhelm Pfeiffer* mit einem zunächst für pädagogische Leser befremdlich klingenden ökonomisch inspirierten Diskussionsbeitrag. Diese spezifische Perspektive, die nach den Kosten und eventuell zu erwartenden Erträgen (Renditen) bei zusätzlichen Bildungsinvestitionen fragt, kann dabei auch als Einstieg in die gesamte Thematisierung der Bildungsungleichheit entlang des Lebenslaufs dienen. Seine Platzierung in diesem ersten Themenblock begründet sich jedoch darin, dass im vorgestellten Humankapitalansatz besonders die ersten Lebensjahre und frühe Entwicklungsphasen für Bildungsinvestitionen besonders ertragreich sind und eine „Verlagerung von öffentlichen Bildungsressourcen in den frühen Lebenszyklus" – also auch in den Bereich der Elementarbildung – gefordert wird. Auf der Basis einer breiten Forschungsliteratur und auf der Grundlage der Daten der „Mannheimer Risikokinderstudie" werden zentrale Parameter für die kindliche Entwicklung herausgearbeitet und mögliche Erträge zusätzlicher Bildungsinvestitionen simuliert. Obwohl dabei der emotionalen Qualität der Beziehungen zum Kind eine entscheidende Bedeutung zukommt, können finanzielle Investitionen erhebliche Effekte zeitigen. Im Ergebnis kommt Pfeiffer zu dem Schluss, dass – obwohl das Vorschulalter für eine Steigerung des Humankapitals und einer Reduktion von Ungleichheiten durch zusätzliche Bildungsinvestitionen prädestiniert wäre – in Deutschland noch zu wenig in die Entwicklung von Fähigkeiten im frühen Kindesalter investiert werde. Dadurch behalte die ungleiche Entwicklung von Fähigkeiten bereits im Vorschulalter für die folgende Schul- und Ausbildung einen „vielfach schicksalhaften Charakter".

Der Beitrag von *Ursula Rabe-Kleberg* fokussiert das Thema Bildungsungleichheit im Elementarbereich auf den Kindergarten und fragt dort nach den Bedingungen und Veränderungsmöglichkeiten für Ungleichheitsphänomene. Dabei wird zunächst die derzeit dominante Konstruktion von „moderner Kindheit", die innerhalb der Umgestaltungsprozesse des Elementarbildungsbereichs eine herausragende Rolle spielt, daraufhin kritisch befragt, inwieweit diese nicht partikularistisch sei und dadurch zu Ungleichheiten im Kindergarten beitrage. Der ohnehin schon schwierige Veränderungsprozess im Elementarbildungsbereich, insofern die Etablierung des so genannten „positiven Blicks" auf Kinder und Kindheit einen Paradigmenwechsel und für die Erzieherinnen und Erzieher oftmals einen Habituswechsel erfordere, droht zunehmend den Blick für die ungleichen Ausgangslagen der Kinder zu verstellen. Damit wird teilweise systematisch übersehen, dass nicht alle Kinder den Anforderungen dieser modernen Kindheitskonstruktion gerecht werden können. Dieses ungleiche Vermögen ist mit ungleichen familialen Herkunftsmilieus verknüpft. Dennoch tritt der Beitrag entschieden für die Neuausrichtung des Kindergartens nicht nur als Ort der Betreuung sondern als Bildungsort ein. Kurze Exkurse in die historischen Entstehungsprozesse und einige Forschungsbefunde unterstreichen ausreichend, dass die Frage nach den ungleichen Bildungschancen von Kindern nicht gegen das moderne Kindheitskonstrukt gerichtet ist, sondern eine zwingend notwendige Erweiterung dieses Diskurses darstellt. Der Beitrag schließt mit Überlegungen, wie eine ungleichheitsbezogene Bildungsforschung für den Elementarbildungsbereich aussehen könnte.

II. Bildung und soziale Ungleichheit in der Schule

Hartmut Wenzel eröffnet mit einem knappen aber pointierten Beitrag den thematischen Block zur Auseinandersetzung mit Bildung und sozialer Ungleichheit in der Schule. Dabei erinnert er die Leser an die Hochzeit der bildungspolitischen und wissenschaftlichen Debatten zur Bildungsungleichheit in der Bundesrepublik der 1960er Jahre. Die Forderung nach einer Chancengleichheit in der Schule war damals – wie für andere Sektoren des Bildungssystems auch – laut und deutlich artikuliert und auch gehört worden. Sie fand Einfluss in vielfältige Reformbemühungen, die in dieser Zeit ihren Ausgangspunkt nahmen und einen Abbau von Bildungsungleichheiten anstrebten. Anhand der damals besonders verfolgten Ungleichheitsdimensionen der sozialen Herkunft, der Region, des Geschlechts und der Religionszugehörigkeit wird der Beobachterstandpunkt geschärft, der über ausgewählte neuere Befunde der ungleichheitsbezogenen Bildungsforschung die Umsetzung dieser früheren Forderung überprüfen soll. So stellt der Beitrag fest, dass es zwar zu Veränderungen der Bildungsbeteiligung und des Bildungserfolgs in den vergangenen Jahrzehnten gekommen ist, aber ein Abbau von Bildungsungleichheiten nicht wirklich konstatiert werden kann. Im Gegenteil zwingen auch neue Ungleichheitsphänomene, die in dieser Form in den 1960er Jahren nicht auf der Tagesordnung standen, dazu, dass die bundesdeutsche Schulstruktur der Dreigliedrigkeit endlich offen und sachhaltig diskutiert wird. Da dies gegenwärtig kaum zu beobachten ist, dafür aber über neue Steuerungsmodelle des Bildungssystems eher Deregulierungen des Bildungsmarktes zu Buche schlagen, ist zu befürchten, dass Bildungsungleichheiten in Zukunft eher zu- als abnehmen werden.

Der anschließende Beitrag von *Kai Maaz*, *Jürgen Baumert* und *Ulrich Trautwein* greift die durch die großen internationalen Schulleistungsstudien in die Aufmerksamkeit gerückten Befunde zur Bildungsungleichheit auf und geht der Frage nach, in welchen Bereichen soziale Ungleichheiten entstehen oder sich verstärken. In einer Systematisierung des Forschungsstandes werden hierfür vier Bereiche ausgewählt und einer kritischen Überprüfung unterzogen. Dazu werden jeweils ausgewählte Studien rekapituliert und auf ihre theoretischen Grundlagen und empirischen Befunde befragt. In einer ersten Vergewisserung widmet sich der Beitrag den Übergängen im Bildungssystem, denen in den theoretischen Grundannahmen eine ausgeprägte Bedeutung bei der Herstellung von Bildungsungleichheiten zugesprochen wird. Im Anschluss an Boudon wird auf die hohe Wirksamkeit der elterlichen Bildungsentscheidungen als sekundärer Herkunftseffekt verwiesen. Aber obwohl sich über eine ganze Reihe von Studien das Wissen über die sekundären Herkunftseffekte erweitert hat, bleiben einige Fragen offen. Im zweiten Zugriff fokussiert der Beitrag auf die Binnenstruktur einer jeweiligen Bildungsinstitution, der teilweise im Anschluss an Bourdieu eine sozial selektive Erwartungs- und Wertschätzungsstruktur bescheinigt wird, die zu ungleichen Passungskonstellationen führe, je nachdem, welcher Habitus bei einem Schüler ausgeformt ist. Über eine Reihe von Befunden kommen die Autoren hier zu dem Schluss, dass eine systematische Benachteiligung von Schülern innerhalb einer Schulform nicht nachzuweisen ist, wobei die Bourdieusche These von einer Mittelschichtorientierung der Schule zurückgewiesen wird. Schließlich prüft der Beitrag die Wirkung differentieller Lern- und Entwicklungsmilieus und der sozialisatorischen Milieus auf die Entstehung von Bildungsungleichheiten, denen beiden ein erheblicher Einfluss zugeschrieben wird. Im Fazit konstatieren die Autoren jedoch, dass man abgesehen vom robusten Forschungsstand zu Bildungsübergängen noch weit entfernt ist „von „empirisch gesicherten" Aussagen zu den genaueren Mechanismen der Entstehung und Vergrößerung sozialer Disparitäten".

Anders als im vorhergehenden Beitrag gehen *Rolf-Torsten Kramer* und *Werner Helsper* der Frage nach, welchen Erkenntnisgewinn eine (Wieder-)Aufnahme der theoretischen Perspektiven Pierre Bourdieus für die empirische Bildungsforschung bei der Analyse der Entstehung von Bildungsungleichheiten haben kann. Dabei greifen sie eine bereits frühzeitig von Bourdieu entwickelte These der „kulturellen Passung" zwischen einem primären familial vermittelten Habitus und dem schulischen sekundär geforderten Habitus auf und prüfen, inwieweit dieses Konzept in exemplarisch ausgewählten Studien berücksichtigt wurde. Während für die PISA-Studien eine reduzierte und zunehmend geminderte Bezugnahme auf Bourdieu erkennbar ist, weisen Studien von Grundmann, Büchner und Brake oder Kalthoff auf die Erklärungspotenziale Bourdieu'scher Perspektiven hin. In zwei eigenen Studien stellen die Autoren den Ertrag des Konzeptes der „kulturellen Passung" vor, an das angeschlossen und das zugleich weiterentwickelt und ausdifferenziert wird. So kann erstens gezeigt werden, dass Einzelschulen jeweils spezifische Milieu-Anknüpfungen und

-abstoßungen ausbilden und damit einen schulkulturell differierenden sekundären schulischen Habitus abfordern, der im Entwurf des idealen Schülers rekonstruiert werden kann. Zweitens wird über Ergebnisse einer Längsschnittstudie herausgearbeitet, dass im Verlauf der Schullaufbahn Frühformen des kindlich repräsentierten Bildungshabitus in Abhängigkeit von der Passung zur jeweils besuchten Schule gefestigt oder irritiert werden und teilweise unter ausgeprägten bis starken Transformationsdruck geraten können. Der Beitrag schließt mit Perspektiven, die an Bourdieu anschließen und von der empirischen Bildungsforschung bei der Analyse der Herstellung von Bildungsungleichheiten zukünftig stärker aufgegriffen werden können.

Katrin U. Zaborowski und *Georg Breidenstein* knüpfen mit ihrem Beitrag an die durch die PISA-Studie ausgelöste Diskussion zur Dreigliedrigkeit des bundesdeutschen Bildungssystems an und gehen mit einer ethnographischen Detailstudie der Frage nach, welchen Niederschlag Selektionsmechanismen dieser Dreigliedrigkeit auf der Ebene immanenter Strukturprobleme für die Schulform der Hauptschule als „Restschule" finden. Anhand der Analyse eines Beobachtungsprotokolls der ersten Zeugnisausgabe an einer Hauptschule nach dem Übergang von der Grundschule kann nicht nur herausgearbeitet werden, wie die Hauptschule um eine neue Sinnbestimmung der schulischen Leistungsbewertung ringt, sondern auch, dass in den problematischen und teilweise widersprüchlichen Sinnbezügen mit einem Rückzug hinter Verfahrensregeln einem Vormarsch der bürokratischen Rationalität Vorschub geleistet wird. Diese wachsende Bedeutung von Verfahren und verwaltungstechnischen Regeln erweist sich aber wiederum nur als weiterer Schleier, dessen Durchdringung die eigentliche Strukturproblematik der Hauptschule in ihrer Stellung in der Dreigliedrigkeit widerspiegelt: mit der Anerkennung und Förderung individueller schulischer Leistungen droht die Hauptschule sich des noch verbliebenen sozialen Kapitals (quasi ihrer letzten Träger und Bürgen des schulischen Leistungsprinzips) zu berauben, weil diese zum Wechsel auf andere Schulformen aufgefordert werden. Gegen die pädagogische Intention entwickelt die Hauptschule zur Bearbeitung dieses Strukturproblems besondere Haltekräfte, die eine schulische Mobilität „nach oben" erschweren oder gar verhindern.

John Pryor führt uns mit seinem Beitrag in den Ungleichheitsdiskurs in Großbritannien ein und diskutiert am Beispiel der Entwicklungslinien und aktuellen Forschungen zum pädagogischen Konzept des „formative assessment" die Möglichkeiten und die Bedingungen einer Pädagogik der Gleichheit. Der Blick in die Entstehungs- und Erfolgsgeschichte dieses Konzeptes verdeutlicht zunächst, dass Wissenschaft und Bildungspolitik auch hier programmatisch die Aufhebung der Bildungsungleichheit versprechen. Empirische Studien anderer Wissenschaftler aber vor allem auch die eigenen Untersuchungen zeigen dagegen, dass in einer Spielart das Konzept Gefahr läuft, die komplexe Realität des Klassenraums technisch zu verkürzen und Ungleichheiten – statt diese abzubauen – gerade mit herzustellen. Mit Bezügen auf das Habituskonzept von Bourdieu und eine poststrukturalistische Identitätstheorie von Hall plädiert der Beitrag für eine komplexe und interaktiv-dynamische Sichtweise auf „formative assessment" und deren reflexive und verhandlungsorientierte, offene Umsetzung in der Schule. Erst dann werden tatsächlich Möglichkeiten im Zugang zum eigenen Lernen und zur Steigerung der Leistungen für jene eröffnet, denen das ‚schulische Spiel' eher fremd ist.

III. Soziale Ungleichheit und außerschulische Bildung

Hans-Uwe Otto und *Mark Schrödter* werfen einen kritischen Blick auf den neueren Trend der empirischen Bildungsforschung, der über das Konzept der Kompetenz die Bildungsforschung erziehungswissenschaftlich zu fundieren verspricht und für die Bildungspolitik fruchtbar gemacht werden kann. In ihrem Beitrag knüpfen die Autoren an kritische Anfragen an das Kompetenzkonzept an und schlagen als Weiterführung vor, dieses in das übergreifende Konzept von „Vermögen" („Capabilities") einzubetten. Damit soll es gelingen, sowohl die sozialen Verwirklichungsbedingungen von Bildung deutlicher als bisher einzubeziehen und darüber eine normative Grundlage von Bildungsgerechtigkeit herzustellen, als auch den durch den Kompetenzbegriff gesellschaftlich-instrumentell verengten Bildungsbegriff auf eine umfassende Bildung des Menschseins zu erweitern. In einer detaillierten Analyse der Verwendung des Kompetenzkonzeptes werden zunächst die Grundcharakteristika dieses Dispositionskonstruktes herausgearbeitet und mit aktuellen empirischen Bezügen und älteren Konzeptionen systematisiert. Darüber wird verdeutlicht, dass der derzeit dominierende Kompetenzbegriff auf kognitive Leistung verkürzt und mit einer (stufenförmigen) Steigerungslogik versehen ist. Diese Ausrichtung des Kompetenzkonzeptes resultiert aus seiner engen Verknüpfung mit der Dominanz des Humankapitalansatzes im Rahmen der Bildungsforschung. Mit Bezügen auf den Capability Approach von Amartya Sen und Martha Nussbaum wird das Potential eines erweiterten und sozial fundierten Kompetenzkonzepts vorgestellt. Diesem gelingt es, jenseits der instrumentell-funktionalen Verengungen auf menschliche Verwirklichungschancen hinzuweisen, die als essentielles Vermögen in jeder Gesellschaft gegeben sind, und dieses auf eine normative Grundlage zu stellen, die nicht nur den zweckrationalen Erwägungen einer historisch spezifischen Gesellschaftsformation entspricht, sondern aus wertrationalen Gründen abgeleitet werden kann, die in den Verwirklichungschancen selbst begründet liegen.

Der Beitrag von *Heinz-Hermann Krüger* und *Ulrike Deppe* bezieht das Thema der Bildungsungleichheit auf das Schnittfeld von schulischen Anforderungen und schulischer Selektion, von Bildungsbiografien von Kindern und Jugendlichen und dem Stellenwert ihrer Gleichaltrigengruppen und -kontexte. Dabei gehen die Autoren mit Bezug auf ein eigenes Forschungsprojekt der Frage nach, welche Interdependenzverhältnisse zwischen biografischen Orientierungen und denen der Gleichaltrigengruppe vorliegen können und wie sich diese wiederum auf die schulische Bildungslaufbahn der Kinder beziehen lassen. Aus dem qualitativen Längsschnittprojekt, das mit biografischen Interviews, ethnographischen Beobachtungen und Gruppendiskussionen arbeitet, werden mit dem Verfahren der dokumentarischen Methode fünf Passungsmuster zwischen individuellen Orientierungen und denen der Peers in ihrer Relevanz für die Bildungskarriere vorgestellt. Damit gelingt es in dem Beitrag, erste Einblicke in die Milieubezogenheit der Peerbezüge sowie in unterschiedliche Verhältnisbestimmungen zwischen individuellen und Peer-Orientierungen zu eröffnen und die Konsequenzen anzudeuten, die daraus für die Unterstützung oder aber Gefährdung einer erfolgreichen Schulkarriere resultieren. Darüber werden bislang noch geltende Thesen einer generellen Homologie zwischen Milieu- und Peerbezügen oder aber die einer generellen Konvergenz zwischen individuellen und kollektiven Peerorientierungen ausdifferenziert. Zugleich deuten die Ergebnisse an, dass theoretische Prämissen der Peerforschung teilweise zu überdenken sind und die Peers – auch wenn sie der Herkunftsfamilie nicht den Rang ablaufen – als Akteure im Geschehen der Herstellung von Bildungsungleichheiten nicht zu unterschätzen sind.

Der Beitrag von *Manuela du Bois-Reymond* diskutiert vor dem Hintergrund umfassender globaler gesellschaftlicher Transformationen aktuelle Herausforderungen für die Schule. Sie bettet ihre Ausführungen in eine tour du force zu internationalen Herausforderungen für die Bildungsinstitutionen ein. Ausgangspunkt ihrer Überlegungen ist die Tatsache, dass sich spätmoderne Gesellschaften vor allem durch vier Faktoren auszeichnen, die als Wandel hin zu Wissensgesellschaften, als Aufsteigen von Dienstleistungsgesellschaften, als Verlust alter Sicherheiten sowie als eine zunehmende Heterogenität beschrieben werden können. Die Autorin vertritt die These, dass Antworten auf diese Herausforderungen nicht mehr nur nationalstaatlich gesucht werden können, sondern in der Kooperation lokaler, nationaler und internationaler Akteure und Institutionen. Auf der pädagogischen Ebene führen die globalisierten Herausforderungen mit der verstärkten Nachfrage nach frühkindlicher Bildung, der Forderung nach neuen Lernformen sowie der Kritik am segregierten Schulsystem zu institutionellen Anpassungsproblemen. Das Beispiel der niederländischen brede school erweist sich dabei als eine spezifische Reaktion. Die brede school ist weniger eine Schulform, als vielmehr ein Ansatz zur Integration außerschulischer Angebote in den Lernort Schule und somit eine potentielle Möglichkeit zum Abbau von Chancenungleichheiten. Damit gehen jedoch neue Spannungsverhältnisse zwischen Bildung und Kompetenz, zwischen unterschiedlichen pädagogischen Professionen sowie zwischen Schule und Gesellschaft einher. Dass der Abbau in den Spannungsverhältnissen kein Selbstläufer ist, wird an den von du Bois-Reymond als problematisch benannten Tendenzen deutlich. Dazu zählen die Aufrechterhaltung der Dominanz des schulischen Charakters der brede school und eine Fixierung auf das Curriculum, sodass das Potenzial der zusätzlichen sozialpädagogischen Angebote gerade für die Unterstützung benachteiligter Kinder nicht ausreichend genutzt werden kann. Die Autorin plädiert für eine umfassende Ganztagsbildung, die unterschiedliche Bildungsorte gleichermaßen berücksichtigt und die sich als integrative Bildung versteht. Am Ende steht das Fazit, dass ein Bildungssystem, welches Ungleichheiten abbauen möchte, ohne eine entsprechende integrative Gesellschaftspolitik nicht zu realisieren ist.

IV. Soziale Ungleichheit und Hochschulbildung

In diesem Themenblock eröffnet *Rolf Becker* die Auseinandersetzung um die Bildungsungleichheit des bundesdeutschen Hochschulsystems, die nach wie vor zu konstatieren und im internationalen Vergleich besonders ausgeprägt ist. Dabei geht Becker in seinem Beitrag der Frage nach, welche Mechanismen der Ablenkung Arbeiterkinder – und gerade studienbegabte Arbeiterkinder – von der Universität fernhalten und durch welche Anreize und Unterstützungen diese für ein Studium zu gewinnen seien. Diese Frage wird auf der Grundlage einer sächsischen Abiturientenbefragung mittels statistischer Analysen und Simulationen zu beantworten versucht. Mit Orientierung an Boudon werden bei der Entscheidung für ein Universitätsstudium primäre und sekundäre Effekte der sozialen Ungleichheit unterschieden und darüber verdeutlicht, dass v.a. die subjektiv erwarteten Investitionsrisiken und die erwarteten Kosten für Arbeiterschichten ungleich größer ausfallen. Die Simulationsanalysen verdeutlichen, dass neben sozialen Disparitäten wie der selbst eingeschätzten akademischen Leistungsfähigkeit und der Erfolgserwartungen vor allem die Aufwendungen und erwarteten Ausbildungskosten die Arbeiterkinder vom Universitätsstudium ablenken. Becker folgert daraus, dass eine Kompensation der primären Herkunftseffekte keine deutliche Steigerung der Studienneigung von Arbeiterkindern bewirken würde, eine Neutralisierung der sekundären Ungleichheitseffekte dagegen eine deutliche Erhöhung der Anzahl von auf die Universität wechselnden Arbeiterkindern hervorbringt. Becker plädiert deshalb für eine weit reichende Kostenneutralisierung für „bildungsferne" Gruppen als effektive Investition in Humankapital z.B. in Form „großzügiger und nicht rückzahlungspflichtiger (staatlicher) Finanzhilfen für leistungsfähige und -bereite Arbeiterkinder", um ihre Bildungsplanungen und ihr Bildungsverhalten in günstiger Weise zu beeinflussen.

Reinhard Kreckel richtet mit seinem Beitrag den Blick auf die institutionellen Ungleichheiten, die aus einer strukturellen Differenzierung des deutschen Hochschulsystems resultieren und die im internationalen Vergleich sichtbar gemacht werden. Dabei geht der Beitrag von einer globalen und beschleunigten Hochschulexpansion aus und fragt nach dem in Deutschland realisierten Umgang mit dem strukturell gegebenen Spitze-Breite-Problem – eine Frage, die sich v.a. danach beantworten lässt, ob und wie stark eine von der Lehre entlastete akademische Forschung an den Hochschulen etabliert wird oder werden kann. Der Beitrag stellt im internationalen Vergleich heraus, dass für unser Hochschulsystem eine diffuse Unentschlossenheit zwischen einer kategorialen Segmentierung (eine binäre Differenzierung in Breitenbildung z.B. an Fachhochschulen und Spitzenforschung an Eliteuniversitäten) und einer institutionellen Externalisierung (einer Auslagerung der Forschung aus den Universitäten) zu konstatieren ist, die neuerdings z.B. in der Exzellenzinitiative mit Versuchen der Etablierung einer symbolischen Stratifizierung verknüpft wird. Eine prinzipielle Offenheit dieser historischen Entwicklung wird zusätzlich unterstützt durch den Bologna-Prozess. Die Grundproblematik zwischen Breite und Spitze wird hier für das bundesdeutsche Hochschulsystem mit der Frage des etablierten Wertes eines Abschlusses (Bachelor und Master) sowie den daran gebundenen akademischen Karrierestrukturen entschieden, wobei der internationale Vergleich wiederum deutlich macht, welche Optionen hier bisher ‚gewählt' wurden und welche alternativen Pfade möglich sind. Im Fazit plädiert Kreckel für eine Ausweitung des unabhängigen wissenschaftlichen Personals an den Universitäten, die für die Lehre und die Forschung hoch qualifiziert sind.

V. Soziale Ungleichheit und Berufsbildung

Zu Bildungsungleichheiten in der beruflichen Bildung diskutieren die drei Beiträge schwerpunktmäßig Chancenungleichheiten in den Zugängen zu dualen Ausbildungssystemen aufgrund von ethnischen oder milieubedingten Zugehörigkeiten.

Christian Imdorf beschäftigt sich in seinem Beitrag mit Chancenungleichheiten beim Zugang zur dualen Berufsausbildung. Da ein gelingender Übergang in die berufliche Ausbildung über die späteren beruflichen Möglichkeiten der Ausbildungsanwärter entscheidet, ist dieser Übergang von besonderer Bedeutung. Ausgehend von der Beobachtung, dass die betriebliche Erstausbildung als Tor in den qualifizierten Arbeitsmarkt im deutschsprachigen Raum für ausländische Schulabgänger nicht in gleichem Maß zugänglich ist, stellt Imdorf die Frage, wie diese Diskriminierung in den Betrieben unterstützt wird. Imdorfs Interesse gilt dabei dem Auswahlverfahren, dem er anhand von Interviews mit Einstellungsentscheidern in kleineren Dienstleistungs- und Handwerksbetrieben in der Schweiz nachgeht. Er deutet das Phänomen der ‚Ausländer-Diskriminierung' bei der Personaleinstellung als Konsequenz der Handhabung miteinander konfligierender Normen in verschiedenen betrieblichen „Welten", zu denen er neben der industriellen auch die häusliche, die projekt- und marktförmige Welt zählt. Diskriminierung bei der Lehrstellenvergabe wird hier verstanden als eine Ungleichbehandlung von Bewerbern trotz vergleichbarer ‚Leistungsfähigkeit'. Dahinter stehen soziale Selektionskalküle, die bei der betriebsinternen Einschätzung den Bedürfnissen der häuslichen, der projekt- und der marktförmigen Welten den Vorrang geben vor den Anforderungen der industriellen Welt. Diskriminierung ist somit das Resultat von angenommenen Problemen zwischen den Beschäftigten der jeweiligen Betriebe bzw. mit ihrer Kundschaft. Die Nicht-Berücksichtigung ‚ausländischer' Schulabgänger bei der Ausbildungsplatzvergabe – so das Fazit – hat also ihre Grundlage weniger in einer betriebswirtschaftlichen Logik, sondern in der Funktionsweise der Betriebe selbst, die ausländischen Lehrlingen negative Effekte auf das Betriebsklima unterstellen.

Inwieweit Ungleichheiten in der beruflichen Bildung aus dem Zusammenspiel struktureller Entwicklungen, institutioneller Arrangements und gewachsener Verhaltensnormierungen resultieren, untersucht der Beitrag von *Martin Baethge*, indem er nach sozialen Segmentationsmustern als dauerhafte Ungleichheitsverteilungen fragt. Die Suche nach aktuellen Segmentationslinien in der Berufsbildung wird dabei eröffnet mit einem einführenden Blick in die institutionellen Segmentierungen des Bildungssystems als Ganzen, die sich in der Institutionalisierungsgeschichte des deutschen Bildungswesens herausgebildet haben. Das zentrale Ergebnis dieser historisch systematischen Perspektive ist jene wechselseitige Abschottung der großen Bildungsbereiche (allgemeine Schulbildung und Berufsbildung), die aus den unterschiedlichen Entwicklungspfaden resultiert. Das von Baethge so genannte „deutsche Bildungs-Schisma" besteht darin, dass sich die Entwicklung der höheren Bildung abseits der Zwänge der Industrialisierung und die der Berufsbildung abseits der Institutionen der höheren Bildung vollzogen hatten. Die daraus resultierende „berufsständische Gliederung" des allgemeinbildenden Schulwesens war dabei verknüpft mit einem Segmentationsmuster der Zuweisung zur Berufsbildung, das bis in die 1960er Jahre gültig war. Der Beitrag fragt dann nach neuen Segmentationsmustern der beruflichen Bildung, die mit vier Problemkonstellationen verbunden sind: Disparitäten nach Region, schulischer Vorbildung, Migrationshintergrund und Geschlecht. Im Ergebnis statistischer Berechnungen zeigt der Beitrag, dass etwa Jugendliche mit maximal einem Hauptschulabschluss, mit Migrationshintergrund und männliche Jugendliche am wenigsten bzw. zeitlich verzögert in qualifizierte Berufsausbildungen einmünden können. Diese neuen Segmentationsmuster sind jedoch insgesamt als Ausdruck der fortwirkenden Abstimmungsprobleme im deutschen Bildungswesen zu begreifen, die durch übergreifende gesellschaftliche Wandlungsprozesse verstärkt werden. „Gewinner" dieser Entwicklungen sind v.a. die Absolventen mit dem höchsten allgemeinbildenden Schulabschluss, so dass dem nur mit einer Anhebung des Bildungsniveaus der unteren Schulabschlüsse begegnet werden kann.

Der Beitrag von *Ingo Wiekert* und *Reinhold Sackmann* beschäftigt sich mit der Ausbildungsbereitschaft von Betrieben. Die Autoren werfen anhand von Daten zur spezifischen Situation des dualen Ausbildungssystems in Ostdeutschland die Frage auf, inwieweit durch außerbetriebliche Bildungsträger die sozialintegrative Bedeutung des dualen Ausbildungssystems aufrechterhalten werden kann. Da seit einigen Jahren die betriebliche Bereitschaft auszubilden nicht mehr als selbstverständlich gilt, wird in Reaktion auf die so genannte „Ausbildungsplatzlücke" in den neuen Ländern eine breite Unterstützungsbasis für die berufliche Erstausbildung im dualen System etabliert. Dabei tritt die Situation der zunehmenden Shareholder-value-Orientierung in den Betrieben in Konkurrenz zur bisher eher langfristig angelegten Personalpolitik. Dies erzeugt einen Flexibilisierungsdruck auf der personalpolitischen Ebene, der bereits zu einer „industriellen Kern(belegschafts)schmelze" geführt hat, und der auch das nachwuchssichernde Personalinstrument der eigenen Ausbildung zusätzlichen Bewertungskriterien aussetzt. Eine Besonderheit stellt die kleinbetriebliche Prägung der ostdeutschen Wirtschaftsstruktur dar, die durch eine integrative Arbeitsorganisation zwischen den beteiligten Akteuren gekennzeichnet ist. Aus diesem Grund wird das Problem der innerbetrieblichen Abstimmung nicht durch Leistungsstandards gelöst, sondern im Rahmen laufender Abstimmungs- und Verhandlungsprozesse bewältigt. Vor diesem Hintergrund – so zeigen die Autoren – kommt den außerbetrieblichen Bildungsträgern eher eine stabilisierende Funktion für die Ausbildungsbereitschaft von Betrieben zu. Durch staatliche Interventionen und Alimentationen kann so zu einer perspektivreichen Integration durch Partizipation an einer beruflichen Ausbildung beigetragen werden.

Literatur

Bargel, T./Ramm, M./Multrus, F. (2005): Studiensituation und studentische Orientierungen. 9. Studierendensurvey an Universitäten und Fachhochschulen. Berlin

Baumert, J./Schümer, G. (2001): Familiäre Lebensverhältnisse, Bildungsbeteiligung und Kompetenzerwerb. In: Deutsches PISA-Konsortium (Hrsg.): PISA 2000. Basiskompetenzen von Schülerinnen und Schülern im internationalen Vergleich. Opladen, S. 323–407

Becker, R./Lauterbach, W. (Hrsg.) (2004): Bildung als Privileg? Erklärungen und Befunde zu den Ursachen der Bildungsungleichheit. Wiesbaden

Becker, R./Hecken, A. E. (2008): Warum werden Arbeiterkinder vom Studium an Universitäten abgehalten? Eine empirische Überprüfung der „Ablenkungsthese" von Müller und Pollak (2007) und ihrer Erweiterung durch Hillmert und Jacob (2003). In: Kölner Zeitschrift für Soziologie und Sozialpsychologie, Jg. 60, S. 3-29

Berger, P. A./Kahlert, H. (2005): Institutionalisierte Ungleichheiten. Wie das Bildungswesen Chancen blockiert. Weinheim/München

BMFSFJ (2005): Bildung, Erziehung und Betreuung vor und neben der Schule. 12. Kinder- und Jugendbericht. Berlin

Bolder, A./Rodax, K. (Hrsg.) (1996): Jahrbuch '96. Bildung und Arbeit. Die Wiederentdeckung der Ungleichheit. Aktuelle Tendenzen in Bildung für Arbeit. Opladen

Breidenstein, G./Helsper, W./Krüger, H.-H./Kramer, R.-T. (2006): Mikroprozesse schulischer Selektion bei Kindern und Jugendlichen. Diskurse zu Schule und Bildung. Werkstatthefte des ZSL, Heft 26. Halle

Breidenstein, G./Meier, M./Zaborowski, K. U. (2008): Being tested and receiving marks. An Ethnography of pupil assessment in the classroom setting. In: Krüger, H.-H./Helsper, W./Foljanty-Jost, G./Kramer, R.-T./Hummrich, M. (Eds.): Family, School, Youth Culture. International Perspectives of Pupil Research. Frankfurt a. M., pp. 163-177

Budde, J./Willems, K. (Hrsg.) (2009): Bildung als sozialer Prozess. Heterogenitäten, Interaktionen, Ungleichheiten. Weinheim/München

Büchner, P. (2003): Stichwort: Bildung und soziale Ungleichheit. In: Zeitschrift für Erziehungswissenschaft, Jg. 6, H. 1, S. 5-24

Büchner, P./Koch, K. (2001): Von der Grundschule in die Sekundarstufe. Opladen

BLK (2003) = Bund-Länder-Kommission: Das Bildungswesen in der Bundesrepublik Deutschland. Bonn

Dahrendorf, R. (1965): Bildung ist Bürgerrecht. Plädoyer für eine aktive Bildungspolitik. Hamburg

DSW (2004) = Deutsches Studentenwerk: Die wirtschaftliche und soziale Lage der deutschen Studierenden 2003. 17. Sozialerhebung des Deutschen Studentenwerks. Bonn/Berlin

Ehmke, T./Hohensee, F./Heidemeier, H./Prenzel, M. (2004): Familiäre Lebensverhältnisse, Bildungsbeteiligung und Kompetenzerwerb. In: PISA-Konsortium Deutschland (Hrsg.) = Prenzel, M./Baumert, J./Blum, W./Lehmann, R./Leutner, D./Neubrand, M./Pekrun, R./Rolff, H.-G./Rost, J./Schiefele, U.: PISA 2003. Der Bildungsstand der Jugendlichen in Deutschland – Ergebnisse des zweiten internationalen Vergleichs. – Münster/New York/München/Berlin, S. 225-253

Engler, S. (1993): Fachkultur, Geschlecht und soziale Reproduktion. Weinheim/München

Engler, S./Krais, B. (Hrsg.) (2004): Das kulturelle Kapital und die Macht der Klassenstrukturen. Sozialstrukturelle Verschiebungen und Wandlungsprozesse im Habitus. Weinheim/München

Georg, W. (2006): Soziale Ungleichheit im Bildungssystem: Eine empirisch-theoretische Bestandsaufnahme. Konstanz

Griebel, W./Niesel, R./Wörz, T. (2004): Transitionen. Weinheim/München

Heckmann, J. (2006): National Investment fort the Early Years. NIFTeY conference. University of New South Wales, Australia

Helsper, W./Kramer, R.-T./Brademann, S./Ziems, C. (2008): Children's biographical orientations toward selection procedures at school. In: Krüger, H.-H./Helsper, W./Foljanty-Jost, G./Kramer, R.-T./Hummrich, M. (Eds.): Family, School, Youth Culture. International Perspectives of Pupil Research. Frankfurt a. M., pp. 179-198

HIS (2005) = Hochschulinformationssystem: Studienanfänger 2003/04 und 2004/05. Bildungswege, Motive der Studienentscheidung und Gründe der Hochschulwahl. Hannover (Kurzinformation A15/2005)

Kershaw, P. (2006): Atlas of Child Development. University of British Columbia, Canada, www.theglobeandmail.com (22.07.2009)

Köller, O./Watermann, R./Trautwein, U./Lüdtke, O. (2004): Wege zur Hochschulreife in Baden-Württemberg. TOSCA – eine Untersuchung an allgemeinbildenden und beruflichen Gymnasien. Wiesbaden

Konsortium Bildungsberichterstattung (2006): Bildung in Deutschland. Ein indikatorengestützter Bericht mit einer Analyse zu Bildung und Migration. Bielefeld

Krais, B (2000): Die Wissenschaftselite. Kursbuch 139. Berlin, S. 137-146

Kramer, R.-T./Helsper, W./Thiersch, S./Ziems, C. (2009): Selektion und Schulkarriere. Kindliche Orientierungsrahmen beim Übergang in die Sekundarstufe I. Wiesbaden

Krüger, H.-H. u.a. Culture. Frankfurt a.M., S. 163-179

Krüger, H.-H./Köhler, S.-M./Zschach, M./Pfaff, N. (2008): Kinder und ihre Peers. Freundschaftsbeziehungen und schulische Bildungsbiographien. Opladen/Farmington Hills

Maaz, K. (2006): Soziale Herkunft und Hochschulzugang. Effekte institutioneller Öffnung im Bildungssystem. Wiesbaden

Mehan, H. (1992): Understanding Inequality in Schools: The Contribution of Interpretative Studies. In: Sociology of Education, 651, S. 1-20

Muñoz, V. (2007): Umsetzung der UN-Resolution 60/251. Bericht des Sonderberichterstatters für das Recht auf Bildung. [www.netzwerk-bildungsfreiheit.de/pdf/Mission_on_Germany_DE.pdf; Zugriff am 22.07.2009]

Müller, K. U/Mayer, W./Pollak, R. (2007): Germany: Institutional Change and Inequalities of Access in Higher Education. In: Shavit, Y. (Ed.): Stratification in higher education. A comparative study. Stanford, Calif., pp. 240-265

Müller, W./Haun, D. (1994): Bildungsungleichheit im sozialen Wandel. In: Kölner Zeitschrift für Soziologie und Sozialpsychologie, Jg. 46, H. 1, S. 1-42

Nickel, H. (1975): Allgemeine Grundlagen: Die Entwicklung bis zum Schuleintritt. Stuttgart

OECD (Hrsg.) (2006): Education at a Glance. OECD Indicators 2006. Paris

Picht, G. (1964): Die deutsche Bildungskatastrophe. Olten

Rabe-Kleberg, U. (2005a): Feminisierung der Erziehung von Kindern. In: Sachverständigenkommission Zwölfter Kinder- und Jugendbericht (Hrsg.): Entwicklungspotentiale institutioneller Angebote im Elementarbereich. (Materialien zum Zwölften Kinder- und Jugendbericht. Band 2). München, S. 135-172

Rabe-Kleberg, U. (2005b): Von Generation zu Generation? Kleine Kinder und soziale Ungleichheit in Deutschland. In: Opielka, M. (Hrsg.): Bildungsreform als Sozialreform. Zum Zusammenhang von Bildungs- und Sozialpolitik. Wiesbaden, S. 77-88

Reißig, B./Gaupp, N./Lex, T. (2004): Hoffnungen und Ängste – Jugendliche aus Zuwandererfamilien an der Schwelle zur Arbeitswelt. In: DJI-Bulletin 69, S. 4-7

Schimpl-Neimanns, B. (2000): Soziale Herkunft und Bildungsbeteiligung. Empirische Analysen zu herkunftsspezifischen Bildungsungleichheiten zwischen 1950 und 1989. Kölner Zeitschrift für Soziologie und Sozialpsychologie, Jg. 52, S. 636-669

Schneider, I. K. (1996): Einschulungserlebnisse im 20. Jahrhundert. Studie im Rahmen pädagogischer Biographieforschung. Weinheim

Schümer, G./Tillmann, K.-J./Weiß, M. (2002): Institutionelle und soziale Bedingungen. In: Deutsches PISA-Konsortium (Hrsg.): PISA 2000 – Die Länder der Bundesrepublik Deutschland im Vergleich. Opladen, S. 203-219

Solga, H./Wagner, S. (2007): Die Zurückgelassenen – die soziale Verarmung der Lernumwelt von Hauptschülerinnen und Hauptschülern. In: Becker, R./Lauterbach, W. (Hrsg.): Bildung als Privileg. Erklärungen und Befunde zu den Ursachen der Bildungsungleichheit. – 2. Aufl. – Wiesbaden, S. 187-215

Statistisches Bundesamt (2005): Hochschulstandort Deutschland 2005. Wiesbaden

Tayler, C. (2006a): Review of the Approach to setting National Standards an Assuring the Quality of Care in Australian Child Care Service. QUT, Brisbane

Tayler, C. (2006b): The Childcare and Family Support Hubs in Queensland Communities. QUT, Brisbane

Teichler, U. (2005a): Hochschulstrukturen im Umbruch. Eine Bilanz der Reformdynamik seit vier Jahrzehnten. Frankfurt a. M./New York

Teichler, U. (2005b): Hochschulsysteme und Hochschulpolitik. Münster

Tillmann, K.-J./Meier, U. (2003): Famlienstrukturen, Bildungslaufbahnen und Kompetenzerwerb. In: Deutsches PISA-Konsortium (Hrsg.): PISA 2000. Ein differenzierter Blick auf die Länder der Bundesrepublik Deutschland. Opladen, S. 361-393

Wissenschaftsrat (2006): Empfehlungen zur künftigen Rolle der Universitäten im Wissenschaftssystem. Berlin

Witting, H. (1989): Der Bildungsprozeß im Übergang von der Familie in die Schule. Eine qualitativ-interpretative Untersuchung. Frankfurt a. M./Bern/New York/Paris

I. Bildung und soziale Ungleichheit im Elementarbereich

Entwicklung und Ungleichheit von Fähigkeiten: Anmerkungen aus ökonomischer Sicht

Friedhelm Pfeiffer

1 Einleitung

Ausdauer und Leistungsintensität im Handlungsablauf, Motivation, sprachliche, logische und motorische Fähigkeiten, Gedächtnisleistungen ebenso wie die Fähigkeit zur Verarbeitung von Informationen sind im Schul- und Arbeitsalltag von erheblicher Bedeutung. Die Forschung geht davon aus, dass diese Fähigkeiten durch geeignete Maßnahmen ausbaubar sind. Die bildungsökonomische Forschung wirkt an der Beantwortung der praktischen Frage mit, wann, wie und in welchem Umfang dies aus ökonomischer Sicht geschehen sollte. Dabei steht im folgenden Beitrag der investive Charakter im Vordergrund, der sich aus einer Abwägung von Kosten und Nutzen im Lebenszyklus ergibt.

Nirgends sonst im ökonomischen Handeln fallen Kosten und Nutzen im Zeitablauf und aufgeteilt nach Investoren und Nutznießern so eklatant auseinander wie bei Bildungsinvestitionen. Ein bedeutender Teil der für die Entwicklung von Fähigkeiten relevanten Investitionen wird mit Beginn der Empfängnis bis ins Schulalter getätigt. Ein erheblicher Teil der aus der Entwicklung von Fähigkeiten entstehenden Erträge fällt im Erwachsenenalter an. Die Investoren und diejenigen, die die Erträge erhalten, sind vielfach nicht identisch. Zu Beginn des Lebens sind, außer dem Lernenden selbst, die Eltern entscheidend, ab dem Schulalter kommen Bildungseinrichtungen hinzu. Im Erwachsenenalter profitieren von den Erträgen der Lernende, seine Familie sowie die Gemeinschaft, beispielsweise über höhere Steuern.

Für die aus der Entwicklung und aus Bildungsinvestitionen resultierenden Fähigkeiten hat sich in der Ökonomie der Begriff Humankapital eingebürgert. Als Humankapital wird die Bewertung menschlicher Fähigkeiten und Handlungen bezeichnet, die in Tauschprozessen in der sozialen Realität zustande kommt, innerhalb der Familie, der Gemeinschaft, eines Unternehmens oder auf einem (Arbeits-)Markt. Der Zusammenhang zwischen den Ressourcen, die zum Erwerb der Fähigkeiten aufgewendet werden, den Inputfaktoren, und dem Niveau der damit erreichbaren Fähigkeiten, dem Output, wird als Produktionsfunktion bezeichnet, die aus der Technologie des Erwerbs von Fähigkeiten (Cunha und Heckman 2007, 2009) abgleitet werden kann. Umstritten ist, ob Bildungsinvestitionen im Lebenszyklus immer einen vergleichbaren Ertrag ermöglichen oder ob es entwicklungsabhängig unterschiedliche Erträge geben kann. Heckman (2007) argumentiert, dass die ersten Lebensjahre, inklusive der Entwicklung im Mutterleib, die Phase der Kapazitätsbildung im Lebenszyklus darstellt, in der Investitionen besonders ertragreich seien. Allgemeine Problemlösungsfähigkeiten, schulische und berufliche Kompetenzen würden von der Kapazitätsbildung in der Kindheit bestimmt, im Sinne des Sprichworts: „Was Hänschen nicht lernt, lernt Hans nimmermehr". Ohne eine ausreichende Kapazitätsbildung seien spätere Investitionen kaum mehr ertragreich.

Dahinter steht die Vorstellung einer kumulativen Natur der Entwicklung von Fähigkeiten, eines aufeinander aufbauenden Entwicklungsprozesses, in dem die Entfaltung in der jeweils nächsten Stufe vom Zustand des Erreichten aus der vorhergehenden Entwicklungsstufe abhängt.[1] Bildungssysteme sind in aller Regel ebenfalls auf einer solchen Vorstellung aufgebaut. Jedoch würden (vgl. Heckman 2000) die Konsequenzen der eminenten Rolle der Kapazitätsbildung in der frühen Kindheit noch zu wenig in Reformen des Bildungssystems umgesetzt.[2] Insbesondere für benachteiligte Kinder, deren Eltern nur ungenügende Investitionen bereitstellen, können Schulen keine ausreichende Kompensation mehr bewirken. Vielmehr sei, sofern es nicht gelinge, zusätzliche öffentliche Mittel bereitzustellen (was angesichts des Grades der öffentlichen Verschuldung bezweifelt werden könnte), eine (moderate) Verlagerung von öffentlichen Bildungsressourcen in den frühen Lebenszyklus erforderlich. Viele Untersuchungen zur Rolle der Kindheit für die Humankapitalbildung (zusammenfassend Heckman 2007, 2008) beziehen sich auf US-Daten. Ökonomische Analysen mit Längsschnittstudien für Deutschland, die kognitive, motorische und nichtkognitive Fähigkeiten von der Geburt an enthalten, zusammen mit den wichtigsten familiären und institutionellen Einflussfaktoren, sind noch Mangelware.

Ziel des vorliegenden Beitrags ist es, die Investitionsströme in Deutschland auf Basis einer Lebenszyklusbetrachtung gedanklich zu strukturieren und Folgerungen für die optimale Entwicklung von Fähigkeiten zu diskutieren. Zur empirischen Verdeutlichung werden Untersuchungsergebnisse von Blomeyer et al. (2008, 2009) zum Zusammenhang zwischen organischen und psychosozialen Geburtsbedingungen, der elterlichen Fürsorge und der Entwicklung grundlegender Fähigkeiten, sowie sozialer und schulischer Kompetenzen in den ersten elf Lebensjahren, ebenso herangezogen wie Modelle der Humankapitalbildung im Lebenszyklus von Pfeiffer und Reuß (2008a,b). Der Kindheitsmultiplikator, der Kapazitätsaufbau in der Kindheit für die lebenslange Humankapitalbildung, wird quantitativ aufgearbeitet.

Die Ergebnisse deuten darauf hin, dass die Bildungsungleichheit im (Vor-)Schulalter eine der zentralen Ursachen von Ungleichheiten ist. Sie stehen somit, wenig überraschend,

---

1 Die Vorstellung findet sich auch in der Psychologie, siehe unter anderem Braun und Stern (2007), Holodynski et al. (2008). Auch Sigmund Freuds Theorie der Persönlichkeit liegt die Vorstellung einer Entwicklung in Phasen zugrunde, wobei Freud vor allem die frühe Kindheit hervorgehoben hat. Erikson (1959) unterscheidet, aufbauend auf Freud, acht Phasen der Persönlichkeitsentwicklung im Lebenszyklus, von denen jede ihre spezifische Bedeutung hat. Für die Persönlichkeitsentwicklung sind nach Erikson alle Phasen gleich wichtig.

2 Das folgende Zitat von Johann Wolfgang von Goethe (1795, Wilhelm Meisters Lehrjahre, Zweites Buch, neuntes Kapitel) deutet darauf hin, dass der Konflikt schon älter zu sein scheint: "Aber", versetzte Wilhelm, „wird das Genie sich nicht selbst retten, die Wunden, die es sich geschlagen, selbst heilen?" „Mitnichten", versetze der andere, „Oder, wenigstens nur notdürftig; denn niemand glaube die ersten Eindrücke der Jugend überwinden zu können. Ist er in einer löblichen Freiheit, umgeben von schönen und edlen Gegenständen, in dem Umgang mit edlem Menschen aufgewachsen, haben ihn seine Meister das gelehrt, was er zuerst wissen mußte, um das übrige leichter zu begreifen, hat er gelernt, was er nie zu verlernen braucht, wurden seine Handlungen so geleitet, daß er das Gute künftig leichter und bequemer vollbringen kann, ohne sich irgend etwas abgewöhnen zu müssen, so wird dieser Mensch ein reineres, vollkommneres und glücklicheres Leben führen als ein anderer, der seine ersten Jugendkräfte im Widerstand und im Irrtum zugesetzt hat. Es wird soviel von Erziehung gesprochen und geschrieben, und ich sehe nur wenig Menschen, die den einfachen, aber großen Begriff, der alles andere in sich schließt, fassen und in die Ausführung übertragen können."

im Einklang mit einer umfangreichen Literatur[3] (unter anderem Amor 2003, Black et al. 2007, Braun und Stern 2007, Coneus und Spieß 2008, Heckhausen und Heckhausen 2006, Heckman 2007, Holodynski et al. 2008, Laucht et al. 1997, 2004, O'Conell und Sheikh 2008, van den Berg et al. 2006, Sodian und Koerber 2008). Die Unterschiede in der Verfügbarkeit von emotionalen Ressourcen in der Kindheit entfalten eine die Entwicklung prägende Kraft. Das (Klein-)Kind kann nicht unmittelbar von besseren materiellen Ressourcen profitieren, sondern nur von der Verfügbarkeit höherwertiger emotionaler Ressourcen. Im Schulalter kommen finanzielle Restriktionen durch Armut in der Familie hinzu. Für viele benachteiligte Kinder hat daher auch in Ländern mit Schulpflicht, hohen Bildungsausgaben und hoher Wirtschaftskraft die Bildungsungleichheit vor dem Schulalter ihren schicksalhaften Charakter noch nicht verloren. Um dies zu ändern, ist der Zugang zu emotionaler Fürsorge von Anfang an zu verbessern. Die betroffenen Kinder müssen darüber hinaus bis ins Jugendalter weiter gefördert werden. Im Beitrag werden bildungspolitische Maßnahmen im Vorschulalter mit Interventionen in der Grundschule und beim Übergang von der primären zur sekundären Bildung aus einer ökonomischen Sicht verglichen.

Wenngleich die in der aktuellen Forschung zusammengetragene Evidenz zur Rolle der (frühen) Kindheit für die Entwicklung und die Ungleichheit von Fähigkeiten eindrucksvoll ist, und bildungspolitische Antworten erfordert, bleiben aus wissenschaftlicher Sicht offene Fragen bestehen. Zwar zeigen die Ergebnisse, dass Investitionsdefizite während der vorschulischen und schulischen Lebensphase im späteren Lebenszyklus in der sozialen Realität kaum mehr wettgemacht werden. Dabei ist jedoch der Bezug zur „sozialen Realität" wichtig. Empirische Ergebnisse werden in einem konkreten Familien-, Gesellschafts- und Schulkontext, eben der sozialen Realität, in der das Kind lebt, gemessen. Untersucht wird der Entwicklungsprozess einer Population von Kindern von der Geburt bis zum Schulalter in einer bestimmten sozialen Realität, die zu einer messbaren Evolution der Ungleichheit von Fähigkeiten beigetragen hat. Diese soziale Realität wirkt tatsächlich für viele Kinder und Jugendliche schicksalhaft. Auch in dem vorliegenden Beitrag werden eine Reihe prägender Faktoren, darunter organische und psychosoziale Geburtsrisiken, fehlendes mütterliches Kontingenzverhalten, Gewalt und Ausgrenzung in der Familie, herausgearbeitet.

Der empirische Kindheitsmultiplikator kann jedoch keine universelle Gültigkeit beanspruchen, in dem Sinne, dass Fähigkeiten nach der Kindheit nicht mehr veränderbar sind. Eine andere soziale Realität, beispielsweise in Form einer Schule, die einen größeren Teil von Ressourcen für benachteiligte Kinder einsetzt, oder die mit einer stärker individuell strukturierten Interaktion Kindern den fehlenden kompetenten Anderen ersetzt, kann neue Erkenntnisse zu Tage fördern. Zukünftige Studien, die die Nachhaltigkeit von kompensierenden, experimentell variierenden Investitionen im Kindergarten- und Schulalter für in ihrer Kindheit benachteiligte Kinder untersuchen, sind notwendig, um diese Forschungslücke zu schließen.

---

3   "The most valuable of all capital is that invested in human beings; and of that capital the most precious part is the result of the care and influence of the mother", Alfred Marshall (1890, Principles of Economics, VI.IV.11).

2 Die Bildung von Fähigkeiten im Lebenszyklus

Im Rahmen dieses Beitrags ist es nicht möglich, alle Aspekte der Humankapitalbildung mit gleicher Priorität abzuhandeln. Im Vordergrund steht das Thema der Entwicklung von Fähigkeiten über den Lebenszyklus, unabhängig davon, ob Investitionen von Bildungseinrichtungen im Rahmen formalisierter Lernsituationen getätigt werden, oder im Rahmen informeller Lernprozesse, zusammen mit Freunden und in der Familie. Erst diese Gesamtschau ermöglicht eine Würdigung der Architektur des Bildungswesens aus ökonomischer Sicht.[4]

Menschen haben Anlagen zur Entwicklung einer immensen Vielfalt von Fähigkeiten, Kenntnissen und Kompetenzen. Diese können im Wirtschaftsleben, sei es in einer selbständigen oder in einer abhängigen Erwerbstätigkeit, ebenso wie im gesellschaftlichen und privaten Leben zur Entfaltung kommen und vielfältige, zum Teil subjektive, zum Teil objektiv messbare Erträge (beispielsweise den Lohn) erzielen. Aufbauend auf den biologischen, pädagogischen und psychologischen Grundlagen untersuchen Bildungsökonomen den optimalen Einsatz knapper Ressourcen zum Erwerb dieser Fähigkeiten im Lebensverlauf, sowie die Anreizstrukturen der Investoren. Diese Forschung wirkt an der Beantwortung der praktischen Frage mit, welche Fähigkeiten durch gezielte Bildungsmaßnahmen verbessert werden können und in welcher Höhe diese Investitionen wann erfolgen sollten.

Trotz Bildungsexpansion und weitgehend unabhängig von der Finanzierung und Regelung der vielfältigen nationalen Bildungssysteme sind die Bildungsressourcen in der sozialen Wirklichkeit ungleich verteilt, sowohl in einem Querschnitt von Lernenden zu einem Zeitpunkt wie auch über den gesamten Lebenszyklus eines Individuums. Die (frühe) Kindheit liegt in den Händen von Müttern, Vätern oder anderen Betreuungspersonen. Aufgrund von Unterschieden in den Kompetenzen und Möglichkeiten der etwa 8,8 Millionen Familien (mit Kindern unter 18 Jahren, im Jahre 2006, www.destatis.de) in Deutschland, ausreichende Investitionen bereitzustellen, sind bereits erhebliche Unterschiede in der Fähigkeitsentwicklung der Kinder zu erwarten. Auch der Zeithorizont spielt eine wichtige Rolle. Es gibt einen erheblichen zeitlichen Unterschied zwischen Bildungsinvestitionen und deren Erträgen. Das ist ein grundsätzliches, der Produktion von Fähigkeiten innewohnendes Problem, das möglicherweise eine wichtige Ursache für die Vielfalt realer Gesellschafts- und Bildungssysteme ist.

Lernen fängt im Mutterleib an und ist ein Teil unseres biologischen Erbes. Bereits der „kompetente Säugling" (Sodian und Koerber 2008:83) investiert einen erheblichen Teil seiner Zeit und seiner Möglichkeiten in die eigene Entwicklung. Auch nach der Ablösung aus der körperlichen Symbiose mit dem Mutterleib kann sich der Säugling noch nicht alleine weiterentwickeln. Er benötigt den „kompetenten Anderen" (Holodynski et al. 2008: 93). Es setzt eine Phase intensiver Interaktion zwischen dem kompetenten Säugling und dem kompetenten Anderen ein. Diese frühe Eltern-Kind Interaktion gilt vielfach als „Wiege des Handelns" (Heckhausen und Heckhausen 2006:402). Da die elterlichen Ressourcen, die die Entwicklung befördern, darunter insbesondere eine dem Entwicklungsstadium entsprechende emotionale Unterstützung („Bodenfreiheit", „mütterliches Kontingenzverhalten", etc., Heckhausen und Heckhausen 2006:403f.), unterschiedlich verteilt sind, ist der Zugang zu diesem wichtigen Input in die Produktion von Fähigkeiten zwischen Kindern bereits von

---

4   Die Rolle der allgemeinen und der beruflichen Bildung im technischen Wandel wird im Beitrag nicht explizit angesprochen, vgl. dazu unter anderem Ludwig und Pfeiffer (2006).

frühester Kindheit an verschieden.⁵ Da zudem die Ressourcen in der Regel und relativ zur Nachfrage nach Unterstützung seitens ihrer Kinder begrenzt sind, werden die kompetenten Anderen Prioritäten setzen, unter anderem durch die Wahl des Kindergartens oder der Schule.

Neben dem „kompetenten Anderen" steht dem Lernenden im Schulalter die Schule zur Verfügung, wobei das Zutrittsalter von der Ausgestaltung des Bildungswesens abhängt, ebenso wie dessen Wirkungen (siehe Mühlenweg und Puhani 2009). Auch die Schule stellt keinen homogenen, für alle Schüler gleichartig wirkenden Lernkontext her. Schulen sind, selbst bei einheitlich festgelegten Lehrplänen, heterogen (siehe unter anderem Beck und Klieme 2006). Baumert's Analysen, die in diesem Band zu finden sind, deuten darauf hin, dass Schulen in Deutschland die familiär bedingte Ungleichheit von Fähigkeiten nicht verstärken, sondern in der Summe (moderat) kompensierend wirken (ähnlich Mühlenweg 2008). Die moderate Kompensation zeigt sich darin, dass die Ungleichheit in der Schule nicht zunimmt. Kramarz et al. (2008) kommen mit Daten aus England zu dem Schluss, dass Schülerleistungen empirisch in erster Linie vom familiären Hintergrund erklärt werden und, in geringerem Maße, vom Lernumfeld. Hanushek und Wößmann (2008) finden, auf der Basis einer Panelstudie mit 50 Industrie- und Entwicklungsländern, dass höhere kognitive Fähigkeiten (gemessen mit Hilfe von internationalen Schülerleistungstests), die durch Schulen beeinflusst werden, zum Wirtschaftswachstum beitragen.

Eine häufige, in staatlichen Bildungsprogrammen seit der Französischen Revolution genannte Zielvorgabe öffentlicher Einrichtungen ist es, Kinder unabhängig von ihrem familiären Hintergrund in gleicher Weise⁶ zu fördern. Hinzu kommen weitere Ziele, etwa dass Kinder individuell, ihrem Entwicklungsstand gemäß, zu fördern seien. Kinder mit Lernschwierigkeiten erhalten bei dieser Zielvorgabe einen anderen Unterricht als beispielsweise Hochbegabte. Da auch den Schulen nur begrenzte Ressourcen zur Verfügung stehen, können nicht alle Ziele gleich gut erreicht werden, und es erfolgt eine Prioritätensetzung seitens der Schulen, die sich nicht zuletzt in der Zusammensetzung der Fächer und der Unterrichtsform manifestiert.

Bis ins Erwachsenenalter braucht der Lernende zusätzlich zur Schule den kompetenten Anderen. Nach Gollwitzer (1999) (siehe auch Gollwitzer et al. (2008) sowie die dort zitierte Literatur) führen verbesserte Methoden der Selbstregulation in einer Reihe von herausfordernden Lebenslagen („in the face of hardship") zu besseren Ergebnissen („einfache Vorsätze, große Wirkungen"). Der kompetente Andere wäre in diesem Sinne die Person, die dem Lernenden hilft, seine selbstregulatorischen Fähigkeiten zu verbessern. Investitionen in die stetige Entwicklung von Kompetenzen werden sowohl vom Lernenden, von seiner

---

5   Benabou und Tirol (2004) untersuchen Konsequenzen frühkindlicher Interaktionsprozesse für die Willenskraft und die gegenwartsbezogene Zeitpräferenzen, siehe auch Ainslie (2001). Unter dem Stichwort „Eltern-Kind Konflikte" gibt es zu diesem grundlegenden Aspekt der Entwicklung ebenso eine biologische Literatur, siehe Wells (2003). Nach Danesi et al. (2007) führen Gewalt und Misshandlungen in der Kindheit zu mehr Krankheiten im Erwachsenenalter. Es ist umstritten, ob und wie dies kompensiert werden kann. Zur Qualität eines kompetenten Anderen gehört dessen Präsenz. Partielle Maßnahmen, wie beispielsweise eine hypothetische (drei- bis vierstündige) Kindergartenpflicht, können bei einem 24 Stunden Tag kaum einheitlich positiv wirken, da das Kind im Tagesablauf 20 bis 21 Stunden nicht im Kindergarten ist.

6   „Ich verlange, ..., daß ... alle Kinder, ohne Unterschied und Ausnahme, gemeinschaftlich erzogen werden sollen auf Kosten der Republik, und dass alle unter dem heiligen Gesetz der Gleichheit dieselbe Kleidung, dieselbe Nahrung, denselben Unterricht, dieselbe Sorgfalt erhalten." Michel Lepeletier (1794): Plan einer Nationalerziehung (nach Michael, Berthold/Heinz-Hermann Schepp (1993), Die Schule in Staat und Gesellschaft, S. 88).

Familie wie auch von der Schule getätigt. Diese drei Gruppen von Beteiligten unterscheiden sich hinsichtlich ihrer Vorstellungen, wie auch im Hinblick auf die zur Verfügung stehenden Möglichkeiten, gezielte Investitionen zu tätigen. Die bildungsökonomische Forschung steht daher vor der Notwendigkeit, die unterschiedlichen Investitionsbeiträge zu erfassen und deren partielle Erträge abzuschätzen. Dies ist keine einfache Aufgabe, weil die Investitionen in einem bestimmten Zeitpunkt und über den Lebenszyklus komplementär oder substitutiv sein können.

Eine staatliche Ausweitung der Schul- oder Kindergartenpflicht könnte einige Eltern oder Schüler zu einer Reduktion ihrer ansonsten vorgesehenen Bildungsinvestitionen veranlassen. In dem Fall würden trotz Schulpflicht die Investitionen in der Summe nicht zunehmen oder zumindest nicht im Ausmaß der Erweiterung der Schulpflicht. Andere Eltern werden ihre eigenen Bildungsanstrengungen noch erhöhen, um die Vorteile, die mit einer guten Schulausbildung verbunden sein können, auszuschöpfen. Für die Gruppe dieser Kinder würde die erweiterte Schulpflicht dazu führen, dass die gesamten Investitionen die Summe aus schulischen und elterlichen Investitionen vor deren Einführung, übersteigen. Anreizprobleme ergeben sich daraus, dass die Erträge einer erfolgreichen Förderung von Fähigkeiten nicht notwendigerweise oder nicht im angemessenen Umfang den unterschiedlichen Investoren zufallen. Dies kann in der Summe zu einer Unterinvestition, zu einer suboptimalen Aufteilung der Investitionen, oder beidem, führen.

Die Humankapitalforschung beschäftigt sich mit den ökonomischen Erträgen, die unter anderem durch eine höhere Partizipation am Erwerbsleben sowie eine höhere Produktivität erzielt werden können. Die Bewertung der Produktivität wird auf firmeninternen Arbeitsmärkten, durch kollektive und individuelle Lohnverhandlungen, sowie durch Angebot und Nachfrage auf Arbeitsmärkten vorgenommen. Die durch Investitionen in die Fähigkeiten und Kompetenzen gestiegene höhere Produktivität kommt (zumindest zum Teil) dem Individuum in Form eines höheren Arbeitsverdienstes zu Gute.

Gebel und Pfeiffer (2009) untersuchen die Evolution der Bildungsrendite von 1984 bis 2006 in Deutschland. Demnach liegt die durchschnittliche Bildungsrendite in der Gruppe der Bildungsteilnehmer bei einem Wert von etwa 6%. Ein zusätzliches Jahr in Vollzeitausbildung ist mit einem um 6% höheren Arbeitsverdienst verbunden.[7] 6% sind aus ökonomischer Sicht eine passable Rendite, die auch für die Bildungspolitik eine wichtige Orientierungsmarke darstellen könnte. Die Probleme der Trennung der Investitionen durch die formale Ausbildung von den gleichzeitig stattfindenden individuellen und familiären Investitionen sind Gegenstand laufender Studien. Man kann nicht ausschließen, dass der Schätzwert überhöht oder zu niedrig ist. Zudem ist die Bildungsrendite individuell verschieden. Bei einem Durchschnittswert von 6% ist sie für fast 25% der Arbeitnehmer negativ und für fast 25% der Arbeitnehmer 10% oder höher (Maier et al. 2004).

Wenn der Einzelne für seine Investitionen selbst Sorge tragen kann, wäre Anreizkompatibilität zu erwarten. Möglicherweise nimmt mit zunehmender Qualität der Kompetenzen in der Bevölkerung darüber hinaus auch die volkswirtschaftliche Produktivität oder der in einer Gesellschaft in der Summe erzielbare Wohlstand zu. Sei es, dass mit

---

7 Die Bildungsrendite gibt den Ertrag („Arbeitsentgelt") von formaler Bildungsbeteiligung in Abhängigkeit von der Dauer des Besuchs von (Hoch-)Schulen in Prozent an. Gebel und Pfeiffer (2009) weisen darauf hin, dass diese so gemessene Bildungsrendite keine Naturkonstante ist. Sie hängt unter anderem von Angebot und Nachfrage auf dem Arbeitsmarkt ab, scheint aber in Deutschland über die Jahre nicht besonders stark zu schwanken. Nach einem Rückgang in den neunziger Jahren hat die Bildungsrendite in den letzten Jahren wieder (leicht) zugenommen.

mehr Fähigkeiten externe positive Effekte in Produktionsprozessen einhergehen, oder sei es, dass es gelänge, das gesellschaftliche Zusammenleben durch Vermeidung negativer externer Effekte (unter anderem weniger Kriminalität) zu verbessern. Falls es dafür Evidenz gäbe, wäre eine Unterinvestition in Bildung im Schulalter die wahrscheinliche Folge und damit auch aus ökonomischer Sicht eine Rationalität öffentlicher Bildungsinvestitionen in diesem Lebensabschnitt gegeben.

Studien zum Thema externe Erträge von Investitionen im Schulalter kommen zwar nicht zu eindeutigen Ergebnissen (siehe Ciccone und Peri 2006, Moretti 2004 unter anderem). Das kann angesichts der Identifikationserfordernisse nicht überraschen. Jedoch könnte ein Ergebnis aus den Untersuchungen mit der Mannheimer Risikokinderstudie hilfreich sein, und der Forschung zu diesem Thema neue Hypothesen liefern. Nach Blomeyer et al. (2008) prognostizieren die grundlegenden kognitiven, motorischen, und nichtkognitiven Fähigkeiten im Vorschulalter die Qualität von Freundschaften im Schulalter. Wichtige Bestimmungsgründe von mehr sozialer Integration scheinen somit bereits mit dem erreichten Niveau von kognitiven, motorischen, und nichtkognitiven Fähigkeiten im Vorschulalter zusammenzuhängen. Dies würde bedeuten, dass vermeintliche soziale Vorteile von mehr Schulbildung, externe Effekte, ihre tiefere Verankerung in vorteilhaften Entwicklungsprozessen bereits im Vorschulalter haben. Das Ergebnis könnte die nicht einheitliche Evidenz zu externen Effekten von Humankapital im Arbeitsleben erklären. Der Kindheitsmultiplikator für die Humankapitalbildung würde somit noch immer unterschätzt. Im folgenden Abschnitt werden Auswertungen aus der Mannheimer Risikokinderstudie vorgestellt, die psychometrische Tests zu kognitiven, motorischen und nichtkognitiven Fähigkeiten von der Geburt bis ins Jugendalter enthalten, und die Abschätzungen des Kindheitsmultiplikators ermöglichen.

3 Geburtsbedingungen und Kompetenzentwicklung

Die Ergebnisse stammen aus einer Kooperation des Zentralinstituts für seelische Gesundheit (ZI) und dem Zentrum für Europäische Wirtschaftsforschung (ZEW) in Mannheim (siehe ausführlich Blomeyer et al. 2008, 2009). Als Datengrundlage dient die Mannheimer Risikokinderstudie, eine Längsschnittstudie zur Erforschung der Auswirkungen von Geburtsrisiken im Lebensverlauf, die am Zentralinstitut für Seelische Gesundheit in Mannheim durchgeführt wird (Laucht 2005). Diese Untersuchung, die im Jahre 1986 begann, umfasst 384 erstgeborene Kinder mit deutsch sprechenden Eltern in der Rhein-Neckar-Metropolregion. Die Kinder wurden bei der Geburt nach der Schwere organischer und psychosozialer Risiken ausgewählt. Zu den organischen Risiken zählen unter anderem Geburtskomplikationen, Frühgeburten und (sehr) niedriges Geburtsgewicht. Zu den psychosozialen Risiken zählen unter anderem eine frühe Elternschaft (die Eltern waren zum Zeitpunkt der Geburt unter 18 Jahre, oder die Beziehung der Eltern dauerte zum Zeitpunkt der Empfängnis weniger als sechs Monate), mangelnde Bildung der Eltern, sowie (erhebliche) Dissonanzen in der Beziehung der Eltern. In jeder Dimension wurden drei Kategorien, kein, moderates, hohes Risiko gebildet, sodass die anfängliche Risikomatrix neun Felder enthält (Tabelle 1).

Tabelle 1: Grundlegende kognitive, motorische und nichtkognitive Fähigkeiten im Alter von 3 Monaten und 11 Jahren, in Abhängigkeit von den organischen und psychosozialen Geburtsbedingungen (Gruppenmittelwerte, Standardabweichung in Klammern)

		\multicolumn{6}{c}{Psychosoziales Risiko}
		kein Risiko		moderat		hoch	
		IQ (Intelligenz Quotient)					
		3 Monate	11 Jahre	3 Monate	11 Jahre	3 Monate	11 Jahre
Organisches Risiko	kein Risiko	103* (13,5)	108* (15,3)	102* (16,7)	107* (16,3)	96* (15,9)	100* (18,9)
	moderat	101* (16,0)	105* (10,4)	99* (16,5)	98* (13,3)	97* (16,3)	97 (19,2)
	hoch	95 (13,2)	101* (20,0)	93 (17,4)	92 (24,0)	88 (19,8)	87 (27,3)
		MQ (Motorischer Quotient)					
		3 Monate	11 Jahre	3 Monate	11 Jahre	3 Monate	11 Jahre
Organisches Risiko	kein Risiko	103* (12,1)	104* (13,0)	102* (12,5)	106* (17,2)	103* (13,9)	104* (12,8)
	moderat	101* (13,6)	97* (12,3)	98* (15,7)	103* (14,1)	99* (13,6)	98* (18,1)
	hoch	93 (12,1)	98* (16,9)	92 (13,5)	97* (23,6)	89 (13,8)	86 (26,5)
		P (Persistenzwert)					
		4.5 Jahre	11 Jahre	4.5 Jahre	11 Jahre	4.5 Jahre	11 Jahre
Organisches Risiko	kein Risiko	3,82* (0,68)	4,27* (0,54)	3,50* (0,73)	4,13* (0,59)	3,17 (0,83)	3,84 (0,79)
	moderat	3,54* (0,63)	4,02* (0,53)	3,38 (0,75)	3,87 (0,59)	3,20 (0,80)	3,63 (0,73)
	hoch	3,61* (0,64)	3,99* (0,56)	3,14 (0,70)	3,71 (0,64)	3,07 (0,77)	3,55 (0,91)

Werte entnommen aus Blomeyer et al. (2008, Tabelle A3). Der IQ und MQ wurden auf den Mittelwert 100 und die Standardabweichung normiert; das Ergebnis des Persistenzwerts variiert zwischen 1.0, 1.1, ... (niedrig) und 5.0 (hoch); *statistisch signifikante Differenz des Gruppenmittelwertes zur höchsten Risikogruppe zum 5% Niveau.

Die in Tabelle 1 dargestellten Ergebnisse verdeutlichen, dass eine interpersonelle Ungleichheit der Fähigkeiten bereits sehr früh messbar ist. Dies gilt gleichermaßen für die kognitiven, motorischen wie auch die nichtkognitiven Fähigkeiten. Jedoch scheinen die Unterschiede, die sich durch die Zugehörigkeit zu einer der neun Risikozellen ergeben, spezifisch für die Fähigkeiten zu sein. Die organischen Geburtsrisiken scheinen einen deutlichen Zusammenhang mit den kognitiven und motorischen Fähigkeiten aufzuweisen, wohingegen die psychosozialen Geburtsrisiken unmittelbar stärker mit den nichtkognitiven Fähigkeiten assoziiert sind. Weiterhin verdeutlichen die Werte, dass sich die beiden Risiken kumulieren und sich im Zeitablauf gegenseitig verstärken. Das Geburtsrisiko setzt sich somit aus der Summe der organischen und psychosozialen Einzelrisiken zusammen (Laucht 2005). Bis zum Alter von 11 Jahren, dem letzten Zeitpunkt in der Mannheimer Risikokinderstudie, zu dem die kognitiven, motorischen und nichtkognitiven Fähigkeiten der Kinder erhoben werden, sind die Gruppenunterschiede in den Zellen der Risikomatrix gewachsen.

Der Zusammenhang zwischen organischen und psychosozialen Geburtsbedingungen und dem Schulerfolg wie auch über die Qualität von Hobbys und Freundschaften im Schulalter wird in Tabelle 2 dargestellt. Während 74% der Kinder ein Gymnasium besuchen, die ohne organische und psychosoziale Risiken bei der Geburt aufwachsen konnten, trifft das nur für 15% der Kinder zu, die mit beiden Risiken aufgewachsen sind. Bei den Schulnoten in der Grundschule im Alter von acht Jahren hat die Studie zudem Unterschiede bis zu einer ganzen Note gefunden. Dabei zeigte sich, dass die psychosozialen Risiken für deutlich schlechtere Schulnoten verantwortlich sind, als die organischen.

Beispielsweise beträgt der mittlere Unterschied im *IQ* im Alter von 11 Jahren zwischen der Gruppe der Kinder mit maximaler Ausprägung beider Risiken und der Gruppe von Kindern ohne jegliches Risiko 21. Dieser hohe Wert verdeutlicht die erheblichen Konsequenzen organischer und psychosozialer Geburtsrisiken. Ein ähnlich großer Unterschied im *IQ* wurde auch zwischen den in Großbritannien adoptierten Kindern aus rumänischen Kinderheimen und einer Gruppe von innerhalb Großbritanniens adoptierten Kindern gefunden (siehe Beckett et al. 2006). Die Kinder in den rumänischen Heimen wuchsen in den ersten Monaten ihres Lebens unter besonders schwierigen Entwicklungsbedingungen und (fast) ohne Betreuung durch kompetente Andere auf.

Auch bei den Hobbys und der Qualität der Freundschaften, die ein Kind hat, zeigen sich erhebliche Unterschiede in Abhängigkeit von der Zugehörigkeit zu einer der Risikozellen bei der Geburt, wobei die Assoziation zwischen psychosozialen Risiken und den sozialen Kompetenzen ausgeprägter zu sein scheint. In der Gruppe der Kinder ohne jegliches psychosoziales Risiko scheint eine Zunahme des organischen Risikos nicht mit einer Verschlechterung der Werte von Hobbys und Freundschaften einherzugehen. Diese Befunde belegen, dass sich Wirkungen von Geburtsrisiken nicht generalisieren lassen. Für jede Ergebnisgröße, seien es grundlegende Fähigkeiten oder soziale und schulische Kompetenzen, sind spezifische Resultate zu erwarten.

Tabelle 2: Schulnoten, Hobbys und Freundschaften im Alter von 8 Jahren, sowie höherer Schulbesuch im Alter von 11 Jahren in Abhängigkeit von den organischen und psychosozialen Geburtsbedingungen

		Psychosoziales Risiko		
		kein Risiko	moderat	hoch
		Schulnoten in Lesen [a] / Hobbys [b] / Freundschaften [b] im Alter von 8 Jahren		
Organisches Risiko	kein Risiko	2,0*/ 5,1*/ 4,8*	2,2*/ 4,9*/ 4,6*	2,3/ 4,4 / 4,6*
	moderat	2,2*/ 5,0*/ 4,5*	2,4 / 4,4*/ 4,5*	2,8 / 4,1 / 4,4
	hoch	2,1*/ 4,9*/ 4,8*	2,4 / 4,3 / 4,4	2,8 / 3,9 / 4,0
		Schulbesuch Gymnasium / Realschule / Andere [c] im Alter von 11 Jahren (in %)		
Organisches Risiko	kein Risiko	74* / 24* / 02*	77* / 09* / 14*	43 / 21* / 36
	moderat	45 / 40* / 15*	38 / 38* / 34*	33 / 23 / 44
	hoch	54* / 23* / 23*	27 / 38 / 45	15 / 28 / 67

Werte entnommen aus Blomeyer et al. (2008, Tabelle 1, Tabelle A8). a) Schulnoten von 1 (sehr gut) bis 6 (ungenügend); b) Hobbys und Freundschaften wurden auf der Basis von Experteneinschätzungen gemessen, wobei die Werteskala von 1.0 (schlecht) bis 7.0 (sehr gut) reicht; c) Haupt-, Förder- und Waldorfschule; *statistisch signifikante Differenz des Gruppenmittelwertes zur höchsten Risikogruppe zum 5% Niveau.

4 Die Qualität der elterlichen Fürsorge und die Kompetenzentwicklung

Die oben erörterte Entwicklung der Gruppenmittelwerte von grundlegenden Fähigkeiten und den weiteren schulischen und sozialen Kompetenzen bis zum Jugendalter ist noch unvollständig. Eltern wenden auch nach der Geburt erhebliche Mittel für die Entwicklung ihrer Kinder auf, deren Bedeutung von Heckhausen und Heckhausen (2006), Heckman (2007), Holdynski et al. (2008) und vielen anderen aufgezeigt wurde. In diesem Abschnitt möchte ich die Ergebnisse der ökonometrischen Analyse von Blomeyer et al. (2009) vorstellen, die erstmals für Deutschland den Beitrag der Qualität der elterlichen Fürsorge für die „Produktion" von Fähigkeiten bis ins Jugendalter quantifiziert haben (siehe Schaubild 1). Die Quantifizierung des elterlichen Inputs für die Fähigkeiten des Kindes geschieht, technisch gesprochen, in der Form einer partiellen Elastizität. Der Wert der partiellen Elastizität gibt an, um wie viel Prozent sich die betrachtete Fähigkeit verbessert, wenn die Qualität des elterlichen Inputs um ein Prozent zunimmt, bei Konstanz der übrigen Einflussfaktoren. Blomeyer et al. (2009) gehen davon aus, dass die partielle Elastizität, die sich aus der „Produktionsfunktion" von Fähigkeiten ergibt, für alle Kinder die gleiche ist.

In Abbildung 1 wird der Schätzwert der partiellen Elastizität in fünf Entwicklungsphasen (Säuglingsalter (3 Monate), Kleinkindalter (2 Jahre), Vorschulalter (4,5 Jahre), Grundschulalter (8 Jahre), Schulalter (11 Jahre)) jeweils für kognitive (gemessen mit dem Intelligenzquotienten, IQ), motorische (gemessen mit dem motorischen Quotienten, MQ) und nichtkognitiven Fähigkeiten (gemessen mit der Ausdauer im Handlungsablauf, Persistenz, P) angegeben. Schätzwerte der partiellen Elastizität unter 0,20 erweisen sich zum 5% Niveau als nicht signifikant. Abbildung 1 verdeutlicht, dass die Qualität der elterlichen Fürsorge einen statistisch signifikanten und positiven Zusammenhang mit den kognitiven und nichtkognitiven Fähigkeiten hat, der jedoch im Entwicklungsverlauf unterschiedlich ausfällt.

Die partielle Elastizität weist bei den kognitiven Fähigkeiten im Vorschulalter einen hohen Wert von bis zu 0,55 auf. Auch ab dem Schulalter bleibt die Elastizität positiv und ist mit einem Schätzwert von 0,18 nicht niedrig. Zum 5% Niveau kann jedoch die Nullhypothese (der Wert ist nicht von null verschieden) nicht verworfen werden. Die fehlende statistische Signifikanz könnte mit der niedrigen Fallzahl von 364 Beobachtungen zusammenhängen. In jedem Fall ist die partielle Elastizität im Vorschulalter hoch, danach niedrig. Vor allem im Vorschulalter trägt daher die Qualität der elterlichen Fürsorge zur Verbesserung der kognitiven Fähigkeiten bei. Im Alter zwischen 5 und 8 Jahren geht deren Bedeutung deutlich zurück. Während im Vorschulalter eine um 1% verbesserte Qualität der elterlichen Fürsorge einen um bis zu 0,55% höheren Wert des IQ zur Folge hat, sinkt die Verbesserung danach auf unter 0,2%. Diesen Schätzungen folgend trägt die Ungleichheit in der Verfügbarkeit von elterlicher Fürsorge in den ersten vier bis fünf Lebensjahren zur Entwicklung der Ungleichheit der kognitiven Fähigkeiten bei.

Die partielle Elastizität zwischen der Qualität der elterlichen Fürsorge und den motorischen Fähigkeiten fällt in allen Entwicklungsstufen positiv aus. Zum 5% Niveau kann jedoch die Nullhypothese (der Wert ist nicht von null verschieden) nicht verworfen werden. Die partielle Elastizität zwischen der Qualität der elterlichen Fürsorge und den nichtkognitiven Fähigkeiten fällt in allen Entwicklungsstufen positiv aus und in allen Stufen kann die Nullhypothese zum 5% Niveau verworfen werden. Demnach bleibt die elterliche Fürsorge ein wichtiger Input für die Fähigkeit, sich im Handlungsablauf nicht ablenken zu lassen, in allen Entwicklungsstufen. Die partielle Elastizität hat im Vorschulalter mit 0,5 den höchsten Wert, sinkt aber in keinem Alter unter den Wert von 0,3.

Gibt es Zusammenhänge zwischen den grundlegenden kognitiven, motorischen und nichtkognitiven Fähigkeiten und dem Schulerfolg? Blomeyer et al. (2008), können mit Hilfe des Längsschnittcharakters der Mannheimer Risikokinderstudie erstens zeigen, dass alle drei grundlegenden Fähigkeiten im Vorschulalter einen signifikanten Beitrag zur Erklärung der Schulnoten in Lesen, Schreiben und Rechnen im Alter von 8 Jahren haben. Den Schätzungen zu Folge führt ein um 1% höherer IQ (P) im Alter von 4,5 Jahren zu einer 0,84% (0,32%) höheren Note in Lesen (ähnlich bei den anderen Fächern). Zweitens haben Kinder mit höheren Werten in den drei grundlegenden Fähigkeiten im Schulalter, mit 8 Jahren, eine höhere Wahrscheinlichkeit ein Gymnasium aufzusuchen. Den Schätzungen zu Folge führt ein um 1% höherer IQ (MQ, P) mit 8 Jahren zu einer um 0,8% (0,37%, 0,49%) höheren Wahrscheinlichkeit ein Gymnasium zu besuchen. Dies verdeutlicht das Ausmaß der Komplementaritäten in der Entwicklung zwischen Kindheit und Jugendalter. Mit höheren Fähigkeiten in der Kindheit sind deutlich bessere Schulleistungen verbunden.

Abbildung 1: Die partielle Elastizität der Qualität der elterlichen Fürsorge und der Fähigkeiten im frühen Lebenszyklus

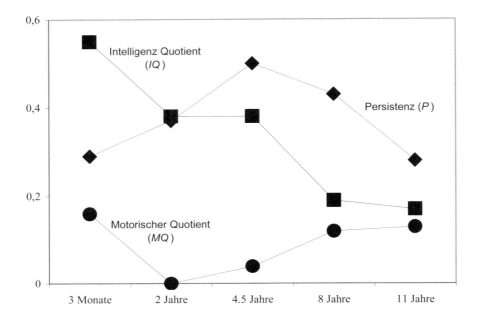

Werte entnommen aus Blomeyer et al. (2009, Table 2), eigene Darstellung. Für jede Fähigkeit und jede Periode wurde jeweils eine lineare Regressionsgleichung geschätzt, in der außer der Qualität der elterlichen Fürsorge die Fähigkeiten aus der Vorperiode enthalten sind. Da alle Größen in natürlichen Logarithmen eingehen, handelt es sich bei den Schätzwerten um Elastizitäten. Alle geschätzten Elastizitäten über 0,2 sind zum 5% Niveau signifikant von null verschieden, alle Schätzwerte unter 0,2 sind statistisch nicht von null verschieden

5 Bildungspolitische Alternativen

Eine für die Bildungspolitik wichtige Frage betrifft den Zusammenhang zwischen der Höhe der sozio-emotionalen und den finanziellen Ressourcen, die den Kindern im Entwicklungsprozess zur Verfügung stehen, sowie ihrem Beitrag zur Entwicklung und zum Schulerfolg. Auf der Basis der Mannheimer Risikokinderstudie erhalten Blomeyer et al. (2009) drei Ergebnisse:

1. Die finanziellen Ressourcen haben für sich keinen weiteren Erklärungsbeitrag als Input in die Produktion von grundlegenden kognitiven und nichtkognitiven Fähigkeiten, wenn in der Analyse die sozio-emotionalen Ressourcen berücksichtigt werden. Im Kindesalter ist die Qualität der sozio-emotionalen Ressourcen, die elterliche Fürsorge, entscheidend, nicht die Höhe der finanziellen Ressourcen. Das (Klein-) Kind kann nicht unmittelbar von besseren materiellen Ressourcen profitieren, sondern nur von der Verfügbarkeit höherwertiger emotionaler Ressourcen.

2. Die Korrelation der beiden Arten von Ressourcen beträgt 0,1. Demnach ist in den Daten der Mannheimer Risikokinderstudie eine Verdopplung des Pro-Kopf-Einkommens der Familienmitglieder mit einer 10 prozentigen Zunahme der den Kindern zur Verfügung stehenden sozio-emotionalen Ressourcen verbunden.
3. Die finanziellen Ressourcen sind beim Übergang auf eine Einrichtung mit höherwertiger sekundärer Bildung von Bedeutung. Eine Erhöhung des Pro-Kopf-Familieneinkommens um 10% erhöht bei ansonsten gleichen grundlegenden Fähigkeiten der Kinder, die Wahrscheinlichkeit des Besuchs eines Gymnasiums um 1,8%. Nach diesen Berechnungen spielt Geld für den Übergang ins Gymnasium demnach noch immer eine, wenngleich quantitativ eher bescheidene, Rolle.

Bei gleichen Fähigkeiten würden von 1.000 Kindern, die in um 10% ärmeren Haushalten leben, 18 weniger aufs Gymnasium gehen als in um 10% reicheren Haushalten. Kinder, die das Potential haben, ein Gymnasium mit Erfolg abzuschließen, können dies aus Geldmangel nicht tun. Es gelingt ihnen nicht, Kredite aufzunehmen, um sich weiter zu bilden. Kinder im Alter von 10 Jahren können sich noch nicht auf einem Kreditmarkt bewegen. Das Problem kann mit ausreichenden, einkommensabhängigen finanziellen Transfers gelöst werden, beispielsweise mit einem Gutschein im Falle des Besuchs eines Gymnasiums.

Ebenso wichtig für die Bildungspolitik sind die drei Worte „bei gleichen Fähigkeiten". Die Berechnung trifft nur für den hypothetischen Fall der gleichen Fähigkeiten der Kinder in den relativ reicheren und den relativ ärmeren Haushalten zu. In der sozialen Realität weisen die Fähigkeiten der Kinder im Alter von 8 Jahren bereits erhebliche Unterschiede auf. Die Konsequenzen der Unterschiede in den Fähigkeiten können wiederum mit den auf Basis der Mannheimer Längsschnittdaten berechneten Werten verdeutlicht werden. Wenn der *IQ* bei einem Kind im Alter von 8 Jahren um 2% niedriger ist als bei einem anderen Kind, dass ansonsten in einer Familie mit gleichem Haushaltseinkommen lebt (und gleiche motorische und nichtkognitive Fähigkeiten hat), dann sinkt die Wahrscheinlichkeit ein Gymnasium zu besuchen, um 1,7%. Bei gleichem Haushaltseinkommen und ansonsten gleichen Fähigkeiten werden von 1.000 Kindern, die im Alter von 8 Jahren einen um 2% niedrigeren *IQ* haben, 17 weniger aufs Gymnasium gehen als von 1.000 Kindern, deren *IQ* um 2% höher ist.

Da das Haushaltseinkommen für sich genommen keinen direkten Einfluss auf die Fähigkeitsentwicklung der Kinder hat, sondern nur indirekt, indem es mit einer höheren Qualität der elterlichen Fürsorge einhergeht, werden bildungspolitische Alternativen erkennbar. Falls es das Ziel der Bildungspolitik ist, den Anteil der Schüler, die ein Gymnasium besuchen, zu erhöhen, dann helfen Einkommenstransfers beim Übergang ins Gymnasium. Einkommenstransfers mildern die Konsequenzen von Unvollkommenheiten bei der Beleihung von Humankapital im Jugendalter. Falls es das Ziel der Bildungspolitik ist, die Fähigkeiten der Schüler im Alter von 8 Jahren zu verbessern, damit die Chancen steigen, durch verbesserte Fähigkeiten ein Gymnasium besuchen zu können, dann ist es notwendig, Kindern einen verbesserten Zugang zu einer höherwertigen Qualität sozio-emotionaler Ressourcen in der Kindheit zu verschaffen. Wenn es beispielsweise gelingt, die Qualität sozio-emotionaler Ressourcen, die dem Kind zur Verfügung stehen, im Säuglingsalter um 1% zu verbessern, steigt nach Blomeyer et al. (2009) der *IQ* (*MQ*, *Persistenz*) bis zum Alter von 8 Jahren um 0,96 (0,50, 0,55)%. Damit erhöht sich die Wahrscheinlichkeit eines Gymnasiumsbesuchs um 1,2% und zudem ist der *IQ* (*MQ*, *Persistenz*) im Alter von 11

Jahren um 1,11 (0.56, 0,60)% höher. Angemessene Maßnahmen im vorschulischen Alter verbessern die Fähigkeiten. Damit wird der Weg zum Gymnasium erleichtert. Für Kinder aus ärmeren Haushalten sollten die frühkindliche sozio-emotionale und die materielle Förderung beim Übergang zum Gymnasium verbunden werden.

6 Die Erträge von altersabhängigen Investitionen im Arbeitsleben

Die empirische Basis zur Bestimmung der lebenslangen Erträge zusätzlicher vorschulischer Bildungsinvestitionen ist aufgrund unvollständiger oder noch nicht vorhandener Längsschnittdaten, die auch das Arbeitsleben abdecken, noch eingeschränkt. Da über die langfristigen Erträge solcher Investitionen wenig quantitative Evidenz vorhanden ist, möchte ich in diesem Abschnitt ausgewählte Ergebnisse der Studie von Pfeiffer und Reuß (2008b) referieren. Der Humankapitalaufbau wird als Funktion von kognitiven und nichtkognitiven Fähigkeiten modelliert, wobei die frühe Ungleichheit in der Entwicklung von Fähigkeiten und die daraus resultierende Heterogenität der Erträge von zusätzlichen Bildungsinvestitionen im Vordergrund der Modellierung stehen.

Der Ertrag frühkindlicher Bildungsinvestitionen hängt von der Art, dem Umfang, dem Zeitpunkt und der Dauer dieser Anstrengungen ab. Zudem spielen die bereits vorhandenen Fähigkeiten der Kinder und die Qualität der familiären Fürsorge (siehe oben) für die Wirksamkeit weiterer Investitionen eine wichtige Rolle. Drittens können die Ziele von staatlichen (und privaten) Bildungsanstrengungen vielfältig sein, mit weiteren Konsequenzen auch für deren Erträge. So können staatliche Bildungsanstrengungen etwa dazu dienen, kompensierend benachteiligte Kinder zu fördern oder aber dazu, Kindern, die bereits von ihrem Familienhintergrund her eine gute Entwicklung aufweisen, weitere Impulse zu verschaffen, etwa zur Stärkung der sprachlichen oder sozialen Kompetenzen. Die optimale Förderung dieser beiden Zielgruppen wird sich im Hinblick auf den Mitteleinsatz unterscheiden. Die Festlegung von Zielen hängt von der relativen Gewichtung von Effizienz- und Gleichheitsüberlegungen ab (siehe dazu Pfeiffer und Reuß 2008a). Wie Bildungsinvestitionen im Vorschulalter gestaltet sein müssen, damit sie den erwünschten lebenslangen Ertrag bringen, und wie viel dies kostet, kann durch Versuch und Irrtum bestimmt werden. Für die folgenden Ausführungen wird angenommen, dass es gelingt, effektive Maßnahmen einzusetzen.

Pfeiffer und Reuß (2008b) vergleichen die Erträge von zusätzlichen Investitionen in die Fähigkeiten von Kindern, die entweder im Vorschulalter (bis zum 6. Lebensjahr) oder im Alter zwischen 6 und 12 Jahren getätigt werden. Der Umfang beträgt jeweils 10% der aktuellen jährlichen Pro-Kopf-Ausgaben für Kinder bis zum sechsten Lebensjahr (das sind 658,80 €), beziehungsweise 10% der Ausgaben im Primärschulbereich (das sind 428,50 €). Die Erträge werden in Form einer Erhöhung des Einkommens im Lebenszyklus modelliert, die an die empirische Verteilung der Arbeitsverdienste in Deutschland angepasst wird. Aufgrund des Fähigkeitsmultiplikators der frühen Kindheit übersteigen die zu erwartenden Erträge von Investitionen, die im richtigen Umfang und zur rechten Zeit getätigt werden, im Lebenszyklus die Kosten um ein Vielfaches. Nach Pfeiffer und Reuß (2008b) würde eine Erhöhung der Bildungsinvestitionen im Umfang von 658,80 € pro Kind pro Jahr bis zum 5. Lebensjahr das Lebenseinkommen (im Alter bis 65 Jahre) der geförderter Kinder um bis zu 55 590 € erhöhen. Werden zusätzliche Mittel im Alter vom 6. bis zum 11. Lebensjahr investiert, wird ein Ertrag in Form eines höheren Lebenseinkommens von bis zu 37 177 €, oder 66% des Ertrags der Investitionen im Vorschulalter, erzielt. Die Abschätzungen, die im Folgenden zusammengefasst werden, deuten darauf hin, dass die ertragreichere Politik zur Steigerung des Humankapitals und zur Reduktion von Ungleichheit im Vorschulalter ansetzen müsste.[8] Dennoch kann die primäre Schulausbildung ebenfalls noch eine wichtige Rolle spielen.

Um Ungleichheit zu berücksichtigen und die Erträge zusätzlicher frühkindlicher Investitionen in Abhängigkeit von dieser Ungleichheit abzuschätzen, werden 4.432 Einzelbeobachtungen aus der Punkteverteilung des PISA-2000-Leseleistungstests deutscher Schüler ausgewertet. Aus diesen Beobachtungen werden sieben Perzentile für die Punktzahl des Leseleistungstests berechnet (Tabelle 3). Diese sieben Werte des Leseleistungstests werden im Modell durch Jahr für Jahr konstante, jedoch für jeden Wert charakteristische Bildungsinvestitionen in den Perioden 0 bis 18 erzeugt. Beispielsweise erhält der Schüler des 99ten Perzentil der PISA-Testverteilung ceteris paribus die 2,7684-fache Bildungsinvestition des Schülers des 50ten Perzentils (Tabelle 3, Spalte 3). Spalte 3 fasst das Ausmaß der Bildungsungleichheit in Deutschland zusammen.

Tabelle 3: Perzentile der PISA 2000 Verteilung für Lesen, Investitionen

Perzentil	PISA Lesepunktzahl	Investitionen (normiert)
1.	236,57	0,01467
10.	362,70	0,2611
25.	438,95	0,5884
50.	507,77	1
75.	568,64	1,452
90.	619,80	1,8929
99.	707,23	2,7684

Quelle: Pfeiffer und Reuß (2008b:36, Tabelle 1).

Im Modell ist die Heterogenität des Arbeitsverdienstes ein Ergebnis der Ungleichheit in den Fähigkeiten und der Funktionsweise von Arbeitsmärkten. Der Ertrag zusätzlicher Bildungsinvestitionen wird durch die Veränderung des (abdiskontierten) Lebenseinkommens im Alter zwischen 18 und 65 Jahren geschätzt. Dieser wird den (aufdiskontierten) Kosten einer Bildungsinvestition gegenüber gestellt. Die Ausgaben pro Schüler in primären Bildungseinrichtungen beliefen sich im Jahre 2004 in Deutschland auf 4.285 €, für Sekundarschulbildung auf 6.561 € und 10.613 € für tertiäre Bildung (OECD 2007). Für die ersten sechs Jahre gibt es keine entsprechenden Zahlen. Stattdessen verwenden Pfeiffer und Reuß (2008b) für die Vorschulzeit die vom Statistischen Bundesamt geschätzten familiären Ausgaben für Kinder. Diese betrugen im Jahr 2003 im Durchschnitt 6.588 € jährlich (Statistisches Bundesamt 2006a). Das 10. Perzentil der Ausgabenverteilung betrug 3.900 € und das 90. Perzentil 10.344 €. Das entspricht einem Verhältnis von 2,65.

Nimmt man nun vereinfachend an, dass jährliche Ausgaben für ein Kind von 3.900 € dazu führen, dass das Kind das 10. Perzentil der PISA-Verteilung und beim Lebenseinkommen ebenso das 10. Perzentil erreicht usw., dann kann mit dem Simulationsmodell der Zusammenhang zwischen altersabhängigen Investitionen und dem Ertrag in Form eines

---

8 Die Folgen der altersabhängigen Humankapitalbildung für die lebenslange Ungleichheit und die Entwicklung von Arbeitsverdiensten, Bruttosozialprodukt und Renten werden in Pfeiffer und Reuß (2008c) analysiert.

höheren Lebenseinkommens abgeschätzt werden. Das Ergebnis wird in Tabelle 4 für das 10., 50., und das 90. Perzentil zusammengefasst.

Welche lebenslangen (erwarteten) Erträge haben zusätzliche frühkindliche Bildungsinvestitionen in Abhängigkeit von der Ungleichheit der vorhandenen Investitionen? Im Sinne eines Gedankenexperiments (siehe Tabelle 5) werden die Bildungsinvestitionen für die drei Kinder, die von ihrem sozioökonomischen Hintergrund her so viele Investitionen in ihre Fähigkeiten erhalten, dass ihre Leseleistung im Alter von 16 Jahren dem 10., 50. und 90. Perzentil der PISA-Verteilung entspricht, stellvertretend um 658,80 € pro Jahr für die ersten sechs Lebensjahre erhöht. 658,80 € entsprechen dem Wert einer zehnprozentigen Erhöhung der durchschnittlichen Ausgaben für Kinder. Pro Jahr würden demnach für jedes Kind weitere 658,8 € in seine Fähigkeiten investiert. Dies entspricht bei etwa 650.000 Geburten im Jahre 2008 einer Summe von 428 220 000 € für eine Geburtskohorte. Es wird angenommen, dass diese zusätzlichen Mittel vollständig in zusätzliche Bildungsinvestitionen transformiert werden. Dabei kann es sich um einen direkten Transfer zu dem Kind in der Familie oder um eine Förderung in einer Bildungseinrichtung handeln.

Tabelle 4: Ausgaben für Kinder, PISA Leseleistung, und abdiskontiertes Lebenseinkommen

Perzentil	Ausgaben für Kinder/Jahr		PISA Punktzahl Lesen	Abdiskontiertes Lebenseinkommen (Alter: 18 Jahre)
10.	3.900,00 €		362.7	411.956,00 €
50.	6.588,00 €		507.77	821.274,00 €
90.	10.344,00 €		619.8	1.239.000,00 €

Werte entnommen aus Pfeiffer und Reuß (2008b:37, Tabelle 2).

Tabelle 5 fasst die Ergebnisse der Erträge zusätzlicher Bildungsinvestitionen sowie die zugehörigen Kosten zusammen. Der zusätzliche Nutzen einer Erhöhung der Investitionen nimmt mit den bereits vorhandenen Investitionen ab. So führt eine Erhöhung um 658,80 € zu einem Anstieg der Bildungsinvestition um 0.181 Punkte für das 10. Perzentil, 0.157 Punkte für das 50. Perzentil und 0.132 Punkte für das 90. Perzentil. Für benachteiligte Kinder nehmen die Bildungsinvestitionen daher relativ stärker zu. Während die Kosten für alle Individuen aus den sieben Perzentilen gleich sind, sind die Erträge unterschiedlich. Die in absoluten Geldgrößen gemessenen Erträge bewegen sich zwischen 32.000 € (90. Perzentil) und 55.590 € (10. Perzentil). Die Ergebnisse verdeutlichen, dass der Ertrag den Aufwand für alle Perzentile um ein Vielfaches übersteigt. Der interne Zinsfuß liegt zwischen 595 und 1.033%. Bei einem Zinsfuß von 1.033% (10. Perzentil) verzehnfacht sich jeder investierte EURO über den gesamten Lebenszyklus. Das Lebenseinkommen nimmt zwischen 2,58 und 13,49% zu.

Führt man die zusätzlichen Investitionen nicht in den ersten 6 Jahren, sondern im Alter von 6 bis 12 Jahren durch, so ist die Steigerung des Lebenseinkommens geringer, jedoch immer noch höher als die Kosten (Tabelle 5). Der Umfang der Investitionen beträgt in diesem Gedankenexperiment 10% der Ausgaben im Primärschulbereich (das sind 428,50 €). Daraus wird ein höheres Lebenseinkommens von bis zu 37 177 €, oder 66% des Ertrags der Investitionen im Vorschulalter, erzielt. Der interne Zinsfuß variiert zwischen 439 und 778%.

Tabelle 5: Altersabhängige Erhöhung von Bildungsinvestitionen und die Zunahme des Humankapitals im Lebenszyklus

Perzentil der PISA Verteilung	Bildungskosten aufdiskontiert zum Alter von 18 Jahren	Veränderung des abdiskontierten Lebenseinkommen zum Alter von 18 Jahren	Prozentualer Anstieg des Lebenseinkommens	Interner Zinsfuß der zusätzlichen Bildungsinvestition
	10% mehr Bildungsinvestitionen im (Vorschul-)Alter zwischen 0 und 5 Jahren			
10.	5.378,00 €	55.590,00 €	+ 13,49%	1033,73%
50.	5.378,00 €	38.177,00 €	+ 4,65%	709,93%
90.	5.378,00 €	32.000,00 €	+ 2,58%	595,06%
	10% mehr Bildungsinvestitionen im (Schul-)Alter zwischen 6 und 11 Jahren			
10.	4.775,00 €	37.177,00 €	+ 9,02%	778,55%
50.	4.775,00 €	26.221,00 €	+ 3,19%	549,11%
90.	4.775,00 €	21.000,00 €	+ 1,69%	439,78%

Werte entnommen aus: Pfeiffer und Reuß (2008b:38, 39, Tabelle 3, Tabelle 4).

7 Abschließende Bemerkungen

In dem vorliegenden Beitrag wird argumentiert, dass in der sozialen Realität die Bildungsungleichheit im Vorschulalter eine der wichtigsten Ursachen für die Ungleichheit von Fähigkeiten und Kompetenzen auch im Schulalter und darüber hinaus ist. Bereits in der frühen Kindheit werden, überwiegend in der Familie, die Kapazitäten aufgebaut (oder nicht aufgebaut), welche eine nachhaltige Voraussetzung für den Schul- und Arbeitsmarkterfolg schaffen. Die Unterschiede in der Verfügbarkeit insbesondere von sozio-emotionalen Ressourcen in der (frühen) Kindheit und davor entfalten eine prägende Kraft, die später, im Schulalter, in der sozialen Wirklichkeit kaum mehr aufgeholt werden kann. Im Schulalter kommen finanzielle Restriktionen durch Armut in der Familie noch hinzu.

Schulversagen, Jugendarbeitslosigkeit, Desintegrationstendenzen bereits unter Jugendlichen sowie eine Zunahme der Ungleichheit der Arbeitsverdienste (unter anderem Gernandt und Pfeiffer 2007) lassen vermuten, dass in Deutschland zu wenig in die Entwicklung von Fähigkeiten im frühen Kindesalter investiert wird. Für benachteiligte Kinder hat die Bildungsungleichheit vor dem Schulalter auch in den industrialisierten Ländern trotz Schulpflicht, hohen Bildungsausgaben und wirtschaftlichem Wohlstand ihren vielfach schicksalhaften Charakter noch nicht verloren. Neben dem erheblichen individuellen Leid, das mit diesem Schicksal verbunden ist, entstehen der Gesellschaft dadurch signifikante Kosten, unter anderem im Gesundheits- und Sozialsystem. Medizinische Forschungen deuten beispielsweise darauf hin, dass Vernachlässigung und Gewalt in der Kindheit die Anfälligkeit für Depressionen, aber auch für Infektionskrankheiten im Erwachsenenalter erhöhen.

Um dies zu ändern, bleibt es eine vordringliche Aufgabe auch der Bildungspolitik, den Zugang zu einer angemessenen emotionalen Fürsorge von Anfang an weiter zu verbessern. Darüber hinaus ist es notwendig, den betroffenen Kindern bis ins Jugendalter altersgemäß und individuell zur Seite zu stehen. Bei den vielfältigen Bemühungen und Programmen zur Förderung im Vorschulalter wird die Notwendigkeit einer Förderung darüber hinaus oftmals übersehen. Für Jugendliche und Erwachsene, die während der Kindheit nur unzureichend gefördert wurden, sollten Maßnahmen erforscht werden, die helfen können, vielfältige Benachteiligungen aus der Kindheit im späteren Lebenszyklus zu bewältigen.

Literatur

Ainslie, G. (2001): Breakdown of Will. New York: Cambridge University Press
Amor, D. J. (2003): Maximizing Intelligence. New Brunswick: Transaction Publishers
Apolte, T./Funcke, A. (Hrsg.) (2008): Frühkindliche Bildung und Betreuung. Reformen aus ökonomischer, pädagogischer und psychologischer Perspektive. Baden-Baden: Nomos
Beck, B./Klieme, E. (Hrsg.) (2006): Sprachliche Kompetenzen. Konzepte und Messung. Weinheim: Beltz Pädagogik
Beckett, C./Maughan, B./Rutter, M./Castle, J./Colvert, E./Groothues, C./Kreppner, J./Stevens, S./O'Connor, T./Sonuga-Barke, E. (2006): Do the Effects of Early Severe Deprivation on Cognition Persist Into Early Adolescence? Findings from the English and Romanian Adoptees Study. In: Child Development, Vol. 77, No. 3, pp. 696-711
Benabou, R./Tirole, J. (2004): Willpower and Personal Rules. In: Journal of Political Economy, Vol. 112, No. 4, pp. 848-887
Black, S. E./Devereux, P. J./Salvanes, K. (2007): From the Cradle to the Labor Market? The Effect of Birth Weight on Adult Outcomes. In: The Quarterly Journal of Economics, Vol. 122, No. 1, pp. 409-439
Blomeyer, D./Coneus, K./Laucht, M./Pfeiffer, F. (2009): Initial Risk Matrix, Home Resources, Ability Development and Children's Achievement. In: Journal of the European Economic Association, Vol. 7, No. 2-3, pp. 638-648
Blomeyer, D./Coneus, K./Laucht, M./Pfeiffer, F. (2008): Self-productivity and Complementarities in Human Development: Evidence from the Mannheim Study of Children at Risk. Mannheim: ZEW Discussion Paper No. 08-067
Braun, K./Stern, E. (2007): Neurowissenschaftliche Aspekte der Erziehung, Bildung und Betreuung von Kleinkindern. Expertise für die Enquetekommission Chance für Kinder des Nordrheinwestfälischen Parlaments.
Coneus, K./Spiess, K. (2008): The Intergenerational Transmission of Health in Early Childhood, Mannheim: ZEW Discussion Paper No. 08-073
Ciccone, A./Peri, G. (2006): Identifying Human-Capital Externalities: Theory with Applications. In: Review of Economic Studies, Vol. 73, No. 2, pp. 381-412
Cunha, F./Heckman, J. J. (2007): The Technology of Skill Formation. In: The American Economic Review, Vol. 97, No. 2, pp. 31-47
Cunha, F./Heckman, J. J. (2009): The Economics and Psychology of Inequality and Human Development. Cambridge, MA: NBER Working Paper 14695
Danese, A./Pariante, C. M./Caspi, A./Taylor, A./Poulton, R. (2007): Childhood Maltreatment Predicts Adult Inflammation in a Life-course Study. In: Proceedings of the National Academy of Sciences, Vol. 104, No. 4, pp. 1319-1324
Erikson, E. (1959): Identity and the Life Cycle. In: Psychological Issues, Vol. 1, No. 1
Gebel, M./Pfeiffer, F. (2009): Educational Expansion and its Heterogeneous Returns for Wage Workers. In: Schmollers Jahrbuch – Journal of Applied Social Science Studies (erscheint demnächst).
Gernandt, J./Pfeiffer, F. (2007): Rising Wage Inequality in Germany. In: Jahrbücher für Nationalökonomie und Statistik, Jg. 227, H. 4, S. 358–380
Gollwitzer, P. M. (1999): Implementation Intentions: Strong Effects of Simple Plans. In: American Psychologist, Vol. 54, No. 7, pp. 493–503
Gollwitzer, P. M./Gawrilow, C./Oettingen, G. (2008): The Power of Planning: Effective Self-Regulation of Goal Striving. New York University: Manuscript
Hanushek, E. A./Wößmann, L. (2008), The Role of Cognitive Skills in Economic Development. In: Journal of Economic Literature, Vol. 46, No. 3, pp. 607-668
Heckhausen, J./Heckhausen, H. (2006): Motivation und Entwicklung. In: Heckhausen, J./Heckhausen, H. (Hrsg.): Motivation und Handeln. Berlin: Springer, S. 393-454

Heckman, J. J. (2000): Policies to Foster Human Capital. In: Research in Economics, Vol. 54, No. 1, pp. 3-56
Heckman, J. J. (2007): The Economics, Technology and Neuroscience of Human Capability Formation. In: Proceedings of the National Academy of Sciences, Vol. 104, No. 3, 132250-5
Heckman, J. J. (2008): Skills, Schools and Synapses. In: Economic Inquiry, Vol. 46, No. 4, pp. 289-324
Holodynski, M./Stallmann, F./Seeger, D. (2008): Entwicklung als soziokultureller Lernprozess: Die Bildungsbedeutung von Bezugspersonen für Kinder. In: Apolte, T./Funcke, A. (Hrsg.): Frühkindliche Bildung und Betreuung. Baden-Baden, S. 91-129
Kramarz, F./Machin, S./Ouazad, A. (2008): What Makes a Test Score? The Respective Contributions of Pupils, Schools, and Peers in Achievement in English Primary Education. Bonn: IZA Discussion Paper No. 3866
Laucht, M. (2005): Die langfristigen Folgen früher Entwicklungsrisiken: Ergebnisse der Mannheimer Längsschnittstudie zu Risiko- und Schutzfaktoren. In: Arnoldy, P./Traub, B. (Hrsg.): Sprachentwicklungsstörungen früh erkennen und behandeln. Karlsruhe: Loeper, S. 169-183
Laucht, M./Esser, G./Schmidt, M. H. (1997): Developmental Outcome of Infants Born with Biological and Psychosocial Risks. In: Journal of Child Psychology and Psychiatry, Vol. 38, No. 7, pp. 843-854
Laucht, M./Schmidt, M./Esser, G. (2004): The development of at-risk children in early life. In: Educational and Child Psychology, Vol. 21, No. 1, pp. 20-31
Ludwig, V./Pfeiffer, F. (2006): Abschreibungsraten allgemeiner und beruflicher Ausbildungsinhalte – empirische Evidenz auf Basis subjektiver Einschätzungen. In: Jahrbücher für Nationalökonomie und Statistik, Jg. 226, H. 3, S. 260-284
Maier, M./Pfeiffer, F./Pohlmeier, W. (2004): Overeducation and Individual Heterogeneity. In: Büchel, F./de Grip, A./Mertens, A. (Hrsg.): Overeducation in Europe: Current Issues in Theory and Policy. Cheltenham: Edward Elgar, pp. 133-152
Moretti, E. (2004): Workers' Education, Spillovers, and Productivity: Evidence from Plant-Level Production Functions. In: American Economic Review, Vol. 94, No. 3, pp. 656-690
Mühlenweg, A. (2008): Educational Effects of Alternative Secondary School Tracking Regimes in Germany. In: Schmollers Jahrbuch – Journal of Applied Social Science Studies, Vol. 128, No. 3, pp. 351-379
Mühlenweg, A./Puhani, P. (2009): The Evolution of the School Entry Age Effect in a School Tracking System. In: Journal of Human Resources, forthcoming.
O'Connell, M./Sheikh, H. (2008): Achievement-related Attitudes and the Fate of "At-risk" Groups in Society. In: Journal of Economic Psychology, Vol. 29, No. 4, pp. 508-521
Pfeiffer, F./Reuß, K. (2008a): Age-Dependent Skill Formation and Returns to Education. In: Labour Economics, Vol. 15, No. 4, pp. 631-646
Pfeiffer, F./Reuß, K. (2008b): Ungleichheit und die differentiellen Erträge frühkindlicher Bildungsinvestitionen im Lebenszyklus. In: Apolte, T./Funcke, A. (Hrsg.): Frühkindliche Bildung und Betreuung. Reformen aus ökonomischer, pädagogischer und psychologischer Perspektive. Baden-Baden: Nomos, S. 25-43
Pfeiffer, F./Reuß, K. (2008c): Intra- und intergenerationale Umverteilungseffekte in der bundesdeutschen Alterssicherung auf Basis humankapitaltheoretischer Überlegungen, In: Deutsche Rentenversicherung, Jg. 63, H. 1, S. 60-84
Sodian, B./Koerber, S. (2008): Grundlagen für lebenslanges Lernen in den ersten Lebensjahren. In: Apolte, T./Funcke, A. (Hrsg.), Frühkindliche Bildung und Betreuung. Reformen aus ökonomischer, pädagogischer und psychologischer Perspektive. Baden-Baden: Nomos, S. 83-89
Van den Berg, G./Lindeboom, M./Portrait, F. (2006): Economic Conditions Early in Life and Individual Mortality. In: The American Economic Review, Vol. 96, No. 1, pp. 290–302
Wells, J. (2003): Parent-Offspring Conflict Theory, Signaling of Need, and Weight Gain in Early Life. In: The Quarterly Review of Biology, Vol. 78, No. 2, pp. 169-202

Danksagung

Friedhelm Pfeiffer dankt der Leibnizgesellschaft, Bonn für die Unterstützung des Projektes „Nichtkognitive Fähigkeiten: Erwerb und ökonomische Konsequenzen" im Rahmen des Paktes für Forschung und Innovation 2008. Ferner möchte ich mich bei Anja Achtziger, Ute Bayer, Jo Blanden, Dorothea Blomeyer, Katja Coneus, Peter Drewek, Philipp Eisenhauer, Wolfgang Franz, Michael Gebel, Johannes Gernandt, Peter Gollwitzer, James Heckman, Fabian Kosse, Stefan Küpper, Manfred Laucht, Andrea Mühlenweg, Pia Pinger, Winfried Pohlmeier, Karsten Reuß, Julia Schäfer, Jürgen Schupp, C. Katharina Spieß, Emma Tominey und Gert Wagner für die Zusammenarbeit in den letzten Jahren bedanken. Für verbleibende Fehler und Unzulänglichkeiten bin ich alleine verantwortlich.

Bildungsarmut von Anfang an? Über den Beitrag des Kindergartens im Prozess der Reproduktion sozialer Ungleichheit

Ursula Rabe-Kleberg

„Bildung von Anfang an!" Mit dieser Formulierung könnten die professionellen und politischen Diskussionen um die Reform der Frühpädagogik in den Krippen und Kindergärten in Deutschland in den letzten zehn Jahren überschrieben werden (vgl. z.B. Bildung:elementar 2004). Unter diesem Motto stand die lange überfällige und heute längst nicht abgeschlossene Bildungsreform der Einrichtungen des gesamten Systems der Bildung, Erziehung und Betreuung von Kindern (KJHG, § 22; Bundesjugendkuratorium 2004) in ihrer ersten Lebensphase, zwischen ihrer Geburt und der Einschulung.

Bei diesem Prozess geht es nicht (oder nicht nur) um eine Expansion der Zahl der Betreuungsplätze für kleine Kinder für die Zeit, während deren Eltern ihrer beruflichen Arbeit nachgehen. Vielmehr geht es um die grundlegende Umgestaltung des traditionellen Kindergartens[1] zu einem eigenständigen Bildungsort für alle Kinder vom Anfang ihres Lebens an. In allen modernen Gesellschaften ist die Ausbreitung, Pädagogisierung und Professionalisierung solcher auf kleine Kinder spezialisierter Institutionen zu beobachten. Die Lebensspanne Kindheit lässt sich demnach heute als eine Phase des Aufwachsens an (mindestens) zwei höchst unterschiedlichen gesellschaftlichen Orten beschreiben, dem der Familie und dem des Kindergartens.

Dieser aufwändige Prozess der Umgestaltung des Kindergartensystems auf allen Ebenen – von der alltäglichen Praxis in der Kindertagesstätte „an der nächsten Ecke" bis hin zur Akademisierung der Ausbildung der Fachkräfte (Rabe-Kleberg 2008) – wird begleitet von einer Vielzahl hochfliegender gesellschaftlicher Hoffnungen und Erwartungen. Für die hier zur Diskussion stehende Frage der Reproduktion gesellschaftlicher Ungleichheit ist vor allem die Vorstellung zu nennen, dass die in Aussicht gestellten höheren Zuwendungen an das Kindergartensystem als „Investition in die Zukunft" verstanden werden (vgl. auch Pfeiffer in diesem Band). Die frühe Förderung aller Kinder gilt demnach als gesellschaftliche Voraussetzung für eine effektive Ausschöpfung aller humanen Ressourcen und Potentiale – so als könnten die Unterschiede der nach Herkunft ungleich verteilten Bildungs- und Lebenschancen allein schon durch den Besuch des Kindergartens überwunden werden. Erste Ergebnisse der Bildungsforschung (s. u.) im frühkindlichen Bereich verweisen über-

---

[1] Im Folgenden werden unter „Kindergarten" alle Einrichtungen und institutionellen Gelegenheiten verstanden, die speziell für Kinder vor Eintritt der Schule geschaffen werden, in denen Kinder regelmäßig einen größeren Teil ihres Alltages verbringen und dabei von einschlägig qualifizierten Fachkräften begleitet werden. Hierzu sind demnach auch Krippen, Einrichtungen der Tagespflege, Kindertagesstätten, Kinderhäuser, Eltern-Kind-Zentren etc. zu rechnen. Da es an dieser Stelle nicht um die professionellen und pädagogischen Differenzen zwischen diesen unterschiedlichen Einrichtungen geht, wird hier der Begriff „Kindergarten" als Kennzeichnung für diesen neu entstandenen oder besser entstehenden Teil des Bildungssystems gewählt.

raschender Weise auf eine mögliche Erfüllung dieser Erwartung – hierauf wird noch einzugehen sein.

In diesem Beitrag wird zum einen grundsätzlich der Frage nachgegangen, ob die heutige und die pädagogisch für die Zukunft angestrebte Praxis in den Kindergärten solche Erwartungen überhaupt erfüllen kann, d. h. ob sie die auch schon im frühen Kindesalter zumeist familiär vermittelten heterogenen Auswirkungen von Armut und Bildungsferne kompensieren kann. Zum anderen stellt sich die grundlegendere Frage, ob mit der Vorstellung des sich bildenden Kindes nicht das normative Konzept einer richtigen und guten Kindheit konstruiert wird, dem schon auf Grund ihrer Herkunft nur bestimmte Kinder entsprechen können und andere eben nicht. So könnte es ja sein, dass mit der Forderung nach „Bildung für alle Kinder und von Anfang an!" der Blick auf die Folgen des familiären Aufwachsens unter den Bedingungen von Bildungsarmut eher ver- als scharf gestellt wird.

Grundsätzlich aber gilt, dass mit dem aktuellen Wandel der Perspektive auf Kinder als gesellschaftliche Subjekte und Akteure und auf Kindergärten als Teil des Bildungssystems dieser Bereich an die Methoden und Paradigmen der Bildungsforschung angeschlossen werden konnte. Damit gerät die Frage nach den Prozessen der Reproduktion sozialer Ungleichheit nicht nur bereits allgemein in dieser Lebensphase, sondern auch in solchen Kinder-Institutionen erstmalig in den Blick.

Im Folgenden sollen hierzu einige erste Überlegungen angestellt werden: Dabei wird zunächst der widersprüchliche Zusammenhang zwischen der normativen Konstruktion „moderner Kindheit" und der darin möglicherweise begründeten Reproduktion sozialer Ungleichheit skizziert. Sodann wird auf einige Ergebnisse sozialwissenschaftlicher Bildungsforschung in der Phase der ersten Lebensjahre eingegangen, die die Frage der sozialen Reproduktion von Ungleichheit bzw. der individuellen „Vererbung" von Bildungsarmut zum Thema haben. In einem letzten Schritt werden dann Überlegungen für den Ausbau der Bildungsforschung im Kindergartenbereich angestellt und über Konsequenzen für die weitere Reform des Kindergartens nachgedacht.

1 Bildungsarmut im Kindergarten

Im Zuge eines beschleunigten Aufholprozesses hat sich in den letzten zehn bis fünfzehn Jahren das Bild vom kleinen Kind in der deutschen Gesellschaft – Ost wie West – stark verändert. Länger als in vergleichbaren anderen Gesellschaften – zu nennen sind vor allem die angelsächsischen und skandinavischen Länder – wurden Kinder im vorschulischen Alter als noch schwache, sich nur langsam entwickelnde und deshalb vor den Unbilden der harten Welt zu schützende Wesen betrachtet, die von Erwachsenen zu erziehen, zu belehren und nicht zuletzt auch zu zivilisieren seien (von Hentig 2003).

Kinderbetreuung wurde und wird in Deutschland als Aufgabe der Sozialpolitik gefasst, wobei allerdings in zunehmenden Maße der Bildungsauftrag des Kindergartens, der seit 1990 im Kinder- und Jugendhilfegesetz verankert ist, aber lange kaum beachtet wurde, als der wichtigere Auftrag neben den Aufgaben der Erziehung und Betreuung herausgestellt wird (vgl. BMFSFJ 2005). Wenn wir heute von kleinen Kindern reden, dann eher davon, dass sie großartige Forscher seien, dass sie sich selbst bilden, sozialkompetente Vermittler in unübersichtlich gewordenen Puzzlefamilien seien und vor allem von strahlender Intelligenz (Rabe-Kleberg 2001).

Diese Prozesse der Veränderung des Kindbildes und der entsprechenden gesellschaftlichen Diskurse über Kinder und Kindheit befördern zum einen die in Deutschland überfällige Etablierung einer Kleinkindpädagogik in Wissenschaft und Praxis, die an biografisch frühen Bildungsprozessen orientiert ist, zum anderen aber auch sozial- und bildungspolitische Reformen des Bereichs elementarer Bildung mit dem Ziel, diese Einrichtungen für alle Kinder bereitzustellen – wenn nicht sogar ihren Besuch verpflichtend zu machen.

In diesem Veränderungs- und Durchsetzungsprozess sozial- und bildungspolitischer Reformen wurden von den Akteuren bislang Fragen der Folgen sozialer Ungleichheit für die Kinder und der Hilfebedürftigkeit von Familien eher vermieden. Hierfür mag es zwei Erklärungen geben, eine pädagogische und eine soziologische:

Pädagogisch wird davon ausgegangen, dass jedes Kind in seiner Individualität und Persönlichkeit, in seinen Stärken gestärkt werden müsse. Probleme, Behinderungen, Schwächen der Kinder werden – so die optimistische und positive pädagogische Sichtweise – dabei mehr oder wenig naturwüchsig geschwächt (von Hentig 2003).

Soziologisch betrachtet könnte die Durchsetzung elementarer Bildung als grundlegendes Bildungsangebot für alle Kinder durch die Thematisierung sozialer Problemlagen als Ausgangspunkt für die grundlegende Reform der vorschulischen Einrichtungen gefährdet werden und als ein unerwünschter Rückfall in die sozialpolitisch verengte Begründung der Notwendigkeit von Kinderbetreuung aufgrund von Notlagen der Familien missverstanden werden.

Der so genannte „positive pädagogische Blick" steht im Zentrum der Bildungsreform im Bereich elementarer Bildung. In der pädagogischen Praxis treffen wir jedoch im Regelfall auf eine Haltung und auf Handlungsoptionen, die auf die Defizite und Probleme der Kinder fokussiert sind. Eigentlich legitimieren die noch nicht entwickelten Fähigkeiten und die Probleme der Kinder erst das erzieherische Handeln der Fachkräfte. Von den meisten Erzieherinnen wird der diskriminierende oder gar stigmatisierende Charakter einer solchen Haltung nicht erkannt. Die Forderung, das Muster ihres Verhältnisses zum Kind grundlegend zu verändern, stellt die meisten Erzieherinnen vor nahezu unüberwindliche Schwierigkeiten bis hin zum irritierten Hinterfragen ihrer Aufgabe und ihres beruflichen Rollenverständnisses.

Auf dieser Forderung nach Veränderung des pädagogischen „Blicks" zu bestehen, ist jedoch unhintergehbar. Dieses kann nicht nur aufgrund der praktischen Erfolge des positiven Bildungskonzeptes argumentiert, sondern auch theoretisch erläutert werden: Erfolgreiches professionelles, pädagogisches Handeln setzt eben eine spezielle Handlungslogik voraus. Oevermann (1996) hat professionstheoretisch die Vorstellung eines Arbeitsbündnisses zwischen Professionellem und Klienten konstruiert, das auf gegenseitigem Vertrauen aufbaut. Dabei erscheint es geradezu als banal, dass der Klient oder allgemeiner der Laie, der sich mit einem existentiellen Problem an den entsprechend qualifizierten Professionellen wendet, diesem zutraut, bei der Lösung des Problems behilflich zu sein.

Im pädagogischen und therapeutischen Zusammenhang allerdings gehen wir darüber hinaus auch von einem Vertrauen des Professionellen in die Fähigkeit des Laien aus, die Probleme, die er in das Bündnis einbringt, letztendlich selbst lösen zu können. Faktisch wird somit eine Kompetenz vorausgesetzt, die im Verlauf der vertrauensvollen Kooperation erst erzeugt werden kann. Theoretisch und praktisch wird vom Professionellen erwartet, dass er die eigentümliche Logik seines Handelns versteht und zu jedem Zeitpunkt als notwendiges und unverzichtbares „So-tun-als-ob" reflektieren kann. Diese Art der Selbstreflexion kann als Kern professioneller Kompetenz gelten.

Der grundsätzlich positive Blick auf Kinder als eigenständige und eigen-sinnige Individuen, die ihre Bildungsprozesse selbst bzw. in Kooperation mit Peers und Erwachsen konstruieren (Laewen 2003; van der Beek/Schäfer/Steudel 2006) ist auf Seiten der Erzieherin demnach als ein pädagogisches „Tun-als-ob", als eine notwendige Annahme für professionelles Handeln zu erklären.

Angesichts des vorherrschenden Defizitsblicks auf Kinder war die Durchsetzung des so genannten „positiven Blicks" als ein neues normatives Konzept, als ein Paradigma- und Habituswechsel von Erzieherinnen in der Praxis der Früherziehung unabdingbar. Die Konsequenzen in der pädagogischen Reformpraxis sind als Qualitätssteigerungen zu beschreiben – oder anders als von den Kindern selbst hoch geschätzte Verbesserung ihrer Bildungs- und damit Lebensbedingungen[2].

Es wäre allerdings für den pädagogischen wie den forschenden Zusammenhang sträflich, diese professionelle Perspektive auf das Kind mit einer realanalytischen Kategorie zu verwechseln. Soziale Ungleichheit und ihre Folgen für Lebenslagen und Bildungsprozesse auch von kleinen Kindern zu thematisieren, ist demnach kein Rückfall in ein überwunden geglaubtes Kindbild, nach dem das Kind mit Defiziten belastet wird, vielmehr eine dringend notwendige Ergänzung des „positiven" Bildes von Kindheit und Kindern – sozusagen der gesellschaftliche Rahmen für dieses Bild.

Des Weiteren ist davon auszugehen, dass das systematische „Übersehen" unterschiedlicher Voraussetzungen für frühkindliche Bildungsprozesse bereits in die Struktur der Institution Kindergarten in Deutschland eingelassen ist.

Es sind traditionelle und tradierte Strukturen des deutschen Kindergartensystems, die einen Blick auf die Ungleichheitsphänomene, die auch bei kleinen Kindern ihre Auswirkungen zeigen, erschweren. Hier lohnt ein vergleichender Blick auf die Entwicklung von Organisationen der frühkindlichen Erziehung („Early Childhood Education") insbesondere in angelsächsischen Gesellschaften[3], um das Besondere des deutschen Kindergartens herauszuarbeiten.

Im englischsprachigen internationalen Diskurs wird seit Jahren um die Integration von „education" and „care" als inhaltliche und strukturelle Reform-Aufgabe gerungen (Early Excellence 2004). Dabei geht es um die Überwindung eines zweifelhaften historischen Erbes, nach dem für die Kinder aus unterschiedlichen Herkunftsmilieus verschiedene Typen von Einrichtungen vorbehalten wurden: „education" für die Kinder des bildungsreichen Bürgertums und „care" für die Kinder der Arbeiterklassen.

Im deutschen Raum finden wir diese Trennung in der Anfangszeit der öffentlichen Kleinkinderziehung ebenfalls. Fröbel, der den Kindergarten als Ort der frühen Menschenbildung im kultur-revolutionär überschießenden Eifer selbstverständlich für alle Kinder erdacht hatte, konnte seine Idee allerdings nur bei den Mitgliedern des gut gebildeten und fortschrittlichen Bürgertums – vor allem bei den Frauen dieser Klasse – durchsetzen. Das konservative, kirchlich gebundene Bürgertum dagegen unterstützte Fliedner, der Kinderbewahranstalten als Ort der Disziplinierung und Erziehung der Kinder der aufkommenden Arbeiterklasse konzipierte und ausbaute (Rabe-Kleberg 2003).

---

2 So sagte ein vierjähriger Junge in einem Kindergarten in Mülheim/Ruhr, in dem das neue Konzept eingeführt worden war: „Nicht wahr, den alten Kindergarten bekommen wir nicht zurück?"
3 Gemeint sind hierbei insbesondere Großbritannien, Australien und die USA.

Nun, die Ideen und die Kindergärten Fröbels wurden nach der gescheiterten 1848er Revolution verboten, und seine Anhängerinnen, die vor allem in Mitteldeutschland Kindergärten gegründet und geleitet haben, erhielten Berufsverbot und wurden teilweise polizeilich verfolgt. Viele dieser von Fröbel ausgebildeten Frauen wanderten nach England und die USA aus, wo sie diese Ideen mit Erfolg an den teacher colleges verbreiteten. In Preussen aber gab es – nachdem sich das Fliednersche System zunächst durchsetzen konnte – in den 60er Jahren des 19. Jahrhunderts durch eine Nichte von Fröbel, Henriette Schrader-Breymann, eine entscheidende Weichenstellung: Sie gründete in Berlin den ersten „Volkskindergarten", einen Kindergarten mit dem Fröbelschen Anspruch auf Menschenbildung „von Anfang an", der aber von seiner Struktur her ein Ort für die Kinder aller Klassen war (Schrader-Breymann 1922). Diese Idee wurde vor allem auch in Skandinavien aufgegriffen, wo wir eine vergleichbare sozial-pädagogische Tradition des Kindergartens vorfinden. Der Kindergarten wird in dieser Tradition seitdem und bis heute in Deutschland als ein für Kinder aller Klassen und Schichten programmatisch und strukturell einheitliches Angebot verstanden.

Die „soziale Frage" der ungleichen Chancen für Kinder aus unterschiedlichen Klassen schien und scheint demnach pädagogisch, besser sozial-pädagogisch beantwortet, ja gelöst zu sein – vermutlich eine Illusion von hoher Beständigkeit!

Die Vorstellungen, die einem einheitlichen Kindergartensystem zugrunde liegen, korrespondieren nicht zufällig mit allgemeinen sozialen Tendenzen im Prozess der Modernisierung von Kindheit. Zu den wichtigen Strukturelementen moderner Gesellschaften gehört Kindheit als ein exklusives Territorium, ein Bereich, der aus der wesentlich durch Arbeit bestimmten Gesellschaft der Erwachsenen ausgegrenzt wurde. Erwachsene und Kinder wurden als Generationen voneinander geschieden und in getrennte soziale Räume verwiesen. Dieser im 16. und 17. Jahrhundert begonnene und bis heute fast überall durchgesetzte Diskurs und Realprozess setze die Generationen ins Verhältnis als groß und klein zueinander, als mächtig und schwach, fertig und noch werdend, stark und verletzlich (Hengst/Zeiher 2005).

Kindheit wurde und wird als ein Schonraum verstanden, in dem die Kinder vor den gesellschaftlichen Bedingungen und Einflüssen zu schützen sind. Immer häufiger und für mehr Kinder wurde der so definierte soziale Raum historisch auch zum materiellen Ort, zum Kinderzimmer, zum Kindergarten, zur Schule. Die pädagogische Institutionalisierung der Kindheit, vor allem ihre Scholarisierung, begann im Laufe der Geschichte in der Lebensspanne immer früher und dauerte länger. Heute nimmt sie für viele Kinder den größeren Teil des Tages ein.

Im Prozess der Differenzierung bildeten sich Kinderprofessionen und entsprechende Disziplinen heraus, die sich auf diese „Aliens", diese immer fremder werdenden „exterrestrischen" Wesen spezialisierten (Laewen 2003), die im Laufe der Zeit von anderen Gesellschaftsmitgliedern kaum noch bemerkt oder gar verstanden werden.

Mit diesem sozialen Exklusionsprozess geht eine gewisse Anthropologisierung oder besser Ontologisierung von Kindheit und Kindern einher, eine Betrachtungsweise, die Kinder aus Geschichte, Kultur und Herkunft herauslöst, sie als eigenständige Wesen betrachtet, unter Absehen von Herkunft, Rasse, Ethnie, Klasse und Geschlecht. Es ist Bühler-Niederberger (2009) zu folgen, wenn sie eben diesen Prozess der konzeptionellen Herauslösung von Kindheit aus Gesellschaft sozusagen als Konstruktionsmerkmal von Ungleichheitsprozessen in dieser Lebensphase versteht. Nur wenige Kinder können eben den Anforderungen moderner Kindheitskonstruktion in der Realität gerecht werden. Konstruktionen „guter Kindheit" selbst werden zum Maßstab, dem die meisten Kinder in der Gesellschaft aufgrund ihrer Lebenslage nicht gerecht werden können. So produzieren „gut gemeinte" pädagogische Konzepte diejenigen, die von diesen Konzepten nicht erreicht werden, selbst – wenn auch sicher nicht gewollt.

Neutralität gegenüber der gesellschaftlichen Lage der Kinder wird dabei als angebliche Gleichbehandlung aller Kinder praktiziert[4]: Pädagogisch wurde dies je nach politisch-pädagogischem Programm zum einen als Kollektiverziehung – unter Absehung von der Individualität des einzelnen Kindes, wie dies nach dem Bildungs- und Erziehungsplan der DDR geschah – oder zum anderen als Chancengleichheit verstanden, wonach allen Kindern gleiche Angebote zu machen seien.

Eine solche Grundhaltung und eine entsprechende Praxis finden sich in vielen Interviews mit Kleinkindpädagoginnen beschrieben, wonach „das Übel", die Unterschiede produzierenden Umstände, überall außerhalb des Kindergartens zu suchen ist. Zu diesem Außen gehört die Gesellschaft als Ganze, die Werbung und die Süßigkeiten, zumeist aber auch die Eltern mit ihren divergenten, in den Augen der meisten Erzieherinnen unzulänglichen Erziehungsvorstellungen. Gegen das Eindringen dieser Außenbezüge in ihre professionellen Claims wehren sie sich – oft mit sisyphosartigem Engagement[5].

Wir müssen deshalb fragen, mit welchen professionellen Ressourcen Erzieherinnen in Kindergärten auf dem Hintergrund dieser eigentheoretischen Erklärungen an die Folgen sozialer Ungleichheit bei den Kindern herantreten.

Die Frage nach der Generierung, der Reproduktion der sozialen Ungleichheit trotz – oder vielleicht sogar aufgrund – gleicher Bildungsgelegenheiten ist komplexer und muss unterhalb der Ebene struktureller und konzeptioneller Gleichheit gesucht werden. Und dabei sind die Fragen nach den Möglichkeiten oder Unmöglichkeiten der Kompensation ungleicher Ausgangslagen noch gar nicht gestellt.

2 Ungleiche Bildungschancen im frühen Kindesalter

Begreifen wir Kindheit als ein Strukturmoment von Gesellschaft und Kinder als Mitglieder der Gesellschaft, dann sind sie von Phänomenen der sozialen Ungleichheit betroffen – und zwar als Kinder in spezifischer Weise.

Im Folgenden sollen die Konsequenzen der generationalen „Vererbung" sozialer Ungleichheit für kleine Kinder und ihre Rezeption in den Diskursen über die Reform des Elementarbereichs der Bildung betrachtet werden (vgl. auch Rabe-Kleberg 2005).

Auch von kritischen Sozial- und Erziehungswissenschaftlern werden gesellschaftliche heterogene, plurale und multikulturelle Verhältnisse für Kinder als Diversity und damit als pädagogisch-professionelle Chance und Herausforderung begriffen (z.B. Zehnter Kinder- und Jugendbericht, 1998). Die Perspektive auf Bornierungen aufgrund ungleich verteilter Handlungsressourcen gerät dabei oftmals aus dem Blick.

---

4   Eine angebliche „Neutralität" gegenüber dem Geschlecht der Kinder stellt eine vergleichbare „gut gemeinte" Ignoranz gegenüber den virulenten Problemen der Kinder dar, eine Haltung, die in vielen Einrichtungen anzutreffen ist.
5   Im Rahmen mehrerer Forschungsprojekte wurden von der Autorin und ihren Mitarbeiterinnen seit 1992 ca. 80 berufsbiographische Interviews in Ost- und Westdeutschland geführt, in denen dieses Muster immer wieder anzutreffen ist.

Wenn wir aber nach der Definition von Reinhard Kreckel (1992, S. 17) soziale Ungleichheit als dauerhafte Einschränkung des Zugangs zu allgemein verfügbaren und erstrebenswerten Gütern begreifen und die Lebenschancen thematisieren, die aufgrund dieser Beschränkung beeinträchtigt werden, so ist die Vorenthaltung grundlegender Bildungsmöglichkeiten im frühen Kindesalter angesichts der bekannten Dynamiken der Persönlichkeitsentwicklung hier ganz entscheidend als Phänomen sozialer Ungleichheit zu verstehen.

Als eines der entscheidenden Phänomene, die auch kleine Kinder mit den Widersprüchen der Gesellschaft konfrontieren, ist das der Kinderarmut zu nennen – und zwar in aller Härte, weil nämlich für jüngere Kinder die Chance, dass es in einer armen Familie lebt, größer ist als für ältere (Betz 2008; 2009). Über die Hälfte der von Armut bedrohten kleinen Kinder leben bei allein erziehenden Müttern. Armut und vor allem Kinderarmut sind seit den entsprechenden Studien und Berichten aus der Mitte der 1990er Jahre als das entscheidende Merkmal für nachhaltig ungleiche Lebens- und Bildungschancen anzusehen (Geißler 2004). Dabei ist zunächst der generationale Aspekt hervorzuheben: Familien, die von Armut bedroht sind, senken die Erwartungen an die Bildungsprozesse ihrer Kinder radikal ab und verstärken so Selektionsprozesse der Schule und der Lehrer. Diese Tendenz wird bei niedrigem Bildungsstand der Eltern verstärkt, bei höherem aber doch gebremst. Eltern mit niedrigem Einkommen – gleich welchen Bildungsniveaus – können ihren Kindern aber eben auch nicht zusätzliche Erfahrungen und Bildungsanregungen bieten, zudem leben diese Familien zumeist in Wohnvierteln, die anregungsarm, vielleicht sogar bedrohlich sind. Einkommensarmut mutiert so zu kultureller und Bildungsarmut (Allmendinger/Leibfried 2005).

Die Studien der AWO-ISS (2000), von Walper (1999) sowie eine Reihe von entsprechenden internationalen und vergleichenden Untersuchungen verweisen übereinstimmend auf Folgen, die arme Kinder ertragen müssen. Hierzu gehören vor allem eine bedrohte Gesundheit und ein fehlendes Wohlgefühl („well being") (vgl. Dreizehnter Kinder- und Jugendbericht 2009), ein angeschlagenes Selbstbild und insgesamt eine schwache Sozialentwicklung. Alles Merkmale, die sich ganzheitlich gesehen auf die Entwicklung von Motivation, Intelligenz, Sprache und damit letztlich auf die Bildungsprozesse auswirken.

3   Konsequenzen

Zu fragen ist, wie mit den Folgen generationaler Armut der Familien und der Kinder umzugehen und ihnen entgegenzuwirken sei, dabei werden vor allem kommunikative, soziale und pädagogische Möglichkeiten reflektiert, d.h. politische und professionelle Strategien im Sozial- und Bildungsbereich diskutiert.[6]

Es ist heute weitgehend unbestritten, dass Kinder bereits in den ersten Lebensjahren mit Ressourcen ausgestattet werden, die vermutlich entscheidend für die Chancen im Bildungssystem und insgesamt für das Gelingen zukünftiger Lebensführung sind. Die Wurzeln für die notorische herkunftsbedingte Ungleichheit der Bildungschancen sind also (auch) in einer biografisch frühen Phase zu suchen, der Phase der frühen Kindheit. Trotz der Plausibilität dieser Annahme liegen empirisch belastbare Ergebnisse über die Prozesse der Her-

---

6   Fiskalische und finanzielle Interventionen der Umverteilung und Absicherung der von Armut bedrohten Kinder und ihrer Familien werden hier nicht thematisiert, was deren Relevanz und Dringlichkeit keineswegs schmälern soll.

stellung ungleicher Bildungschancen in dieser Lebensphase bisher nur vereinzelt vor. Dabei sind die ersten Ergebnisse zwiespältig und widersprüchlich zu nennen:

Während eine Paneluntersuchung in Großbritannien (EPPE 2004), sowie ein an den quantitativen Daten des SOEP orientierte deutsche Berechnung (Bertelsmann 2008) Verbesserungen der Bildungs- und damit Lebenschancen von Kindern aus „bildungsarmen" Herkunftsfamilien aufgrund des Kindergarten- bzw. des Krippenbesuchs aufzeigen konnten, geben erste Ergebnisse einer aktuell laufenden Kindergartenstudie (BiKS) starke Hinweise auf die Persistenz familiär bedingter Vor- oder Nachteile in der Kompetenzentwicklung der Kinder trotz des Kindergartenbesuchs (Kurz u.a. 2008).

Eigene Untersuchungen sowie Beobachtungen, die von Studierenden und Promovierenden im Rahmen von eigenständigen Untersuchungen gemacht wurden, verweisen auf faktisch diskriminierende Haltungen und Handlungen von Erzieherinnen gegenüber Kindern und Eltern aus bildungsarmem Milieu. Anne Rosken hat in ihrer gerade abgeschlossenen Promotion Diversity-Kompetenzen bei Erzieherinnen untersucht und festgestellt, dass in Ost und West von einem professionellen Umgang mit der unterschiedlichen Herkunft von Kindern kaum die Rede sein kann (Rosken 2009).

Die „Zähigkeit" der Bildungsungleichheit in Abhängigkeit von familialer Herkunft, die trotz Öffnung und Expansion des Bildungssystems nur unwesentliche Veränderung erfährt, wird immer wieder empirisch bestätigt (z.B. Bloßfeld/Shavit 1993; Müller 1998; Vester 2005). Alle Untersuchungen setzen mehr oder weniger explizit voraus, dass die Prozesse des Bildungs- bzw. Habitustransfers mit der Geburt beginnen und sich in der Schule als wirksam erweisen werden. Sie untersuchen aber (mit wenigen Ausnahmen) nicht die vor-schulische Phase dieses Prozesses selbst.

Hier müssen in Zukunft wissenschaftliche Untersuchungen ansetzen. Dabei müssen Familie und Kindergarten nicht wie bislang getrennt voneinander betrachtet, sondern ins Verhältnis gesetzt werden. Allerdings hat sich die erziehungswissenschaftliche Forschung in Deutschland erst vor kurzem der Familie als „Bildungsort" zugewandt, beispielgebend steht hierfür die Untersuchung von Büchner und Brake (2006). Aber auch in dieser Untersuchung der Bildungstransmission über mehrere Generationen hinweg wird die frühe Kindheitsphase nicht explizit thematisiert, wohl aber wird – nicht zuletzt mit Bezug auf Bourdieu (1982) davon ausgegangen, dass familiale Habitus(trans)formationen wie auch Bildungsstrategien vom Anfang des Lebenslaufs an wirksam sind.

Seit der Untersuchung von Boudon (1974) wird vor allem aber auf den Reproduktionsprozess selbst, also auf das „Wie" der Herstellung von Ungleichheit geschaut. Boudon schlägt vor, das Zusammenspiel von Persönlichkeitsmerkmalen und Bildungsentscheidungen zu untersuchen und macht darauf aufmerksam, dass die für Bildungserfolge entscheidenden Persönlichkeitsmerkmale zum einen nach Herkunft unterschiedlich verteilt sind und zum anderen nach Milieu im Hinblick auf die anstehenden Bildungsentscheidungen unterschiedlich gedeutet werden.

Demnach sind Bildungsentscheidungen zum einen zwar als rationale Abschätzung von Ressourcen, Chancen und Risiken zu verstehen (vgl. Goldthorpe 1996). Sie werden aber auch mehr oder weniger bewusst und oftmals mit widersprüchlichem Ergebnis aufgrund generationsübergreifend aufgeschichteter familiärer und milieuspezifischer Erfahrungen und Haltungen getroffen. Dieser Zusammenhang wird in einigen aktuellen Untersuchungen im Anschluss an Bourdieu (1982) theoretisch als „Strategien des Habitus" modelliert (z.B. Büchner/Brake 2006; Lange-Vester 2008; Kurz u.a. 2008).

In Zukunft müssen diese Fragen auch unter dem Aspekt der frühkindlichen Bildung im Kindergarten betrachtet werden. Dies vor allem, weil aktuell in den politischen Diskussionen an den Ausbau der Elementaren Bildung geradezu illusionäre Hoffnungen geknüpft werden, als könnten dort den meisten Problemen im Sozial- und Bildungswesen erfolgreich begegnet werden, auch deshalb, weil dort die Welt noch in Ordnung sei und die Gesellschaft vor der Tür bliebe. Dies aber ist wohl nicht der Fall.

Literatur

Allmendinger, J./Leibfried, S. (2005): Bildungsarmut. In: Opielka, M. (Hrsg.): Bildungsreform als Sozialreform. Wiesbaden
AWO-ISS (2000): Gute Kindheit – Schlechte Kindheit? Armut und Zukunftschancen von Kindern und Jugendlichen in Deutschland. Frankfurt
Von der Beek, A./Schäfer, G. E./Steudel, A. (2006): Bildung im Elementarbereich. Wirklichkeit und Phantasie. Weimar
Berteslmann-Stiftung (2008): Volkswirtschaftlicher Nutzen von frühkindlicher Bildung in Deutschland. Gütersloh
Betz, T. (2008): Ungleiche Kindheiten. Theoretische und empirische Analysen zur Sozialberichterstattung über Kinder. Weinheim
Betz, T. (2009): Kindheitsmuster und Milieus. In: Aus Politik und Zeitgeschichte 17/2009, S. 14-20
bildung:elementar (2004) = Bildungsprogramm für Kindertagesstätten in Sachsen-Anhalt. Bildung:elementar – Bildung von Anfang an. (hrsg. vom Ministerium für Gesundheit und Soziales) Magdeburg
Bloßfeld, H.-P./Shavit, Y. (1993): Dauerhafte Ungleichheiten. In: Zeitschrift für Pädagogik, H. 1, S. 25-52
BMFSFJ (1998): Bericht über die Lebenssituation von Kindern und die Leistungen der Kinderhilfen in Deutschland. Zehnter Kinder- und Jugendbericht. Drucksache des Deutschen Bundestages 13/11368. Bonn
BMFSFJ (2005): Zwölfter Kinder- und Jugendbericht. Bericht über die Lebenssituation junger Menschen und die Leistungen der Kinder- und Jugendhilfe in Deutschland. Drucksache des Deutschen Bundestags 15/6014. Berlin
BMFSFJ (2009): 13. Kinder- und Jugendbericht. Bericht über die Lebenssituation junger Menschen und die Leistungen der Kinder- und Jugendhilfe in Deutschland. Drucksache des Deutschen Bundestags 16/12860. Bonn
Boudon, R. (1974): Education, opportunity, and social inequality. New York
Bourdieu, P. (1982): Die feinen Unterschiede. Kritik der gesellschaftlichen Urteilskraft. Frankfurt a. M.
British Council (Ed.) (2004): Early Excellence. A Cross-national Study of Integrated Early Childhood Education and Care Centres in five Countries. Berlin
Büchner, P./Brake, A. (2006): Bildungsort Familie. Transmissionen von Bildung und Kultur im Alltag von Mehrgenerationenfamilien. Wiesbaden
Bühler-Niederberger, D. (2009): Ungleiche Kindheiten – alte und neue Disparitäten. In: Aus Politik und Zeitgeschichte 17/2009, S. 3-8
Bundesjugendkuratorium (2004): Bildung fängt vor der Schule an! Zur Förderung von Kindern unter sechs Jahren. Bonn
EPPE (2004): The Effektive Provision of Pre-School Education. Project Final Report. 1997-2004. London
Geißler, R. (2004): Die Illusion der Chancengleichheit im Bildungssystem – von PISA gestört. In: Zeitschrift für Soziologie der Erziehung und Sozialisation, H. 4, S. 362-380

Goldthorpe, J. (1996): Class Analysis and the Reorientation of Class Theory. In: British Journal of Sociology, vol. 3; pp. 481-503

Hengst, H./Zeiher, H. (2005): Kindheit soziologisch. Wiesbaden

Von Hentig, H. (2003): Die Menschen stärken, die Sachen klären. Stuttgart

Kurz, K. u.a. (2008): Kompetenzentwicklung und Bildungsentscheidungen im Vor- und Grundschulalter. In: Natur der Gesellschaft. Verhandlungen des 33. Kongresses der Deutschen Gesellschaft für Soziologie in Kassel 2006. Frankfurt a. M., S. 310-322

Kreckel, R. (1992): Politische Soziologie der sozialen Ungleichheit. Frankfurt a. M./New York

Laewen, H.-J. (Hrsg.) (2003): Forscher, Künstler, Konstrukteure. Weinheim

Lange-Vester, A. (2008): „Natürliche" und „inkorporierte" Ordnung? In: Die Natur der Gesellschaft. Verhandlungen des 33. Kongresses der Deutschen Gesellschaft für Soziologie in Kassel 2006. Frankfurt a. M., S. 266-280

Müller, W. (1998): Erwartete und unerwartete Folgen der Bildungsexpansion. In: Kölner Zeitschrift für Soziologie und Sozialpsychologie, Sonderheft 38, S. 81-112

Oevermann, U. (1996): Theoretische Skizze einer revidierten Theorie professionellen Handelns. In. Combe, A./Helsper, W. (Hrsg.): Pädagogische Professionalität. Untersuchungen zum Typus pädagogischen Handelns. Frankfurt a. M., S. 70-182

Rabe-Kleberg, U. (2001): Kinder auf dem Weg in die Wissensgesellschaft begleiten. In: Stadtschulamt Frankfurt a. M. (Hrsg.): Bildungsauftrag der Kindertageseinrichtungen. Frankfurt a. M., S. 17-24

Rabe-Kleberg, U. (2003): Gender Mainstreaming und Kindergarten. Weinheim

Rabe-Kleberg, U. (2005): Von Generation zu Generation? Kleine Kinder und soziale Ungleichheit in Deutschland. In: Opielka, M. (Hrsg.): Bildungsreform als Sozialreform. Wiesbaden, S. 77-88

Rabe-Kleberg, U. (2008): Zum Verhältnis von Wissenschaft und Profession in der Frühpädagogik. In: Von Balluseck, H. (Hrsg.): Professionalisierung in der Frühpädagogik. Perspektiven, Entwicklungen, Herausforderungen. Opladen

Rosken, A. (2009): Diversity und Profession. Wiesbaden

Schrader-Breymann, H. (1922): Ihr Leben aus Briefen und Tagebüchern. (hrsg. von Mary J. Lyschinska) Berlin

Vester, M. (2005): Die selektive Bildungsexpansion. Berger, P./Kahlert, H. (Hrsg.): Institutionalisierte Ungleichheiten. Wie das Bildungswesen Chancen blockiert. Weinheim, München, S. 39-70

Walper, S. (1999): Auswirkungen von Armut auf Entwicklungen von Kindern. In: Materialien zum Zehnten Kinder- und Jugendbericht, Nr. 1. München, S. 291-360

II. Bildung und soziale Ungleichheit in der Schule

Chancengleichheit in der Schule – eine nicht abgegoltene Forderung

Hartmut Wenzel

1 Einleitung

Ich erinnere mich noch sehr gut daran, dass ich als junger Student an der Philipps-Universität in Marburg eine Gruppe von Studenten kennen lernte, die in die Dörfer um Marburg fuhr, um Bildungswerbung zu betreiben. „Student aufs Land" hieß die damalige Aktion, durch die über Bildungsmöglichkeiten sowie den Zugang zu weiterführenden Schulen informiert und zu deren Besuch ermutigt wurde. Darüber hinaus leistete die Gruppe praktische Unterstützung etwa durch Hausaufgabenbetreuung und die Organisation von Mitfahrgelegenheiten von abgelegenen Orten zur weiterführenden Schule. Erst mit der Zeit ist mir der größere Zusammenhang deutlich geworden, in dem diese Aktion eingebettet war. Es ging um Bildungswerbung und letztlich um die materielle Einlösung von Chancengleichheit für bisher benachteiligte Personengruppen, hier speziell für Kinder aus ländlichen Bereichen.

Die Verwendung der Begriffe Chancengleichheit und soziale Ungleichheit stehen in einem engen Bezug zu Auffassungen von Gerechtigkeit, insbesondere mit Fragen der gleichen oder ungleichen Behandlung von Personen bezüglich der ihnen zugestandenen Rechte und sozialen Güter. Bezüglich elementarer Grundlagen besteht hierzu in modernen Gesellschaften weitgehend Konsens, der sich auch in Formulierungen des Grundgesetzes widerspiegelt. So ist gemäß dem Prinzip der formalen Gerechtigkeit zu fordern, Gleiches gleich zu behandeln, und es ist von der Grundüberzeugung auszugehen, dass alle Menschen von Natur aus gleich geboren sind. Natürlich ist dies nicht als empirische Aussage aufzufassen, sondern als die gemeinsam geteilte normative Annahme, dass alle Menschen von Geburt an grundsätzlich gleichberechtigt sind und für alle die gleichen Rechte und Pflichten in grundsätzlich allen Bereichen des Lebens gelten. Da soziale Ungleichheit damit nicht als naturgesetzmäßig gerechtfertigt angesehen werden kann, ist jede Ungleichbehandlung und jede ungleiche Verteilung sozialer Güter – auch von Bildungsgütern – rechtfertigungsbedürftig.

Leitend in der Debatte über Chancengleichheit in der Schule und durch die Schule ist zumeist die in der Soziologie übliche Auffassung nicht-anteilsmäßige Quoten der Teilhabe im Vergleich zu den anteiligen Verhältnissen in der Gesellschaft als Nachweis sozialer Ungleichheit zu werten. Dabei werden heute zur Klassifizierung und Positionierung neben den klassischen Ungleichheitsmerkmalen wie Besitz und Einkommen, Verfügung über Produktionsmittel sowie Stellung im Produktionsprozess, Bildung, das Prestige und Ansehen, das Personen genießen, sowie – Bourdieu folgend – auch Merkmale des kulturellen und sozialen Kapitals berücksichtigt. Die festgestellten Ungleichheiten müssen nicht an sich ungerecht sein, sie sind aber zu hinterfragen und in jedem Fall rechtfertigungsbedürftig.

Seit Anfang der 1960er Jahre erlebte die Diskussion um Ungleichheit und Bildung im Zusammenhang mit der im internationalen Vergleich geringen Bildungsbeteiligung in den weiterführenden Schulen in Deutschland einen ersten Höhepunkt. Erhebliche Bedeutung hatten dabei die Arbeiten von Edding (1965), von Picht (1964) zur „Bildungskatastrophe", von Dahrendorf (1965) und Peisert (1967). Der Nachweis der im internationalen Vergleich recht geringen Abiturientenzahlen und das gleichzeitige Anwachsen der Geburtenzahlen führte zur Befürchtung einer Bildungskatastrophe sowie einer mangelnden internationalen Wettbewerbsfähigkeit, wenn nicht umgehend Abhilfe durch einen Ausbau des Bildungswesens geschaffen würde. Der Hinweis auf die bestehenden Ungleichheiten in der Bildungsbeteiligung war damals einerseits ein Verweis auf ungenutzte Bildungsreserven, andererseits aber auch ein Nachweis von Ungerechtigkeiten im Zusammenhang des Verständnisses von Bildung als Bürgerrecht. 1965 veröffentlichte Ralf Dahrendorf, damals Soziologieprofessor in Tübingen, ein Buch mit dem Titel „Bildung ist Bürgerrecht". In ihm konstatierte er einen Modernitätsrückstand der deutschen Gesellschaft und plädierte für die Herstellung von Chancengleichheit sowie für eine darauf bezogene aktive Bildungspolitik. Unter Bildungsforschern und Politikern entwickelte sich ein Konsens darüber, dass hinsichtlich der Bildung in Deutschland keine Chancengleichheit im zuvor angesprochenen Sinne existierte. Eine leistungsunabhängige und somit illegitime Auslese nach sozialer und regionaler Herkunft sowie nach Geschlecht wurde bemängelt. Gerade die Verknüpfung ökonomischer und gerechtigkeitsbezogener Argumente führte zu den vielfältigen Bemühungen der Bildungswerbung und setzte einen bedeutenden Prozess der Bildungsexpansion in Gang.

Damals wurde in der Diskussion die später häufig angeführte Kunstfigur geschaffen, in der gewissermaßen die wichtigsten Dimensionen der empirisch belegten Benachteiligung im Zugang zu weiterführender Bildung zusammengefasst waren: das katholische Arbeitermädchen vom Land (vgl. z.B. Dahrendorf 1961). In dieser Figur waren vier Disparitätsdimensionen gefasst:

- die soziale Benachteiligung für Arbeiterkinder (soziale Herkunft);
- die regionale Benachteiligung zugespitzt im Stadt-/Land-Gefälle (Region);
- die Disparitäten im Zugang zu Bildungsmöglichkeiten zwischen Mädchen und Jungen (Geschlecht)
- und die damals noch wirksamen Disparitäten zwischen katholischen und evangelischen Landesteilen.

Ihren Ausdruck fanden die daraufhin entwickelten Reformintentionen insbesondere im Strukturplan für das Bildungswesen des Deutschen Bildungsrates (1970). Leitgedanke war hier eine höhere Durchlässigkeit und Anschlussfähigkeit der Bildungsgänge, die durch eine für die gesamte Bildungskarriere modularisierte Angebotsstruktur erreicht werden sollte. Die vertikale Grundstruktur des historisch gewachsenen Bildungswesens, die als mitverantwortlich für die festgestellten Ungleichheiten angesehen wurde, sollte den Empfehlungen nach durch ein horizontal gestuftes Bildungsangebot ersetzt werden. Allerdings gerieten diese Reformbemühungen zur grundlegenden Veränderung des Schulsystems (Gesamtschule) schon bald ins Stocken und verliefen unter den konkreten historischen Rahmenbedingungen und politischen Machtverhältnissen in den einzelnen Bundesländern sehr unterschiedlich und kontrovers. In keinem Bundesland wurden Gesamtschulen als Schulen eingeführt, die die traditionellen Schulformen ersetzen. Derzeit nimmt die lange tabuisierte Diskussion über die Struktur unseres Bildungswesens langsam wieder zu und führt auch politisch zu einigen Veränderungen, etwa bezüglich der Zusammenfassung von Haupt- und Realschulen zu einer neuen Einheit (Gemeinschafts- oder Regionalschule), wie dies nach der deutschen Einheit in einigen der neuen Länder bereits vollzogen wurde.

Seit den 1960er Jahren haben sich bezüglich der Bildungsbeteiligung insgesamt gravierende Veränderungen ergeben. Diese führten zu einer deutlichen Verbesserung in der Bildungsversorgung vom vorschulischen Bereich bis zu den Hochschulen, wenngleich im vorschulischen Bereich nach ersten Modellversuchen in den 1970er Jahren die Entwicklung nur langsam voran ging. Die zuvor herausgestellten Benachteiligungsdimensionen haben sich hinsichtlich ihrer Relevanz in den zurückliegenden Jahrzehnten erheblich verändert, allerdings in sehr unterschiedlichem Maße.

Ich möchte in meinem Beitrag einige neuere Ergebnisse der Ungleichheitsforschung zu den angeführten Problemdimensionen bzw. Benachteiligungsdimensionen anführen. Eine These sei dabei bereits hier angesprochen: Chancengleichheit im damals diskutierten Sinn ist auch heute noch eine unabgegoltene Forderung, wenn auch in den einzelnen Disparitätsbereichen erhebliche Veränderungen stattgefunden haben.

2 Einige Grunddaten zur Bildungsexpansion und zur sozialen Ungleichheit – zur (neuen) Motivierung einer Schulstrukturdebatte

Einige Grunddaten zur Bildungsexpansion in Deutschland sind Tabelle 1 zu entnehmen. Noch 1970 verlässt die Hälfte der Absolventen des allgemeinbildenden Systems die Schule mit einem Hauptschulabschluss. Dieser Anteil geht bis zum Jahr 1997 auf 26,4% zurück, während der Anteil der Absolventen mit Realschulabschluss von 21,4% auf 39,9% und der Anteil der Absolventen mit Hochschul- oder Fachhochschulreife von 12,5% auf 24,8% ansteigen. Die Quote der Studienberechtigten nimmt im gleichen Zeitraum von 13,6% auf 36,5% zu, wobei weibliche Studienberechtigte zunächst mit 39,4% unter-, im Jahr 1997 dann aber mit 52,1% überrepräsentiert sind (vgl. Tab. 1). Insoweit können die Mädchen als Gewinner der Bildungsexpansion bezeichnet werden.

Tabelle 1: Absolventen allgemeinbildender Schulen und Studienberechtigte (in %)

	1950	1970	1990	1993	1997	2001
Absolventen allgemeinbildender Schulen						
ohne Hauptschulabschluss		16,0	8,1	9,1	8,8	9,5
mit Hauptschulabschluss		50,1	29,7	27,4	26,4	25,6
mit Realschulabschluss		21,4	34,8	39,1	39,9	40,5
mit Hochschul-/ Fachhochschulabschluss	3,6	12,5	27,4	24,4	24,8	24,4
Studienberechtigtenquote (insgesamt)	4,8	13,6	31,4	32,8	36,5	36,1
Fachhochschulreife	4,8	13,6	22,8	24,2	27,9	25,6
Hochschulreife			8,6	8,6	8,6	10,5
Anteile weiblicher Studienberechtigter	32,8	39,4	46,3	49,1	52,1	

Quelle: Zusammenstellung nach Daten der KMK, zitiert nach Ditton 2004, S.610

Bezogen auf die Bundesrepublik Deutschland ist der Forschungsstand hinsichtlich der Anteile der Schülerschaft in verschiedenen Schulformen im Vergleich mit dem Bildungsniveau im Elternhaus bis zum Beginn der 1990er Jahre mehrfach dokumentiert und mit dem übereinstimmenden Ergebnis einer im Kern kaum veränderten Beziehung zwischen sozialer Herkunft und Bildungsteilhabe bzw. Bildungserfolg beschrieben worden. In der Folge wurde dieses Ergebnismuster mehrfach hinterfragt und erneut überprüft (vgl. Ditton 2004, S. 612).

Zusammenfassend lässt sich die Forschungslage als sehr unübersichtlich charakterisieren. Vergleiche der Ergebnisse aus den vorliegenden Untersuchungen werden durch Unterschiede in den Variablen bzw. Operationalisierungen, Stichprobengrößen, Erhebungszeitpunkten und Analyseverfahren erschwert. Es zeichnet sich jedoch übereinstimmend ab, dass bezüglich des mittleren Bildungsniveaus inzwischen mehr Chancengleichheit erreicht ist. Ein mittlerer Bildungsgang bzw. -abschluss ist inzwischen faktisch zur Mindestnorm geworden und hat im Zuge dieser Entwicklung seine Exklusivität weitgehend verloren (vgl. Ditton 2004, S. 613). Dagegen sind der gymnasiale Bildungsweg und die Hochschulbildung exklusiv geblieben und möglicherweise sogar sozial geschlossener geworden.

Außer Frage steht, dass die soziale Ungleichheit im deutschen Schulsystem besonders stark ausgeprägt ist. Die Ergebnisse aus den PISA-Studien bestätigen für Deutschland, dass die sozialen Disparitäten vor allem bezüglich des Gymnasialbesuchs gravierend sind (Baumert/Schümer 2001, S. 323ff.). Von den Kindern aus Familien der „oberen Dienstklasse" besuchen mehr als 50% ein Gymnasium, von den Kindern aus Arbeiterfamilien sind es dagegen gerade einmal 10%. Ermitteln lässt sich außerdem, dass Kinder der oberen Dienstklasse im Vergleich zu Arbeiterkindern selbst bei Kontrolle von Unterschieden in kognitiven Grundfähigkeiten und der Lesekompetenz eine etwa dreifach so große Chance haben, ein Gymnasium zu besuchen (vgl. Baumert/Schümer 2001, S. 357). Durch die enge Kopplung von besuchter Schulform und Leistungsniveau besteht damit auch ein enger Zusammenhang zwischen Sozialschichtzugehörigkeit und erworbenen Kompetenzen. Deutschland nimmt damit im internationalen Vergleich eine unrühmliche Spitzenposition ein. Nirgendwo sonst sind die Unterschiede zwischen den oberen und unteren Statusgruppen so groß.

Sichtbarstes Ergebnis der Gliederung eines Systems in Schulformen, auf die sich Schülerinnen und Schüler nach Leistungsgesichtspunkten verteilen, ist – so Baumert, Trautwein und Artelt (2003) – die Homogenisierung von Schülergruppen. Hinsichtlich der Leistung ist diese Wirkung nicht nur erwünscht, sondern eigentlich Sinn der Maßnahme. Dem liegt die Vorstellung zu Grunde, Unterricht könne in relativ homogenen Leistungsgruppen besser auf Schülervoraussetzungen abgestimmt und damit optimiert werden. Da Schulleistungen aber auch – und in Deutschland besonders eng – mit der Sozialschichtzugehörigkeit kovariieren, ist mit der frühen Verteilung auf institutionell getrennte Bildungsgänge immer auch als unerwünschter Nebeneffekt die soziale Trennung von Schülerinnen und Schülern verbunden. „Soziale Segregation ist die Kehrseite institutioneller Leistungsdifferenzierung" (Baumert/Trautwein/Artelt 2003, S. 267).

In Deutschland wird der durch die Schulformzuweisung erzielte Homogenisierungseffekt noch einmal durch die häufig praktizierten Klassenwiederholungen und Schulformwechsel „nach unten" verstärkt. Dies führt dazu, dass die in den PISA-Studien erfassten Kompetenzen von Schülerinnen und Schülern der neunten Jahrgangsstufe innerhalb einer Einzelschule im internationalen Vergleich bemerkenswert homogen ausfallen (vgl. Baumert/Trautwein/Artelt 2003, S. 268).

Eines der zentralen Ergebnisse der PISA-Studie 2000 war der Nachweis des engen Zusammenhangs zwischen Merkmalen der sozialen Herkunft und des Kompetenzerwerbs in Deutschland. Dieser Zusammenhang wird im Wesentlichen durch die Schulformzugehörigkeit vermittelt. Dies führt auf Schulebene zu einer engen Kovariation zwischen der sozialen Zusammensetzung der Schülerschaft einer Schule und deren mittlerem Leistungsniveau. Das feststellbare Gefälle in den kognitiven Grundfähigkeiten belegt dann die zumindest durchschnittliche Funktionsfähigkeit der Schulformzuweisungen nach Maßgabe von Eignung und Leistung, und das Gefälle der sozialen Zusammensetzung der Schülerschaft dokumentiert deren Kosten in Form von sozialer Segregation (vgl. Baumert/Trautwein/Artelt 2003, S. 275).

Dies kann als eine Bestätigung dafür gelesen werden, dass Schulformen primär für die Bildung leistungsdifferenzierter Umwelten verantwortlich sind. Die Übergangsauslese führt nicht nur zu einer leistungsmäßigen und sozialen Homogenisierung von Lerngruppen, sondern Schulformen stellen in der Tat differenzielle Entwicklungsmilieus dar, die auf institutioneller Ebene für eine Öffnung der Leistungsschere während der Sekundarstufe I sorgen (vgl. Baumert/Trautwein/Artelt 2003, S. 286).

Der Schluss, den Baumert/Trautwein/Artelt daraus ziehen, ist: sowohl Schulformen als auch Einzelschulen innerhalb derselben Schulform stellen institutionell vorgeformte differenzielle Entwicklungsmilieus dar (vgl. auch Baumert/Stanat/Watermann 2006). Schülerinnen und Schüler mit gleicher Begabung, gleichen Fachleistungen und gleicher Sozialschichtzugehörigkeit erhalten je nach Schulformzugehörigkeit und je nach besuchter Einzelschule unterschiedliche Entwicklungschancen. Folglich weisen die PISA-Ergebnisse darauf hin, dass die im internationalen Vergleich ungewöhnlich große Leistungsstreuung am Ende der Vollzeitschulpflicht zu einem nicht unerheblichen Teil in der Sekundarstufe I institutionell erzeugt oder zumindest verstärkt wird.

Dieser Prozess wird dann problematisch, wenn er insgesamt auf nur mittelmäßigem Niveau verläuft und zu einem zunehmenden Anteil von Schülerinnen und Schülern führt, der Mindeststandards unterschreitet. Eines der besorgniserregenden Ergebnisse aus PISA war ja für unser Land der Nachweis, dass der Anteil potenzieller Risikopersonen relativ hoch ist. Problematisch wird die institutionelle Variabilität von Entwicklungsumwelten also dann, wenn sich Teilbereiche des Systems institutionell verfestigen, die systematisch ungünstige Entwicklungsverläufe erzeugen. Diese Befunde setzen nun mit großer Vehemenz die Schulstrukturfrage als Teil der Chancengleichheitsdebatte wieder auf die bildungspolitische Tagesordnung.

Die große Bedeutung der sozioökonomischen Schichtzugehörigkeit und des Bildungsgrades der Eltern für den Bildungserfolg ist eindeutig belegt. Änderungen hier sind nicht kurzfristig möglich. Die PISA-Vergleiche zeigen jedoch, dass andere Länder mit ihren Bemühungen zu besseren Lösungen hinsichtlich der Minderung sozialbedingter Benachteiligungen erfolgreicher sind. Unsere Bemühungen müssen also fortgesetzt werden.

Die frühere Benachteiligungsdebatte hat noch weitere Benachteiligungsdimensionen aufgezeigt, auf deren Veränderung nun eingegangen werden soll.

3 Bildung und Geschlecht – Veränderungen in der Geschlechterdebatte

Im Zuge der Bildungsreformdebatten Ende der 1960er Jahre konnte sich eine ideologisch orientierte „Mädchenbildung" (Küche, Kirche, Kinder) nicht mehr behaupten. Die Diskussion über die mangelnde Beteiligung von Mädchen im Bildungssystem – insbesondere in den weiterführenden Schulen und im Studium – erforderte neben der sozialen Diskriminierungsdimension auch Geschlecht als Diskriminierungsdimension ernst zu nehmen und darauf politisch und administrativ zu reagieren. So stand in einer ersten Phase erst einmal die Herstellung der rechtlichen Gleichheit von Jungen und Mädchen im Bildungssystem im Blickpunkt. Durch Bildungsexpansion und Koedukation sollten die Bildungschancen von Mädchen den traditionell besseren der Jungen angeglichen werden. Ihre geringe Teilhabe an weiterführender Bildung, an beruflicher Ausbildung und in technischen Bereichen wurde gemessen an den Werten einer männlichen Vergleichspopulation.

Dieser Phase der rechtlichen Gleichstellung folgte (vgl. Crotti 2006) angestoßen durch die stärker werdenden feministischen Strömungen die kompensatorische und geschlechterbewusste bzw. reflexive Koedukationsdebatte.

Zieht man heute die allgemeine Bildungsstatistik heran, so zeigt sich als generelles Bild, dass junge Frauen inzwischen erfolgreicher im Bildungssystem sind als junge Männer: Sie verlassen zu wesentlich geringeren Anteilen die Schule ohne Abschluss oder (‚nur') mit einem Hauptschulabschluss. Sie sind stattdessen zu größeren Anteilen an denjenigen Schulen vertreten, die über Realschulabschlüsse bzw. über die Fachhochschul- und Hochschulreife verfügen.

Bellenberg (1999) hat mit ihrer empirischen Untersuchung in Nordrhein-Westfalen Bildungsverläufe von der Einschulung bis zum Abschluss verfolgt und die Ergebnisse auch in Hinblick auf Jungen und Mädchen ausgewertet. Mädchen wurden dabei deutlich seltener vom Schulbeginn zurückgestellt und geringfügig mehr Mädchen als Jungen wurden vorzeitig eingeschult. Betrachtet man die verschiedenen Schulformen in der Sekundarstufe I, so stellt Bellenberg durchgängig einen dreifach größeren Erfolg der Mädchen fest:

- sie stellen in den prestigeniedrigeren Schulformen jeweils den geringeren Teil der Schülerschaft;
- sie gehören in erheblich geringerem Maße zu den Klassenwiederholern;
- sie wechseln eher in prestigehöhere Schulen, während Jungen eher zu den Absteigern gehören.

Die Sonderschulen für Lernbehinderte sind mit zwei Dritteln Jungen fast schon reine Jungenschulen (vgl. Faulstich-Wieland 2004, S. 651). Auch diejenigen, die während der Schulzeit aus Haupt- oder Gesamtschulen in die Sonderschule wechseln, sind zu zwei Dritteln Jungen. Die Erfolge der Mädchen in der Sekundarstufe I setzen sich in der gymnasialen Oberstufe fort: Sie sind zu größeren Anteilen an der „normalen" Schülerschaft wie an den vertikalen Schulformwechslern (als Aufsteiger) vertreten. Auch der Vergleich der Verweilzeiten fällt überwiegend zu Gunsten der Mädchen aus: Sie durchlaufen die Schulen schneller und sind in der Regel entsprechend beim Schulabschluss etwas jünger als die Jungen.

Somit kann als zentraler Befund aktueller Untersuchungen festgehalten werden, dass Mädchen insgesamt erfolgreicher in der Schule sind, diese Erfolge sich bereichsbezogen besonders in den sprachlichen Fächern zeigen, während sie in den mathematisch-naturwissenschaftlichen Fächern sowohl weniger Interessen wie weniger Leistungsstärken aufweisen (vgl. Faulstich-Wieland 2004). Schule scheint für sie ein bedeutsameres Feld für soziale Kontakte und soziale Bestätigungen zu sein als für die Jungen. Jungen sind insgesamt weniger erfolgreich als Mädchen, überflügeln diese jedoch im mathematisch-naturwissenschaftlichen Bereich.

Dieser Befund wird auch durch die aktuelle OECD-Studie (2009) „Equally prepared for Life? How 15-year-old boys and girls perform in school" bestätigt. Die hier angeführten Ergebnisse sind mit Blick auf die gestiegene Bildungsbeteiligung und den gesteigerten Bildungserfolg der Mädchen äußerst positiv einzuschätzen. Sie haben aber natürlich eine Kehrseite und zwar für die Jungen. Knapp gefasst belegen die empirischen Befunde, dass eine gewisse Gruppe von Jungen heute im Bildungswesen schlechter abschneidet und stärker als Mädchen zu einer Risikogruppe gezählt werden muss. Diesbezüglich besteht dringender Forschungs- und auch bildungspolitischer Handlungsbedarf. Eine polarisierende Mädchen/Jungen-Debatte schafft keine Aufklärung über eine hochkomplexe Angelegenheit.

Obwohl Frauen erfolgreicher als Männer an Bildung und schulischer Qualifikation teilnehmen, setzt sich das nicht bzw. noch nicht in entsprechende zukunftsorientierte berufliche Qualifizierung und Karriere um. Die schulische Förderung von Mädchen wirkt nicht der Einengung des inhaltlichen Spektrums von Kurs-, Berufs- und Studienwahl entgegen. Vor allem in den Natur- und Ingenieurwissenschaften sind Frauen weiterhin deutlich unterrepräsentiert.

Derzeit gibt es eine Reihe aktueller Forschungsprojekte, die der Genese von Geschlechterdifferenzen und den Handlungsmöglichkeiten in der Schule differenziert nachgehen (vgl. hierzu z.B. das Modellprojekt „Neue Wege für Jungs" [http://www.neue-wege-fuer-jungs.de/Neue-Wege-fuer-Jungs/Das-Projekt]; sowie Budde 2008). Im Bereich der geschlechtsbezogenen Benachteiligungen im Bildungssystem haben sich also erhebliche Veränderungen und neue Benachteiligungen ergeben, die zukünftig auch in neuen Formen bearbeitet werden müssen.

4 Bildung und regionale Ungleichheit

Aus neueren Untersuchungen zu regionalen Disparitäten und Ungleichheit im Schulwesen lassen sich folgende Hauptergebnisse festhalten (vgl. Ditton 2004):

- Erhebliche Ungleichheiten ergeben sich in den Strukturen des Schulangebotes. Die Vielfalt des Schulangebots steht zwar in Beziehung zur Gemeindegröße, ist dadurch aber nicht determiniert. Insofern zeigt sich, dass ein nicht unerheblicher Handlungsspielraum für die regionalen Entscheidungsträger besteht.
- Der Trend zur Abwendung von der Hauptschule ist zwar allgemein festzustellen, allerdings regional sehr unterschiedlich ausgeprägt. Eine vergleichsweise hohe Akzeptanz findet die Hauptschule in Teilen von Bayern, Rheinland-Pfalz und in einigen ländlichen Randkreisen Nordrhein-Westfalens.
- Für den gymnasialen Bildungsgang wird eine sehr ungleichmäßige Angebotsdichte nachgewiesen. Außerdem bestehen erhebliche Differenzen in den Wahlangeboten auf der gymnasialen Oberstufe.

- Die Analysen zur Bildungsbeteiligung im Vergleich der Kreise sprechen für eine weitgehende Stabilität der regionalen Ungleichheit seit den 1990er Jahren. Zwar sind die Beteiligungsquoten insgesamt gestiegen, in einzelnen Regionen sind die Veränderungen aber marginal.
- Die Zahl der Schulabgänger ohne Hauptschulabschluss variiert regional erheblich (z.B. für Baden-Württemberg im Vergleich der kreisfreien Städte zwischen 5,8% und 13,3% und für die Landkreise zwischen 6% und 12%).
- Auch bezüglich der Abiturientenquote finden sich erhebliche Abweichungen, sowohl im Vergleich zwischen den Städten als auch im Vergleich zwischen den Landkreisen.

Insgesamt zeigen die vorliegenden Analysen zur regionalen Bildungsungleichheit, dass der häufig behauptete Abbau „sich bei empirischer Nachprüfung als eine Illusion" erweist (Bargel/Kluthe 1992, S. 98). Die Datenlage verweist auf hartnäckige regionale Disparitäten, und zum Teil entsteht der Eindruck, dass regionale Ungleichheit eher zu- als abgenommen hat. Besonders ausgeprägt ist die ungleiche Bildungsteilhabe in den Bundesländern, „in denen weiterhin auf die Hauptschule als eigenständige Schulform gesetzt wird und wo die Einführung integrierter Schulangebote bisher ausgeschlossen wurde" (ebd., S. 100).

Bei in Zukunft vermutlich auch bundesweit abnehmenden Schülerzahlen gilt es zu beobachten, ob neue regionale Disparitäten entstehen, bzw. es gilt darauf hinzuarbeiten, diese zu vermeiden.

5 Ethnie oder Migrationshintergrund als neue Benachteiligungsdimension?

Interessant ist, dass in der früheren Kunstfigur des „katholischen Arbeitermädchens vom Lande" eine Dimension nicht enthalten war, die in der aktuellen Diskussion über Benachteiligung im Bildungswesen große Bedeutung gewonnen hat. Ich meine die Dimension der Ethnizität oder anders ausgedrückt die Benachteiligungen der Kinder mit Migrationshintergrund in unserem Schulsystem.

Deutschland hat sich lange dagegen gewehrt, sich als Einwanderungsland zu verstehen, und damit erst relativ spät Regelungen für die Beschulung von Ausländerkindern getroffen. Erst durch die Intervention der damaligen Europäischen Gemeinschaft (EG) wurde nach längerem Disput schließlich in den Mitgliedsstaaten die generelle Aufnahme der Migrantenkinder in Regelschulen und Regelklassen durchgesetzt, der Deutschland dann sukzessive Folge leistete.

Die deutsche Bildungsforschung berichtet seither über andauernde Ungleichheit der Bildungsbeteiligung zwischen einheimischen und „ausländischen" Schülern. Dabei werden Repräsentationsmaße verwendet, die die Verteilung der deutschen Schüler auf das dreigliedrige Schulsystem zur Norm erheben. Auf dieser Basis wird eine deutliche Überrepräsentation von „Ausländern" bei Schülerinnen und Schülern ohne Hauptschulabschluss, bei Haupt- und Sonderschülerinnen und -schülern sowie bei vom Schulbesuch Zurückgestellten und Sitzenbleibern festgestellt, deutliche Unterrepräsentanz hingegen bei Gymnasiastinnen und Gymnasiasten und bei erfolgreichen Übergängen in die Berufsausbildung (vgl. Radtke 2004, S. 635).

Prominent hat die Studie „PISA 2000" als Nebenbefund auf der Basis einer eigenen Stichprobe, mit der differenzierte Angaben über den „Migrationshintergrund" der Schüler (die auch die deutsche Staatsangehörigkeit haben können) erhoben wurden, für Deutschland einen im internationalen Vergleich außerordentlich strikten Zusammenhang zwischen sozialer Herkunft, Migrationshintergrund, unzureichenden Schülerleistungen und formalen Schul(miss)erfolgen bestätigt und auch wieder große Differenzen zwischen den Bundesländern festgestellt (vgl. Radtke 2004, S. 635).

Aus der Sicht der Institutionen der Aufnahmegesellschaft waren Kausalattribuierungen, die schulischen Misserfolg Merkmalen der „fremden" Kinder und ihrer Eltern zurechnen, wegen ihres Entlastungseffektes (Integrationsfähigkeit oder -willigkeit) hoch willkommen und sind deshalb kaum zu korrigieren. Erklärungsmuster dieser Art (,blaming the victim') bewegen sich jedoch sehr nah am common sense und damit an der Grenze zum politischen Populismus. Sie fanden unter Stichworten wie „Kulturkonflikt", „Leben zwischen zwei Welten" oder „Morgens Deutschland, abends Türkei" eine weite, nicht rückrufbare Verbreitung und wurden zu einem stabilen Begründungsmuster der Lehrerinnen und Lehrer für negative Selektionsentscheidungen (vgl. Radtke 2004, S. 636).

Sechs Jahre nach dem PISA-Schock ist auch bei der dritten PISA-Veröffentlichung die Schulsituation der 15-jährigen Einwandererkinder der zweiten Generation in keinem anderen Industriestaat so dramatisch schlecht wie in Deutschland (vgl. Walter/Taskinen 2007). Die bereits in der Bundesrepublik geborenen Kinder von Migranten liegen mit ihren Lernleistungen im Schnitt gut zwei Schuljahre hinter ihren gleichaltrigen deutschen Mitschülerinnen und -schülern. Die OECD schreibt zu den PISA-Ergebnissen 2006: „Doppelt benachteiligt das deutsche Schulsystem Jugendliche mit Migrationshintergrund. Migrantenkinder kommen nicht nur häufiger aus einem Elternhaus mit einem niedrigeren sozio-ökonomischen Status, der Leistungsabstand gegenüber einheimischen Schülern ist über die sozio-ökonomischen Effekte hinaus deutlich höher als in den anderen Ländern mit vergleichbarem Migrantenanteil" (OECD 2007).

Anders als zur Zeit der zuvor angesprochenen deutschen Bildungsexpansion der 1960er Jahre wird eine andere Kunstfigur nahe gelegt, die die aktuellen Benachteiligungen zusammenfasst: der männliche Jugendliche mit Migrationshintergrund, der im Ballungszentrum lebt. Allerdings sind Mädchen mit Migrationshintergrund aufgrund von Vorurteilsstrukturen oft ebenso benachteiligt (vgl. Allemann-Ghionda 2006).

6 Perspektiven

Im Gesamtüberblick hinterlassen die Befunde zur Entwicklung sozial-regionaler Ungleichheiten im Bildungswesen gemessen an den Reformerwartungen der 1960er Jahre einen eher ernüchternden Eindruck. Die regionale Ungleichheit in der Bildungsteilhabe erweist sich als sehr stabil. Ergebnisse, die für einen Abbau sozialer Ungleichheit bei den mittleren Bildungsgängen sprechen, werden durch die soziale Geschlossenheit gymnasialer und universitärer Bildung nachhaltig relativiert. Der umfassend intendierte Abbau von Bildungsbarrieren ist somit nicht erfolgt. In der zeitlichen Perspektive scheint nach einer ersten Phase bescheidener Erfolge das Ruder wieder in die Gegenrichtung umgeschlagen zu sein.

Ein ausgeprägter Optimismus, dass sich in der Gegenwart eine Trendwende abzeichnen könnte, ist bei der gegebenen Datenlage schwer zu begründen. Eine wesentliche Rolle spielt dabei auch, dass der derzeitige Diskussionskontext zur Entwicklung des Bildungs- und Schulwesens ein anderer ist als in den 1960er Jahren. Statt sozialer Ungleichheit, Chancengleichheit oder kompensatorischer Erziehung sind schulische Profilbildung, Marktorientierung, Wettbewerb, freies Spiel der Kräfte und die Suche nach Spitzenleistungen die beherrschenden Themen. Darauf bezogen lässt sich die begründete These vertreten, dass Deregulierungen des Bildungsmarktes bestehende Ungleichheiten weiter verstärken werden. Zunehmend problematisch wird damit die Lage derjenigen, die im gesellschaftlichen Wettbewerb mit den gestiegenen Leistungserwartungen nicht mithalten können und für die das Risiko des Scheiterns im Verlauf der Bildungskarriere eher zu- als abnimmt.

Erfreulicherweise wird derzeit nach Diskussionen im Forum Bildung und in der KMK wieder verstärkt über diejenigen diskutiert, die als Verlierer unser Schulsystem verlassen (vgl. Forum Bildung 2001). Konsequenzen für die Schulstruktur werden in diesem Zusammenhang allerdings erstaunlicherweise noch zumeist tabuisiert, wenn auch in einzelnen Bundesländern an der Einführung neuer integrativer Elemente gearbeitet wird.

Es ist zu befürchten, dass die Trennung der Aufgaben der inneren Reform von denen der äußeren Reform die Erreichung der ehrgeizigen Ziele hinsichtlich verbesserter Chancengleichheit behindern wird. Ein erster und wichtiger Schritt, um Chancengleichheit überhaupt wieder zu einem Zentralthema zu machen, ist allerdings getan. Untersuchungen zu Schulqualität und Evaluationen im Bildungswesen sollten künftig wieder stärker mit Aspekten der Chancengleichheit, einer (sozial) ausgeglicheneren Verteilung des Erfolgs und der Förderung schwächerer Lerner in Verbindung gebracht werden. Damit wäre schon einiges erreicht.

Literatur

Allemann-Ghionda, Christina (2006): Klasse, Gender oder Ethnie? Zum Bildungserfolg von Schüler/innen mit Migrationshintergrund. Von der Defizitperspektive zur Ressourcenorientierung. In: Zeitschrift für Pädagogik. Jg 52, H. 3, S. 350-362

Bargel, T./Kluthe, M. (1992): Regionale Disparitäten und Ungleichheiten im Schulwesen. In: Zedler, P. (Hrsg.): Strukturprobleme, Disparitäten, Grundbildung in der Sekundarstufe I. Weinheim, S. 41-105

Baumert, J./Schümer, G. (2001): Familiäre Lebensverhältnisse, Bildungsbeteiligung und Kompetenzerwerb. In: Deutsches PISA-Konsortium (Hrsg.) = Baumert, J./Klieme, E./Neubrand, M./Prenzel, M./Schiefele, U./Schneider, W./Stanat, P./Tillmann, K.-J./Weiß, M.: PISA 2000. Basiskompetenzen von Schülerinnen und Schülern im internationalen Vergleich. Opladen, S. 323-407

Baumert, J./Stanat, P./Watermann, R. (Hrsg.) (2006): Herkunftsbedingte Disparitäten im Bildungswesen: Differentielle Bildungsprozesse und Probleme der Verteilungsgerechtigkeit. Vertiefende Analysen im Rahmen von PISA 2000. Wiesbaden

Baumert, J./Trautwein, U./Artelt, C. (2003): Schulumwelten – institutionelle Bedingungen des Lehrens und Lernens. In: Deutsches PISA-Konsortium (Hrsg.) = Baumert, J./Artelt, C./Klieme, E./Neubrand, M./Prenzel, M./Schiefele, U./Schneider, W./Tillmann, K.-J./Weiß, M.: PISA 2000. Ein differenzierter Blick auf die Länder der Bundesrepublik Deutschland. Opladen, S. 261-331

Bellenberg, G. (1999): Individuelle Schullaufbahnen. Eine empirische Untersuchung über Bildungsverläufe von der Einschulung bis zum Abschluß. Weinheim

Budde, J. (2008): Bildungs(miss)erfolge von Jungen und Berufswahlverhalten bei Jungen/männlichen Jugendlichen. (Bildungsforschung Band 23, Bundesministerium für Bildung und Forschung). Bonn

Crotti, C. (2006): Ist der Bildungserfolg bzw. -misserfolg eine Geschlechterfrage? In: Zeitschrift für Pädagogik, Jg. 52, H. 3, S. 363-374

Dahrendorf, R. (1961): Gesellschaft und Freiheit: Zur soziologischen Analyse der Gegenwart. München
Dahrendorf, R. (1965): Bildung ist Bürgerrecht. Plädoyer für eine aktive Bildungspolitik. Hamburg
Deutscher Bildungsrat (1970): Strukturplan für das Bildungswesen. Stuttgart
Ditton, H. (2004): Schule und sozial-regionale Ungleichheit. In: Helsper, W./Böhme, J. (Hrsg.): Handbuch der Schulforschung. Wiesbaden, S. 605-624
Edding, F. (1965): Bildung und Politik. Pfullingen
Faulstich-Wieland, H. (2004): Schule und Geschlecht. In: Helsper, W./Böhme, J. (Hrsg.): Handbuch der Schulforschung. Wiesbaden, S. 647-669
Forum Bildung (2001): Empfehlungen des Forum Bildung. Bonn
OECD (2007): Presseerklärung vom 4.12.2007: http://www.oecd.org/document/45/0,3343,de_34968570_35008930_39715757_1_1_1_1,00.html
OECD (2009): Equally prepared for life? How 15-year-old boys and girls perform in school. Paris
Peisert, H. (1967): Soziale Lage und Bildungschancen in Deutschland. München
Picht, G. (1964): Die deutsche Bildungskatastrophe. Olten
Radtke, F.-O. (2004): Schule und Ethnizität. In: Helsper, W./Böhme, J. (Hrsg.): Handbuch der Schulforschung. Wiesbaden, S. 625–646.
Walter, O./Taskinen, P. (2007): Kompetenzen und bildungsrelevante Einstellungen von Jugendlichen mit Migrationshintergrund in Deutschland: Ein Vergleich mit ausgewählten OECD-Staaten. In: PISA-Konsortium Deutschland (Hrsg.) = Prenzel, M./Artelt, C./Baumert, J./Blum, W./Hammann, M./Klieme, E./Pekrun, R.: PISA 2006. Die Ergebnisse der dritten internationalen Vergleichsstudie. Münster/New York/München/Berlin, S. 337-366

Genese sozialer Ungleichheit im institutionellen Kontext der Schule: Wo entsteht und vergrößert sich soziale Ungleichheit?*

Kai Maaz, Jürgen Baumert & Ulrich Trautwein

1 Einleitung

Soziale Disparitäten der Bildungsbeteiligung und des Kompetenzerwerbs sind mit der Veröffentlichung der PISA-2000-Ergebnisse aufs Neue und nachhaltig in das Blickfeld von Politik, Presse, interessierter Öffentlichkeit und Wissenschaft gerückt (vgl. Baumert/Stanat/Watermann 2006a; Georg 2006; Becker/Lauterbach 2007a; Berger/Kahlert 2008; Cortina u.a. 2008; Watermann/Maaz/Szczesny 2009). Die im Rahmen der ersten und der folgenden PISA-Wellen durchgeführten Analysen (vgl. z.B. Baumert/Schümer 2001; 2002; Ehmke u.a. 2004; Ehmke/Baumert 2007; 2008), die sich repräsentativer Stichproben und moderner Analyseverfahren bedienten, haben das Bild einer verwirklichten Chancengleichheit im Bildungssystem empfindlich gestört (vgl. Geißler 2004) und in Erinnerung gerufen, dass die soziale Herkunft von Schülerinnen und Schülern weiterhin eng mit dem Zugang zum Gymnasium und zur Hochschule verbunden ist (vgl. Ehmke/Baumert 2008; auch Becker 2003; Müller/Pollak 2004; 2007; Ditton 2007a). Die Befunde anderer großer Schulleistungsstudien, wie der „Internationalen Grundschul-Lese-Untersuchung" (IGLU; vgl. Bos u.a. 2004; Arnold u.a. 2007) oder der „Trends in International Mathematics and Science Study" (TIMSS; vgl. Bonsen/Frey/Bos 2008), bestätigten und ergänzten die PISA-Ergebnisse und verstärkten den Eindruck, dass nicht genug gegen diese Disparitäten getan werde.

Vor rund 30 Jahren diagnostizierte Heiner Meulemann: „Ungleichheit im Bildungssystem ist ein Stück sozialer Realität, Chancengleichheit ein normatives Postulat" (Meulemann 1979, S. 15). Vor dem Hintergrund der Ergebnisse der genannten Studien ist diese Feststellung aktueller denn je zuvor. Ausgeprägte soziale Disparitäten im Bildungssystem sind ein gut dokumentierter Befund, an dem kaum mehr gezweifelt wird. Weniger eindeutig ist jedoch die Frage zu beantworten, wo soziale Ungleichheiten im Bildungssystem entstehen. Die institutionelle Struktur des Bildungssystems, allem voran die Differenzierung des Sekundarschulsystems in voneinander getrennte Schulformen bzw. Bildungsgänge, wird hierbei – oftmals ohne ausreichende Belege – als zentrale oder gar einzige Ursache sozialer Ungleichheit im Bildungssystem ausgemacht.

Der vorliegende Beitrag untersucht, wo soziale Ungleichheiten im Bildungssystem entstehen oder verstärkt werden. Dabei sollen Ungleichheiten sowohl der Bildungsbeteiligung als auch der Kompetenzentwicklung berücksichtigt werden. In der erziehungswissen-

---

* Der vorliegende Beitrag wurde außerdem im Sonderheft 12/2009 der Zeitschrift für Erziehungswissenschaften veröffentlicht.

schaftlichen, soziologischen und psychologischen Forschung werden vornehmlich vier Bereiche identifiziert, an denen Bildungsungleichheiten entstehen oder zunehmen.

1. *Bildungsübergänge.* Vor allem die soziologische Stratifikationsforschung konzentrierte sich bislang auf Bildungsübergänge, an denen soziale Ungleichheiten der Bildungsbeteiligung durch ein sozial selektives Beratungs- und Empfehlungsverhalten von Erzieherinnen und Lehrkräften und ein sozialschichtabhängiges Entscheidungsverhalten von Eltern, Jugendlichen und jungen Erwachsenen entstehen oder verstärkt werden können (vgl. Boudon 1974; Mare 1980; Gambetta 1987; Shavit/Blossfeld 1993; Erikson/Jonsson 1996; Breen/Goldthorpe 1997; Cameron/Heckman 1998; Becker 2000a; 2003; Lucas 2001; Müller/Pollak 2007; Paulus/Blossfeld 2007).
2. *Innerhalb einer Bildungsinstitution.* Als Folge einer Wechselwirkung zwischen Statusmerkmalen und dem Angebot bzw. der effektiven Nutzung von schulischen Lerngelegenheiten können soziale Disparitäten auch innerhalb einer Bildungsinstitution oder Lerngruppe entstehen. Habitustheorien spielen hier eine besonders prominente Rolle (vgl. Bourdieu 1973; 1982; Bowles/Gintis 1976; Krais/Gebauer 2002; Helsper u.a. 2009).
3. *Zwischen Bildungsinstitutionen.* Gerade angesichts der überaus frühen Verteilung von Schülerinnen und Schülern auf unterschiedliche Schulformen im deutschen Bildungssystem stellt sich die Frage, ob soziale Ungleichheiten des Kompetenzerwerbs und der Bildungsbeteiligung auch durch die institutionelle Ausdifferenzierung von Bildungsprogrammen verursacht werden. Dabei kann es sich um ein implizites curriculares *tracking* innerhalb von Schulen oder mit der Verteilung auf Schulformen im allgemeinbildenden oder beruflichen Bereich um ein explizites *tracking* handeln (vgl. Gamoran/Mare 1989; Lucas 1999; Maaz/Trautwein/Lüdtke/Baumert 2008).
4. *Außerhalb des Bildungssystems.* Schließlich können Bildungsungleichheiten auch außerhalb von Bildungseinrichtungen in der Familie, Nachbarschaft oder Region entstehen, die Ungleichheit induzierende Prozesse innerhalb von Bildungsinstitutionen wiederum intensivieren können.

Der vorliegende Beitrag gibt für jeden dieser potenziell ungleichheitsverstärkenden Bereiche einen Überblick über die theoretischen Grundlagen und die empirischen Befunde. Darüber hinaus wird auf Forschungsbedarfe hingewiesen.

2 Entstehen Bildungsungleichheiten an den Bildungsübergängen durch Empfehlungen und Entscheidungen?

2.1 Theoretische Grundlagen

Die Auseinandersetzung mit sozialen Ungleichheiten im Bildungssystem konzentrierte sich lange Zeit fast ausschließlich auf Ungleichheiten der Bildungsbeteiligung zu einem bestimmten Zeitpunkt in der Bildungskarriere, in der Regel in der achten Klassenstufe (vgl. Köhler 1992), oder aber auf das jeweils höchste erreichte Zertifikat (also beispielsweise Hauptschulabschluss, mittlerer Schulabschluss, Abitur). Diese Angaben wurden dabei häufig verwendet, um auf Ungleichheiten zu schließen, die an den Bildungsübergängen entstehen. Tatsächlich besteht in der Bildungs- und Sozialstrukturforschung dahingehend Einigkeit, dass ein entscheidender Faktor für die Entstehung und Persistenz von Bildungsungleichheiten die Gelenkstellen von Bildungsverläufen sind (vgl. Ditton 1992; Breen/ Goldthorpe 1997; Henz 1997a; 1997b; Bellenberg/Klemm 1998; Baumert/Schümer 2001; Schnabel u.a. 2002; Müller/Pollak 2004; 2007; Becker 2007; Ditton 2007a).

Boudon (1974) beschäftigte sich mit den Selektionsentscheidungen im Bildungssystem und analysierte herkunftsspezifische Unterschiede in der Bildungsbeteiligung. Mit seinem mikrosoziologischen Ansatz zur Wahl von Bildungswegen wurde bereits in den 1970er Jahren eine Theorie vorgelegt, mit der sich der Zusammenhang von sozialer Herkunft und Bildungsungleichheit spezifizieren lässt und dabei Erklärungsmuster für die Entstehung sozialer Disparitäten der Bildungsbeteiligung bietet. Soziale Ungleichheit der Bildungsbeteiligung ist für Boudon das Ergebnis individueller Entscheidungen, die in einem institutionellen Rahmen des Bildungssystems getroffen werden müssen (vgl. auch Becker 2003; Becker/Lauterbach 2007b). Bildungsentscheidungen ergeben sich demnach aus der gezeigten schulischen Leistung, den Selektionsmechanismen des jeweiligen Bildungssystems und der familiären Bewertung von Bildung. Die Selektionsmechanismen des Bildungssystems werden unter anderem durch Übergangsbestimmungen (in Deutschland z.B. Elternwille, Grundschulempfehlungen oder leistungsbezogene Voraussetzungen für den Zugang zur nächsthöheren Bildungsstufe) sowie durch die institutionelle Struktur des Bildungssystems bestimmt (in Deutschland z.B. der Umstand, dass man sich für eine weiterführende Schulform entscheiden muss). Sozialschichtspezifische Bildungsentscheidungen resultieren vor allem aus der Bildungsaspiration der Eltern und der schulischen Leistung der Kinder. Für die Erklärung der jeweiligen Bildungsentscheidungen führt Boudon die Unterscheidung zwischen primären und sekundären Effekten der Sozialschichtzugehörigkeit ein (vgl. u.a. Kristen 1999; Becker 2000a; 2003; 2007; Erikson u.a. 2005; Ditton 2007a; Stocké 2007). Diese Unterscheidung ist zentral in seiner Theorie und bedeutsam für die empirische Überprüfung der Effekte der sozialen Herkunft (vgl. Abb. 1).

Als primäre Sozialschichteffekte werden jene Einflüsse der Sozialschichtzugehörigkeit bezeichnet, die sich direkt auf die Kompetenzentwicklung von Schülerinnen und Schülern auswirken und in unterschiedlichen Schulleistungen sichtbar werden. Die auf Sozialschicht rückführbaren Leistungsunterschiede lassen sich in erster Linie als Folge der unterschiedlichen Ausstattung von Familien mit ökonomischem, sozialem und kulturellem Kapital verstehen. Die Kompetenzentwicklung von Kindern und Jugendlichen wird durch diese Statusunterschiede sowohl direkt – zum Beispiel durch unterschiedliche familiäre Anregungsmilieus – als auch indirekt durch Wechselwirkung mit der Nutzung der verfügbaren schulischen Ressourcen beeinflusst. Insgesamt scheinen sich Familien schichtspezifisch so stark in der Sprachkultur, der Wertschätzung von Lernen und Bildung und der Vermittlung von effektiven Lernstrategien zu unterscheiden, dass man von schichtspezifisch habitualisierten Lerngewohnheiten sprechen kann (vgl. Becker 2007). Die unterschiedliche Sozialisations- und Bildungsgeschichte von Kindern unterschiedlicher sozialer Herkunft schlägt sich in ihren schulischen Leistungen bereits zu Beginn der Schullaufbahn nieder (vgl. Bradley/Corwyn 2002; Lee/Burkam 2002; Reardon 2003; Becker/Biedinger 2006).

Abbildung 1: Modell zur Entstehung sozialer Disparitäten im Bildungssystem nach Boudon

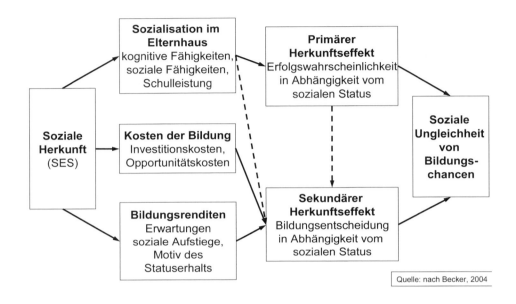

Quelle: nach Becker 2007, S. 164

Als sekundäre Effekte der Sozialschichtzugehörigkeit werden dagegen jene sozialen Disparitäten bezeichnet, die – unabhängig von der Kompetenzentwicklung und dem erreichten Kompetenzniveau der die Statuspassage vollziehenden Person – auf unterschiedliche Bildungsaspirationen und ein unterschiedliches Entscheidungsverhalten der Sozialschichten zurückzuführen sind. Bei zu treffenden Entscheidungen über den Besuch einer weiterführenden Bildungseinrichtung sollten Angehörige der verschiedenen sozialen Schichten unterschiedlichen Entscheidungskalkülen (z.B. Kosten-Nutzen-Bewertungen) folgen. Bildungsentscheidungen werden im Kontext der eigenen sozialen Stellung getroffen und sind im Zusammenhang der familiären Bildungsvorstellungen und Lebensplanung zu verstehen. Der sekundäre Herkunftseffekt ist demnach auch ein Ausdruck verinnerlichter Sozialschichtzugehörigkeit. Die Erklärung der sekundären Effekte der Sozialschichtzugehörigkeit findet ihre Ursprünge in der *Social Position Theory* (vgl. Keller/Zavalloni 1964), nach der sich das jeweilige Bildungsziel der Akteure an deren aktuellen sozioökonomischen Positionen orientiert. Der mit der Entscheidung für einen bestimmten Bildungsgang angestrebte Bildungsabschluss wird in Relation zur Sozialschicht der familiären Herkunft gesehen. So besteht für ein Kind, dessen Eltern einen Hauptschulabschluss haben, auf dem Weg zum Abitur eine soziale Distanz, die Kindern aus Akademikerfamilien unbekannt ist. Entsprechend werden gleiche Bildungsabschlüsse, je nach soziokulturellem Hintergrund, unterschiedlich bewertet und angestrebt.

Soziale Disparitäten der Bildungsbeteiligung können also als ein Ergebnis des Zusammenwirkens von primären und sekundären Effekten der Sozialschichtzugehörigkeit betrachtet werden, die einerseits über die gezeigte Schulleistung der Schülerinnen und Schüler überwiegend die Erfolgswahrscheinlichkeit der Bildungsinvestition bestimmen (primäre Effekte) und andererseits auf variierende Kosten- und Nutzenabwägungen (sekundäre Effekte) zwischen den Sozialschichten zurückzuführen sind. Die zentralen Größen dieser Theorie (Kosten, Nutzen und Erfolgswahrscheinlichkeit) wurden in neueren soziologischen und psychologischen Modellen aufgenommen, weiterentwickelt und formalisiert (Erikson/Jonsson 1996; Breen/Goldthorpe 1997; Esser 1999; zusammenfassend Maaz u.a. 2006).

2.2 Systematisierung des Forschungsstandes

Die Auseinandersetzung mit sozialen Ungleichheiten der Bildungsbeteiligung als sozial- und bildungspolitisches Problem begann bereits in den 1960er Jahren (vgl. Maaz/Baumert/ Cortina 2008). Die Bildungs- und Sozialforschung konzentrierte sich hierbei explizit oder implizit auf den Übergang von der Grundschule in die Sekundarstufe I. Fasst man den Forschungsstand der letzten Jahrzehnte zusammen, lassen sich im deutschsprachigen Raum drei Forschungsphasen ausmachen (vgl. Maaz u.a. 2006): eine explorative Phase, eine Formalisierungsphase sowie eine Vertiefungsphase.

Die *explorative Phase* wurde im Rahmen der Bildungsexpansion ausgelöst und legte einen Schwerpunkt auf die Untersuchung verschiedener Ursachen der geringeren Bildungsbeteiligung von Familien aus den unteren sozialen Schichten (vgl. Grimm 1966; Peisert 1967; Baur 1972; Fröhlich 1978). Zur Erklärung der Hintergründe wurden in dieser Phase verschiedene Faktoren, wie Anzahl der Geschwister, Einkommen, Schulleistung der Kinder oder Motivation der Eltern, untersucht und es wurde versucht, die Mediatoren zwischen der sozialen Schicht der Eltern und deren Bildungsmotivation zu identifizieren (u.a. Baur 1972; Fröhlich 1978; Fauser 1984). Insbesondere in der soziologischen Forschung wurden soziale Disparitäten der Bildungsbeteiligung in dieser Zeit vielfältig untersucht. Bereits in den 1960er Jahren zeigten verschiedene Studien, dass der Besuch weiterführender Schulen sozialschichtabhängig ist (vgl. Dahrendorf 1965a; 1965b; Peisert/Dahrendorf 1967). Peisert (1967) fasste mit der Kunstfigur des „katholischen Arbeitermädchens vom Lande" all jene Benachteiligungen im Bildungssystem zusammen, die bis Mitte des 20. Jahrhunderts wiederholt nachgewiesen worden waren. Nach wie vor identifizieren verschiedene Studien für Deutschland, die ganz unterschiedliche Daten nutzen, große soziale Ungleichheiten beim Erwerb höherer Bildungszertifikate (u.a. Klein im Druck; Müller/Pollak 2004; 2007; Schimpl-Neimanns 2000), auch wenn im historischen Kontext insgesamt eine Abnahme sozialer Ungleichheitsmuster erkennbar ist (Breen u.a. 2009).

In der explorativen Phase war der Zusammenhang zwischen Merkmalen der sozialen Herkunft und der Bildungsbeteiligung durch ein „naives" Modell zur Entstehung sozialer Ungleichheiten der Bildungsbeteiligung geprägt. Dabei wurde im Wesentlichen der direkte Pfad zwischen der sozialen Herkunft und der Bildungsbeteiligung betrachtet. Wenngleich es bereits in den 1970er Jahren eine theoretische Auseinandersetzung mit den Entstehungszusammenhängen sozialer Ungleichheit gab (vgl. Grimm 1966; Peisert 1967; Baur 1972; Fröhlich 1978; Fauser 1984), fanden diese nur vereinzelt Berücksichtigung in den empirischen Studien (vgl. zusammenfassend Maaz u.a. 2006).

In der explorativen Phase haben sich die verschiedenen Studien sehr ausführlich mit den verschiedenen Komponenten sozialer Herkunft befasst. Aufgrund der rein bivariaten Analysen konnten allerdings keine Aussagen über die Interdependenzen der verschiedenen Einflussfaktoren gemacht werden. Zudem fehlte den meisten Studien ein allgemeiner theoretischer Bezugsrahmen, der auch einer empirischen Überprüfung unterzogen werden konnte. Ein deutlicher Fortschritt wurde erst mit der Adaptation nutzentheoretischer Modelle der Ökonomik und der Entwicklung mikrosoziologischer Ansätze, für die insbesondere Boudon (1974) mit der Differenzierung von primären und sekundären Effekten steht, erreicht.

Der Schwerpunkt dieser *zweiten Forschungsphase* lag bei der *Formalisierung* und Vervollständigung des Übergangsmodells. Diese Phase ist zeitlich in den 1990er Jahren anzusiedeln und wurde mit der Arbeit von Erikson und Jonsson (1996) – einer Formalisierung der Bildungsentscheidung im Rahmen der Wert-Erwartungs-Theorie – eingeleitet. Folgearbeiten von Breen und Goldthorpe (1997) und Esser (1999) bauten auf Erikson und Jonsson auf, stellten aber das Motiv des Statuserhalts stärker heraus. Das Motiv des Statuserhalts in der Generationenfolge besagt, dass Eltern für ihre Kinder Bildungsentscheidungen vermeiden, die einen sozialen Abstieg nach sich ziehen. Alle drei Arbeiten haben die empirische Forschung zu Bildungsentscheidungen am Übergang von der Grundschule in die Sekundarstufe nachhaltig beeinflusst.

Prägende Bedeutung hatte in dieser Phase Boudons Entscheidungsmodell. Die nachfolgenden Formalisierungsversuche unterscheiden sich in erster Linie durch die Gewichtung der unterschiedlichen Parameter des Entscheidungsprozesses (vgl. Kristen 1999, S. 36). Die Entscheidung, auf welche Schulform bzw. auf welchen Bildungsgang ein Kind gehen wird, folgt demnach einer Bewertung der mit der Entscheidung verbundenen Kosten und dem Nutzen (z.B. Statuserhalt) sowie der Wahrscheinlichkeit, dass das Kind auch tatsächlich den Schultyp erfolgreich bewältigen kann, um die in der Zukunft liegenden Bildungsrenditen zu erhalten (vgl. Abb. 2). Sowohl die Erfolgserwartung als auch die Veranschlagung des Bildungsnutzens hängen vom jeweiligen sozioökonomischen Status der Eltern und von der tatsächlichen Leistungsentwicklung des Kindes, die selbst wiederum an die soziale Herkunft gekoppelt ist, ab.

Die *Vertiefungsphase* wurde Ende der 1990er Jahre mit den für Deutschland zum Teil ernüchternden Ergebnissen internationaler Schulleistungsuntersuchungen wie TIMSS (Third International Mathematics and Science Study; vgl. Baumert/Bos/Lehmann 2000a; 2000b), PISA (Programme for International Student Assessment; vgl. Baumert u.a. 2001; Prenzel u.a. 2004) und IGLU (Internationale Grundschul-Lese-Untersuchung; vgl. Bos u.a. 2003) eingeleitet. Diese Studien konnten übereinstimmend zwei grundlegende Defizite des deutschen Bildungssystems aufzeigen: einerseits den im internationalen Vergleich unerwartet niedrigen Kompetenzstand der Schülerinnen und Schüler und andererseits die Unterschiede in der Bildungsbeteiligung und dem Kompetenzerwerb in Abhängigkeit von der sozialen Herkunft und dem Migrationsstatus (vgl. Baumert/Schümer 2001; 2002; Ehmke u.a. 2004). Vor diesem Hintergrund entstanden verschiedene Forschungsprojekte, die zum großen Teil noch nicht abgeschlossen sind und aus denen in den folgenden Jahren weitere Erkenntnisse zu den genauen Wirkungsmechanismen beim Übergang auf eine weiterführende Schule zu erwarten sind. In diesem Sinne kann die dritte Phase auch als Vertiefungsphase bezeichnet werden, in der verschiedene Aspekte der Bildungsentscheidung genauer untersucht werden.

Abbildung 2: Vereinfachtes Modell der Genese von Bildungsentscheidungen nach den Grundannahmen der Wert-Erwartungs-Theorie

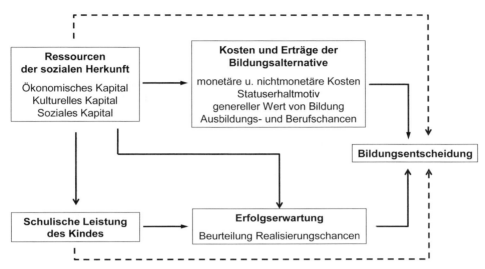

Quelle: Maaz u.a. 2006, S. 310

Mit Rückgriff auf die Arbeiten von Boudon und die Formalisierungen von Erikson, Jonsson, Breen, Goldthorpe und Esser sowie unter Verwendung curricular valider Leistungsindikatoren war es möglich, primäre und sekundäre Herkunftseffekte, die an den Bildungsübergängen wirksam werden, voneinander zu trennen und handlungstheoretische Erklärungsansätze in die Modellierung von Bildungsübergängen zu integrieren.

In der neueren empirischen Bildungs- und Sozialforschung bildet die Forschung zum Übergang von der Grundschule in die Sekundarstufe I einen deutlichen Schwerpunkt (vgl. u.a. Becker 2003; Maaz u.a. 2006; 2008; Arnold u.a. 2007; Ditton 2007a; Müller-Benedict 2007; 2008; Paulus/Blossfeld 2007; Stocké 2007; Tiedemann/Billmann-Mahecha 2007; Trautwein/Baeriswyl 2007; Harazd/Ophuysen 2008; Schneider 2008; Maaz/Baumert 2009). An dieser Gelenkstelle individueller Bildungsverläufe werden durch die Verteilung von Schülerinnen und Schülern auf unterschiedliche Schulformen oder Bildungsgänge Leistungsunterschiede, die sich während der Grundschulzeit entwickelt haben oder schon zum Schulbeginn bestanden, offen sichtbar und im relativen Schulbesuch der weiterführenden Schulformen dokumentiert. Diese Leistungsunterschiede sind aber von der sozialen und ethnisch-kulturellen Herkunft nicht unabhängig. Insofern ist auch eine Verteilung in Abhängigkeit von der erzielten Leistung immer mit der Offenlegung sozialer und ethnisch-kultureller Disparitäten verknüpft. Soweit die sozialen und ethnischen Unterschiede der Bildungsbeteiligung auf unterschiedlichen Leistungen und Fähigkeiten beruhen, können sie in Anlehnung an Boudon primäre Disparitäten genannt werden. Über die Frage, ob solche Unterschiede „gerecht" sind, lässt sich streiten; festzuhalten bleibt jedoch, dass sie durchaus mit gängigen Vorstellungen der leistungsbezogenen Verteilungsgerechtigkeit, wie sie sich auch in Schulgesetzen widerspiegeln, vereinbar sind. Darüber hinaus entstehen aber beim Übergang in die weiterführenden Schulen aufgrund des differenziellen Entscheidungsverhaltens von Eltern auch neue und zusätzliche Unterschiede der Bildungsbeteiligung, die von Begabung, Leistung und anderen leistungsrelevanten Personmerkmalen unabhängig sind. Diese sekundären Disparitäten verletzen in besonderer Weise das Gerechtigkeitsempfinden.

2.3 Zentrale Ergebnisse empirischer Studien

Für den Übergang in die Sekundarstufe I konnten in verschiedenen Studien primäre und sekundäre Effekte der sozialen Herkunft belegt werden. Sekundäre Effekte lassen sich dabei beim Übergang selbst nachweisen (vgl. u.a. Becker 2000a, 2003; Baumert/Schümer 2001; Ehmke u.a. 2004; 2006; Ditton/Krüsken/Schauenberg 2005; Merkens/Wessel 2002; Ditton 2005; 2007a; Pietsch 2007; Stocké 2007), aber auch bei der Vergabe von Grundschulempfehlungen (u.a. Lehmann/Peek/Gänsfuß 1997; Bos u.a. 2004; Ditton 2005; Arnold u.a. 2007) oder für die elterliche Bildungsaspiration (vgl. Ditton/Krüsken/Schauenberg 2005; Ditton/Krüsken 2006a; Paulus/Blossfeld 2007).

Die PISA-Studie lieferte Hinweise darauf, dass für den Zugang zu attraktiven Bildungsgängen nicht nur die Leistung der Schülerinnen und Schüler ausschlaggebend ist, sondern die Allokation systematisch mit der Verortung der Eltern im soziokulturellen Strukturgefüge variiert (vgl. Baumert/Schümer 2001; Ehmke/Baumert 2007). Es konnten gravierende sozial bedingte Ungleichheiten primärer und sekundärer Art nachwiesen werden (vgl. Baumert/Schümer 2001). Zum Beispiel hatten Jugendliche aus der oberen Dienstklasse ungefähr dreimal so hohe Chancen, ein Gymnasium anstelle einer Realschule zu besuchen, wie Jugendliche aus Arbeiterfamilien – und zwar auch dann, wenn man nur Personen mit gleicher Begabung und gleichen Fachleistungen verglich.

Tabelle 1: Relative Chancen des Gymnasialbesuchs in Abhängigkeit von der Sozialschichtzugehörigkeit am Beispiel von PISA 2000 und 2006 (odds ratios)

Sozialschichtzugehörigkeit der Eltern	Bildungsgang (Ref. Realschule)			
	2000		2006	
	I	II	I	II
Obere Dienstklasse (I)	4,3	2,9	2,7	2,2
Untere Dienstklasse (II)	3,3	2,4	2,1	1,9
Routinedienstleistungen (III)	1,8	1,8	1,6	1,3
Selbstständige (IV)	1,9	1,6	ns	ns
Facharbeiter (V, VI)	1	1	1	1
Un- und Angelernte Arbeiter (VII)	ns	ns	0,7	0,8

I: Ohne Kontrolle von Kovariaten
II: Kontrolle von kognitiven Grundfähigkeiten und Lesekompetenz
ns = nicht signifikant

Quelle: Baumert/Schümer 2001, S. 357; Ehmke/Baumert 2007, S. 330

Ein Vergleich der PISA-Ergebnisse aus 2000 mit denen aus dem Jahr 2006 (vgl. Tab. 1) zeigt zunächst, dass sich die Bildungsbeteiligung in den Sozialschichten nicht wesentlich verändert hat. Zwar haben sich die relativen Chancen des Gymnasialbesuchs zugunsten der sozial weniger begünstigten sozialen Gruppen verbessert. Insgesamt konnten aber auch mit den Daten aus PISA 2006 hohe Disparitäten insbesondere des Gymnasialbesuchs nachgewiesen werden. Die leichte Abschwächung der Kennwerte weist jedoch in eine aus bildungspolitischer Sicht wünschenswerte Richtung.

Bereits im Vorfeld des Übergangs in das Sekundarschulsystem kommt es zu sozialen Disparitäten. Die Vergabe der Grundschulempfehlungen erfolgt nicht ausschließlich nach leistungsbezogenen Kriterien (vgl. Merkens/Wessel 2002; Bos u.a. 2004; Ditton 2005; Ditton/Krüsken/Schauenberg 2005; Arnold u.a. 2007). Bei gleicher Leistung sind die Chancen, eine Gymnasialempfehlung anstelle einer Realschulempfehlung zu bekommen, für Kinder aus den oberen Sozialschichten größer als für Kinder aus sozial weniger privilegierten Schichten. Um die Arbeit der Lehrkräfte an dieser Übergangssituation richtig einschätzen zu können, bedarf es eines differenzierten Blicks auf die Befunde. Ditton (2005) analysierte zusätzlich die Bildungswünsche der Eltern und stellte diese Ergebnisse den Grundschulempfehlungen gegenüber. Bei vergleichbaren Leistungen der Kinder waren die Chancen, dass Eltern, die selbst das Abitur erworben haben, für ihre Kinder das Gymnasium anstelle einer anderen Schulform wünschen, 8,84-mal so groß wie die von Eltern, die maximal einen Hauptschulabschluss besitzen. Für die durch die Lehrer erteilte Grundschulempfehlung berichtete Ditton einen deutlich geringeren Effekt (odds ratio = 3,92). Zu ähnlichen Ergebnissen kam auch Arnold u.a. (2007) mit den Daten der IGLU-2006-Studie. Nach Kontrolle der kognitiven Grundfähigkeiten und der Lesekompetenz fiel der Effekt der sozialen Herkunft auf eine Gymnasialempfehlung geringer aus (odds ration = 2,64) als der Effekt auf die Gymnasialpräferenz der Eltern (odds ratio = 3,83) (Arnold u.a. 2007). Damit war zwar die Chance, eine Gymnasialempfehlung anstelle einer Realschulempfehlung zu bekommen, für ein Kind, dessen Eltern das Abitur haben, auch bei der Kontrolle schulischer Leistungen fast viermal so groß wie die eines Kindes, dessen Eltern maximal einen Hauptschulabschluss vorweisen konnten. Vergleicht man die Ergebnisse mit der Bildungsaspiration der Eltern, dann ist zu erkennen, dass die Empfehlungen der Lehrer sehr viel weniger an die soziale Herkunft gekoppelt sind als die Bildungsaspirationen der Eltern (vgl. Ditton 1987; 1989; 2007b; Arnold u.a. 2007). Diesen Ergebnissen zufolge wirkt die Grundschulempfehlung „sozial korrigierend" und sozial selektiv zugleich.

Abbildung 3 zeigt die wichtigsten Komponenten des von Ditton (2007c, S. 83) angepassten Modells. Wichtigster Prädiktor für die tatsächlichen Schulanmeldungen (Ordinalskala mit drei Ausprägungen) ist in diesem Modell die Übergangsempfehlung der abgebenden Grundschule. Die Empfehlung beruht primär auf den Noten des letzten Zeugnisses, die erwartungsgemäß leistungs-, aber in bemerkenswerter Weise nicht sozialschichtabhängig sind. Der Urteilsprozess, der zur endgültigen Übergangsempfehlung führt, erweist sich nur in relativ geringem Maße anfällig für Sozialschichteinflüsse. Als weitere Prädiktoren der Anmeldung weist das Modell die Noten des Übergangszeugnisses und die elterlichen Bildungsaspirationen aus, die sich im Zusammenspiel von Noten und Sozialstatus formen. Die soziale Herkunft wirkt sich auf die zum Übergangszeitpunkt erfassten Elternaspirationen sowohl direkt als auch indirekt, vermittelt über frühere Übergangsvorstellungen, aus. Dittons Übergangsmodell klärt den Vermittlungsmechanismus zwischen Sozialschicht und Bildungsentscheidung zufriedenstellend auf: Der Einfluss der sozialen Herkunft war in diesem Modell vollständig mediiert.

Abbildung 3: Reduziertes Übergangsmodell für Bayern nach Ditton

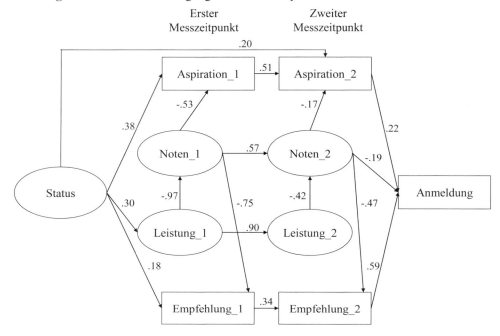

Quelle: Ditton 2007c, S. 83

Dem Übergang in die Sekundarstufe I kommt eine Schlüsselstellung in der Bildungslaufbahn eines jungen Menschen zu. Aber auch nach diesem frühen Übergang kommen Merkmale der sozialen Herkunft zum Tragen, wenn es um den Zugang zu weiterführenden Schulen geht. Mit den Daten der *„Third International Mathematics and Science Study"* (TIMSS) fanden Schnabel und Schwippert (2000) auch bei Kontrolle der Fachleistungen in Mathematik und Physik/Biologie signifikante Effekte des kulturellen Kapitals (*odds ratio* = 2,33) und des Bildungsabschlusses der Eltern (*odds ratio* = 1,92) auf den Übergang in die gymnasiale Oberstufe. Bei vergleichbaren Leistungen in den Bereichen Mathematik und Physik/Biologie erhöhten sich die Chancen für den Gymnasialzugang für Schülerinnen und Schüler aus Familien mit hohem kulturellem Kapital. Diese Effekte können als sekundäre Disparitäten interpretiert werden. Bei gleichen Leistungen lagen unterschiedliche Übergangsentscheidungen vor. Zu ähnlichen Befunden kommen auch andere Studien (vgl. u.a. Müller/Pollak 2007).

Hinweise auf soziale Disparitäten des Hochschulzugangs unter Berücksichtigung primärer und sekundärer Effekte liefern einige Schulleistungsstudien. Auf der Grundlage der Längsschnittstudie *„Bildungsverläufe und psychosoziale Entwicklung im Jugend- und jungen Erwachsenenalter"* (BIJU; vgl. Baumert u.a. 1996; Watermann/Cortina/Baumert 2004), in der Schülerinnen und Schüler im Abschlussjahr gymnasialer Oberstufen bzw. Oberstufen an Gesamtschulen getestet und befragt wurden, zeigten Schnabel et al. (2002), dass die Absicht, ein Studium zu beginnen, deutlich ansteigt, wenn ein Elternteil die allgemeine Hochschulreife anstelle eines niedrigeren Bildungsabschlusses aufweist – und zwar auch unter Kontrolle von Schulleistungen, Schulnoten und fachspezifischen Selbstkonzepten. Damit kann der Befund als sekundärer Herkunftseffekt interpretiert werden. In der nationalen Erweiterung der „*Third International Mathematics and Science Study*" (TIMSS; vgl. Baumert u.a. 2000a; 2000b) wies der höchste berufliche Bildungsabschluss der Eltern bei Kontrolle der Mathematiktestleistungen und der in den beiden Leistungskursen erzielten Punktzahlen einen positiven Effekt auf die Studienintention auf. Der Effekt des häuslichen Bildungsmilieus auf die Studienintention verringerte sich deutlich bei Kontrolle der perzipierten Studienerwartungen der Eltern (vgl. Schnabel/Gruehn 2000). Erste Analysen, in denen Entscheidungsmodelle explizit berücksichtigt wurden, stammen von Becker (2000b). Er überprüfte die Grundannahmen der Wert-Erwartungs-Theorie (vgl. Esser 1999) im Hinblick auf die Studierbereitschaft von sächsischen Schülerinnen und Schülern am Ende der gymnasialen Oberstufe. Die Stärke der Untersuchung Beckers liegt in der theoriegeleiteten Analyse der Studierbereitschaft. Ein Rückgriff auf objektive Leistungsdaten der Schülerinnen und Schüler war ihm jedoch nicht möglich, sodass unklar ist, wie valide seine Schätzungen des primären und des sekundären Herkunftseffekts sind. Er konnte mit seinen Analysen jedoch die Wirkungsweise der in der Wert-Erwartungs-Theorie postulierten Zusammenhänge belegen (vgl. auch Becker/Hecken 2007; 2008; 2009a; 2009b).

Maaz (2006) überprüfte mit den Daten der TOSCA-Studie (vgl. Köller u.a. 2004) ebenfalls die Annahmen der Wert-Erwartungs-Theorie bei Abiturientinnen und Abiturienten in Baden-Württemberg. Er verwendete dieselbe Operationalisierung, die Becker (2000b) vorgeschlagen hatte. Die Vorzüge der TOSCA-Studie bestehen darin, dass (a) auf kognitive Grundfähigkeiten, Testleistungen in einem curricular validen Mathematiktest und dem *Test of English as a Foreign Language* (TOEFL) sowie auf die Abiturnote zurückgegriffen und damit deutlich besser für den primären Herkunftseffekt kontrolliert werden kann, (b) der soziale Hintergrund mehrdimensional und über Struktur- und Prozessmerkmale erfasst wurde und (c) eine Überprüfung der Annahmen der Wert-Erwartungs-Theorie im Hinblick auf die Studienintention und die Studienaufnahme möglich ist. Maaz identifizierte, bezogen auf die Studienintention, einen signifikanten, aber schwachen sekundären Herkunftseffekt, der vollständig durch die Variablen der Wert-Erwartungs-Theorie vermittelt wurde. Darüber hinaus leisteten die Variablen der Wert-Erwartungs-Theorie einen substanziellen Erklärungsbeitrag zur Studienintention. Auch im Hinblick auf die Studienaufnahme bestätigten sich die Modellannahmen der Wert-Erwartungs-Theorie: Je höher die Bildungsmotivation der Schülerinnen und Schüler und je geringer die Investitionskosten, desto wahrscheinlicher war die Studienaufnahme. Bei Kontrolle der Studienintention ergab sich ein schwacher positiver Effekt der Erfolgswahrscheinlichkeit auf die Studienaufnahme. Veränderungen zwischen Studienintention und Studienaufnahme ließen sich demnach auf Unterschiede in den Erfolgserwartungen zurückführen. Merkmale der sozialen Herkunft hatten bei Kontrolle der Studienintention keinen unabhängigen Effekt auf die Studienaufnahme.

2.4 Fazit und Herausforderungen

In den vergangenen Jahren hatte die Forschung zu Disparitäten der Bildungsbeteiligung Hochkonjunktur; die Wissensbasis hat sich dadurch wesentlich verbreitet. Gleichwohl bleibt eine Reihe von offenen Fragen. Auf einige soll an dieser Stelle hingewiesen werden.

Die adäquate Modellierung von sekundären Herkunftseffekten setzt voraus, dass es gelingt, die Effekte primärer Disparitäten in den entsprechenden Modellen zu kontrollieren. Die meisten gegenwärtig publizierten Studien kontrollieren in sinnvoller und vermutlich ausreichender Weise für Unterschiede, die sich in Schulleistungstests zeigen. Dagegen werden andere Fähigkeiten und Fertigkeiten, die positiv auf den Schulerfolg wirken können – wie beispielsweise soziale Fähigkeiten und motivationale Orientierungen – und für die ebenfalls primäre soziale Disparitäten nachweisbar sind, kaum oder unzureichend berücksichtigt (vgl. Bos u.a. 2004; Ditton/Krüsken 2006a). Es ist zu vermuten, dass die Schätzung sekundärer Herkunftseffekte niedriger ausfällt, wenn zukünftigen Studien eine adäquate Instrumentierung und Kontrolle gelingt.

Optimistischer ist die Situation in Bezug auf die noch ausstehenden Modellierungen des (psychologischen) Entscheidungsfindungsprozesses vor dem Übergang zu beurteilen. Eine Reihe von Studien (z.B. BIKS, ELEMENT, TIMSS), deren Ergebnisse in absehbarer Zeit publiziert werden dürften, befasst sich mit der Modellierung dieser Phase der Urteilsbildung. Aus wissenschaftlicher und praktischer Sicht sind darüber hinaus die Konsequenzen von mehreren anstehenden bzw. vollzogenen institutionellen Veränderungen von hohem Interesse. Die Verlängerung der Grundschulzeit in Hamburg sowie Mecklenburg-Vorpommern auf sechs Jahre, die Einführung bzw. Höhergewichtung standardisierter Leistungstests bei Übergängen und die zunehmend verpflichtenden Elternberatungsgespräche vor dem Übergang sind Maßnahmen, die auch dazu dienen sollen, soziale Disparitäten zu verringern (vgl. Baeriswyl u.a. 2006). Von den teilweise systematisch angelegten Begleituntersuchungen ist zu erwarten, dass sie das Wissen darüber fördern, inwieweit sich die über Jahrzehnte hinweg als zäh erweisenden sekundären Disparitäten institutionell abbauen lassen können.

3 Entstehen Bildungsungleichheiten innerhalb einer Institution des Bildungssystems?

3.1 Theoretische Grundlagen

Die Genese von sozialen Disparitäten im Bildungssystem lässt sich als Folge sozialschichtabhängiger Entscheidungsprozesse an den Gelenkstellen von Bildungskarrieren verstehen. In der Sequenz institutionalisierter Übergangsentscheidungen akkumuliert sich soziale Ungleichheit. Aber spätestens seit den theoretischen Arbeiten von Bourdieu und Passeron (1971) gilt auch die Institution Schule selbst als eine maßgebliche Ursache für die intergenerationelle Reproduktion sozialer (und ethnischer) Ungleichheit. Die dabei wirkenden Mechanismen können im Einzelnen sehr unterschiedlich sein; strukturell sind sie jedoch insgesamt auf Wechselwirkungen zwischen Personenmerkmalen – genauer Statusmerkmalen – und dem Angebot bzw. der Nutzung schulischer Ressourcen und Opportunitäten zurückzuführen. In diesem Rahmen sind drei Argumentationslinien zu unterscheiden. Eine Reihe von Autoren geht davon aus, dass eine sozial (und ethnisch) selektive Erwartungs-, Wertschätzungs- und Belohnungsstruktur in Bildungsinstitutionen für über die Schullaufbahn wachsende soziale Disparitäten verantwortlich ist (vgl. Lehmann/Peek/Gänsfuß 1997; Schofield 2006; Alexander/Schofield 2008; Helsper u.a. 2009). Die zweite Argumentationslinie geht auf Bourdieus Habitustheorie zurück, wenn ein „misfit" zwischen sozialem und kulturellem Habitus von unteren Sozialschichten und Minoritäten und schulischen

Verhaltensnormen und Sprachcodes wachsende Ungleichheit erklären soll (vgl. Bourdieu/Passeron 1971; Cummins 2000; Diefenbach 2004; Stanat 2006; Gomolla/Radtke 2007; Eckhardt 2008). Der dritte Argumentationsstrang setzt mit der Erklärung über die Schullaufbahn wachsender Kompetenzunterschiede genereller an. In dieser Perspektive wird die Interaktion zwischen kognitiven Ressourcen – vor allem Intelligenz und Vorwissen – und motivationalen Orientierungen einerseits und der effizienten Nutzung universell verfügbarer schulischer Lerngelegenheiten andererseits als disparitätsverursachender Mechanismus herausgestellt. Dieser Mechanismus kann dazu führen, dass relativ kleine Ausgangsdifferenzen im Entwicklungsverlauf in einem Akkumulationsprozess zu gravierenden Kompetenzunterschieden werden (vgl. Weinert/Hany 2003; Ceci/Papierno 2005; Esser 2006; DiPrete/Eirich 2006). Da die Ausgangsunterschiede über soziale und ethnische Gruppen nicht gleich verteilt sind, ergeben sich aus diesem in der gesamten Population wirksamen Prozess als Nebenfolge auch sich vergrößernde soziale und ethnische Disparitäten im Kompetenzerwerb.

3.2 Empirische Befundlage

Der Nachweis, dass soziale Disparitäten im Kompetenzerwerb auf eine Wechselwirkung zwischen sozialen Statusmerkmalen und dem Angebot bzw. der Nutzung von schulischen Ressourcen zurückzuführen sind, verlangt die Erfüllung zweier Bedingungen: Erstens muss sich zeigen lassen, dass Schülerinnen und Schüler mit unterschiedlichem sozialen Hintergrund in denselben Klassen unterschiedlich viel hinzulernen. Da ein solches Muster – so es denn gefunden wird – aber auch durch unterschiedlich effektive Förderung außerhalb der Schule zustande kommen könnte (*primäre Disparitäten*, siehe oben), muss zweitens belegt werden, dass diese Unterschiede tatsächlich durch differenzielle Angebots- und Nutzungsprozesse innerhalb von Lerngruppen zustande kommen. Der Nachweis der zweiten Bedingung kann dann entfallen, wenn schon die erste Bedingung nicht erfüllt ist. In einigen in Deutschland durchgeführten Studien, in denen die Sozialschichtabhängigkeit von Lernprozessen innerhalb von Schulen und Klassen untersucht wurde, war genau dieser Befund anzutreffen.

Dass es Interaktionen zwischen Merkmalen der sozialen und ethnischen Herkunft in der Familie und der Erwartungs-, Anerkennungs- und Belohnungsstruktur der Schule gibt, ist vor allem in qualitativen Studien beschrieben und analysiert worden (vgl. z.B. Schofield 2006; Gomolla/Radtke 2007; Helsper u.a. 2008; Helsper u.a. 2009). Es ist aber nur bedingt möglich zu prüfen, ob diese Passungsprobleme tatsächlich entwicklungsrelevant zum Beispiel in Bezug auf Leistung, Motivation oder Persönlichkeit sind.

Für das deutsche Bildungssystem konnte im Rahmen der Längsschnittstudie „Bildungsverläufe und psychosoziale Entwicklung im Jugend- und jungen Erwachsenenalter" (BIJU) die Entwicklung der Schülerleistungen von der siebten bis zur zehnten Klassenstufe mit vier Messzeitpunkten im Längsschnitt untersucht werden (vgl. Baumert/Köller 1998; Baumert/Köller/Schnabel 2000). Die Analysen wiesen keinen systematischen Zusammenhang zwischen Leistungsentwicklung und Indikatoren der sozialen Herkunft nach, wenn das Vorwissen und die kognitiven Grundfähigkeiten von Schülerinnen und Schülern kontrolliert wurden.

Der an die PISA-2003-Studie gekoppelte Längsschnitt von der neunten zur zehnten Klassenstufe bietet eine weitere Datengrundlage, mit deren Hilfe soziale Unterschiede im

Kompetenzerwerb in der Bildungsbiografie genauer untersucht werden können. Am Beispiel der mathematischen Kompetenz zeigten Ehmke u.a. (2006), dass soziale Disparitäten in der mathematischen Kompetenz im Verlauf eines Schuljahres unverändert bleiben. Dieser Befund besagt jedoch nicht, dass das Elternhaus für die Entwicklung mathematischer Fähigkeiten in der neunten Klasse unbedeutend ist. Zwar gibt es keinen Zusammenhang zwischen Lernzuwachs und sozioökonomischem Status (gemessen mit dem ISEI) oder der Bildungsqualifikation der Eltern, aber die konkrete elterliche schulbezogene Unterstützung macht einen nachweisbaren Unterschied (Tab. 2).

In einer neueren Reanalyse von Daten der Hamburger „Lernausgangsuntersuchung" (LAU) konnten Caro und Lehmann (2009) sogar gegenteilige Befunde zeigen, wonach sich soziale Unterschiede in der Lesekompetenz und den mathematischen Fähigkeiten zwischen der fünften und neunten Jahrgangsstufe verringerten.

Die hier beschriebenen Befunde für das Sekundarschulsystem decken sich mit Ergebnissen niederländischer und schwedischer Grundschulstudien (vgl. Aarnoutse/van Leeuwe 2000; Lindahl 2001; Luyten/Cremers-van Wees/Bosker 2003; Verachtert u.a. 2009). Aktuelle Arbeiten von Baumert u.a. zeigen, dass die Entwicklung der Lesekompetenz von Schülerinnen und Schülern unterschiedlicher sozialer Herkunft in Berliner Grundschulen über zwei Schuljahre hinweg parallel verläuft. Im Fach Mathematik öffnet sich im gleichen Zeitraum die soziale Leistungsschere geringfügig.

Tabelle 2: Vorhersage der mathematischen Kompetenz in der zehnten Klassenstufe (PISA-2003 Längsschnitt)

	Modell 1		Modell 2	
	b	*β*	*b*	*β*
Mathematische Kompetenz Klasse 9	0,89*	0,91*	0,89*	0,91*
Sozioökonomischer Status (HISEI)	0,64	0,01	0,42	0,00
Bildungsabschluss der Eltern (in Jahren)	1,56*	0,03*	1,23	0,02
Migrationshintergrund (0 = nein, 1 = ja)	-2,66	-0,01	-2,06	-0,01
Kulturelle und lernrelevante Besitzgüter			0,84	0,02
Kulturelle Aktivitäten			0,83	0,01
Schulbezogene Unterstützung			1,50*	0,02*
Mathematikbezogene Einstellungen			-0,49	-0,01
R^2	84,6		84,6	

Anmerkung: * $p < .05$
Quelle: Ehmke u.a. 2006, S. 240

Für die USA berichteten Alexander, Entwisle und Olson (2001, 2007) Ergebnisse der *Beginning School Study* (BSS) in Baltimore, nach denen die Lernentwicklung von Schülerinnen und Schülern unterschiedlicher sozialer Herkunft in der Grundschule während der tatsächlichen Schulzeit weitgehend parallel verlief, während in der Sommerpause eine beachtliche Wechselwirkung mit der Sozialschicht auftrat. In neueren Untersuchungen, die auf den repräsentativen Längsschnitt der *Early Childhood Longitudinal Study* (ECLS) zurückgreifen, konnte der Befund paralleler Entwicklungsverläufe während der Schulzeit jedoch nicht repliziert werden (vgl. Reardon 2003; Downey/von Hippel/Broh 2004; Rumberger/Arellano 2007; Morgan/Farkas/Hibel 2008). Die Kompetenzentwicklung im Lesen und in Mathematik verlief in amerikanischen Grundschulen sozialschichtabhängig. Für die unterschiedlichen Entwicklungsverläufe sind jedoch primär Unterschiede zwischen Schulen und Nachbarschaften verantwortlich (vgl. Reardon 2003; Fryer/Levitt 2004; Benson/Borman 2007; Aikens/Barbarin 2008). Ob überhaupt Wechselwirkungen zwischen Statusmerkmalen der Schülerinnen und Schüler und Nutzung schulischer Ressourcen für die Vergrößerung sozialer Unterschiede während der Grundschulzeit eine Rolle spielen, ist somit nicht abschließend geklärt.

Für den Bereich der Sekundarstufe II weisen Ergebnisse der Längsschnittstudie „Transformation des Sekundarschulsystems und akademische Karrieren" (TOSCA; vgl. Köller u.a. 2004) darauf hin, dass nach Konstanthaltung der besuchten Schulform in der gymnasialen Oberstufe (allgemeinbildendes oder berufliches Gymnasium) nur noch geringe Effekte der sozialen Herkunft auf die Fachleistungen in Mathematik und Englisch auftreten (vgl. Maaz u.a. 2004). Obwohl die entsprechenden Koeffizienten das statistische Signifikanzkriterium erreichten, waren sie vom Betrag her vernachlässigbar (Tab. 3). Der Zusammenhang zwischen der Sozialschicht und den untersuchten Fachleistungen konnte zum Großteil auf die besuchte Gymnasialform zurückgeführt werden. Eine systematische Benachteiligung von sozial schwächer gestellten Schülerinnen und Schülern innerhalb einzelner Schulformen konnte nicht nachgewiesen werden. In Übereinstimmung mit den vorliegenden längsschnittlichen Befunden zur schulischen Leistungsentwicklung (in der gymnasialen Oberstufe) deuten auch Ergebnisse in TOSCA darauf hin, dass der Zusammenhang zwischen Fachleistungen und sozialer Herkunft vorwiegend über systematische Unterschiede der untersuchten Schulformen vermittelt wird.

Tabelle 3: Multiple Regressionen der Testleistungen im Bereich Mathematik (N = 4730) und Englisch (N = 3716) auf den sozialen Hintergrund und die Gymnasialform; Ergebnisse aus HLM-Analysen (standardisierten (β) und unstandardisierten (b) Koeffizienten)

	Mathematik		Englisch	
	b	β	b	β
SIOPS[A]	-99.22***	.03***	-99.31***	.07***
Schulform (Referenz: AG)				
WG[B]	-73.32***	-.88***	-43.49***	-.83***
TG[B]	-4.70***	-.06***	-40.12***	-.77***
ArG/EG/SG[B]	-99.22***	-1.19***	-44.63***	-.86***
Achsenabschnitt	-503.28***		-529.68***	

Anmerkungen: AG: allgemeinbildendes Gymnasium; ArG: Agrarwissenschaftliches Gymnasium; EG: Ernährungswissenschaftliches Gymnasium; SG: Sozialpädagogisches Gymnasium; TG: Technisches Gymnasium; WG: Wirtschaftswissenschaftliches Gymnasium; SIOPS: höchstes Berufsprestige der Familie. [A]: vollständig standardisierte Regressionskoeffizienten; [B]: y-standardisierte Regressionskoeffizienten.
*** $p < .001$
Quelle: Maaz u.a. 2004. S. 157

3.3 Fazit und Herausforderungen

In der jüngeren empirischen Forschung in Deutschland lassen sich also keine überzeugenden Belege für Wechselwirkungen zwischen Sozialstatus der Schülerinnen und Schüler und schulischer Opportunitätsstruktur finden, obwohl insbesondere die Bourdieusche Mittelschicht-Hypothese weitverbreitet ist. Dies bedeutet aber nicht, dass die Bourdieuschen Vorstellungen obsolet wären. Erstens muss darauf hingewiesen werden, dass Belege für die Mittelschicht-Hypothese in manchen Schulsystemen deutlicher ausfallen können als in anderen. Die Ausbildung der Lehrkräfte und die „Kultur" von Schule sind Phänomene, die auf bestimmten gesellschaftlichen und kulturellen Traditionen fußen und länderspezifisch unterschiedlich ausfallen. Zweitens muss betont werden, dass Indikatoren der Sozialschicht nicht gleichzusetzen sind mit Indikatoren der Bildungsnähe, der Herkunftsfamilie bzw. dem schulbezogenen elterlichen Engagement. Solche „Prozessvariablen" (vgl. Baumert/Watermann/Schümer 2003; Baumert/Maaz 2006) sind nach heutigem Wissensstand für die Analyse sozialer Unterschiede als wichtige Indikatoren mit zu berücksichtigen. Die Effekte der Sozialschicht sind größtenteils über familiäre Prozessmerkmale (z.B. kulturelles Kapital) vermittelt (vgl. Maaz/Watermann 2007; auch Jungbauer-Gans 2004; 2006). Dieser Vermittlungseffekt kann als ein Hinweis auf die Reproduktionsannahme von Bourdieu interpretiert werden. Darüber hinaus deuten aber verschiedene Studien darauf hin, dass Merkmale wie die Bildungsnähe oder kulturelle Aktivitäten auch einen von der Sozialschicht unabhängigen Effekt auf Bildungsübergänge haben (vgl. Maaz/Watermann 2007) und so im Sinne DiMaggios (1982; vgl. DiMaggio/Mohr 1985; Mohr/DiMaggio 1995) auch Mobilitätsprozesse ermöglichen können.

Nach dem Ansatz von Bourdieu ist Schule generell eine Institution der Mittelschicht. Von daher wird auch ein durchgängig positiver Effekt auf „passende" Schülerinnen und Schüler postuliert. Realistischer scheint es zumindest in Deutschland jedoch zu sein, auf Schul- und Lehrerebene von substanziellen Unterschieden auszugehen. Der soziale und kulturelle Hintergrund von Lehrkräften ist inzwischen sehr heterogen und viele Schulen haben die Förderung von Schülerinnen und Schülern mit Benachteiligungen explizit zum Programm gemacht. In dieser Situation wäre eine Modellierung der Herkunftseffekte in Form von *cross-level*-Interaktionen (Charakteristika von Schulen/Lehrkräften interagieren mit Herkunfts-Charakteristika der Schülerinnen und Schüler) plausibler als Modelle, die von Haupteffekten auf Schülerebene ausgehen. Leider prüften die vorliegenden Arbeiten nicht direkt diese *cross-level*-Interaktion zwischen Schulmerkmalen und dem Zusammenhang zwischen sozialer und ethnischer Herkunft und Leistungszuwachs, sodass nichts Näheres über die Bedingungen, unter denen indirekte Effekte kumulativen Vorteils auftreten, gesagt werden kann (vgl. Esser 2006, S. 364 ff.; auch Portes/McLeod 1996; Portes/Hao 2004).

4 Entstehen Bildungsungleichheiten zwischen institutionalisierten Bildungsprogrammen durch differenzielle Lern- und Entwicklungsmilieus?

4.1 Theoretische Grundlagen

Soziale Ungleichheiten im erreichten Leistungsniveau können dadurch entstehen bzw. vergrößert werden, dass Schülerinnen und Schüler mit günstigem sozialen Hintergrund eine

„bessere" Beschulung erhalten als Gleichaltrige mit weniger günstigem sozialen Hintergrund. Es handelt sich hierbei um einen zweistufigen Mechanismus: (1) Schülergruppen (Klassen, Schulen) unterscheiden sich hinsichtlich der sozialen Hintergrundmerkmale der Schülerinnen und Schüler – in bestimmten Schülergruppen (wie beispielsweise Gymnasialklassen) sind, wie oben bereits beschrieben, Schülerinnen und Schüler aus sozial besser gestellten Familien überrepräsentiert. (2) In den Klassen bzw. Schulen, in denen Schülerinnen und Schüler aus sozial besser gestellten Familien überrepräsentiert sind, findet sich ein überdurchschnittlicher Leistungszuwachs. Während sich die Schere zwischen Schülerinnen und Schülern mit unterschiedlicher sozialer Herkunft innerhalb einer Klasse womöglich schließt, vergrößern sich Unterschiede zwischen unterschiedlichen Schulklassen bzw. Schulen.

Tabelle 4: Individuelle und institutionelle Varianzkomponenten der Lesekompetenz und der Sozialschichtzugehörigkeit in Bildungssystemen mit implicit und explicit between-school tracking

	Implicit between-school tracking		Explicit between-school tracking	
	Norwegen	Schweden	Deutschland	Österreich
Lesekompetenz				
Innerhalb von Schulen	89	90	39	52
Zwischen Schulen	11	10	5	12
Zwischen Schulformen	--	--	39	36
Sozioökonomischer Status				
Innerhalb von Schulen	91	87	78	78
Zwischen Schulen	9	13	5	5
Zwischen Schulformen	--	--	17	17

Quelle: Maaz u.a. 2008, S. 102

Verschiedene Varianten dieses zweistufigen Mechanismus sind denkbar bzw. wahrscheinlich. Das gilt erstens für die soziale Homogenisierung von Lerngruppen. Da Schulleistung mit sozialer Herkunft assoziiert ist, findet in allen Systemen, die eine Leistungsdifferenzierung einsetzen, auch eine soziale Homogenisierung statt. Die am weitesten verbreitete Form der Leistungsdifferenzierung findet sich im internationalen Vergleich *innerhalb* von Schulen – sei es, dass Schülerinnen und Schüler fachbezogen („setting") oder fachübergreifend („streaming") für längere Zeit unterschiedlichen Leistungsgruppen zugewiesen werden, oder sei es, dass sie neigungsorientiert Kurse wählen. Dem gegenüber steht eine leistungsbezogene Differenzierung *zwischen* Schulen, die in den deutschsprachigen Ländern durch die Zuweisung auf unterschiedliche, fest institutionalisierte Schulformen bzw. Bildungsgänge in einer besonderen Ausformung vorliegt. Auch das sogenannte *implicit between-school tracking*, bei dem, wie in den USA, der Wohnort der Eltern sowie die Überzeugungen der Eltern hinsichtlich der Schulqualität eine große Rolle spielen, geht mit sozialer Segregation einher und führt aufgrund der Kovariation von sozialem Hintergrund und Leistung auch zu einer leistungsbezogenen Homogenisierung von Schulen. In Tabelle 4 (linke

Spalte) ist für Länder mit *implicit between-school tracking* aufgezeigt, wie sehr sich die Zusammensetzung einzelner Schulen hinsichtlich sozialer und fähigkeitsbezogener Merkmale unterscheidet Obschon zwischen den Schulen deutliche Unterschiede bestehen, wird der Großteil der Varianz durch Unterschiede innerhalb der Schülerschaft gebunden.

Das *explicit between-school tracking*, wie es unter anderem in den deutschsprachigen Ländern praktiziert wird, führt zu einer besonders starken leistungsbezogenen Differenzierung, wie sich leicht anhand der Tabelle 4 (rechte Spalte) erkennen lässt. Aufgrund des Zusammenhangs von sozialem Hintergrund und Schulleistung und aufgrund der bereits beschriebenen Effekte von sozialem Hintergrund auf den Übertritt ist die Sekundarschule jedoch auch durch eine starke soziale Homogenisierung gekennzeichnet. Die lässt sich beispielhaft an Abbildung 4 erkennen, in der für die Schulen aus der deutschen Erweiterung zu PISA der Zusammenhang von kognitiven Fähigkeiten und dem sozioökonomischen Status der Schüler auf Schulebene dargestellt ist. Eine Hauptschule mit Realschulniveau oder eine Realschule mit Hauptschulniveau sollten eigentlich ebenso Ausnahmen darstellen wie ein Gymnasium mit Realschulniveau oder umgekehrt. Ganz offensichtlich unterscheiden sich aber nicht nur Schulen unterschiedlicher Schulformen, sondern auch Schulen derselben Schulform erheblich, und zwar sowohl hinsichtlich der sozialen Zusammensetzung als auch des Fähigkeitsniveaus ihrer Schülerschaft (vgl. Baumert/Trautwein/Artelt 2003).

Abbildung 4: Zusammenhang zwischen Sozialschicht und kognitiven Grundfähigkeiten auf Schulebene

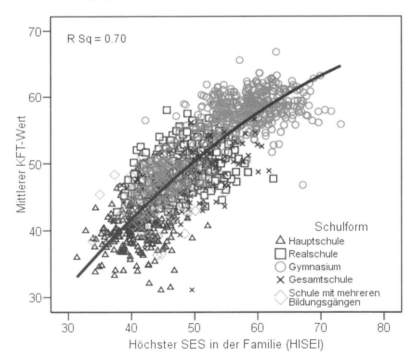

Quelle: Baumert/Stanat/Watermann 2006b, S. 96

Auch bei der zweiten Stufe (dem höheren Lernfortschritt in Gruppen, in denen Schülerinnen und Schüler mit günstigem Hintergrund überrepräsentiert sind) des zweistufigen Prozesses können unterschiedliche Mechanismen wirken. Von *institutionellen Effekten* kann man sprechen, wenn schulform- bzw. bildungsgangspezifische Stundentafeln, Lehrpläne, Lehrerkompetenzen und Unterrichtskulturen die Unterschiede im Lernzuwachs verursachen. *Kompositionseffekte* sind dagegen dann zu konstatieren, wenn die leistungsmäßige, soziale, kulturelle und lernbiografische Zusammensetzung der Schülerschaft Gestalt und Qualität der Unterrichts- und Interaktionsprozesse, und dadurch vermittelt die Leistungsentwicklung, beeinflusst. In beiden Fällen stehen Schulformen bzw. bestimmte Lerngruppen für unterschiedliche Lern- und Entwicklungsmilieus (vgl. Baumert/Trautwein/Artelt 2003; Baumert/Stanat/Watermann 2006b; Köller/Baumert 2008; Baumert u.a. 2009). Beide Mechanismen sollten zu einer Akzentuierung sozialer Unterschiede führen.

4.2 Empirische Befunde

Welche Belege gibt es für die Existenz differenzieller Lern- und Entwicklungsmilieus? Sollte das differenzierte Schulsystem nicht vielmehr ermöglichen, dass alle Schülerinnen und Schüler „gleich gut" gefördert werden? Becker (2008) hat jüngst eine systematische Übersicht über Studien zu schulformspezifischen Unterschieden vorgelegt. Gerade in jüngerer Zeit fand demnach eine Reihe von Studien Belege für differenzielle Entwicklungsverläufe, aber die empirische Befundlage ist nicht völlig einheitlich. Am deutlichsten zeigen sich konsistente Befunde für die Fächer Mathematik und Englisch. Für die Entwicklung der Lesekompetenz ergibt sich kein geschlossenes Bild. Einige wenige Arbeiten seien kurz vorgestellt.

Kunter (2005) reanalysierte die deutsche Längsschnittkomponente der TIMS-Studie. Dieser Datensatz erlaubt die Rekonstruktion der Lernverläufe von Jugendlichen im Fach Mathematik während der achten Jahrgangsstufe an unterschiedlichen Schulformen. Kunter berichtete einen deutlichen Schereneffekt zugunsten der selektiveren Schulformen auch bei Kontrolle der Ausgangsbedingungen. Eine von Becker u.a. (2006) vorgelegte Reanalyse desselben Datensatzes kam unter Nutzung latenter Wachstumsmodelle zum gleichen Ergebnis. Die Analysen zeigten differenzielle Unterschiede im Leistungszuwachs zwischen allen drei Schulformen, die auf latenter Ebene zwischen .25 und .79 Standardabweichungen betrugen. Vom Hofe u.a. (2005) haben in Bayern eine Längsschnittuntersuchung (PALMA) durchgeführt, die es erlaubt, die Leistungsentwicklung von Schülerinnen und Schülern im Fach Mathematik über die gesamte Sekundarschulzeit zu verfolgen. Die einschlägigen Analysen zeigten ebenfalls den bekannten Schereneffekt (Pekrun u.a. 2006). Auch für die Schweiz (Kantone Wallis und Fribourg) konnten Neumann u.a. (2007) zeigen, dass nach Kontrolle der individuellen Eingangsvoraussetzungen (einschließlich des Vorwissens) bedeutsame Unterschiede in den Lernzuwächsen an den verschiedenen Bildungsgängen nachweisbar sind.

In anderen Studien ist die Befundlage jedoch nicht eindeutig. Die beiden großen, auf Vollerhebungen eines Jahrgangs beruhenden Hamburger Längsschnittstudien – „Aspekte der Lernausgangslage und Lernentwicklung" (LAU) und „Kompetenzen und Einstellungen von Schülerinnen und Schülern" (KESS) – zeigten variierende Effekte in Abhängigkeit von Schulstufe, Unterrichtsfach und der Auswertungsmethode. Das Ergebnismuster ist in beiden Studien inkonsistent (vgl. Lehmann/Peek/Gänsfuß 1999; Lehmann u.a. 2001; Bos u.a.

2006; Bonsen/Bos/Gröhlich 2007). Keinen Schereneffekt fanden Schneider, Knopf und Stefanek (2002) sowie Schneider und Stefanek (2004) in ihrer Analyse des Münchener LOGIK-Längsschnitts.

In Bezug auf die Studie „Deutsch Englisch Schülerleistungen International" (DESI) fielen die Ergebnisse für einzelne Kompetenzaspekte im Fach Deutsch unterschiedlich aus (vgl. Gailberger/Willenberg 2008; Neumann/Lehmann 2008). Dagegen deuten sich für das Fach Englisch differenzielle Leistungsentwicklungen in Abhängigkeit von der Schulform während der neunten Jahrgangsstufe an (vgl. Klieme 2006).

4.3 Fazit und Herausforderungen

Wenn die Differenzierung des Sekundarschulbereichs in institutionalisierte Bildungsprogramme zu einem strafferen Zusammenhang zwischen Merkmalen der sozialen Herkunft und der Schulleistung beiträgt, müssen dabei zwei Mechanismen zusammenspielen (vgl. Maaz/Trautwein/Lüdtke/Baumert 2008): Erstens ist der Übergang in die verschiedenen Schulformen bzw. Bildungsgänge des Sekundarschulbereichs mit dem sozialen Hintergrund assoziiert – je bildungsnäher die Eltern, desto größer die Chance, auf das Gymnasium zu wechseln, auch bei Kontrolle von Leistungsindikatoren. Zweitens entstehen durch die Leistungsgruppierung im Sekundarschulbereich relativ homogene Entwicklungsmilieus, die unterschiedliche Zuwachsraten im Hinblick auf die Leistung aufweisen. Dass der Übergang nach der Grundschule neben einer leistungsbezogenen Selektion auch von den Merkmalen der sozialen Herkunft beeinflusst wird, konnte im vorangegangenen Abschnitt deutlich gezeigt werden. Die Ergebnisse verschiedener empirischer Studien sprechen dafür, dass die Schulstruktur in gegliederten Systemen einen erheblichen Einfluss auf die Entstehung unterschiedlicher schulischer Lern- und Entwicklungsumwelten hat. Insgesamt konnten verschiedene Studien schulformspezifisch differenzierte Lernverläufe nachweisen (vgl. Becker 2008). Die Bedeutsamkeit der unterschiedlichen Lernzuwächse schwankt allerdings zwischen den unterschiedlichen Fächern und zwischen einzelnen Studien. In Mathematik beispielsweise konnten Becker u.a. (2006) praktisch bedeutsame Effekte nachweisen. Berücksichtigt man, dass diese Studie die Entwicklung nur auf ein Schuljahr bezieht, die Schülerinnen und Schüler in den unterschiedlichen Schulformen aber mehrere Jahre verbringen, wird die Relevanz der Schereneffekte besonders deutlich. Andererseits macht die Inkonsistenz der Befunde über Studien und Fächer die Notwendigkeit weiterer Forschung deutlich. Wie von Becker (2008) ausführlich beschrieben, kann eine Reihe von Faktoren für diese Inkonsistenz verantwortlich sein, und diesen Faktoren sollte die spezielle Aufmerksamkeit zukünftiger Studien gelten.

5 Entstehen Bildungsungleichheiten außerhalb des Bildungssystems?

5.1 Theoretische Grundlagen

Kinder beginnen ihre Bildungsbiografie mit ganz unterschiedlichen Eingangsvoraussetzungen. Sie unterscheiden sich in ihren motorischen, sprachlichen und mathematischen Fähigkeiten, aber auch im sozialen Verhalten und der Regulation von Aggressionen und Emotionen. Diese Unterschiede nehmen in der Regel bis zum Ende der Schulzeit weiter zu (vgl. Becker u.a. 2008). Damit verbunden ist auch ein Anwachsen sozialer Disparitäten in fast allen schulischen Domänen (vgl. Becker u.a. 2006). Für den Anstieg der sozialen Disparitäten wird, Bezug nehmend auf die Arbeiten von Bourdieu, häufig die Schule verantwortlich gemacht, sei es durch Benachteiligungen in einer Institution oder durch das Entstehen differenzieller Lern- und Entwicklungsmilieus.

Dem von Boudon beschriebenen primären Herkunftseffekt zufolge sind herkunftsbedingte Disparitäten im Bildungssystem unter anderem auf Einflüsse kognitiver, sozialer, kultureller und ökonomischer Ressourcen zurückzuführen, die mit den familiären Strukturmerkmalen kovariieren. Primäre Effekte können bereits vor Beginn der Schule wirksam werden, indem die unterschiedlichen familiären Ressourcen die kindliche Entwicklung in der Art beeinflussen, dass primäre Herkunftseffekte schon zu ungleichen leistungsbezogenen Startbedingungen führen, also Kinder aus sozial begünstigten Familien zum Beispiel über bessere kognitive Grundfähigkeiten verfügen als Kinder aus sozial weniger begünstigten Familien. Es kann davon ausgegangen werden, dass primäre Effekte insbesondere beim Beginn der Schulkarriere wirksam sind, aber in abgeschwächter Form auch im weiteren Bildungsverlauf wirksam bleiben. Geht man davon aus, dass Fähigkeitsunterschiede, die bereits zum Zeitpunkt der Einschulung bestanden und auf Interaktionen zwischen Individuen und deren Entwicklungsumwelten in Familie und Nachbarschaft zurückzuführen sind, und die unterschiedlichen Entwicklungs- und Sozialisationsmilieus auch im weiteren Bildungsverlauf wirksam sind, dann kann ein Einflussfaktor für die Entstehung oder Verstärkung sozialer Ungleichheiten auch außerhalb der Schule liegen. Kinder verbringen trotz Schulpflicht die meiste Zeit eines Tages außerhalb der Schule. Dies trifft insbesondere in Schulsystemen mit Halbtagsbetrieb zu.

Liegen außerhalb des Bildungssystems Ursachen für die Entstehung sozialer Ungleichheiten, die auf unterschiedliche Sozialisations- und Entwicklungsmilieus zurückzuführen sind, muss der institutionelle Einfluss der Schule ausgeschaltet werden. Dies ist unter anderem in der schulfreien Zeit, in den Ferien, der Fall. Wenn es Effekte der außerschulischen Umwelt für die Entstehung von Ungleichheiten gibt, müssten sie sich insbesondere in den Ferien nachweisen lassen. Dieser Zusammenhang wurde in sogenannten *summer setback*-Studien vor allem in den USA untersucht.

5.2 Empirische Befunde zum Sommerlocheffekt

In verschiedenen internationalen Studien wurde überprüft, wie die Leistungsentwicklung zwischen Schülerinnen und Schülern aus unterschiedlichen Herkunftsgruppen während der Sommerpause verläuft. Anhand einer Langzeitstudie an amerikanischen Grundschulen konnten Entwisle und Mitarbeiter (vgl. Entwisle/Alexander 1992; 1994; Alexander/Entwisle 1996; Entwisle/Alexander/Olson 1997; Alexander/Entwisle/Olson 2001) zeigen, dass die Schule im Vergleich zum Lernen in sozialen Milieus geradezu eine disparitätsmindernde Rolle spielt. Die Leistungsentwicklung von Kindern unterschiedlicher Sozialschichten verlief während der Schulzeit parallel, während sich die Leistungsschere in der schulfreien Zeit (Sommer- und Winterferien) öffnete – einer Zeit, in der Kinder unterer sozialer Schichten im Leistungsniveau zurückfallen, während Kinder aus privilegierteren Elternhäusern den erreichten Leistungsstand halten oder sogar verbessern können (vgl. Cooper u.a. 1996; zusammenfassend Becker u.a. 2008). Der Wechsel zwischen homogenen institutionellen Lerngelegenheiten und unterschiedlichem Anregungspotenzial in den jeweiligen sozialen Milieus wirkt über die Schuljahre hinweg kumulativ auf die Entwicklung sozial bestimmter Leistungsunterschiede.

Europäische Studien für Schweden (Lindahl 2001) und Belgien (Verachtert u.a. 2009) konnten einen negativen Haupteffekt der Sommerpause auf die Leistungsentwicklung nachweisen. Ungleichheitsvergrößernde Effekte wurden allerdings weder in Schweden noch in Belgien gefunden. Dies mag unter anderem darin begründet sein, dass in diesen Studien mathematische Kompetenzen untersucht wurden und eine Vergrößerung der Disparitäten in der Regel bei sprachbezogenen Kompetenzen beobachtbar ist und die Ferien sehr viel kürzer als in den USA sind (vgl. Cooper u.a. 1996; Becker u.a. 2008).

In Deutschland gibt es bislang nur eine Studie zum saisonalen Lernen von Becker u.a. (2008). Mit den Daten der Grundschuluntersuchung ELEMENT (vgl. Lehmann/Nikolova 2005) untersuchten Becker u.a., ob sich die Befundmuster aus den US-amerikanischen Studien auch für Deutschland replizieren lassen. Sie zeigten, dass auch in Deutschland das außerschulische Umfeld in den Sommerferien zur Entstehung bzw. Vergrößerung von Leistungsungleichheiten beitragen kann (vgl. Becker u.a. 2008).

Die Bildungsnachfrage und der Kompetenzerwerb können nicht nur mit der unmittelbaren Sozialisations- und Entwicklungsumwelt der Schülerinnen und Schüler zusammenhängen, sondern auch mit regionalen oder sozialstrukturellen Kontextbedingungen und so zu sozialen Ungleichheiten im Bildungssystem führen. Die PISA-Studien haben zum einen darauf hingewiesen, dass es regionale Unterschiede im Kompetenzerwerb gibt (vgl. Prenzel u.a. 2008), und zum anderen, dass das Ausmaß der sozialen Disparitäten des Kompetenzerwerbs zwischen den Bundesländern variiert. So ist der Zusammenhang zwischen Kompetenzerwerb und sozioökonomischem Status beispielsweise in Nordrhein-Westfalen weitaus enger als dies in Sachsen der Fall ist (vgl. Ehmke/Baumert 2008; Maaz/Baumert/Cortina 2008).

5.3 Empirische Befunde zum regionalen Kontext

Im außerschulischen Bereich – der regionale Kontext, in dem das Lernen stattfindet – kann eine weitere Ursache für die Entstehung von Bildungsungleichheiten liegen. Dies bezieht sich zum einen auf kontextuelle Einflüsse auf den Kompetenzerwerb (vgl. Baumert/Carstensen/Siegle 2005) und zum anderen auf regionale Effekte bei zu treffenden Schulwahlentscheidungen (vgl. Ditton/Krüsken 2006b; Ditton 2007d).

In Bezug auf den Kompetenzerwerb wurde im Rahmen internationaler Vergleichsuntersuchungen der Versuch unternommen, regionale Leistungsunterschiede auf unterschiedliche wirtschaftliche, soziale und kulturelle Kontextbedingungen zurückzuführen (vgl. OECD 2004; Baker/LeTendre 2005). Auch in der Bundesrepublik gibt es seit einigen Jahren Bemühungen, Leistungsunterschiede zwischen Ländern oder Landesteilen zu analysieren (vgl. Artelt/Schneider/Schiefele 2002; Ebenrett/Hansen/Puzicha 2003; Block/Klemm 2005). Baumert, Carstensen und Siegle (2005) haben die Effekte von Kontextbedingungen mithilfe der Daten der PISA-2003-Studie analysiert. Am Beispiel der Mathematikleistungen untersuchten sie regionale Disparitäten des Kompetenzerwerbs. Um der Komplexität der Fragestellung gerecht zu werden, gingen die Autoren in drei Schritten vor. Zuerst fragten sie danach, welche Rolle individuelle und familiale Merkmale für den Erwerb mathematischer Kompetenzen spielen. Daran anschließend untersuchten sie, welche Bedeutung – über den Einfluss individueller und familialer Merkmale hinaus – wirtschaftliche, soziale und kulturelle Rahmenbedingungen von Schulen für die erfolgreiche Vermittlung mathematischer Kompetenzen haben (Kontextebene). In einem letzten Schritt gingen sie der Frage nach, welchen Einfluss unterschiedliche regionale Verteilungen von leistungsrelevanten individuellen sozialstrukturellen Merkmalen und Unterschiede der Bevölkerungs-, Wirtschafts- und Sozialstruktur der Einzugsbereiche von Schulen für den Leistungsvergleich zwischen den Bundesländern haben.

An dieser Stelle interessieren nur die Ergebnisse des zweiten und dritten Schritts. In ihren Analysen zeigten Baumert, Carstensen und Siegle, dass auf der Kontextebene die exogenen Variablen Wirtschaftsstärke, Bevölkerungsdichte und Ost-West-Zugehörigkeit nur über sozialökologische Strukturmerkmale, vermittelt auf die Leistungsergebnisse der Schulen, einwirken. Insgesamt erklärt das Modell der demografischen, wirtschaftlichen, sozialen und kulturellen Rahmenbedingungen zwischen zwei und drei Prozent der Variabilität der Leistungen zwischen den Schülerinnen und Schülern (vgl. Baumert/Carstensen/Siegle 2005). Die Effektstärken möglicher Kontexteinflüsse fügen sich in die Befundmuster der Nachbarschaftsforschung ein und sind keineswegs praktisch und politisch unbedeutend. So sinken zum Beispiel bei einem Anstieg der Sozialhilfeempfängerquote um ein Prozent die mittleren Leistungen der Schulen des entsprechenden Gebiets um etwa sechs Punkte auf der PISA-Leistungsskala. Da die regionalen Sozialhilfeempfängerquoten zwischen einem und zehn Prozent schwanken, bedeutet dies, dass bei etwa einem Drittel der Landkreise mit kontextinduzierten Leistungsdifferenzen von 20 und mehr Leistungspunkten zu rechnen ist. Für den Effekt der regionalen Arbeitslosigkeitsquote ist im Extremfall mit kontextbedingten Leistungsunterschieden von mehr als 30 Punkten auf der Leistungsskala zu rechnen (vgl. Baumert/Carstensen/Siegle 2005). Für den überregionalen Vergleich wurde aufgrund der Heterogenität der Schulstruktur im Sekundarschulsystem auf das Gymnasium fokussiert. Die entsprechenden Analysen ergaben, dass die Leistungsunterschiede zwischen den Ländern bei der Berücksichtigung der unterschiedlichen Verteilung leistungsrelevanter individueller Merkmale und unterschiedlicher Regionalstrukturen reduziert werden. Beide Bereiche – individuelle und regionale Verteilungsunterschiede – erklären rund 25 Prozent der Varianz der Leistung zwischen den Ländern.

Die Analyse regionaler Einflüsse auf Schulformentscheidungen geht auf die Arbeiten zur regionalen Ungleichheit der Bildungsbeteiligung zurück. Bereits Peisert (1967) hat in den 1960er Jahren auf deutliche regionale Unterschiede in der Bildungsbeteiligung hingewiesen. Diese konnten im Zuge der Bildungsreform abgeschwächt werden (vgl. Henz/Maas 1995), lassen sich aber auch heute noch eindeutig nachweisen (vgl. Bertram/Dannenbeck 1990). Dabei handelt es sich weniger um globale Stadt-Land-Disparitäten, sondern vielmehr um Unterschiede zwischen Nord- und Süddeutschland oder aber um Differenzen bei einer feinen Unterteilung der Regionen in kleinräumige Einheiten (vgl. Bertram/Dannenbeck 1990; Ditton 2007d; Bertram/Nauck/Klein 2000).

Anhand einer bayerischen Studie untersuchte Ditton (2007d) das Übertrittsverhalten nach der Grundschule in Abhängigkeit regionaler Strukturen. Hierfür spielte Ditton seine Untersuchungsdaten mit Daten der Volkszählung 1987 und den Gemeindedaten des Jahres 2000 zusammen. Als Indikatoren der regionalen Struktur verwendete Ditton den Anteil der Hauptschulabschlüsse an allen schulischen Abschlüssen, die Anzahl der Volksschulen pro 100 Kinder zwischen 6 und 15 Jahren, die Lohn- und Einkommensteuer je Steuerpflichtigem und die Gemeindegröße. Er fand korrelative Beziehungen zwischen den Bildungsaspirationen, den Empfehlungen und den Schulanmeldungen mit den Gemeindemerkmalen, die zwischen $r = .30$ und $r = .61$ lagen. Die multivarianten Mehrebenenanalysen deuten darauf hin, dass Kontextfaktoren über individuelle Merkmale Einfluss auf den Übertritt nach der Grundschule nehmen. Regionale Merkmale wiesen signifikante Effekte auf den Übertritt auf, die allerdings nach Berücksichtigung der sozialen Komposition ihre Bedeutung verlieren. Merkmale der Region scheinen demnach die sozialen Strukturen in der Klasse widerzuspiegeln (vgl. Ditton 2007d).

5.4 Fazit und Herausforderungen

Die Analyse außerschulischer Faktoren, sei es die unterschiedliche Kompetenzentwicklung in der schulfreien Zeit oder der Einfluss regionaler Merkmale auf den Kompetenzerwerb und Schulformentscheidungen, fand bislang nur in wenigen ausgewählten Studien mit oft regionalem Bezug Berücksichtigung. Die empirische Befundlage ist daher insgesamt noch unbefriedigend, sodass noch keine generalisierbaren Schlussfolgerungen formuliert werden können. Es deutet sich an, dass Bildungsungleichheiten zumindest nicht losgelöst von den außerschulischen Faktoren betrachtet werden können. Dies betrifft zunächst die Effekte in der schulfreien Zeit. Der Effekt der sozialen Herkunft kann nach Boudon auch als ein klassischer primärer Herkunftseffekt bezeichnet werden. Möglicherweise profitieren Kinder aus sozial begünstigten Familien von einem kognitiv anregenden häuslichen Umfeld. Die Rolle des regionalen Umfeldes wirkt auf Schulwahlentscheidungen, vermittelt über die soziale Komposition der Schulklasse. Allerdings bedarf es weiterer Studien auch unter Berücksichtigung unterschiedlicher Bildungsentscheidungen, um zu einem besseren Verständnis regionaler Einflüsse bei der Entstehung von Bildungsungleichheiten zu gelangen.

6 Zusammenfassung

Substanzielle soziale Disparitäten im Bildungssystem sind ein gut dokumentierter Befund, der in den vergangenen Jahren wieder verstärkt die Aufmerksamkeit von Wissenschaft, Politik und Öffentlichkeit gefunden hat. Doch wo entstehen und verstärken sich soziale Disparitäten? Der vorliegende Beitrag hat – ohne Anspruch auf Vollständigkeit – einen Überblick über vier zentrale Mechanismen gegeben, die ungleichheitsfördernd wirken (können). Dabei wurden die reichhaltigen Forschungsaktivitäten auf diesem Feld deutlich, der Wissensfortschritt speziell der vergangenen Jahre gut erkennbar, gleichzeitig aber auch Grenzen des verfügbaren Wissens offenbar. Während beispielsweise die akkumulierte Evidenz für die Existenz ungleichheitsverstärkender Mechanismen bei Gelenkstellen im Bildungssystem insgesamt robust ist, ist die Forschung von „empirisch gesicherten" Aussagen zu den genaueren Mechanismen der Entstehung und Vergrößerung sozialer Disparitäten in diesen und anderen Bereichen noch weit entfernt. Weitere Forschung muss und wird helfen, das Bild differenzierter zu zeichnen.

Literatur

Aarnoutse, C. A. J./Van Leeuwe, J. F. J. (2000): Development of poor and better readers during the primary school. In: Educational Research and Evaluation, Vol. 6, pp. 251-278

Aikens, N. L./Barbarin, O. A. (2008): Socioeconomic differences in reading trajectories: The contribution of family, neighborhood, and school contexts. In: Journal of Educational Psychology, Vol. 100, No. 2, pp. 235-251

Alexander, K. L./Entwisle, D. R. (1996): Schools and children at risk. In: Booth, A./Dunn, J. F. (Eds.): Family-school links: How do they affect educational outcomes? Hillsdale, pp. 67-88

Alexander, K. L./Entwisle, D. R./Olson, L. S. (2001): Schools, achievement, and inequality: A seasonal perspective. In: Educational Evaluation and Policy Analysis, Vol. 23, pp. 171-191

Alexander, K. L./Entwisle, D. R./Olson, L. S. (2007): Lasting consequences of the summer learning gap. In: American Sociological Review, Vol. 72, pp. 167-180

Alexander, K. M./Schofield, J. W. (2008): Gefälligkeitsübersetzung: Stereotype Threat verstehen und lindern. Sein Einfluss auf die schulischen Leistungen der Kinder von Migranten und ethnischen Minderheiten. In: Kölner Zeitschrift für Soziologie und Sozialpsychologie, Sonderheft 48, S. 529-552

Arnold, K.-H./Bos, W./Richert, P./Stubbe, T. C. (2007): Schulaufbahnpräferenzen am Ende der vierten Klassenstufe. In: Bos, W./Hornberg, S./Arnold, K.-H./Faust, G./Fried, L./Lankes, E.-M./Schwippert, K./Valtin, R. (Hrsg.): IGLU 2006. Lesekompetenzen von Grundschulkindern in Deutschland im internationalen Vergleich. Münster, S. 271-297

Artelt, C./Schneider, W./Schiefele, U. (2002): Ländervergleich zur Lesekompetenz. In: Baumert, J./Artelt, C./Klieme, E./Neubrand, M./Prenzel, M./Schiefele, U./Schneider, W./Tillmann, K.-J./Weiss, M. (Hrsg.): PISA 2000: Die Länder der Bundesrepublik Deutschland im Vergleich. Opladen, S. 55-94

Baeriswyl, F./Wandeler, C./Trautwein, U./Oswald, K. (2006): Leistungstest, Offenheit von Bildungsgängen und obligatorische Beratung der Eltern. Reduziert das Deutschfreiberger Übergangsmodell die Effekte des sozialen Hintergrunds bei Übergangsentscheidungen? In: Zeitschrift für Erziehungswissenschaft, Jg. 9, H. 3, S. 373-392

Baker, D. P./LeTendre, G. K. (2005): National differences, global similarities: Worldculture and the future of schooling. Stanford, CA

Baumert, J./Bos, W./Lehmann, R. (Hrsg.) (2000a): TIMSS/III. Dritte Internationale Mathematik- und Naturwissenschaftsstudie – Mathematische und naturwissenschaftliche Bildung am Ende der Schullaufbahn: Bd. 1. Mathematische und naturwissenschaftliche Grundbildung am Ende der Pflichtschulzeit. Opladen

Baumert, J./Bos, W./Lehmann, R. (Hrsg.) (2000b): TIMSS/III. Dritte Internationale Mathematik- und Naturwissenschaftsstudie – Mathematische und naturwissenschaftliche Bildung am Ende der Schullaufbahn: Bd. 2. Mathematische und physikalische Kompetenzen am Ende der gymnasialen Oberstufe. Opladen

Baumert, J./Carstensen, C. H./Siegle, T. (2005): Wirtschaftliche, soziale und kulturelle Lebensverhältnisse und regionale Disparitäten des Kompetenzerwerbs. In: Prenzel, M./Baumert, J./Blum, W./Lehmann, R./Leutner, D./Neubrand, M./Pekrun, R./Rost, J./Schiefele, U. (Hrsg.): PISA 2003: Der zweite Vergleich der Länder in Deutschland – Was wissen und können Jugendliche? Münster, S. 323-365

Baumert, J./Klieme, E./Neubrand, M./Prenzel, M./Schiefele, U./Schneider, W./Stanat, P./Tillmann, K.-J./Weiß, M. (Hrsg.): PISA 2000: Basiskompetenzen von Schülerinnen und Schülern im internationalen Vergleich. Opladen

Baumert, J./Köller, O. (1998): Nationale und internationale Schulleistungsstudien: Was können sie leisten, wo sind ihre Grenzen? In: Pädagogik, Jg. 50, H. 1, S. 12-18

Baumert, J./Köller, O./Schnabel, K. U. (2000): Schulformen als differenzielle Entwicklungsmilieus – eine ungehörige Fragestellung? In: Gewerkschaft Erziehung und Wissenschaft (Hrsg.): Messung sozialer Motivation: Eine Kontroverse. Frankfurt a.M., S. 28-68

Baumert, J./Maaz, K. (2006): Das theoretische und methodische Konzept von PISA zur Erfassung sozialer und kultureller Ressourcen der Herkunftsfamilie: internationale und nationale Rahmenkonzeption. In: Baumert, J./Stanat, P./Watermann, R. (Hrsg.): Herkunftsbedingte Disparitäten im Bildungswesen: Differenzielle Bildungsprozesse und Probleme der Verteilungsgerechtigkeit. Wiesbaden, S. 11-29

Baumert, J./Maaz, K./Stanat, P./Watermann, R. (2009): Schulkomposition oder Institution – was zählt? Schulstrukturen und die Entstehung schulformspezifischer Entwicklungsverläufe. In: Die Deutsche Schule, Jg. 101, S. 33-46

Baumert, J./Roeder, P. M./Gruehn, S./Heyn, S./Köller, O./Rimmele, R./Schnabel, K./Seipp, B. (1996): Bildungsverläufe und psychosoziale Entwicklung im Jugendalter (BIJU). In: Treumann, K.-P./Neubauer, G./Möller, R./Abel, J. (Hrsg.): Methoden und Anwendungen empirischer pädagogischer Forschung. Münster, S. 170-180

Baumert, J./Schümer, G. (2001): Familiäre Lebensverhältnisse, Bildungsbeteiligung und Kompetenzerwerb. In: Baumert, J./Klieme, E./Neubrand, M./Prenzel, M./Schiefele, U./Schneider, W./Stanat, P./Tillmann, K.-J./Weiß, M. (Hrsg.): PISA 2000: Basiskompetenzen von Schülerinnen und Schülern im internationalen Vergleich. Opladen, S. 323-407

Baumert, J./Schümer, G. (2002): Familiäre Lebensverhältnisse, Bildungsbeteiligung und Kompetenzerwerb im nationalen Vergleich. In: Baumert, J./Artelt, C./Klieme, E./Neubrand, M./Prenzel, M./Schiefele, U./Schneider, W./Tillmann, K.-J./Weiss, M. (Hrsg.): PISA 2000: Die Länder der Bundesrepublik Deutschland im Vergleich. Opladen, S. 159-202

Baumert, J./Stanat, P./Watermann, R. (2006a): Schulstruktur und die Entstehung differenzieller Lern- und Entwicklungsmilieus. In: Baumert, J./Stanat, P./Watermann, R. (Hrsg.): Herkunftsbedingte Disparitäten im Bildungswesen: Differenzielle Bildungsprozesse und Probleme der Verteilungsgerechtigkeit. Vertiefende Analysen im Rahmen von PISA 2000. Wiesbaden, S. 95-188

Baumert, J./Stanat, P./Watermann, R. (Hrsg.) (2006b): Herkunftsbedingte Disparitäten im Bildungswesen: Differenzielle Bildungsprozesse und Probleme der Verteilungsgerechtigkeit. Vertiefende Analysen im Rahmen von PISA 2000. Wiesbaden

Baumert, J./Trautwein, U./Artelt, C. (2003): Schulumwelten – institutionelle Bedingungen des Lehrens und Lernens. In: Baumert, J./Artelt, ./Klieme, E./Neubrand, M./Prenzel, M./Schiefele, U./Schneider, W./Tillmann, K.-J./Weiß, M. (Hrsg.): PISA 2000. Ein differenzierter Blick auf die Länder der Bundesrepublik Deutschland. Opladen, S. 261-331

Baumert, J./Watermann, R./Schümer, G. (2003): Disparitäten der Bildungsbeteiligung und des Kompetenzerwerbs. Ein institutionelles und individuelles Mediationsmodell. In: Zeitschrift für Erziehungswissenschaft, Jg. 6, S. 46-71

Baur, R. (1972): Elternhaus und Bildungschance: Eine Untersuchung über die Bedeutung des Elternhauses für die Schulwahl nach der 4. Klasse Grundschule. Weinheim

Becker, B./Biedinger, N. (2006): Ethnische Bildungsungleichheit zu Schulbeginn. In: Kölner Zeitschrift für Soziologie und Sozialpsychologie, Sonderheft 58, 4, S. 660-684

Becker, M. (2008): Kognitive Leistungsentwicklung in differenziellen Lernumwelten: Effekte des gegliederten Sekundarschulsystems in Deutschland. Unveröffentlichte Dissertation, Freie Universität Berlin

Becker, M./Lüdtke, O./Trautwein, U./Baumert, J. (2006): Leistungszuwachs in Mathematik: Evidenz für einen Schereneffekt im mehrgliedrigen Schulsystem? In: Zeitschrift für Pädagogische Psychologie, Jg. 20, S. 233-242

Becker, M./Stanat, P./Baumert, J./Lehmann, R. (2008): Lernen ohne Schule: Differentielle Entwicklung der Leseleistungen von Kindern mit und ohne Migrationshintergrund während der Sommerferien. In: Kölner Zeitschrift für Soziologie und Sozialpsychologie, Sonderband 48, S. 252-276

Becker, R. (2000a): Klassenlage und Bildungsentscheidungen. Eine empirische Anwendung der Wert-Erwartungstheorie. In: Kölner Zeitschrift für Soziologie und Sozialpsychologie, Jg. 52, S. 450-474

Becker, R. (2000b): Determinanten der Studierbereitschaft in Ostdeutschland. Eine empirische Anwendung der Humankapital- und Werterwartungstheorie am Beispiel sächsischer Abiturienten in den Jahren 1996 und 1998. In: Mitteilungen aus der Arbeitsmarkt- und Berufsforschung, Jg. 33, S. 261-276

Becker, R. (2003): Educational expansion and persistent inequalities of education. Utilizing subjective expected utility theory to explain increasing participation rates in upper secondary school in the Federal Republic of Germany. In: European Sociological Review, Vol. 19, pp. 1-24
Becker, R. (2007): Soziale Ungleichheit von Bildungschancen und Chancengerechtigkeit. In: Becker, R./Lauterbach, W. (Hrsg.): Bildung als Privileg? Erklärungen und Befunde zu den Ursachen der Bildungsungleichheit. Wiesbaden, S. 157-185
Becker, R./Hecken, A. E. (2007): Studium oder Berufsausbildung? Eine empirische Überprüfung der Modelle zur Erklärung von Bildungsentscheidungen von Esser sowie von Breen und Goldthorpe. In: Zeitschrift für Soziologie, Jg. 36, S. 100-117
Becker, R./Hecken, A. E. (2008): Warum werden Arbeiterkinder vom Studium an Universitäten abgehalten? Eine empirische Überprüfung der „Ablenkungsthese" von Müller und Pollak (2007) und ihrer Erweiterung durch Hillmert und Jacob (2003). In: Kölner Zeitschrift für Soziologie und Sozialpsychologie, Jg. 60, S. 3-29
Becker, R./Hecken, A. E. (2009a): Why are Working-class Children Diverted from Universities? – An Empirical Assessment of the Diversion Thesis. In: European Sociological Review, Vol. 25, pp. 233-250
Becker, R./Hecken, A. E. (2009b): Higher Education or Vocational Training? An Empirical Test of the Rational Action Model of Educational Choices Suggested by Breen and Goldthorpe and Esser. In: Acta Sociologica, Vol. 52, pp. 25-45
Becker, R./Lauterbach, W. (Hrsg.) (2007a): Bildung als Privileg? Erklärungen und Befunde zu den Ursachen der Bildungsungleichheit. Wiesbaden
Becker, R./Lauterbach, W. (2007b): Bildung als Privileg – Ursachen, Mechanismen, Prozesse und Wirkungen. In: Becker, R./Lauterbach, W. (Hrsg.) Bildung als Privileg? Erklärungen und Befunde zu den Ursachen der Bildungsungleichheit. Wiesbaden, S. 9-41
Bellenberg, G./Klemm, K. (1998): Von der Einschulung bis zum Abitur. Zur Rekonstruktion von Schullaufbahnen in Nordrhein-Westfalen. In: Zeitschrift für Erziehungswissenschaft, Jg. 1, S. 577-596
Benson, J. M./Borman, G. D. (2007): Family and contextual socioeconomic effects across seasons: When do they matter for the achievement growth of young children? (WCER Working Paper no. 2007-5)
Berger, P. A./Kahlert, H. (Hrsg.) (2008): Institutionalisierte Ungleichheiten: Wie das Bildungswesen Chancen blockiert. München
Bertram, H./Dannenbeck, C. (1990): Pluralisierung von Lebenslagen und Individualisierung von Lebensführung – Zur Theorie und Empirie regionaler Disparitäten in der Bundesrepublik Deutschland. In: Berger, P. A./Hradil, S. (Hrsg.): Lebenslagen, Lebensläufe, Lebensstile. (Soziale Welt, Sonderband 7) Göttingen, S. 207-229
Bertram, H./Nauck, B./Klein, T. (Hrsg.) (2000): Solidarität, Lebensformen und regionale Entwicklung. Opladen
Block, R./Klemm, K. (2005): Gleichwertige Lebensverhältnisse im Bundesgebiet? Demographische, ökonomische, institutionelle und familiale Bedingungen des Lernens im Bundesländervergleich. Essen
Bonsen, M./Bos, W./Gröhlich, C. (2007): Differentielle Lern- und Entwicklungsmilieus in der Beobachtungsstufe? Vortrag auf der 70. Tagung der Arbeitsgruppe empirische-pädagogische Forschung (AepF), Lüneburg
Bonsen, M./Frey, K. A./Bos, W. (2008): Soziale Herkunft. In: Bos, W./Bonsen, M./Baumert, J./Prenzel, M./Selter, C./Walther, G. (Hrsg.): TIMSS 2007. Mathematische und naturwissenschaftliche Kompetenzen von Grundschulkindern in Deutschland im internationalen Vergleich. Münster, S. 141-156
Bos, W./Bonsen, M./Gröhlich, C./Jelden, D./Rau, A. (2006): Erster Bericht zu den Ergebnissen der Studie „Kompetenzen und Einstellungen von Schülerinnen und Schülern – Jahrgangsstufe 7" (KESS 7). Forschungsbericht für die Behörde für Bildung und Sport der Stadt Hamburg. URL:

http://www.hamburger-bildungsserver.de/schulentwicklung/qualitaet/kess/KESS7.pdf [abgerufen am 27.07.2009]

Bos, W./Lankes, E.-M./Prenzel, M./Schwippert, K./Walther, G./Valtin, R. (Hrsg) (2003): Erste Ergebnisse aus IGLU. Schülerleistungen am Ende der vierten Jahrgangsstufe im internationalen Vergleich. Münster

Bos, W./Voss, A./Lankes, E.-M./Schwippert, K./Thiel, O./Valtin, R. (2004): Schullaufbahnempfehlungen von Lehrkräften für Kinder am Ende der vierten Jahrgangsstufe. In: Bos, W./Lankes, E.-M./Prenzel, M./Schwippert, K./Valtin, R./Walther, G. (Hrsg.): IGLU Einige Länder der Bundesrepublik Deutschland im nationalen und internationalen Vergleich. Münster, S. 191-220

Boudon, R. (1974): Education, opportunity, and social inequality: Changing prospects in Western society. New York

Bourdieu, P. (1973): Kulturelle Reproduktion und soziale Reproduktion. In: Bourdieu, P.: Grundlagen einer Theorie der symbolischen Gewalt. Frankfurt a.M., S. 88-137

Bourdieu, P. (1982): Die feinen Unterschiede. Kritik der gesellschaftlichen Urteilskraft. Frankfurt a.M.

Bourdieu, P./Passeron, J.-C. (1971): Die Illusion der Chancengleichheit. Untersuchungen zur Soziologie des Bildungswesens am Beispiel Frankreichs. Stuttgart

Bowles, S. S./Gintis, H. (1976): Schooling in Capitalist America: Educational Reform and the Contradictions of Economic Life. New York

Bradley, R. H./Corwyn, R. F. (2002): Socioeconomic status and child development. In: Annual Review of Psychology, Vol. 53, pp. 371-399

Breen, R./Goldthorpe, J. H. (1997): Explaining educational differentials: Towards a formal rational action theory. In: Rationality and Society, Vol. 9, pp. 275-305

Breen, R./Luijkx, R./Müller, W./Pollak, R. (2009): Nonpersistent Inequality in Educational Attainment: Evidence from Eight European Countries. In: American Journal of Sociology, Vol. 114, pp. 1475-1521

Cameron, S./Heckman, J. J. (1998): Life Cycle Schooling and Dynamic Selection Bias: Models and Evidence for Five Cohorts of American Males. In: Journal of Political Economy, Vol. 106, pp. 262-333

Caro, D./Lehmann, R. (2009): Achievement inequalities in Hamburg schools: how do they change as students get older? In: School Effectiveness and School Improvement, Vol. 20, pp. 1-25

Ceci, S. J./Papierno, P. B. (2005): The rhetoric and reality of gap closing: When the "Have-Nots" gain but the "Haves" gain even more. In: American Psychologist, Vol. 60, No. 2, pp. 149-160

Cooper, H./Nye, B./Charlton, K./Lindsay, J./Greathouse, S. (1996): The effects of summer vacation on achievement test scores: A narrative and meta-analytic review. In: Review of Educational Research, Vol. 66, pp. 227-268

Cortina, K. S./Baumert, J./Leschinsky, A./Mayer, K. U./Trommer, L. (2008): Das Bildungswesen in der Bundesrepublik Deutschland: Strukturen und Entwicklungen im Überblick. Reinbek b.H.

Cummins, J. (2000): Language, power, and pedagogy: Bilingual children in the crossfire. Clevedon, UK

Dahrendorf, R. (1965a): Gesellschaft und Demokratie in Deutschland. München

Dahrendorf, R. (1965b): Arbeiterkinder an deutschen Universitäten. Tübingen

Diefenbach, H. (2004): Ethnische Segmentation im deutschen Schulsystem – eine Zustandsbeschreibung und einige Erklärungen für den Zustand. In Forschungsinstitut Arbeit, Bildung, Partizipation e.V. (FIAB) (Hrsg.): Bildung als Bürgerrecht oder Bildung als Ware. Jahrbuch der Arbeit, Bildung, Kultur. Recklinghausen, S. 225-255

DiMaggio, P. (1982): Cultural capital and school success: the impact of status culture participation on the grades of U.S. high school students. In: American Sociological Review, Vol. 47, pp. 189-201

DiMaggio, P./Mohr, J. (1985): Cultural capital, educational attainment, and marital selection. In: American Journal of Sociology, Vol. 90, pp. 1231-1261

DiPrete, T. A./Eirich, G. M. (2006): Cumulative advantage as a mechanism for inequality: A review of theoretical and empirical developments. In: Annual Review of Sociology, Vol. 32, No. 1, pp. 271-297

Ditton, H. (1987): Familie und Schule als Bereiche des kindlichen Lebensraumes. Eine empirische Untersuchung. Frankfurt a.M.

Ditton, H. (1989): Determinanten für elterliche Bildungsaspirationen und für Bildungsempfehlungen des Lehrers. In: Empirische Pädagogik, Jg. 3, S. 215-231

Ditton, H. (1992): Ungleichheit und Mobilität durch Bildung. Theorie und empirische Untersuchung über sozialräumliche Aspekte von Bildungsentscheidungen. Weinheim

Ditton, H. (2005): Der Beitrag von Familie und Schule zur Reproduktion von Bildungsungleichheit. In: Holtappels, H. G./Höhmann, K. (Hrsg.): Schulentwicklung und Schulwirksamkeit. Systemsteuerung, Bildungschancen und Entwicklung der Schule. 30 Jahre Institut für Schulentwicklungsforschung. Weinheim, S. 121-130

Ditton, H. (2007a): Kompetenzaufbau und Laufbahnen im Schulsystem. Ergebnisse einer Längsschnittuntersuchung an Grundschulen. Münster

Ditton, H. (2007b): Der Beitrag von Schule und Lehrern zur Reproduktion von Bildungsungleichheit. In: Becker, R./Lauterbach, W. (Hrsg.): Bildung als Privileg? Erklärungen und Befunde zu den Ursachen der Bildungsungleichheit. Wiesbaden, S. 243-271

Ditton, H. (2007c): Schulübertritte, Geschlecht und soziale Herkunft. In: Ditton, H. (Hrsg.): Kompetenzaufbau und Laufbahnen im Schulsystem. Ergebnisse einer Längsschnittuntersuchung an Grundschulen. Münster, S. 53-87

Ditton, H. (2007d): Sozialer Kontext und Region. In: Ditton, H. (Hrsg.): Kompetenzaufbau und Laufbahnen im Schulsystem. Ergebnisse einer Längsschnittuntersuchung an Grundschulen. Münster, S. 199-223

Ditton, H./Krüsken, J. (2006a): Der Übergang von der Grundschule in die Sekundarstufe I. In: Zeitschrift für Erziehungswissenschaft, Jg. 9, S. 348-372

Ditton, H./Krüsken, J. (2006b): Sozialer Kontext und schulische Leistungen – zur Bildungsrelevanz degmentierter Armut. In: Zeitschrift für Soziologie der Erziehung und Sozialisation, Jg. 26, S. 135-157

Ditton, H./Krüsken, J./Schauenberg, M. (2005): Bildungsungleichheit – der Beitrag von Familie und Schule. In: Zeitschrift für Erziehungswissenschaft, Jg. 8, S. 285-303

Downey, D. B./von Hippel, P. T./Broh, B. A. (2004): Are schools the great equalizer? Cognitive inequality during the summer months and the school year. In: American Sociological Review, Vol. 69, pp. 613-635

Ebenrett, H. J./Hansen, D./Puzicha, K. J. (2003): Verlust von Humankapital in Regionen mit hoher Arbeitslosigkeit. In: Aus Politik und Zeitgeschichte, B6-7, S. 25-31

Eckhardt, A. G. (2008): Sprache als Barriere für den schulischen Erfolg. Potentielle Schwierigkeiten beim Erwerb schulbezogener Sprache für Kinder mit Migrationshintergrund. Münster

Ehmke, T./Baumert, J. (2007): Soziale Herkunft und Kompetenzerwerb: Vergleiche zwischen PISA 2000, 2003 und 2006. In: Prenzel, M./Artelt, C./Baumert, J./Blum, W./Hammann, M./Klieme, E./Pekrun, R. (Hrsg.): PISA 2006. Die Ergebnisse der dritten internationalen Vergleichsstudie. Münster, S. 309-335

Ehmke, T./Baumert, J. (2008): Soziale Disparitäten des Kompetenzerwerbs und der Bildungsbeteiligung in den Ländern: Vergleiche zwischen PISA 2000, 2003 und 2006. In: Prenzel, M./Artelt, C./Baumert, J./Blum, W./Hammann, M./Klieme, E./Pekrun, R. (Hrsg.): PISA 2006. Die Ergebnisse der dritten internationalen Vergleichsstudie. Münster, S. 319-342

Ehmke, T./Hohensee, F./Heidemeier, H./Prenzel, M. (2004). Familiäre Lebensverhältnisse, Bildungsbeteiligung und Kompetenzerwerb. In: Prenzel, M./Baumert, J./Blum, W./Lehmann, R./Leutner, D./Neubrand, M./Pekrun, R./Rolff, H.-G./Rost, J./Schiefele, U. (Hrsg.): PISA 2003: Der Bildungsstand der Jugendlichen in Deutschland – Ergebnisse des zweiten internationalen Vergleichs. Münster, S. 225-254

Ehmke, T./Hohensee, F./Siegle, T./Prenzel, M. (2006): Soziale Herkunft, elterliche Unterstützungsprozesse und Kompetenzentwicklung. In: Prenzel, M./Baumert, J./Blum, W./Lehmann, R./Leutner, D./Neubrand, M./Pekrun, R./Rost, R./Schiefele, U. (Hrsg.): PISA 2003: Untersuchungen zur Kompetenzentwicklung im Verlauf eines Schuljahres. Münster, S. 225-248

Entwisle, D. R./Alexander, K. L. (1992): Summer Setback: Race, Poverty, School Composition, and Mathematics Achievement in the First Two Years of School. In: American Sociological Review, Vol. 57, pp. 72-84

Entwisle, D. R./Alexander, K. L. (1994): Winter Setback: The Racial Composition of Schools and Learning to Read. In: American Sociological Review, Vol. 59, pp. 446-460

Entwisle, D. R./Alexander, K. L./Olson, L. S. (1997): Children, schools, and inequality. Boulder

Erikson, R./Goldthorpe, J. H./Jackson, M./Yaish, M./Cox, D. R. (2005): On class differentials in educational attainment. In: Proceedings of the National Academy of Sciences, Vol. 102, pp. 9730-9733

Erikson, R./Jonsson, J. O. (1996): Explaining class inequality in education: The Swedish test case. In: Erikson, R./Jonsson, J. O. (Hrsg.): Can education be equalized? The Swedish case in comparative perspective. Boulder, pp. 1-63

Esser, H. (1999): Soziologie. Spezielle Grundlagen. Band 1: Situationslogik und Handeln. Frankfurt a.M.

Esser, H. (2006): Migration, Sprache und Integration. Bericht für die Arbeitsstelle Interkulturelle Konflikte und gesellschaftliche Integration. Berlin

Fauser, R. (1984): Der Übergang auf weiterführende Schulen. Soziale und Schulische Bedingungen der Realisierung elterlicher Bildungserwartungen. (Projekt: Bildungsverläufe in Arbeiterfamilien, Abschlussbericht). Konstanz

Fröhlich, D. (1978). Arbeitserfahrung und Bildungsverhalten. Der Einfluss der Arbeitswelt auf die elterliche Schulwahl, Untersuchungen des Instituts zur Erforschung sozialer Chancen. Frankfurt a.M.

Fryer, R./Levitt, S. (2004): Understanding the black-white test score gap in the first two years of school. In: Review of Economics and Statistics, Vol. 86, pp. 447-464

Gailberger, S./Willenberg, H. (2008): Leseverstehen Deutsch. In: DESI-Konsortium (Hrsg.): Unterricht und Kompetenzerwerb in Deutsch und Englisch: Ergebnisse der DESI-Studie. Weinheim, S. 60-71

Gambetta, D. (1987): Were they pushed or did they jump? Individual decision mechanisms in education. Cambridge

Gamoran, A./Mare, R. D. (1989): Secondary School Tracking and Stratification: Compensation, Reinforcement, or Neutrality? In: American Journal of Sociology, Vol. 94, pp. 1146-1183

Geißler, R. (2004): Die Illusion der Chancengleichheit im Bildungssystem – von PISA gestört. In: Zeitschrift für Soziologie der Erziehung und Sozialisation, Jg. 24, S. 362-380

Georg, W. (2006): Soziale Ungleichheit im Bildungssystem: Eine empirisch-theoretische Bestandsaufnahme. Konstanz

Gomolla, M./Radtke, F.-O. (2007): Institutionelle Diskriminierung. Die Herstellung ethnischer Differenz in der Schule. Opladen

Grimm, S. (1966): Die Bildungsabstinenz der Arbeiter. Eine soziologische Untersuchung. München

Harazd, B./von Ophuysen, S. (2008): Was bedingt die Wahl eines nicht empfohlenen höheren Bildungsgangs? In: Zeitschrift für Erziehungswissenschaft, Jg. 11, S. 626-647

Helsper, W./Busse, S./Hummrich, M./Kramer, R.-T. (2008): Zur Bedeutung der Schule für Jugendliche. Ambivalenzen zwischen Schule als Lebensform und Schuldistanz. In: Bingel, G./Nordmann, A./Münchmeier, R. (Hrsg.): Die Gesellschaft und ihre Jugend. Strukturbedingungen jugendlicher Lebenslagen. Opladen, S. 189-209

Helsper, W./Kramer, R.-T./Hummrich, M./Busse, S. (2009): Jugend zwischen Familie und Schule: Eine Studie zu pädagogischen Generationsbeziehungen. Wiesbaden

Henz, U. (1997a): Der Beitrag von Schulformwechseln zur Offenheit des allgemeinbildenden Schulsystems. In: Zeitschrift für Soziologie, Jg. 26, S. 53-69

Henz, U. (1997b): Der nachgeholte Erwerb allgemeinbildender Schulabschlüsse. Analysen zur quantitativen Entwicklung und sozialen Selektivität. In: Kölner Zeitschrift für Soziologie und Sozialpsychologie, Jg49, 223-241
Henz, U./Maas, I. (1995): Chancengleichheit durch Bildungsexpansion? In: Kölner Zeitschrift für Soziologie und Sozialpsychologie, Jg. 47, S. 605-633
Jungbauer-Gans, M. (2004): Einfluss des sozialen und kulturellen Kapitals auf die Lesekompetenz: Ein Vergleich der PISA 2000-Daten aus Deutschland, Frankreich und der Schweiz. In: Zeitschrift für Soziologie, Jg. 33, S. 375-397
Jungbauer-Gans, M. (2006): Kulturelles Kapital und Mathematikleistungen – eine Analyse der PISA 2003-Daten für Deutschland. In: Georg, W. (Hrsg.): Soziale Ungleichheit im Bildungssystem: Eine empirisch-theoretische Bestandsaufnahme. Konstanz, S. 175-198
Keller, S./Zavalloni, M. (1964): Ambition and social class: A respecification. In: Social Forces, Vol. 43, pp. 58-70
Klein, M./Schindler, S./Pollak, R./Müller, W. (2009): Soziale Disparitäten in der Sekundarstufe und ihre langfristige Entwicklung. In: Zeitschrift für Erziehungswissenschaft, Sonderheft 12 (im Druck)
Klieme, E. (2006): Zusammenfassung zentraler Ergebnisse der DESI-Studie. URL: www.dipf.de/desi/DESI_Ausgewaehlte_Ergebnisse.pdf [abgerufen am: 9.4.2008]
Köhler, H. (1992): Bildungsbeteiligung und Sozialstruktur in der Bundesrepublik. Zu Stabilität und Wandel der Ungleichheit von Bildungschancen. Berlin
Köller, O./Baumert, J. (2008): Entwicklung von Schulleistungen. In: Oerter, R./Montada, L. (Hrsg.): Entwicklungspsychologie. Weinheim, S. 735-768
Köller, O./Watermann, R./Trautwein, U./Lüdtke, O. (2004): Wege zur Hochschulreife in Baden-Württemberg. TOSCA – eine Untersuchung an allgemein bildenden und beruflichen Gymnasien. Opladen
Krais, B./Gebauer, G. (2002) Habitus. Bielefeld
Kristen, C. (1999). Bildungsentscheidungen und Bildungsungleichheit. Ein Überblick über den Forschungsstand. Mannheim
Kunter, M. (2005): Multiple Ziele im Mathematikunterricht. Münster
Lee, V. E./Burkam, D. T. (2002): Inequality at the starting gate: Social background differences in achievement as children begin school. Washington, DC
Lehmann, R. H./Peek, R./Gänsfuß, R. (1997): Aspekte der Lernausgangslage von Schülerinnen und Schülern der fünften Klassen an Hamburger Schulen. Hamburg
Lehmann, R. H./Peek, R./Gänsfuß, R. (1999): Aspekte der Lernausgangslage und der Lernentwicklung von Schülerinnen und Schülern an Hamburger Schulen – Klassenstufe 7. Bericht über die Untersuchung im September 1998. Hamburg
Lehmann, R. H./Peek, R./Gänsfuß, R./Husfeldt, V. (2001): Aspekte der Lernausgangslage und der Lernentwicklung – Klassenstufe 9 – Ergebnisse einer längsschnittlichen Untersuchung in Hamburg. Hamburg
Lehmann, R./Nikolova, R. (2005): Element: Erhebung zum Lese- und Mathematikverständnis. Entwicklungen in den Jahrgangsstufen 4 bis 6 in Berlin. Berlin. URL: http://www.berlin.de/imperia/md/content/sen-bildung/schulqualitaet/schulleistungsuntersuchungen/element_untersuchungsbericht _2003.pdf [abgerufen am 10.10.2007]
Lindahl, M. (2001): Summer learning and the effect of schooling: Evidence from Sweden (IZA Discussion Papers 262). Bonn
Lucas, S. R. (1999): Tracking inequality. Stratification and mobility in American high schools. New York
Lucas, S. R. (2001): Effectively Maintained Inequality: Education Transitions, Track Mobility, and Social Background Effects. In: American Journal of Sociology, Vol. 106, No. 6, pp. 1642-1690

Luyten, H./Cremers-van Wees, L. M./Bosker, R. (2003): The Matthew effect in Dutch primary education: Differences between schools, cohorts and pupils. In: Research Papers in Education, Vol. 18, No. 2, pp. 167-195
Maaz, K. (2006): Soziale Herkunft und Hochschulzugang. Effekte institutioneller Öffnung im Bildungssystem. Wiesbaden
Maaz, K./Baumert, J. (2009): Differenzielle Übergänge in das Sekundarschulsystem: Bildungsentscheidungen vor dem Hintergrund kultureller Disparitäten. In: Melzer, W./Tippelt, R. (Hrsg.): Kulturen der Bildung. Beiträge zum 21. Kongress der Deutschen Gesellschaft für Erziehungswissenschaft. Opladen, S. 361-369
Maaz, K./Baumert, J./Cortina, K. S. (2008): Soziale und regionale Ungleichheit im deutschen Bildungssystem. In: Cortina, K. S./Baumert, J./Leschinsky, A./Mayer, K. U./Trommer, L. (Hrsg.): Das Bildungswesen in der Bundesrepublik Deutschland: Strukturen und Entwicklungen im Überblick. Reinbek b.H., S. 205-243
Maaz, K./Hausen, C./McElvany, N./Baumert, J. (2006): Stichwort: Übergänge im Bildungssystem. Theoretische Konzepte und ihre Anwendung in der empirischen Forschung beim Übergang in die Sekundarstufe. In: Zeitschrift für Erziehungswissenschaft, Jg. 9, S. 299-327
Maaz, K./Nagy, G./Trautwein, U./Watermann, R./Köller, O. (2004): Institutionelle Öffnung trotz bestehender Dreigliedrigkeit. Auswirkungen auf Bildungsbeteiligung, schulische Kompetenzen und Berufsaspirationen. In: Zeitschrift für Soziologie der Erziehung und Sozialisation, Jg. 24, S. 146-165
Maaz, K./Neumann, M./Trautwein, U./Wendt, W./Lehmann, R./Baumert, J. (2008): Der Übergang von der Grundschule in die weiterführende Schule: Die Rolle von Schüler- und Klassenmerkmalen beim Einschätzen der individuellen Lernkompetenz durch die Lehrkräfte. In: Schweizerische Zeitschrift für Bildungswissenschaften, Jg. 30, S. 519-548
Maaz, K./Trautwein, U./Lüdtke, O./Baumert, J. (2008): Educational Transitions and Differential Learning Environments: How Explicit Between-School Tracking Contributes to Social Inequality in Educational Outcomes. In: Child Development Perspectives, Vol. 2, pp. 99-106
Maaz, K./Watermann, R. (2007): Reproduktion oder Mobilität? Zur Wirkung familiärer Prozessmerkmale auf die Studienintention am Ende der gymnasialen Oberstufe. In: Zeitschrift für Soziologie der Erziehung und Sozialisation, Jg. 27, S. 285-303
Mare, R. D. (1980): Social background and school continuation decisions. In: Journal of the American Statistical Association, Vol. 75, pp. 295-305
Merkens, H./Wessel, A. (2002): Zur Genese von Bildungsentscheidungen. Eine empirische Studie in Berlin und Brandenburg. Baltmannsweiler
Meulemann, H. (1979): Soziale Herkunft. Frankfurt a.M.
Mohr, J./DiMaggio, P. (1995): The intergenerational transmission of cultural capital. In: Research in Social Stratification and Mobility, Vol. 14, pp. 167-199
Morgan, P. L./Farkas, G./Hibel, J. (2008): Matthew effects for whom? In: Learning Disabilities Quarterly, Vol. 31, pp. 187-198
Müller, W./Pollak, R. (2004): Social Mobility in West Germany: The Long Arms of History Discovered? In: Breen, R. (Ed.): Social Mobility in Europe. Oxford, pp. 77-113
Müller, W./Pollak, R. (2007): Weshalb gibt es so wenige Arbeiterkinder an deutschen Universitäten? In: Becker, R./Lauterbach, W. (Hrsg.): Bildung als Privileg? Erklärungen und Befunde zu den Ursachen der Bildungsungleichheit. Wiesbaden, S. 303-342
Müller-Benedict, V. (2007): Wodurch kann die soziale Ungleichheit des Schulerfolgs am stärksten verringert werden? In: Kölner Zeitschrift für Soziologie und Sozialpsychologie, Jg. 59, S. 615-639
Müller-Benedict, V. (2008): Strukturveränderungen oder Fördermaßnahmen? Analyse einer unpopulären Alternative mit Hilfe einer Simulationsstudie. In: Die Deutsche Schule, Jg. 100, S. 412-424

Neumann, A./Lehmann, R. H. (2008): Schreiben Deutsch. In: DESI-Konsortium (Hrsg.): Unterricht und Kompetenzerwerb in Deutsch und Englisch: Ergebnisse der DESI-Studie. Weinheim, S. 89-103

Neumann, M./Schnyder, I./Trautwein, U./Niggli, A./Lüdtke, O./Cathomas, R. (2007): Schulformen als differenzielle Lernmilieus: Institutionelle und kompositionelle Effekte auf die Leistungsentwicklung im Fach Französisch. In: Zeitschrift für Erziehungswissenschaft, Jg. 10, S. 399-420

OECD (Organisation for Economic Co-operation and Development) (2004): Learning for tomorrow's world – First results from PISA 2003. Paris

Paulus, W./Blossfeld, H.-P. (2007): Schichtspezifische Präferenzen oder sozioökonomisches Entscheidungskalkül. Zur Rolle elterlicher Bildungsaspirationen im Entscheidungsprozess beim Übergang von der Grundschule in die Sekundarstufe. In: Zeitschrift für Pädagogik, Jg. 53, S. 491-508

Peisert, H. (1967): Soziale Lage und Bildungschancen in Deutschland. München

Peisert, H./Dahrendorf, R. (1967): Der vorzeitige Abgang vom Gymnasium. Studien und Materialien zum Schulerfolg an den Gymnasien in Baden-Württemberg 1953-1963. (Schriftenreihe des Kultusministeriums Baden-Württemberg zur Bildungsforschung, Bildungsplanung, Bildungspolitik, Reihe A Nr. 6). Villingen

Pekrun, R./vom Hofe, R./Blum, W./Götz, T./Wartha, S./Frenzel, A./Jullien, S. (2006): Projekt zur Analyse der Leistungsentwicklung in Mathematik (PALMA): Entwicklungsverläufe, Schülervoraussetzungen und Kontextbedingungen von Mathematikleistungen in der Sekundarstufe I. In: Prenzel, M./Allolio-Näcke, L. (Hrsg.): Untersuchungen zur Bildungsqualität von Schule. Abschlussbericht des DFG-Schwerpunktprogramms. Münster, S. 21-53

Pietsch, M. (2007): Schulformwahl in Hamburger Schülerfamilien und die Konsequenzen für die Sekundarstufe 1. In: Bos, W./Grölich, C./Pietsch, M. (Hrsg.): KESS 4 – Lehr- und Lernbedingungen in Hamburger Grundschulen. Bd. 2. Münster, S. 127-165

Portes, A./Hao, U. (2004): The schooling of children of immigrants: Contextual effects on the educational attainment of the second generation. In: Proceedings of the National Academy of Science of the United States of America (PNAS), Vol. 101, No. 33, pp. 11920–11927

Portes, A./MacLeod, D. (1996): Educational Progress of Children of Immigrants: The Roles of Class, Ethnicity, and School Context. In: Sociology of Education, Vol. 69, No. 4, pp. 255-275

Prenzel, M./Baumert, J./Blum, W./Lehmann, R./Leutner, D./Neubrand, M./Pekrun, R./Rolff, H.-G./Rost, J./Schiefele, U. (Hrsg.) (2004): PISA 2003. Der Bildungsstand der Jugendlichen in Deutschland – Ergebnisse des zweiten internationalen Vergleichs. Münster

Prenzel, M./Schütte, K./Rönnebeck, S./Senkbeil, M./Schöps, K./Carstensen, C. H. (2008): Der Blick in die Länder. In: Prenzel, M./Artelt, C./Baumert, J./Blum, W./Hammann, M./Klieme, E./Pekrun, R. (Hrsg.): PISA 2006. Die Ergebnisse der dritten internationalen Vergleichsstudie. Münster, S. 149-263

Reardon, S. F. (2003): Sources of Educational Inequality: The Growth of Racial/Ethnic and Socioeconomic Test Score Gaps in Kindergarten and First Grade. Working Paper 03-05R. POPULATION RESEARCH INSTITUTE, The Pennsylvania State University

Rumberger, R. W./Arellano, B. (2007): Understanding and addressing achievement gaps during the first four years of school in the United States. In: Teese, R./Lamb, S./Duru-Bellat, M. (Eds.): International studies in educational inequality, theory and policy. Vol. 3, Dordrecht, pp. 129-149

Schimpl-Neimanns, B. (2000): Soziale Herkunft und Bildungsbeteiligung. Empirische Analysen zu herkunftsspezifischen Bildungsungleichheiten zwischen 1950 und 1989. In: Kölner Zeitschrift für Soziologie und Sozialpsychologie, Jg. 52, S. 636-669

Schnabel, K. U./Alfeld, C./Eccles, J. S./Köller, O./Baumert, J. (2002): Parental influence on students' educational choices in the United States and Germany: Different ramifications – same effect? In: Journal of Vocational Behavior, Vol. 60, pp. 178-198

Schnabel, K. U./Gruehn, S. (2000): Studienfachwünsche und Berufsorientierungen in der gymnasialen Oberstufe. In: Baumert, J./Bos, W./Lehmann, R. (Hrsg): TIMSS/III. Dritte Internationale Mathematik- und Naturwissenschaftsstudie – Mathematische und naturwissenschaftliche Bildung am Ende der Schullaufbahn: Bd. 2. Mathematische und physikalische Kompetenzen am Ende der gymnasialen Oberstufe. Opladen, S. 405-453

Schnabel, K. U./Schwippert, K. (2000): Einflüsse sozialer und ethnischer Herkunft beim Übergang in die Sekundarstufe II und den Beruf. In: Baumert, J./ Bos, W./Lehmann, R. (Hrsg.): TIMSS/III. Dritte Internationale Mathematik- und Naturwissenschaftsstudie – Mathematische und naturwissenschaftliche Bildung am Ende der Schullaufbahn: Bd. 1. Mathematische und naturwissenschaftliche Grundbildung am Ende der Pflichtschulzeit. Opladen, S. 261-281

Schneider, T. (2008): Social Inequality in Educational Participation in the German School System in a Longitudinal Perspective: Pathways into and out of the most Prestigious School Track. In: European Sociological Review, Vol. 24, pp. 511-526

Schneider, W./Stefanek, J. (2004): Entwicklungsveränderungen allgemeiner kognitiver Fähigkeiten und schulbezogener Fertigkeiten im Kindes- und Jugendalter. Evidenz für einen Schereneffekt? In: Zeitschrift für Entwicklungspsychologie und Pädagogische Psychologie, Jg. 36, S. 147-159

Schneider, W./Knopf, M./Stefanek, J. (2002): The development of verbal memory in childhood and adolescence: Findings from the Munich Longitudinal Study. In: Journal of Educational Psychology, Vol. 94, pp. 751-761

Schofield, J. W. (2006): Migrationshintergrund, Minderheitenzugehörigkeit und Bildungserfolg. Forschungsergebnisse der pädagogischen, Entwicklungs- und Sozialpsychologie. Berlin

Shavit, Y./Blossfeld, H.-P. (Eds.) (1993): Persistent inequality. Changing educational attainment in thirteen countries. Boulder

Stanat, P. (2006): Schulleistungen von Jugendlichen mit Migrationshintergrund: Die Rolle der Zusammensetzung der Schülerschaft. In: Baumert, J./Stanat, P./Watermann, R. (Hrsg.): Herkunftsbedingte Disparitäten im Bildungswesen: Differenzielle Bildungsprozesse und Probleme der Verteilungsgerechtigkeit. Wiesbaden, S. 189-219

Stocké, V. (2007): Explaining Educational Decision and Effects of Families' Social Class Position: An Empirical Test of the Breen-Goldthorpe Model of Educational Attainment. In: European Sociological Review, Vol. 23, pp. 505-519

Tiedemann, J./Billmann-Mahecha, E. (2007): Zum Einfluss von Migration und Schulklassenzugehörigkeit auf die Übergangsempfehlung für die Sekundarstufe I. In: Zeitschrift für Erziehungswissenschaft, Jg. 10, S. 108-120

Trautwein, U./Baeriswyl, F. (2007): Wenn leistungsstarke Klassenkameraden ein Nachteil sind: Referenzgruppeneffekte bei Übergangsentscheidungen. In: Zeitschrift für Pädagogische Psychologie, Jg. 21, S. 119-133

Verachtert, P./van Damme, J./Onghena, P./Ghesquière, P. (2009): A seasonal perspective on school effectiveness: evidence from a Flemish longitudinal study in kindergarten and first grade. In: School Effectiveness and School Improvement, Vol. 20, pp. 215-233

vom Hofe, R./Kleine, M./Blum, W./Pekrun, R. (2005): Zur Entwicklung mathematischer Grundbildung in der Sekundarstufe I: Theoretische, empirische und diagnostische Aspekte. In: Hasselhorn, M./Schneider, W./Marx, H. (Hrsg.): Diagnostik von Mathematikleistungen: Tests und Trends. Jahrbuch der pädagogisch-psychologische Diagnostik. Bd. 4, Göttingen, S. 263-292

Watermann, R./Cortina, K. S./Baumert, J. (2004): Politische Sozialisation bei Jugendlichen in der Nachwendezeit: Befunde aus BIJU. In: Abel, J./Möller, R./Palentien, C. (Hrsg.): Jugend im Fokus empirischer Forschung. Münster, S. 87-107

Watermann, R./Maaz, K./Szczesny, M. (2009): Soziale Disparitäten, Chancengleichheit und Bildungsreformen. In: Sacher, W./Haag, L./Bohl, T./Lang-Wojtasik, G./Blömeke, S. (Hrsg.): Handbuch Schule. Bad Heilbrunn, S. 94-102

Weinert, F. E./Hany, E. A. (2003): The stability of individual differences in intellectual development: Empirical evidence, theoretical problems, and new research questions. In: Sternberg, R. J./Lautrey, J. (Eds.): Models of intelligence: International perspectives. Washington, DC, pp. 169-181

Kulturelle Passung und Bildungsungleichheit – Potenziale einer an Bourdieu orientierten Analyse der Bildungsungleichheit

Rolf-Torsten Kramer & Werner Helsper

1 Einleitung

Unstrittig ist mit den Veröffentlichungen der PISA-Studien eine enorme Mobilisierung der öffentlichen Diskussion um Bildung einhergegangen, die weite Bereiche der erziehungs- und sozialwissenschaftlichen Disziplinen erfasst und zu neuer Aktivität angetrieben hat. Dies trifft besonders für die ungleichheitsbezogene Bildungsforschung zu, die durch den Nachweis einer im internationalen Vergleich eher engen Kopplung von Schulerfolg und sozialer Herkunft zu differenzierten Analysen und plausiblen theoretischen Erklärungen herausgefordert ist (vgl. Baumert/Schümer 2001; Ehmke u.a. 2004; Becker/Lauterbach 2007; Ehmke/Baumert 2007). In unterschiedlicher Deutlichkeit wird dabei an die Perspektiven von Pierre Bourdieu oder Raymond Boudon angeknüpft, die den wissenschaftlichen Diskurs mit ihren Studien in den 1960er und 1970er Jahren stark beeinflusst haben (vgl. z.B. Boudon 1974; Bourdieu/Passeron 1971; Egger/Pfeuffer/Schultheis 1996, S. 334; Georg 2006; Vester 2006; Helsper u.a. 2009a; Kramer u.a. 2009, S. 24ff. und 43ff.).

In diesem Beitrag soll es darum gehen, das Potenzial einer Aufnahme bourdieuscher Perspektiven für die ungleichheitsbezogene empirische Bildungsforschung zu prüfen. Wir gehen dabei in vier Schritten vor. In einem ersten Schritt rekapitulieren wir Bezugnahmen auf Bourdieu in den PISA-Studien (2.). Im zweiten Schritt diskutieren wir knapp den möglichen Ertrag einer an Bourdieu orientierten Bildungsforschung anhand ausgewählter Studien (3.). Im dritten Schritt stellen wir zwei eigene Forschungsprojekte vor und resümieren in zentralen Befunden den Ertrag einer bourdieuschen Perspektive (4.). Im vierten Schritt ziehen wir ein kurzes Fazit und benennen Perspektiven, die aus unserer Sicht für eine weiterführende Aufklärung über die Mechanismen der Herstellung sozialer Ungleichheiten erforderlich sind (5.).

2 Pierre Bourdieu in den PISA-Studien – Verbindungslinien und Zurückweisungen

Die Bedeutung der PISA-Studien für die bundesdeutsche Fachwissenschaft liegt unstrittig in der breiten Mobilisierung der Diskussion zu ungleichen Bildungschancen im deutschen Bildungssystem. Dabei ist die Diskussion der Bildungsungleichheit in den PISA-Studien durch eine wechselnde Bezugnahme auf Pierre Bourdieu geprägt, in der sich auch der Paradigmenstreit zwischen Boudon und Bourdieu widerspiegelt (vgl. Georg 2006; Vester 2006; Kramer u.a. 2009; auch Maaz/Baumert/Trautwein in diesem Band). Hier soll es nun darum gehen, die Bezugnahmen auf Bourdieu in den PISA-Studien genauer zu prüfen. Dabei beziehen wir uns im Kern auf die erste PISA-Veröffentlichung (vgl. Deutsches PISA-

Konsortium 2001) über familiäre Lebensverhältnisse, Bildungsbeteiligung und Kompetenzerwerb, das auch als „Herzstück" der Studie – zumindest unter dem Fokus der ungleichheitsbezogenen Bildungsforschung – bezeichnet wird (vgl. Szydlik 2003, S. 198; Baumert/Schümer 2001).

Tatsächlich finden sich in den theoretischen Bezügen und Vorannahmen zur Erfassung der sozialen Herkunft ausgewiesene Bezüge auf Bourdieu (vgl. Baumert/Schümer 2001, S. 326ff.). Dort stellen die Autoren mit Verweis auf Bourdieu in Rechnung, dass ein enger Zusammenhang zwischen gesellschaftlichen Verhältnissen und der Struktur schulischen Lernens bestehe, der dazu führe, dass die Teilhabe an schulischer Bildung mit der Teilhabe „an der herrschenden Kultur" (Baumert/Schümer 2001, S. 329) zusammenfalle. Der Zugang zu Bildungseinrichtungen und Bildungserfolg – so können wir dort lesen – ist nach Bourdieu und Passeron (1971) „vornehmlich ein Ergebnis kultureller Passung", was sich exemplarisch an den Schulproblemen ausländischer oder schuloppositioneller Kinder und Jugendlicher zeige (Baumert/Schümer 2001, S. 329). Dabei sei das Konzept des kulturellen Kapitals und des Habitus zur Erklärung dieser Passungskonstellation besonders aufschlussreich, insofern damit die in der Herkunftsfamilie geltenden und tradierten Einstellungen und Wertorientierungen in ihrer Verhältnisbestimmung zu Schule ebenso in den Blick kommen, wie die verinnerlichten Wahrnehmungs-, Denk- und Handlungsschemata (vgl. ebd.). Damit ist der primär vermittelte Habitus der Familie angesprochen. Zugleich wird aber auch auf die Seite der Bildungsinstitutionen geschaut, die als „Mittelschichtinstitution" einen spezifischen (man könnte auch sagen: einen partikularen) Habitus anspricht und verlangt (vgl. ebd.).

Diese grundlegenden Annahmen von Bourdieu zum Zustandekommen der Bildungsungleichheiten werden dann aber nur begrenzt in ein methodisches Design überführt. Das liegt zum einen daran, dass für die Erfassung der sozialen Herkunft auf ein Schichtungsmodell von Erikson/Goldthorpe/Portocarero (1979) zurückgegriffen wird, in dem relevante Aspekte von Bourdieu – z.B. das Konzept des Habitus – nicht enthalten sind und das Bildungsungleichheiten statt dessen durch sozialschichtabhängige Kosten-Nutzen-Kalkulationen der Eltern erklärt. Zum anderen werden die noch vorliegenden Bezüge – z.B. das Konzept des kulturellen Kapitals – gegenüber der Fassung bei Bourdieu in der Operationalisierung zusätzlich verkürzt (vgl. Baumert/Maaz 2006; Baumert/Stanat/Watermann 2006).

In der theoretischen Einbettung und Erklärung der Befunde durch Baumert und Schümer (2001) spielen die Bezüge auf Bourdieu dann kaum noch eine Rolle. Dagegen findet sich hier „eine Abwehr, die teilweise mit einer unvollständigen und einseitigen Rezeption Bourdieus einhergeht" (Vester 2006, S. 23). So weisen Baumert und Schümer aufgrund ihrer empirischen Befunde die These zurück, „dass die Schule durch ihre institutionalisierte Wertordnung, den verlangten Sprachcode und die Verkehrsformen – Merkmale, die an den Normen der Mittelschicht orientiert seien – sozial diskriminierend wirke" (Baumert/Schümer 2001, S. 352). Mit dem Nachweis einer Zunahme von Leistungsunterschieden über die Zeit der Sommerferien wird die Gegenthese untermauert, „dass die Schule im Vergleich zum Lernen in sozialen Milieus geradezu eine disparitätsmindernde Rolle spielt" (ebd.). Für Baumert und Schümer reduziert sich somit die komplexe Passungsproblematik bei Bourdieu auf die Feststellung, dass z.B. über Schulferien der Wechsel „zwischen homogenen institutionellen Lerngelegenheiten und unterschiedlichen Anregungspotential in sozialen Milieus" (ebd., S. 353) ungleichheitsverstärkend wirkt. Nicht die differenziellen schulformspezifischen Entwicklungsmilieus führen zu einer Vergrößerung sozialer Disparitäten, sondern der Ausschluss von bestimmten Entwicklungsmilieus durch elterliche Bildungsentscheidungen (vgl. ebd.). Eine Benachteiligung z.B. von Arbeiterkindern an Gymnasien bestünde dagegen nicht (vgl. ebd.; Vester 2006, S. 24).

Die hier zum Ausdruck kommende Zurückweisung theoretischer Bestimmungen von Bourdieu steigert sich noch in den folgenden PISA-Studien. In der PISA-Studie 2003 finden wir im Kapitel 9 zur sozialen Herkunft einen im Vergleich erheblich reduzierten Bezug auf die theoretischen Annahmen von Bourdieu (vgl. PISA-Konsortium Deutschland 2004). So wird zwar noch der kulturellen Praxis der Herkunftsfamilien sowie dem dort von den Jugendlichen angeeigneten kulturellem Kapital ein Stellenwert für die Bestimmung der sozialen Herkunft zugewiesen, ohne aber die schon bei Baumert und Schümer (2001) verkürzten Bezüge auf Passungskonstellationen zwischen Habitus und herrschender Kultur überhaupt noch zu veranschlagen (vgl. Ehmke u.a. 2004, S. 226f.). Das kulturelle Kapital wird dabei über eine Skala kultureller Besitztümer sowie den Indikator der Bildungsabschlüsse der Eltern erfasst, die in einer psychologischen Perspektive als Vorbilder und Modell der kindlichen Ausbildung von Kenntnissen und Interessen erscheinen (ebd., S. 231 und 239). Damit wird auch in PISA 2003 auf die Bedeutung ungleicher kultureller Ressourcen hingewiesen (vgl. ebd., S. 253). Auf eine soziologische Erklärung dieses statistischen Zusammenhangs wird aber weitestgehend verzichtet. In der PISA-Studie 2006 hat man sich dann gänzlich von Bourdieu verabschiedet (vgl. PISA-Konsortium Deutschland 2007). Im Kapitel 7.1 zum Zusammenhang von sozialer Herkunft und Kompetenzerwerb – das im Vergleich zur ersten PISA-Veröffentlichung mehr als halbiert ist – taucht Bourdieu selbst im Literaturverzeichnis nicht mehr auf (vgl. Ehmke/Baumert 2007).

Bilanziert man die Bezugnahmen der PISA-Studien auf Bourdieu, dann ist für die erste Studie eine zunächst viel versprechende Grundlegung von Bildungsungleichheiten mit der Theorie Bourdieus festzuhalten, die jedoch in der methodischen Umsetzung der Studie und in der Erklärung der statistischen Befunde sukzessive reduziert und gleichzeitig immer stärker negiert wird. Diese Tendenz steigert sich in den Folgestudien bis zu einem ‚vollständigen Abschied von Bourdieu'. Damit bleibt nicht nur das Erklärungspotenzial der bourdieuschen Überlegungen unausgeschöpft, sondern die vorhandenen Bezüge sind zusätzlich gegenüber Bourdieu deformiert. Somit muss den PISA-Studien eine bruchstückhafte und verkürzte Bezugnahme auf Bourdieu attestiert werden, die ausschließlich das Konzept des kulturellen Kapitals – durch die Operationalisierung zusätzlich auf einen Torso reduziert – einsetzt, ohne die theoretische Gesamtkomposition von sozialem Raum, symbolischen Kämpfen und Habitusformationen aufzugreifen (vgl. Vester 2006, S. 22). Durch den Verzicht auf die bei Bourdieu komplex angelegte Konzeption einer kulturellen Passung zwischen den Haltungen des familialen Herkunftsmilieus (der sozialen Schicht) und den schulischen Anforderungen und Anerkennungsstrukturen zur Erklärung einer ungleichen Bildungsbeteiligung und eines unterschiedlichen Bildungserfolgs gelingt die Aufklärung der Herstellung der Bildungsungleichheiten nicht.

3 Pierre Bourdieu in der sozialisationstheoretisch fundierten Bildungsforschung

In besonders ausgewiesener Weise greift der Arbeitszusammenhang um Matthias Grundmann in einer Studie die bourdieusche Frage nach der kulturellen Passung auf und setzt an der gekennzeichneten Erklärungslücke bei PISA an, indem die bei PISA nicht beachteten lebensweltlichen Bildungsprozesse in das Zentrum gerückt werden. Dabei geht es in der hier vorgestellten Studie auf der einen Seite um eine detaillierte Analyse der lebensweltlichen Bildungsprozesse zuallererst in der Familie, aber auch unter den Peers – wobei Grundmann u.a. von Unterschieden zwischen den elterlichen Bildungsstrategien und denen der Heranwachsenden ausgehen (vgl. Grundmann u.a. 2003, S. 25). Auf der anderen Seite sind die jeweils bestehenden „Anschlussmöglichkeiten" der lebensweltlichen Bildungsorientierungen in „schulischen Bildungskontexten" zentral und damit die Frage, welche unterschiedlichen Varianten der „Passung" sich hieraus ergeben können (vgl. ebd., S. 29; Grundmann u.a. 2007).

Die Studie zur milieuspezifischen Handlungsbefähigung und Lebensführung junger Erwachsener wurde von Anfang 2003 bis Anfang 2005 durchgeführt. Sie ist in ihrem methodischen Zugriff eher weniger als qualitative Studie zu bezeichnen, sondern hat allenfalls einen „explorative[n], semi-qualitative[n]" Charakter bei der Analyse der milieuspezifischen Handlungsbefähigung, insofern auch auf umfangreiches Datenmaterial aus halbstandardisierten Interviews auf der Individualebene zurückgegriffen wird (vgl. Grundmann u.a. 2006b, S. 29). In der Hauptsache basieren die empirischen und theoretischen Annahmen in diesem Projekt auf einer Sekundäranalyse der fast 20 Jahre andauernden Längsschnittstudie zur Entwicklung des isländischen Bildungssystems und der isländischen Sozialstruktur von Wolfgang Edelstein am Max-Planck-Institut für Bildungsforschung (vgl. Edelstein/Keller/ Schröder 1990; Grundmann u.a. 2006a). Interessant ist die Studie v.a. deshalb, weil sie in direkter Anknüpfung an Bourdieu nachzuzeichnen versucht, wie „sich soziale Strukturen im konkreten Habitus der Individuen niederschlagen und dabei auch nachhaltig die Persönlichkeitsentwicklung beeinflussen" (Grundmann u.a. 2006a, S. 12). Dabei geht es Grundmann mit dem Programm einer sozialisationstheoretisch fundierten Bildungsforschung darum, die zumeist unverbundenen Ebenen (mikro-, meso- und makrostrukturelle Aspekte) der sozialen Ungleichheit zu verbinden. Dies sei notwendig, um außer statistischen Relationen, z.B. zwischen sozialer Herkunft und der individuellen schulischen Leistungsfähigkeit, auch die „sozialen Prozesse und Mechanismen, die zu diesen Korrelationen führen", angemessen zu verstehen (Grundmann u.a. 2006b, S. 15). Damit ist der hier vertretene Ansatz zwar noch arm an den Möglichkeiten einer Detailanalyse in qualitativen Zugängen. Er dokumentiert jedoch das Bemühen, Verkürzungen in der derzeit dominierenden Modellierung des Zusammenhangs von sozialer Herkunft und Schulerfolg durch Kosten-Nutzen-Kalküle bei Bildungsentscheidungen zu überwinden (vgl. dazu Maaz u.a. 2006; Becker/Lauterbach 2007).

In ihrem Ansatz gehen Grundmann u.a. von einem engen Zusammenhang zwischen Bildung, Milieu und Handlungsbefähigung aus (vgl. Grundmann u.a. 2003, S. 26ff.). Mit dem Milieubegriff verweisen die Autoren auf eine sozialstrukturell verankerte unterschiedliche Ressourcenausstattung in Hinblick auf ökonomisches und kulturelles Kapital. Dieses werde v.a. in der Familie in Form „von differente[n] Erfahrungsräume[n], Sinn- und Anerkennungsstrukturen" für die individuellen Bildungsformen relevant und mündet in einen Begriff der „milieuspezifischen Handlungsbefähigung" (ebd.):

> „Individuelle Kompetenzen, Dispositions- und Handlungsmuster, die an die Bedingungen der sozialen Herkunft angepasst sind, also milieuspezifisch variieren, fassen wir unter dem Begriff der *milieuspezifischen Handlungsbefähigung* zusammen." (Grundmann u.a. 2003, S. 27; Hervorhebung im Original)

Im Weiteren wird davon ausgegangen, dass es eine grundlegende Differenz zwischen *lebensbereichsspezifischen Bildungsaspekten*, die v.a. durch den Wissens- und Kulturtransfer der Familie ausgebildet werden, und *schulischen Bildungsanforderungen* besteht und die „Passung" dieser beiden Bildungsbezüge je nach Milieubezug „mehr oder weniger gut gelingen kann" (ebd., S. 29; vgl. Grundmann u.a. 2007, S. 46). Dabei kommt der sozialisatorischen Funktion der Gleichaltrigengruppe neben der Familie eine besondere Bedeutung zu, da diese den individuell zugerechneten Leistungsbewertungen der Schule eine reziproke Aushandlungspraxis von Leistung und Erfolg gegenüberstellt. Die Peers stellen insofern eine zentrale Anerkennungspraxis dar, die jedoch – wiederum milieuspezifisch differierend – z.B. „für (schul-)bildungsferne Milieus die Abweichung von einer schulischen „Bildungsnorm" wahrscheinlich" oder sogar „notwendig" macht (Grundmann u.a. 2003, S. 32). In Anlehnung an Bourdieu lassen sich also differente „milieuspezifische Habitusformen" als grundlegende Haltungen bestimmen, die aus der sozialisatorischen Bildungspraxis und -wirksamkeit der Familie und der Gleichaltrigengruppe resultieren und eine unterschiedliche (milieuspezifische) Nähe oder Ferne zur schulischen Bildungsnorm und Anforderungsstruktur implizieren. In dieser Perspektive wird Bildung dann als Privileg oder aber als Fluch bedeutsam, wenn z.B. das in Familie angeeignete Erfahrungs- und Handlungswissen bildungsferner Milieus sich bei Eintritt in das Bildungssystem als „Handicap" erweist (Grundmann u.a. 2007, S. 47).

Mit Bezug auf das Milieumodell von Vester (vgl. Vester u.a. 2001) werden schließlich „grundlegende Unterschiede in den Passungschancen bzw. Konfliktpotentialen" für spezifische Milieubezüge formuliert (vgl. Grundmann u.a. 2003, S. 37ff.). So können etwa Kinder der (akademischen) Oberklasse-Milieus ihre milieuspezifischen Handlungsbefähigungen in Form eines überlegenen Hintergrundwissens gewinnbringend in schulischen Erfolg umsetzen und damit „im Ganzen [eine] äußerst erfolgreiche und beinahe zwanglos wirkende Verknüpfung von familialen und schulischen Bildungsstrategien" (ebd., S. 38) realisieren. Milieus der gesellschaftlichen Mitte profitieren von einer starken – die Bildungsprozesse in der Familie und Schule überlagernden – Schulkonformität, die sich in schulischen Erfolg umsetzen lässt, oder sie nutzen die Gleichaltrigengruppe als ambivalentes Experimentierfeld mit Risiken in Bezug auf den schulischen Erfolg. Besonders deutlich aber klaffen die funktionalen und lebensweltlichen Bildungsstrategien für die unteren Klassenmilieus auseinander.

> „Gegenüber den milieuspezifischen Lebenswelten unterer Klassenmilieus erweisen sich die schulischen Bildungsangebote und -anforderungen als so wenig passend und so sehr als heteronome Disziplinar- und Kolonialisierungsmaßnahme, dass es hier zu einer Art offenem Konflikt kommen muss, der allerdings unterschiedlich gelöst werden kann." (Grundmann u.a. 2003, S. 38)

Ob nun in Form einer versuchten „Übererfüllung der schulischen Leistungsnormen", die „den Bruch mit den familialen und sozialen Bezugspersonen verlangt", als „offene Kampfansage" oder als „Selbsteliminierung" (ebd., S. 38f.) aus dem Bildungssystem – der Passungskonflikt resultiert in seiner antagonistischen Struktur aus der durch die Schule fehlenden Wahrnehmung und Anerkennung der Bildungs- und Wissensformen, die in diesen Milieus besonders tradiert und wertgeschätzt werden. Solange diese Anerkennung jedoch nicht sicher gestellt ist, ist das Einlassen auf höhere formale Bildung für bildungsferne

Milieus immer auch eine Bürde und ein Fluch (vgl. Grundmann u.a. 2007, S. 55). Umgekehrt können Schülerinnen und Schüler aus Ober- und Mittelschichten einen schulnahen Habitus ausbilden, der – im Sinne eines „sense of one's place" – eine „subjektive Gewissheit und Selbstverständlichkeit [hervorbringt], die gymnasiale Schullaufbahn einzuschlagen, eine der guten Schulen im Umkreis zu besuchen und zu den besseren Schülerinnen und Schülern zu gehören" (ebd., S. 56). Die Schule verkörpert damit gerade für benachteiligte Milieus die fremde aber „legitime Kultur" und wird für diese zu einer der „grundlegenden Quellen der Produktion und Ausübung von ‚symbolischer Gewalt'" (ebd., S. 57). Dabei ist für unseren Zusammenhang das Fazit für die empirische Bildungsforschung entscheidend, dass hierbei eine Analyse der ‚Passungsverhältnisse' zwischen erfahrungsweltlichen und schulisch, institutionalisierten (Bildungs-)Haltungen erforderlich und weiterführend ist, um den Mechanismen der Verfestigung von Bildungsungleichheiten auf die Spur zu kommen (vgl. ebd., S. 65).

Diese Perspektive auf die schicht- und milieuspezifisch variierenden Passungsverhältnisse zwischen den lebensweltspezifischen Bildungsaspekten und den schulischen Bildungsanforderungen kann nun – wie die kurze Vorstellung der Studie zeigt – an den Stellen empirisch gestützte theoretische Plausibilität beanspruchen, wo die PISA-Studien und die mit dem Boudon-Modell arbeitenden empirischen Studien in der soziologischen Erklärung Lücken aufweisen. Die Anknüpfung an die Bourdieusche Vorstellung einer kulturellen Passung zur Schule, die nach sozialer Herkunft variiert und über *Habitus* und *kulturelles Kapital* mit den sozialen Existenzbedingungen und den jeweils aktuellen kulturellen Auseinandersetzungen verbunden ist, erweist sich hier als sehr fruchtbar. Dies gilt auch dann, wenn sich auch für die Studie von Grundmann und Mitarbeitern Stellen markieren lassen, die für die ungleichheitsbezogene Bildungsforschung insgesamt noch genauer in den Blick zu nehmen sind. Das betrifft aber Ausdifferenzierungen einer bourdieuschen Bildungsforschung insgesamt und ist nicht als Defizit der vorgestellten Studie zu verstehen.

Mit einem knappen Verweis auf zwei weitere Studien wollen wir diese möglichen Weiterführungen andeuten: Was bei Grundmann und Mitarbeitern nur begrenzt geleistet werden kann und bei PISA nur rudimentär erfasst wird, steht z.B. in der Studie von Büchner und Brake (2006) im Zentrum: die Prozesse der Habitusgenese und der Weitergabe von milieuspezifischen Bildungsstrategien am Bildungsort Familie. In detaillierten Fallstudien kann hier aufgezeigt werden, wie – eingelagert in die familiale Alltagskommunikation – Orientierungsmuster von Generation zu Generation übertragen und damit spezifische Bildungshaltungen ‚vererbt' werden. Diese familialen Bildungsleistungen sind dabei insgesamt eingelassen in den ‚sozialen Raum' einer Gesellschaft, mit seinen „historisch gewachsenen und sich verändernden Milieustrukturen" (ebd., S. 258). Einschränkend gilt für die Studie von Büchner und Brake, dass die Möglichkeit einer Typenbildung solcher familialen Transmissionsmuster und entsprechender Bildungshaltungen nicht verfolgt wird und insgesamt eine Bezugnahme dieser familialen Prozesse der Habitusgenese auf das Bildungssystem unterbleibt. Damit fehlt die bei Bourdieu so zentrale Perspektive der unterschiedlichen kulturellen Passung, die in differenten Mustern über Fallvergleiche zu gewinnen wäre. Uneindeutig bleibt außerdem die Verhältnisbestimmung zwischen dem Familienhabitus, der ja bereits als Verschränkung und Übereinanderlagerung milieuspezifischer Orientierungen mit Transformations- bzw. „Mutationspotenzial" ausgestattet wird (vgl. ebd., S. 263; Mannheim 1928), und der Fassung eines individuellen Habitus des Kindes (vgl. ebd., S. 264 und 267ff.; Brake/Kunze 2004, S. 71ff.).

Neben der mit Büchner und Brake skizzierten Ausweitung der ungleichheitsbezogenen Bildungsforschung auf der Seite der Familie ist auf der anderen Seite – der der schulischen Institution – ebenso eine Ausweitung denkbar. Hier kann die Studie von Kalthoff (1997) genannt werden, die die habitusbildende Kraft der Schule anhand dreier (exklusiver) Internatsschulen untersucht. In dieser Studie werden schulische Praktiken und Diskurse im Sinne von Subjektivierungstechniken als Prozesse der Subjektformung durch Habitusgenese analysiert. Diese Seite ist aber weiter auszudifferenzieren. So gelingt es Kalthoff z.B. nicht, die enggeführte Auswahl der Schulen als Verengung von Passungsvarianten zwischen primären Habitus der Herkunftsfamilien und den sekundären erzieherischen Forderungen der Internatsschulen zu reflektieren. Die generelle These einer habitustransformierenden Kraft der Schule, die durchaus an Bourdieu anschließt, geht somit einher mit der Ausblendung der bereits familial vorliegenden Bildungsleistungen im Sinne von Büchner und Brake. Damit bleibt außerdem das Spektrum durchaus variierender schulischer Räume unausgeleuchtet. Hier wären die Überlegungen von Bourdieu zu einem universellen schulisch geforderten, sekundären Habitus um unterschiedliche Schulformen und Einzelschulen auszudifferenzieren. Kalthoff selbst kommt dagegen zu einem anderen Schluss und lässt ähnlich wie die PISA-Studien – wenn auch aus einer gänzlich anderen Richtung – in der verkürzten Bezugnahme auf Bourdieu und der Zurückweisung einiger Annahmen dessen Erklärungspotenzial ungenutzt (vgl. Kalthoff 2004, S. 123f.).

4 Schulen als differenzielle Bildungs- und Individuationsräume und Typen des Bildungshabitus – Studien zur Varianz der „kulturellen Passung"

Die drei im vorhergehenden Abschnitt vorgestellten Forschungsprojekte haben mit ihren unterschiedlich starken Bezügen auf Bourdieu Aspekte und Zusammenhänge bei der Herstellung von Bildungsungleichheiten aufzeigen können, die in der an Boudon orientierten Ungleichheitsforschung offen geblieben sind. Sie haben dabei in unterschiedlicher Deutlichkeit auf die Dringlichkeit hingewiesen, die Habitusgenese und -variation in der Familie, deren Passung zu schulischen Anforderungen und Anerkennungsstrukturen sowie die den primären Habitus verstärkende oder transformierende Kraft der pädagogischen Institutionen in die empirische Bildungsforschung einzubeziehen. Dieser Einschätzung stimmen wir zu und möchten deshalb in diesem Teil des Beitrages auf zwei eigene Studien eingehen und dabei verdeutlichen, wie man die These des schulisch geforderten sekundären Habitus von Bourdieu weiter ausdifferenzieren und mit unterschiedlichen empirisch rekonstruierten Typen des Bildungshabitus in verschiedene Passungskonstellationen überführen kann.

4.1 Passungen zwischen Schule und Familie und deren Bedeutung für Reproduktion und Transformation

In einer Studie zu pädagogischen Generationsbeziehungen (vgl. Helsper u.a. 2009b; Busse 2009) haben wir die idealen schulischen Entwürfe des Schülers und der pädagogischen Arbeitsbündnisse rekonstruiert, also den schulisch geforderten „sekundären Habitus". Dieser sekundäre Schülerhabitus der jeweiligen Schulkultur korrespondiert mit dem familiär generierten „primären Habitus" verschiedener Schülerinnen und Schüler in unterschiedlicher Deutlichkeit (vgl. Bourdieu/Passeron 1971, 1973; Bourdieu u.a. 1997). Darin lassen sich schulische Kulturen als Zusammenspiel von Institutionen-Milieu-Verbindungen begreifen, indem der jeweils schulisch geforderte „Schülerhabitus", der seinerseits durch zentrale schulische Akteure (z.B. Schulleitungen, Lehrergruppen, Elternbeirat etc.) verkörpert wird, zu spezifischen Milieus mehr oder weniger passförmig situiert ist (vgl. Helsper 2008, 2009). Dadurch stehen spezifische Schulkulturen zu sozialen Milieus in einem korrespondierenden Verhältnis der Homologie, der Nähe oder Distanz bis hin zur Abstoßung. Hierbei sind zentrale homologe Milieus, sekundäre Bezugsmilieus und antagonistische Milieus der jeweiligen Schulkultur zu unterscheiden (vgl. Helsper u.a. 2009b, S. 275ff.). Damit wird die relativ dichotome These Bourdieus ausdifferenziert, der von einem sekundären Schülerhabitus als Erfordernis des schulischen Feldes ausgeht, der zu den primären Habitusfigurationen der Kinder zwischen einem Passungs- und Abstoßungsverhältnis oszillieren kann: Demgegenüber gehen wir davon aus, dass in unterschiedlichen Schulkulturen je spezifische Schule-Milieu-Passungen bzw. Schule-Milieu-Abstoßungen entstehen. Der feldspezifische sekundäre Habitus der Schule kann somit sehr unterschiedliche Formen annehmen. Die Deutlichkeit und Stärke der Schule-Milieu-Homologie und -Passung kann allerdings schwanken: Schulkulturen können – wie etwa in den folgenden Beispielen – enge Korrespondenzverhältnisse mit spezifischen Milieus aufweisen. Sie können aber auch offener und milieuunspezifischer gestaltet sein.

Exemplarisch können diese Schule-Milieu-Beziehungen hier für die stark reformpädagogisch orientierte *Anna-Seghers-Gesamtschule* und knapper für das *Martin-Luther-Gymnasium* und die *Sekundarschule Gernau* skizziert werden (vgl. Helsper u.a. 2009b): Der ideale Schüler, der in der Rede zur Begrüßung der neuen Schüler am Beginn der fünften Klasse in der *Anna-Seghers-Gesamtschule* gezeichnet wird, besitzt die Haltung, anderen Aufmerksamkeit und Zeit zu widmen, sich um deren Sorgen zu kümmern und Anteil zu nehmen. Zum anderen zeichnet sich dieser ideale Schülertypus vor allem durch eine kritisch-reflexive und eigenständige Haltung aus. So erzählt der Schulleiter in der Begrüßungsrede die Geschichte eines Jungen und eines Mädchens, die vor der neuen, großen Schule Angst hatten und befürchteten, keine Freunde zu finden, wobei das Mädchen diese Befürchtungen mutig und offen aussprach. Damit werden Mut, Offenheit und Authentizität als bedeutsame Haltungen des idealen Schülers entworfen. In einer zweiten Erzählung bringt der Schulleiter die Namenspatronin der Schule den neuen Schülern nahe, indem er von ihrem Kampf für Gerechtigkeit und gegen Unterdrückung erzählt. Am Ende dieser Erzählung entwirft der Schulleiter diese kritische und wehrhafte Frau als Vorbild:

> „ihr werdet nachher , wenn ihr aufgerufen werdet ein Bild von der Anna Seghers. geschenkt bekommen , zur Erinnerung an den ersten Tag in eurer Schule und , ich möchte euch bitten , dass ihr das in Ehren haltet . wir wünschen euch dass ihr diese Frau , die , ihren Kampf für Gerechtigkeit und Wahrheit so tapfer geführt hat , dass ihr die manchmal vor Augen habt , und wir wünschen euch auch , dass ihr in der heutigen Anna-Seghers-Schule lernt . dass man die einfachen Wahrheiten aussprechen kann , dass ihr Mut bekommt und wenn es notwendig ist allein oder mit andern zusammen dafür einzutreten , das kostet manchmal viel (gedehnt) Überwindung und auch wir Erwachsenen können das sehr oft gar nicht". (Helsper u.a. 2009b, S. 217)

Der ideale sekundäre Schülerhabitus dieser Schule ist der eines kritischen, reflexiven, eigenständigen Schülers, der sich nicht scheut, das Entthematisierte und Tabuisierte mutig anzusprechen, der unbequem ist, sich nicht unterwerfen lässt, der sich zugleich um andere sorgt, ihre Ängste und Nöte mitempfindet und sich durch eine Haltung des sozialen Engagements im Dienst an der Gemeinschaft auszeichnet. An anderen Stellen der Rede verbindet sich dies mit Erwartungen an eine ökologische Lebensführung sowie eine möglichst medienkritische Haltung, die vor allem auch von den Eltern und Familien erwartet wird.

Der entworfene ideale Schülerhabitus entspricht damit einer Lebensführung, wie sie in oppositionellen, alternativen, gegenkulturellen Milieus praktiziert wird. Bei Vester sind dies vor allem das „liberal-intellektuelle" und das „Alternativmilieu" (vgl. Vester u.a. 2001, S. 506ff. und 509f.). Das liberal-intellektuelle Milieu wird durch hochqualifizierte Angestellte und Beamte, durch Freiberufler und Selbständige, insbesondere auch durch die kulturelle und wissenschaftliche Intelligenz sowie therapeutische, beratende und pädagogische Berufe gebildet. Dabei kommt ein Teil aus den älteren Bildungsmilieus, die sich modernisiert und progressive Züge angenommen haben, während ein anderer Tel sich aus Aufsteigern aus bildungsnahen Arbeiter- und Angestelltenfamilien rekrutiert. Einerseits liegt hier ein hohes Arbeitsethos vor, dass sich allerdings mit dem Streben nach Selbstverwirklichung, dem Wunsch, „neue und ungewöhnliche Wege zu gehen und moderne Trends zu setzen" (ebd., S. 507) und der Entfaltung von Freiräumen und der Persönlichkeit verbindet. Hinzu kommt „das Streben nach umwelt- und gesundheitsbewusster Lebensführung, das Understatement und die Verfeinerung des Geschmacks, die Zurückhaltung von überflüssigem Konsum und die weltoffene Teilnahme am gesellschaftlichen und kulturellen Leben." (ebd., S. 509). Im alternativen Milieu, das neben hochqualifizierten akademischen Berufen auch durch jugendliche gegenkulturelle und studentische Strömungen mit geprägt wurde, stehen demgegenüber noch stärker umweltbewusste Orientierungen der „Persönlichkeitsentfaltung, der Individualität und Authentizität" im Zentrum sowie Haltungen politischer Opposition, verbunden mit Idealen des kulturellen und sozialen Engagements (vgl. ebd.).

Darin zeigen sich starke Homologien zwischen dem schulischen Habitusentwurf der Anna-Seghers-Gesamtschule und diesen beiden zentralen Bezugsmilieus. Nicht zuletzt verkörpern ein großer Teil der Lehrer und die Schulleitung diese Milieubezüge. Damit verbunden ist die Anforderung an die Schüler, diese Haltungen zu übernehmen und sich darüber zu verselbständigen. Hier liegt also ein starker Generationsentwurf vor, der durch das pädagogische Vorbild zugleich die Autonomie der Schüler stärken will und an einer aushandlungsorientierten Symmetrie zwischen Schülern und Lehrern orientiert ist.

Die Schule bezieht sich neben diesen beiden zentralen homologen Milieus auch positiv auf jene Milieus der Mitte, die deutlich bildungs- und leistungsorientiert sind und dies mit der Hervorhebung von Selbständigkeit aber auch Solidarität verbinden, etwa dem „leistungsorientierten" oder dem „modernen Arbeitnehmermilieu" (vgl. ebd., S. 511ff. und 514ff.). Dabei werden hier insbesondere Familien angesprochen, die diese Bildungs- und Aufstiegsorientierung mit Haltungen verknüpfen, die dem intellektuell-liberalen Milieu nahe stehen und die damit zugleich eine Konversionsbereitschaft gegenüber diesen Haltungen erkennen lassen. Auch zum „postmodernistischen Milieu" sind Bezüge vorhanden, insbesondere zu dessen ästhetisch-kreativen Momenten. Die Abstoßungslinien des schulischen Habitus der Anna-Seghers-Gesamtschule verlaufen gegenüber den stark an Hierarchie, Unterordnung und Traditionalität orientierten Milieus im oberen, aber auch im mittleren Bereich des sozialen Feldes, also insbesondere gegenüber dem „konservativ-technokratischen" und den kleinbürgerlichen und traditionalen Arbeitermilieus. Zugleich steht der schulische Habitus der Anna-Seghers-Gesamtschule auch in einem Abstoßungsverhältnis zu den am Materiellen, am Konsum und an der hedonistischen Ausschweifung orientierten Haltungen (vgl. Abb. 1; siehe auch Abb. 13 in Helsper u.a. 2009b, S. 281).

Abbildung 1: Der sekundäre Habitus der Anna-Seghers-Gesamtschule und seine Milieubezüge

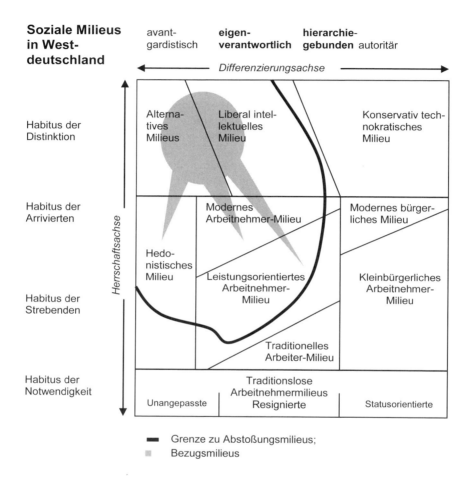

Demgegenüber repräsentiert das *Martin-Luther-Gymnasium* den Entwurf eines idealen Schülers, der sich in die traditionsreiche schulische Ordnung einfügt. So werden in der Begrüßungsrede die Schülernovizen der fünften Klasse in die über dreihundertjährige Tradition der Schule eingerückt:

„wir berufen uns in manchen dingen auf die dreihundert jahre alte tradition dieser einrichtung und eines gehört dazu das trifft auch heute schon in voller härte , die schüler müssen den müll den sie im pausengelände verbreiten selber entsorgen , äh un da wir am anfang des ‚schuljahres' (betont) stehen äh ist es nun eine gepflogenheit bei uns dass die neuen klassen sofort den auftakt bilden". (Helsper u.a. 2009b, S. 91)

Bereits am ersten Tag trifft die „*dreihundert jahre alte tradition dieser einrichtung*" die Fünftklässler „*schon in voller härte*": Das „Begrüßungsgeschenk" besteht darin, dass sie als erste den Dienst der Müllentsorgung zu leisten haben. Sie werden damit in eine imaginierte altehrwürdige Erziehungsordnung eingerückt. Das ist die zentrale Botschaft der Begrüßung: Die Schüler sind für die Ordnung der Institution und deren Tradierung da; zentral sind Unter- und Einordnung, Disziplin und Selbstdisziplinierung, Dienst und Pflicht um sich der tradierten Ordnung würdig zu erweisen. Der sekundäre schulische Habitus des Martin-Luther-Gymnasiums ist daneben durch einen selbstverständlichen Sach- und Bildungsbezug, das selbstverständliche Genügen gegenüber höchsten Anforderungen sowie eine hohe (Selbst-)Aufmerksamkeit hinsichtlich des sorgsamen Umgangs mit Bildungszeit gekennzeichnet.

Dieser Schülerhabitus weist eine starke Homologie zum primären Habitus des „bürgerlich-humanistischen Milieus" der ehemaligen DDR auf (vgl. Vester/Hoffmann/Zierke 1995; Vester u.a. 2001; Vester 2004). Dort „politisch abgedrängt, reaktivierte [es] die alten protestantisch-preußischen Tugenden der Innerlichkeit und Askese, der Disziplin, Pflichterfüllung und sozialen Verantwortung und erneuerte deren Verbindung mit der Pflege der humanistischen Traditionen der Toleranz und der Menschenwürde" (Vester u.a. 2001, S. 530). Dieses Milieu wird zwar nach der Wende modernisiert, bleibt aber durch die folgenden zentralen Orientierungen gekennzeichnet: Eine sehr starke Bildungsorientierung und hohe Schul- und Studienabschüsse der Eltern, die auch von den Kindern erwartet werden; eine deutliche hochkulturelle Orientierung; eine Hochschätzung von Tradition im Sinne der Weitergabe humanistischer Bildungsgüter und -ideen; eine Verbindung protestantischer Ethik mit „preußischen Tugenden", insbesondere soziale Verantwortung und Dienste im Sinne sozialen Engagements; eine Hochschätzung von (Selbst-)Disziplin und Pflichterfüllung und gleichzeitig eine Distanz zum Kommerziellen und Materiellen (vgl. Abb. 12 in Helsper u.a. 2009b, S. 279; Vester/Hoffmann/Zierke 1995, S. 47ff.; Vester u.a. 2001, S. 528ff.).

In der *Sekundarschule Gernau* (vgl. Helsper u.a. 2009b; Busse 2009) nimmt der sekundäre schulische Habitus die Form eines Konformitätsentwurfs an:

> „ich hoffe , dass ihr die freude am lernen in der sekundarschule nicht verliert , dass ihr weiterhin gern zur schule geht , fleißig lernt , auf all das hört auf ratschläge und hinweise eurer neuen=eurer neuen lehrer". (Helsper u.a. 2009b, S. 157)

Mit „*fleißig lernt*" und „*auf all das hört auf ratschläge und hinweise*" der neuen Lehrer, wird ein idealer Schüler entworfen, der sich fügt, passiv aufnimmt, auf die Erwachsenen „hört", die Autorität der Lehrer anerkennt und nicht durch Eigeninitiative und Eigensinn gekennzeichnet ist. Zudem ist dieser ideale Schüler „fleißig", zeigt Anstrengungsbereitschaft, erfüllt die Anforderungen und macht keine Probleme. In der Sekundarschule Gernau wird also das Bild eines passiven, konform-angepassten Schülers gezeichnet – ein gut integriertes, unauffälliges Kind der dörflichen Gemeinde, das sich unbefragt in das Selbstverständliche fügt.

Dieser um Unauffälligkeit, Konformität und Unterordnung zentrierte sekundäre Habitus der Sekundarschule Gernau korrespondiert mit dem primären Habitus des „kleinbürgerlichen Milieus" mit Bezügen zum traditionalistischen Arbeitermilieu: Das kleinbürgerliche Milieu ist um Pflichterfüllung und die Anerkennung von Hierarchien zentriert (vgl. Vester u.a. 2001, S. 518ff. und 537ff.). Das geht mit einer an Unauffälligkeit orientierten, mitunter restriktiven Moral einher, die allem Experimentellem und Kreativem abwehrend gegenüber steht. Vor allem gilt es, selbst nicht auffällig zu werden:

> „Eventuelle Makel sollen nicht zu sehr auffallen, man will sich nicht gerne exponieren. Dies setzt auch einem aggressiven Aufstiegsstreben Grenzen. Man gibt sich mit seinem Platz in der sozialen Ordnung zufrieden und will ‚das Beste aus den Dingen machen'. Traditionelle Werte wie Disziplin, Ordnung, Pflichterfüllung und Verlässlichkeit werden mit einem ‚Blick nach oben' hochgehalten." (Vester u.a. 2001, S. 518)

Es geht um Sicherheit und Statusreproduktion, was höhere Bildungsambitionen und Milieumobilität begrenzt (vgl. Vester 2005, S. 58f.). Sowohl zu modernisierten, leistungs- oder aufstiegsorientierten mittleren sozialen Milieus, aber insbesondere auch zum hedonistischen und zum „traditionslosen" Arbeitermilieu, die mit der Gefahr verbunden sind, aus dem Bereich der Normalität und Respektabilität herauszufallen, bestehen deutliche Grenzziehungen (vgl. Abb. 14 in Helsper u.a. 2009b, S. 284).

Diese knapp skizzierten schulkulturellen sekundären Habitusformen stellen, in Verbindung mit den familiären Herkunftsmilieus der Schüler, jeweils spezifische Räume der Reproduktion bzw. Transformation dar. Die ausführlicher skizzierte *Anna-Seghers-Gesamtschule* stellt von den drei Schulen den deutlichsten transformatorischen Raum dar, weil hier ein – an der individuellen Besonderung und reflexiven Verselbständigung – orientierter sekundärer schulischer Habitus vorliegt (vgl. genauer Helsper u.a. 2009b, S. 327ff. und 405ff.). Die deutlichsten transformatorischen Gewinne finden sich bei jenen Schülern, die aus aufstiegsorientierten, aber tendenziell bereits an kritisch-alternativen Haltungen orientierten familiären Milieus stammen und die die Gesamtschule als erweiterten Raum für transformatorische Besonderung erfahren. Dies gilt – wenn auch weniger deutlich durch die reproduktiven Tendenzen – auch für jene Jugendlichen, die aus schulhomologen, kritisch-liberalen und ökologisch orientierten Milieus stammen und die Schule – auf Grund der starken Passung zur Familie – als Raum für adoleszente Verselbständigung nutzen können. Begrenzt wird der transformatorische Raum für Schüler dann, wenn jugendkulturelle und mediale Orientierungen vorliegen, die in einem Spannungsverhältnis zum reflexiv-alternativen Habitusentwurf der Schule stehen. Diese Haltungen stoßen innerhalb der Schule auf Kritik und Ablehnung und führen zu tendenziell marginalisierten Positionen für derartige Schüler. In einem maximalen Kontrast zur Anna-Seghers-Gesamtschule steht die *Sekundarschule Gernau*. Hier kommt es – im Zusammenspiel der kleinbürgerlichen und traditionellen dörflichen Arbeitermilieus mit der an Konformität und Gemeindeintegration orientierten Schule – zu einer „doppelten Reproduktionsorientierung" (Busse 2009). In den homologen schulischen und familiären Bildungsräumen werden die Transformationsmöglichkeiten für die Jugendlichen stark begrenzt, so dass allenfalls „imaginäre Transformationshoffnungen" entstehen, die aber ohne Stützung bleiben. Im Zusammenspiel von Schule und dörflichen familiären Milieus entstehen Formen der Lokalisation, die die Jugendlichen an die Gemeinde binden und ihre Mobilität begrenzen (vgl. auch Helsper u.a. 2009b, S. 327ff. und 405ff.). Das *Martin-Luther-Gymnasium* nimmt demgegenüber eine Zwischenstellung ein: Der dominant um Einordnung in und Bewährung gegenüber einer tradierten schulischen hochkulturellen und selbstdisziplinierten Ordnung zentrierte sekundäre Habitus limitiert einerseits eine starke transformatorische Orientierung. Andererseits werden durch die Bewährung gegenüber der hochkulturellen schulischen Ordnung auch individuierende Besonderungen möglich. Die stärksten Begrenzungen erfahren dabei die Jugendlichen, die gleichermaßen durch eine dominante familiäre und schulische hochkulturelle Ordnung mit starken reproduktiven Zügen gekennzeichnet sind, die ihnen mit einem Überhang des Reproduktiven das „Erbe" gleichsam aufzwingt (vgl. Bourdieu u.a. 1997, S. 651ff.). Die stärksten transformatorischen Impulse ergeben sich für Jugendliche, die sich im Sinne „exklusiver Aufstiegskarrieren" mit der schulischen Ordnung arrangieren können, aber zugleich einen geduldeten Sonderstatus einnehmen (vgl. Helsper u.a. 2009b, S. 327ff. und 405ff.). Dominant bleiben hier allerdings die Linien einer moderat erneuerten oder leicht transformierten Übernahme des Erbes in Form der hochkulturellen, um Selbstdisziplin und Regelerhaltung zentrierten schulisch-familiären Ordnung.

In diesem Sinne erzeugt erst das Zusammenspiel je spezifischer schulischer und familiärer Räume in Gestalt unterschiedlicher Schule-Milieu-Passungen und entsprechender primärer und sekundärer Habitushomologien oder -divergenzen das Spektrum von transformatorischen und reproduktiven Bildungsoptionen. Schulen unterschiedlicher Schulformen stellen somit nicht nur – im Zusammenspiel von Struktur- und Kompositionseffekten (vgl. Baumert u.a. 2006) – unterschiedliche Lernmilieus dar. Sie bilden auch unterschiedliche schulkulturelle Institutionen-Milieu-Verbindungen, die Kindern und Jugendlichen aus unterschiedlichen Milieus selbstverständliche und leichte Zugänge eröffnen bzw. diese erschweren oder verhindern sowie unterschiedliche Räume der Selbstbehauptung und der individuellen Passungen eröffnen. Unsere Studie kann somit – eine bislang weitgehend unterbelichtete Perspektive – verdeutlichen, dass aus dem Zusammenspiel familiärer Milieus mit je spezifischen Schulkulturen für die Kinder und Jugendlichen unterschiedliche Bildungsoptionen zwischen weitreichenden Transformations- bzw. dominant bleibenden Reproduktionslinien resultieren. Diese Perspektive kommt allerdings nur dann in den Blick, wenn verschiedene soziale Felder und Ebenen in ihrem Zusammenspiel für die reproduktiven oder transformatorischen Möglichkeitsräume in Beziehung gesetzt und miteinander verbunden werden. Und dies erfordert – was im folgenden Abschnitt im Mittelpunkt steht – eine biografische Längsschnittperspektive.

4.2 Typen des Bildungshabitus und der Übergang in die Sekundarstufe I – Ergebnisse einer Längsschnittstudie zum Zusammenspiel von Schulkarriere und Biografie

In einem seit April 2005 laufenden Längsschnittprojekt rekonstruieren wir Habitusformen aus der Perspektive der Schülerinnen und Schüler vom Ende der vierten Klasse bis zum Ende der neunten Klasse (vgl. dazu Helsper u.a. 2007; Helsper u.a. 2008; Helsper u.a. 2009a). Damit können wir entlang der Schulkarriere und der dabei jeweils wirksam werdenden Selektionsmechanismen herausarbeiten, wie diese bereits früh ausgebildeten Habitusformationen im zeitlichen Verlauf verändert werden, wann und durch welche schulische Anforderungsstruktur diese unter Druck geraten und wodurch Verstärkungen und Verfestigungen des Habitus durch die Bildungsinstitution hervorgerufen werden.

Wir knüpfen dabei an die Überlegungen Bourdieus zum individuellen Habitus, zum sozialen Raum und zum Zusammenhang einer durch schulische Bildungsinstitutionen verschleierten Reproduktion sozialer Ungleichheiten an (vgl. Bourdieu 1993, 1995; Bourdieu/Passeron 1971) und verbinden diese mit den methodisch-methodologischen Überlegungen von Ralf Bohnsack, der mit der dokumentarischen Methode ein rekonstruktives, sequenzanalytisches Interpretationsverfahren vorgeschlagen hat, dass ganz explizit zur analytischen Bestimmung von Habitusformen (hier Orientierungsrahmen genannt) geeignet ist (vgl. z.B. Bohnsack 1997, 2003). Wieweit ein solcher Forschungszugang tauglich ist, um Fragen der Bildungsungleichheit zu erhellen, soll mit der Vorstellung einer bisher erarbeiteten Typologie des Bildungshabitus kurz vorgestellt werden (vgl. Abb. 2). Dabei beziehen wir uns auf die empirischen Analysen aus Interviews, die wir mit 15 Schülerinnen und Schülern am Ende der Grundschulzeit in der vierten Klasse und kurz nach dem Übergang in die Sekundarstufe I zu Beginn der fünften Klasse durchgeführt haben (vgl. ausführlicher Helsper u.a. 2007, 2009a; Kramer u.a. 2009).

Die Überlegungen zu einer Typologie des Bildungshabitus – also grundlegender Haltungen mit deutlich unterschiedlichen Bezügen auf schulische Bildung, auf optionale Schulkarrieren und auf verschiedene Schulabschlüsse – sind in vielen Punkten ähnlich gelagert zu den Typologien bei Grundmann u.a. (2003) sowie Vester (2004). Sie nehmen jedoch ihren Ausgangspunkt – auch wenn sie eine milieuspezifische Kontur aufweisen – in den impliziten Wissensbeständen der Schülerinnen und Schüler selbst (vgl. dazu Bourdieu 1993, S. 112f.; Grundmann u.a. 2007). Die von uns herausgearbeiteten Typen des Bildungshabitus weisen außerdem teilweise Überschneidungen auf zu einer Studie von Krüger u.a. (2008), die den Zusammenhang von Bildungsbiografien und Peerkontexten im qualitativen Längsschnitt untersucht und dabei wie wir den Zugang der dokumentarischen Methode gewählt hat. Im Ergebnis dieser Studie wurden fünf Muster des Zusammenhangs von familialer Herkunft, schulischen Bildungsorientierungen und Peereinbindungen herausgearbeitet (vgl. Krüger u.a. 2008, S. 204ff.; auch Krüger/Deppe in diesem Band).

Einen ersten Typus haben wir als *Habitus der Bildungsexzellenz und -distinktion* bestimmen können (vgl. Helsper u.a. 2009a; Kramer u.a. 2009, S. 132; ähnlich auch Typ 1 bei Grundmann u.a. 2003, S. 37; Grundmann u.a. 2007, S. 56; und Muster 1 in Krüger u.a. 2008, S. 205ff.). Schülerinnen und Schüler dieses Habitustyps weisen eine umfassende Bildungsorientierung auf, die nicht auf Schule begrenzt ist, sondern über Schule hinausweist und sich dem Schulischen gegenüber im Gestus des Überlegenen positioniert. Bildung, kulturelle Wissensbestände und auch schulisches Wissen verbinden sich in diesem Habitustyp mit der Haltung der Distinktion – also einer Absetzung von anderen, die diese Orientierungen nicht (oder nicht so ausgeprägt) vorweisen können. Diese Schülerinnen und Schüler beziehen sich trotz zusätzlicher ‚Hürden' im Aufnahmeverfahren (z.B. Eingangstests, Schul- oder Internatsgelder etc.) mit größter Selbstverständlichkeit und ohne Eignungszweifel auf das exklusive Segment des deutschen Bildungssystems (z.B. auf die Internatsschulen bei Kalthoff). ‚Normale' und eher ‚offene' Gymnasien kommen dagegen gar nicht erst in den Blick. Auch den Eltern sind diese exklusiven Schulen vertraut und diese haben oft sogar bereits den Stellenwert einer Familientradition (vgl. Kalthoff 1997, S. 30ff.; Helsper u.a. 2008), was zu schulischen Bildungspfaden an exklusiven Gymnasien führt, die mit großer Selbstverständlichkeit, Sicherheit und wenig (Selbst-)Zweifeln durchlaufen werden.

Abbildung 2: Modell der schul- und bildungsbezogenen Habitustypen

Der zweite Typus, den wir als *Habitus des Bildungsstrebens* bestimmt haben, zeichnet sich dagegen vor allem dadurch aus, dass ihm trotz ausgeprägter Bildungs- und Leistungsorientierung diese Sicherheit und Selbstverständlichkeit fehlt (vgl. Helsper u.a. 2009a, Kramer u.a. 2009, S. 132; Kalthoff 1997, S. 32; siehe auch Muster 2 in Krüger u.a. 2008, S. 207f.). Stattdessen ist dieser Habitustypus durch eine spannungsreiche antizipatorische Struktur geprägt, weil Bildungsorte und -abschlüsse angestrebt werden, die zugleich noch unvertraut und tendenziell fremd sind. Für Schülerinnen und Schüler dieses Typus liegt eine ausgeprägte Bildungsorientierung und Leitungsbereitschaft vor, die jedoch v.a. auf Schule fokussiert ist. Gute Leistungen in der Schule sind als Beleg einer erfolgreichen Umsetzung dieser Orientierungen zentral. Dafür wird eine hohe Investitions- und Aufwandsbereitschaft gezeigt. Drohen die schulischen Leistungen schlechter zu werden, wird in der Regel mit einer

Intensivierung und Ausdehnung der Anstrengungsbereitschaft und des Strebens reagiert. Durch die damit z.T. erreichten sehr guten schulischen Leistungen unterstützt beziehen sich diese Schülerinnen und Schüler auf das gymnasiale – teilweise auch auf das exklusive – Segment der Bildungslandschaft. Dabei haftet aber dem schulischen Bezug immer auch der Beigeschmack des Bemühten an, während die ‚Leichtigkeit' des Selbstverständlichen (besonders in exklusiven Gymnasien) fehlt. Das Gefühl am falschen Ort zu sein, nicht dazu zu gehören oder auch die hohe Krisenanfälligkeit bei Leistungseinbußen, sind für diesen Typus oft die ‚Hypothek' im Vollzug einer gymnasialen Schulkarriere.

Für diesen Habitustyp des Bildungsstrebens haben wir drei Unterformen rekonstruieren können. Der *Habitus des „exklusiven Strebens"* bezieht sich auf der Grundlage einer leistungserfolgreichen Grundschulkarriere (diese Schülerinnen und Schüler gehören in der Regel zu den Leistungsbesten) ähnlich dem ersten Habitustyp auf das exklusive gymnasiale Segment, dies aber ohne deren Sicherheit und Selbstverständlichkeit, sondern mit einem unsicheren Begabungsselbstkonzept und einer Abneigung gegenüber einer distinktiven Zuschaustellung der eigenen Leistungsstärke (vgl. Kramer u.a. 2009, S. 133). Oft wird das angezielte exklusive Gymnasialsegment auch deshalb relevant, weil darüber leistungshomogenere und leistungsfähigere Peers vermutet werden. Bei vollzogenem Übergang stellt sich dann aber häufig eine Verunsicherung hinsichtlich der eigenen (Leistungs-) Platzierung ein und das Gefühl der Fremdheit unter den neuen schulischen Peers. Die zweite Unterform haben wir mit dem *Habitus des „moderaten Strebens"* rekonstruiert (vgl. Helsper u.a. 2009a; Kramer u.a. 2009, S. 133). Diese Kinder weisen eine hohe Passförmigkeit zur gymnasialen Kultur nicht aber zur exklusiven gymnasialen Kultur auf, die ausbalanciert wird durch eine ebenfalls hohe Bedeutsamkeit der Peers. Der Begabungsentwurf ist gegenüber dem ersten Habitustyp und der zuvor genannten Unterform zurückhaltender. Die Bereitschaft zur gesteigerten Anstrengung zeigt sich v.a. dann, wenn ein Abrutschen aus dem akzeptablen Notenbereich droht, während es nicht darum geht, eine distinktive Leistungsposition zu erkämpfen. Die dritte Unterform haben wir *Habitus des „(leidvoll) auferlegten Strebens"* genannt (vgl. Helsper u.a. 2009a; Kramer u.a. 2009, S. 134). Diese Unterform zeigt vielleicht die deutlichste Ausprägung der Anstrengungsbereitschaft. Zugleich birgt sie aber auch die größten Risiken für die Schülerinnen und Schüler. Während für die beiden anderen Unterformen von einer selbstbestimmten Leistungsorientierung gesprochen werden kann, ist für diese Unterform von einer von außen (zumeist durch die Eltern) auferlegten Leistungsorientierung auszugehen. Bereits in der Grundschulkarriere vorhandene Leistungsprobleme werden durch eine Ausweitung des Übens bearbeitet. Beim Übergang wird das gymnasiale (und mit deutlichen Komponenten der Verkennung das exklusiv gymnasiale) Segment angewählt. Eine Steigerung von Leistungsanforderungen führt hier zu einer Intensivierung der schulischen Arbeitsstrategien, die jedoch deutliche Tendenzen der Überforderung beinhalten und das Risiko des schulischen Scheiterns erhöhen.

Den dritten Typus haben wir den *Habitus der Bildungskonformität* genannt (vgl. Helsper u.a. 2009a, Kramer u.a. 2009, S. 135, vgl. auch Typ 2 bei Grundmann u.a. 2003, S. 38). Schülerinnen und Schüler dieses Typus zeichnen sich insgesamt durch eher wenig ausgeprägte Schul- und Bildungsorientierungen sowie unauffällige Schulkarrieren aus, weshalb sie auch (zu Unrecht) seltener in den Blickpunkt der Schul- und Bildungsforschung geraten. Die grundlegende Haltung dieses Typus ist durch eine ausgeprägte Orientierung auf ‚Normalität' und die ‚gesellschaftliche Mitte' charakterisiert, die auch den Bezug auf Schule und auf deren Anforderungen bestimmt. Bei hoher Verbürgung der Qualifizierungsfunktion von Schule stehen diese Schülerinnen und Schüler den schulischen Bildungshaltungen und Leistungsanforderungen zumeist befremdet gegenüber. Schule ist quasi ein ‚Pflichtprogramm', dem man sich nicht entziehen kann und an deren Regeln und Anforderungen man sich anzupassen versucht. In Bezug auf die Leistungs- und Verhaltenserwartungen geht es vor allem darum, nicht aufzufallen und sich im Rahmen der (schulischen) Normalität zu bewegen. Diese Schülerinnen und Schüler grenzen sich dabei explizit vom gymnasialen Bildungssegment ab, dem der Status einer übertriebenen (‚unnormalen') Leistungsorientierung zugesprochen wird. Auch den Eltern ist dieses Bildungssegment in der Regel nicht vertraut. Diese Kinder beziehen sich stattdessen auf die weiterführenden Schulen, die gemäßigte Anforderungen und mittlere Bildungsabschlüsse versprechen.

Als vierten Typus haben wir den *Habitus der Bildungsfremdheit* unterschieden (vgl. Helsper u.a. 2009a; Kramer u.a. 2009, S. 135; vgl. auch Typ 3 bei Grundmann 2003, S. 38; Grundmann u.a. 2007, S. 55; siehe auch Muster 5 in Krüger u.a. 2008). Schülerinnen und Schüler dieses Typus stehen den schulischen Bildungsinhalten, Leistungs- und Verhaltensanforderungen fremd gegenüber und beziehen sich auf diejenigen Aspekte von Schule besonders positiv, die über diese Kernorientierungen der Institution hinausweisen. Peerintegration und außerschulische (informelle, offene) Angebote werden oft zu Ankerpunkten positiver Schulbezüge. Diese Schülerinnen und Schüler sind gegenüber den schulischen (Leistungs-)Anforderungen von einem steten Scheitern (von chronischem Misserfolg) bedroht und erleben zugleich, dass ihre Handlungsbefähigungen, Kompetenzen und Orientierungen in den Augen der Institution nichts wert sind (vgl. dazu auch Grundmann u.a. 2007, S. 49). Darauf reagieren sie mit versuchter Anpassung, offener Opposition oder fatalistischer Resignation. Wie schon von ihren Eltern so wird auch von diesen Kindern in der Regel der untere Bereich des Bildungssystems als Bezugspunkt wahrgenommen und das Erreichen einfacher Bildungsabschlüsse anvisiert, deren Verfehlen aber z.T. auch in Kauf genommen. Positive Schulbezüge erfordern bei diesen Schülerinnen und Schülern dagegen eher Anknüpfungsmöglichkeiten an die Peer- und Freizeit- oder auch frühe Beschäftigungswelt.

Auch für diesen Habitustypus haben wir drei Unterformen bestimmen können: Der *Habitus der Spannung zwischen schulischer Bildungskonformität und -fremdheit* zeigt – ähnlich dem Habitustypus der Bildungskonformität – noch eine Anpassungsbereitschaft an schulische Erwartungshaltungen, die aber diffus und unspezifisch bleibt, weil der Sinn von Schule nicht klar wird (vgl. Kramer u.a. 2009, S. 136). Die Schul- und Bildungsbezüge werden dagegen durch eine dominante Integrationsorientierung gerahmt. Während diese Schülerinnen und Schüler in ihrer Schülerrolle noch unsicher sind, wird Schule in erster Linie als Ort der Vergemeinschaftung und Integration erlebt. Der Übergang wird von diesen Kindern auf Schulen mit Haupt- oder Realschulabschlussoption und nur in verkennender Form auf Gymnasien vollzogen. Nach dem Übergang bleiben neben steigenden Leistungsanforderungen die Formen der Peerintegration für die Schulbezüge zentral. Für die zweite Unterform des *Habitus der schulischen Bildungsferne und angedeuteter Opposition* ist von einer deutlicheren Schuldistanz und -fremdheit auszugehen, die von einer ausgeprägten Peerorientierung begleitet wird (vgl. Kramer u.a. 2009, S. 137). Schule wird v.a. unter der Perspektive des (möglichst auszuweitenden) Peerraums gesehen. Das bestimmt auch den Übergang in die Sekundarstufe I, der dann positiv bilanziert wird, wenn an der neuen Schule die Peervergemeinschaftung auf wenigstens gleich hohem Niveau gelingt.

Ein hohes Risiko für ihren Schulerfolg geht für Kinder mit diesem Bildungshabitus von der Attraktivität schuloppositioneller Peers aus, die allerdings auch kompensatorische Stabilisierungs- und Aufwertungsräume darstellen können (vgl. dazu z.B. Willis 1979; Wiezorek 2005). Die dritte Unterform des *Habitus der schulischen Bildungsferne und -hilflosigkeit* steht wie die beiden anderen Unterformen der schulischen Bildung fremd und distanziert gegenüber. Kennzeichnend ist hierbei aber, dass Kinder mit diesem Bildungshabitus Schule als hegemonialen Bildungsraum erleben und den „Imperativen der Institution Schule" passiv-fatalistisch unterworfen sind (vgl. dazu Bourdieu u.a. 1997). Auch der Übergang vollzieht sich in diesem passiven Modus, wobei das Kompensationspotential der Peers zusätzlich wegfällt und bei zumeist brüchigen Schulkarrieren nur oberflächliche Anpassungen und passive Vermeidungsstrategien vorzuweisen sind.

Insgesamt verdeutlichen die Ergebnisse unserer Studie nicht nur die Varianz der bereits in einem frühen Lebensalter ausgeprägten Formen des Bildungshabitus bei Kindern, die teilweise durch die Einzigartigkeit der biografischen Erfahrungsaufschichtung bedeutsame Abweichungen von den elterlichen (milieubezogenen) Bildungshaltungen dokumentieren und die in unterschiedliche Konstellationen der Passung zum jeweils schulisch geforderten sekundären Habitus treten. Die vorgestellten Befunde machen v.a. klar, dass dieses Konzept der „kulturellen Passung" nicht statisch und unveränderlich zu denken ist, sondern sich in einer Prozesslogik entfaltet, sich perpetuieren oder aber auch transformieren kann. Erst in dieser Perspektive zeigt sich, welche Mechanismen hier für Ein- und Anpassungen zuständig sind, welches Zusammenspiel zur Verfestigung bildungs- und schulaffiner Habitustypen führt und welche Konstellationen zu Transformationen des Habitus zwingen oder zu einer resignativen ‚Aufgabe' und einer Selbstselektion aus dem Bildungssystem führen können. Diese Fragen der Prozessierung, nach möglichen Transformationen im Passungsverhältnis von primären und sekundär geforderten Habitus, nach Verlaufsformen der Ein- und Anpassung stärker schul- und bildungsdistanzierter Habitustypen, alle diese Fragen sind empirisch nur in Prozess- und Verlaufsstudien zu analysieren. Längsschnittdesigns sind dabei – wie das Beispiel zeigt – besonders ergiebig.

5 Perspektiven einer ungleichheitsbezogenen Bildungsforschung: Fazit und Ausblick

Mit den vorangegangenen Kapiteln sollte deutlich geworden sein, dass die Erforschung bildungsbezogener Ungleichheiten längst nicht abgeschlossen ist und mehr benötigt, als die derzeit vorherrschende Form einer an Kosten-Nutzen-Modellen orientierten statistischen Analyse. Dabei sollte aufgezeigt werden, dass die Bourdieuschen Theorieperspektiven längst noch nicht ausgeschöpft oder gar unbrauchbar geworden sind. Im Gegenteil zeigt der Gang durch die exemplarisch skizzierten Projekte auf, welches Erklärungspotenzial in den bildungssoziologischen Studien und kulturtheoretischen Entwürfen von Bourdieu vorliegt und welche Forschungslücken hierbei für die bundesdeutsche Bildungsforschung derzeit noch bestehen. Dabei deuten sich in der Aufnahme Bourdieuscher Perspektiven vielversprechende Weiterführungen an, welche die drängende Frage nach der Herstellung von Bildungsungleichheiten im Zusammenspiel von Familie, (Einzel-)Schule und Biografie zu beantworten versprechen. Hiernach käme es besonders darauf an, Varianten der „kulturellen Passung" herauszuarbeiten, um die im Zusammenspiel zwischen familialer Habitusbildung, Sozialschichtzugehörigkeit und biografischer Individuation auf der einen

Seite sowie dem institutionell differierenden Widerhall in verschiedenen Ausformungen der Schulkultur im Verlauf der Schullaufbahn auf der anderen Seite im Prozess der Herstellung von Bildungsungleichheiten beschreiben und erklären zu können. Für diese Anknüpfung und theoretisch anspruchsvolle Erweiterung mit dem Konzept der „kulturellen Passung" halten wir v.a. drei Entwicklungsperspektiven der empirischen Bildungsforschung für die weitergehende Klärung der Frage nach der Herstellung von Bildungsungleichheiten für unverzichtbar:

1. In Anknüpfung an Bourdieus theoretischen Entwurf des Habitus wäre in einer ersten Entwicklungslinie die Frage nach der Genese des Habitus empirisch aufzugreifen. Hier kann durchaus an die Studie zum Bildungsort Familie von Büchner und Brake (2006) angeschlossen werden, wobei aber die Anlage und die Befunde der Studie auszudifferenzieren wären. In dieser Richtung der empirischen Bildungsforschung ginge es darum, den Prozess der familialen Habitusgenese gerade in der Spannung von Reproduktion und Transformation zu erfassen und nicht vorschnell eine auch bei Bourdieu zu beobachtende Prägedominanz der sozialen Schicht anzunehmen. In detaillierten Studien wären Formen der Re-Kombination elterlicher Habitusformationen in ihrer Dynamik und ihrem Spannungsreichtum zu untersuchen, auf die milieu- bzw. schichtspezifischen Prägungen ebenso wie auf die individuell-biografischen Entwicklungsformen zu beziehen. Hier ist besonders die lebensgeschichtlich-biografische Komponente des Habitus noch stärker als bisher zu berücksichtigen (vgl. Kramer 2002; Helsper u.a. 2009b; Kramer u.a. 2009). Hier wären die Typen des Habitus und die diesen jeweils inhärente Bildungsorientierung – man könnte auch von Typen des Bildungshabitus sprechen – weiter auszudifferenzieren und auf die Frage der Passung zu den schulischen Anforderungen und Anerkennungsstrukturen zu beziehen (vgl. etwa die genannten Arbeiten von Grundmann oder Vester).
2. In der Aufnahme der Konzeption einer kulturellen Passung zwischen dem primären Habitus und dem sekundären schulischen Habitus ist im Anschluss an die Studien zur Schulkultur und den variierenden Ausformungen der Bildungsprinzipien auf der Ebene der Einzelschule die Annahme eines homologen sekundären Schulhabitus zurückzuweisen und empirisch weiter auszudifferenzieren. Dies gilt auch für unsere eigenen Studien, die das Feld der symbolischen Strukturiertheit des Schulischen in unserem Bildungssystem längst noch nicht ausgeschöpft haben. Sowohl auf der Ebene der Schulform als auch auf der Ebene der Einzelschulen wären Typen des sekundären schulischen Habitus herauszuarbeiten und auf ihre schulformspezifischen sowie ihre jeweils einzelschulischen Komponenten zu befragen und in eine ausdifferenzierte Typologie von Schule-Milieu-Verbindungen zu überführen. In diesem Zusammenhang sind die im Rahmen der PISA-Studien (vgl. oben) eher ausgeblendeten Formen institutioneller Diskriminierung im Zusammenspiel mit je spezifischen schulischen Praktiken differenzierter in den Blick zu nehmen und damit die institutionellen Mechanismen der Erzeugung „sekundärer Ungleichheiten" systematisch zu bestimmen.
3. Für die Frage der Herstellung von Bildungsungleichheiten ist schließlich eine dritte Entwicklungsperspektive besonders bedeutsam, die sowohl bei Bourdieu als auch in den bislang vorliegenden empirischen Anknüpfungen kaum beachtet wurde. Hier geht es in Verlaufs- und Längsschnittstudien darum, die Prozesse der (An-)Passung und der Transformation des Habitus im Kontext der besuchten Schulen entlang der Schul-

laufbahn systematisch zu analysieren (vgl. dazu Helsper u.a. 2007, 2009b; Kramer u.a. 2009). Erst in dieser Prozessperspektive kann den Mechanismen bei der Herstellung von Bildungsungleichheiten auf dem Grund gegangen werden. In dieser Perspektive zeigt sich nämlich, wie ein unterschiedlich ausgeformtes „kulturelles Passungsverhältnis" zwischen primärem und sekundärem Habitus prozessiert, sich harmonisch perpetuiert, bearbeitet werden muss oder unversöhnlich und scheinbar ausweglos zum Selbstausschluss aus dem schulischen Spiel führt (vgl. z.B. Willis 1979; Bourdieu u.a. 1997).

Insgesamt ist festzuhalten: Um den Ansatz Bourdieus nicht nur reduktionistisch zur Geltung zu bringen und die angedeuteten Ausdifferenzierungen der Habituspassungen zwischen Schule und Familie im Zusammenspiel mit Peermilieus bezüglich der Möglichkeitsräume für individuelle Habitustransformationen empirisch einzulösen, bedarf es komplex angelegter Forschungsdesigns. Hier gilt es – im Sinne einer qualitativen Mehrebenenanalyse (vgl. Helsper u.a. 2009c) –, unterschiedliche soziale Aggregierungsebenen in ihrem ‚vertikalen' Zusammenspiel und ihrer Bedeutung für die Erzeugung von Bildungsungleichheit miteinander zu verbinden (etwa Milieus, Institutionen, Interaktionszusammenhänge, individuelle Akteure). Daneben muss in einer synchronen Perspektive das Zusammenspiel verschiedener Felder in der Spannung von homologen Sinnstrukturierungen sowie inkonsistenten, gespaltenen und ambivalenten kulturellen Formen für die reproduktiven oder transformatorischen Erzeugungs- und Spielräume des Habitus in den Blick genommen werden. Und schließlich ist die bei Bourdieu selbst nicht wirklich entfaltete diachrone Perspektive der Fortschreibung oder Veränderung des individuellen Habitus in einer biografischen Längsschnittperspektive aufzunehmen. Nur mit derartigen komplexen Forschungsdesigns ist Vereinseitigungen und Verkürzungen des Bourdieuschen Ansatzes zu entgehen, wie sie bislang noch eher dominieren, indem entweder ein Feld (z.B. die Familie) oder eine Ebene (z.B. das Milieu) verabsolutiert oder der Habitus im Verzicht auf Prozessstrukturen des Lebenslaufes vor allem als beharrend-reproduktive Form der Generierung kultureller Praxen verstetigt wird.

Literatur

Baumert, J./Maaz, K. (2006): Das theoretische und methodische Konzept von PISA zur Erfassung sozialer und kultureller Ressourcen der Herkunftsfamilie: Internationale und nationale Rahmenkonzeption. In: Baumert, J./Stanat, P./Watermann, R. (Hrsg.) (2006): Herkunftsbedingte Disparitäten im Bildungswesen. Wiesbaden, S. 11-29

Baumert, J./Schümer, G. (2001): Familiäre Lebensverhältnisse, Bildungsbeteiligung und Kompetenzerwerb. In: Deutsches PISA-Konsortium = Baumert, J./Klieme, E./Neubrand, M./Prenzel, M./Schiefele, U./Schneider, W./Stanat, P./Tillmann, K.-J./Weiß, M. (Hrsg.): PISA 2000. Basiskompetenzen von Schülerinnen und Schülern im internationalen Vergleich. Opladen, S. 323-407

Baumert, J./Stanat, P./Watermann, R. (Hrsg.) (2006): Herkunftsbedingte Disparitäten im Bildungswesen: Differentielle Bildungsprozesse und Probleme der Verteilungsgerechtigkeit. Vertiefende Analysen im Rahmen von PISA 2000. Wiesbaden

Becker, R./Lauterbach, W. (2007): Bildung als Privileg – Ursachen, Mechanismen, Prozesse und Wirkungen. In: Becker, R./Lauterbach, W. (Hrsg.): Bildung als Privileg. Erklärungen und Befunde zu den Ursachen der Bildungsungleichheit. 2. Aufl., Wiesbaden, S. 9-41

Bohnsack, R. (1997): Dokumentarische Methode. In: Hitzler, R./Honer, A. (Hrsg.): Sozialwissenschaftliche Hermeneutik. Opladen, S. 191-212
Bohnsack, R. (2003): Dokumentarische Methode und sozialwissenschaftliche Hermeneutik. In: Zeitschrift für Erziehungswissenschaft, 6. Jg., H. 4, S. 550-570
Boudon, R. (1974): Educational, oppurtunity, and social inequality: Changing prospects in Western society. New York
Bourdieu, P. (1993): Sozialer Sinn. Kritik der theoretischen Vernunft. Frankfurt a.M.
Bourdieu, P. (1995): Sozialer Raum und ›Klassen‹. Leçon sur la leçon. Zwei Vorlesungen. 3. Aufl., Frankfurt a.M.
Bourdieu, P./Accardo, A./Balazs, G./Beaud, S./Bourdieu, E./Broccolichi, S./Champagne, P./Christin, R./Faguer, J.-P./Garcia, S./Lenoir, R./Œuvrard, F./Pialoux, M./Pinto, L./Poalydès, D./Sayad, A./Soulié, C./Wacquant, L. (1997): Das Elend der Welt. Zeugnisse und Diagnosen alltäglichen Leidens an der Gesellschaft. Konstanz, S. 651-658
Bourdieu, P./Passeron, J.-C. (1971): Die Illusion der Chancengleichheit. Untersuchungen zur Soziologie des Bildungswesens am Beispiel Frankreichs. Stuttgart
Bourdieu, P./Passeron, J.-C. (1973): Grundlagen einer Theorie der symbolischen Gewalt. Frankfurt a.M.
Brake, A./Kunze, J. (2004): Der Transfer kulturellen Kapitals in der Mehrgenerationenfolge. Kontinuität und Wandel zwischen den Generationen. In: Engler, S./Krais, B. (Hrsg.): Das kulturelle Kapital und die Macht der Klassenstrukturen. Sozialstrukturelle Verschiebungen und Wandlungsprozesse des Habitus. Weinheim/München, S. 71-95
Büchner, P./Brake, A. (Hrsg.) (2006): Bildungsort Familie. Transmission von Bildung und Kultur im Alltag von Mehrgenerationenfamilien. – Wiesbaden
Busse, S. (2009): Bildungsorientierungen Jugendlicher in Familie und Schule. Eine qualitativ empirische Fallstudie zur Reproduktion sozialer Ungleichheit in einer ostdeutschen Sekundarschule. Halle (unveröffentlichte Dissertation eingereicht an der Philosophischen Fakultät der Martin-Luther-Universität Halle-Wittenberg)
Deutsches PISA-Konsortium (Hrsg.) (2001) = Baumert, J./Klieme, E./Neubrand, M./Prenzel, M./Schiefele, U./Schneider, W./Stanat, P./Tillmann, K.-J./Weiß, M.: PISA 2000. Basiskompetenzen von Schülerinnen und Schülern im internationalen Vergleich. Opladen
Egger, S./Pfeuffer, A./Schultheis, F. (1996): Bildungsforschung in einer Soziologie der Praxis: Pierre Bourdieu. In: Bolder, A./Rodax, K. (Hrsg.): Jahrbuch '96. Bildung und Arbeit. Die Wiederentdeckung der Ungleichheit. Aktuelle Tendenzen in Bildung für Arbeit. Opladen, S. 312-339
Edelstein, W./Keller, M./Schröder, E. (1990): Child development and social structure: A longitudinal study of individual differences. In: Baltes, P. B./Featherman, D. L./Lerner, R. M. (eds.): Life-span development and behaviour. Hillsdale/New York, pp. 151-185
Ehmke, T./Baumert, J. (2007): Soziale Herkunft und Kompetenzerwerb: Vergleich zwischen PISA 2000, 2003 und 2006. In: PISA-Konsortium Deutschland (Hrsg.) = Prenzel, M./Artelt, C./Baumert, J./Blum, W./Hammann, M./Klieme, E./Pekrun, R.: PISA 2006. Die Ergebnisse der dritten internationalen Vergleichsstudie. Münster u.a., 309-335
Ehmke, T./Hohensee, F./Heidemeier, H./Prenzel, M. (2004): Familiäre Lebensverhältnisse, Bildungsbeteiligung und Kompetenzerwerb. In: PISA-Konsortium Deutschland (Hrsg.) = Prenzel, M./Baumert, J./Blum, W./Lehmann, R./Leutner, D./Neubrand, M./Pekrun, R./Rolff, H.-G./Rost, J./Schiefele, U.: PISA 2003. Der Bildungsstand der Jugendlichen in Deutschland – Ergebnisse des zweiten internationalen Vergleichs. Münster u.a., S. 225-253
Erikson, R./Goldthorpe, J. H./Portocarero, L. (1979): Intergenerational class mobility in three Western European societies: England, France and Sweden. In: British Journal of Sociology, Vol. 30, pp. 341-415
Georg, W. (2006): Einleitung. In: Georg, W. (Hrsg.): Soziale Ungleichheit im Bildungssystem. Eine empirisch-theoretische Bestandsaufnahme. Konstanz, S. 7-12
Grundmann, M./Bittlingmayer, U. H./Dravenau, D./Groh-Samberg, O. (2007): Bildung als Privileg und Fluch – zum Zusammenhang zwischen lebensweltlichen und institutionalisierten Bildungs-

prozessen. In: Becker, R./Lauterbach, W. (Hrsg.): Bildung als Privileg. Erklärungen und Befunde zu den Ursachen der Bildungsungleichheit. 2. Aufl., Wiesbaden, S. 43-70

Grundmann, M./Dravenau, D./Bittlingmayer, U. H./Edelstein, W. (2006a): Handlungsbefähigung und Milieu. Zur Analyse milieuspezifischer Alltagspraktiken und ihrer Ungleichheitsrelevanz. Münster

Grundmann, M./Bittlingmayer, U. H./Dravenau, D./Edelstein, W. (2006b): Einleitung: Bildungsstrukturen und sozialstrukturelle Sozialisation. In: Grundmann, M./Dravenau, D./Bittlingmayer, U. H./Edelstein, W. (2006a): Handlungsbefähigung und Milieu. Zur Analyse milieuspezifischer Alltagspraktiken und ihrer Ungleichheitsrelevanz. Münster, S. 13-35

Grundmann, M./Groh-Samberg, O./Bittlingmayer, U. H./Bauer, U. (2003): Milieuspezifische Bildungsstrategien in Familie und Gleichaltrigengruppe. In: Zeitschrift für Erziehungswissenschaft, 6. Jg., H. 1, S. 25-45

Helsper, W. (2008): Schulkulturen – die Schule als symbolische Sinnordnung. In: Zeitschrift für Pädagogik, Jg. 54, H. 1, S. 63-80

Helsper, W. (2009): Schulkultur und Milieu – Schulen als symbolische Ordnungen pädagogischen Sinns. In: Melzer, W./Tippelt, R. (Hrsg.): Kulturen der Bildung. Beiträge zum 21. Kongress der Deutschen Gesellschaft für Erziehungswissenschaft. Opladen/Farmington Hills, S. 155-176

Helsper, W./Brademann, S./Kramer, R.-T./Ziems, C./Klug, R. (2008): „Exklusive" Gymnasien und ihre Schüler – Kulturen der Distinktion in der gymnasialen Schullandschaft. In: Ullrich, H./Strunck, S. (Hrsg.): Begabtenförderung an Gymnasien. Entwicklungen, Befunde, Perspektiven. Wiesbaden, S. 215-248

Helsper, W./Kramer, R.-T./Brademann, S./Ziems, C. (2007): Der individuelle Orientierungsrahmen von Kindern und der Übergang in die Sekundarstufe. Erste Ergebnisse eines qualitativen Längsschnitts. In: Zeitschrift für Pädagogik, 53. Jg., H. 4, S. 477-490

Helsper, W./Kramer, R.-T./Thiersch, S./Ziems, C. (2009a): Bildungshabitus und Übergangserfahrungen bei Kindern. In: Baumert, J./Trautwein, U./Maaz, K. (Hrsg.): Bildungsentscheidungen in differenten Bildungssystemen. Sonderheft 12 der Zeitschrift für Erziehungswissenschaft. Wiesbaden (im Erscheinen)

Helsper, W./Kramer, R.-T./Hummrich, M./Busse, S. (2009b): Jugend zwischen Familie und Schule. Eine Studie zu pädagogischen Generationsbeziehungen. Wiesbaden

Helsper, W./Hummrich, M./Kramer, R.-T. (2009c): Qualitative Mehrebenenanalyse. In: Friebertshäuser, B./Prengel, A. (Hrsg.): Handbuch qualitative Methoden in der Erziehungswissenschaft. Weinheim/Basel (im Erscheinen)

Kalthoff, H. (1997): Wohlerzogenheit. Eine Ethnographie deutscher Internatsschulen. Frankfurt a.M./New York

Kalthoff, H. (2004): Schule als Performanz. Anmerkungen zum Verhältnis von neuer Bildungsforschung und der Soziologie Pierre Bourdieus. In: Engler, S./Krais, B. (Hrsg.): Das kulturelle Kapital und die Macht der Klassenstrukturen. Sozialstrukturelle Verschiebungen und Wandlungsprozesse des Habitus. Weinheim/München, S. 115-140

Kramer, R.-T. (2002): Schulkultur und Schülerbiographien. Das „schulbiographische Passungsverhältnis". Rekonstruktionen zur Schulkultur II. Opladen

Kramer, R.-T./Helsper, W./Thiersch, S./Ziems, C. (2009): Selektion und Schulkarriere. Kindliche Orientierungsrahmen beim Übergang in die Sekundarstufe I. Wiesbaden

Krüger, H.-H./Köhler, S.-M./Zschach, M./Pfaff, N. (2008): Kinder und ihre Peers. Freundschaftsbeziehungen und schulische Bildungsbiographien. Opladen/Farmington Hills

Maaz, K./Hausen, C./McElvany, N./Baumert, J. (2006): Stichwort: Übergänge im Bildungssystem. In: Zeitschrift für Erziehungswissenschaft, 9. Jg., H. 3, S. 299-327

Mannheim, K. (1928): Das Problem der Generationen. In: Kölner Vierteljahresschrift für Soziologie, Jg. 6, S. 157-185 und 309-330

PISA-Konsortium Deutschland (Hrsg.) (2004) = Prenzel, M./Baumert, J./Blum, W./Lehmann, R./Leutner, D./Neubrand, M./Pekrun, R./Rolff, H.-G./Rost, J./Schiefele, U.: PISA 2003. Der

Bildungsstand der Jugendlichen in Deutschland – Ergebnisse des zweiten internationalen Vergleichs. Münster u.a.

PISA-Konsortium Deutschland (Hrsg.) (2007) = Prenzel, M./Artelt, C./Baumert, J./Blum, W./Hammann, M./Klieme, E./Pekrun, R.: PISA 2006. Die Ergebnisse der dritten internationalen Vergleichsstudie. Münster u.a.

Szydlik, M. (2003): PISA und die Folgen. In: Soziologische Revue, H. 2, S. 195-204

Vester, M. (2004): Die Illusion der Bildungsexpansion. Bildungsöffnungen und soziale Segregation in der Bundesrepublik Deutschland. In: Engler, S./Krais, B. (Hrsg.): Das kulturelle Kapital und die Macht der Klassenstrukturen. Sozialstrukturelle Verschiebungen und Wandlungsprozesse des Habitus. Weinheim/München, S. 13-53

Vester, M. (2005): Die selektive Bildungsexpansion. Die ständische Regulierung der Bildungschancen in Deutschland. In: Berger, P. A./Kahlert, H. (Hrsg.): Institutionalisierte Ungleichheiten. Wie das Bildungswesen Chancen blockiert. Weinheim/München, S. 39-71

Vester, M. (2006): Die ständische Kanalisierung der Bildungschancen. Bildung und soziale Ungleichheit zwischen Boudon und Bourdieu. In: Georg, W. (Hrsg.): Soziale Ungleichheit im Bildungssystem. Eine empirisch-theoretische Bestandsaufnahme. Konstanz, S. 13-54

Vester, M./Hoffmann, M./Zierke, I. (1995): Soziale Milieus in Ostdeutschland. Gesellschaftliche Strukturen zwischen Zerfall und Neubildung. Köln

Vester, M./von Oertzen, P./Geiling, H./Hermann, T./Müller, D. (2001): Soziale Milieus im gesellschaftlichen Strukturwandel. Zwischen Integration und Ausgrenzung. Frankfurt a.M.

Wiezorek, C. (2005): Schule, Biografie und Anerkennung. Eine fallbezogene Diskussion der Schule als Sozialisationsinstanz. Wiesbaden

Willis, P. (1979): Spaß am Widerstand. Gegenkultur in der Arbeiterschule. Frankfurt a.M.

„Geh lieber nicht hin! – Bleib lieber hier."
Eine Fallstudie zu Selektion und Haltekräften an der Hauptschule

Katrin U. Zaborowski & Georg Breidenstein

1   Einleitung

Die Mehrgliedrigkeit des Bildungssystems in Deutschland und vor allem der Bildungsgang Hauptschule stehen mehr und mehr zur Diskussion. Waren die Kritiker des dreigliedrigen Schulsystems schon durch die Veröffentlichung der ersten PISA-Ergebnisse 2001 und die darin für Deutschland festgestellte dramatisch große Abhängigkeit des Bildungserfolges von der sozialen Herkunft auf den Plan gerufen, wurde die „Schulstrukturdebatte" als Konsequenz der PISA-Resultate zunächst noch abgewehrt und geradezu tabuisiert. Zu groß war offenbar die Befürchtung, in alte bildungspolitische Grabenkämpfe zurückzufallen; zu viele Vorbehalte gegenüber der Gesamtschule in der Prägung der 1970er Jahre waren vermutlich im Spiel.

Inzwischen bestimmt die Option einer Reformierung auch der Schulstruktur in Deutschland durchaus nicht nur die bildungspolitischen, sondern (in aller Vorsicht) auch die wissenschaftlichen Debatten und insbesondere der Bildungsgang Hauptschule steht deutlicher denn je zur Disposition. In Ballungsgebieten mit einem sehr differenzierten Schulangebot droht die Hauptschule zunehmend zur „Restschule" zu werden, an der nur noch diejenigen Schüler unterrichtet werden, die an keiner anderen Schule unterkommen. In bevölkerungsarmen Regionen sind Hauptschulen als erste vom zum Teil drastischen Rückgang der Schülerzahlen betroffen und in ihrer Existenz bedroht.

Aktuell bewegt sich die Diskussion durchaus in Richtung der Abschaffung der Hauptschule als eigenständiger Schulform und hin zu Möglichkeiten der Integration verschiedener Schulformen (vgl. Leschinsky 2008) – zumeist allerdings ohne die Selektivität des deutschen Schulsystems grundsätzlich in Frage zu stellen. Die Hauptschule als die unterprivilegierte Schulform in einem selektiven Schulsystem hatte verständlicherweise schon immer gewisse Probleme, eine positive Identifikation zu entwickeln und anzubieten – eine eigenständige Hauptschul-Pädagogik (vgl. Bronder u.a. 1998) ist nur in Ansätzen auszumachen und scheint die mit ihr verbundenen Erwartungen nur bedingt zu erfüllen (vgl. ebd., auch Rekus u.a. 1998). Daneben stehen allerdings die Berichte von „erfolgreichen" Hauptschulen, die es schaffen, (unter problematischen Voraussetzungen) ‚etwas aus sich zu machen' (vgl. z.B. Bohl u.a. 2003; Bronder u.a. 1999).

Befunde aus einigen neueren empirischen Studien ergeben zusammengenommen ein doch recht eindeutiges Bild von der Problematik der Schulform Hauptschule. Solga und Wagner (2001) weisen die soziale Homogenisierung der Schülerschaft an der Hauptschule nach und folgern daraus die „soziale Verarmung" der Lernumwelt mit negativen Folgen für die Leistungsentwicklung der Schüler (vgl. auch Solga/Wagner 2004). Auch Schümer (2004) beschreibt die „doppelte Benachteiligung von Schülern aus unterprivilegierten Gesellschaftsschichten im deutschen Schulwesen", welche überproportional häufig an Hauptschulen lernen. Sie stellt zusätzliche negative Effekte der selektiven Struktur des deutschen Bildungswesens für leistungsschwache Schüler heraus. So verweist sie mit Bezug auf Mac Iver (1988) auf eine hohe „Übereinstimmung der bewerteten Leistung mit der Selbsteinschätzung der Schüler" (Schümer 2004, S. 75), welche für leistungsschwache Schüler in einem negativen Selbstwertgefühl resultiert und sich ebenfalls negativ auf die Leistungsentwicklung auswirkt. Knigge (2008) findet „deutliche Hinweise dafür, dass vor allem Hauptschüler ohne Migrationshintergrund nach dem Übergang auf die Hauptschule eine im Laufe der Zeit immer stärker stigmatisierte öffentliche kollektive Identität entwickeln. Die Befunde deuten darauf hin, dass die Hauptschüler sich als Reaktion auf diese Stigmatisierung von der Schule zurückziehen." (S. 215)

In neueren Auswertungen der PISA-Daten fragen Baumert, Stanat und Watermann (2006) genauer nach den differenziellen „Lern- und Entwicklungsmilieus", die die verschiedenen Schulformen in Deutschland kennzeichnen und die sich auch schon in ersten PISA-Auswertungen angedeutet hatten (vgl. Deutsches PISA-Konsortium 2001, S. 454ff.). Das „Lern- und Entwicklungsmilieu" einer Schulform wird dabei folgendermaßen definiert: „Wenn wir von differenziellen Lern- und Entwicklungsmilieus sprechen, ist damit gemeint, dass junge Menschen unabhängig von und zusätzlich zu ihren unterschiedlichen persönlichen, intellektuellen, kulturellen, sozialen und ökonomischen Ressourcen je nach besuchter Schulform differenzielle Entwicklungschancen erhalten, die schulmilieubedingt sind und sowohl durch den Verteilungsprozess als auch durch die institutionellen Arbeits- und Lernbedingungen und die schulformspezifischen pädagogisch-didaktischen Traditionen erzeugt werden." (Baumert u.a. 2006, S. 98f.) Für die Hauptschule stellt sich das dann so dar: „Dies ist die Schulform, deren Arbeitserfolg am stärksten durch kritische Kompositionsmerkmale beeinflusst und beeinträchtigt wird. Dies sind in der Reihenfolge ihrer Bedeutung innerhalb der Schulform: Konzentration von Schülerinnen und Schülern aus bildungsfernen Familien, Konzentration von Repetenten, ein niedriges Leistungs- und Fähigkeitsniveau sowie ein steigender Anteil von Schülerinnen und Schülern aus belastenden Familienverhältnissen." (Baumert u.a. 2006, S. 143f.) Und an späterer Stelle benennen die Autoren sehr deutlich auch die Konsequenz ihrer Befunde:

> „Die Kumulation von Kompositionseffekten führt zu einer schwer zu rechtfertigenden strukturellen Benachteiligung einer quantitativ nicht zu vernachlässigenden Gruppe von Jugendlichen." (ebd., S. 171)

An solcherart Befunde knüpft die vorliegende Fallstudie[1] insofern an, als sie den Blick auf eine offensichtlich problematische und unterprivilegierte Schulform richtet, zugleich wechselt die Studie jedoch die Perspektive: Es geht im Folgenden nicht um eine Bestimmung der Spezifika der Hauptschule, die aus einem Vergleich der Schulformen resultiert, sondern um die Frage nach *immanenten* Strukturproblemen der Schulform Hauptschule, wie sie durch die detaillierte Beobachtung und Analyse alltäglicher Vollzüge innerhalb der Hauptschule sichtbar werden. Diese immanenten Strukturprobleme der Hauptschule erwachsen ihrerseits allerdings, das wird sich zeigen, aus ihrer Stellung als Schulform im gegliederten Schulsystem und sie wirken sich auf die alltäglichen Interaktionen in der Hauptschule sowie auf den Umgang mit schulischer Leistung aus.

---

1   Wir danken Rolf-Torsten Kramer und Sandra Rademacher für hilfreiche Kritik.

Die Fallstudie konzentriert sich auf die Beobachtung und Analyse einer Zeugnisausgabe. In der Situation der Zeugnisausgabe kann wie in einem Brennglas die spezifische Kultur der Leistungsbewertung einer Schule beobachtet werden. Bei Zeugnisausgaben handelt es sich um rituelle Höhepunkte, auf die die schulalltägliche Praxis der Leistungsbewertung hin ausgerichtet wird (vgl. Roch 2007). In dieser Situation wird die Bedeutsamkeit schulischer Leistungsbewertung in Szene gesetzt und zugleich die auf die Schulklasse bezogene selektive Wirkung der Zeugnisse in unterschiedlicher Weise bearbeitet.

In einer früheren Studie zu Zeugnisausgaben an einer Sekundarschule[2] und an einem Gymnasium in Sachsen-Anhalt hatten wir das Bemühen aller Beteiligten herausgearbeitet, dem Ereignis einen außeralltäglichen und feierlichen Rahmen zu verleihen, wobei der Part der Schüler vor allem darin besteht, dem Ganzen ihre gespannte Aufmerksamkeit zu widmen. Der hoch ritualisierte Rahmen der Zeremonie stellt sich allerdings als in sich gebrochen und inkonsistent dar; in Zeugnisausgaben müssen offenbar grundlegende Dilemmata der pädagogischen Praxis prozessiert werden, die sich aus dem Widerspruch von Selektion und Vergemeinschaftung ergeben: Eine Leistungsbewertung, die im Code des „Besserschlechter" organisiert ist, zeitigt selektive, das heißt hierarchisierende Effekte in der Lerngruppe. Dies ist für die alltägliche pädagogische Praxis, der es um die Motivierung aller Schülerinnen und Schüler und den Zusammenhalt der Lerngruppe gehen muss, problematisch. In den beobachteten Zeugnisausgaben unternahmen die jeweiligen Lehrpersonen unterschiedliche Versuche, das Ereignis für alle Schüler als „Erfolg" zu gestalten, wobei der Duktus in der gymnasialen Zeugnisausgabe eher durch die Individualisierung und Relationierung von Zensuren gekennzeichnet war, während an der Sekundarschule ein stark moralisierender Diskurs das Bild prägte. Auffällig war schließlich die unterschiedliche Selbstthematisierung der Schulen nach dem Übergang von der Grundschule: Am Gymnasium wird dieser Schritt als Entscheidung konzipiert, die mit positiven Erwartungen verknüpft ist, während der Übergang an der Sekundarschule lediglich als „Wechsel", allerdings potentiell problembelastet, angesprochen wird (vgl. Breidenstein u.a. 2007). Die im folgenden Beitrag zu analysierende Zeugnisausgabe an einer niedersächsischen Hauptschule unterscheidet sich, wie zu sehen sein wird, noch einmal markant von den beiden skizzierten Varianten der Gestaltung dieses Ereignisses.

Der Beitrag präsentiert ethnografische Beobachtungen und Analysen, die im Rahmen eines DFG-Projektes zur vergleichenden Untersuchung alltäglicher Leistungsbewertung entstanden sind.[3] Das Projekt fragt nach der Bedeutung von Leistungsbewertung für den Unterrichtsalltag und nimmt das alltägliche Prozessieren der Zensurengebung in den Blick. Es folgt der Annahme, dass die schulalltägliche Praxis der Leistungsbewertung ein „Eigenleben" gegenüber den ihr zugedachten Funktionen entwickelt, das es als solches zu erkunden gilt (vgl. Breidenstein 2006; Breidenstein u.a. 2008). Im Zuge mehrerer ausgedehnter Phasen ethnografischer Erhebungen wurden insgesamt sieben Klassen verschiedener Schulformen beobachtet. Dabei wurden die teilnehmenden Beobachtungen in der Regel durch die

---

2   Schulform mit integriertem Real- und Hauptschulzweig
3   Das Projekt mit dem Titel „Leistungsbewertung in der Schulklasse – Eine ethnographische Untersuchung zur Performanz schulischer Selektion" läuft seit 2005 unter der Leitung von Georg Breidenstein am Zentrum für Schul- und Bildungsforschung der Universität Halle. Neben Katrin Zaborowski ist Michael Meier als wissenschaftlicher Mitarbeiter im Projekt beschäftigt.

Audioaufzeichnung des akustischen Geschehens unterstützt und unmittelbar im Anschluss in ausführlichen Protokollen verschriftlicht.[4]

Das hier präsentierte Beobachtungsprotokoll beschreibt die erste Zeugnisausgabe einer fünften Klasse in einer Hauptschule. Es handelt sich also um das erste Zeugnis an der neuen Schule, das erste Zeugnis nach der Übergangsentscheidung, die für die Beteiligten als negative Selektion funktioniert und sie auf die unterste der Schulformen geführt hat. In dieser ersten Zeugnisausgabe an der neuen Schule muss sich zeigen, welche Relevanz an dieser Schule den Zensuren zugesprochen und wie mit der Sortierung der Schulklasse nach „Leistung" umgegangen wird. Dabei kann vermutet werden, dass sich im Bezug auf die soeben negativ Selektierten pädagogische Aufgaben besonderer Art stellen: Wie kann es gelingen, auch an der Hauptschule die Erfahrung schulischer Leistungsbewertung zu einem „Erfolg" werden zu lassen? Und wie wird mit tatsächlichem Misserfolg oder Erfolg einzelner Schülerinnen und Schüler umgegangen?

2   Die Zeugnisausgabe in der Hauptschule

Die Schule befindet sich in einer niedersächsischen Stadt etwas abseits des Stadtzentrums. Sie teilt sich ein Gebäude mit einer Grundschule, bezieht ihre Schülerschaft jedoch aus der gesamten Stadt. Trotz der starken Konkurrenz mehrerer Gesamtschulen, welche die Option des Abiturs bieten, hatte die Schule zum Schuljahr 2007/2008, in welchem die Beobachtungen stattfanden, mehr Anmeldungen, als berücksichtigt werden konnten. Laut Aussage des Schulleiters genießt die Schule einen guten Ruf in der Stadt, der sich auf das zukunftsorientierte Profil der Schule mit Berufsorientierung einerseits und individueller Förderung der einzelnen Schüler andererseits ebenso gründet wie auf die intensive Zusammenarbeit der Schule mit Grundschulen im gesamten Stadtgebiet. Ein weiterer Schwerpunkt an dieser Schule liegt auf der sozialpädagogischen Ausrichtung, welche sich zentral in der Arbeit im „Sozialen Trainingsraum" zeigt. Dieser bietet die Möglichkeit, Schülerinnen und Schüler vorübergehend aus dem Unterricht zu nehmen, um mit ihnen Probleme und mögliche Gründe für Unterrichtsstörungen zu reflektieren. Eine besondere Bedeutung auch im Zusammenhang mit dem Sozialen Trainingsraum kommt den Schul- und Unterrichtsregeln zu. Auf die Einhaltung der Unterrichtsregeln[5], die in jedem Klassenzimmer gut sichtbar angebracht sind, legen die Lehrer großen Wert.

Der Zugang zur Schule war unkompliziert. Sowohl der Schulleiter als auch der Klassenlehrer der beobachteten fünften Klasse standen dem Untersuchungsvorhaben sehr aufgeschlossen gegenüber. Während des Feldaufenthalts konnte ein offener und freundschaftlicher Umgang im Lehrerkollegium beobachtet werden. In mehreren Feldinterviews spricht der Lehrer von einer Schonzeit für die Schülerinnen und Schüler zu Beginn der fünften Klasse. Diese bräuchten Zeit, um den Übergang zu verarbeiten und sich an die Bedingungen des Lernens an der Hauptschule zu gewöhnen: „*Sie müssen da langsam reinkommen, es gibt so viel Neues, neue Fächer, so viel neue Lehrer, sie müssen vieles eigenverantwortlich arbeiten.*" (FI, 05.11.2007) Innerhalb dieser zeitlich begrenzten Schonzeit werden die Schülerinnen und Schüler nur in geringem Umfang Leistungskontrollen ausgesetzt. Aber

---

4   Das methodische Vorgehen bei ethnografischer Unterrichtsforschung ist ausführlicher z.B. in Breidenstein (2006) sowie Breidenstein (2008) beschrieben.
5   Es gibt insgesamt sechs Unterrichtsregeln, z.B. „Ich sorge für einen schnellen Unterrichtsbeginn.", „Ich passe im Unterricht auf und arbeite konzentriert mit."

nach ca. neun Wochen Unterricht setzen dann doch auch hier verstärkt schriftliche und mündliche Leistungsüberprüfungen ein. Die beobachtete Klasse besteht aus insgesamt zwölf Jungen und zwölf Mädchen, etwa ein Viertel davon mit Migrationshintergrund. Die befragten Schülerinnen und Schüler äußerten sich durchweg positiv über die neue Schule und ihre Lehrerinnen und Lehrer und obwohl die meisten von ihnen eine der örtlichen Gesamtschulen anvisiert hatten, gefällt es ihnen an der Hauptschule und sie fühlen sich von den Lehrerinnen und Lehrern anerkannt und ernst genommen.

Die im Folgenden näher zu betrachtende Zeugnisausgabe fand mitten in der Woche, an einem Mittwoch, statt. Aufgrund besonderer Umstände schlossen sich keine Schulferien an den Halbjahresabschluss an, sondern das neue Schulhalbjahr begann offiziell am nächsten Tag. Der Klassenlehrer hatte jedoch einen flexiblen Projekttag vorgesehen, an welchem er plante, mit den Kindern ins Schwimmbad zu gehen. Wir folgen nun dem Protokoll dieser Stunde und interpretieren Schritt für Schritt. Wir orientieren uns dabei an dem Prinzip der Sequenzanalyse, der es um die Rekonstruktion der Vollzugslogik der beobachteten Praxis und um die Frage nach den sich darin zeigenden Handlungsproblemen dieser Praxis geht (vgl. z.B. Bergmann 1985).

2.1 Auftakt und Aufklärung

Mittwoch, 30.01.2008, 3. Stunde

Vor der Pause sagte ein Schüler noch „nachher gibt's Giftblätter". Der Lehrer meinte dazu, dass es vom Schüler abhinge, ob es denn Giftblätter sind.

Die Kinder kommen nach der Hofpause wieder in den Klassenraum. Es herrscht weiterhin ziemliche Unruhe, die Kinder laufen durch den Raum, rufen durcheinander. Jetzt merkt man jedoch gar nichts von gespannter Aufgeregtheit oder Erwartung. Die Lehrer im Lehrerzimmer eben schienen da aufgeregter als die Schüler jetzt. Da diese nicht so richtig ruhig werden, spricht der Lehrer in ganz normaler Lautstärke in das Gebrummel hinein: „So, eure Mathesachen vom Tisch." Die Kinder laufen weiterhin hin und her, räumen zum Teil ihre Sachen weg, machen Krach, Lachen. Es gibt diverse Gespräche zwischen kleineren Gruppen. Jemand will vom Lehrer wissen, ob dieser auch ein Zeugnis bekäme, woraufhin er antwortet, dass die Kinder ihm ja mal eins schreiben können. Mehrere Jungen finden die Idee gut, Sören ruft „Sechs, Sechs, Sechs...". Herr Haffner geht nicht darauf ein. Er wartet eine Weile, sagt „so" und schaut in die Klasse, dann wartet er wieder. In der Klasse wird es nur wenig ruhiger. Er sagt noch einmal „so" und versucht zu erklären, was er da in der Hand hat (ich kann es von meinem Platz aus nicht erkennen), aber die Kinder lassen ihn nicht zu Wort kommen, rufen durcheinander.

Würde im Protokoll nicht Bezug auf eine Szene *vor* der Pause („Giftblätter") genommen, so wäre dieser Stundenauftakt nur schwerlich als Beginn einer Zeugnisausgabe zu erkennen. Die Kinder sind zwar unruhig, erscheinen der Ethnografin jedoch nicht sonderlich aufgeregt oder in feierlicher Erwartung. Eine erneute Begrüßung mit dem Verweis auf die Zeugnisausgabe findet nicht statt. Lediglich die Aufforderung, die Mathesachen vom Tisch zu räumen, deutet an, dass etwas Neues folgt; ob es sich dabei jedoch um Unterricht oder etwas anderes handelt, bleibt unklar.

Was hat es mit der Ankündigung der „*Giftblätter*" durch einen Schüler auf sich? Es handelt sich bei dieser Äußerung im Beisein des Lehrers um eine kleine Provokation, um eine interaktive Herausforderung, die die herausgehobene Bedeutung schulischer Zeugnisse auf die Probe stellt. Der in der Schülerkultur tradierte Schimpfname „Giftblätter"[6] kann als eine rituelle Abwertung jenes Dokumentes verstanden werden, das als Höhepunkt und Ziel der Arbeit eines ganzen Halbjahres inszeniert wird. – Dabei geht die Gefahr nicht nur von schlechten Noten aus, sondern die Zeugnisse selbst stellen die Bedrohung dar. Wörtlich genommen wäre bereits die Berührung dieses Dokumentes gefährlich! – Dieser Ausdruck ist durchaus auch an anderen Schulformen gebräuchlich, an der Hauptschule könnte er jedoch eine besondere Bedeutung haben – mussten die Schülerinnen und Schüler in den vergangenen Schuljahren doch vergleichsweise schlechte Zeugnisse entgegen nehmen (die jeweils schlechtesten in ihren Klassen). Interessant ist dann die Reaktion des Lehrers, der nicht etwa die generelle Diffamierung des Zeugnisses bestreitet, sondern den potentiell bedrohlichen Charakter des Dokumentes aufgreift und in die Verantwortung des Schülers stellt: Anders als in der Lesart der Schülerkultur stellt das Zeugnis in seiner Interpretation eben keineswegs für alle ein „Giftblatt" dar, sondern nur für einige Schüler, die sich dies selbst zuzuschreiben haben.

Gehen wir weiter im Protokoll: Obwohl die Stunde bereits begonnen hat, liegt die Aufmerksamkeit der Klasse nicht beim Lehrer. Das Thema der Stunde – die Zeugnisse – wird erstmals von einem Schüler thematisiert, indem er die Frage aufwirft, ob nicht auch der Lehrer in die Position des zu Bewertenden zu bringen wäre. In scherzhafter Weise verhandeln Schüler und Lehrer das asymmetrische Verhältnis von Bewertendem und Bewerteten. Der Vorschlag des Lehrers kann als Angebot eines symbolischen Ausgleichs dieser Asymmetrie interpretiert werden – zugleich findet dieses Angebot aber im Rahmen der gegebenen Asymmetrie statt und verstärkt diese. Welche Bedeutung hat dieses Angebot aber für Schüler und Lehrer? Kann der Lehrer dieses symbolische Angebot leichtfertig unterbreiten, da es für ihn relativ folgenlos bleibt? Jedenfalls greifen es die Schüler im Sinn eines „als ob"-Handelns begeistert auf, sie kosten ihre symbolische Macht aus und führen dem Lehrer in einiger Drastik und in der Rahmung des Spaßes die Bedeutung einer extrem negativen Bewertung vor Augen. Herr Haffner reagiert dann nicht mehr darauf – jegliche (ernsthafte) Reaktion hätte allerdings auch die in diesem Fall essentielle Rahmung der Interaktion als „Spaß" gefährdet. Stattdessen versucht er die Situation neu zu rahmen und einen Anfang für das Eigentliche zu schaffen („So."), was aber zunächst nicht recht gelingen will: Es gibt parallele Interaktionen in der Klasse, aber keine von allen geteilte Unterrichtssituation.

> Obwohl es nicht wirklich leiser wird, beginnt er dann: „Ich habe hier Originalzeugnisse von Schülern (.) aus der Grundschule. So, und zwar, muss ich die auch austeilen und die ham jetzt nichts mit den Zeugnissen zu tun, und deswegen geb ich die einfach schon mal raus, bevor ich meine große Ansprache halte." […] Es wird sehr laut in der Klasse, während der Lehrer mehreren Schülern die alten Zeugnisse aushändigt. Nach mehreren Versuchen des Lehrers wird es langsam etwas ruhiger.

Ohne tatsächlich auf die Aufmerksamkeit der Schülerinnen und Schüler zu insistieren, beginnt der Lehrer mit einer Aktion, die noch nicht das Eigentliche, die Zeugnisausgabe, darstellt, sondern dieser vorgeschaltet ist, obwohl es sich in gewisser Weise ja auch um eine Zeugnisausgabe handelt, nämlich die der Grundschulzeugnisse. Offenbar wurden diese von einigen Eltern bei der Anmeldung an dieser Schule im Original (anstelle einer Kopie)

---

6 Dieser ist den Beobachtern bereits aus der eigenen Schulzeit bekannt.

abgegeben und müssen nun wieder zurückgegeben werden. Hier drängt sich im Rahmen der aktuellen Zeugnisausgabe eine Verbindung zwischen den Grundschulzeugnissen und den aktuellen Zeugnissen, z.B. in Form eines Vergleichs oder einer Abgrenzung, geradezu auf. Diese Verbindung dementiert der Lehrer jedoch ausdrücklich „*die ham jetzt nichts mit den Zeugnissen zu tun*" und stellt sich so gerade nicht in die Kontinuität der Bildungslaufbahn der Schüler, die in der Grundschule begann. Dabei bedeuteten die Grundschulzeugnisse die Weichenstellung für den Hauptschulbesuch der Schüler.

Neben einem Bezug auf die eher schlechten Leistungen der Schülerinnen und Schüler böten die Grundschulzeugnisse auch die Möglichkeit, einen positiven Leistungsverlauf in der Hauptschule zu entwickeln, da der Logik der Selektion in den Bildungsgang Hauptschule entsprechend die Leistungen eines Großteils der Schülerinnen und Schüler besser ausfallen müssten. Diese Möglichkeit ergreift der Lehrer jedoch nicht. Auf diese Art inszeniert der Lehrer einen kompletten Neuanfang, der sich von jeglichen Bezügen auf die Grundschule befreit und somit die (negativen) Leistungen der Schüler ausblendet. Das Neue selbst wird jedoch nicht spezifiziert.

Im Verweis auf „*meine große Ansprache*" kommt dann ganz deutlich das gebrochene Verhältnis des Lehrers zur Zeugnisausgabe zum Ausdruck, denn eine solche Ankündigung kann nur als ironische Brechung interpretiert werden – es ist schlicht kein Kontext vorstellbar, in dem diese Ankündigung ernsthaft zu formulieren wäre. Der Lehrer gibt zu verstehen, dass er weiß, dass von ihm eine feierliche Rahmung des Ereignisses erwartet wird und dass er eine entsprechende Rede zu halten hat, er kann diese Rollenerwartung aber nur in ironischer Brechung affirmieren. Im Anschluss folgt dann auch keineswegs eine „große Ansprache", sondern eher ein bürokratisches Abarbeiten von Tagesordnungspunkten. Damit bietet er zugleich den Rahmen für eine distanzierte Rezeption der Situation an.

> Dem Lehrer reicht das aber scheinbar noch nicht. "Ich möchte, dass ihr jetzt mal n bisschen runter kommt, mit eurem Pegel, ja. Ich kann verstehen, dass ihr aufgeregt seid, das ist auch in Ordnung, aber man muss dabei nicht so laut werden." Erstaunlicherweise werden die Kinder wieder lauter. Irgendjemand macht laute Klopfgeräusche, andere unterhalten sich laut. Der Lehrer hat Mühe, die Kinder ruhig zu bekommen und auf das Bevorstehende zu konzentrieren. Er setzt mehrmals an, kommt aber nicht gegen den Lärm an. Durch den Lärmteppich höre ich ein Mädchen (Selin?) sagen: „Nun machen Sie's nicht so spannend." Irgendwann ruft Sören: „Leise sein, sonst kriegen wir kein Zeugnis!" Danach wird es langsam ruhiger.

War für das Organisatorische eine mittlere Aufmerksamkeit der Klasse für den Lehrer ausreichend, so scheint jetzt größere Ruhe erforderlich, was auf die Bedeutsamkeit des Folgenden hinweist. Dabei dient die Deutung der Unruhe in der Klasse als „Aufregung" gerade der Stützung der Relevanz des Bevorstehenden. Der hohe Geräuschpegel könnte aber genauso gut auch als Desinteresse interpretiert werden, ebenso wie die unmittelbar auf seine Interpretation der Situation einsetzende Reaktion der Klasse.

Selins Vorwurf, der Lehrer würde die Spannung der Situation bewusst erhöhen, während dieser praktisch durch die Schüler daran gehindert wird, mit der Zeugnisausgabe fortzufahren, erscheint raffiniert und bringt die Situation in gewisser Weise auf den Punkt: Der Lehrer ist gefangen in der Zwickmühle zwischen der Inszenierung der Bedeutsamkeit des Außeralltäglichen und dem Herunterspielen eines Ereignisses, zu dem er ein (wie wir sehen werden: notwendigerweise) gebrochenes Verhältnis hat. Sörens Aufforderung „*Leise sein, sonst kriegen wir kein Zeugnis*" stellt einen weiteren geschickten Schülerkommentar auf die Situation dar. Auf einer Ebene stellt er ein Kooperationsangebot an den Lehrer dar (übrigens durch den berüchtigtsten Schüler der Klasse), andererseits handelt es sich um beißende Ironie: Schließlich ist klar, dass es im Rahmen dieser Veranstaltung schlicht keine Option darstellt, dass die Schüler ihre Zeugnisse *nicht* bekommen. Zugleich ist der Einwurf Sörens wohl auch Ausdruck der Ambivalenz der Schüler: Welchen Anreiz leise zu sein bietet es für sie, die oben als *„Giftblätter"* titulierten Zeugnisse ausgehändigt zu bekommen? Man weiß, dass die Zeugnisse geschrieben sind und vorliegen, und will es nun auch wissen. Auch diejenigen, die Befürchtungen hegen, würden wohl kaum darauf verzichten, das Zeugnis in Empfang zu nehmen.

> „So. (4 sec) Eure Zeugnisse, die ihr jetzt bekommt" (eine Schülerin macht ein lautes Geräusch des Erschreckens) „sehen etwas anders aus als das, was ihr bisher habt. Ihr habt, vom Äußerlichen sehen die Zeugnisse so aus, dass viel mehr Fächer drauf stehen, als ihr eigentlich habt. Das ist Absicht, weil die Zeugnisformulare euch auch andeuten sollen, dass ihr bald noch viel mehr andere Fächer dazu bekommt." In der Klasse beginnen einige zu stöhnen, oder „oh-oh" zu sagen. So. Als erstes. (5 sec) Haben wir nicht viel Bemerkungen, hab ich nicht viel Bemerkungen auf euer Zeugnis geschrieben, aber ich hoffe sehr- oder sagen wir mal so, sehr passende und kurz zusammengefasste Bemerkungen⁷. Und ich möchte euch bitten, dass ihr diese Bemerkungen, äh, ordentlich mit euren Eltern durchlest und mal versucht zu verstehen, was das bedeutet. Ja. Zweitens. Die Zeugnisse, die ihr hier bekommt, werdet ihr am Freitag wieder mitbringen, unterschrieben von euren Eltern." Ben neben mir hört aufmerksam zu und nickt beim letzten Satz des Lehrers. „Ich muss hier abhaken, dass ich die Zeugnisse gesehen habe, äh die Unterschrift eurer Eltern auf dem Zeugnis gesehen habe. Also, nicht morgen, weil ich sonst Sorge habe, dass die Zeugnisse nass werden durch die Schwimmsachen, sondern Freitag, ja. Spätestens Montag."

Der Auftakt der Ansprache bezieht sich auf die äußere Gestalt der Zeugnisse, auf das Formular. Dieses Formular markiert den Bruch zur Grundschulzeit und setzt Zeichen für die neue Schule, indem es schon auf weitere neue Fächer verweist. Dass der Lehrer dem Formular eine *„Absicht"* zuspricht ist verblüffend, weil man eigentlich vermuten würde, dass die Form pragmatischen Erwägungen geschuldet ist (ein Formular für alle Klassen). In der Formulierung des Lehrers werden die „anderen Fächer" also eingeführt, weil und insofern sie auf dem Zeugnis stehen. Das Zeugnisformular als solches wird hier in überraschenderweise Weise zum handlungsmächtigen Agenten, dem sogar „Absichten" zugeschrieben werden.⁸ Eine derartige Thematisierung der Zeugnisse ermöglicht dem Lehrer einen Rückzug von der eigenen Akteursposition. – Die Ankündigung der neuen Fächer und der Verweis auf die Laufbahn an der neuen Schule fungieren insgesamt als Warnung und Menetekel, wie der einsetzende Chor der Schüler mit seinen Ausrufen des Erschreckens belegt.

Nach diesem Auftakt kommt der Lehrer zum nächsten Thema, wiederum eingeleitet von einer bedeutungssteigernden mehrsekündigen Pause und gerahmt als „erster" von offenbar mehreren Punkten, die anzusprechen er sich vorgenommen hat. Bezüglich der *„Bemerkungen"* auf den Zeugnissen gibt es zunächst Verwirrungen um die Urheberschaft, der Lehrer kommt erst im zweiten Anlauf zum „ich" und betont auch zweimal, dass es sich um

---

7   Die „Bemerkungen" bestehen in den meisten Fällen aus nur einem Satz, z.B. „Claudia lässt sich zu sehr von ihren Mitschülerinnen ablenken."
8   Ein solches Zeugnisformular wäre vielleicht tatsächlich einmal aus der Perspektive der Actor-Network-Theory als ein „nicht-menschlicher Aktant" und als Teil eines spezifischen Handlungsprogramms zu beschreiben (vgl. Latour 2002).

„nicht viel" handele. Womit tut er sich hier so schwer? Wogegen redet der Lehrer hier an? Der Gegenstand der Bemerkungen bleibt vollkommen ausgespart, der Lehrer deutet als Maßgaben für die Bemerkungen lediglich deren Passung an (zu wem oder was sollen sie passen?) und die Kürze (Inwiefern ist das ein Gütekriterium?). Die starke Relativierung der „Bemerkungen" steht dann in einem deutlichen Kontrast und Spannungsverhältnis zu der Aufforderung, diese „*ordentlich*" durchzulesen und zu versuchen „*zu verstehen, was das bedeutet*". Es bleibt rätselhaft: „Bemerkungen" erscheinen dem Wortsinn nach randständig und dem Eigentlichen hinzugefügt, auf dem Zeugnis allerdings sind die „Bemerkungen" vorgesehen als eine Ergänzung der Ziffernnoten, die diese nicht i.e.S. kommentieren, sondern sich auf einen eigenen Gegenstandsbereich beziehen. Dieser Gegenstandsbereich der Bemerkungen bleibt jedoch in den Ausführungen des Lehrers komplett vage und nicht zu greifen: Geht es um das Verhalten von Schülern? Um deren Persönlichkeit? Um Auffälliges oder um Gewöhnliches? Welche Funktion hätte dies alles auf einem Zeugnis, das der Bewertung schulischer Leistungen gewidmet ist? Der Lehrer jedenfalls nimmt offensichtlich ein sehr ambivalentes Verhältnis zu den Bemerkungen auf den Zeugnissen der Kinder ein, die er zu verfassen hat, das zwischen deren Relativierung und Überhöhung schwankt. Diese Ambivalenz gründet sich möglicherweise in einer noch tiefgreifenderen Unsicherheit hinsichtlich der Aufgabe der schulischen Leistungsbewertung und seiner eigenen Rolle dabei – diese Vermutung wird im weiteren Verlauf zu prüfen sein.

In der nächsten Sequenz werden wieder stärker die bürokratischen Aspekte der Zeugnisse thematisiert. Dabei beruft sich der Lehrer auf eine ihm äußere Macht, der er verpflichtet ist („*muss hier abhaken*"). Im Zentrum seiner Sorge steht zudem nicht die individuelle Verarbeitung der Zeugnisinhalte (Noten, Bemerkungen) durch die Schüler, sondern die äußere Unversehrtheit der Zeugnisse.

„So. Dann (2 sec) glaube ich, dass es so ist, dass einige von euch ein wirklich gutes Zeugnis bekommen, vielleicht auch eins so gut wie sie's noch nie hatten, und andere bekommen auch ein schlechteres Zeugnis. Hast du eine Fünf auf deinem Zeugnis stehen (Aufschrei von Selin und entsetztes Gesicht, mehrere Jungen reden miteinander, aber es geht wohl um andere Dinge), steht drauf, dass die Versetzung nicht gesichert ist. Wenn du in die sechste Klasse (.) gehen möchtest, mit mir und dem Rest der Klasse, solltest du möglichst keine Fünfen haben. Du darfst schon auch mal eine oder zwei Fünfen haben auf dem Zeugnis, aber die müssen ausgeglichen werden können. Da gibts Ausgleichsregeln, das heißt, wenn du in Mathe eine Fünf hast, musst du mindestens eine Drei in Deutsch haben. (Krach in der Klasse) Wenn du in Mathe eine Fünf hast und in Deutsch eine Vier oder anders rum, kannst du die nicht ausgleichen und du darfst halt nicht zu viele Fünfen haben, die du nicht ausgleichen kannst. Deswegen steht dieser Vermerk drauf und es gibt eine weitere, wenn du zwei Fünfen auf dem Zeugnis hast, steht drauf, die Versetzung ist nicht gesichert, sondern, die Versetzung ist gefährdet. Das ist große Gefahr. Und hast du drei Fünfen oder mehr auf'm Zeugnis, steht drauf, die Versetzung ist stark gefährdet. So, das einmal. Andererseits [gibt es auch] Schüler, die eine Fünf haben und auch viele Vieren, da hab ich dann deswegen auch geschrieben nicht gesichert, weil so eine Vier mal schnell zu einer Fünf werden könnte. (Ein Schüler: „Oha!") So."

Der Eingangssatz enthält eine mehrfache Brechung des versuchten Lobes durch den Lehrer: zunächst im „*glaube ich*" und dann auch in der Formulierung „*wirklich gute Zeugnisse*": Ist diese Hervorhebung auf die Schulform zu beziehen? Geht es um absolute oder um *an der Hauptschule* „gute Zeugnisse"? Letzteres bestätigt sich in der Bemerkung, dass einige ein so gutes Zeugnis bekämen, „*wie sie es noch nie hatten*". – Der Selektionslogik des

Bildungssystems entsprechend müsste doch auch erwartet werden, dass unter den Bedingungen der Auslese bessere Leistungen erzielt werden, die sich dann auch in guten Zeugnissen niederschlagen. Der Lehrer scheint sich dieses Effektes aber nicht so sicher zu sein, wie sich in dem vorgeschalteten *„vielleicht"* dokumentiert. An dieser Stelle wird nun doch die Verbindung zu den Grundschulzeugnissen hergestellt, die weiter oben noch dementiert wurde. Ein positives Ergebnis für alle (vgl. Breidenstein u.a. 2007) wird hier allerdings nicht versprochen. Dann dient die Erwähnung der schlechten Zeugnisse der direkten Überleitung in die Erläuterung der Bemerkungen zu den Versetzungsregelungen. Hier wechselt der Lehrer den Sprachmodus (*„du"*, *„deinem"*), so dass sich jeder angesprochen fühlen kann und muss. Selin reagiert direkt darauf; sie trägt die Situation mit und dramatisiert sie gleichzeitig.

Die überraschende Formulierung *„Wenn du in die sechste Klasse (.) gehen möchtest, mit mir und dem Rest der Klasse"* setzt als Ziel zunächst die Gemeinschaft der Klasse über den Erfolg, die nächste Klassenstufe erreicht zu haben; dabei ist die „Entscheidung" für die Gemeinschaft aber dem Wollen der Schülerinnen und Schüler überantwortet. Dies ist auf doppelte Weise paradox, da die Entscheidung zum einen keine tatsächliche, ‚autonome' Entscheidung ist (der Übergang von Klasse fünf in Klasse sechs wird üblicherweise nicht als Entscheidung gesehen), zum anderen wird der Übergang von Schülerfähigkeiten und -leistungen abgekoppelt, indem er als Entscheidung codiert ist, also gerade nicht als eine Frage des Könnens. Der Leistungsaspekt sowie das Zustandekommen von Noten werden in dieser Formulierung komplett ausgeblendet. Es wird also lediglich über die rechtlichen Bestimmungen informiert, die für ein geordnetes und anonymes Prozessieren von Noten sorgen. Der Lehrer selbst verschwindet als Akteur aus diesem Geschehen. Stattdessen setzt er sich als Führer einer Gemeinschaft ein, die allerdings auch nicht verbürgt werden kann und gebrochen in jedes einzelne Individuum und jeweils den *„Rest der Klasse"* erscheint.

Im Kontext dieser Aufklärungen über die Versetzungsregeln wird die herausgehobene Bedeutung der Note Fünf sehr augenfällig: Allein in diesem kurzen Abschnitt wird sie zehnmal genannt. Die Note Fünf markiert den entscheidenden Bezugspunkt einer Praxis der Leistungsbewertung, die um die Schwelle der Versetzung in die nächste Klasse zentriert ist. Fünfen fungieren als Zeichen der *„großen Gefahr"*, die Vermeidung der Fünf rückt in das Zentrum aller Anstrengungen. Die bedrohliche Bedeutung der Note Fünf strahlt auch auf die Note Vier noch aus, *„weil so eine Vier mal schnell zu einer Fünf werden könnte"*.

2.2 Die Realschulempfehlung

Mit der folgenden Sequenz gelangen wir nun an die Stelle, an der der Bezug auf die Mehrgliedrigkeit und Selektivität des Schulsystems explizit wird:

> „Es gibt eine Person, die hat ein so gutes Zeugnis, dass da drauf steht, dass sie äh, sozusagen auch mit diesem Zeugnis an die Realschule gehen könnte." Sören fragt: "Wer ist das?" Jemand ruft: "Ich weiß es."

Mit der Umschreibung „eine Person" wird zum einen Spannung im Sinne eines Geheimnisses aufgebaut, es kann jedoch auch dem Schutz der nicht genannten Person dienen, wenn es sich um eine unangenehme Angelegenheit handelt. Dies wäre vor dem Hintergrund eines guten Zeugnisses allerdings verwunderlich. Die Formulierung enthält jedoch insgesamt eine starke Relativierung dessen, was tatsächlich auf dem Zeugnis geschrieben steht, da ein Unterschied zwischen der tatsächlichen Kompetenz auf die Realschule zu gehen und der Tatsache, dass es auf dem Zeugnis steht, gemacht wird (es steht nur drauf). Zusätzlich relativiert wird die Aussage durch den Einschub *„sozusagen"* und das in der Satzstellung verrutschte *„auch"*, das in dieser Form das Zeugnis einschränkt, sowie schließlich durch den Konjunktiv *„könnte"*. Die Reaktionen der Schüler zeigen Interesse, sie kooperieren auch in dieser Inszenierung und erhöhen die Spannung, indem sie (sich) nach der Identität der Person fragen, die dieses herausgehobene Zeugnis erhält.

> Lehrer: „Das ist, das Zeugnis von ähm Claudia, ich hab auch mit ihr gesprochen, ich muss diesen Vermerk drauf schreiben, wenn du zwei Zweien und eine Drei oder besser in einem Hauptfach hast, wie Mathe, Deutsch und Englisch und der Rest besser als Drei Komma Null im Schnitt ist, dann muss ich das drauf machen."

Der Sprachduktus einer unangenehmen Angelegenheit verdichtet sich, die Schülerin ist informiert, der Vermerk muss aufs Zeugnis. Es wird auch hier wie bei den Fünfen lediglich von Vermerk gesprochen. Um die Leistung der Schülerin hervorzuheben, wären weitaus positivere Formulierungen möglich, während so eine Vereinheitlichung der Vermerke stattfindet. Zudem scheint der Lehrer den Namen der einzigen Schülerin mit Realschulempfehlung nicht sofort parat zu haben. Die zweifache Betonung, dass die Empfehlung nur durch äußeren Zwang auf das Zeugnis gelangt ist, sowie die angefügte Legitimierung durch die Erläuterung der rechtlichen Regelung verweisen auf eine Diskrepanz zwischen Lehrereinschätzung und der Vorschrift. Der Lehrer inszeniert sich als Vollzugsbeamter von Regelungen und Vorgaben, auf die er keinen Einfluss hat, die er aber ausführt. Der Vermerk wird in diesem Sinne auch wie ein Stempel „drauf gemacht".[9]

> „Das heißt aber nicht, dass du's an der Realschule schaffen kannst, denn wir haben das schon vielen Schülern gehabt, die sind dann hingegangen, und die ham Tatsache dann fast nur Fünfen und Sechsen aufm Zeugnis gehabt und wir ham sie hier wieder gesehen, völlig frustriert, weil das viel zu schwer war, (.) ja."

Wird bereits in den Bemerkungen davor die Leistung der Schülerin nicht anerkannt und die Bedeutung der Empfehlung relativiert, so formuliert der Lehrer hier das wahrscheinliche Scheitern bei einem Wechsel an die Realschule – sie kann es nicht schaffen. Dabei ist der ungewöhnliche Sprachgebrauch des Lehrers erhellend. Es handelt sich um eine Mischform von zwei prinzipiell positiven Aussagen, die in der Kombination eine negative Form annehmen. Positiv formuliert könnte der Lehrer sagen „Das heißt aber nicht, dass du's *nicht* schaffen kannst. (Auch wenn es schwer werden wird.)", in der Bedeutung, dass man es tatsächlich schaffen kann, ein Scheitern wird jedoch auch nicht ausgeschlossen. Eine neutralere Version wäre etwa: „Das heißt aber nicht, dass du es schaffen *wirst*." Hier bliebe mehr Offenheit in Bezug auf Erfolg und Versagen, mit etwas stärkerem Fokus auf der Möglichkeit des Scheiterns. Gewählt wird jedoch eine Formulierung, in der sich latenter und manifester Sinngehalt überlagern. *„Das heißt aber nicht, dass du's an der Realschule*

---

9   Beim Anblick der Voraussetzungen für die Realschulempfehlung kann man sich durchaus wundern, dass nur eine Schülerin diese überhaupt erfüllt. Wird das Notenspektrum nicht in seiner Breite genutzt?

schaffen kannst". Hier kommt die grundlegende Überzeugung des Lehrers zum Vorschein. Der Lehrer verweigert der Schülerin also selbst die *Möglichkeit* des Erfolgs an der Realschule. In seiner Begründung bleibt er nicht im Ton sachlicher Aufklärung über Chancen und Risiken der höheren Schulform, sondern entwirft ein diffuses Bedrohungsszenario, welches die Realschule als gefährlichen Ort des Scheiterns, die Hauptschule jedoch als sicheren Hort konstruiert. Dabei werden Räume mit unterschiedlicher Qualität entworfen. Die Realschule ist ein fremder und ferner Ort, zu dem einige zwar *„hingegangen"* sind, während die eigene Schule die bekannte und vertraute Heimat darstellt, wo man sich dann *„wiedersieht"*. Das Wiedersehen der Zurückgekehrten ist aber kein freudiges Ereignis, weil diese gezeichnet sind von den schrecklichen Erfahrungen in der Fremde. – In dieser Perspektive, von der Hauptschule aus geschaut, kommen die erfolgreichen Wechsler an die Realschule systematisch nicht vor, weil man diese ja nicht „wiedersieht".

> Einige der Kinder schauen erschrocken, ein Schüler ruft: „Geh lieber nicht hin!" Ein anderer: „Bleib lieber hier."

Hier wird das Publikum aktiv, die Mitschüler bringen sich als Betroffene ins Spiel. Sie reagieren stark und emotional auf das Bedrohungsszenario und artikulieren ihrerseits die Warnung davor, sich in Gefahr zu begeben, und den Aufruf, in der geschützten Klasse zu bleiben. Eine mögliche Anerkennung der Mitschüler für gute Leistungen wird durch die Angst „neutralisiert". Dabei haben die Mitschüler selbst auch ein Interesse daran, die Vision der positiven Hauptschule als dem einzigen Ort, an dem man sich ihnen angemessen widmen kann und sie sich wohl fühlen können, aufrecht zu erhalten: Jeder Schüler, der die Klasse verlässt und an der anderen Schulform erfolgreich ist, gefährdet die positive Identifizierung mit der eigenen Schule.

> Der Lehrer: „Rede mit deinen Eltern über diese Bemerkung, sie könn' mich auch gerne anrufen und fragen, was das zu bedeuten hat. Und was es für dich zu bedeuten hat."

Dies hört sich fast wie eine Drohung an. Dabei wird die Bemerkung als ein Text konstruiert, der nicht für sich genommen verständlich ist, sondern der der Erläuterung bedarf. Die individuelle Bedeutung dieses Textes klärt sich erst im ‚Darüber Sprechen', entweder im Gespräch der Eltern mit der Tochter, die ja jetzt die warnende Botschaft des Lehrers vernommen hat oder mit dem Lehrer als Experten selbst. Jedenfalls versucht der Lehrer sicherzustellen, dass die Eltern mit der Realschulempfehlung nicht ‚allein gelassen' werden, er bietet seine Expertise an, zugleich spricht er den Eltern und Claudia ein eigenständiges Urteil ab.

Insgesamt vermittelt die Situation eher den Eindruck eines Problemfalles, denn eines Lobes für gute Leistungen. Von den Leistungen wird weitgehend abstrahiert – entscheidend sind nur noch die Noten selbst, ohne den Bezug zur Leistung. Nicht die Leistungen waren gut, sondern das Zeugnis ist es. Und nicht die Leistungen und das Leistungsvermögen erlauben es, auf eine höhere Schulform zu wechseln, lediglich ein Durchschnitt setzt rechtliche Regelungen in Gang. Zeugnisnoten sind gekoppelt an Verfahrensregeln, die bürokratisch-juristischer Art sind und zur Umsetzung verpflichten.

„Ansonsten, äh ist trotzdem ein Zeugnis besser im Schnitt[10], ich glaube (.) es war Medina. Medina hat glaube ich das beste Zeugnis in dieser Klasse." Von einigen Kindern kommen Laute, die man als Anerkennung deuten könnte. „Ich habs aber leider nicht ganz sicher im Kopf. So." (8 sec Krach) Im Anschluss teilt der Lehrer die Zeugnisse aus, bei einigen Schülern sagt er kurz einige Worte dazu, aber sehr leise, so dass es nur der jeweilige Schüler (und sein direktes Umfeld) hören kann. (Katrin U. Zaborowski)

Es erstaunt, dass der Lehrer nicht weiß, wer das beste Zeugnis der Klasse hat. Offenbar sind die Leistungen Einzelner nicht von Bedeutung, so lange sie nicht das Risiko des Auf- oder Abstieges beinhalten und damit die Gemeinschaft der Klasse nicht gefährden. Das Hauptziel für die Zeugnisausgabe ist das gemeinsame Klassenziel: alle Kinder wechseln gemeinsam in die nächste Klasse über. Der Gemeinschaftsgedanke wird hier so interpretiert, dass keiner zurück bleiben darf, es darf jedoch auch niemand nach Höherem streben und die Schulform wechseln. So wird auch die Abstraktion vom Individuellen („eine Person") in Bezug auf die Realschulempfehlung verständlich: Für das Szenario ist uninteressant, um wen es sich handelt, wer den Vermerk bekommen hat, denn im Rahmen des Gesamtentwurfs scheint klar zu sein, dass niemand aus der Klasse es an der Realschule schaffen kann.

Insgesamt ist die erwartungswidrige Thematisierung von Noten und Leistungen bemerkenswert. Die Fünfen auf dem Zeugnis werden eher informativ abgehandelt, sie sind in gewissem Maße sogar erlaubt. Das Zeugnis mit der Übergangsempfehlung wird dagegen stärker problematisiert – der Vermerk müsse auf dem Zeugnis stehen und die Schülerin sei bereits informiert. Falls die Eltern Fragen haben, sollen sie sich an den Lehrer wenden, der ihnen die Bedeutung erklärt.

3 Schlussfolgerungen

Geht man von der problematischen Situation der Hauptschule (siehe oben) und speziellen Ansätzen einer Hauptschulpädagogik aus, die den Schülern ein von Leistungsdruck zumindest teilweise befreites Umfeld bieten will, muss dies auch zu einer Bedeutungsverschiebung der Situation der Zeugnisausgabe sowie der Zeugnisse selbst führen. Man kann davon ausgehen, dass zumindest ein Teil der Hauptschüler bisher überwiegend schlechte Erfahrungen mit Zeugnissen gemacht hat, was die Freude auf die Zeugnisse durchaus einschränken dürfte. Es herrscht keine freudige Erwartung wie am Gymnasium. Das Positive an diesem Tag besteht hauptsächlich darin, dass nach der dritten Stunde bereits Schluss ist und die Lehrer keinen „richtigen" Unterricht in den Stunden davor machen. Allerdings ist die Stunde auch nicht von Angst vor Zeugnissen geprägt; es herrscht weitgehend fröhliche Ausgelassenheit unter den Schülerinnen und Schülern.

Zusammenfassend kann die beobachtete Zeugnisausgabe an der Hauptschule folgendermaßen beschrieben werden: Die Situation ist durch eine starke Relativierung der Bedeutung der Zeugnisse und durch eine Distanzierung von schulischer Leistung geprägt. Die Rahmung und praktische Ausführung dieser Zeugnisausgabe unterscheiden sich deutlich von anderen im Projekt beobachteten Zeugnisausgaben (vgl. Breidenstein u.a. 2007). Vor dem Hintergrund des Vergleichs lässt sich am besten herausarbeiten, welche Elemente in

---

10 Dieser bessere Schnitt ohne Realschulempfehlung ergibt sich aus besseren Noten in nicht empfehlungsrelevanten Fächern (z.B. Musik).

dieser Zeugnisausgabe nicht enthalten sind. Sie zeichnet sich gerade nicht durch besondere Feierlichkeit oder eine spezielle Rahmung der Situation aus. Es erfolgt kein Rückblick auf das vergangene Schulhalbjahr verbunden mit einer Einschätzung der „Gesamtleistung" der Klasse, keine ausdrückliche „Beschwörung" der Klassengemeinschaft, keine Pädagogisierung und Moralisierung. All dies sind Elemente von Zeugnisausgaben, die an Gymnasium und Sekundarschule in der jeweils ersten Zeugnisausgabe an der neuen Schule beobachtet werden konnten. Während dort also Versuche der Initiierung von Feierlichkeit und der Steigerung der Bedeutung der Situation beobachtet wurden, die Zeugnisausgabe insbesondere auch zur Pädagogisierung und der Einschätzung der Kollektiv- und Einzelleistungen diente, wird hier die Bedeutung der Situation nicht besonders gerahmt und eine Pädagogisierung der Situation bleibt weitgehend aus. Zugleich gibt es auch hier die Ambivalenz von Erhöhung der Bedeutung der Situation und deren Relativierung. Insgesamt inszenieren jedoch die Schülerinnen und Schüler die Besonderheit der Situation in stärkerem Maße als der Lehrer. Dabei erscheint die Zeugnisausgabe als besonderer Nervenkitzel, obwohl – oder gerade weil – der direkte Bezug zu den schulischen Leistungen weitgehend ausgeblendet bleibt.

Durch die gesamte Zeugnisausgabe zieht sich die Ambivalenz zwischen den Bemühungen um eine rudimentäre Anerkennung der Bedeutung von Zeugnissen und der Distanz zur Situation der Zeugnisausgabe. Hier offenbaren sich Probleme des Lehrers, sich positiv auf den Leistungsgedanken („*wirklich gute Zeugnisse*", Realschulempfehlung) zu beziehen. Vereinzelte Bezüge zur Leistungsthematik sind in sich gebrochen; der Leistungsgedanke wird insgesamt weitgehend ausgeblendet. Die Situation der Zeugnisausgabe erscheint als ein dem Lehrer fremdes Geschehen, dessen Bearbeitung in der bürokratischen Abhandlung der Situation gesucht wird. In gewisser Weise erfolgt die Zeugnisausgabe als Ausführung eines hoheitlichen Aktes, mit spezifischen Vorgaben und Rollenerwartungen an die Lehrer, welche den Lehrer von persönlicher Bezugnahme entlasten. Dieser bürokratisch zu nennende Umgang des Lehrers mit der Zeugnisausgabe erleichtert auch den Umgang mit negativer Selektion.[11]

Die Ausblendung des schulischen Erfolges bzw. Misserfolges in der Situation der Zeugnisausgabe könnte – der Verdacht drängt sich auf – einer Bearbeitung der spezifischen Gegebenheiten der Schulform geschuldet sein, die jedenfalls nicht schulische Leistungen in das Zentrum einer Feier stellen kann. Im Gegenteil wird die Bedeutung der Zeugnisse eher relativiert und abgeschwächt.

Dies erscheint strukturell auch notwendig. Um die Handlungsfähigkeit an der Hauptschule aufrechterhalten zu können, muss eine Umdeutung der Situation der Schülerinnen und Schüler erfolgen. Der Fokus verlagert sich von einer Stigmatisierung schlechter Leistungen und negativer Schulverläufe hin zur Hauptschule als einen Ort der Anerkennung der Schülerpersönlichkeit und der individuellen Förderung. So stellen Helsper und Wiezorek (2006) sowie Helsper (2006) als Ergebnis einer Fallstudie positive Elemente einer veränderten Hauptschulkultur heraus, die sie als „Kultur der Achtung und Anerkennung" beschreiben. Gerade dadurch können Schülern wieder positive Lernerfahrungen vermittelt sowie die Schülerpersönlichkeit gestärkt werden.

---

11 Zu Formen der Verantwortungsübertragung in Selektionsprozessen als Mittel der Entlastung von potentiell problematischer Selektion siehe Streckeisen/Hänzi/Hungerbühler (2007) sowie AG Schulforschung (1980, S. 19).

> „Ein relevanter Teil der Jugendlichen kann nur aufgrund dieser pädagogischen Kultur und der darin entstehenden Arbeitsbündnisse mit den Lehrkräften, eine positive Haltung gegenüber der Schule (wieder) entwickeln, mit der Schulverweigerung vermieden und schulische Bildungsprozesse eröffnet werden können. [...] Der abgewertete soziale Bildungsort Hauptschule wird damit – eine paradoxe Konstellation – für einen Teil der Jugendlichen zu einem Ort der Stabilisierung, zur Erfahrung eines Halt gebenden Kontrastraums mit Bildungsoptionen (vgl. Helsper 2006)." (Helsper/Wiezorek 2006, S. 451)

Eine solche Konstruktion der Hauptschule als Raum positiver Erfahrungen geht jedoch einher – und das zeigt die Beobachtung der Zeugnisausgabe – mit einer Abgrenzung von den anderen Schulformen und mit der Erzeugung von Angst und Fremdheit ihnen gegenüber. Die Kohäsionskräfte innerhalb der Hauptschule scheinen potentiellen Aufstiegen in andere Schulformen tendenziell entgegen zu stehen. Dies kann offenbar sogar so weit führen, dass die Hauptschule in ihrem Versuch, Schülerinnen und Schüler an die Schulform zu binden, mögliche Übergänge in höhere Schulformen erschwert. Auf diese Gefahr weist auch Helsper (2006) hin:

> „Allerdings zeigen sich auch nicht intendierte Folgen dieser positiven Sozialintegration für die Gestaltung der Bildungskarrieren: Bei einem Teil der Schüler führen die Halt und Wertschätzung eröffnenden Beziehungen zur Klassenlehrerin dazu, dass sie die Möglichkeit ausschlagen, in eine Klasse mit Realschulabschlussoption zu wechseln. Sie möchten auf Grund dieser vertrauensvollen Beziehung in der Klasse verbleiben. Damit besteht die Gefahr, dass gerade die gelingende soziale Integration auf der Grundlage diffuser Vergemeinschaftung dazu beiträgt, dass Schüler dieser Klasse ihre Bildungsoptionen verschlechtern. Zudem deutet sich an, dass die dominant an Stützung und Bestätigung orientierte Unterrichtsgestaltung, die grundlegend auf die Vermeidung von Entwertungen und Versagenserlebnissen orientiert ist, für einige Schüler auch eine mangelnde Förderung bedeutet und damit ebenfalls auf Kosten der umfassenden Stärkung ihrer Bildungsoptionen gehen kann." (ebd. S. 305)

Die Hauptschule steht vor der Aufgabe, sich selbst als einen Ort zu etablieren, an dem es den Schülerinnen und Schülern gut geht, wo sie sich wohl fühlen können. Dieses Bild impliziert jedoch die Abgrenzung von den anderen Schulformen, die eben nicht geeignet für das Klientel ist und vor denen direkt oder indirekt gewarnt wird, um die Schülerinnen und Schüler zu halten. Damit besteht jedoch die Gefahr den Schülerinnen und Schülern der Hauptschule massiv Möglichkeiten zu verschließen, unzureichend über die anderen Schulformen zu informieren bzw. die Kinder nicht genügend auf einen Wechsel vorzubereiten.

In statistischen Untersuchungen zur Mobilität zwischen den Schulformen im deutschen Schulsystem zeigt sich, dass Abstiege mehr als dreimal so häufig vorkommen wie Aufstiege.[12] Dies lässt sich sicher vor allem durch die Neigung höherer Schulformen erklären, Schüler „auszusortieren"; sie können sich auf diesem Wege ja von den jeweils schlechtesten Schülern „befreien". Möglicherweise gibt es aber auch tatsächlich Hemmungen der unteren Schulformen ihre jeweils besten Schüler nach oben „abzugeben". Jedenfalls erweist sich die Hoffnung, dass (unvermeidliche) Fehlentscheidungen bei der Sortierung der Schü-

---

12 Bellenberg u.a. (2004, S. 80): „Empirisch ist gut belegt, dass ein Wechsel der Schulform in den meisten Fällen einen Abstieg bedeutet (vgl. Bellenberg/Klemm 2000; Schümer/Tillmann/Weiß 2002). Aufsteiger kommen wesentlich seltener vor als Rückläufer. Im Jahr 2000 waren von den Schulformwechseln der 15-jährigen PISA-Population 77% Abstiege und nur 22,2% Aufstiege."

lerschaft nach der Grundschule durch einen späteren Wechsel der Schulform „korrigiert" werden könnten, zumindest für die als zu schlecht Eingestuften als äußerst trügerisch.

Es muss also ein grundlegendes Handlungsproblem der Hauptschule mit schulischer Leistungsbewertung und Selektion vermutet werden: Einerseits sollen die Schüler bestmöglich gefördert werden, bezüglich der Leistungen und auch der persönlichen Entwicklung (was auch einen Schulformwechsel einschließt), andererseits tut sich die Schule verständlicherweise schwer, regelmäßig die besten Schüler abzugeben und damit zur negativen Leistungshomogenisierung der Schülerschaft beizutragen. Dieses Dilemma zeigt sich auch als situatives Handlungsproblem des Lehrers: Die gesetzliche Regelung der Realschulempfehlung tritt ab einem bestimmten Notendurchschnitt in Kraft, unabhängig vom Lehrerurteil. Dagegen anarbeitend warnt er jedoch davor, der Empfehlung Folge zu leisten – selbstverständlich im „Interesse der Schülerin", die er vor einem Scheitern bewahren möchte.

Schließlich ist ein funktionaler Zusammenhang zwischen der Schulform Hauptschule und der Abschwächung bzw. Modifizierung des Leistungsprinzips anzunehmen: Die frühe Selektion nach Leistung erfordert für den Bereich der negativ Selektierten einen anderen Bezugspunkt als primär die schulische (kognitive) Leistung. Dieser alternative Bezugspunkt bleibt in der beobachteten Zeugnisausgabe allerdings diffus. Der Klassengemeinschaft scheint eine zentrale Bedeutung zuzukommen, allerdings finden sich auch hier vergleichsweise wenige Hinweise auf eine „Beschwörung der Klassengemeinschaft" durch den Lehrer. Sie wird eher indirekt betont im Zuge der Abgrenzung und „Dämonisierung" der höheren Schulformen, ohne dass sie allerdings inhaltlich gefüllt würde. Durch die Distanzierung von Leistungsaspekten in der Situation der Zeugnisausgabe entsteht somit eine inhaltliche Leerstelle, die letztlich in der bürokratischen Abhandlung von Tagesordnungspunkten mündet.

Die gesamte Situation der Zeugnisausgabe ist von einer merkwürdigen Distanz zu Noten und zum Leistungsbegriff gekennzeichnet. Die Leistungen der Schülerinnen und Schüler werden nicht thematisiert, Zensuren erscheinen als etwas Äußerliches, vom Schüler- wie Lehrerhandeln Unabhängiges. Über ihr Zustandekommen wird ebenso wenig gesprochen, wie etwa über Entwicklungsmöglichkeiten und Potentiale. Lässt sich also das spezifische „Lern- und Entwicklungsmilieu" der Hauptschule (vgl. Baumert u.a. 2006) durch eine funktionale Distanz zu schulischer Leistung und deren Thematisierung kennzeichnen? Beinhaltet das „Entwicklungsmilieu" der Schulform Hauptschule die implizite Negierung von Entwicklung? Eine solche Vermutung ergibt sich aus der Analyse der beobachteten Zeugnisausgabe. Seine Plausibilität erhält dieser Verdacht aus dem skizzierten funktionalen Zusammenhang zwischen negativer Selektion und Identifikationserfordernissen – empirisch wäre er aber sicher noch auszudifferenzieren und müsste weitere Untersuchungen nach sich ziehen.

Literatur

AG Schulforschung (1980): Leistung und Versagen. Alltagstheorien von Schülern und Lehrern. München

Baumert, J./Stanat, P./Watermann, R. (2006): Schulstruktur und die Entstehung differenzieller Lern- und Entwicklungsmilieus. In: Dies. (Hrsg.): Herkunftsbedingte Disparitäten im Bildungswesen: Differenzielle Bildungsprozesse und Probleme der Verteilungsgerechtigkeit. Vertiefende Analysen im Rahmen von PISA 2000. Wiesbaden, S. 95-188

Bellenberg, G./Hovestadt, G./Klemm, K. (2004): Selektivität und Durchlässigkeit im allgemein bildenden Schulsystem. Rechtliche Regelungen und Daten unter besonderer Berücksichtigung der Gleichwertigkeit von Abschlüssen. Essen

Bellenberg, G./Klemm, K. (2000): Scheitern im System, Scheitern des Systems? Ein etwas anderer Blick auf Schulqualität. In: Rolff, H.-G./Bos, W./Klemm, K./Preiffer, H./Schulz-Zander, R. (Hrsg.): Jahrbuch der Schulentwicklung. Band 11.Weinheim/München, S. 51-76

Bergmann, J. (1985): Flüchtigkeit und methodische Fixierung sozialer Wirklichkeit. In: Bonß, W./Hartmann, H. (Hrsg.): Entzauberte Wissenschaft. Göttingen, S. 299-320

Bohl, T./Grunder, H.-U./Kansteiner-Schänzlin, K./Kleinknecht, M./Pangh, C./Wacker, A./Weingardt, M. (Hrsg.) (2003): Lernende in der Hauptschule. Ein Blick auf die Hauptschule nach PISA. Baltmannsweiler

Breidenstein, G. (2006): Teilnahme am Unterricht. Ethnografische Studien zum Schülerjob. Wiesbaden

Breidenstein, G. (2008): Schulunterricht als Gegenstand ethnographischer Forschung. In: Hünersdorf, B./Müller, B./Maeder, C. (Hrsg.): Ethnographie und Erziehungswissenschaft. Weinheim, S. 107-120

Breidenstein, G./Meier, M./Zaborowski, K. U. (2007): Die Zeugnisausgabe zwischen Selektion und Vergemeinschaftung – Beobachtungen in einer Gymnasial- und einer Sekundarschulklasse. In: Zeitschrift für Pädagogik. Themenheft „Selektion und Übergänge im Bildungssystem", Jg. 53, H. 4, S. 522-534

Breidenstein, G./Meier, M./Zaborowski, K. U. (2008) Being Tested and Receiving Marks. An Ethnography of Pupil Assessment in the Classroom Setting. In: Krüger, H.-H. et. al. (Ed.): Family, School, Youth Culture – International Perspectives of Pupil Research. Frankfurt a. M., S. 163-177

Bronder, D. J./Ipfling, H.-J./Zenke, K. G. (Hrsg.) (1998): Handbuch Hauptschulbildungsgang. Erster Band: Grundlegung. Bad Heilbrunn

Bronder, D. J./Ipfling, H.-J./Zenke, K. G. (Hrsg.) (1999): Handbuch Hauptschulbildungsgang. Zweiter Band: Praxisberichte. Bad Heilbrunn

Deutsches PISA-Konsortium (2001): PISA 2000. Basiskompetenzen von Schülerinnen und Schülern im internationalen Vergleich. Opladen

Helsper, W. (2006): Zwischen Gemeinschaft und Ausschluss – die schulischen Integrations- und Anerkennungsräume im Kontrast. In: Helsper, W. u. a. (Hrsg.): Unpolitische Jugend? Eine Studie zum Verhältnis von Schule, Anerkennung und Politik. Wiesbaden, S. 293-317

Helsper, W./Wiezorek, C. (2006): Zwischen Leistungsforderung und Fürsorge. Perspektiven der Hauptschule im Dilemma von Fachunterricht und Unterstützung. In: Die Deutsche Schule, Jg. 98, H. 4, S. 436-455

Knigge, M. (2008): Hauptschüler als Bildungsverlierer? Eine Studie zu Stigma und selbstbezogenem Wissen bei einer gesellschaftlichen Problemgruppe. Münster u. a.

Latour, B. (2002): Die Hoffnung der Pandora, Frankfurt a. M.

Leschinsky, A. (2008): Die Hauptschule – Von der Be- zur Enthauptung. In: Cortina u. a. (Hrsg.): Das Bildungswesen in der Bundesrepublik Deutschland. Strukturen und Entwicklungen im Überblick. Reinbek b. Hamburg, S. 377-406

Mac Iver, D. (1988): Classroom environments and the stratification of pupils' ability perceptions. Journal of Educational Psychology, Vol. 80, pp. 495-505

Rekus, J./Hintz, D./Ladenthin, V. (1998): Die Hauptschule. Alltag, Reform, Geschichte, Theorie. Weinheim/München

Roch, A. (2007): Zur Erzeugung und Wirksamkeit von Schülerpräsenz. Eine ritualtheoretische Betrachtung von Notenbekanntgaben. In: Stecher, L./Ittel, A. (Hrsg.): Jahrbuch Jugendforschung. Wiesbaden, S. 181-206

Schümer, G. (2004): Die doppelte Benachteiligung von Schülern aus unterprivilegierten Gesellschaftsschichten im deutschen Schulwesen. In: Schümer, G./Tillmann, K.-J./Weiß M. (Hrsg.):

Die Institution Schule und die Lebenswelt der Schüler. Vertiefende Analysen der PISA-2000-Daten zum Kontext von Schülerleistungen. Wiesbaden, S. 73-114

Schümer, G./Tillmann, K.-J./Weiß, M. (2002): Institutionelle und soziale Bedingungen schulischen Lernens. In: Baumert, J. u. a. (Hrsg.): PISA 2000 – Die Länder der Bundesrepublik Deutschland im Vergleich. Opladen, S. 203-218

Solga, H./Wagner, S. (2001): Paradoxie der Bildungsexpansion. Die doppelte Benachteiligung von Hauptschülern. In: Zeitschrift für Erziehungswissenschaft. Jg. 4, H. 1, S. 107-127

Solga, H./Wagner, S. (2004): Die Bildungsexpansion und ihre Konsequenzen für das soziale Kapital der Hauptschule. In: Engler, S./Krais, B. (Hrsg.): Das kulturelle Kapital und die Macht der Klassenstrukturen. Weinheim/München, S. 97-114

Streckeisen, U./Hänzi, D./Hungerbühler, A. (2007): Fördern und Auslesen. Deutungsmuster von Lehrpersonen zu einem beruflichen Dilemma. Wiesbaden

Pedagogies of in/equity: Formative assessment/Assessment for Learning

John Pryor

1   Introduction

The audience of a book written in German will obviously be mostly composed of people living and working in one of the German speaking countries. It may seem strange therefore to come across a chapter which is not only written in English but which relates to an English context. Nevertheless, the contextualization is important as the subject of the chapter, formative assessment (FA), is increasingly entering international education discourses as a good idea (see for example OECD 2004) whose conceptual development and empirical justification emanates from Britain. It relates to the theme of this book, since, from some of the claims made for it, one might assume that the practice of FA necessarily leads to a pedagogy of equity. By tracing its conceptual development within its political context, I am aiming to disrupt this assumption. I shall suggest that there is no single conceptualization of FA, but rather that its central ideas have been appropriated in different ways according to perceptions about teaching-learning and the way that educational change is enacted through the relationship of policy to research. While many advocates of Assessment for Learning (AfL) the slogan under which FA has recently become better known, contend that it is necessarily a way of improving learning, my work has suggested that this is an over-simplification. I will suggest that FA has a great deal to offer as a pedagogy of equity, but I hope to be offering my German, Austrian and Swiss readers some ideas about the conditions under which this may be possible and those under which it may not. As it involves teachers and students responding to students' work, FA emphasizes both interaction and the making of judgements. In this lies its power and potential for learning, but this does not accrue straightforwardly. I shall argue that the possibilities of formative assessment derive from the way that it is practised and the way that it is theorized. Because the whole paper is a tour around the ambiguities of FA as, amongst other things, a dynamic set of social pedagogic practices or a powerful educational technology, I shall not begin with a definition. Instead I will beg the reader's patience, but assure you that definitions will emerge especially in the second half of the chapter, though even here the many concrete examples which I would like to have included are precluded by lack of space. I can only refer the reader to other publications cited in the chapter.

2   Educational Equity and English Educational Policy

Variation between the attainments of the highest and the lowest achievers may be expected in any educational system. However in order to claim that a system is socially just, this variation would have to be both as narrow as possible and random rather than being associated with a any social structural factors. One of the clear conclusions from different international comparison tests such as PISA and PIRLS is that in all of the participating nations this is not so – for example children from poor families perform generally less well than those from wealthier backgrounds (Willms 2006). There is thus no country where equitable outcomes of education can be taken for granted. This situation is seen as more or less problematic by governments depending on a number of factors including their political ideology, the particular historic juncture and their reading of economic matters. In 1997 a Labour government came to power in the UK after 18 years of Conservative governments, mostly part led by Margaret Thatcher, who had enthusiastically embraced neo-liberal principles and had presided over period when socio-economic differences within society as a whole became accentuated. Compared with previous social democratic governments the New Labour position was ambiguous. On the one hand social justice and equity were prominent in their manifesto, but on the other hand their electoral success was ascribed largely to their acceptance of much of the Conservatives' neo-liberal doctrine of the primacy of markets and the national importance of competitiveness. The slogan 'Education, education, education' was central to their election platform and has remained so throughout their period of government, for it fits neatly with both the agendas. Education is the means to social mobility, and it also is needed to create and foster a knowledge economy, whereby the workforce require not only a high level of traditional academic skills and knowledge, but also the flexibility to cope with a fast evolving global economy.

However intervention in education has had to fit with a neo-liberal model as properly described by Ball (2008, p. 202):

> 'the state itself is increasingly dispersed and in some respects smaller, as it moves from public sector provision to an outsourcing, contracting and monitoring role, from rowing to steering, but at the same time more extensive intrusive surveillant and centred. In particular ... the sphere of economic policy is greatly expanded and the state is increasingly proactive in promoting competitiveness and scaffolding innovative capacities – collective and individual – in education and elsewhere through focused funding and strategic interventions where individuals or organizations are 'failing' to meet their 'responsibilities' – 'failing schools' 'inadequate parents' or 'inactive workers'.'

Education policy under New Labour has sought to operate the steer through a continuation, and in many respects an intensification, of their predecessors' approach. Not only is their rhetoric of 'driving up educational standards' adopted, but also their approach of decentralization of management of schools to the schools themselves, which are then regulated through copious national testing tied to a series of numeric targets operating at school, local authority and even at national level. These are reinforced by a regime of inspection focused increasingly on those institutions seen to be inadequate when measured against their attainment of quantitative targets.

With respect to equity issues England's[1] particular problem is seen to be the large number of students relative to those of comparable countries who do not reach minimum standards at the end of compulsory schooling. The elimination of what is frequently referred to as the 'long tail of underachievement' (see for example UK Government 2005, p.

---

[1] Responsibility for education is devolved to the four nations of the UK: the system and policies in Scotland and over the last few years in Wales and Northern Ireland are different.

17) has been seen to be a question of making available educational technologies, not just in the obvious form of computers but also through the aforementioned tests for students throughout their schooling (at the end of school years 2, 6, 9, 11, 12 and 13) and through the *National Strategies*. These began in primary schools as prescribed approaches to teaching literacy and numeracy said to be based on 'best practice' derived from educational research, and which after a period were adapted and extended for older students. Although they are not a statutory requirement in the same way as the national curriculum; there are financial and other incentives for schools to adopt them and potential penalties for failing to do so.

As a recent government publication (DCSF 2009) puts it, 'everyone in society, regardless of their background, should have the opportunity to achieve their full potential'. The government provides resources and technologies which are intended to assist this, but the responsibility for achieving it is devolved to schools, teachers and individuals themselves. Those that do not do so are subject to 'naming and shaming'[2]. Although structural issues are acknowledged as a cause of poverty and low achievement, failure to transcend them is ascribed to failure to employ the technologies correctly, and therefore the agency, or lack of it, of individuals.

3 Formative Assessment/Assessment for Learning as a means to drive up educational standards

The system of national testing mentioned above had been introduced by the previous Conservative government. When the English National Curriculum was being planned in the 1980s they had commissioned Paul Black, a specialist in educational assessment to chair a Task Group on Assessment and Testing (TGAT) to make recommendations about how it was to be assessed. Some of the recommendations of the TGAT report (1988) were adopted, others rejected, and yet more amended in the battles over the implementation of the new curriculum. The report had a great deal to say about formative assessment and its possibilities, which although at the time it did not attract the attaention of the government, gave further impetus to work of academic researchers interested in assessment. Many of these joined the British Educational Research Association's (BERA) Assessment Policy Task Group and funded by the Nuffield Foundation held regular seminars on assessment reform. As the Labour government was coming to power this group commissioned a literature review of research on formative assessment from two of its members, Black and his colleague Dylan Wiliam.

The resulting article was published early in 1998 in a special edition of *Assessment in Education,* accompanied by several responses to it. It is full and detailed. One of its main accomplishments is to construct the field of formative assessment, a term which was not actually used by many of the authors of the works reviewed. In the review FA encompasses 'all those activities undertaken by teachers, and/or by their students, which provide information to be used as feedback to modify the teaching and learning activities in which they are engaged' (Black/Wiliam 1998a, p. 8). First, eight experimental quantitative studies are reviewed in detail followed in less detail by a large number of qualitative and other quantitative work (250 texts are reviewed). This enables the article to acknowledge both the psy-

---

2   The phrase, used by New Labour in 1997, though not the policy, has since been dropped.

chological complexities and the potential and actual problematics of social context. It gives space to research with a critical view of FA and to studies showing how little formative assessment takes place in classrooms. Black and Wiliam end by considering the prospects for further advance and link this to further theoretical development.

Although written in accessible language, the review is long and academic in style. Shortly afterwards they therefore published what turned out to be the first of a series of much shorter pamphlets[3] aimed at teachers (Black/Wiliam 1998b). This is a summary of what they concluded from the review and its implications for teachers and policy makers. It uses an engineering analogy arguing that the classroom is treated as a 'Black Box' where inputs and outputs are visible, but what goes on inside remains mysterious with teachers given few guidelines. They suggest that developing FA is a way to make the workings of the box more explicit and provide 'direct help and support for teachers' (Black/Wiliam 1998b, p. 1).

The response to this pamphlet is what might be said to have launched the AfL movement. It appeals directly to teachers because, unlike the by now well-established regime of testing, it acknowledges their professionalism and puts them very much in the centre of the learning process. The suggestions for development are, as can be seen in Table 1, straightforward and seem practicable. Also Black and Wiliam (1998b) made themselves available to practitioner audiences, and over the next ten years AfL became very popular as a development activity for teachers.

Black and Wiliam (1998b): Recommendations for teachers – page references in parentheses

- Feedback to any pupil should be about the particular qualities of his or her work, with advice on what he or she can do to improve, and should avoid comparisons with other pupils. (9)
- For formative assessment to be productive, pupils should be trained in self assessment so that they can understand the main purposes of their learning and thereby grasp what they need to do to achieve. (10)
- Opportunities for pupils to express their understanding should be designed into any piece of teaching, for this will initiate interaction whereby formative assessment aids learning. (11)
- The dialogue between pupils and a teacher should be thoughtful, reflective, focused to evoke and explore understanding, and conducted so that all pupils have an opportunity to think and to express their ideas. (12)
- Tests and homework exercises can be an invaluable guide to learning, but the exercises must be clear and relevant to learning aims. The feedback on them should give each pupil guidance on how to improve, and each must be given opportunity and help to work at the improvement. (13)

---

3   Black and Wiliam were later joined as authors by other members of the assessment reform group, though they alone wrote the US version of the original pamphlet which was published as an article in Phi Delta Kappan.

However, Black and Wiliam's work attracted not only teachers' attention but also that of policy makers, including those at the highest national level. The part of the review (or its equivalent in the pamphlet) that seems most significant here is this section:

> 'The research reported here shows conclusively that formative assessment does improve learning. The gains in achievement appear to be quite considerable, and as noted earlier, amongst the largest ever reported for educational interventions. As an illustration of just how big these gains are, an effect size of 0.7, if it could be achieved on a nationwide scale, would be equivalent to raising the mathematics attainment score of an 'average' country like England, New Zealand or the United States into the 'top five' after the Pacific rim countries of Singapore, Korea, Japan and Hong Kong' (Black/Wiliam 1998b, p. 61).

Although the authors deny that formative assessment could be a 'magic bullet' for education (Black/Wiliam 1998b, p. 2), this is precisely what this section appears to offer. Moreover, a reason why the effect might be so great is that 'formative assessment is of particular benefit to the disadvantaged and low-attaining learners' (Black/Wiliam 1998b, p. 59). What is promised are gains in the reductive official indicators that the government has placed at the centre of its policy and a means towards eliminating the 'long tail'.

Gewirtz (2003, p. 7) describes the UK government's attitude to the research-policy relationship as a hyper-rationalist 'engineering model' characterized their frequent statement that 'what counts is what works'. This is redolent of a technicist view not only of research but also of teaching, where pedagogy can be reduced to simple procedures which are seen to 'work' in absolute and generalizable ways. In contrast:

> 'For teachers, their personal beliefs, values, past experiences, personalities, ways of being they are comfortable with and intuitions – in Bourdieuan terms, their habitus and dispositions (Bourdieu 1977) – are crucial to shaping the judgements they make, as is the specificity of the local contexts within which they work, which includes the attitudes, actions, beliefs, values and past experiences of their students and their colleagues' (Gewirtz 2003, p. 5).

Gewirtz suggests that researchers who take this view might confront narrow instrumentalist rationality by only writing in ways that acknowledge complexity and contested nature of research knowledge and its multiple often contradictory implications of research for policy. Alternatively they might attempt to hijack the engineering approach. She favours the first approach, but mentions Black and Wiliam's FA research as an effective example of the second. I contend that the growth of AfL as a discourse has been because it combines the two approaches. I agree with Gewirtz that to embrace the second is dangerous, but disagree that Black and Wiliam have avoided the negative consequences. Rather, the development of AfL has been marked by the tension between a reductionist technical approach and a more complex approach that begins to address some of the issues raised by Gewirtz. There have been a number of initiatives involving collaboration between academic researchers and practitioners, but gradually AfL has been adopted as an official discourse and projects have been brought under the support/control of the government. Thus, a substantial amount of AfL materials have been produced by the Department for Children Schools and Families (DCSF)[4] and it has now created another official Strategy, the Assessment for Learning Strategy, which is to be 'rolled out' across the country. The DCSF AfL website includes

---

4   Current name for the English education ministry.

information and training resources aimed at all the various constituencies: teachers, administrators, students and even parents.

These materials are marked also by the same tension. For example, in the document DCSF (2008) as a whole a simplistic view of AfL is taken, incorporating both the summative and the formative, involving 'rigorously monitoring all pupils' progress' and emphasizing ideas such as accuracy, fairness and reliability (p. 5). It reiterates claims about formative assessment and attainment of educational standards. AfL seems to be a relatively straightforward technology governed by a set of rules that can be applied to any learning situation to create improvement. Only in the annex does it venture much further with a more nuanced view, including a table for schools to review by way how far they have got in 'embedding' AfL in their practice. Table 2 shows the last two stages of embedding' at the level of the learners.

Table 1: Embedding Assessment for Learning (DCSF: Annex)

Pupils: Establishing	**Enhancing**
All pupils have a clear understanding of what they are trying to learn (and value having learning objectives).	All pupils understand what they are trying to learn and confidently discuss this using subject terminology.
All pupils are clear about the success criteria and can, with support, use these to judge the quality of their own and each others' work and identify how best to improve it.	All pupils routinely determine and use their own success criteria to improve.
Most pupils can, with support, contribute to determining the success criteria.	Pupils understand how the learning relates to the key concepts and skills they are developing.
All pupils can relate their learning to past, present and future learning in the subject and most can relate this learning to other subjects.	Pupils value talk for learning and consciously use it to advance their thinking.
In whole class, group or paired discussions all pupils develop their thinking and learn from each other.	There is a classroom buzz: pupils initiate and lead whole class discussions; group discussions are self determined and governed.
Pupils are confident to take risks by sharing partially formed thinking or constructively challenging others.	Responses are typically extended, demonstrate high level thinking and support their views.
All pupils make good progress, in relation to the learning objectives, with some independence.	All pupils have an appetite for learning: they independently identify and take their next steps in learning to make good progress

From this annex it is possible to see AfL as a complex set of interactions which needs to be critically explored in different contexts, but from the main text as a relatively straightforward set of rules and procedures where, in the infamous words of Hargreaves (1996, p. 5) 'if teachers change their practice from x to y there will be a significant and enduring improvement in teaching and learning'.

Which version of AfL is adopted then, will depend on the understandings of learning and the way that FA might fit into this, but crucially also whether they are prepared to spend time and effort developing the ideas or are looking for a ready made package and a window into this is provided by a controversial exchange. Smith and Gorard (2005) published articles reporting on their evaluation of an experimental intervention on the role of formative feedback in student progress carried out by a school which had received AfL training. They found that the group of students who had followed the AfL strategy achieved substantially worse grades than the control group in the same school. Their articles raise questions not so much about the value of formative feedback, but rather about the extent to which it is possible for teachers without the aid of university-based researchers to reproduce the gains in attainment claimed.

> 'Even where, as here, there is reason to believe that that original research has produced an intervention capable of leading to student improvement (and that in itself is rare), its wider application by policy-makers or practitioners can lead, inadvertently, to student and school disimprovement' (Smith/Gorard 2005, p. 37).

Black and colleagues (2005) responded vigorously to many points including that Smith and Gorard's evaluation was of a project, where the idea of formative assessment had not been understood. Only one notion, that more detailed comments should replace marks had been followed, moreover the data showed that this had been done poorly. Indeed there was no evidence that formative assessment had actually taken place at all.

I conclude from this that the school's assumptions about what constitutes learning were consistent with their instrumental expectation that AfL might provide a simple technology of improvement as was shown in their rather naive experimental model. However, it was not consistent with a more complex notion of FA. As Marshall and Drummond (2006) comment on the basis of a much larger study, the school may have been implementing the letter of FA but were certainly not acting within its spirit.

To summarize: work on FA in the English-speaking world has been taking place for some time, though not necessarily under that name. Following Black and Wiliam's (1998a) review, the idea received a great deal of attention both from teachers and policy makers, mainly in the guise of AfL. However this is a problematic discourse in the way it relates to research and in the way that assumptions are made about teaching and learning. It may be seen as a more complex nuanced process, a set of principles to be developed in teachers' own contexts. Whereas, particularly when schools are caught up in the discourse of accountability, where the need to raise their achievement against targets becomes insistent, it is more likely to be seen as a mechanistic and instrumental set of universalized procedures, a panacea which will automatically promote learning.

4 Formative assessment and equity

The extent to which the development of FA in England has contributed to an improvement in educational attainment is then debatable. Returning to the issue of equity – the claim that FA is potentially of most help to disadvantaged and low attaining students, as far as the government is concerned, this seems to rely on FA's supposed ability to drive up standards generally. However I will now turn to my own research, initially with Harry Torrance and more recently with Barbara Crossouard. Over a series of research projects since 1994, how and why FA may or may not be a pedagogy for equity has been an important issue.

Table 2: Processes of formative assessment (simplified from Torrance/Pryor 2001)

	Criteria
A	T communicates or negotiates task criteria (what has to be done in order to complete the task) with S
B	T communicates or negotiates quality criteria (what has to be done to do the task well) with S
	Observation
C	T observes S at work (process)
D	T examines work done (product)
	Questioning
E	T asks principled question, (seeks to elicit evidence of what S knows, understands or can do: substance). S responds
F	T asks for clarification about process: what has been done, is being done or will be done; S replies
G	T questions S about how and why specific action has been taken (meta-process and metacognitive questioning). S responds.
	Feedback
H	T critiques a particular aspect of the work or invites S to do so.
I	T supplies or invites information, correction or a counter suggestion.
J	T gives and/or discusses evaluative feedback on work done with respect to: task, and/or effort and/or aptitude/capability (possibly with reference to past or future achievement: ipsative).
	Feed forward
K	T suggests or negotiates with S what to do next.
L	T suggests or negotiates with S what to do next time and discusses ways of recognizing similar contexts for knowledge in future
	T =teacher S=students

Early work led to a theoretical description (see Table 3) which was helpful in defining and analysing FA. This research involved extensive fine-grained analysis of FA events followed up through interviews with teachers and students. An important feature of the analysis was that it was not so much *what* was done as *how* the different practices were accomplished and combined. Often opportunities for FA were not taken and when they were, although teachers intended students to see ways of improving their work, this did not always happen. Sometimes inferences made by learners might help them complete short term tasks, without seeming to have positive longer term consequences. Analysis of students as social rather than individualized psychological entities, suggested that their dispositions or habitus, analysed in terms of social class, ethnicity or gender, meant they responded differently with the disadvantaged and low-attaining learners often losing out. FA like all pedagogic moves is not an activity that can be *done to* students, but is accomplished by means of social interaction in which the practices of the participants have a critical effect on the outcome. The outcomes of assessment are actively produced rather than revealed and displayed by the process. Some children were able to 'read' the social interaction of the classroom such that formative assessment provided a means for learning and improvement. However, others were outside this understanding and so were unable to make sense of what was happening. For example, some children we interviewed made a distinction between teachers' 'helping' and teachers' 'testing' questions, whereas others had not inferred this difference. Similarly, some realized that the different interactions between teachers and students could be articulated together to make a text which indicated how they might improve their work and understanding; others only focused on what was actually said to them or their the whole group and so missed many opportunities to make sense of what was going on. Moreover teachers, and often the children themselves, ascribed these social misreadings to a cognitive deficit.

The curricular documents that teachers worked viewed students as individualized psychological entities and assumed a transparency of communication for all pupils. This was also reflected in teachers' understandings and we concluded that it represented a barrier to their development of equitable FA practice.

> 'It may in practice be very difficult to actualize a pedagogy where teachers' primary concern is 'minimising code mistakes by continuously and methodically stating the code' (Bourdieu 1977, p. 126). 'However by failing to recognize the issue as important, assessment policies and classroom practices are likely to reinforce and perpetuate the poor performance of many school pupils' (Pryor/Torrance 2000, p. 126).

Classroom assessment is where the value of knowledge and practices, and indeed the value of students, is negotiated. Our research suggested therefore that power is realized through the social processes of formative assessment. Even in classrooms, where the teacher was specifically concerned to create a more democratic school environment and was thus particularly open to negotiation with students, this remained problematic. We suggested it was partly because, even though teachers might be aware of students' differentiated access to power, there was a reluctance to bring this issue into the open. We concluded teachers might focus on issues of classroom power by discussing teaching and learning interactions from this perspective with the rest of the class. Such a dialogue, taken up and repeated might enable all students to gain consciousness of their own potentiality for power. The research suggested that if FA were to be a pedagogy of equity it would need to contain this 'meta' dimension, bringing "metasocial" as well as "metacognitive" reflection more fully to the fore in our understanding of the process of classroom learning.' (Pryor/Torrance 1998, p. 173)

Following this basic research, subsequent projects have involved development with teachers. In investigating how formative assessment practice might be put in to operation we have not solved the problems, but the work has offered different theorizations and has suggested possibilities for learning for all students and a more equitable pedagogy.

The *Primary Response* project with teacher-researchers in school years one to six highlighted the importance of a dynamic understanding of the criteria for quality of work and learning within any particular subject and activity. Indeed, behind and beyond the intention of making judgements to modify teaching and learning practice, the purpose of FA could be seen as negotiating understandings of the criteria needed to make the judgement. This involved much more than announcing 'success criteria' to the students. We represented the practice of project participants through Figure 1.

Figure 1: Formative assessment in practice (adapted from Torrance/Pryor 2001, p. 623)

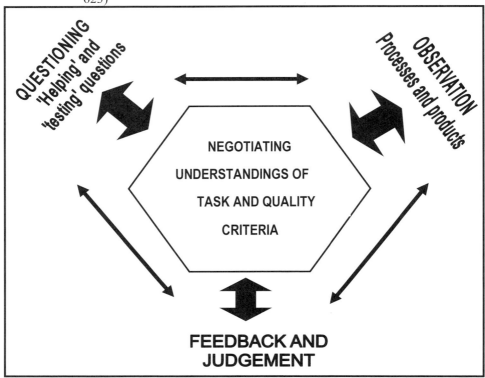

Teachers would move between observation, questioning and feedback, but all the time this was calculated to seek to articulate what constituted good or better work and how this might be achieved – to make explicit both teachers' and learners' understandings. This process was, as one teacher commented, '*most important in helping me look at and try to change my practice and how I intervene and interact and the power relationships going on within the class*'.

A crucial intellectual resource, which they brought to this and which has been developed further in later work, was the notion of convergent and divergent assessment. Rather than discrete and real categories these are ideal types. Much of the routine of classroom assessment can be characterized as convergent. Here what is at issue is *if* the learners know, understand and can do a predetermined thing and is accomplished by the teacher giving closed or pseudo-open questions in tasks where there is (at least for the teacher) a clear idea what constitutes a correct text.

Table 3: Convergent and Divergent Formative Assessment
(version published in Pryor/Crossouard 2008)

CONVERGENT FORMATIVE ASSESSMENT	DIVERGENT FORMATIVE ASSESSMENT
Assessment which starts from the aim to discover *if* the learner knows, understands or can do a predetermined thing. This is characterised by:	Assessment which starts from the aim to discover *what* the learner knows, understands or can do. This is characterised by:

Implications (Convergent)
a. aprecise planning by the teacher and an intention to stick to it;
b. recording via check lists and can-do statements;
c. cclosed or pseudo-open teacher questioning and tasks;
d. a focus on contrasting errors with correct responses;
e. authoritative, judgmental or quantitative feedback,
f. feedback focussed on performance and the successful completion of the task in hand.
g. formative assessment focused on communicating criteria usually closely related to those used in summative assessment
h. involvement of the learners as recipients of assessments.
i. an analysis of the interaction of learners and the curriculum from the point of view of the curriculum;
j. may conform to either a behaviourist or a constructivist view of education;
k. an intention to teach or assess the next predetermined thing in a linear progression;
l. an interaction usually embedded within an Initiation-Response-Feedback (IRF) sequence;
m. a view of assessment as accomplished mainly by the teacher.

Implications (Divergent)
a. flexible planning or complex planning which incorporates alternatives;
b. open forms of recording (narrative, quotations etc.);
c. primarily open tasks with questioning by teachers and learners directed at 'helping' rather than testing;
d. a focus on miscues – aspects of learners' work which yield insights into their current understanding – and on prompting metacognition.
e. exploratory, provisional or provocative descriptive feedback aimed at prompting further engagement from the learners;
f. discussion prompting reflection on the task and its context with a view to constructing understanding of future situations in which new knowledge might be applied.
g. formative assessment focused on a holistic view of criteria, the learners' understandings of them and how they fit into wider notions of knowledge and competence.
h. involvement of the learners as initiators of assessments as well as recipients.
i. an analysis of the interaction of learners and the curriculum from the point of view of both learners and the curriculum;
j. conforms to a socio-cultural view of education with an acknowledgement of the importance of the context for the assessment;
k. an intention to teach in the zone of proximal development;
l. part of an on-going dialogue between and amongst learners and teachers where learners initiate as well as respond, ask questions as well reply;
m. a view of assessment as a collaboration between and amongst teachers and students.

Feedback is authoritative, judgmental or quantitative and errors are contrasted with correct responses. It is mainly focused on the successful completion of the task in hand and linguistically follows the pattern of Initiation-Response-Feedback (evaluation) that has been noted in many other studies (e.g. Edwards/Mercer 1987). Convergent formative assessment was accomplished by teachers' interaction with individuals, groups or whole classes, where they orchestrated the construction of a lesson text with the emphasis on clearly marking out a correct train of thought for the students to appropriate. At its best this type of formative assessment is a kind of scaffolding where teacher's interventions enable learners to do what they could not have done alone. The teacher remains very much in control and they aim for clarity and authoritativeness precisely to enable students to 'read' the text of the lesson. In the early basic research and in the 'reconnaissance' phase of teacher-researchers' action research most of what was observed was convergent. However, the clarity that it might have offered was obscured by the managerial functions of covering curricular ground and accomplishing the lesson. On occasions particularly with younger children, although this authority was taken, teachers seemed to baulk at acknowledging it in order to 'protect the child' (Pryor/Torrance 1996; c.f. Bernstein's 1996 notion of invisible pedagogy).

The other ideal type divergent assessment seeks to establish *what* the learners know, understand or can do and involves a more explicitly dialogic form of language. As in conversation, teachers do not know the answer to the questions they pose and often they have no fixed answers. They tend to be 'helping questions' rather than 'testing questions' asking about what had been done and asking students to reconstruct their reasoning. Feedback is exploratory, provisional or provocative, prompting further engagement rather than correcting mistakes, and errors are valued for insights they gave into how learners are thinking instead of being dismissed. Invitations to self assessment fit the divergent category as do occasions where learners initiate assessment.

Teacher-researchers were attracted to divergent assessment as an idea since it aligned better with the constructivist notions that represented their espoused theory. However, they found it difficult to enact and it was therefore where they chose to develop their practice. So while the convergent enabled engagement with official criteria those which constitute the disciplinary norms of subject and cultural knowledge, the divergent enabled an exploration of the criteria that different learners brought to the task. Thus FA emerged as a set of very complex and tricky practices for both teachers and learners. Its huge potentialities began to be tapped, when teachers moved between the convergent and divergent – a difficult but not impossible balancing act, which teacher researchers aimed for and which we observed at times (Torrance/Pryor 2001).

Originally we saw divergent assessment as being where teachers and learners might address many of the sociological problems of learning, and to problematize and clarify the social rules which governed the learning context. However in later work it has become clearer that is in the movement *between* the convergent and the divergent that the metasocial reflection and discussion is produced. And it is this that we argue is so important for those who lack the 'feel for game', that students from backgrounds rich in cultural capital possess (Bourdieu 1990, p. 66). *Both* convergent and divergent are necessary and remain in dialogic relationship to each other with their tensions unresolved.

The principled movement between convergent and divergent assessment demands complex and skilled work from a teacher. It becomes certainly less impossible within a cultural view of learning which is concerned with the disposition of learners rather than a purely psychological model of learners responding individually. As James and Biesta (2007, p. 33) point out:

> 'A person's dispositions are never completely unique, but share characteristics with others sharing similar social positions, backgrounds and experiences. However because everyone's life experience is partly unique, habitus is neither deterministic nor totalising. Within a cultural view

of learning, habitus helps us to keep in view the individual *and* social nature of a person's learning and teaching.'

Nevertheless, the teacher cannot make assumptions about what is relevant to students – it is not a question of deciding in some simplistic way that this class is made up of that sort of children therefore this is how they will know think and feel. Rather, the divergent moves give learners the opportunity to demonstrate their knowledge, thinking, and feeling to which the teacher needs to respond.

As can be seen, Bourdieu's theory of field has been important in making sense of FA research. However in my current work on formative assessment within higher education draws also on poststructural notions of identity which many other researchers are finding useful in addressing the multiple ways in which people engage with social and political inequity. This sees identity as constituted by the networks of relations within which we find ourselves moving. These can be both personal and also constructed through the ways in which we locate ourselves in the increasingly mobile cultural codes of our social worlds. This could include our class, politics, our sexuality and religion and also our aesthetics in bodily presentation, styles of living and matters of taste, all of which are increasingly relevant to contemporary school students. This way of thinking about identity 'accepts that identities are never unified and, in late modern times, increasingly fragmented and fractured; never singular but multiply constructed across different, often intersecting and antagonistic, discourses, practices and positions' (Hall 2000, p. 17). Crucially it also accepts the principle of difference and that identities are performed both by aligning oneself with and against others.

Within pedagogy of response FA makes strong demands on teachers constantly to adjust their teaching, but it also demands a great deal from students. Although teachers have to take responsibility for facilitating educational interaction, if they act alone it is meaningless. FA does not happen unless the judgements it produces are acted upon. Whereas in summative assessment the crucial move can be seen as the forming of the judgement, in formative assessment it is the response to the judgement. As expounded here it is about working in the moment of the particular lesson whilst making connections to wider issues and contexts. Student engagement with the subject matter is therefore critical and although teachers cannot force this, formative assessment can present a space – once again the space between the convergent and the divergent to relate the curriculum 'other' to their own, different identities.

Figure 2 represents a graphic presentation of how this might work. The purposes on the right are mirrored in the more practical intentions on the left. In the middle column we suggest the questions that arise either tacitly or overtly for students, thus locating the effects of formative assessment with students. The tabular divisions are for ease of reading; the categories are not discrete. The arrows emphasize their fluidity such that they may be in play simultaneously.

Figure 2: The purposes of formative assessment (Pryor/Crossouard 2008)

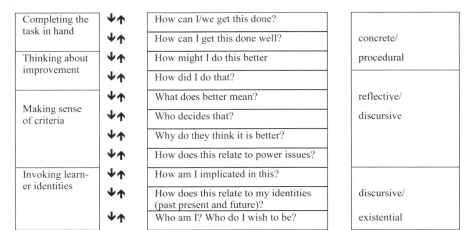

Straightforward, in-the-moment interaction involving judging work and completing the task is at the top of the diagram. Formative assessment thus makes connections with summative criteria, both immediate and less immediate. While formative assessment must consider longer-term prospective and reflective agendas, it cannot focus exclusively on them, as at any time students' and teachers' interactions are framed by a task in hand which needs to be accomplished. Thus, in terms of frequency, the concrete and reflective elements higher in the table are always liable to predominate. However, even though the lower elements might be explicitly invoked less often during teaching and learning, and indeed often remain tacit, our data suggest that they are powerful for students, and feature strongly in accounts of the learning that is important to them. This is not to suggest that study should or could constantly raise these ontological issues, nor indeed that teachers' role in formative assessment should be to destabilize student identities. Indeed this might be counterproductive and leave students struggling for coherent thought. Instead, amongst more mundane responses to student work, the teacher might consider, when suitable spaces appear, opportunistically provoking different levels of response about students' (and teachers') identities.

5 Conclusions

Formative assessment usually in the guise of Assessment for Learning is often advanced as a particularly successful contribution of English education to thinking about improving the performance of students, especially low achieving students. In this chapter I subjected this idea to critical examination by considering the different versions of FA in the political and social context in which they are being developed and the claims about them are being made. I have concluded that FA is a pedagogy which has many possibilities in promoting equity. However this is unlikely to happen if is enacted as a technology or set of rules to be followed. The reductive, mechanistic engineering approach to policy of successive English governments has set up a national context privileges this model, even though it is only partially evident in the materials they produce. The potentialities for AfL as a pedagogy of equity are diminished by a view assumptions about learning as an individualized, uncontextualized psychological accomplishment which are consistent with the neo-liberal discourses that have held sway with successive British governments. Research both basic and applied that I have been engaged with over 15 years, some aspects of which are presented here suggests that the possibilities of FA to work for equity are enhanced when it is developed as an 'ideological and cultural practice under the influence of socioculturally established norms [where]... context is not a simple backdrop against which the learner is situated' (Kang 2007, p. 210). The interplay of convergent and divergent forms of FA along with the engagement with student identities provides a starting point for development.

References

Ball, S. (2008): The Education Debate: Policy and Politics in the Twenty-First Century. Bristol: Policy Press
Bernstein, B. (1996): Pedagogy, Symbolic Control and Identity: Theory Research and Critique. London: Taylor and Francis
Black, P./Harrison, C./Hodgen, J./Marshall, B./Wiliam, D. (2005): The dissemination of formative assessment: a lesson from, or about, evaluation. Research Intelligence, Vol. 92, pp. 14-15
Black, P./Wiliam, D. (1998a): Assessment and classroom learning. In: Assessment in Education: Principles, Policy and Practice, Jg. 5, Vol. 1, pp. 7-74
Black, P./Wiliam, D. (1998b): Inside the Black Box: raising standards through classroom assessment. London: Kings College
Bourdieu, P. (1977): Outline of a Theory of Practice. Cambridge: Cambridge University Press
Bourdieu, P. (1990): The Logic of Practice. Cambridge: Polity Press
DCSF (2009): Single equality scheme 2009-10 update. London: DCSF
DCSF (2008) The Assessment for Learning Strategy. London: DCSF
Edwards, D./Mercer, N. (1987): Common Knowledge: the development of understanding in the classroom. London: Methuen
Gewirtz, S. (2003): Enlightening the research-policy relationship: issues and dilemmas for educational researchers. Paper presented at the European Conference on Educational Research, Hamburg, September 2003
Hall, S. (2000): Who needs 'identity'? In: Du Gay, P./Evans, J./Redman, P. (Eds.): Identity: a reader. London: Sage/Open University Press, pp. 15-30
Hargreaves, D. (1996): Teaching as a research-based profession. London: Teacher Training Agency
James, D./Biesta, G. (2007): Improving Learning Cultures in Further Education. London: Routledge
Kang, D. J. (2007): Rhizoactivity: Toward a Postmodern Theory of Lifelong Learning. In: Adult Education Quarterly, Jg. 57, pp. 205-220
Marshall, B./Drummond, M.-J. (2006): How teachers engage with Assessment for Learning: lessons from the classroom. In: Research Papers in Education, Jg. 21, Vol. 2, pp. 133-149
OECD (2004): Formative Beurteilung. Verbesserung des Lernprozesses im Sekundarstufenunterricht. Paris: OECD
Pryor, J./Crossouard, B. (2008): A socio-cultural theorization of formative assessment. Oxford Review of Education, Jg. 34, Vol. 1, pp. 1-20
Pryor, J./Torrance, H. (1996): Teacher-pupil interaction in formative assessment: assessing the work or protecting the child? The Curriculum Journal, Jg. 7, Vol. 2, pp. 205-226
Pryor, J./Torrance, H. (1998): The Interaction of Teachers and Pupils in Formative Assessment: where psychological theory meets social practice. In: Social Psychology of Education, Jg. 2, Vol. 2, pp. 151-176

Pryor, J./Torrance, H. (2000): Questioning the three bears: the social construction of classroom assessment. In: Filer, A. (Eds.): Assessment: Social Practice and Social Product. London: Falmer Press, pp. 110-128

Smith, E./Gorard, S. (2005): 'They don't give us our marks': the impact of formative assessment techniques in the classroom. In: Assessment in Education, Jg. 12, Vol. 1, pp. 21-38

Task Group on Assessment and Testing (1988): A report. London: Department for Education and Science

Torrance, H./Pryor, J. (2001): Developing Formative Assessment in the Classroom: using action research to explore and modify theory. In: British Educational Research Journal, Jg. 26, Vol. 5, pp. 615-631

UK Government (2005): 14-19 Education and Skills White Paper. London: HMSO

Willms, J. D. (2006): Learning Divides: Ten policy questions about the performance and equity of schools and schooling systems. UNESCO: Montréal

III. Soziale Ungleichheit und außerschulische Bildung

„Kompetenzen" oder „Capabilities" als Grundbegriffe einer kritischen Bildungsforschung und Bildungspolitik?

Hans-Uwe Otto & Mark Schrödter

Prekäres Aufwachsen heißt überwiegend Erziehung in Armut bzw. in vielen Fällen auch Erziehung zur Armut. Gegenwärtig sind in der Bundesrepublik 2,5 Millionen Kinder und Jugendliche unter 18 Jahren betroffen, in Armut zu leben. Mehr als 30% der Jugendlichen in Deutschland rechnen nicht damit, künftig eine anspruchsvolle Arbeit zu finden. Für Nordrhein-Westfalen beispielsweise sind es nach regierungsamtlicher Auskunft alleine vier Millionen Kinder, die unter schwierigen Lebensverhältnissen aufwachsen. Ihnen wird von Anfang an eine Chance zur Entfaltung ihrer eigenen Möglichkeiten und einer damit verbundenen notwendigen Förderung systematisch vorenthalten. Die vorhandenen Schulkonzeptionen sind bislang in der Regel nicht in der Lage, die notwendigen Korrekturen in der Lebensperspektive der betroffenen Kinder und Jugendlichen und eine damit verbundene notwendige Förderung systematisch umzusetzen. Eine kulturalistische Interpretation von Armut, wie sie teilweise immer wieder von konservativen Wissenschaftlern versucht wird, nimmt individualisierende Kompetenzdefizitzuschreibungen vor und geht so an der Realität sozialstrukturell bedingter Ungerechtigkeiten vorbei. Vor diesem Hintergrund wird hier in der Bestimmung und Definition von Handlungsbefähigung der Versuch unternommen, sowohl pädagogisch als auch sozialanalytisch einen Gerechtigkeitsbegriff zu fundieren, der für die erziehungswissenschaftliche Problemdefinition von Bildungsungleichheit eine Neuorientierung begründet.

In der empirischen Bildungsforschung wird soziale Ungleichheit zunehmend mithilfe des Kompetenzbegriffs untersucht. Es werden milieu-, geschlechts- und migrationsspezifische Kompetenzunterschiede festgestellt und nach den Verursachungsbedingungen sowie den Möglichkeiten des Ausgleichs dieser Disparitäten gesucht. Aus einer bildungstheoretischen Perspektive ist zu fragen, ob der Kompetenzbegriff geeignet erscheint, Bildungsungleichheiten theoretisch weiterführend zu konzipieren und bildungs- und sozialpolitisch kritisch in den Blick zu nehmen. In einer derzeit einflussreichen Definition wird Kompetenz verstanden als vermittelbare, steigerbare, kontextspezifische, kognitive Leistungsdispositionen. In diesem Beitrag wird argumentiert, dass der Anspruch, dieser Kompetenzbegriff könne als Grundbegriff einer kritischen empirischen Bildungsforschung und Bildungspolitik fungieren, theoretisch und empirisch noch nicht eingelöst ist. Es zeichnet sich bislang nicht ab, wie dieser Kompetenzbegriff Bildungsprozesse auf eine Weise zu modellieren erlaubt, die mehr als bloße Kompetenzerweiterung darstellt, und inwiefern er Bildungsungleichheiten normativ gehaltvoll zu erfassen vermag. Darüber hinaus wird argumentiert, dass Kompetenzkonzepte, wie sie im Kompetenzdiskurs bislang verhandelt werden, soziale Bildungsbedingungen ausblenden und Bildung auf Humankapitalproduktion und Employabilitätssicherstellung zu reduzieren geneigt sind und damit Bildung lediglich als instrumentellen Wert zur Lösung extern gesetzter Probleme wertschätzen – auch wenn diese Verengungen durch die Verwendung des Kompetenzbegriffes allein nicht zwingend sind. Auf Basis des sogenannten „Capability Approaches" (Amartya Sen, Martha Nussbaum) wird vorgeschlagen, den Kompetenzbegriff von dem Bezug auf „instrumentelle Problemlösung" zu lösen und in einen erweiterten Begriff von Vermögen („capabilities") einzubetten, um die sozialen Verwirklichungsbedingungen von Bildung systematisch in Analysen zur Bildungsgerechtigkeit einbeziehen und Kompetenzkonzepte durch Konzeptionen von „menschlichen Verwirklichungschancen" („human capabilities") ersetzen zu können, die nicht bloß auf gesellschaftlich-instrumentellen Erfolg sondern auf eine umfassende Bildung des Menschseins („human development") abheben.

1 Eignet sich der Kompetenzansatz als Grundlage der Bildungsforschung und Bildungspolitik?

In der empirischen Bildungsforschung dominiert derzeit der Begriff der Kompetenz, sei es zur Beschreibung der Ziele von formeller, non-formeller und informeller Bildung (siehe etwa die Sammelbände Pongratz/Reichenbach/Wimmer 2007; Bormann/de Haan 2008; Jude/Hartig/Klieme 2008; Rohlfs/Harring/Palentien 2008; Bolder/Dobischat 2009) oder zur Untersuchung der Voraussetzungen zur Gestaltung von Bildungsprozessen auf Seiten der pädagogischen Fachkräfte (vgl. die Sammelbände Auernheimer 2002; Böllert/Karsunky 2008). Es ist wohl nicht übertrieben zu behaupten, dass mit der zunehmenden Verwendung des Kompetenzbegriffes der Anspruch erhoben wird, einen neuen Grundbegriff für die Erziehungswissenschaften gefunden zu haben, der sich vor allem dadurch auszeichnet, für empirische Untersuchungen Bildungsziele operationalisieren zu können, und daher „zur Charakterisierung der *Ergebnisse von Bildungsprozessen* verwendet werden soll" (Klieme/Maag-Merki/Hartig 2007, S. 5, Herv. i. O.)[1]. Dieser Anspruch ist in eine umfassende Erwartungshaltung eingebettet, die an die empirische Bildungsforschung von Seiten der Politik und Öffentlichkeit herangetragen wird:

> „Von der Bildungsforschung wird erwartet, dass sie diese Produktivität [des Bildungswesens] messbar macht, Erklärungsmodelle für Verlauf, Effektivität, und Effizienz von Bildungsprozessen bereitstellt und Interventionsstrategien wissenschaftlich untersucht." (Klieme/Maag-Merki/Hartig 2007, S. 5)

Im Folgenden soll der Anspruch, Kompetenz zu einem Grundbegriff erziehungswissenschaftlicher Forschung zu erheben, einer Prüfung unterzogen werden. Dabei wird zwischen Begriff, Konzept, Ansatz, Debatte und Diskurs der Kompetenz in den Erziehungswissenschaften unterschieden. Unter Kompetenz*begriff* wird ein Terminus verstanden, der einen bestimmten Gegenstand oder Sachverhalt in der sozialen Wirklichkeit bezeichnet. Als Kompetenz*konzept* wird die inhaltliche Füllung eines Kompetenzbegriffes verstanden, also Beschreibungen davon, was die Kompetenz umfasst. Unter Kompetenz*ansatz* wird ein theoretischer Ansatz zur empirischen Beschreibung und/oder theoretischen Erklärung von Sachverhalten bezeichnet, in dem der Kompetenzbegriff eine zentrale Rolle spielt. Mit Kompetenz*debatte* sind die disziplinären und professionellen Diskussionen um und mit

---

[1] Zur detaillierten Rekonstruktion dieses impliziten Anspruchs anhand der von KMK und BMBF gemeinsam bestellten Expertise zur „Entwicklung nationaler Bildungsstandards" (Klieme u.a. 2003), die von Kolleginnen und Kollegen erarbeitet worden ist, die den erziehungswissenschaftlichen Kompetenzdiskurs stark mitprägen, siehe Gruschka (2007).

Begriffen und Konzepten der Kompetenz gemeint, mit Kompetenz*diskurs* die umfassende Thematisierung, Wahrnehmung und Konstitution sozialer Wirklichkeit vermittels von Konzepten der Kompetenz.[2]

1.1 „Kompetenz" ist ein Dispositionskonstrukt

Der Begriff der Kompetenz bezeichnet eine Disposition, die als Voraussetzung zur erfolgreichen Bewältigung eines Problems gilt. Da Dispositionen nicht beobachtet werden können, müssen sie gedanklich konstruiert werden. „Kompetenz" ist ein „*Dispositionskonstrukt*" (Klieme/Hartig 2007, S. 18). Im semantischen Umfeld des Kompetenzkonstruktes existieren viele andere, benachbarte Dispositionskonstrukte, wie z.B. „Fertigkeiten", „Fähigkeiten", „Wissen", „Intelligenz", „Tugend", „Charakter"; „Persönlichkeit", „Handlungsfähigkeit" (vgl. Reichenbach 2007; Hartig 2008; Nieke 2008). Bemerkenswert ist, dass vieles, was früher unter diesen benachbarten Konstrukten geführt wurde, nun unter den Kompetenzbegriff gefasst wird, so dass sich die Frage stellt, ob hier einem Trend blind gefolgt wird oder die veränderte Begriffswahl sich inhaltlich begründen lässt.

Durch die Einführung des Kompetenzbegriffs werden die bisher verwendeten Dispositionskonstrukte neu ins Verhältnis gesetzt, denn der Begriff muss sich von seinen semantischen Nachbarn abgrenzen, soll er inhaltlich gehaltvoll sein. Für den Kompetenzbegriff wird beansprucht, jene Dispositionen zu bezeichnen, die *unmittelbar handlungsrelevant* sind. Damit beansprucht der Kompetenzbegriff, ein zentrales Desiderat aufzufüllen: Der Kompetenzbegriff bezieht sich auf eine Handlungsfähigkeit und -bereitschaft, die auf konkrete Situationen und Aufgaben bezogen ist und zugleich in ähnlichen Situationen und Aufgaben nutzbar ist. Mit dem Begriff sollen konkrete Anwendungssituationen in den Blick geraten, in denen der Handelnde nicht bloß über „träges Wissen" verfügt, sondern auf Basis einer unterstellten latenten, generativen Disposition dieses Wissen auch in neuen Situationen in angemessene Handlungen umsetzen kann (vgl. Klieme/Hartig 2007, S. 14).

Allerdings ist es methodisch sehr schwierig, Dispositionskonstrukte so zu spezifizieren, dass sie ausschließlich die handlungsbezogenen Aspekte des komplexen Dispositionsgefüges bezeichnen:

> „The concept of competence combines stable cognition abilities and personal features, different learning outcomes, belief-value-systems, and changeable attitudes in a mixed relation, so that it is often unclear what is normatively desirable and what can be realistically achieved." (Weinert 2001a, S. 62)

Im Idealfall werden Dispositionskonstrukte so definiert, dass sie sich hinsichtlich der für das jeweilige Erkenntnisinteresse relevanten Aspekte hinreichend unterscheiden, etwa nach dem Grad der Erlernbarkeit bzw. der genetischen Vermitteltheit, der biografischen Stabilität, der Mechanisierbarkeit der betreffenden Tätigkeit oder der Geltungsreichweite. Für die Kompetenzforschung ist insbesondere die Frage nach der Geltungsreichweite ihrer Kompetenzkonstrukte relevant, weil jeweils geklärt werden muss, auf welchem Abstraktionsniveau Kompetenzen angesiedelt werden sollen.

---

2   Eine diskursanalytische Perspektive wird hier nicht eingenommen. Aber auch eine solche Perspektive wäre auf eine Unterscheidung dieser Ebenen angewiesen (vgl. Höhne 2007, S. 30).

Die Geltungsreichweite beinhaltet zwei Aspekte: den Umfang der die Disposition konstituierenden psychischen Funktionen und dem Umfang der durch die Disposition adressierten Tätigkeitsbereiche (siehe Abb. 1).

Abbildung 1: Spektrum der Kompetenzkonzepte

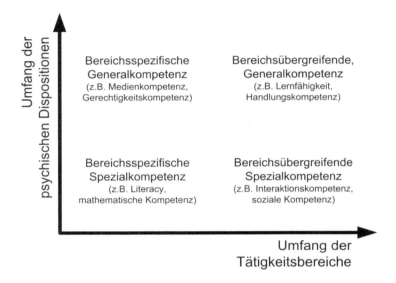

Hinsichtlich des Dispositions-Aspektes können Generalkompetenzen von Spezialkompetenzen unterschieden werden. *Generalkompetenzen* beinhalten sämtliche Dispositionen, wie allgemeine Problemlösungsfähigkeiten, Fähigkeit zum kritischen Denken, domänenspezifisches Wissen, realistische und positives Selbstvertrauen, soziale Kompetenzen. Man spricht in diesem Zusammenhang auch von allgemeiner Handlungskompetenz (vgl. Weinert 2001a, S. 51). *Spezialkompetenzen* dagegen sind so konstruiert, dass sie sich nur auf wenige, analytisch bzw. empirisch unterscheidbare psychische Funktionen beziehen. Auf der Dimension der Tätigkeitsbereiche können bereichsübergreifende von bereichsspezifischen Kompetenzen unterschieden werden. *Bereichsübergreifende Kompetenzen* ermöglichen einen Transfer von einem Anwendungsbereich in einen anderen. *Bereichsspezifische Kompetenzen* sind auf eine begrenzte Domäne bezogen. So können idealtypisch vier Kompetenzkonzepte unterschieden werden, je nach dem ob eher bereichsspezifische oder domänenübergreifende Kompetenzen und ob eher Spezial- oder Generalkompetenzen konzeptionalisiert werden:

- Bereichsübergreifende Generalkompetenzen sind beispielsweise die „Lernfähigkeit", die „Problemlösekompetenz" (Leutner u.a. 2005), die sogenannte „Meta-Kompetenz", also das Wissen um die eigenen Kompetenzen und die Fähigkeit, deren Verwendungsweisen und Grenzen einschätzen zu können, oder auch die aus Sachkompetenz, Sozialkompetenz und Selbstkompetenz zusammengesetzte „Handlungskompetenz" bei Heinrich Roth (1971).

- Bereichsspezifische Generalkompetenzen werden etwa in Form einer allgemeinen Medienkompetenz (vgl. auch Baacke 1973; Treumann/Meister/Sander 2007) spezifiziert oder als die von Oskar Negt (1990) vorgeschlagenen „gesellschaftlichen Kompetenzen" der Identitätskompetenz, der technologischen, ökonomischen, historischen und ökologischen Kompetenz und der Gerechtigkeitskompetenz (vgl. Zeuner 2009). Darunter zählt aber auch die für ein konkretes berufliches Feld bestimmte professionelle pädagogische Handlungskompetenz (vgl. Nieke 1984; Baumert/Kunter 2006) oder eine Teamfähigkeit sowie Integrations- und Adaptionsfähigkeit, welche in kaufmännischen Tätigkeitsbereichen erwartet wird.
- Bereichsübergreifende Spezialkompetenzen sind beispielsweise Chomskys (1981) allgemeine Sprachkompetenz oder die allgemeine kommunikative bzw. interaktive Kompetenz (vgl. Habermas 1984) aber auch Konstrukte wie die „soziale Kompetenz".
- Bereichsspezifische Spezialkompetenzen sind etwa die Lese- und Rechenkompetenz im engeren Sinne oder die diagnostische Kompetenz eines Lehrers oder Sozialpädagogen in Bezug auf konkrete Diagnosemethoden in einem konkreten beruflichen Aufgabenfeld. Darunter fallen aber auch die komplexen mathematischen Kompetenzen oder Sprach- und Lesekompetenzen, wie sie im Kontext der PISA-Studien operationalisiert worden sind.

Zu beachten ist nun, dass es sich bei den Dispositionen und Tätigkeitsbereichen, die jeweils unterschieden werden, um Konstruktionen handelt. Sie liegen nicht als physisch greifbare Entitäten vor, sondern sind Ergebnis unseres Denkens. Ob psychische Dispositionen etwa in Wille, Urteilskraft, Verstand und Gefühl differenziert werden, in Denk-, Einbildungs- und Gefühlskräfte oder in kognitive, soziale, emotive und motivationale „Fähigkeiten", „Instanzen", „Funktionen" oder „Kompetenzen" ist keine naturwüchsige Gegebenheit, sondern Theorieprodukt. Deshalb sind solche Theorieprodukte aber nicht beliebig. Sie sind immer bezogen auf ein Erkenntnisinteresse und können im Hinblick darauf mehr oder minder analytisch konsistent und empirisch gehaltvoll sein.[3] Vor allem aber ist hier der theoriearchitektonische Ort, wo normative Annahmen über Wert und Zweck von Bildung einfließen und an dem die gesellschaftliche Vermitteltheit der Wertkategorien thematisch wird. Das gleiche gilt für die Domänen. Gesellschaftliche Handlungssphären oder funktionale Aufgabenbereiche liegen nicht als physische Gegebenheiten vor, sondern auch diese werden je nach spezifischem Erkenntnisinteresse unterschieden.

Worin besteht nun das besondere Erkenntnisinteresse, das die Operationalisierung eines Kompetenzkonzeptes zu einem *erziehungswissenschaftlichen* Dispositionskonstrukt erhebt? Inwiefern kann Kompetenzkonzepten ein erziehungswissenschaftlicher Kompetenzbegriff zugrunde gelegt werden? Im Folgenden soll der in der Erziehungswissenschaft mehr oder minder explizit erhobene Anspruch, der Begriff der Kompetenz könne die Bildungsforschung und -politik fundieren, insofern er sich zur „Ergebnismessung" und „Bilanzierung von Bildungsprozessen" (Klieme/Maag-Merki/Hartig 2007, S. 10; Hartig 2008, S. 24) eigne, einer kritischen Prüfung unterzogen werden.

---

3 So differenziert beispielsweise die einflussreiche Bloomsche Taxonomie schulischer Lernziele (vgl. Bloom/Krathwohl 1956) kognitive Fähigkeiten in Erinnern, Verstehen, Anwenden, Analysieren, Prüfen und Entwickeln (vgl. auch Anderson/Krathwohl 2001). Neben der Nützlichkeit dieser Klassifikation etwa für die disziplinäre und professionelle Kommunikation in der Curriculumentwicklung steht der Nachweis seiner empirischen Brauchbarkeit etwa für Prognosezwecke noch aus.

1.2 Kompetenz als bereichsübergreifende, generelle Handlungsdisposition

In jüngerer Zeit sind zahlreiche umfassende Kompetenzkonzepte entwickelt worden, die unmittelbar erziehungswissenschaftliche Relevanz beanspruchen und einem erziehungswissenschaftlichen Erkenntnisinteresse entspringen. Exemplarisch sei hier das Schlüsselkompetenzkonzept angeführt, wie es durch die OECD Arbeitsgruppe *Definition and Selection of Key Competences* (DeSeCo 2005) ausgearbeitet worden ist. Das Konzept der DeSeCo basiert auf dem Weinertschen Kompetenzbegriff und beansprucht, die Schulsystemvergleichsstudien wie TIMSS und PISA auf einer übergeordneten Ebene konzeptionell zu fundieren. Ausgangspunkt des Konzeptes sind die individuellen Fähigkeiten, die für moderne „Wissensgesellschaften" unerlässlich sind. Inhaltlich werden die Schlüsselkompetenzen spezifiziert als die Fähigkeiten, die Menschen in modernen Gesellschaften benötigen, um unter den Bedingungen des beschleunigten technologischen Wandels, des Zuwachses, der Vervielfältigung und der Spezialisierung wissenschaftlichen Wissens, der zunehmenden Globalisierung ökonomischer und politischer Beziehungen und der sich vor diesem Hintergrund verändernden Berufs- und Lebenspraxis zur ökonomischen Produktivität und sozialen Kohäsion der Gesellschaft beitragen und dabei selbst ein erfolgreiches und zufriedenstellendes Leben führen zu können, ohne von den neuen Anforderungen in die soziale Exklusion gedrängt zu werden (vgl. Zeuner 2009). Bildung wird bezogen auf „ein erfolgreiches Leben und eine gut funktionierende Gesellschaft" (DeSeCo 2005). Damit beansprucht das Schlüsselkompetenzkonzept „System- und Individuum-Bezug" (May 2007, S. 16) zu vereinigen.

Für den Kompetenzbegriff der DeSeCo sind die Begriffsbestimmungen von Franz Weinert (vgl. 2001a, S. 63; 2001b, S. 27f.) prägend. Demzufolge bezeichnen Kompetenzen die personalen Voraussetzungen zur Bewältigung komplexer Aufgaben, die nicht mechanisch gelöst werden können (andernfalls handele es sich um Fertigkeiten). Im Gegensatz zu seiner ursprünglichen Verwendung im linguistischen Kontext und seiner anfänglichen Ausdehnung auf ein breites Spektrum an kognitiven Fähigkeiten umfasst der Weinertsche Kompetenzbegriff auch emotionale und volitive Dispositionen, die für die Bewältigung der jeweils interessierenden Aufgaben relevant sind. Diese Erweiterung des Kompetenzbegriffs markiert das Grundanliegen der DeSeCo. „Eine Kompetenz ist mehr als nur Wissen und kognitive Fähigkeiten." (DeSeCo 2005, S. 6), d.h. sie geht über „Schulwissen und kognitive Fähigkeiten" (zit. ebd.) hinaus. Dabei liegt das erkenntnisleitende Interesse darin, Fähigkeiten zu rekonstruieren, die sich nicht lediglich auf wenige, eng umgrenzte Tätigkeitsfelder beziehen, sondern als Voraussetzung für die Bewältigung sehr komplexer Aufgaben anzusehen sind und als Voraussetzung vieler anderer Aufgaben angesehen werden können. Kompetenzen sollen zwischen benachbarten Anwendungsdomänen transferierbar sein.

> „Es geht um die Fähigkeit der Bewältigung komplexer Anforderungen, indem in einem bestimmten Kontext psychosoziale Ressourcen (einschließlich kognitive Fähigkeiten, Einstellungen und Verhaltensweisen) herangezogen und eingesetzt werden. So ist beispielsweise die Kommunikationsfähigkeit eine Kompetenz, die sich auf Sprachkenntnisse, praktische IT-Fähigkeiten einer Person und deren Einstellungen gegenüber den Kommunikationspartnern abstützen kann." (DeSeCo 2005, S. 6)

Die DeSeCo definiert drei Bereiche des Schlüsselkompetenzkonzeptes, die für „ein erfolgreiches Leben und eine gut funktionierende Gesellschaft" relevant seien. Diese Bereiche lassen sich auf die drei grundlegenden Weltverhältnisse beziehen, in die der sich bildende Mensch sich reflexiv setzt (vgl. dazu implizit: Rychen 2002, S. 5): (1) das Selbstverhältnis: autonome Handlungsfähigkeit; (2) die soziale Welt: interagieren in heterogenen Gruppen; (3) objektive Welt: interaktive Anwendung von Medien und Mitteln. In der Operationalisierung von Schlüsselkompetenzen durch die DeSeCo kehren damit die drei Weltbezüge wieder, die schon Heinrich Roth (1971) in seiner pädagogischen Anthropologie formuliert hat und die auch jüngeren systematischen Entwürfen der Pädagogik zugrunde gelegt werden, in denen Bildungsprozesse „als die Herstellung eines individuellen Verhältnisses zur Welt, zur Gesellschaft und zu sich selbst" (Meder 1998, S. 31) definiert werden. Die DeSeCo schlägt nun vor, diese drei Dimensionen des Schlüsselkompetenzkonzeptes durch feinere, untergeordnete Kompetenzkonzepte mit geringerer Reichweite operational zu füllen.

Das Konzept der Schlüsselkompetenzen erscheint also als semantisch anschlussfähig für den erziehungswissenschaftlichen Diskurs und vielleicht erklärt auch diese Anschlussfähigkeit, warum es sich so rapide im Vokabular durchgesetzt hat. Zu fragen ist hier allerdings, was mit solchen pragmatisch definierten Kompetenzkonzepten gewonnen ist. Handelt es sich nicht um ein vages Konzept, welches entscheidende erziehungswissenschaftliche Fragestellungen verdeckt hält und deshalb auch differierende sozialisationstheoretische, kognitionspsychologische und vor allem bildungstheoretische Positionierungen nur scheinbar zu vereinigen erlaubt?

1.3 Kompetenz als Leistungsdisposition

Aus der empirischen Bildungsforschung heraus ist Schlüsselkompetenzkonzepten mangelnde theoretische Stringenz und geringer empirischer Gehalt vorgeworfen worden. Wenn nämlich neben den kognitiven Dispositionen auch emotive und volitive Komponenten in die Definition von Kompetenz miteinbezogen werden, dann können Aussagen wie: „Die Mitarbeiter verfügen zwar über die notwendigen Kompetenzen, sind aber kaum motiviert" oder „Sie sind zwar hoch motiviert, aber inkompetent" (Hartig 2008, S. 19) nicht mehr getroffen werden. Daher hat sich in dem seit 2007 geförderten DFG-Schwerpunktprogramm „Kompetenzmodelle zur Erfassung individueller Lernergebnisse und zur Bilanzierung von Bildungsprozessen" ein Kompetenzbegriff durchgesetzt, unter den lediglich die kognitiven Dispositionen fallen (vgl. Klieme/Maag-Merki/Hartig 2007, S. 7).

Insbesondere in der empirischen Bildungsforschung ist versucht worden, einen eigenständigen Kompetenzbegriff herauszuarbeiten, der sich zur Untersuchung von Bildungsprozessen und -ergebnissen eignet. Für solche Forschung ist weniger entscheidend, auf welche Bereiche Kompetenzkonzepte bezogen sind oder welche dispositionalen Aspekte sie beanspruchen. Vielmehr wird ein besonderes Bestimmungsmerkmal von Bildungsprozessen hervorgehoben: Bildungsprozesse haben etwas mit der Steigerbarkeit von dispositionalen Vermögen zu tun. In einem Plädoyer für einen engen, für die empirische Bildungsforschung tauglichen Kompetenzbegriff betont Eckard Klieme: „Von Kompetenzen, kann nur dann gesprochen werden, wenn man grundlegende Zieldimensionen innerhalb eines Faches benennt, in denen systematisch, über Jahre hinweg Fähigkeiten aufgebaut werden" (Klieme 2004, S. 12; vgl. auch Hartig 2008, S. 17). Aus dieser Prämisse der Steigerbarkeit ergibt sich für die empirische Bildungsforschung die Notwendigkeit, Kompetenzmodelle zu entwickeln, die graduelle oder stufenförmige Niveauunterschiede festlegen. Drüber hinaus muss der Aufbau von Kompetenzen nicht nur durch sozialisatorische Praxis sondern auch durch gezieltes pädagogisches Handeln ermöglicht werden können.[4]

Zusammenfassend kann also festgehalten werden, dass der derzeit einflussreiche Kompetenzbegriff *Kompetenz als erlernbare, vermittelbare, steigerbare, kognitive, kontextspezifische Leistungsdisposition* konzipiert. Dies entspricht dem oben beschriebenen Konzept der bereichsspezifischen Spezialkompetenzen. Es handelt sich um Spezialkompetenzen, weil sie ausschließlich kognitive Dispositionen umfassen. Sie sind bereichsspezifisch, weil sie sich auf „eine Menge hinreichend *ähnlicher* realer Situationen, in denen bestimmte, *ähnliche* Anforderungen bewältigt werden müssen" (Hartig/Klieme 2006, S. 21; Herv. d. A.), beziehen. Es stellt sich allerdings die Frage, ob damit ein genuin erziehungswissenschaftlicher Grundbegriff gewonnen oder eher ein für interdisziplinäre Fragestellungen der empirischen Bildungsforschung pragmatischer begrifflicher Minimalkonsens etabliert worden ist.

1.4 Ist der Kompetenzansatz ein Humankapitalansatz?

In der interdisziplinären Bildungsforschung im Rahmen von großangelegten ländervergleichenden Untersuchungen zur Leistung von Schulsystemen, zur Bildungsungleichheit oder zur Lebensqualität wird der Kompetenzbegriff häufig in Begründungsmuster eingebettet, die den ökonomischen Wert von Kompetenzen herausstellen. Kompetenzerweiterung gilt dort als Mittel der individuellen wie gesellschaftlichen Humankapitalakkumulation (vgl. kritisch: Höhne 2007; Bittlingmayer/Bauer/Sahrai 2009). Gerade weil Studien, die auf dem Humankapitalansatz aufbauen, nahezu ausschließlich mit Kompetenzbegriffen arbeiten, wird häufig unterstellt, Kompetenzansätze würden letztlich auf Humankapitalansätze hinauslaufen. Eine Kritik an der Dominanz von Humankapitalansätzen im Rahmen der Bildungsforschung sei daher von einer Kritik an der Dominanz des Kompetenzansatzes nicht zu trennen.

Die Verfasserinnen und Verfasser der Expertisen „Human Capital Investment. An international Comparison" (OECD 1998a), „Measuring What People Know. Human Capital Accounting for the Knowledge Economy" (OECD 1998b) oder „Vom Wohlergehen der Nationen. Die Rolle von Human- und Sozialkapital" (OECD 2001) wurden offensichtlich häufig mit dieser Kritik konfrontiert und reagieren darauf etwa so:

> „This report endorses the value of the concept [des Humankapitals, d. A.], rejecting the criticism that such terminology debases human dignity by likening people to packages of knowledge and skill, little different from machinery components. Instead, the concept powerfully emphasises how important people have become, in knowledge- and competence-based economies." (OECD 1998a, p. 9; vgl. auch OECD 2001, S. 21)

---

4 Aus bildungstheoretischer Sicht wird deutlich, dass in der theoretischen Modellierung dessen, was diese Steigerbarkeit bedeutet, ein wesentliches Theoriedesiderat des Kompetenzbegriffes liegt. Dieser sehr wichtigen Kritik kann an diesem Ort nicht nachgegangen werden. Letztlich ist hier zu zeigen, dass Bildungsprozesse nicht bloß als Kompetenzerweiterung konzipiert werden können (vgl. dazu Gruschka 2007, S. 15).

In diesem Zitat scheint die Kritik am Konzept des Humankapitals schlicht durch die gegenteilige Behauptung abgeschmettert zu werden, derzufolge das Konzept nicht den Menschen ab-, sondern aufwertet. In dieser rhetorischen Abwehr kommt der Euphemismus zum Ausdruck, den Reiz der umgreifenden ökonomischen Verwertungslogik darin zu sehen, dass sie die Würde des Menschen anerkennt, als könne diese nicht anders als ökonomisch begründet werden. Dennoch ist in Rechnung zu stellen, dass es zunächst völlig unproblematisch ist, einen Ansatz zu entwickeln, der den Wert von Bildung aus einer ökonomischen Perspektive zu bemessen versucht. An der Humankapital-Perspektive ist nicht problematisch, dass sie den Menschen lediglich unter instrumentellen Gesichtspunkten betrachtet und ihn auch nur so wertschätzen kann. Einer ökonomischen Perspektive ist nicht zum Vorwurf machen, dass sie eine rein ökonomische Perspektive ist.[5] Man kann einer Person aber vorwerfen, dass sie Dinge unter eine ökonomische Perspektive zwängt, die sich einer solchen Perspektive entziehen. So eignet sich die ökonomische Perspektive trivialerweise nicht zur Klärung der Frage nach dem „ethischen Wert" des Menschen. Denn daraus, das ein Mensch ökonomisch „nichts Wert" ist, folgt nicht, dass ihm in anderen Hinsichten kein Wert, keine Würde zukommt. Die Autorinnen und Autoren der OECD-Expertisen zur Human- und Sozialkapitalproduktion durch Kompetenzaufbau, in denen der Humankapitalansatz prominent entfaltet wird, sind sich deutlich dessen Grenzen bewusst:

Die Humankapitalperspektive bezieht sich „only to attributes that have benefits via economic activity. It acknowledges attributes that create better health *insofar as this has economic or social spin-offs*, for example in containing public healthcare spending, but *does not regard the intrinsic personal benefit of being healthy* as a return to human capital investment. In other words, it looks at the value of human capital investment for production *rather than directly for consumption*. This focus on the crucial role that human capital plays in OECD economies, which is a central policy concern, is in no way intended to imply that all forms of learning should be directed to economic ends. It is clear that education, for example, has high ‚consumption' value, *even though that aspect of its benefit is not being examined here.*" (OECD 1998a, p. 15, Herv. d. A.)

Auch wenn Schlüsselkompetenzansätze im politischen Diskurs häufig ausschließlich auf die ökonomische Verwertbarkeit hin befragt werden, so reduziert auch die DeSeCo Schlüsselkompetenzen nicht auf Humankapital: „The conceptual link between competencies and desired outcomes has been established in human capital theory. The scope of DeSeCo is to consider the topic *beyond economic outcomes* for individuals to the sum total of human activity." (Rychen/Salganik 2002, p. 11, Herv. d. A.)

Zu kritisieren ist nicht die Existenz einer ökonomischen Perspektive oder eines ökonomischen Ansatzes als solches, sondern die unangemessene *Verwendung* dieser Perspektive. Diese unangemessene Verwendung entsteht durch die *diskursive Verknüpfung* des Kompetenzbegriffes mit Humankapitalansätzen bzw. durch die diskursive Verknüpfung von Humankapital- und Kompetenzdiskurs. Die Kritik am Humankapitalansatz und an dem durch den Humankapitalansatz geprägten Kompetenzansatz ist daher weniger als eine Kri-

---

5 Daher ist eine solche Kritik fehlgeleitet: „The first problem with the human capital model is that it is economistic: the only benefits from education that are considered are an increased productivity and a higher wage. [...] The second problem with human capital theory is that it is entirely instrumental: it values education, skills and knowledge only in so far as they contribute (directly or indirectly) to expected economic productivity. Of course, there is nothing wrong with valuing the instrumental value of education; the problem lies in the fact that non-instrumental values of education are not valued in the human capital approach." (Robeyns 2006, pp. 72f.)

tik am Kompetenz*begriff* sondern als eine Kritik des Humankapital*diskurses* zu verstehen, insofern eben genau dies geschieht: die Humankapital-Perspektive auf Bereiche auszudehnen, in denen sie nicht hingehört. Zu fragen ist allerdings, ob die Erziehungswissenschaft diese Ausdehnung der Humankapitalperspektive nicht auch mithilfe des Kompetenzansatzes mit forciert. Wie im Folgenden zu zeigen sein wird, leistet der Kompetenzansatz dem Humankapitaldiskurs deshalb Vorschub, weil er soziale Kontextbedingungen analytisch vernachlässigt.

1.5 Ist der Kompetenzansatz kontextblind?

An Kompetenzansätzen wird häufig kritisiert, sie vernachlässigten in doppelter Weise den Kontext: (a) Zum einen werde der gesellschaftliche Raum vernachlässigt, in den Kompetenzkonzepte unweigerlich situiert sind. Kompetenzkonzepte seien gesellschaftstheoretisch unzureichend fundiert. (b) Zum anderen werde vernachlässigt, in welchen sozialen Zusammenhängen Kompetenzen ausgebildet und vermittelt werden und in welchen Kontexten sie sich in Handeln umsetzen. Hinsichtlich des ersten Kritikpunktes würden Vertreterinnen und Vertreter von Kompetenzansätzen einräumen, dass häufig eine gesellschaftstheoretische Einbettung von Kompetenzkonzepten fehle, dass diese aber für einen anspruchsvollen Kompetenzansatz notwendig sei:

> „Competencies only make sense if the societal component is taken into account by addressing both large scale structures (such as the labor market, the education system, the government and legal structure) and processes taking place at the individual level. Thus while the internal structure of competencies (knowledge, skills, attitudes behavioral intentions and their interrelation) are important parameters of the definition, so too are the structures of the social, economic and political environment – particularly as they have their part to play in actually constructing the demands which both define competencies and require them to be demonstrated by individuals." (Rychen/Salganik 2002, p. 6)

Wer bildungspolitisch fordert, dass die Ausbildung einer bestimmten Kompetenz erforderlich sei, kann dies gesellschaftstheoretisch begründen. Der erste Einwand ist daher kein Einwand gegen die Nützlichkeit des Kompetenzkonzeptes selbst. Er kann vielmehr als Appell verstanden werden, die gesellschaftstheoretische Fundierung einzulösen, sofern sie bislang auf unzureichende Weise erfolgt ist.

Hinsichtlich des zweiten Einwandes ist zunächst zu rekonstruieren, worin überhaupt der fehlende Kontextbezug besteht. Der Kompetenzbegriff bezeichnet die kognitiven Voraussetzungen zum Lösen eines Handlungsproblems und in diesem Sinne *bezeichnet* er per definitionem nicht den Kontext. Der Kompetenzbegriff bezeichnet ausschließlich personale Dispositionen, also Dinge „im" Individuum. Nun bedeutet aber die Tatsache, dass der Kompetenzbegriff keinen Kontext *bezeichnet*, nicht, dass er sich nicht auf Kontexte *bezieht*. Der Kompetenzbegriff ist konstitutiv auf den sozialen Kontext bezogen, weil sich konkrete Kompetenzkonzepte inhaltlich immer auf Kontexte im Sinne von Anwendungsdomänen beziehen müssen als die Anforderung, zu der eine Kompetenz konstruiert wird. Sie spezifizieren „Zusammenhänge zwischen individuellen Fähigkeiten und Fertigkeiten und erfolgreichem Handeln in spezifischen Kontexten" (Klieme/Hartig 2007, S. 11).

Darin ist aber die Kritik des fehlenden Kontextbezugs nicht erschöpft. Vielmehr gibt es einen weiteren Kontextbezug von Kompetenz, der darin besteht, dass Kompetenzen sich immer nur in konkreten Kontexten *realisieren*. Diese Problematik ist auch von Vertretern des Kompetenzbegriffs diskutiert worden: „Most definitions of competence are centred on the individual, and fail to consider the ecological, social, and task-specific contexts in which performance occurs" (Weinert 1999, S. 58). Weinert zitiert Kurt Fischer u.a. (1993, pp. 113f.), die darauf hinweisen, dass „[s]kill level is *a characteristic* not only of a person *but also of a context*. People do not have competencies independent of context. Traditional conceptions of competence and performance fail because *they treat competence as a fixed characteristic of the child*, analogous to a bottle with a fixed capacity. Performance factors are seen as somehow interfering with this capacity" (Fischer u.a. 1993 zit. nach Weinert 1999, S. 58, Herv. d.A.).

In diesem Sinne handelt es sich um eine Abstraktion, Kompetenzen losgelöst vom Kontext zu betrachten. „Kompetenzen" sind gedankliche Abstraktionen von einer komplexen Handlungspraxis, in der das handelnde Individuum eingebettet ist. Um diesen Sachverhalt klar hervorzuheben, wird hier im Anschluss an den sogenannten „Capability Approach" vorgeschlagen, den Kompetenzbegriff in eine umfassende analytische Konzeption von „Vermögen" einzubetten, die durch Vorstellungen von „menschlichen Verwirklichungschancen" normativ gefüllt werden kann.

2   Der Ansatz der Verwirklichungschancen als gerechtigkeitstheoretische Grundlage kritischer Bildungsforschung und Bildungspolitik

2.1   *„Vermögen" als Zusammenspiel internaler Dispositionen und externaler Verwirklichungsbedingungen*

Der von Amartya Sen (1999) und Martha Nussbaum (2000) entwickelte Capability Approach nimmt die umfassenden Potenziale des Menschen in den Blick. „Capabilities" sind nicht als „Fähigkeiten" oder „Kompetenzen" zu betrachten, sondern werden von Martha Nussbaum im Sinne von „dýnamis" bei Aristoteles verstanden. Es lassen sich zwei Bedeutungsvarianten von „dýnamis" unterscheiden. Sie kann zum einen als Kraft oder als Potenzialität verstanden werden (vgl. Cohen 2008). „Dýnamis" meint dann entweder a) die Kraft eines Objektes, Veränderungen hervorzubringen. Diese Kraft wird in Bewegung, in einem Prozess (*kinêsis*) umgesetzt. „Dýnamis" kann aber auch b) das Potenzial eines Objektes meinen, etwas anderes zu sein. Potenzial *verwirklicht* sich in Aktualität (*energeia*). Potenzialität impliziert bei Aristoteles immer auch, dass das Objekt einen „besseren", „vollendeteren" Zustand annehmen kann (vgl. Aristoteles 1970).

Bei Aristoteles hat die *dýnamis* einen zentralen Stellenwert im Rahmen seiner Akt-Potenz-Lehre. Dort wird „dýnamis" im Englischen zumeist als „capability" übersetzt, während in den deutschsprachigen Aristoteles-Übersetzungen von „Vermögen" die Rede ist. In der deutschsprachigen Rezeption des Capability Approaches scheinen sich allerdings die Übersetzungen „Befähigungen" oder „Verwirklichungschancen" zu etablieren.[6] Mit diesen Termini soll zum Ausdruck gebracht werden, dass Vermögen nicht auf das von seinen sozialen Kontextbedingungen abstrahierte Individuum allein reduziert werden können. Vielmehr sind Vermögen immer schon sozial kontextualisiert. In diesem Sinne *befähigen*

---

6   Andere Begriffe sind „Potenzial" oder einfach nur „Chance", die im Armuts- und Reichtumsbericht verwendet werden (vgl. Arndt u.a. 2006).

Kontextbedingungen das Individuum. Mehr noch, der Befähigungsbegriff soll im Sinne des Capability Approaches hervorheben, „dass Menschen immer schon über Anlagen zu Fähigkeiten verfügen, aber durch zusätzliche Umstände dazu befähigt werden, diese zu entwickeln und auszubilden" (Heinrichs 2004, S. 181). Doch was ist nun das Besondere des Vermögensbegriffes, den der Capability Approach der Aristotelischen Begriffstradition entnimmt?

Es ist zunächst zu unterscheiden zwischen den Dispositionen des Individuums und den externen Verwirklichungsbedingungen, die diesen Dispositionen zur Realisierung verhelfen (vgl. Abb. 2).

Abbildung 2: Der Vermögens-Begriff bei Aristoteles

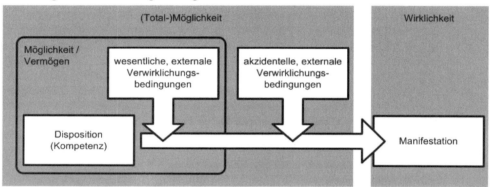

Als Verwirklichungsbedingungen, die unmittelbar zum Vermögen selbst gehören, kommen aber nur die *wesentlichen* Realisierungsbedingungen in Betracht (vgl. Liske 1996, S. 271). Würden wir *sämtliche* Verwirklichungsbedingungen mit einbeziehen, so gelangten wir zu einer Konzeption von „Totalmöglichkeit". Bei der Lehre von Vermögen als „Totalmöglichkeit" handelt es sich um die von Aristoteles kritisierte und von ihm so benannte „megarische Position", derzufolge etwas nur dann möglich sei, wenn alle notwendigen Bedingungen vorliegen; dann sei es aber auch schon wirklich (vgl. dazu Jansen 2001; 2004). Daher sollte zwischen wesentlichen und akzidentellen Verwirklichungsbedingungen unterschieden werden. Zu den wesentlichen Realisationsbedingungen gehört für Aristoteles immer das komplementäre Aktiv- oder Passivvermögen (das Affizierende und das Affizierbare). In diesem Sinne kann es ein Vermögen schlechthin (oder: eine Kompetenz) nicht geben. Ein Vermögen besteht immer nur unter bestimmten – in unserem Falle sozialen – Verhältnissen (vgl. Liske 1996, S. 271ff.).

Es ist Amartya Sens und Martha Nussbaums Verdienst, nicht nur den Vermögensbegriff für die politische Philosophie re-etabliert, sondern ihn vor allem der empirischen Forschung zugänglich gemacht zu haben. Martha Nussbaum (1999; 2000, pp. 83ff.) bezeichnet die Dispositionen als *I-Capabilities*, die wesentlichen Verwirklichungsbedingungen als *E-Capabilities* und die daraus zusammengesetzten Vermögen als *Combined Capabilities* (siehe Abb. 3).

Abbildung 3: Der Capability-Begriff bei Martha Nussbaum

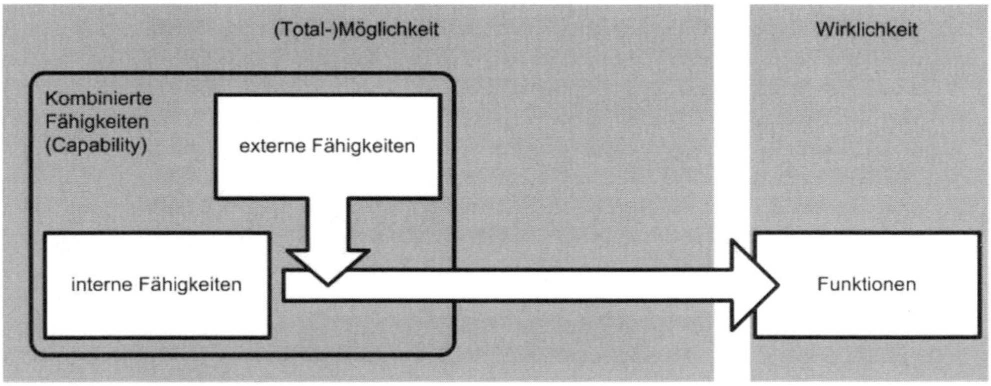

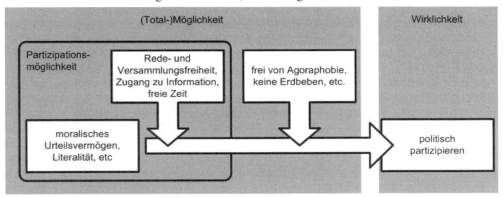

Nun steht und fällt die empirische Bildungsforschung mit der Operationalisierung der Vermögen im Sinne solcher kombinierter Fähigkeiten. Je nach dem, wie die jeweils interessierenden Vermögen beschrieben werden, geraten unterschiedliche personale und soziale Bedingungen in den Blick. Dies lässt sich am Beispiel des Vermögens zur politischen Partizipation illustrieren (siehe Abb. 4).

Abbildung 4: Nussbaums Capability Nr. 10: „Peter ist imstande, effektiv an politischen Entscheidungen teilzuhaben, die das eigene Leben betreffen"

Martha Nussbaum hat eine Liste von zehn Vermögen ausgearbeitet, die als jene Vermögen gelten, die unser Menschsein ausmachen. Die Capability Nr. 10 ihrer Capability-Liste beschreibt das Vermögen, „Kontrolle über die eigene Umgebung" zu haben. Im politischen Sinne meint dies, imstande zu sein, „effektiv an politischen Entscheidungen teilzuhaben, die das eigene Leben betreffen; das Recht der politischen Teilnahme und des Schutzes der Redefreiheit und der Versammlungsfreiheit genießen" (Nussbaum 2002b, Absatz 28) zu können. Die Unterscheidung zwischen Dispositionen, wesentlichen und unwesentlichen Verwirklichungschancen zwingt dazu, die Bestandteile herauszuarbeiten, die wir in der Rede von politischer Partizipation oftmals unexpliziert lassen. So könnte als dispositionale Komponente die Kompetenz zum moralischen Urteilsvermögen und die Kompetenz der

Literalität definiert werden und als externe Verwirklichungsbedingungen die Rede- und Versammlungsfreiheit, der freie Zugang zu Information und ausreichend freie Zeit zur Beteiligung. Ohne diese externen Verwirklichungsbedingungen könnten sich die Kompetenzen gar nicht verwirklichen. Ohne diese externen Bedingungen bestünde das Vermögen der politischen Mitbestimmungsfähigkeit gar nicht.

Damit die Kompetenzen sich im Zusammenspiel mit den externen, wesentlichen Verwirklichungsbedingungen realisieren können, das Vermögen also besteht, müssen unzählige weitere Bedingungen erfüllt sein. So muss die Person, um partizipieren zu können, beispielsweise hinreichend gut ernährt und ausgeschlafen sein, sie sollte – wenn es um Beteiligung an einer Demonstration geht – nicht an einer Agoraphobie leiden und die Versammlung sollte nicht durch Erdbeben oder Stromausfälle gestört werden, die das Verkehrsnetz lahmlegen. Zwar mag es – unter gegebenen Umständen (!) – eine Voraussetzung für die Realisierung der politischen Mitbestimmungsfähigkeit sein, gut ernährt und ausgeschlafen zu sein, keine Angst vor öffentlichen Plätzen zu haben und nicht durch Erdbeben und Stromausfälle gestört zu werden, aber solche externen Verwirklichungsbedingungen erscheinen uns für die *Definition* des Vermögens der Mitbestimmungsfähigkeit als analytisch nebensächlich, als *akzidentell*. Es handelt sich hier um externale, akzidentelle Verwirklichungsbedingungen.

Mit der Unterscheidung von Dispositionen, wesentlichen und akzidentellen Verwirklichungsbedingungen lassen sich drei verschiedene Begriffe von „Potenzialität" bilden:

- Potenzialität als Disposition. Dies ist der Aspekt, den der Kompetenzbegriff fokussiert. Hier wird von sämtlichen externalen Kontextbedingungen abstrahiert und nur die personale Fähigkeit betrachtet.
- Potenzialität als Vermögen (capability) bzw. als Möglichkeit. Hier wird von den akzidentellen Kontextbedingungen abstrahiert.
- Potenzialität als Totalmöglichkeit. Hier sind sämtliche internalen und externalen Bedingungen einbezogen, die gegeben sein müssen, damit Möglichkeit Wirklichkeit wird.

Der Capability Approach berücksichtigt alle drei Komponenten und zwingt zu ihrer Explikation. Was ist nun mit dieser analytischen Differenzierung von „Potenzialität" für die Bildungstheorie und Bildungspolitik gewonnen?

2.2 Verwirklichungschancen als umfassender normativer Referenzrahmen von Bildungsgerechtigkeit

Die theoretische Durchdringung und empirische Untersuchung von sozialer Ungerechtigkeit im Rahmen von Bildungstheorie und Bildungspolitik erfordert einen normativen Referenzrahmen, innerhalb dessen beurteilt werden kann, was überhaupt als „ungerecht" gelten soll. Eine Diskussion des normativen Referenzrahmens hat bislang in der erziehungswissenschaftlichen Forschung zur sozialen Ungleichheit kaum stattgefunden. Dies wird auch in der Kompetenzdebatte als Desiderat hervorgehoben. So stellt Weinert fest, dass die entscheidende „question concerns the frame of reference within which key competencies are defined. Philosophical ideas about *the nature of humankind*, or *ideas about the good life* and a *desired society*, or expectancies about present human life and social demands, may be used to identify competencies and key competencies. There is a strong danger that the necessary skills for a successful everyday life, social and personal effectiveness, or professional success will be trivialized when compared to normatively anchored universal competencies. Nevertheless, if one wants to *go beyond an individual's adaptation level* to *the world of today* with its limited possibilities of further development, and change the world by providing people with the appropriate competencies, *it is necessary to choose a normative starting point, and not an empirical one*, when defining key competencies." (Weinert 2001a, p. 53, Herv. d. A.)

Im derzeitigen Schlüsselkompetenzansatz dominiert der empirisch-deskriptive Zugang zur Operationalisierung von Bildungszielen. Zwar mehren sich Versuche, solche Kompetenzkonzepte im Rahmen einer kritisch-emanzipatorischen Bildungstheorie zu verorten. Es wird etwa hervorgehoben, dass die „Aneignung von Kompetenzen […] nicht primär dem Systemerhalt" dienen soll, und dass Kompetenzkonzepte „aus der Perspektive der Individuen" zu definieren sind, so dass sie „im Sinne traditioneller bildungstheoretischer Überlegungen, zur Entwicklung von Identität und gesellschaftlicher Handlungsfähigkeit des Einzelnen beitragen können" (Zeuner 2009, S. 262). Inwieweit hier aber Handlungsfähigkeit immer noch auf das deskriptiv erfasste gesellschaftlich Bestehende bezogen wird, also auf das, was uns *im Hier und Jetzt* als Handlungsfähigkeit erscheint, aber Bildung gerade nicht kategorial zukunftsoffen als Aufgabe zukünftiger Generationen konzipiert wird, indem die Bestimmung von Bildungszielen als Moment des Bildungsprozess selbst überantwortet wird, ist noch eine offene Frage. Offen ist auch die Frage, ob normative Kompetenzkonzepte nicht lediglich beanspruchen können, Bildungsstandards im Sinne der allgemeinen Grundbildung, nicht aber im Sinne der allgemeinen Menschenbildung zu begründen (vgl. Gruschka 2007; Benner 2005).[7] Solche Kritik vorwegnehmend wird der Geltungsanspruch von Kompetenzkonzepten für die Bewertung von Bildungsinstitutionen und Bildungsprozessen nun von seinen Vertreterinnen und Vertretern auf einen Teilbereich von Bildung beschränkt, ohne „das Ganze der Bildung" bestimmen zu wollen, etwa durch die Feststellung, „dass nicht alles, was in Bildungsinstitutionen und Bildungsprozessen vermittelt werden soll und vermittelt wird, unbedingt ‚eine Kompetenz' sein muss. Auch bestimmte Werthaltungen und Einstellungen – beispielsweise hinsichtlich sozialer Regeln und gesellschaftlicher Partizipation – stellen wichtige Bildungsziele dar, obwohl diese nur mit großer Mühe unter ‚kognitive Leistungsdispositionen' gefasst werden können. Kompetenzen im Sinne der hier dargestellten Definition sind ein wichtiges und zentrales Kriterium bei der Untersuchung der Ergebnisse von Bildungsprozessen, aber keinesfalls das einzige" (Hartig 2008, S. 24).

Wenn auch die Entwicklung von Kompetenzkonzepten mit der Einsicht in die begrenzte Geltungsreichweite dieser Konzepte für die Evaluation von Bildungsprozessen

---

7 Anhand der zunehmenden Verwendung des Kompetenzbegriffes in den Erziehungswissenschaften hat sich eine Diskussion entfacht, inwiefern die Rede von der „Vermittlung von Basiskompetenzen" ein Bildungsverständnis befördere, welches im Sinne der „Grundbildung" das Bildungsideal der „Allgemeinbildung" verabschiede (vgl. Koch 2004; Tenorth 2004; 2008; Benner 2005; Prange 2007). Letztlich wird hier der alte bildungsphilosophische Streit aktualisiert, was „das Allgemeine" eines gehaltvollen Bildungsbegriffes in der heutigen Zeit noch ausmachen könne, ob dieses Allgemeine exemplarisch in der Grundbildung enthalten sei und zunächst in dieser Form durchschritten werden müsse, ob nicht der Gehalt einer Grundbildung bereits zur Halbbildung verkürzt werde, wenn es zeitlich vor dem Allgemeinen zu lehren versucht wird, oder ob schulische Grundbildung nicht von „überzogenen" Erwartungen zu entschlacken und als Vorstufe und Voraussetzung für die Allgemeinbildung anzusehen sei, welche – außerhalb von Schule – zur lebenslangen Aufgabe werde. Diese Diskussion kann hier nicht weiter verfolgt werden.

einhergeht, so besteht doch die Gefahr, dass sich ein bildungstheoretischer und bildungspolitischer Kompetenzdiskurs etabliert, in dem bestimmte Kompetenzkonzepte so wirkmächtig werden, dass nur schwerlich aus ihnen herausgetreten werden kann. Die disziplinäre und bildungspolitische Konzentration auf die Operationalisierung von Kompetenzen kann dann dazu führen, ein umfassendes Bildungsverständnis auf die bloße Summe von Kompetenzen zu verkürzen und die normative Frage nach wertvollen Bildungszielen durch die deskriptive Feststellung gesellschaftlicher Anforderungen zu ersetzen.

Vor dem Hintergrund einer Konzeption menschlicher Verwirklichungschancen werden diese Verengungen des Kompetenzdiskurses sichtbar. Kompetenzkonzepte beanspruchen, die *funktionalen* Vermögen des Menschen zu explizieren, die er benötigt, *um* in modernen, hochkomplexen Gesellschaften *gut zu leben*. Im Capability Approach beispielsweise wird dagegen von dem Vermögen der Verwirklichung des Menschseins, von menschlichen Verwirklichungschancen (human capabilities) ausgegangen. Martha Nussbaums normative Liste von Verwirklichungschancen versucht, jene *essenziellen* Vermögen zu explizieren, die in jeder Gesellschaft für einen Menschen *gegeben* sein müssen, damit überhaupt von einem *guten menschlichen Leben* die Rede sein kann. Der Capability Approach vermag damit die funktionale Perspektive von Kompetenzansätzen zu *erweitern*, denn jemand kann aufgrund seiner Kompetenzausstattung „gut leben" ohne ein „gutes Leben" zu führen. Kompetentes Überleben ist noch kein menschliches Leben im Sinne einer Existenzform, die sich von der tierischen unterscheidet (vgl. Nussbaum 2002a, pp. 490ff.).

Während der Capability Approach *konstitutive* Vermögen zu rekonstruieren beansprucht, definieren Kompetenzkonzepte instrumentelle Vermögen, die *regulativen* Status haben. Es *empfiehlt* sich aus zweckrationalen Gründen, sich diese Schlüsselkompetenzen anzueignen. Schlüsselkompetenzen (z.B. Flexibilität) werden nicht in erster Linie aus wertrationalen Gründen um ihrer selbst willen angestrebt. Menschen eignen sie sich nicht deshalb an, weil sie sich andernfalls nicht mehr als Menschen im Spiegel anblicken könnten. Kaum jemand will deshalb „flexibel" sein, weil er glaubt, dass ihn dies menschlicher macht. Bürgerinnen und Bürger moderner Gesellschaften *müssen* flexibel sein, wenn sie in der Gesellschaft „mithalten" wollen. Zwar mögen einige der Schlüsselkompetenzen, die für ein erfolgreiches Leben in modernen Gesellschaften notwendig sind, zu den *Voraussetzungen* für die Verwirklichung des Menschseins gehören (z.B. Autonomie). Aber auch dann sind sie *Instrument* für ein menschliches Leben in Würde; Verwirklichungschancen dagegen sind *Ausdruck* eines Lebens in Würde (vgl. Nussbaum 2006, pp. 161f.).

Normative Referenzrahmen spezifizieren die Sachverhalte, auf die sich Gerechtigkeitsurteile stützen, d.h. anhand derer beurteilt werden kann, ob Ungerechtigkeit vorliegt. Gerechtigkeitsurteile – etwa im Kontext von ökonomischen, sozial- und bildungspolitischen Argumentationen oder empirischen Untersuchungen – stützen sich bislang (a) entweder auf die Prüfung des Sachverhalts, in welchem Ausmaß eine Person (oder ein Aggregat von Personen) einen bestimmten Nutzen erzielt, Wohlbefinden erlangt oder Grundbedürfnisse befriedigt hat oder (b) in welchem Ausmaß ihr soziale Grundgüter wie beispielsweise materielle Ressourcen oder gewährte Rechte zur Verfügung stehen. Für den ersten Zugang steht der Utilitarismus, für den zweiten die Rawlsche Gerechtigkeitstheorie (vgl. dazu Sen 1985, pp. 17ff.; 1999, pp. 71ff.; 2009, pp. 253ff.; Pereira 2006, pp. 55ff.; Berges 2007, p. 16). Diese klassische Orientierung von Gerechtigkeitsurteilen an dem utilitaristischen „Nutzen" oder an den Rawlschen „Grundgütern" ist jedoch mit Nachteilen verbunden.

Im Rahmen des klassischen Utilitarismus orientieren sich Gerechtigkeitsurteile am subjektiven Wohlbefinden, d.h. an der erfolgten Befriedigung subjektiver Bedürfnisse. Eine Gesellschaft gilt dann als gerecht, wenn die Bürger (in ihrer Gesamtheit) so glücklich sind, wie es technologisch maximal erreichbar ist. Gerechtigkeitsurteile orientieren sich hier an den in der Wirklichkeit erreichten Zuständen (functionings). Würde eine Bildungs- und Sozialpolitik sich an den subjektiven und womöglich wenig reflektierten Wünschen der Bedürfnisbefriedigung der Bürger orientieren, würde das subjektive (Un-)Zufriedenheitsniveau affirmiert werden. Wenn die Bürger aus der Existenz von Freiheitsrechten oder von Bildungsmöglichkeiten keine Befriedigung erfahren, gäbe es für eine solche Politik keinen Grund, diese Möglichkeiten auszubauen.

John Rawls hat daher mit seinem Grundgüteransatz vorgeschlagen, dass sich Gerechtigkeitsurteile an dem Ausmaß verfügbarer zentraler Güter wie Grund-, Freiheits- und Zugangsrechten und basalen, materiellen Ressourcen orientieren sollen. Demnach gilt eine Gesellschaftsordnung dann als gerecht, wenn gewährleistet ist, dass jedem Bürger unabhängig von seinen individuellen Bedürfnissen ein gewisses Maß an Mitteln zur Verfügung steht. Problematisch an dem Referenzrahmen „Grundgüter" ist allerdings, dass er bestimmte Ungleichheiten nicht in den Blick bekommt. So haben Menschen unterschiedliche Möglichkeiten, die Mittel zur Verwirklichung ihrer Bedürfnisse zu nutzen. Diese Verwirklichungsmöglichkeiten werden zum einen durch große Unterschiede in der körperlichen und geistigen Konstitution bestimmt und zum anderen können die jeweiligen natürlichen und sozialen Umweltbedingungen die Verwirklichungsmöglichkeiten beeinflussen (vgl. Sen 1980, pp. 198f.; 2009, pp. 253ff.; Roemer 1998, S. 6). Diese Variation ist der Normalfall, nicht der Ausnahmefall, weil Menschen über unterschiedliche interne Fähigkeiten verfügen. Menschen mit Behinderungen, Kranke, Kinder oder Alte brauchen ebenfalls ein Mehr an bestimmten Gütern, um ein gewisses Maß an Autonomie zu realisieren. Sie brauchen etwa ein höheres Einkommen, um Transportmittel, Medikamente oder soziale Betreuungsleistungen finanzieren zu können. Schüler mit Lernschwierigkeiten benötigen mehr (und oft auch andere) Bildungsressourcen als ihre lernstarken Altersgenossen. Weil es sich bei Krankheit, Behinderung oder Alter um Zustände handelt, die jeden betreffen, ist der „normalfunktionierende Bürger", auf den die Verteilung von Gütern zugeschnitten ist, eine Konstruktion, die günstigenfalls auf nur kurze Zeitspannen im Leben weniger Menschen zutrifft (vgl. Nussbaum 2002a, pp. 424ff.). Gerechtigkeitsurteile können also nicht lediglich die Mittel in den Blick nehmen, da beispielsweise die Forderung nach Chancengleichheit im Sinne der Gleichverteilung von Mitteln zu starken Ungleichheiten führt, die sich mitunter als strukturelle Diskriminierung bezeichnen lassen. Auch „Kompetenz" allein eignet sich nicht als normativer Referenzrahmen von Gerechtigkeitsurteilen. So wie gleiche Ressourcen bei ungleicher Kompetenzausstattung zu Ungerechtigkeiten führen können, können auch gleiche Kompetenzen im Rahmen von ungleichen sozialen Bedingungen Ungerechtigkeit bedeuten.

Als alternativer normativer Referenzrahmen von Gerechtigkeitsurteilen im Rahmen von Bildungspolitik und -forschung wird hier im Sinne des Capability Approaches die Orientierung an „Vermögen" (capabilities) vorgeschlagen. Der Capability Approach antwortet auf jene zentrale Frage, die jüngst John Roemer als immer noch bestehendes Desiderat der Gerechtigkeitstheorie markiert hat, nämlich: „anhand welcher Maßstäbe bemessen wir gesellschaftliche Vorteile" (Roemer 2006, p. 10; vgl. auch Vallentyne 2005) und Nachteile? Amartya Sen hat diese Frage nach dem Maßstab, der Metrik von Ungleichheit als

"Equality of What?"-Frage in die Gerechtigkeitstheorie eingeführt (vgl. Sen 1980; 1985; Andresen/Otto/Ziegler 2008). Hier liegen die Möglichkeiten für einen realistischen und zugleich tragfähigen Ansatz einer kritischen empirischen Bildungsforschung und Bildungspolitik, die die Einsicht begründet, dass Bildung mehr ist als Humankapital: *human development beyond human capital*.

Literatur

Anderson, L. W./Krathwohl, D. R. (Eds.) (2001): A taxonomy for learning, teaching, and assessing. A revision of Bloom's Taxonomy of Educational Objectives. New York

Andresen, S./Otto, H.-U./Ziegler, H. (2008): Bildung as Human Development: An educational view on the Capabilities Approach. In: Otto, H.-U./Ziegler, H. (Hrsg.): Capabilities – Handlungsbefähigung und Verwirklichungschancen in der Erziehungswissenschaft. Wiesbaden, S. 165-197

Aristoteles (1970): Metaphysik (übers. v. Franz F. Schwarz). Stuttgart

Arndt, C./Dann, S./Kleimann, R./Strotmann, H./Volkert, J. (2006): Das Konzept der Verwirklichungschancen (A. Sen). Empirische Operationalisierung im Rahmen der Armuts- und Reichtumsmessung. Machbarkeitsstudie (Endbericht): Bundesministerium für Arbeit und Soziales

Auernheimer, G. (Hrsg.) (2002): Interkulturelle Kompetenz und pädagogische Professionalität. Opladen

Baacke, D. (1973): Kommunikation und Kompetenz. Grundlegung einer Didaktik der Kommunikation und ihrer Medien. Weinheim

Baumert, J./Kunter, M. (2006): Stichwort: Professionelle Kompetenz von Lehrkräften. In: Zeitschrift für Erziehungswissenschaft, Jg. 9, H. 4, S. 469-520

Benner, D. (2005): Schulische Allgemeinbildung versus allgemeine Menschenbildung? Von der doppelten Gefahr einer wechselseitigen Beschädigung beider. In: Zeitschrift für Erziehungswissenschaft, Jg. 8, H. 4, S. 563-575

Berges, S. (2007): Why the capability approach is justified. In: Journal of Applied Philosophy, Vol. 24, No. 1, pp. 16-25

Bittlingmayer, U. H./Bauer, U./Sahrai, D. (2009): Künstlich gesteigerte Kompetenznachfrage? Kritische Anmerkungen zum Kompetenzdiskurs. In: Bolder, A./Dobischat, R. (Hrsg.): Eigen-Sinn und Widerstand. Kritische Beiträge zum Kompetenzentwicklungsdiskurs. Wiesbaden, S. 120-132

Bloom, B. S./Krathwohl, D. R. (1956): Taxonomy of educational objectives. The classification of educational goals, by a committee of college and university examiners. Handbook 1: Cognitive domain. New York

Böllert, K./Karsunky, S. (2008): Genderkompetenz in der Sozialen Arbeit. Wiesbaden

Bolder, A./Dobischat, R. (Hrsg.) (2009): Eigen-Sinn und Widerstand. Kritische Beiträge zum Kompetenzentwicklungsdiskurs. Wiesbaden

Bormann, I./de Haan, G. (2008): Kompetenzen der Bildung für nachhaltige Entwicklung. Operationalisierung, Messung, Rahmenbedingungen, Befunde. Wiesbaden

Chomsky, N. (1981): Regeln und Repräsentationen. Frankfurt a.M.

Cohen, S. M. (2008): Aristotle's Metaphysics. In: Zalta, E. N. (Ed.): The Stanford Encyclopedia of Philosophy (Summer 2008 Edition).
[http://plato.stanford.edu/archives/sum2008/entries/aristotle-metaphysics/; Zugriff 28.08.2009]

DeSeCo (2005): Definition und Auswahl von Schlüsselkompetenzen. Neuchâtel

Fischer, K. W./Bullock, D. H./Rotenberg, E. J./Raya, P. (1993): The dynamics of competence. How context contributes directly to skill. In: Wozniak, R. H./Fischer, K. W. (Eds.): Development in context. Acting und thinking in specific environments. Hillsdale, NJ, pp. 93-117

Gruschka, A. (2007): Bildungsstandards oder das Versprechen, Bildungstheorie in empirischer Bildungsforschung aufzuheben. In: Pongratz, L. A./Reichenbach, R./Wimmer, M. (Hrsg.): Bildung – Wissen – Kompetenz. Bielefeld, S. 9-30

Habermas, J. (1984): Notizen zur Entwicklung der Interaktionskompetenz. In: Habermas, J.: Vorstudien und Ergänzungen zur Theorie des kommunikativen Handelns. Frankfurt a.M., S. 187-225

Hartig, J. (2008): Kompetenzen als Ergebnisse von Bildungsprozessen. In: Jude, N./Hartig, J./Klieme, E. (Hrsg.): Kompetenzerfassung in pädagogischen Handlungsfeldern. Theorien, Konzepte und Methoden (Reihe: Bildungsforschung, Bd. 26, hrsg. v. BMBF). Berlin, S. 15-26

Hartig, J./Klieme, E. (2006): Kompetenz und Kompetenzdiagnostik. In: Schweizer, K. (Hrsg.): Leistung und Leistungsdiagnostik. Berlin, S. 127-143

Heinrichs, J.-H. (2004): Grundbefähigungen. Zum Verhältnis von Ethik und Ökonomie. Dissertation, Universität Duisburg-Essen, Duisburg [http://deposit.ddb.de/cgi-bin/dokserv?idn=970513372; Zugriff 01.09.2009].

Höhne, T. (2007): Der Leitbegriff ‚Kompetenz' als Mantra neoliberaler Bildungsreformer. Zur Kritik seiner semantischen Weitläufigkeit und inhaltlichen Kurzatmigkeit. In: Pongratz, L. A./Reichenbach, R./Wimmer, M. (Hrsg.): Bildung – Wissen – Kompetenz. Bielefeld, S. 30-43

Jansen, L. (2001): Sind Vermögensprädikationen Modalaussagen? In: Hüntelmann, R./Meixner, U./Tegtmeier, E. (Hrsg.): Ontologie der Modalitäten (Reihe: Metaphysica. Sonderheft, Bd. 1). Dettelbach, S. 179-193 [http://home.arcor.de/metaphysicus/Texte/vermoepraed.pdf; Zugriff 01.09.2009]

Jansen, L. (2004): Dispositionen und ihre Realität. In: Halbig, C./Suhm, C. (Hrsg.): Was ist wirklich? Neuere Beiträge zu philosophischen Realismusdebatten. Frankfurt a.M., S. 117-137 [http://home.arcor.de/metaphysicus/Texte/Disp-Realismus4.pdf; Zugriff 01.09.2009]

Jude, N./Hartig, J./Klieme, E. (Hrsg.) (2008): Kompetenzerfassung in pädagogischen Handlungsfeldern. Theorien, Konzepte und Methoden (Reihe: Bildungsforschung, hrsg. v. BMBF, Bd. 26). Berlin

Klieme, E. (2004): Was sind Kompetenzen und wie lassen sie sich messen? In: Pädagogik, Jg. 56, H. 6, S. 10-13

Klieme, E./Hartig, J. (2007): Kompetenzkonzepte in den Sozialwissenschaften und im erziehungswissenschaftlichen Diskurs. In: Prenzel, M./Gogolin, I./Krüger, H.-H. (Hrsg.): Kompetenzdiagnostik (Reihe: Zeitschrift für Erziehungswissenschaft. Sonderheft 8). Wiesbaden, S. 11-29

Klieme, E./Maag-Merki, K./Hartig, J. (2007): Kompetenzbegriff und Bedeutung von Kompetenzen im Bildungswesen. In: Hartig, J./Klieme, E. (Hrsg.): Möglichkeiten und Voraussetzungen technologiebasierter Kompetenzdiagnostik. Eine Expertise im Auftrag des Bundesministeriums für Bildung und Forschung (Reihe: Bildungsforschung, Bd. 20). Berlin, S. 5-15

Koch, L. (2004): Allgemeinbildung und Grundbildung, Identität oder Alternative? In: Zeitschrift für Erziehungswissenschaft, Jg. 7, H. 2, S. 183-191

Leutner, D./Wirth, J./Klieme, E./Funke, J. (2005): Problemlösefähigkeit als fächerübergreifende Kompetenz. In: Klieme, E./Leutner, D./Wirth, J. (Hrsg.): Problemlösekompetenz von Schülerinnen und Schülern. Wiesbaden, S. 11-19

Liske, M.-T. (1996): Inwieweit sind Vermögen intrinsische dispositionelle Eigenschaften? In: Rapp, C. (Hrsg.): Aristoteles Metaphysik. Die Substanzbücher. Berlin, S. 253-288

May, M. (2007): Demokratiefähigkeit und Bürgerkompetenzen. Kompetenztheoretische und normative Grundlagen der politischen Bildung. Wiesbaden

Meder, N. (1998): Neue Technologien und Erziehung/Bildung. In: Borrelli, M./Ruhloff, J. (Hrsg.): Deutsche Gegenwartspädagogik. Bd. 3. Hohengehren, S. 26-40

Negt, O. (1990): Überlegungen zur Kategorie "Zusammenhang" als einer gesellschaftlichen Schlüsselqualifikation. In: Literatur- und Forschungsreport Weiterbildung, Bd. 26, S. 11-19

Nieke, W. (1984): Zum Begriff der professionellen pädagogischen Handlungskompetenz. In: Müller, S./Otto, H.-U./Peter, H./Sünker, H. (Hrsg.): Handlungskompetenz in der Sozialarbeit, Sozialpädagogik: Theoretische Konzepte und gesellschaftliche Strukturen. Bielefeld, S. 129-145

Nieke, W. (2008): Kompetenz. In: Coelen, T./Otto, H.-U. (Hrsg.): Grundbegriffe Ganztagsbildung. Das Handbuch. Wiesbaden, S. 205-212

Nussbaum, M. C. (1999): Die Natur des Menschen, seine Fähigkeiten und Tätigkeiten. Aristoteles über die distributive Aufgabe des Staates. In: Nussbaum, M. C. (Hrsg.): Gerechtigkeit oder das gute Leben. Frankfurt a.M., S. 86-130

Nussbaum, M. C. (2000): Women and human development. The capabilities approach. Cambridge

Nussbaum, M. C. (2002a): Beyond the social contract. Toward global justice. In: McMurrin, S. M. (Ed.): The Tanner Lecture on Human Values. Cambridge, pp. 415-507

Nussbaum, M. C. (2002b): Die Verteidigung universaler Werte in einer pluralistischen Welt. Programm für eine aristotelische Sozialdemokratie. In: Frankfurter Hefte, Bd. 4., 53 Absätze [www.frankfurter-hefte.de/ausschnitt/thema_02_04.html#nussbaum; Zugriff 05.06.2008]

Nussbaum, M. C. (2006): Frontiers of justice. Disability, nationality, species membership. Cambridge, MA

OECD (1998a): Human Capital Investment. An international Comparison. Paris

OECD (1998b): Measuring What People Know. Human Capital Accounting for the Knowledge Economy. Paris

OECD (2001): Vom Wohlergehen der Nationen. Die Rolle von Human- und Sozialkapital. Paris

Pereira, G. (2006): Means and capabilities in the discussion of distributive justice. In: Ratio Juris, Vol. 19, No. 1, pp. 55-79

Pongratz, L. A./Reichenbach, R./Wimmer, M. (Hrsg.) (2007): Bildung – Wissen – Kompetenz. Bielefeld

Prange, K. (2007): Kanon auf Zeit. In: Zeitschrift für Erziehungswissenschaft, Jg. 10, H. 2, S. 170-180

Reichenbach, R. (2007): Soft skills. Destruktive Potentiale des Kompetenzdenkens. In: Pongratz, L. A./Reichenbach, R./Wimmer, M. (Hrsg.): Bildung – Wissen – Kompetenz. Bielefeld, S. 64-81

Robeyns, I. (2006): Three models of education. Rights, capabilities and human capital. In: Theory and Research in Education, Vol. 4, No. 1, pp. 69-84

Roemer, J. E. (1998): Equality of opportunity. Cambridge, MA

Roemer, J. E. (2006): Economic development as opportunity equalization. Cowles Foundation Discussion Paper. New Haven [http://cowles.econ.yale.edu/P/cd/d15b/d1583.pdf; Zugriff 01.09.2009]

Rohlfs, C./Harring, M./Palentien, C. (Hrsg.) (2008): Kompetenz-Bildung. Soziale, emotionale und kommunikative Kompetenzen von Kindern und Jugendlichen. Wiesbaden

Roth, H. (1971): Pädagogische Anthropologie: Entwicklung und Erziehung, Bd. 2. Hannover

Rychen, D. S. (2002): Key Competencies for the Knowledge Society. A contribution from the OECD Project Definition and Selection of Competencies (DeSeCo). Education – Lifelong Learning and the Knowledge Economy, Stuttgart (10.-11.10.2002) Vortragsmanuskript

Rychen, D. S./Salganik, L. (2002): DeSeCo Symposium. DeSeCo Discussion Paper

Sen, A. K. (1980): Equality of what? In: McMurrin, S. M. (Ed.): The Tanner Lecture on Human Values, Vol. 1. Cambridge, pp. 197-220

Sen, A. K. (1985): Commodities and capabilities. Amsterdam

Sen, A. K. (1999): Ökonomie für den Menschen. Wege zu Gerechtigkeit und Solidarität in der Marktwirtschaft (dt. 2000). München

Sen, A. K. (2009): The idea of justice. London

Tenorth, H.-E. (2004): Stichwort: „Grundbildung" und „Basiskompetenzen". Herkunft, Bedeutung und Probleme im Kontext allgemeiner Bildung. In: Zeitschrift für Erziehungswissenschaft, Jg. 7, H. 2, S. 169-182

Tenorth, H.-E. (2008): Bildungstheorie angesichts von Basiskompetenzen. Über die Ignoranz gegenüber dem Selbstverständlichen im Prozess des Aufwachsens. In: Zeitschrift für Pädagogische Historiographie, Jg. 14, H. 1, S. 26-31

Treumann, K. P./Meister, D. M./Sander, U. (2007): Medienhandeln Jugendlicher. Eine empirische Studie zur Mediennutzung und zur Medienkompetenz bei 12- bis 20-Jährigen zu Anfang des 21. Jahrhunderts. Wiesbaden

Vallentyne, P. (2005): Capabilities versus opportunities for well-being. In: Journal of Political Philosophy, Vol. 13, No. 3, pp. 359-371

Weinert, F. E. (1999): Konzepte der Kompetenz. Paris

Weinert, F. E. (2001a): Concept of competence. A conceptual clarification. In: Rychen, D. S./Salganik, L. H. (Eds.): Defining and selecting key competencies. Göttingen, pp. 45-66

Weinert, F. E. (2001b): Vergleichende Leistungsmessung in Schulen – eine umstrittene Selbstverständlichkeit. In: Weinert, F. E. (Hrsg.): Leistungsmessungen in Schulen. Weinheim, S. 17-31

Zeuner, C. (2009): Zur Bedeutung gesellschaftlicher Kompetenzen im Sinne eines kritischen bildungstheoretischen Ansatzes. In: Bolder, A./Dobischat, R. (Hrsg.): Eigen-Sinn und Widerstand. Kritische Beiträge zum Kompetenzentwicklungsdiskurs. Wiesbaden, S. 260-281

Mikroprozesse sozialer Ungleichheit an der Schnittstelle von schulischen Bildungsbiografien und Peerorientierungen

Heinz-Hermann Krüger & Ulrike Deppe

In diesem Beitrag werden wir zentrale Ergebnisse des Forschungsprojektes vorstellen, das den Stellenwert von Gleichaltrigengruppen für die schulischen Bildungsbiografien von zunächst circa elfjährigen Kindern untersucht und dabei gleichzeitig auch die Rolle der Peergroups für die Reproduktion von Bildungsungleichheit in den Blick nimmt. Dazu werden einleitend in groben Zügen der aktuelle Forschungsstand zum Interdependenzverhältnis von schulischen Bildungsverläufen, Peers und sozialer Ungleichheit im Kontext der Kindheits- und Schulforschung skizziert. In einem zweiten Schritt werden die Ziele, theoretischen Bezüge und das methodische Design des Forschungsprojektes „Peergroups und schulische Selektion" vorgestellt. In einem dritten Schritt werden die von uns herausgearbeiteten fünf Muster zum Zusammenhang von schulischen Bildungsverläufen, Peerorientierungen und deren Einbindung in milieuspezifische Erfahrungsräume verdeutlicht. Abschließend werden die zentralen empirischen Befunde aus dem Projekt noch einmal zusammengefasst und auf den aktuellen Forschungsdiskurs zu Mikroprozessen sozialer Ungleichheit an der Schnittstelle von Schule und Peerkontexten bezogen.

1 Schulische Bildungsbiografien, Peers und soziale Ungleichheit im Kontext der Kindheits- und Schulforschung

Die Studie knüpft mit ihrer Fragestellung an ein breites Forschungsgebiet im Überschneidungsbereich von Kindheits-, Jugend- und Schulforschung an, das sich hauptsächlich auf Untersuchungen zu Gleichaltrigenbeziehungen von Kindern und jüngeren Jugendlichen, zu kinder- und jugendkulturellen Praxen sowie auf schulische Selektionsprozesse bezieht. Darüber hinaus werden aber auch bildungssoziologische Studien (z.B. Bourdieu 1993; Büchner 2003; Vester 2004; Becker/Lauterbach 2007; Ehmke/Baumert 2008) ebenso wie entwicklungspsychologische Untersuchungen zur späten Kindheit und frühen Jugendphase (z.B. Crittenden/Claussen 2000; Fend 2005) einbezogen. Des Weiteren sind auch Arbeiten zu Interaktions- und Freizeitpraxen (z.B. Neumann-Braun/Deppermann/Schmidt 2002; Senkbeil/Wittwer 2008), zu Kinderkulturen (vgl. Nentwig-Gesemann 2006; Kelle/Tervooren 2008) und zu jugendkulturellen Lebensstilen (z.B. Hitzler/Bucher/Niederbacher 2001; Raithel 2006) bedeutsam.

Auf dem Gebiet der Forschungen zur Altersgruppe der 11- bis 15-Jährigen stehen systematische Untersuchungen zur Rolle der Peergroups für die Reproduktion von Bildungsungleichheit noch weitgehend aus (vgl. Krüger/Pfaff 2008; Krüger 2004). Während die sozialen Zusammenhänge zwischen familialem Herkunftsmilieu und Bildungsverläufen inzwischen breit untersucht worden sind (vgl. z.B. Baumert u.a. 2001), gilt dies nicht für Studien, die Wechselbezüge zwischen schulischen Bildungskarrieren und Peerorientierungen in außerschulischen Gleichaltrigengruppen unter einer Mikroperspektive sozialer Ungleichheit in den Blick nehmen. Dennoch sind in der Kindheits-, Jugend- und Schulforschung zwei Forschungsstränge vorhanden, an die wir bei unserer Untersuchung anknüpfen können.

Zum einen gibt es in der Kindheitsforschung im deutschsprachigen und vorrangig im US-amerikanischen Raum einige Untersuchungen, die sich explizit mit dem Interdependenzverhältnis zwischen sozialer Herkunft, Schulleistungsstatus und Freundschaftsbeziehungen beschäftigt haben und die sich auf soziometrische Analysen stützen. Diese machen deutlich, dass sich Freundschaftsgruppen in Grundschulklassen relativ leistungshomogen und weitgehend schicht- und ethnisch homogen zusammensetzen (vgl. Damico 1975; Hallinan 1980; Rubin/Bukowski/Parker 1998) und Kinder aus Familien mit hohem Einkommen und Bildungsniveau der Eltern deutlich bessere Chancen haben, in der Schulklasse einflussreich zu sein (vgl. Krappmann/Oswald 2004). Die bisher in der Kindheitsforschung durchgeführten Studien zum Zusammenhang zwischen sozialer Herkunft, Schulleistungsstatus und Peerkonstellationen sind jedoch in ihrem Anregungsgehalt für unsere eigenen Analysen eher randständig, da sie nur Peerbeziehungen in Schulklassen untersuchen, während sie die soziale Zusammensetzung sowie die bildungsbezogenen Orientierungen außerunterrichtlicher und außerschulischer Freundschaftsgruppen nicht in den Blick nehmen.

Ein zweiter für unser Projekt relevanter Forschungsstrang bezieht sich auf Studien aus dem Überschneidungsbereich von Kindheits-, Jugend- und Schulforschung, die das Zusammenspiel von schulischen Bildungsbiografien, Peerorientierungen und sozialen Milieueinbindungen untersucht haben. Das sind zum einen vorwiegend qualitative Studien, die das Verhältnis von Schule und jugendlichen Sub- und Gegenkulturen unterschiedlicher sozialer Milieus analysieren und dabei zugleich die Bedeutung der Peergroups für das Verhältnis der Jugendlichen zur Schule herausgestellt haben (vgl. Böhme 2003; Combe/Helsper 1994; Wexler 1992; Bietau 1989; Helsper 1989; Willis 1979). Zum anderen sind es einige primär quantitative Studien, die in Anlehnung an die Kulturtheorie von Bourdieu (1982) und/oder den Sozialkapitalansatz von Coleman (1995) Zusammenhänge zwischen sozialer Herkunft, schulischem Bildungserfolg und außerschulischen Freizeitaktivitäten bei der auch für unser Projekt relevanten Altersgruppe der 10- bis 15-Jährigen herausgearbeitet haben (vgl. Büchner 2004; Büchner/Krüger 1996; du Bois-Reymond 2000; Meier 2004; Stecher 2001). In den wenigen quantitativen und qualitativen Untersuchungen, die diese Wechselwirkungen unter Bezug auf gesellschafts- und kulturtheoretische Ansätze untersuchen, dominiert zumeist die Homologiethese, die von einer Fortschreibung des schulischen Leistungsstatus durch die Aktivitäten in der Peergroup in positiver wie negativer Weise ausgeht (Willis 1979; Büchner/Krüger 1996; Schümer u.a. 2001), während alternative Muster, z.B. Peeraktivitäten als Kompensation für schulischen Misserfolg, bislang nur theoretisch vermutet worden sind (du Bois-Reymond 2000; Watts 2001).

Bislang eher theoretisch interessante Überlegungen zum Interdependenzzusammenhang zwischen familialen Herkunfts-, Schul- und Peermilieus liefert die Arbeit von Grundmann u.a. (2003), in der ein sozialstruktureller mit einem phänomenologischen Milieu- und Bildungsbegriff verbunden wird. Dort werden idealtypisch unterschiedliche Bildungsstrategien und Peerorientierungen in drei ausgewählten sozialen Milieus ausdifferenziert. Für das akademische Oberklassenmilieu wird bei den Heranwachsenden eine Orientierung am Ideal exzellenter schulischer Bildung und in den Beziehungen zu Gleichaltrigen ein Raum für „reine" Freundschaften unterstellt, die ohne den Beigeschmack funktionaler

Notwendigkeiten bestehen. In den Milieus der gesellschaftlichen Mitte wird bei den Heranwachsenden ein eher angespannter und aufstiegsorientierter Umgang mit schulischer Bildung vermutet, während die Gleichaltrigengruppe den Heranwachsenden ambivalente Experimentier- und Erprobungsfelder für eigene Lebensentwürfe bieten soll. Für Kinder und Jugendliche aus den unteren sozialen Milieus wird entweder eine Anpassung oder aber ein Widerstand gegenüber schulischen Leistungsanforderungen angenommen, der zudem von einer schuldistanzierten Haltung in der Peergroup begleitet wird (vgl. Grundmann u.a. 2003, S. 37ff.).

2 Das Projekt „Peergroups und schulische Selektion" – Ziele, Theoriebezüge und Methoden

Das Projekt „Peergroups und schulische Selektion", aus dessen erster Untersuchungswelle die im Folgenden dargestellten Resultate stammen, ist eine auf sechs Jahre angelegte qualitative Längsschnittstudie, die seit Juni 2005 von der Deutschen Forschungsgemeinschaft finanziell gefördert wird. Es untersucht die Bedeutung schulischer und außerschulischer Peereinbindungen und -orientierungen für erfolgreiche bzw. weniger erfolgreiche Bildungsbiografien von zunächst elfjährigen Schülerinnen und Schülern der fünften Klassen und nimmt gleichzeitig die Mikroprozesse sozialer Ungleichheit an der Schnittstelle zwischen Schule und Peerkultur in den Blick (vgl. Krüger u.a. 2008).

Theoretisch knüpft das Projekt an biografietheoretische und milieutheoretische Diskurslinien an und versucht eine Akteurs- und eine Strukturperspektive zu verbinden, indem es die individuellen Orientierungen von Kindern und die kollektiven Orientierungen ihrer Freundschaftsgruppen vor dem Hintergrund milieuspezifischer Lagerungen und Erfahrungsräume analysiert. Um das Interdependenzverhältnis zwischen den individuellen Biografieverläufen, den Orientierungen der Heranwachsenden, den kollektiven Orientierungen ihrer Peergroups und den gesellschaftlichen Milieueinflüssen untersuchen zu können, greifen wir auf theoretische Ansätze zurück, die das gesellschaftstheoretische Konzept von Bourdieu (1982, 1993) weiterentwickelt und handlungstheoretisch bzw. praxeologisch umgedeutet haben (vgl. insbesondere Bohnsack 2003a; Mehan/Villanueva/Hubbard/Lintz 1996; Reckwitz 2003).

Das methodische Design unserer Untersuchung umfasst eine kleinere quantitative Vorstudie an fünf Schulen unterschiedlicher Schulformen und verschiedener Regionen in Sachsen-Anhalt und Nordrhein-Westfalen, bei der knapp 160 Schülerinnen und Schüler aus zwölf fünften Klassen schriftlich befragt wurden. Zentral ist ein mehrstufig angelegtes qualitatives Erhebungsdesign, in dem qualitative Interviews, Gruppendiskussionen sowie ethnographische Feldstudien und darin eingebettet videographische Dokumentationen realisiert werden (vgl. dazu ausführlich Krüger/Pfaff 2008). In der ersten Erhebungswelle wurden 52 Kinder aus allen Schulen qualitativ befragt, um deren individuelle Orientierungen zu erheben. Aus diesen Fällen wurden in einem weiteren Schritt zehn stark kontrastierende Kernfälle ausgewählt, die in der Welt ihrer außerunterrichtlichen und außerschulischen Freizeit ethnographisch und videographisch begleitet und mit deren Peergroups Gruppendiskussionen durchgeführt wurden.

Die Auswertung der Interviews und der Gruppendiskussionen stützt sich auf die dokumentarische Methode (vgl. Bohnsack 2003b) als übergeordnetem Interpretationsverfahren. Dabei werden auf der Basis der qualitativen Interviews die individuellen Orientierungen der Heranwachsenden im Hinblick auf Schule, Familie sowie Peers und ihre Freizeitaktivitäten herausgearbeitet. Auf der Grundlage der Analyse der Gruppendiskussionen mit den schulischen und/oder außerschulischen Freundschaftsgruppen werden deren kollektive Orientierungen in Bezug auf Schule und Freizeit rekonstruiert. In einem weiteren Schritt wird zunächst am Einzelfall das Passungsverhältnis zwischen den individuellen und kollektiven Orientierungen bestimmt und vor diesem Hintergrund der Stellenwert der Peergroups für erfolgreiche bzw. weniger erfolgreiche Bildungsbiografien herausgearbeitet. Ziel der Auswertung ist es abschließend, verschiedene Muster zur Bedeutung von Peeraktivitäten und -orientierungen für die schulischen Bildungsverläufe herauszuarbeiten und dabei auch die soziokulturelle Einbettung der rekonstruierten Orientierungen im Rahmen familialer Herkunftskontexte, schulischer Bildungs- und Peermilieus zu berücksichtigen.

3 Zwischen Distinktion und Risiko – fünf Muster zur Bedeutung der Peers für die schulische Bildungsbiografie

Auf der Basis dieser kontrastiven Fallauswertung haben wir fünf zentrale Muster zum Stellenwert der Peerorientierungen für die schulische Bildungsbiografie auch unter Berücksichtigung milieuspezifischer Lagerungen und Erfahrungsräume herausgearbeitet, von denen die ersten beiden nur durch einen Fall[1], die übrigen drei jeweils durch zwei Fälle repräsentiert werden. Diese fünf Muster sollen im Folgenden mit einem Schwerpunkt auf den habituellen individuellen und kollektiven Bildungsorientierungen und den entsprechenden Beispielen dargestellt werden (vgl. auch Krüger/Deppe 2008).

3.1 Bildung als Distinktion in Schule und Peerwelt

Das Muster Bildung als Distinktion in Schule und Peerwelt wird in unserem Sample durch den Fall Nadja Tafel repräsentiert. Es zeichnet sich durch eine umfassende Bildungs- und schulische Leistungsorientierung aus, die von der Peergroup geteilt und verwendet wird, um sich von anderen – hauptsächlich Kindergruppen – abzugrenzen.

Nadja (vgl. ausführlich Deppe 2008) hat aufgrund sehr guter Schulleistungen in der Grundschule eine Klasse übersprungen und besucht nun im fünften Schuljahr ein Gymnasium mit exklusivem Anspruch, das das Bestehen einer Aufnahmeprüfung am Ende der vierten Klasse voraussetzt. Ihre Freizeitaktivitäten sind zahlreich und ausschließlich musikalischer und religiöser Natur: Kinder- und Erwachsenenchor, Streichorchester, Konfirmationsunterricht, Einzelunterricht in Geige und Klavier. Schule, Unterricht und das Erreichen von guten Leistungen nehmen in Nadjas biografischer Erzählung einen großen Raum ein. Die Gründe für das Überspringen der Klasse sind für Nadja selbstverständlich:

„ich hab vor der also bevor ich in die Schule gekomm bin, […] hab' ich immer schon […] also hab ich natürlich schon das Alphabet gelernt" (I: Nadja, 1183-1186).

Auch in Nadjas Peergroup spielt das Thema Schule eine wichtige Rolle. So verhandeln die Mädchen Unterrichtsinhalte, die Unterrichtsqualität und Eigenschaften des Lehrpersonals

---

1   Die beiden ersten Muster werden nur durch jeweils einen Eckfall repräsentiert. Weitere Fälle konnten nicht diesem Muster zugeordnet werden.

sowie den Vergleich der Schulsysteme von Deutschland und Finnland wie auch das eigene Verhalten in der Schule. Mit dem Reden über Schule ist auch untrennbar das Lästern über Lehrende verbunden. So kritisieren sie Lehrpersonal, welches Versprechen nicht einhält und dies mit schlechten Ausreden begründet. Hier dokumentiert sich der Anspruch der Mädchen gegenüber den Lehrenden auf ein symmetrisches Verhältnis der Leistungserbringung. Das heißt sie fordern entsprechend den Erwartungen des Lehrpersonals, die an sie als Schülerinnen gestellt werden, dass auch die Lehrenden sich an ihre Vorgaben halten, wie z.B. Klassenarbeiten innerhalb von drei Wochen zurückzugeben oder den Lehrstoff verständlich zu vermitteln. Die Gruppe hat bereits eine kritische Einstellung gegenüber der Schule und den in ihr agierenden Vertretern, womit jedoch keine Leistungsverweigerung verbunden ist[2]. Die kritische Einstellung dokumentiert vielmehr die Geringschätzung der schulischen Leistungsanforderungen. Im Vergleich dazu bildet der akademische Wissenschaftsbetrieb, dem einige Eltern der Kinder angehören und den die meisten Eltern der Mädchen durchlaufen haben, einen positiven Gegenhorizont:

> „Tw: meine Mutter, meine Mutter hat ihre Doktorarbeit mit summa cum laude bestanden. […]
> Ow:
> ⌊was is'n eine Summa cum laude?
> Tw: ⌊ein summa cum laude ist das Beste was du kriegen kannst.
> Nw: ⌊ich glaub Papa auch. aber ich weiß es nicht
> Sw: ⌊ja Papa auch.
> aber ich weiß es nich
> Tw: ⌊nein dein Papa hat nur magna cum laude"
> (GD Nadja, 373-384)

In Bezug auf andere Gleichaltrigengruppen praktizieren die Mädchen soziale Distinktion. Bildung bzw. Intelligenz spielen dabei eine wichtige Rolle:

> „Tw: ⌊naja ich würde mal so sagen also ähm
> Nw: wir sind nicht so dass wir irgendwie
> Tw: ⌊wir nehmen jetzt mal als krasses Gegenteil die Reudnitzer; die Reudnitzer sind (.) eigentlich dumm
> Al: ⌊☺ (2) ☺
> Nw: ⌊dumm ist gar kein Ausdruck"
> (GD Nadja, 81-87)

Der Habitus der Distinktion, der bei ihnen mit einer Orientierung an exzellenter Bildung verbunden ist, resultiert aus dem familialen Milieu der Kinder, bei denen die meisten Eltern über akademische Bildungsabschlüsse und akademische oder andere Berufe in gehobener Position verfügen. Die Mädchen weisen in diesem Zusammenhang zum einen ein kritisches Verhältnis zur Schule (vgl. Helsper u.a. 2001) und zum anderen eine Distanz gegenüber dem schulisch vermittelten Wissen auf (vgl. Grundmann u.a. 2003, S. 37). Dieses wurde bereits als Konzept von einer naturgegebenen Elite am Beispiel der Analyse von habituellen Orientierungen in Mehrgenerationenfamilien in der Studie von Büchner und Brake (2006) nachgewiesen.

---

2   Dies konnte als spezifisches Merkmal in der Studie „Schulkultur und Schulmythos" von Helsper u.a. (2001) am Beispiel von Jugendlichen nachgewiesen werden. Allerdings ist es bemerkenswert, dass sich diese Einstellung zur Schule auch bei elfjährigen Gymnasiastinnen finden lässt.

3.2 Aufstiegsorientierte Bildungsorientierungen in Schule und sportlicher Peerwelt

Das Muster aufstiegsorientierte Bildungsorientierungen in Schule und sportlicher Peerwelt wird in unserer Untersuchung durch den Fall Melanie Pfeiffer (vgl. ausführlich Köhler 2008a) repräsentiert. Ähnlich wie Nadja weist auch Melanie eine hohe individuelle Leistungsorientierung auf, die sich auf die Ansprüche des gegenwärtig besuchten exklusiven Gymnasiums wie auch auf den außerschulischen Bereich, in ihrem Fall die Welt des Leistungssports im Rahmen der Rhythmischen Sportgymnastik, bezieht. Es handelt sich jedoch um ein anderes Muster, das eine Nähe zu dem von Büchner (1996, S. 176) im Rahmen einer Kindheitsstudie beschriebenen sozialen Aufstiegsmuster über Schule oder Peeraktivitäten hat und insofern eine Variation dieses Musters darstellt, da bei Melanie der soziale Aufstieg über die Schule und den Sport gleichzeitig angestrebt wird.

In den individuellen Orientierungen bildet das Gymnasium gegen negative Grundschulerfahrungen einen positiven Gegenhorizont: *„ja und dann bin ich ja jetz auf der aufm Mariengymnasium. [...] und da gefällt's mir richtig gut"* (I: Melanie, 386-389). Es wird deutlich, dass die Schule einen Höhepunkt in ihrer bisherigen Schullaufbahn darstellt (vgl. Köhler 2008). Eine Gewichtung fällt Melanie in Bezug auf Schule und Rhythmische Sportgymnastik schwer, da sie in beiden Bereichen erfolgreich sein möchte. Sie räumt dem Leistungssport gegenüber jedoch ein: *„na ja also manch- also gegenüber der Schule hat das nich so viel Wert weil die Schule is mir eigenlich wichtiger"* (I: Melanie, 450f.). Im Entscheidungsfall würde sich das Mädchen vernunftgemäß für den schulischen Erfolg einsetzen.

Die Orientierungen der Freundinnen aus Schule und Leistungssport sind dazu passförmig. Melanie und ihre Sportkameradinnen müssen und wollen in Schule und Sport „perfekt" sein, aber zugleich fühlen sie sich dabei auch einem großen Druck, insbesondere durch die Trainerinnen ausgesetzt (vgl. Köhler 2008). Zudem grenzen sich die Sportlerinnen auch deutlich von anderen Schulen ab, die ihrer Meinung nach keinen hohen schulischen Anspruch vermitteln:

> „Aw: wir wir müssn ja irgendwann auch was erreichn [...]
> Aw: un dans- is natürlich viel besser wenn man ein Spezialgymnasiumabschluss hat, [...]
> Aw: un dann irgendwo sein Formular aso sein Lebenslauf einreicht als von ner Sekundarschule? odr so, ähm [...]
> Mw: s-jetz war aufm [...] auchnnn Gymnasium abr es is (....) unser °Gymnasium°
> Aw: ⌊ jaa aso des is auch nurn Einfaches un
> Mw: die sin halt so mehr spezialisiert
> Aw: ⌊ein Dummgymnasium ☺"
> (GD Sport: Melanie, 851-864)

In der Gruppendiskussion mit Melanie und ihrer Schulfreundin distanzieren sich beide im Gegensatz zu der Gruppendiskussion der Sportlerinnen von dem Verhalten besserer Mitschülerinnen und -schüler, die Schadenfreude über schlechtere Zensuren anderer Kinder zeigen und diese abwerten. Zugleich führen sie bessere schulische Leistungen von anderen auch auf das Bildungsniveau der Eltern zurück: *„der ihre Eltern die könn alle (.) so Englisch und so was"* (GD Schule: Melanie, 1169).

In dem Spagat zwischen gymnasialer Schulkarriere und Hochleistungssport liegt das Konfliktpotential für Melanies weitere schulische Bildungsbiografie. Die Peers in der Welt des Leistungssports sowie ihre beste Schulfreundin haben für Melanies erfolgreiche Bildungslaufbahn und ihre schulische Karriere eine unterstützende Funktion. Melanie setzt mit ihrer Leistungs- und sozialen Aufstiegsorientierung eine Familientradition fort, da ihre Mutter von der Friseurin zur Justizangestellten und ihr Vater vom Techniker zum Justizbeamten im mittleren Dienst beruflich aufgestiegen sind. Ihre habituelle Orientierung im Hinblick auf Bildung als Streben (vgl. Vester 2004, S. 39) wird zudem von den aus heterogenen sozialen Milieus stammenden Mädchen aus der Sportleistungsgruppe geteilt (vgl. Krüger/Deppe 2008).

3.3 Höhere schulische Bildungsorientierungen und Peers als Gegenwelt

In einem dritten Muster stehen individuell höhere Bildungsambitionen den Orientierungen einer Peergroup gegenüber, die keine ausgewiesene schulische Leistungsorientierung beinhalten, sondern von den Bildungsorientierungen des einzelnen Kindes entkoppelt sind. Da es sich bei der Welt schulischer Leistung und der schulischen Peerwelt um keine konfliktfrei nebeneinander existierenden Parallelwelten handelt, stellt das Muster eine andere Form der Entkopplung dar, als die in der Literatur bereits vorfindbaren (vgl. Büchner 1996; Lenz 1988). Bemerkenswert an diesem Muster ist zudem, dass es durch zwei Fälle repräsentiert wird, die verschiedenen Schulformen angehören und in denen auch die Bildungsaspirationen der Herkunftsfamilie unterschiedlich ausfallen.

Tim Hoogland (vgl. ausführlich Deinert 2008) besucht ein Gymnasium mit exklusivem Anspruch und er zeigt eine durch seine Eltern massiv geförderte Bildungs- und Aufstiegsorientierung. Dennoch lassen sich für den biografischen Stellenwert der Schule zwei zentrale Dimensionen herausarbeiten, die ein eher ambivalentes Verhältnis dokumentieren: Einerseits stellt die Schule für Tim einen Ort dar, an dem er mit seinen Schulfreunden Spaß erleben und schöne Erfahrungen machen kann. Zudem stellt er die Grundschulzeit als eine Zeit dar, in der es ihm leicht gefallen ist, ohne Anstrengungen sehr gute Leistungen zu erbringen: *„an die Schule erinnre mich ich mich sehr. weil ich auch, weil ich auch (3) weil ich eigentlich der beste Schüler aus unsrer Klasse war (.) und musste mich eigentlich nich so richtig anstrengen; (9) das hat mir och so Spaß gemacht in der Schule"* (I: Tim, 116-119). Andererseits sind die guten Leistungen für Tim in Bezug auf die aktuelle Schule nicht mehr selbstverständlich, da er nun die Eigenaktivität betont, die zugleich auch weiterhin das Selbstkonzept eines leistungsstarken Schülers verweist: *„und (.) ich denke wenn ich mich (.) richtig anstrenge kann ich (.) auch (.) richtig was erreichen"* (I: Tim, 801f.). Über seine sportlichen Aktivitäten in einem dörflichen Fußballverein sowie in einer DFB-Auswahlmannschaft versucht er nach seinem Wechsel auf das Gymnasium die Kontinuität seiner Freundschaftsbeziehungen und sein Interesse an Einbindungen in soziale Gemeinschaften zu sichern (vgl. Krüger/Deppe 2008).

Die kollektiven Orientierungen von Tims Peergroups, einer bereits seit der Grundschulzeit bestehenden Fußballgruppe und einer erst am Gymnasium neu entstandenen Gruppe von persönlichen Schulfreunden, stimmen nur teilweise mit Tims individuellen Orientierungen überein. Passförmig sind die Orientierungen an Action- und Gemeinschaftserlebnissen und auch die sportliche Erfolgsorientierung der Fußballgruppe ist an Tims schulische Leistungsorientierung anschlussfähig. Ansonsten stellen die beiden Peergroups, insbesondere die schulische Freundschaftsgruppe mit ihren regelabweichenden außerunterrichtlichen Aktionen und ihrer schuldistanzierten Haltung, eine Gegenwelt zur Welt schulischer Leistungserfüllung dar. Ein Beispiel stellt das angesprochene Problem der Gruppe dar, dass sie im Moment ihren außerunterrichtlichen Aktivitäten wie Fußball- und Basketballspielen nicht nachgehen können: *„Am: wegen wir ham keine Bälle mehr//Cm: ja//Am: alle einkassiert//Bm: wir werden immer erwischt"* (GD Schule: Tim, 9-12). Dabei wird deutlich, dass die Jungen in diesem Zusammenhang schon mehrfach gegen die Schulordnung verstoßen haben (vgl. Deinert 2008).

Habituell fundiert ist Tims Streben nach einer möglichst hohen schulischen Bildung in einem Familienkontext, in dem beide Elternteile das Abitur abgelegt haben und der Vater zudem ein abgeschlossenes Studium vorzuweisen hat. Beide unterstützen Tim in dem Wunsch nach dem Besuch eines Gymnasiums mit exklusivem Anspruch. Im Peermilieu der Fußballergruppe, die sich aus Schülern unterschiedlicher Schulformen und verschiedener sozialer Herkunft zusammensetzt, ist aufgrund fehlender gemeinsamer Erfahrungen schulische Leistung hingegen kein Thema. In der Welt der Schulfreunde, deren Eltern durchgängig aus einem akademischen Kontext kommen, wird das Thema schulische Leistung weitgehend tabuisiert. Gleichwohl wird von den Mitgliedern der schulischen Peergroup die Überzeugung geteilt, dass man zumindest durchschnittliche Schulleistungen erbringen muss, um die am Gymnasium gestellten Anforderungen zu bewältigen (vgl. Krüger/Deppe 2008).

Bei dem zweiten Fall, Aylin Demir (vgl. ausführlich Pfaff 2008), handelt es sich um ein Mädchen mit türkischem Migrationshintergrund, das eine Hauptschule besucht. Aylin wollte ursprünglich nach der Grundschule auf die Realschule oder die Integrierte Gesamtschule wechseln. Trotz guter Grundschulnoten wird sie wie zuvor ihre ältere Schwester und ihr Bruder von ihrem Vater jedoch nur an der Hauptschule angemeldet (vgl. Gegensatz dazu Nauck 2004). Ihr eigenes Verhältnis zur Schule ist ein leistungsbezogenes. Jedoch ist diese Leistungsorientierung eingebettet in eine positive Sozialbeziehung mit der Lehrerin (vgl. Pfaff 2008):

„die Frau Nohme hatte an dem Tag gesagt (.) die Aylin ist sehr sehr gut in der Schule (.) ich hab auch hier in Mathe und in Deutsch (.) ähm in den Arbeiten Zweien geschrieben (.) in Englisch genauso" (I: Aylin, 387-390).

Auch die Schulfreundinnen aus Aylins Peerkontext, die unterschiedliche ethnische Hintergründe haben und deren Eltern eher gering qualifizierende Bildungs- und Berufsabschlüsse aufweisen, bieten dazu kein alternatives Unterstützungspotential. Die Peergroup ist verlässlicher Begleiter und emotionaler Stützraum für Aylins schulische Bildungsbiografie, die Hilfsangebote bei schulischen Problemen bereitstellt. So bildet die Schule einen Kontext, in dem die Mädchen gegenseitige Unterstützungsleistungen füreinander erbringen: *„zum Beispiel mit den lernen, was bei- äh so be bl- äh mit denen so auswendich Sachen lernen was der nich so gut kann."* (GD Schule: Aylin, 139f.). Dabei verhalten sie sich auch solidarisch gegenüber Schülerinnen, die keine guten Leistungen erbringen: *„aha, der hat ne schlechte Note und mit dem bin ich nich mehr Freunde gibs bei uns äh nicht"* (GD Schule: Aylin, 156f.). Gleichzeitig ist sie jedoch eine Gegenwelt zu schulischen Bildungsambitionen, die schulische Leistungserwartungen entwertet, da sie nur wichtig für den organisatorischen Erhalt des Peerzusammenhangs in der Schulklasse sind. Denn das Sitzenbleiben würde genau diesen Zusammenhang gefährden (vgl. Krüger/Deppe 2008, S. 210).

Beiden Fällen ist gemeinsam, dass ihre individuelle schulische Bildungsorientierung höher ist als die kollektiven Orientierungen der Peergroups. Vielmehr findet sich in den kollektiven Orientierungen der Freundesgruppen die Tendenz, schulische Leistungsanforderungen herabzusetzen und die Werte der Peergemeinschaft in den Mittelpunkt zu stellen. Es lässt sich bei beiden Fällen eine Divergenz zwischen der hohen individuellen schulischen Leistungsorientierung und den kollektiven Orientierungen insbesondere seiner schulischen Peergroup konstatieren, die zukünftig im ungünstigen Fall zu einem Absinken der schulischen Bildungsambitionen und zu einer Gefährdung der gymnasialen Bildungslaufbahn von Tim führen kann (vgl. Krüger/Deppe 2008).

3.4 Pragmatische schulische Bildungsorientierung und Peers als Parallelwelt

Während in dem vorab beschriebenen Muster die individuellen schulischen Bildungsorientierungen und die Peerorientierungen in einem Konfliktverhältnis zueinander stehen, gilt dies für das Muster pragmatische schulische Bildungsorientierungen und Peers als Parallelwelt nicht. Bei diesem Muster, das in unserem Sample durch die Fälle Chantal Hohmann und Kevin Ottnischke repräsentiert wird, orientieren sich das Kind und seine Peergroup an schulischen Leistungen auf mittlerem Niveau und betrachten die außerunterrichtliche und außerschulische Freizeit als eine Parallelwelt zur Schule (vgl. auch Büchner 1996; Lenz 1988).

Chantal (vgl. ausführlich Zschach 2008a) besucht die fünfte Klasse einer Integrierten Gesamtschule und hat einen mittleren schulischen Leistungsanspruch. Zusätzlich zu ihren Schwierigkeiten in Naturwissenschaften durch eine Dyskalkulie sind schulische Leistungen von ihrer Tagesform abhängig:

> „nur manchmal wenn ich dann (.... mal/da) so Tage hab da bin ich gar nich gut drauf zum Beispiel [...] montachs hab ich zwei mal Mathe in der ersten Stunde schon sofort nachdenkn danach hab ich Deutsch danach Englisch danach wieder Mathe_und danach ham wir Sport °ein Glück° und in Sport bin ich ganz gut da hab ich ne Eins drin" (I: Chantal, Z. 807-814).

Ihre weiteren individuellen Orientierungen beziehen sich auf ein hohes körperliches Bewegungs- und Aktivitätspotential, das sie im Rahmen einer schulischen Zirkus-AG sowie in einer seit der Grundschulzeit besuchten Karnevalstanzgruppe praktisch umsetzt (vgl. Krüger/Deppe 2008).

Die kollektiven Orientierungen der Schulfreundinnengruppe und der Karnevalstanzgruppe sind zu den individuellen Orientierungen Chantals sehr passfähig. So bietet die Praxis des Karnevalstanzes, die ausgeprägte Orientierung an Körperästhetik und die Events in der Funkenmariechengruppe einen geeigneten Rahmen für Chantal. Im Hinblick auf die Schule stellt diese Gruppe eher eine Parallelwelt dar, die bestenfalls emotionale Unterstützung bei schulischen Problemen gewährleistet. Ihre Schulclique mit der schulischen Praxis des „Quatsch- und „Mist"-Machens ist auf den ersten Blick sogar eine Gegenwelt zur schulischen Leistungswelt. Gleichzeitig zeigt sich jedoch auch, dass das Erreichen guter Schulnoten für die Mädchen in dieser Gruppe wichtig ist und somit der lange Arm schulischer Leistungserwartungen in diese Gruppe hineinreicht. Entsprechend antwortet ein Mädchen nach der Relevanz der Schulnoten für die Freundschaft befragt:

> „ich will jetz nich' so 'ne Freundin, die nur sechsen schreibt. is' doof. al- Chantal is' ja auch gut inner rich- inner Schule. die is' ja jetz' nich' die schlechteste. von uns" (GD Schule: Chantal, 679-681).

Habituell verankert sind Chantals mittlere schulische Bildungsaspirationen in einer Patchworkfamilie, in der beide leiblichen Elternteile einen mittleren Bildungs- und Berufsstatus aufweisen. Dabei durfte Chantal nach der Grundschule nicht zur von ihr gewünschten Realschule wechseln, da sich ihre Mutter angesichts der bei Chantal festgestellten Dyskalkulie von der stattdessen gewählten Integrierten Gesamtschule bessere Fördermöglichkeiten für ihre Tochter zur Erreichung notwendiger Bildungsabschlüsse (vgl. Vester 2004) und die Vermeidung eines schulischen Abstiegs auf die Hauptschule verspricht. Im Peermilieu der weiblichen Karnevalstanzgruppe, die nach Alter, schulischer und sozialer Herkunft heterogen zusammengesetzt ist, ist schulische Leistung aufgrund fehlender gemeinsamer Schulerfahrungen kaum ein Thema. In der schulischen Peergroup, in der die beiden Freundinnen Chantals aus Familien mit hohem Bildungs- und Berufsstatus stammen, dominieren zwar spaßbetonte Pausen- und Freizeitaktivitäten. Dennoch werden Schulleistungen untereinander genau registriert und miteinander verglichen (vgl. Krüger/Deppe 2008).

Eine ähnliche Variante stellt der Fall Kevin Ottnischke (vgl. ausführlich Zschach 2008b) dar. Ebenso wie Chantal Hohmann ist auch er ein Kind mit mittleren Schulleistungen, das eine ländliche Sekundarschule[3] besucht. In seinen Orientierungen hat schulische Bildung für die spätere Berufspraxis keinen Wert. Die notwendigen Fähigkeiten können in der Praxis erworben werden. Dafür führt er seinen Freund Christian an, der „*ä richer Tierzüch-Tierzüchtar*" (I: Kevin, 868f.) ist, obwohl er bereits „*ä boarma sitzenje-aso sitzenjeblibn is*" (I: Kevin, 643f.). Ansonsten ist Schule für ihn ein Ort, der die Kontinuität von Peerzusammenhängen gewährleistet und in dem er zusammen mit seinen Freunden Action und Streiche ausführen kann. Seine weiteren individuellen Orientierungen beziehen sich auf das starke Interesse an informellen Freizeitaktivitäten im ländlichen Raum, auf handwerkliche Aktivitäten wie z.B. das Bauen von Baumhäusern oder Staudämmen im Bach. Diese individuellen Orientierungen von Kevin stimmen in hohem Maße mit den kollektiven Orientierungen seiner männlichen Clique überein, deren gemeinsame Handlungspraxen in der Schule und im ländlichen Nahraum stattfinden. Die außerschulische Nachmittagsgestaltung im ländlichen Kontext wird von Kevin und seinen Freunden als Parallelwelt zur Schule verstanden, in der letztere kein Kommunikationsgegenstand sein darf, wie der Abschluss zur Darstellung des Schulablaufs versinnbildlicht: „*und dann is fertich der Rotz (3) färtisch där Rrotz*" (GD: Kevin, 530). Die Clique definiert sich somit durch Schuldistanz, auch wenn gleichzeitig die schulischen Leistungserwartungen nicht grundsätzlich in Frage gestellt werden (vgl. Krüger/Deppe 2008).

Kevins schulische Orientierungen gründen in einem Elternhaus, in dem die Mutter eine Gaststätte führt und der Vater eine Baufirma leitet. Besonders Kevins Mutter versucht ihm ständig eine Vorstellung von hinreichender schulischer Bildung als Pflicht und Notwendigkeit zur beruflichen Statussicherung (vgl. Vester 2004, S. 43) zu vermitteln und ihn bei der Bewältigung schulischer Aufgaben zu unterstützen. Kennzeichnend für die kollektive Orientierung in Kevins Peermilieu ist eine soziale Distinktion nach außen, die sich nicht nur in negativen Einstellungen, sondern auch in Streichen gegenüber sozial Schwächeren manifestiert. Zudem geht die Peergroup konform zu Kevins Orientierung, das Thema Schule in der Freizeit und innerhalb der Peerkommunikation zu nivellieren. So muss z.B. Ingo, der als einziger in der Gruppe aus einem Elternhaus mit höherem Bildungs- und Berufssta-

---

3 Bei der Sekundarschule handelt es sich um eine kombinierte Schulform von Haupt- und Realschule in einem der neuen Bundesländer.

tus kommt, seine schulambitionierte Haltung in der Clique verbergen, um in die Gruppe integriert bleiben zu können und sich nicht dem Vorwurf des Strebens aussetzen zu müssen (vgl. Krüger/Deppe 2008).

3.5 Bildungsferne schulische Orientierungen und Peers als Risikopotential

Beim fünften Muster, für das es auch in den qualitativen Studien etwa von Willis (1979) oder Bietau (1989) einige Hinweise – allerdings zu Jugendlichen – gibt, erscheinen die Peers als Risikopotential, da sie mit ihren bildungsfernen Praktiken und Orientierungen, die Gefahr des Scheiterns der Bildungskarriere von nicht leistungsorientierten Kindern noch weiter verstärken. Hierfür stehen in unserem Sample die Fälle René Leuter und Anna Blume, die eine Hauptschule bzw. eine Sekundarschule besuchen und keine Ambitionen zeigen, sich in der Schule besonders zu engagieren.

René Leuter (vgl. ausführlich Köhler 2008b) ist bereits in der Grundschule aufgrund eines krankheitsbedingten Leistungsabfalls einmal zurückgestuft worden. Auf der jetzt in der 5. Klasse besuchten Hauptschule weist er durchschnittliche bis unterdurchschnittliche Schulleistungen auf. Die Schule ist für ihn vor allem ein Raum, wo er nach sozialer Anerkennung durch die Lehrer und Mitschüler sucht. Durch sehr negative Grundschulerfahrungen hatte er „*Schiss vor also ob die Kinder mich alle akzeptieren*" (I: René, 741). Er findet die Anerkennung an seiner aktuellen Hauptschule, gefährdet diese jedoch durch gewalttätige Konfliktlösungsversuche – „*macht mich doof an mach ich zurück doof an*" (I: René, 117) – und das nicht nur verbal, sondern auch physisch. Er konstruiert sich hierbei in Abgrenzung zu seiner Grundschulzeit als einen aktiven und wehrhaften Menschen. In seiner Freizeit versucht René seine ambivalente Gewaltorientierung durch das Praktizieren eines zeitintensiven Kampfsports (Tae Kwon Do) konstruktiv umzusetzen (vgl. Krüger/Deppe 2008).

Sein bester Schulfreund, zu dem René eine familienähnliche Beziehung konstruiert, teilt mit ihm nicht nur das Interesse an sportlichen Freizeitaktivitäten. Beide streben zudem einen vernünftigen Hauptschulabschluss an mit dem Ziel, einen kaufmännischen Beruf ausüben zu können. Sie begründen dies folgendermaßen: „*wir beide brauchen die auch weil wenn wir schlechte Noten ham da kommen wir später nich so weit*" (GD: René, 424f.). Sie konstruieren für sich auch schon einen gemeinsamen Zukunftsentwurf, der familiale Traditionen fortführen soll:

„Rm: er fangt bei seim Vattar an, bei seim Papa
Pm: ich übernehm das Geschäft (.) auf jeden Fall
Rm: ich auch ich nehm von mein Opa das Geschäft Junge (.) ich bin jetz schon der kleine Chef"
(GD: René, 443-446)

Dabei vergessen die Jungen, dass keines der genannten Familienmitglieder das Geschäft, in dem der Vater bzw. der Großvater arbeitet, besitzt oder sich etwa in einer führenden Position befindet. Zudem stellen die beiden Schulfreunde ihre schulische Bildungsorientierung durch ihre Streiche und gewaltorientierten Aktionen in der Schule immer wieder in Frage. Die Peerbeziehung zu Paul stellt für Renés schulische Bildungsbiografie somit eher ein Risiko- als ein Unterstützungspotential dar (vgl. Krüger/Deppe 2008).

Mit seiner Vorstellung von ausreichender schulischer Bildung als Notwendigkeit und seinem Berufswunsch als Angestellter in einem Lebensmittelhandel zu arbeiten, orientiert sich René am Vorbild des Großvaters sowie an den Wünschen seiner Mutter und seines Stiefvaters, die beide einen Hauptschulabschluss haben und eher im unteren sozialen Milieu einzuordnen sind. Zugleich stellt sein Wunsch nach einem normalen Leben den Gegenhorizont zu seinem leiblichen Vater dar, der Alkoholiker und zurzeit arbeitslos ist, zu dem er auch seit einigen Jahren keinen Kontakt mehr hat. Vor diesem Hintergrund lässt sich vielleicht auch die kollektive Orientierung der beiden Schulfreunde verstehen, sich gesellschaftlich nach unten gegenüber sozial Schwachen abzugrenzen, während sie sich in ihrem freundschaftlichen Binnenverhältnis als Schüler mit gleichen schulischen Leistungen charakterisieren (vgl. Krüger/Deppe 2008).

Anna Blume (vgl. ausführlich Hoffmann 2008) ist zwar in ihrer bisherigen Schullaufbahn noch nicht Sitzen geblieben, aber sie hat schon in einigen Hauptfächern in der nun besuchten 5. Klasse der Sekundarschule schlechte Zensuren. Ihre gegenwärtige Haltung zur Schule kann als schuldistanziert oder sogar als schulentfremdet (vgl. Fend 2000, S. 366) charakterisiert werden, da sie die Schule vor allem als Ort der Ungerechtigkeit und Langeweile begreift. So erkennt sie selbst in der schulischen Bildung keinen Wert: „*ja und äh ja also ich hab eignlich nich sehr große Erfahrungen von der Schule also von Lernstoff*" (I: Anna, 399f.). Versuche sich zu bessern, sind zum Scheitern verurteilt und scheinen die Situation in der Schule nur zu verschlechtern: „*ich hab vor mich zu bessern [...] in der Schule (.) egal wie ich mich hinsetze, also wie lange ich mich hinsetze (.) [...] also swird un wird nich besser außer nur schlimmer*" (I: Anna, 590-594). Ihre weiteren individuellen Orientierungen beziehen sich auf eine Gewaltorientierung. So bleibt sie bereit, ihre Freundinnen durch den Einsatz körperlicher Gewalt zu beschützen. Außerdem weist sie ein sich schon deutlich artikulierendes Interesse am anderen Geschlecht sowie eine Vorliebe für eine jugendliche Populär-, Medien- und Tanzkultur auf (vgl. Krüger/Deppe 2008).

Die kollektiven Orientierungen ihrer gegenwärtigen Freundinnengruppe, die aus einer Schulfreundin und einem Mädchen aus dem gleichen Dorf besteht, stimmen weitgehend mit Annas Einstellungen und Haltungen überein. Ihre kollektiven Orientierungen sind durch eine offene Schuldistanz geprägt, bei der Bildungsabschlüsse trotz weitreichender Zukunftsentwürfe keine Rolle spielen, vielmehr meint eine der Beteiligten unter Zustimmung der anderen: „*jednfalls bin ich froh wenn ich aus da Schule raus bin*" (GD: Anna, 118f.). Die Gruppe ist auch von einer gemeinsam geteilten Gewaltorientierung geprägt (vgl. auch Bruhns/Wittmann 2002). Sie bezeichnen sich in einem Atemzug als „*ne Prüchelclique [...] und Coolfühler(.)gruppe*" (GD: Anna, 464-466) und diese Praxis als „*unsa Hobby*" (ebd., 23). Auch das frühe Interesse am anderen Geschlecht und den jugendlichen Stilen der Populärkultur teilt Anna mit ihren Freundinnen, so dass diese Freundinnengruppe kein Unterstützungs-, sondern eher ein Risikopotential für Annas schulische Bildungsbiografie darstellt.

Annas geringe schulische Bildungsaspirationen sind habituell in dem Kontext einer Familie verankert, die durch einen eher niedrigen Bildungs- und Berufsstatus der erwachsenen Bezugspersonen gekennzeichnet ist, wo eine hinreichende schulische Bildung nicht unbedingt als Notwendigkeit angesehen und den Lehrenden schon einmal Prügel angedroht wird, wenn diese ihre Tochter vermeintlich ungerecht behandeln. Auch in Annas Peerwelt findet eher eine Nivellierung schulischer Leistungen nach unten statt, da eine ihrer Freundinnen, die momentan ein Gymnasium besucht, überlegt, an die Sekundarschule zurückzukehren, um wieder mit ihren Freundinnen gemeinsam zur Schule gehen zu können.

4 Fazit und Ausblick

Fasst man die bisherigen Resultate des Projektes „Peergroups und schulische Selektion" noch einmal zusammen, so lassen sich vor allem drei Ergebnistrends festhalten.

Erstens können am Beispiel der herausgearbeiteten Muster fünf unterschiedliche Varianten des Stellenwerts von Peergroups für die schulische Bildungsbiografie aufgezeigt werden: Freundschaftsgruppen als funktionale Begleiter oder Unterstützer für eine bisher erfolgreiche Bildungsbiografie, Peerkontexte als ambivalente Gegenwelt oder als Parallelwelt zur Welt schulischer Leistung sowie Peergroups als Risikofaktoren für eine bisher wenig erfolgreiche schulische Bildungslaufbahn.

Zweitens konnte anhand der ausgewerteten Fälle und herausgebildeten Muster bislang – zumindest bei den von uns untersuchten ca. elfjährigen Kindern noch eine enge soziale Homologie zwischen familialen Herkunftskontext, schulischen Bildungsmilieu und Peerkontext festgestellt werden. Der „lange Arm" der Familie reicht in die Wahl der besuchten Schule am Beginn der Sekundarstufe I, aber auch noch in die Art der Freizeitaktivitäten und in die Auswahl der Freunde hinein. Freundschaftsgruppen, die aus Kindern mit unterschiedlicher sozialer Herkunft bestehen, fanden wir nur an der Integrierten Gesamtschule und an der Sekundarschule sowie in der sozialen Welt der Sportvereine. Bislang haben wir zudem noch keine Fälle entdeckt, die dem in der Literatur (vgl. Combe/Helsper 1994; Watts 2001) beschriebenen Muster von erfolgreichen Schülern aus höheren sozialen Milieus entsprechen, die in eine schulentfremdete Freundschaftsgruppe abdriften. Dies kann jedoch mit dem Alter der von uns untersuchten Kinder und dem bisherigen Querschnittscharakter unserer Studie zusammenhängen. Allerdings zeigen sich in dem beschriebenen Muster der Divergenz zwischen ambitionierter individueller Bildungsorientierung und schuldistanzierter kollektiver Peerorientierung erste Ansätze in dieser Richtung.

Drittens hat eine detaillierte Analyse aller untersuchten Freundschaftsgruppen die theoretischen Prämissen aus der Peerforschung (vgl. Youniss 1994; Krappmann/Oswald 1995) bestätigt, dass Gleichaltrigengruppen von Kindern in ihrem internen sozialen Beziehungsgefüge eher nach Gleichheit und Reziprozität streben. Eine soziale Distinktion nach innen, eine Konkurrenz und ein Wettkampf um gute Noten und Bildungsabschlüsse konnte nur in der Mädchenfreundschaftsgruppe Nadja Tafel herausgearbeitet werden, während sich in den anderen Gruppen Nivellierungstendenzen finden, in denen ein gleicher Zensurendurchschnitt dargestellt wird oder das Thema schulische Leistungen weitgehend tabuisiert wird (vgl. Zschach 2008c). Wenn schulleistungsbezogene Distinktionsprozesse in den Gruppendiskussionen überhaupt auftauchen, so richten sie sich nach außen gegen andere Schülergruppen innerhalb oder außerhalb der eigenen Schule. Der exemplarische Befund der sozialen Distinktion der Gruppe Nadja Tafels widerspricht der durch Youniss (1994) sowie Krappmann und Oswald (1995) vertretenen Auffassung. Allerdings fehlen uns hier bislang systematisch weitere Vergleichsfälle, sodass unklar bleibt, ob es sich hierbei um ein eher kinderkulturelles oder milieuspezifisches Phänomen oder beides handelt. Festzuhalten wäre aus einer akteurzentrierten Perspektive, dass sich auch bereits Kinder im Alter von ca. 11 Jahren durchaus in ihrem Milieu verorten können und bei der Rekonstruktion von Prozessen zur Herstellung sozialer Ungleichheit auch stärker als Mit-Produzenten mit einbezogen werden müssen.

Wie sich nun die Bildungsverläufe der von uns untersuchten Heranwachsenden bei dem Übergang in die 7. Klassenstufe verändern werden, ob dann die herausgearbeiteten Muster zum Stellenwert der Peers für die Bildungsbiografien immer noch Bestand haben und inwiefern sich neue Formen der schulleistungsbezogenen Distinktion herausbilden werden, das wird erst die Auswertung der Ergebnisse der zur Zeit durchgeführten zweiten Untersuchungsphase der qualitativen Längsschnittstudie zeigen. Die bisher herausgearbeiteten Ergebnisse machen zwar deutlich, dass sich die bislang festgestellte enge soziale Homologie zwischen familialen Herkunftskontext, Bildungs- und Peermilieu nur leicht verändert hat. Mit den erwartbaren ausgeprägten Ablösungsversuchen von der Familie und der verstärkten Suche nach außerschulischen Peerbeziehungen im Jugendalter (vgl. Walper 2003; Fend 2005; Hofer 2006; Reinders/Sieler/Varadi 2008) ist jedoch in der geplanten dritten Untersuchungsphase zu vermuten, dass die bisher herausgearbeitete eher enge soziale Homologie zwischen familialen Herkunftskontext, schulischen Leistungsstatus und der Art der Peereinbindungen aufgebrochen wird. Es könnten sich somit noch neue Längsschnittmuster finden lassen, in denen z.B. Peeraktivitäten und -orientierungen eine schwierige Schulkarriere unterstützen oder sogar kompensieren (vgl. du Bois-Reymond 2007; Watts 2001).

Literatur

Baumert, J./Klieme, E./Neubrand, M./Prenzel, M./Schiefele, U./Schneider, W./Stanat, P./Tillmann, K.-J./Weiß, M. (Hrsg.) (2001): PISA 2000. Basiskompetenzen von Schülerinnen und Schülern im internationalen Vergleich. Opladen

Becker, R./Lauterbach, W. (Hrsg.) (2007): Bildung als Privileg? Erklärungen und Befunde zu den Ursachen der Bildungsungleichheit. 2. Aufl. Wiesbaden

Bietau, A. (1989): Arbeiterjugendliche zwischen Schule und Subkultur. In: Breyvogel, W. (Hrsg.): Pädagogische Jugendforschung. Opladen, S. 131-159

Böhme, J. (2003): Schülersubkulturen als lebenspraktischer Hiatus von Schulkulturen und Schülerbiographien. Exemplarische Rekonstruktion zur ‚enttäuschten Opposition' eines Internatsgymnasiums. In: Merkens, H./Zinnecker, J. (Hrsg.): Jahrbuch Jugendforschung 2003, S. 155-172

Bohnsack, R. (2003a): Praxeologische Wissenssoziologie. In: Bohnsack, R./Marotzki, W./Meuser, M. (Hrsg.): Hauptbegriffe qualitativer Forschung. Opladen, S. 137-138

Bohnsack, R. (2003b): Dokumentarische Methode und sozialwissenschaftliche Hermeneutik. In: Zeitschrift für Erziehungswissenschaft, Jg. 6, H. 4, S. 550-570

du Bois-Reymond, M. (2000): Jugendkulturelles Kapital in Wissensgesellschaften. In: Krüger, H.-H./Wenzel, H. (Hrsg.): Schule zwischen Effektivität und sozialer Verantwortung. Opladen, S. 235-254

du Bois-Reymond, M. (2007): Europas neue Lerner. Opladen/Farmington Hills

Bourdieu, P. (1982): Die feinen Unterschiede. Kritik der gesellschaftlichen Urteilskraft. Frankfurt a. M.

Bourdieu, P. (1993): Sozialer Sinn. Kritik der theoretischen Vernunft. Frankfurt a. M.

Bruhns, K./Wittmann, S. (2002): „Ich meine, mit Gewalt kannst du dir Respekt verschaffen". Mädchen und junge Frauen in gewaltbereiten Jugendgruppen. Opladen

Büchner, P. (1996): Das Kind als Schülerin oder Schüler. In: Zeiher, H./Büchner, P./Zinnecker, J. (Hrsg.): Kinder als Außenseiter? Weinheim/München, S. 157-188

Büchner, P. (2003): Stichwort: Bildung und soziale Ungleichheit. In: Zeitschrift für Erziehungswissenschaft, Jg. 6, H. 1, S. 5-24

Büchner, P. (2004): Bildung am Nachmittag. Über die Kulturalisierung von sozialer Ungleichheit im Schulkindalter. In: Hungerland, B./Overwien, B. (Hrsg.): Kompetenzentwicklung im Wandel. Auf dem Weg zu einer informellen Lernkultur? Wiesbaden, S. 221-240

Büchner, P./Brake, A. (Hrsg.) (2006): Bildungsort Familie: Transmission von Bildung und Kultur im Alltag von Mehrgenerationenfamilien. Wiesbaden

Büchner, P./Krüger, H.-H. (1996): Schule als Lebensort von Kindern und Jugendlichen. In: Büchner, P./Fuhs, B./Krüger, H.-H. (Hrsg.): Vom Teddybär zum ersten Kuß. Opladen, S. 201-224

Coleman, J. S. (1995): Grundlagen der Sozialtheorie. 3 Bände, München/Wien

Combe, A./Helsper, W. (1994): Was geschieht im Klassenzimmer? Weinheim

Crittenden, P./Claussen, A. (2000): The Organization of attachment relationships: Maturation, Culture, and Context. Cambridge

Damico, S. B. (1975): The effects of clique membership upon academic achievement. In: Adolescence 10, pp. 93-100

Deinert, A (2008): Tim Hoogland – bildungsambitionierter Gymnasiast in spaßorientierter und sportlicher Peergroup. In: Krüger, H.-H. u.a. (Hrsg.): Kinder und ihre Peers. Freundschaftsbeziehungen und schulische Bildungsbiographien. Opladen/Farmington Hills, S. 78-96

Deppe, U. (2008): Nadja Tafel – erfolgreiche Schülerin mit musikalischer Freundesgruppe im christlich-akademischen Milieu. In: Krüger, H.-H. u.a. (Hrsg.): Kinder und ihre Peers. Freundschaftsbeziehungen und schulische Bildungsbiographien. Opladen/Farmington Hills, S. 37-56

Ehmke, T./Baumert, J. (2008): Soziale Disparitäten des Kompetenzerwerbs und die Bildungsbeteiligung in den Ländern: Vergleiche zwischen PISA 2000 und 2006. In: PISA-Konsortium Deutschland (Hrsg.): PISA '06. PISA 2006 in Deutschland. Münster, S. 319-341

Fend, H. (2000): Entwicklungspsychologie des Jugendalters. Opladen

Fend, H. (2005): Entwicklungspsychologie des Jugendalters. Nachdruck d. 3. durchges. Aufl. 2003, Opladen

Grundmann, M./Groh-Samberg, O./Bittlingmayer, U. H./Bauer, U. (2003): Milieuspezifische Bildungsstrategien in Familie und Gleichaltrigengruppe. In: Zeitschrift für Erziehungswissenschaft, Jg. 6, H. 1, S. 25-45

Hallinan, M. T. (1980): Patterns of cliquing among youth. In: Foot, H. C./Chapman, A. J./Smith, J. R. (Eds.): Friendship and social relations in childhood. New York, pp. 321-341

Helsper, W. (1989): Jugendliche Gegenkultur und schulisch-bürokratische Rationalität. In: Breyvogel, W. (Hrsg.): Pädagogische Jugendforschung. Opladen, S. 161-186

Helsper, W./Böhme, J./Kramer, R.-T./Lingkost, A. (2001): Schulkultur und Schulmythos. Rekonstruktionen zur Schulkultur I. Opladen

Hitzler, R./Bucher, T./Niederbacher, A. (2001): Leben in Szenen. Formen jugendlicher Vergemeinschaftung heute. Opladen

Hofer, M. (2006): Wie Jugendliche und Eltern ihre Beziehung verändern. In: Ittel, A./Merkens, H. (Hrsg.): Interdisziplinäre Jugendforschung. Jugendliche zwischen Familie, Freunden und Feinden. Opladen 2006, S. 9-29

Hoffman, N. F. (2008): Anna Blume – jugendliche Populärkultur und schulischer Misserfolg. In: Krüger, H.-H. u.a. (Hrsg.): Kinder und ihre Peers. Freundschaftsbeziehungen und schulische Bildungsbiographien. Opladen/Farmington Hills, S. 158-176

Kelle, H./Tervooren, A. (Hrsg.) (2008): Ganz normale Kinder. Heterogenität und Standardisierung kindlicher Entwicklung. Weinheim/München

Köhler, S.-M. (2008a): Melanie Pfeiffer – im Spagat zwischen Hochleistungssport und Schulkarriere. In: Krüger, H.-H. u.a. (Hrsg.): Kinder und ihre Peers. Freundschaftsbeziehungen und schulische Bildungsbiographien. Opladen/Farmington Hills, S. 57-77

Köhler, S.-M. (2008b): René Leuter – Peers als Familienersatz und Stütze im schulischen Alltag. In: Krüger, H.-H. u.a. (Hrsg.): Kinder und ihre Peers. Freundschaftsbeziehungen und schulische Bildungsbiographien. Opladen/Farmington Hills, S. 177-197

Krappmann, L./Oswald, H. (1995): Alltag der Schulkinder. Weinheim/München

Krappmann, L./Oswald, H. (2004): Soziale Ungleichheit in der Schulklasse und Schulerfolg. Eine Untersuchung in dritten und fünften Klassen Berliner Grundschulen. In: Zeitschrift für Erziehungswissenschaft, Jg. 7, H. 4, S. 479-496

Krüger, H.-H. (2004): Antrag an die Deutsche Forschungsgemeinschaft auf Bewilligung einer Sachbeihilfe (Neuantrag): Peer-groups und schulische Selektion – Interdependenzen und Bearbeitungsformen. Halle

Krüger, H.-H./Köhler, S.-M./Zschach, M./Pfaff, N. (Hrsg.) (2008): Kinder und ihre Peers. Freundschaftsbeziehungen und schulische Bildungsbiographien. Opladen/Farmington Hills

Krüger, H.-H./Deppe, U. (2008): Mikroprozesse sozialer Ungleichheit an der Schnittstelle von Schule und Peerkontexten. In: Krüger, H.-H. u.a. (Hrsg.): Kinder und ihre Peers. Freundschaftsbeziehungen und schulische Bildungsbiographien. Opladen/Farmington Hills, S. 201-218

Krüger, H.-H./Pfaff, N. (2008): Peerbeziehungen und schulische Bildungsbiographien – Einleitung. In: Krüger, H.-H. u.a. (Hrsg.): Kinder und ihre Peers. Freundschaftsbeziehungen und schulische Bildungsbiographien. Opladen/Farmington Hills, S. 11-31

Lenz, K. (1988): Die vielen Gesichter der Jugend. Frankfurt a. M.

Mehan, H./Villanueva, I./Hubbard, L./Lintz, A. (1996): Constructing school success. The consequences of untracking low-achieving students. Cambridge

Meier, U. (2004): Familie, Freundesgruppe, Schülerverhalten und Kompetenzerwerb. In: Schümer, G./Tillmann, K.-J./Weiß, M. (Hrsg.): Die Institution Schule und die Lebenswelt der Schüler: vertiefende Analysen der PISA-2000-Daten zum Kontext von Schülerleistungen. Wiesbaden, S. 187-216

Nauck, B. (2004): Familienbeziehungen und Sozialintegration von Migranten. In: Bade, J. K./Bommer, M. (Hrsg.): Migration – Integration – Bildung. Grundfragen und Problembereiche. IMIS Beiträge Osnabrück, S. 83-104

Nentwig-Gesemann, I. (2006): Regelgeleitete, habituelle und aktionistische Spielpraxis. Die Analyse von Kinderspielkultur mit Hilfe videogestützter Gruppendiskussionen. In: Bohnsack, R./Przyborski, A./Schäffer, B. (Hrsg.): Das Gruppendiskussionsverfahren in der Forschungspraxis. Opladen, S. 25-44

Neumann-Braun,K./Deppermann, A./Schmidt, A. (2002): Identitätswettbewerbe und unernste Konflikte: Interaktionspraktiken Peer-Groups. In: Merkens, H./Zinnecker, J. (Hrsg.): Jahrbuch Jugendforschung 2. Opladen, S. 241-264

Pfaff, N. (2008): Aylin Demir – die Unterordnung des Bildungsanspruchs in einem Migrationsmilieu. In: Krüger, Heinz-Hermann u.a. (Hrsg.): Kinder und ihre Peers. Freundschaftsbeziehungen und schulische Bildungsbiographien. Opladen/Farmington Hills, S. 97-117

Raithel, J. (2006): Lebensstiltypologien Jugendlicher und jüngerer Erwachsener in Deutschland. In: Ittel, A./Stecher, L./Merkens, H./Zinnecker, J. (Hrsg.): Jahrbuch Jugendforschung. Band 6, Wiesbaden, S. 271-291

Reckwitz, A. (2003): Grundelemente einer Theorie Sozialer Praktiken. In: Zeitschrift für Soziologie, Jg. 32, H. 4, S. 282-301

Reinders, H./Sieler, V./Varadi, E. (2008): Individuationsprozesse bei Jugendlichen deutscher und türkischer Herkunft. Ergebnisse einer Längsschnittstudie In: Zeitschrift für Soziologie der Erziehung und Sozialisationsforschung, Jg. 28, H. 4, S. 429-444

Rubin, K. H./Bukowksi, W./Parker, J. G. (1998): Peer interactions, relationships and groups. In: Eischberg, M. (Ed.): Social, emotional and personality development. New York, S. 619-700

Schümer, G. (2004): Zur doppelten Benachteiligung von Schülern aus unterprivilegierten Gesellschaftsschichten im deutschen Schulwesen. In: Schümer, G./Tillmann, K.-J./Weiß, M. (Hrsg.): Die Institution Schule und die Lebenswelt der Schüler. Vertiefende Analysen der PISA-2000-Daten zum Kontext von Schülerleistungen. Wiesbaden, S. 73-114

Schümer, G. u.a. (2001): Lebens- und Lernbedingungen von Jugendlichen. In: Baumert, J. u.a.: Basiskompetenzen von Schülerinnen und Schülern im internationalen Vergleich. Opladen, S. 411-510

Senkbeil, M./Wittwer, J. (2008): Antezedenzien und Konsequenzen informellen Lernens am Beispiel der Mediennutzung von Jugendlichen. In: Prenzel, M./Baumert, J. (Hrsg.) Vertiefende Analysen zu PISA 2006. 10. Sonderheft der Zeitschrift für Erziehungswissenschaft. Wiesbaden, S. 107-128

Stecher, L. (2001): Die Wirkung sozialer Beziehungen. Empirische Ergebnisse zur Bedeutung sozialen Kapitals für die Entwicklung von Kindern und Jugendlichen. Weinheim/München

Vester, M. (2004): Die Illusion der Bildungsexpansion. In: Engler, S./Krais, B. (Hrsg.): Das kulturelle Kapitel und die Macht der Klassenstrukturen. Weinheim/München, S. 13-54

Walper, S. (2003): Einflüsse der Bindung und Individuation in Beziehung zur Mutter auf die Befindlichkeit und Sozialentwicklung Jugendlicher. In: Masche, G./Walper, S. (Hrsg.): Zeitschrift für Familienforschung. Eltern-Kind-Beziehungen im Jugend- und frühen Erwachsenenalter: Entwicklungsverläufe, Einflussfaktoren und Konsequenzen der Individuation, Sonderheft 3, S. 89-106

Watts, M. (2001): Zur Bedeutung von Gangs und rechten Cliquen als Artikulation jugendspezifischer Aktivitäten. In: Merkens, H./Zinnecker, J. (Hrsg.): Jahrbuch Jugendforschung, 1, Opladen, S. 135-162

Wexler, P. (1992): Becoming somebody. Towards a social Psychology of School. London

Willis, P. (1979): Spaß am Widerstand. Gegenkultur in der Arbeiterschule. Frankfurt a. M.

Youniss, J. (1994): Soziale Konstruktion und psychische Entwicklung. Frankfurt a. M.

Zschach, M. (2008a): Chantal Hohmann – Gesamtschülerin und Funkenmariechen mit schulischer Freundinnengruppe. In: Krüger, H.-H. u.a. (Hrsg.): Kinder und ihre Peers. Freundschaftsbeziehungen und schulische Bildungsbiographien. Opladen/Farmington Hills, S. 118-137

Zschach, M (2008b): Kevin Ottnitschke – schuldistanziertes Landkind mit informeller Peergroup. In: Krüger, H.-H. u.a. (Hrsg.): Kinder und ihre Peers. Freundschaftsbeziehungen und schulische Bildungsbiographien. Opladen/Farmington Hills, S. 138-157

Zschach, M. (2008c): Schulleistungen als Thema der Peer- Kommunikation. In: Krüger, H.-H. u.a. (Hrsg.): Kinder und ihre Peers. Freundschaftsbeziehungen und schulische Bildungsbiographien. Opladen/Farmington Hills, S. 280-299

Chancen und Widerständiges in der Ganztagsbildung. Fallstudie Niederlande

Manuela du Bois-Reymond

> *If you think education is expensive: try ignorance.*
>
> (Derek Bok, University of Harvard)

1 Einleitung

Spätmoderne Gegenwartsgesellschaften zeichnen sich durch vier miteinander verbundene Entwicklungen aus, die auf Bildung und Erziehung einwirken: erstens die stetige Wandlung hin zu Wissensgesellschaften, zweitens das Aufsteigen von Dienstleistungsgesellschaften, drittens der Verlust alter Sicherheiten zugunsten neuer Chancen, aber auch Risiken und schließlich, viertens, eine zunehmende und bei weitem noch nicht abgeschlossene Heteronomisierung der Nationalgesellschaften durch Zuwanderung aus anderen Ländern, nicht nur europäischen. Durch Globalisierung bewirkte neue Produktionsverhältnisse transformieren die industrielle Arbeitsgesellschaft aus der Früh- und Hochzeit der Moderne schubweise in einen neuen Gesellschaftstypus, in dem der Umgang mit Informationen und Informationstechnologien zu einer bisher ungekannten Produktivkraft geworden ist. Diese Transformation erfordert neue Dienstleistungen auf einem hohen und anspruchsvollen Niveau, insbesondere im Bank- und Wirtschaftswesen, stimuliert aber auch Selbständige, um in kulturellen sowie Informations- und Kommunikationstechnologie-Sektoren (ICT) eigene Agenturen aufzumachen und Projekte zu entwickeln. Die Ausbreitung alter und neuer Dienste zur Befriedigung persönlicher Bedürfnisse in der Gastronomie, im Bereich Hygiene und in der Kranken-, Alten- und Kinderpflege führt sowohl zu hochqualifizierten Berufen wie aber auch zu niedrig qualifizierten und bezahlten Routinetätigkeiten mit hohen Risiken für die Arbeitslaufbahn. Heute gehen alle zukünftigen Arbeitnehmer mit einer geringeren Schulbildung als minimal mittlere Berufsschulreife derartige Risiken ein; die Kinder der zweiten Einwanderergeneration stellen hier die größte Gruppe.

Diese Entwicklungen wirken sich verschieden auf die europäischen Bildungssysteme aus. In allen europäischen Ländern bevölkert eine immer buntere Schülerschaft die Klassenzimmer – ein durchgehender Trend. Aber in den verschiedenen Ländern sind es verschiedene Einwanderergruppen und Minoritäten, und die Bildungssysteme gehen mit ihnen verschieden um. Auch die Imperative, die Wissensgesellschaften prinzipiell an alle modernen Bildungssysteme stellen, beeinflussen diese unterschiedlich. Die Finnen etwa reagierten auf den globalen Trend mit einer langfristig verfolgten gründlichen Überholung ihres alten Bildungssystems, während andere Länder, unter ihnen die Niederlande, Deutschland, Frankreich und Österreich, ihre Curricula nicht oder nur stückweise modernisierten.

All dies führt zu vielfältigen Widersprüchen, die die von Bildung und Erziehung Betroffenen zu verschiedenen Reaktionen veranlassen. Je nach ihrer unterschiedlichen Position im machtstrukturierten Bildungsfeld ist ihre Stimme lauter oder leiser, wird gehört oder überhört, lässt nicht ab oder verstummt. Naturgemäß erschallt die Stimme von regierenden und opponierenden Bildungspolitikern laut, die von entmutigten Hauptschülern leise.

Einen Blick in dieses von Widersprüchen und Macht-Ohnmacht-Beziehungen strukturierte Bildungsfeld erlaubt die heftige und oft kontrovers geführte Diskussion um Ganztagsschule und Ganztagsbildung. Mein Blick richtet sich in diesem Beitrag vorwiegend auf die niederländische Schullandschaft und die Realisierungschancen der Ganztagsschule dort, und zwar unter dem Gesichtspunkt von Ganztagsbildung. Dabei wird sich zeigen, dass die Niederlande keineswegs weniger Schulprobleme haben und produzieren als die Bundesrepublik. Es ist ein liebenswürdiges, darum aber nicht unbedingt realitätsgetreues Bild, das Deutsche allgemein und Bildungsfachleute insbesondere von den Niederlanden haben: es sei ein glückliches kleines Land, in dem es ein Privatschulwesen gebe, das Eltern, Schülern und Lehrern mehr Freiraum verschaffe und zu besseren Gesamtleistungen führe als das staatliche und überbürokratisierte deutsche Schulwesen. Richtig an diesem positiven Vorurteil war bis vor kurzem, dass es hier ein historisches Vertrauen in die Kraft pragmatischer, im Konsens erarbeiteter Lösungen für gesellschaftliche Probleme gab, auch in der Schule. Aber dieses Vertrauen ist in den letzten Jahren, nicht zuletzt unter dem Schock der Doppelmorde an Pim Fortuyn und Theo van Gogh und, was Schule betrifft, der Erschießung eines Schuldirektors durch einen frustrierten Schüler, geschwunden. Heute herrscht in der niederländischen Politik, der deutschen gar nicht unähnlich, eine Art lähmender Entscheidungslosigkeit, die in der Bildungspolitik allerdings einen merkwürdigen Ausdruck findet: nicht etwa dass nichts oder zu wenig getan würde, sondern es wird zu viel und Widersprüchliches getan. Das verunsichert alle Akteure im Feld. Die Bildungspolitiker, zu keiner kohärenten und konsistenten Gesamtplanung imstande, erlassen eine Reform nach der anderen, die sie nach kurzer Zeit wieder rückgängig machen müssen, wenn Schulpraktiker und Eltern, durch all die hektischen Reformen und Gegenreformen verunsichert und frustriert, nicht mehr zu erkennen vermögen, wohin die Bildungsreise gehen soll.

In dieser Situation befindet sich zurzeit auch die niederländische Ganztagsschuldiskussion, die ich im Folgenden darstellen will. Der erste Schritt hierzu ist eine komprimierte Zusammenfassung der gegenwärtig herrschenden Schulkrise, auf die die Ganztagsschule eine Antwort geben soll. Im Hauptteil meines Beitrags gehe ich dann auf den aktuellen Stand der Ganztagsschulentwicklung sowie ihre Zielsetzungen und Realisierungschancen ein und zeige, welche Spannungen in dieser Entwicklung beschlossen liegen. Zum Schluss fasse ich, dem Titel meines Beitrags gemäß, die Chancen und das Widerständige, auch Widersprüchliches in der Entwicklung neuer Lernarrangements, nicht nur in den Niederlanden, zusammen.

2 Schulkrise und Schulkritisches

Die eingangs erwähnten miteinander verbundenen Entwicklungen – Wissens- und Dienstleistungsgesellschaft, Risikogesellschaft und zunehmende gesellschaftliche Heteronomität – führen auch in den Niederlanden zu großen Anpassungsproblemen im Bildungssystem. Es sind im Wesentlichen die folgenden neuralgischen Felder, auf denen sich dies manifestiert; und auch hier zeigen sich Parallelen mit Deutschland und anderen europäischen Ländern.

2.1 Öffentliche Kleinkindversorgung und Erziehung[1]

Ähnlich wie in Deutschland war in den Niederlanden bis vor kurzem die Kleinkindversorgung wesentlich Aufgabe der Familie mit der Mutter als hierfür zuständige Instanz. In den letzten zwei Jahrzehnten wuchs der Druck auf dem Arbeitsmarkt nach Arbeitskräften und beförderte die verstärkte Berufstätigkeit der Frauen. Die niederländische Vollzeit-Hausfrau und Mutter ist heute die Ausnahme, das „Anderthalb-Modell" die Regel: Frauen arbeiten während der Kleinkindphase halbtags, ihre männlichen Partner ganztags. Zwar ist in den letzten Jahren der Bedarf an öffentlichen Krippenplätzen für große Teile der Elternschaft gedeckt, aber die Professionalisierung der Erzieherinnen, in der Regel Fachschulabgängerinnen, entspricht in keiner Weise einer wissenschaftlich unterbauten frühkindlichen Erziehung, die nötig wäre, um Kinder nicht nur zu betreuen, sondern vor allem im kognitiven Bereich zu fördern. Für ärmere Familien gilt, dass sie die Kosten öffentlicher Kinderbetreuung scheuen. Auch zeigen sich in den letzten Jahren erneut Engpässe im Betreuungsangebot.

Von mangelnder Kleinkindförderung sind insbesondere Kinder aus Familien mit Migrationshintergrund betroffen, in den Niederlanden eine wachsende Gruppe, die sich um immer mehr verschiedene Kulturen erweitert[2]. Viele Migrationskinder betreten die achtjährige Grundschule (vier/fünf bis zwölf Jahre) bereits mit Sprachdefiziten nicht nur im Niederländischen, sondern auch in ihren Herkunftssprachen. Das Risiko, dass sie diesen Rückstand während ihrer Grundschulzeit nicht mehr aufholen, ist groß und verschlechtert die Chancen ihrer weiteren Schullaufbahn[3].

Von der *brede school*[4] erhofft man sich aus diesen Gründen dreierlei: erstens, dass das Kita-Angebot ausgebaut und professionalisiert wird, damit berufstätige Frauen es nutzen können und wollen; zweitens, dass die Früherziehung an die Grundschule angekoppelt wird und den Übergang vom Kindergarten in die Schule erleichtert und dadurch, drittens, die Lernchancen von lernschwachen Kindern bereits am Anfang ihrer Schullaufbahn optimiert werden.

2.2 Segregiertes Schulsystem

Das niederländische Schulsystem ist, ähnlich wie das deutsche, nach einer gemeinsamen Grundschule hoch segregiert. Mit zwölf Jahren werden die Schüler aufgrund von Testergebnissen in drei weiterführende Schulzweige sortiert, die wenig durchlässig sind. Schüler

---

1   Im Rahmen des EU geförderten Projekts UP2YOUTH der EGRIS Gruppe hat die Autorin das Teilprojekt „Young parenthood" geleitet, in dem in sechs europäischen Ländern, worunter die Niederlande, die Situation und die entsprechenden Politiken zur Kleinkindversorgung und Frauenarbeit analysiert sind (s. www.up2youth.org für den Abschlussbericht M. du Bois-Reymond u.a. Juni 2008).
2   Zehn Prozent der niederländischen Bevölkerung von 16 Mio. gehört der ersten und zweiten Migrationsgeneration an; sie konzentrieren sich in den vier größten Städten (Rotterdam, Amsterdam, Den Haag, Utrecht) und die meisten von ihnen kommen ursprünglich aus Marokko, der Türkei und den ehemaligen Kolonien Surinam und Antillen.
3   Nach den letzten Statistiken sind die Schulleistungen von 10 Prozent aller Grundschüler niedriger als aufgrund ihrer Intelligenzquotienten erwartbar (Volkskrant 26.2.2008).
4   Der Ausdruck ‚brede school' – wörtlich: breite Schule – erfasst zwei verschiedene, zunehmend aber ineinander übergehende Entwicklungen: erstens die Ausweitung des formalen mit einem außerschulischen Programm und zweitens die Verlängerung des Schultages („verlengde schooldag").

der Haupt- und Berufsschulzweige[5] müssen mit 12/13 Jahren bereits eine, wenngleich vorläufige und prinzipiell (aber zumeist nicht praktisch) revidierbare, Berufsentscheidung fällen; darauf sind sie und ihre Eltern in keiner Weise vorbereitet[6]. Der Übergang mit 15/16 Jahren auf berufsspezifische Fachschulen bildet eine weitere Festlegung, für die viele Schüler auch dann noch nicht bereit sind. In den durch Fusionen zu Großorganisationen ausgebauten Berufsfachschulen, unter deren Dach auch die Erwachsenenbildung ressortiert, fühlen sich viele Schüler überfordert und verloren und reagieren mit Abwehr, Schwänzen, zeitverschlingenden Fachwechseln und vorzeitigem Schulabgang. Die überwiegende Mehrzahl der Schüler mit Migrationshintergrund bevölkert diese und nicht die allgemeinbildenden Schulen.

Diese Gemengelage im Sekundarbereich ist das Resultat von einer Reihe missglückter Reformen aus den letzten 20 Jahren, deren Gründe eine parlamentarische Enquete-Kommission kürzlich mit erstaunlicher Offenheit analysierte[7]. Wie in Deutschland wurde auch in den Niederlanden in den 1970er Jahren die Gesamtschule von sozialdemokratischer Seite propagiert, um einen einheitlichen Schultypus für alle Schüler bis zum 15./16. Lebensjahr zu schaffen, schulische und berufliche Entscheidungen auf ein späteres Lebensalter zu verschieben und damit die Chancen von Arbeiterkindern auf eine höhere Schulbildung zu erweitern; allgemeiner und aus heutiger Sicht gesagt: schulische und außerschulische Curricula zu einer Ganztagsbildung zusammenzuführen. Die Reform scheiterte, ähnlich wie in Deutschland, am Widerstand von Politikern, Eltern, Lehrerverbänden und schulischen Interessenvertretern; es blieb bei einzelnen Experimenten. Stattdessen wurde eine zunächst auf drei, später auf zwei Jahre zurückgekämmte Förderstufe eingeführt, die sich durch Fächerüberladenheit und mangelnde Binnendifferenzierung schnell ihr eigenes Grab schaufelte. Um die Berufsschule durch einen höheren Gehalt an allgemeinbildenden Fächern zu modernisieren, integrierte man sie mit der Realschule. Inzwischen zeigen sich die negativen Auswirkungen der undurchdachten Reform: die „Theoretisierung" der Berufsschule hat dazu geführt, dass die intelligenteren Schüler in die allgemeinbildenden Zweige abwandern und der Rest überfordert ist[8]. Dies hat dazu geführt, dass vielerorts die „alte" Berufsschule mit Berufspraktika wieder eingeführt worden ist.

In den allgemeinbildenden Zweigen der Sekundarstufe II – Realgymnasium und Gymnasium – führte man vier Fächerprofile ein, um die Schüler von unproduktiven und arbeitsmarkt-ungünstigen Fachkombinationen abzuhalten[9].

---

5   Es gibt in diesem Schultyp vier Niveaus, die von kombinierten schulisch-praktischen Curricula bis zu mehr theoretisch orientierten Curricula reichen. 60 Prozent aller niederländischen Schüler besuchen Haupt-/ Berufsschulen; 90 Prozent von ihnen haben einen Migrationshintergrund (Onderwijsraad 2007).
6   Schulforscher ermittelten, dass von Grundschulen in Amsterdam – mit hohen Anteilen von Schülern mit Migrationshintergrund – dreimal mehr Schüler als im Landesdurchschnitt aufgrund ihrer Testergebnisse in die niedrigsten Niveaus der Haupt-/Berufsschulen verwiesen wurden; 40 Prozent der Schüler mit Migrationshintergrund in Amsterdam mit Testergebnissen, die sie für das Realgymnasium oder Gymnasium qualifizieren, wird hiervon abgeraten und sie besuchen niedrigere Schulzweige (Volkskrant 26.2.2008). Nur jeder fünfte türkische und marokkanische Schüler besucht eine höhere Schule. Fast zwei Drittel (62 Prozent) der unter 30-jährigen Rotterdammer hat einen Migrationshintergrund. Darunter befinden sich jährlich ca. 10.000 Schulabbrecher (NRC Handelsblad 27.2.2008).
7   Siehe Parlamentarische Enquête Commissie Dijsselbloem 2008
8   Jedes Jahr verlassen 6.000 Schüler die Fachschulen ohne Abschluss (NRC Handelsblad 24.2.2008).
9   Sind Schüler mit Migrationshintergrund bereits in den allgemeinbildenden Schulen untervertreten, so noch mehr auf den Universitäten: während über 50 Prozent niederländischer Studenten Fachhochschulen und Universitäten besucht, sind dies für türkische und marokkanische Studenten etwa ein Drittel, hiervon die

Die *brede school* soll nun die gröbsten Hindernisse des segregierten Schulsystems beseitigen, indem ein durchgängiges Bildungstrajekt geschaffen wird, das tendenziell vom vierten bis zum 16. Lebensjahr reicht. Zwar ist der Übergang vom Kindergarten in die Grundschule grundsätzlich verbessert, er ist fließender geworden und kann Entwicklungsunterschiede zwischen den Kindern durch altersgemischte Gruppen in den ersten beiden Grundschuljahren (Vier- bis Siebenjährige) berücksichtigen. Der berufs- und lebensentscheidende Übergang aber von der Grundschule auf die weiterführende Schule im Alter von zwölf Jahren ist ebenso abrupt geblieben, wie er auch vor der Einführung der *brede school* war[10].

2.3 Neue Lernformen

Die internationale Diskussion über Wissensgesellschaft, neue Produktionsbedingungen und die Notwendigkeit, das vorhandene, aber aufgrund demografischer Entwicklungen geringer werdende Humankapital besser auszuschöpfen, hat auch die Niederlande erreicht und nicht nur im Primar- und Sekundarschulwesen, sondern auch an Fachhochschulen und Universitäten eine lebhafte und bis heute andauernde Kontroverse über die Vor- und Nachteile neuer Lehr- und Lernformen entfacht. Die alten frontalen Didaktiken mit hierarchischen Lehr-Lernverhältnissen sollten durch selbstgesteuerte Lernformen ergänzt, womöglich weitgehend ersetzt werden. Die verschiedenen Ansätze dieser Erneuerungen werden in den Niederlanden unter dem Begriff „Neues Lernen" zusammengefasst und könnten unter dem Gesichtspunkt einer Ganztagsbildung den Bereich *non-formal learning* abdecken (du Bois-Reymond/Diepstraten 2007). Das entspricht aber nicht dem Realverlauf, denn Experimente mit selbstgesteuerten Lernformen spielten und spielen sich im Rahmen des formalen Curriculums ab und werden nicht in Zusammenhang mit außerschulischer Bildung gebracht. Das „neue Lernen" wird, so stellen die oben zitierte parlamentarische Enquête sowie einflussreiche Bildungspolitiker und Fachlehrer fest, in der Praxis weitgehend seines intendierten Charakters und Ziels entkleidet und entartet vielerorts in ein *laissez-faire, laissez-passer* der Lehrpersonen, die damit die Verantwortung für Lehrinhalte und Lernerfolge auf die Lernenden abschieben.

Insbesondere Haupt- und Berufsschüler (mit Migrationshintergrund) sind mit einem derartig missverstanden „neuen Curriculum" des selbstentdeckenden und selbstverantwortlichen Lernens überfordert. Gerade sie, so betonen ihre Lehrer, bedürfen eines gut strukturierten Unterrichts, da sie keinerlei Erfahrung mit der selbständigen Aneignung von Lernstoff haben. Überdies verbergen sich hinter diesen Reformen auch plump verpackte Sparmaßnahmen, um Dozentenstunden zu kürzen bzw. gering qualifiziertes und bezahltes Personal als „Begleiter" einzusetzen. Lehrer fühlen sich durch diese Entwicklungen in ihrem Berufsverständnis bedroht und verlangen, ebenso wie wachsende Bevölkerungsgruppen, eine Umkehr zum „richtigen" Lernen (*back-to-basics*).

Die Kontroverse über „Neues Lernen" vollzieht sich sozusagen neben und unabhängig von der Diskussion über Ganztagsschulen und Ganztagsbildung, beeinflusst diese aber dort, wo es um eine mögliche Integration von formalem und außerschulischem Lernen geht.

---

große Mehrheit aber Fachhochschulen, nicht Universitäten; vorzeitiger Studienabbruch ist in diesen Gruppen höher als bei niederländischen Studenten (MARE – Universitätsblatt Leiden – 14.2.2008).

10 Es gibt einige wenige Experimente, in denen *brede* Grund- und Sekundarschulen kooperieren.

3 Die Entwicklung der „brede school" im Primar- und Sekundarbereich

Die Einführung der *brede school*, sowie die dargestellten und von der offiziellen niederländischen Bildungspolitik zugegebenen gescheiterten Schulreformen deuten auf Probleme und Kontroversen hin, die seit den 1970er Jahren immer wieder aufflammen. Es geht hierbei um die *Spannung zwischen Bildung und Kompetenz*, um die *Spannung zwischen Lehrern und außerschulischen Pädagogen*, und um das *Verhältnis zwischen „Schule und Gemeinschaft"*. Damit ist erneut, nun unter gesellschaftlich gewandelten Verhältnissen, das Grundproblem moderner Massenschulen angesprochen, nämlich das der Chancengleichheit. Inzwischen sprechen Bildungspolitiker und Schulforscher aber weniger von Chancengleichheit, sondern eher und öfter von sozialer Integration bzw. Ausschluss; auch sind Überlegungen zu Elitebildung unter dem Einfluss neoliberaler Ideologien und Politiken kein Tabu mehr, ganz im Gegenteil.

Die drei benannten Spannungsverhältnisse sollen hier aus der Sicht der *brede school* dargestellt werden. Sie sind ihrerseits nicht unabhängig von den Entwicklungen traditionaler Industrie- in postfordistische Wissens- und Dienstleistungsgesellschaften, die neue Chancen und Risiken für ihre Teilnehmer implizieren.

3.1 Spannung zwischen Bildung und Kompetenz

Dass die *brede school* zunächst Eingang in den Primarbereich fand[11] und erst später und verzögert in den Sekundarschulbereich, hatte zur Folge, dass es nie zu einer einheitlichen Diskussion in der Fachwelt und Bildungspolitik über das Konzept Ganztagsbildung gekommen ist. Bei ihrer Einführung Mitte der 1990er Jahre ging es um zwei globale Ziele: ein durch Zusatzangebote bereichertes Curriculum für Vorschul- und Grundschulkinder und um den Ausbau der öffentlichen Kitas. Beide Ziele lassen sich am besten vereinen und verwirklichen in lokal verankerten Netzwerkschulen, in denen die Erziehungs- und Beschulungsverantwortung von professionellen Erzieherinnen, Lehrern und Eltern zum Wohl der Kinder eng aufeinander bezogen werden. (Vor-)schulische und außerschulische Erziehung, formales und informelles Lernen bilden im intendierten Idealfall ein Ganzes.

Im Vorschul- und Grundschulbereich bleibt die Spannung zwischen Bildung und Kompetenzentwicklung latent: junge Kinder erlernen im Kindergarten und in den ersten zwei Grundschuljahren[12] in gemischten Altersgruppen soziale und kognitive Basiskompetenzen, auf die ein traditionales Curriculum in den weiteren sechs Schuljahren aufbaut und die Kinder insbesondere in den letzten Jahren auf den nationalen Test vorbereitet, dessen Ergebnisse über die weitere Schullaufbahn der Schüler ab dem zwölften Lebensjahr entscheiden. In den *brede scholen* wird dieses Curriculum durch mehr oder weniger vielfältige außerschulische Angebote – auch kommerzielle[13] – ergänzt. Seit 2007 haben alle, nicht nur *brede* Grundschulen die Pflicht, ein mittägliches und nachmittägliches Angebot zu machen, um den Eltern (Müttern) Berufstätigkeit zu ermöglichen. Es vermittelt Kompetenzen im

---
11 2007 gab es ca. 1000 *brede scholen* im Primarbereich und 350 im Sekundarbereich. Faktisch sind es in beiden Bereichen mehr Schulen als diese Angaben suggerieren, da viele Schulorganisationen aus mehr als einer Schule bestehen, die unter einem gemeinsamen Schulträger ressortieren.
12 Niederländische Kinder beginnen die 8-jährige „basisschool" im Alter von vier bzw. fünf Jahren (ab fünf Jahren Pflicht).
13 Den Schulen steht ein Budget zur Verfügung, das z.T. aus dem Ressort Jugend der jeweiligen Gemeinde kommt und über das sie frei verfügen können.

Sozialbereich, in Musik, Sport und anderen Tätigkeiten. In der Regel beeinflussen diese Angebote das formale Schulcurriculum nicht; die Schulen delegieren diese Aufgabe an Institutionen, mit denen keine inhaltliche Zusammenarbeit besteht.

Ein anwachsender Corpus von Forschungen zur Lage von Migrantenfamilien und den Bildungschancen ihrer Kinder demonstriert, dass die Risiken dieser Kinder, im herrschenden Schulwesen mit ihren Leistungen zurückzubleiben, bereits in der Vorschule beginnen. Mit Neuauflagen alter kompensatorischer Konzepte sollen diese Risiken vermindert und soziale Integration befördert werden. Sprachförderung findet in diesen Fällen sowohl im schulischen wie außerschulischen Bereich statt; Schulen mit erhöhten Anzahlen von Migrantenkindern und Kindern mit Sonder(-schul-)Problemen erhalten eine zusätzliche Finanzierung für Spezialpädagogen (Vedder 2006).

Durch ihre Vernetzung im Viertel und die aktive Nutzung vorhandener Ressourcen – von ehrenamtlichen Kräften (Eltern) bis zu einer Zusammenarbeit mit der Stadtbibliothek, Schwimmbädern, Theatergruppen, Musikschulen und Sportvereinen etc., sowie psychologischer und medizinischer Betreuung – gelingt es *brede scholen* im Primarbereich vielerorts vermutlich besser als traditionellen Grundschulen, bildungsbenachteiligte (Migranten-) Kinder zu fördern; es gibt hierzu allerdings noch keine vergleichenden Langzeitstudien. Die Klage über absinkende Leistungen in den Grundfähigkeiten des Lesens und Rechnens ist allgemein und stärkt konservative Stimmen, die nach mehr kognitiven Lernformen und Inhalten verlangen[14].

Die meisten *brede scholen* im Primarbereich können oder wollen aus vielerlei Gründen nicht alle Möglichkeiten von Zusammenarbeit mit außerschulischen Einrichtungen nutzen; die häufigste Form ist die Kooperation zwischen Schule und Kita.

Im Sekundarschulbereich wird die Spannung zwischen Kompetenz und Bildung schärfer. In den zurzeit noch vergleichsweise wenigen, aber zunehmenden *brede scholen* ist die Arbeitsteilung zwischen schulischem und außerschulischem Curriculum deutlicher als im Primarbereich: hier hat das schulische Curriculum absoluten Vorrang. Eine Diskussion über Ganztagsbildung, wie in Deutschland (Coelen/Otto 2008) wird in den Niederlanden nicht geführt. Hier, im Sekundarbereich, wurde und wird das „Neue Lernen" sowohl von seinen Anhängern wie Kritikern assoziiert mit Kompetenzlernen (du Bois-Reymond 2008). Dabei bezieht sich diese Kontroverse ausschließlich auf das formale Schulcurriculum, nicht auf außerschulisches Lernen, dem Kompetenzlernen ohnehin zugestanden, das selbst als identisch mit dem dort stattfindenden nicht-formalen Lernen und seinen Inhalten definiert wird.

Bildungsziele sind durch Schulfächer und deren Fachinhalte zu erreichen; hierzu bedarf es bestimmter Vermittlungsformen. Ob nun die Vermittlung formaler Bildungsinhalte besser durch Didaktiken gelingt, die dem „Neuen Lernen" verpflichtet sind, oder ob gerade dadurch effektives Lernen behindert oder gar verhindert wird – das zu entscheiden wird den einzelnen Schulen überlassen. Praxisberichte halten sich, wie nicht anders zu erwarten, die Mitte zwischen Erfolg – Schüler und Lehrer arbeiten mit aufgelockerten didaktischen Methoden (wieder) mit mehr Motivation zusammen; die Eltern sind erleichtert, dass ihre Kinder weniger Schulfrust haben – und krassen Misserfolgen, die auf einer verfehlten Anwendung dieser Didaktiken beruhen und naturgemäß sowohl die Lehrer erbittern wie Schüler

---

14 Die Klage erstreckt sich auch auf die Lehrerausbildungen: angehende Lehrer haben erhebliche Lücken in ihrer Sprach- und Mathematikkompetenz. So gelingt es 60 Prozent der Lehrstudenten des ersten Studienjahres nicht, entsprechenden Rechtschreib- und Rechenleistungen zu erbringen (NRC Handelsblad 7./8. 6. 2008).

und Eltern frustrieren. Schulprobleme ganz anderer Art als didaktische werden auf das „Neue Lernen" abgewälzt, wie z.B., dass es vielen Schulen nicht gelingt, die vorgeschriebene jährliche Stundenzahl Unterricht zu geben und die deshalb die Schüler „frei" arbeiten lassen.

Von außen betrachtet entbehrt die Diskussion nicht einer gewissen Tragikomik. Kritisiert werden perverse Auswüchse von allgemeinem Kompetenzlernen auf Kosten von Fachinhalten, nicht aber die viel wichtigere Frage, wie die Spannung zwischen Kompetenz- und Bildungslernen in spätmodernen Schulen gestaltet werden sollte und welche Rolle dabei *brede school*-Konzepte spielen. Denn ihren bildungspolitischen und demokratischen Intentionen nach soll Ganztagsbildung ja die eklatanten Chancenungleichheiten der halbtägigen und hoch selektiven Schulen ausbügeln, zu denen außer den deutschen und österreichischen auch die niederländischen gehören (Wetzel 2006). Es ist nun aber weniger die Sorge um mehr Chancengleichheit und Bildungsgerechtigkeit, die die *brede school*-Entwicklung in den Niederlanden antreibt, sondern die wachsende Besorgnis über ein drohendes Auseinanderfallen verschiedener Bevölkerungsgruppen, sowohl zwischen „Einheimischen" und Zugewanderten, als zwischen und innerhalb der verschiedenen Migrantengruppen selbst (s.w.u).

Im Sekundarbereich ist das außerschulische Programm freiwillig; es erreicht Schüler, wenn überhaupt, nur in den ersten zwei Klassen; ab etwa 14, 15 Jahren wollen sie ihre Freizeitagenda selbst bestimmen. Zudem erstreckt sich der reguläre Schultag ohnehin bis in den Nachmittag.

Das außerschulische Programm ist in aller Regel *nicht* mit dem formalen Curriculum verbunden. Sondern die nachmittäglichen Aktivitäten werden unter dem Gesichtspunkt ihrer Freizeitattraktivität für Schüler entwickelt bzw. von kommerziellen Anbietern eingekauft. Schulen in Brennpunktvierteln setzen außerschulische Bildung ein, um (auch) schulrelevante Kompetenzen der Schüler zu fördern; hier werden Sprachbereicherungsprogramme für Migrantenschüler – unter Umständen auch ihrer Eltern – angeboten; Schüler werden an sinnvolle Musik- und Sportveranstaltungen herangeführt, es wird mit praxis- und berufsrelevanten Tätigkeiten experimentiert, Kontakte mit Ausbildungsbetrieben geknüpft und vertieft, etc.

Zusammengefasst: die *brede school* im Primar- und Sekundarbereich I trägt insofern nichts zur Lösung der Spannung Bildung – Kompetenz bei, als sie im Prinzip auf der Dominanz des formalen Curriculums gegenüber außerschulischen Angeboten besteht. Welche Didaktiken angewendet werden – mehr traditionelle oder dem selbstentdeckenden Lernen geschuldete – ist Sache der einzelnen Schulen. Dabei nimmt das kategoriale Gymnasium eine Sonderstellung ein: diese Schulen nehmen an der *brede school*-Bewegung nicht teil und profilieren sich mit je eigenen außerschulischen Angeboten. Sie gelten in den Niederlanden als ausgesprochene Eliteschulen, die insbesondere Kinder aus bildungsambitionierten Milieus besuchen.

3.2 Spannung zwischen Lehrern und Sozialpädagogen

Aus dem Vorhergehenden ist deutlich geworden, dass der schulische und der außerschulische Bereich auch in der *brede school* curricular in der Regel unverbunden nebeneinander existieren. Diese Koexistenz kann spannungsreich sein oder in einer kooperativen Arbeitsteilung resultieren. Im Grundschulbereich überwiegt Kooperation zwischen Lehrkräften und außerschulischen Betreuern. Eltern und Kinder (und auch Lehrer) erwarten von dem außerschulischen Betreuungsangebot vor allem eine sichere und anheimelnde Atmosphäre, in der junge Kinder sich nach einem anstrengenden Schultag wohlfühlen, eine vielfältige Aktivitätenpalette, die sowohl sozial wie kognitiv stimuliert, genügend Innen- und Außenraum, um den Kindern ausreichende Bewegung zu ermöglichen, und dies alles unter der Leitung pädagogisch qualifizierter Betreuer (zumeist Betreuerinnen). Nicht alle Schulen können alle diese Wünsche optimal erfüllen, insbesondere gibt es einen Mangel an qualifiziertem Betreuungspersonal. Forderungen nach einer besseren Ausbildung von sozialpädagogischen Kräften werden lauter[15]. Die Lehrerausbildung für die Grundschule findet an Fachhochschulen statt. Das Konzept der *brede school* ist nicht strukturell im Ausbildungscurriculum verankert, ebenso wenig wie in den Fachschulen für Erzieher.

In den weiterführenden Schulen mit mehr Leistungsdruck und -kontrolle betonen die Lehrer noch deutlicher als im Primarschulbereich, dass sie die Hauptakteure des Lernprozesses und seiner Organisation sind. Sie räumen den außerschulischen Pädagogen in dieser Beziehung selten Mitspracherecht über etwaige curriculare Fragen ein, und diese erwarten oder fordern das in der Regel auch nicht. Die Arbeitsteilung ist gegenseitig akzeptiert. Gleichwohl bestehen Spannungen zwischen diesen beiden Berufsgruppen aufgrund verschiedener Professionalisierungskulturen, eines unterschiedlichen Sozialstatus (mit entsprechender unterschiedlicher Bezahlung) sowie verschiedener pädagogischer Traditionen und Arbeitsweisen. Hier liegen deutliche Parallelen mit der deutschen Diskussion (Coelen/Otto 2008; Rauschenbach 2008).

In Brennpunktschulen, aber zunehmend auch in Normalschulen sind Sozialarbeiter und Sozialpädagogen damit ausgelastet, sozialpädagogische und praktische Problemfälle zu bearbeiten, ggf. der komplex-bürokratischen Jugendwohlfahrt zur weiteren Behandlung zuzuleiten und dadurch die Lehrer zu entlasten. Schon aus diesem Grund kommt es nur in Ausnahmefällen zu einer inhaltlich-konzeptionellen Zusammenarbeit zwischen den beiden Berufsgruppen und damit einer möglichen Integration zwischen schulischem und außerschulischem Lernen.

Diesem allgemeinen Bild stehen einzelne engagierte Schulexperimente entgegen, in denen die Integration eines nachmittäglichen „Kompetenzcurriculums" in dem vormittäglichen Leistungscurriculum weiter fortgeschritten ist. Dieser Ansatz ist besonders in Schulgemeinschaften in Brennpunktvierteln mit hohen Ausländeranteilen fruchtbar. Ein Beispiel hierzu bildet das Johan de Wit College (JWC) in Den Haag. Das JWC besteht aus fünf Schulgebäuden, die über die Stadt verstreut liegen; eine der Haupt-/Berufsschulen mit angeschlossener Realschule liegt in einem Viertel mit einer extrem hohen Migrantenpopulation; 95 Prozent der Schüler stammen (ursprünglich) aus 80 verschiedenen Ländern.

Das JWC begann 1997 mit einem Nachmittagsprogramm, um die Schüler länger in der Schule und von der Straße zu halten. Das Programm hat sich inzwischen zu einem reichhaltigen Aktivitäten-Curricula entwickelt. Die Schule hat im Laufe der Jahre ein Netzwerk von außerschulischen Ressourcen in der Stadt – und darüber hinaus! – geknüpft. Die Schwerpunkte liegen auf zusätzlichen Bildungsangeboten (insbesondere Sprachkurse), Sportarten (u.a. Fechten und Skating) und Kunst/Kultur. Die Angebotspalette umfasst Raptanz, Nähen, Motorradfahren, Kurse in technischen Fähigkeiten und vieles andere, das auch auf Wün-

---

15   Die Eltern sind in einer landesweiten Interessengemeinschaft organisiert, die diese Forderungen in die Öffentlichkeit trägt und an die entsprechenden Regierungsorgane weitergibt.

sche der Schüler eingeht. Daran ist ein Netzwerk von Sponsoren geknüpft: Sportclubs, die Kinder gratis fördern; eine gemeindliche Stiftung, die im Rahmen von Jugendarbeit Mädchenfußball, Street Soccer und Fitnesstrainings anbietet; lokale Unternehmen, die einzelne Projekte in Patenschaft übernehmen und Schülern die Gelegenheit bieten, Arbeitserfahrungen zu machen. Theatergruppen aus Den Haag und anderen Städten werden zu Produktionen eingeladen; ein jährlicher nationaler „Gedichte Tag" wird organisiert, in dem die besten Schüler ihre Produkte, die sie in von Literaten begleiteten Workshops erarbeitet haben vorlesen und die vom nationalen Fernsehen übertragen werden. Besonders begabte Schüler werden dazu ermutigt, bei Musik-, Tanz- und Theatergruppen vorzusingen, vorzutanzen und vorzusprechen, um kreativen Nachwuchs gerade auch bei Migrantenkindern zu fördern.

Einschränkend ist hierzu zu sagen, dass die anspruchsvollen Projekte überwiegend von Realschülern durchgeführt werden, in denen Schüler mit Migrationshintergrund untervertreten sind. Alle Angebote stehen aber prinzipiell allen Schülern offen.

Die Bildungsziele spiegeln die intendierte Integration zwischen kognitiven und sozialen Kompetenzen wider, die insbesondere das Selbstwertgefühl der Schüler stärken sollen. Das außerschulische Programm, die vielfältigen Projekte, werden zum Teil – und das ist außergewöhnlich – von den regulären Lehrkräften des JWC versorgt, wenngleich auch hier nicht von einer strukturellen Integration gesprochen werden kann.

Das außerschulische Programm beschränkt sich nicht nur auf die Schüler, sondern bezieht auch deren Eltern auf vielfältigste Weisen ein. Das JWC bietet Sprachkurse und Hilfe bei Erziehungs- und Eingewöhnungsschwierigkeiten in die neue Kultur für Neuankömmlinge an (z.B. Spezialkurse für chinesische Einwanderer). Schulbegleiter (career counselors) informieren ausländische Eltern über das niederländische Bildungssystem, beraten die Schüler über weiterführende Bildungswege und helfen ihnen, Schulprobleme zu lösen.

Von besonderer Bedeutung für die Zusammenarbeit zwischen Schule und Elternhaus in Brennpunktvierteln mit hohen Ausländeranteilen ist die Institution der sog. „ambassadors": Elternvertreter aus den jeweiligen Migrationskulturen (z.B. türkisch, marokkanisch, chinesisch) vermitteln zwischen offiziellen Schulinstanzen, Lehrern und Eltern und senken so deren Schwellenangst. Durch ihre Arbeit kreieren sie Netzwerke von Elterngruppen, die auf diese Weise an die Schule gebunden werden, sich aber auch in anderen Lebensbereichen und im Viertel engagieren.

Das JWC, wie auch andere Schulen in Brennpunktvierteln, arbeitet mit der Polizei zusammen, um die Schule zu einem sicheren Ort für Schüler, Lehrer und alle anderen Partner zu machen (u.a. durch videokontrollierte Bereiche und die Kontrolle von Garderobenschränken) und Schüler soweit wie möglich davon abzuhalten, Kleindelikte zu begehen bzw. zu verhindern, dass sie hierfür gerichtlich belangt werden; statt dessen besteht die „Strafe" in Projekten, die erzieherischen Wert haben (sollen)[16].

Das JWC arbeitet sowohl mit Lehrerausbildungseinrichtungen wie mit der Universität Leiden zusammen. Es erhält vom Ministerium, der Gemeinde Den Haag, von der Universität und von lokalen und nationalen Unternehmen extra Finanz- und Personalmittel, um sein umfangreiches Programm zu verwirklichen und Evaluationsforschung zu ermöglichen. Das JWC ist eine Experimentierschule. Es demonstriert, wie eine Integration zwischen forma-

---

16 Fast 30 Prozent der 15-jährigen vorzeitigen Schulabgänger hatten Erfahrungen mit gerichtlichen Ermittlungen (P. Winsemius in einer Studie über vorzeitigen Schulabgang – vgl. NRC Handelsblad 30.3.2008).

lem und außerschulischem Curriculum gestaltet und zu einer Ganztagsbildung, die diesen Namen verdient, führen kann. Das JWC demonstriert aber auch, welcher umfangreichen Anstrengungen und Investierungen es bedarf, um eine solche „Bildungslandschaft" zu gestalten. Die überwiegende Zahl aller Sekundarschulen ist hiervon weit entfernt.

Zusammengefasst: Auch in der Lehrerbildung des Sekundarbereichs spielt die Konzeption der *brede school* keine strukturelle Rolle, ebenso wenig wie in der sozialpädagogischen Ausbildung. Schon gar nicht wird eine Ausbildungsreform dieser beiden Berufsgruppen ins Auge gefasst, um der *brede school* eine neue professionelle Grundlage zu geben.

3.3 Spannung zwischen „Schule und Gemeinschaft

War in den ersten Nachkriegsjahrzehnten das Verhältnis zwischen Schule und Gemeinschaft gesellschaftlich klar im Rahmen einer Klassenschule definiert – Hand, Kopf und Herz bilden eine arbeitsteilige Einheit, die der Gesellschaft und dem Einzelnen im Kleinen wie im Großen dient und zugute kommt und die im dreigliedrigen Bildungssystem ihren Ausdruck fand, so wurde dies Verhältnis nicht nur ideologisch, sondern auch praktisch seit den großen Bildungsreformen gestört, die aus der Klassenschule eine Massenschule machte, in der die Arbeitsteilung zwischen höherer Allgemeinbildung und niedriger Berufsbildung zwar durchaus erhalten blieb, in der aber die neuen Mittelschichten anfingen, bewusst Bildungskapital für ihren Nachwuchs zu akkumulieren und die höhere Bildung ihren exklusiven Charakter verlor.

Die Chancengleichheitsdiskussion mit Öffnungen im weiterführenden Bildungswesen wurde auch in den Niederlanden unter dem Gesichtspunkt der „Talentsuche" geführt[17]. Mit dem Untergang der *middenschool*, der niederländischen Variante der deutschen integrierten Gesamtschule Ende der 1970er Jahre trat für zwei Jahrzehnte auch die Diskussion um den demokratischen Auftrag der Schule in den Hintergrund. Die Diskussion flammte wieder auf, als sich immer mehr Schwachstellen im herrschenden Schulsystem zeigten – wie eingangs benannt – und gleichzeitig der internationale Konkurrenzdruck in der Wirtschaft zunahm, begleitet von Evaluationsstudien à la PISA. Hinzu kam in den Niederlanden, wie in anderen europäischen Ländern, der stetige Strom von Migranten aus den ehemaligen Kolonien und den Mittelmeerländern; die Niederlande sind, wie ihre deutschen Nachbarn, zu einer Migrationsgesellschaft geworden. Dieser Gesellschaftstypus hat es schwer, „Gemeinschaft" als Erlebnis- und Erfahrungsraum für seine verschiedenen Bevölkerungsgruppen herzustellen. Soziale Desintegration wird zu einer realen Gefahr, ortsweise ist sie bereits Wirklichkeit (Entzinger/Dourleijn 2008).

In einer derartigen Situation richten sich die besorgten Blicke der Öffentlichkeit mit besonderer Erwartung auf die Schule als dem Ort, in dem alle jungen Gesellschaftsmitglieder zusammenkommen; dort muss Gemeinschaft hergestellt und geschützt werden, dort müssen die zukünftigen Bürger zu Verantwortungsbewusstsein und bürgerschaftlichem Engagement erzogen werden. Die *brede school* hat daher nicht nur einen innerschulischen Bildungsauftrag, sondern auch einen außerschulischen – außerschulisch hier verstanden als Außenraum von Schule, der sich auf die Nachbarschaft, das Viertel, die Stadt und im weiteren den Nationalstaat bezieht. Deshalb ist das eigentliche Anliegen der *brede school* nicht vorrangig die Förderung schwacher Lerner durch eine Integration von formaler und außer-

---

17 Vgl. hierzu M. du Bois-Reymond 2007, Kap. 2.

schulischer Bildung, sondern die Revitalisierung von Gemeinschaftsgeist im Rahmen einer breiteren Stadtentwicklung („community development"), wobei im geglückten, wenngleich seltenen Fall diese beiden Ziele zusammenfallen und realisiert werden, wie ich es an der Johan de Wit Schule gezeigt habe. Dem Ziel und Auftrag der *brede school* entspricht organisatorisch, dass sie nicht „von oben" dekretiert, sondern dezentral konzipiert und ausgebaut wird. Jede Gemeinde ist frei, *brede scholen* nach ihren eigenen Ansichten, Ressourcen und Gegebenheiten einzurichten; prinzipiell ist auch jede Eltern-Lehrer-Schulvertretung berechtigt, eine *brede school* zu beantragen, ja, derartige Basisinitiativen werden „von oben" ermutigt. Gleichwohl zeigen sich Institutionalisierungstendenzen, die Basisinitiativen entgegenstehen: Gemeinden und Schulvorstände kommen unter Druck, *brede scholen* einzurichten, wenn diese sich insgesamt durchsetzen; damit droht die Gefahr von Formalisierung und Bürokratisierung.

Die „community school" als Netzwerkschule zu konzipieren und zu implementieren ist das explizite Ziel einer neuen Sozialpolitik des Wohlfahrtsstaates-in-der-Krise; er setzt auf Partizipation und Selbstverantwortung seiner Bürger, um dem drohenden Zerfall gemeinschaftsbindender Normen und Werte gegenzusteuern. Sowohl im Primar- wie Sekundarbereich gibt es aber eine Schwelle, die der Entwicklung einer nachbarschaftlich aktiven und Integration befördernden Gemeinschaftsschule entgegenwirkt; die Tatsache nämlich, dass die Segregation zwischen „nationals" und „non-nationals"[18] im städtischen Raum zunimmt und dadurch gesellschaftliche Ungleichheit wächst; die weißen (zunehmend auch schwarzen) Mittelschichten wandern aus den Innenvierteln ab. Steigt in einem Stadtteil der Anteil von Migranten über 50 Prozent, dies die Faustregel, so „kippt" der Stadtteil und „verfärbt" sich; wechselseitige Stereotypisierung (ingroup vs. outgroup) nimmt zu, die verschiedenen Stadtbewohnergruppen ziehen sich voneinander und in die eigene Gruppe zurück (vgl. RMO 2005, S. 105).

Um desintegrierenden Tendenzen, insbesondere in den großen Städten mit hohen Migrantenanteilen entgegenzuwirken und eine neo-liberale Politik und Ideologie – jeder Bürger ist für sein eigenes Wohl verantwortlich – mit einem für die Niederlande typischen „goldenen Rand" an wohlfahrtsstaatlichen Leistungen für sozial schwache Gruppen zu verbinden, hat die Regierung eine Reihe von stadtbezogenen Experimenten und Initiativen gestartet bzw. unterstützt. Zwei Beispiele:

1. Das Projekt „Opzomeren" (wortgetreu: den Sommer bringen[19]): eine Straße mit gemischter Bevölkerung, z.B. in einem Brennpunktviertel in Rotterdam, wird als ein Sozialkosmos definiert, mit dem sich die Bewohner identifizieren sollen, indem sie ihren Wohnort als Teil eines größeren Ganzen erfahren und „ihre" Straße durch vielfältige Aktivitäten zu einem angenehmen Ort machen: Blumenschmuck, gemeinsame Feste, Renovierungsar-

---

18 Es wäre eine eigene (europäische) Diskussion wert, eine wissenssoziologische Untersuchung über die wechselnden Begriffe durchzuführen, mit denen die verschiedenen Bevölkerungsgruppen seit Beginn der Immigration belegt werden. In den Niederlanden galt lange die Bezeichnung „Allochtone" vs. „Authochtone" als verbindlich, setzt(e) sich aber außerhalb des Landes nicht durch und wird inzwischen ersetzt durch „Migranten" – was aber auf viele Einwohner aus anderen Ländern nicht zutrifft, da sie hier bereits in der zweiten oder dritten Generation leben. Daneben ist auch die Rede von „ethnisch-kulturellen" Gruppen und seit einigen Jahren unverblümt von „schwarzen" und „weißen" Vierteln und Schulen. In europäischen Dokumenten findet man oft das hier ironisch benutzte Begriffspaar „nationals" vs. „non-nationals", was ähnliche Probleme aufwirft wie der Ausdruck „Migranten". Das umständliche: Personen/Kinder/Jugendliche/Schüler „mit Migrationshintergrund" ist in Deutschland, „Kinder mit nicht-westlichem Hintergrund" in den Niederlanden in Gebrauch.

19 Wortspiel mit dem Eigennamen Opzomer, dem bekannten Juristen und Philosophen C.W. Opzomer.

beiten an Häusern mit Unterstützung der Gemeinde, etc. Die Kontakthäufigkeit zwischen aneinander vorbeilebenden Bewohnern erhöht sich.

Die längerfristigen Effekte derartiger Kontaktintensivierung – sie beruhen auf der nicht unumstrittenen Kontakthypothese – sind nicht eindeutig und nicht stabil; Umstände, wie neue Zu- oder Abwanderer, Jugendbanden oder wechselnde Projektbetreuer können den Erfolg schmälern.

2. Die Regierung hat 40 besonders problemreiche Stadtviertel im ganzen Land selegiert[20], um diese mit extra Finanzmitteln aufzuwerten (mehr Geld für Stadterneuerung, Schulen, Sozialeinrichtungen). Jede der ausgewählten Gemeinden reichte hierfür einen Plan ein, wie sie das zuerkannte Geld anwenden wollen.

Wie in Beispiel 1. ist es keineswegs eindeutig, ob diese Strategie die gewünschten Resultate bringt, nämlich eine dauerhafte Verbesserung der Lebensumstände der Bewohner und eine (erneute) Vermischung der verschiedenen Bevölkerungsgruppen, sowohl nach Sozialstatus als auch ethnisch-kultureller Zugehörigkeit. Eine ausufernde Bürokratie und neue Organe, um die ressortübergreifende Vernetzungsarbeit organisatorisch zu leisten, wirken sich dabei kontraproduktiv auf die direkte Partizipation der Stadtbewohner aus.

4 Chancen und Widerständiges in der Entwicklung neuer Lernarrangements – ein Blick über die Grenzen nach Europa

Überblickt man die europäischen Bildungslandschaften so manifestieren sich zum gegenwärtigen Zeitpunkt in den meisten Ländern ähnliche Probleme wie die hier exemplarisch behandelten in den Niederlanden[21]. In allen Ländern, ausgelöst durch steigenden wirtschaftlichen Konkurrenzdruck und angespornt durch Vergleichsdaten von PISA, wächst das Bewusstsein über den Ernst dieser Probleme. In gleicher Weise, wie Bildung und Bildungsmessungen internationalisieren, erweitert sich der Kreis der gesellschaftlichen Akteure. Es geht heute nicht mehr nur um nationale Bildungskreise und auch nicht mehr nur vorrangig um Pädagogen und Bildungspolitiker. Bildungsdiskurse verschränken sich grenzüberschreitend, sie umfassen Arbeitsmarkt und Wirtschaftsentwicklung, Stadtentwicklung und lokale Sozialraumpolitik, Einwanderungsrecht und Jugendstrafrecht, sowie viele neue Zweige der Sozialwissenschaften und statistischen Methodiken.

Der Diskurs über Bildungserneuerung ist also äußerst vielschichtig, sowohl im nationalen wie im europäisch-internationalen Raum – und gerade deswegen trotz steigender Vernetzung stark fragmentalisiert und voller Widersprüche. Das erschwert eine Einschätzung der ihm zugrunde liegenden Bildungsrealitäten. Eins aber steht außer Frage: Bildungsprobleme lassen sich in einer globalisierten Welt nicht mehr nur im nationalen Raum lösen. Das lässt sich an einigen Beispielen, die in diesem Beitrag behandelt wurden, zeigen:

---

20 Sieben in Rotterdam, fünf in Amsterdam und jeweils vier in Den Haag und Utrecht.
21 Man sollte auch das so hochgerühmte finnische Schulwesen nüchterner betrachten: zwar ist der Schulausfall dort im OECD Vergleich wesentlich geringer aufgrund des Gesamtschulsystems und einer strengen Auswahl von Lehrerstudenten und Lehrern, aber aus einer UNICEF-Studie (2007) geht hervor, dass finnische Schüler sich am untersten Ende von 21 untersuchten europäischen Ländern befinden, wenn sie gefragt werden, ob sie „Schule mögen". Das zeigt den Leistungsdruck, unter dem sie (wie im Übrigen auch die regelmäßig beurteilten Lehrer) stehen; auch dort gibt es eine „back-to-basics"-Bewegung. Auch steigt die Zahl der Sonderschüler in dem Maße, wie der Ausländeranteil in Finnland zunimmt (NRC Handelsblad 19./20.4.2008).

Ein forcierter Ausbau von vorschulischen Betreuungseinrichtungen für Kleinkinder findet zur Zeit in mehreren Ländern statt, und aus ähnlichen Gründen: Freisetzung weiblicher Erwerbsarbeit; Reaktion auf demografisch-soziale Entwicklungen (Geburtenrückgang; Verödung dörflicher Gemeinden mit Schulschließungen), neue und wiederentdeckte Erkenntnisse über die Relevanz frühkindlicher kognitiv-emotionaler und sozialer Förderung, Neujustierung der Ausbildungsbedingungen von Erzieherinnen, Eltern, die ihre Rechte wahrnehmen und damit am laufenden Diskurs über bürgerschaftliches Engagement andocken[22], sowie im Gefolge von Gender-Politiken die Revision traditionaler Ideologien über die Rolle der Frau und Familie. Kurz: die Zeitstrukturen von Familie, Arbeit, Kleinkindeinrichtungen und Schule laufen nicht mehr im Gleichschritt.[23] Sie fallen auseinander und müssen neu koordiniert werden – eine Aufgabe, die weit über unmittelbare pädagogische Kontroversen über die Beziehung zwischen formalem und außerschulischem Lernen hinausreichen.

Aus bildungsbiografischer Sicht ist die Kleinkind- und Vorschulerziehung der Ausgangspunkt für die weitere Schullaufbahn und müsste deshalb in engster Kooperation mit Grundschule und weiterführenden Schulzweigen gestaltet werden. Es ist nicht produktiv, unter Umständen sogar kontraproduktiv, eine didaktisch-inhaltliche Reform im Vorschul- und Grundschulbereich durchzuführen, ohne diese auf die gesamte Pflichtschulzeit auszudehnen. Vorschul- und Grundschulkindern informelles und außerschulisches Lernen zu ermöglichen, sie dann aber für ihre weitere Schullaufbahn in ein System mit rigider Trennung von formalen und nicht-formalen Lernarrangements zu entlassen, macht was „unten" aufgebaut ist „oben" zunichte. Bildungsökonomisch ist das unrentabel, bildungsbiografisch im höchsten Maße demotivierend.

Schaut man sich unter diesen Gesichtspunkten die Kontroversen über „Ganztagsbildung" an, wie sie in Deutschland und anderen europäischen Ländern explizit, in den Niederlanden und andernorts implizit bzw. unter anderen Begriffsschirmen geführt werden, so kommen die Ambivalenzen des gegenwärtigen Bildungsdiskurses darin klar zum Ausdruck: wie zu lavieren sei zwischen erwünschten oder benötigen Reformen für mehr Integration sowohl verschiedener Didaktiken wie Schülerströme einerseits, politisch und kulturell motivierten Abweisungen derartiger Reformen andererseits. Der internationale Druck auf Bildungssysteme stößt Bildungspolitiken nicht in eine klare Richtung mit den Extrempolen: entweder ohne Umschweife für integrierte Gesamtschulen und Ganztagsbildung oder ohne Umschweife „back-to-basics" und Segregation. Dieser Druck speist sich selbst aus widersprüchlichen Antrieben: einerseits plädiert z.B. PISA für Gesamtschulen, zumindest für späte Differenzierung, andererseits sind auch nicht-finnische Bildungssysteme erfolgreich, wenn es darum geht, eine Lernelite zu züchten, wie die Gymnasien in Deutschland und Niederlanden zeigen und sich zunehmender Beliebtheit bei den Eltern erfreuen[24]. Es gibt deshalb keine eindeutig „richtigen" pädagogischen Lösungen.

---

22 Niederländische Elterngruppen haben sich in der Interessengemeinschaft „Beter Onderwijs Nederland – BON" (www.beteronderwijsnederland.nl) – Besserer Unterricht Niederland zusammengeschlossen. Derartige Interessengemeinschaften werden durch das Internet zu schnellen Reaktionen auf aktuelle Bildungskontroversen ermutigt – es gibt sie inzwischen in vielen Ländern.
23 Vgl. hierzu auch die beiden aus dem COST 19-Programm hervorgegangenen Bände von Wintersberger u.a. (2007) und Zeiher u.a. (2007; darin insbesondere den Artikel von Jurczyk und Lange); sie beruhen auf umfangreichen europäischen Länderstudien.
24 Zwischen 1999 und 2006 erhöhte sich die Zahl der Gymnasien in den Niederlanden um 63 Prozent (NRC Handelsblad 28/29 Juni 2008).

Nehmen wir nun aber „Ganztagsbildung" ernst, so macht es nur als ein integratives Konzept Sinn. Damit steht es in einem Spannungsverhältnis zu den neo-liberalen Politiken, die sich im gegenwärtigen Europa ausbreiten. Aber wie schon zu Zeiten der Chancengleichheitsdiskussion, so führt auch die Diskussion über soziale Inklusion bzw. Ausschluss zu denselben Schwachstellen im herrschenden Bildungssystem; ich habe sie am niederländischen Bildungssystem exemplifiziert. Gegenüber den 1970er Reformjahren kann man heute nicht mehr überzeugend behaupten oder gar beweisen, eine „Retraditionalisierung" des Curriculums und der Schulorganisation sei die Lösung. Wenn der Ruf „back-to-basics!" gleichwohl wieder erschallt, so leitet er nur eine weitere Schleife in der Gesamtentwicklung des Bildungsverständnisses ein; es wird aber kein Zurück mehr in die „alte" Klassenschule geben.

Die Tatsache, dass es in den Niederlanden, in Deutschland und anderen europäischen Ländern nicht zu einer flächendeckenden Erneuerung des schulischen und außerschulischen Curriculums kommt, obwohl dies sozialpädagogisch und aus lerntheoretischer und lebensbiografischer Sicht *aller* Beteiligten sinnvoll wäre, hat nicht nur ideologische und finanzpolitische Gründe, auch wenn diese immer wieder thematisiert werden. Sondern der wesentliche Grund ist, dass eine integrative Bildungspolitik ohne eine integrative Gesellschaftspolitik nicht zu haben ist. Das lässt sich sowohl am „unteren Ende" der Bildungslaufbahn – im Kleinkind- und Vorschulbereich – darlegen, als auch am „oberen", dem Übergang auf den Arbeitsmarkt. Der Umfang der hierzu erhobenen Daten und Analysen in allen europäischen Ländern entspricht dem Umfang der Probleme, die aus den Bildungseinrichtungen hinaus und in andere Gesellschaftsfelder hineingetragen werden. Alle Rhetorik über den allseitig und gleichzeitig berufs-gebildeten, flexiblen, selbstverantwortlichen und zu Dauerlernen und bürgerschaftlichem Engagement bereiten Jungbürger und Europäer (Amerikaner – Sennet 2006) zerstäubt in der Konfrontation mit der Realität überlasteter Brennpunktviertel und unresponsiver Arbeitsmärkte, die sich in den spätmodernen Gesellschaften bilden. Große Teile der nachwachsenden Generationen werden in unproduktiven Warteschleifen und zukunftslosen Lebensräumen festgehalten und verschlissen.

Wie ist unter diesen Umständen das Verhältnis zwischen einer integrativen Bildungspolitik und einer integrativen Gesellschaftspolitik zu fassen? Die Frage ist zu schwierig, als dass sie sich schnell und schlüssig beantworten ließe. Mir geht es in diesem letzten Teil meines Beitrags vor allem darum, die Diskussionen über Ganztagsbildung aus einseitigen bildungs- oder sozialpädagogischen Begrenzungen herauszuholen und um die Dimensionen zu erweitern, die – jedenfalls in meinem Verständnis – mitbedacht werden müssen.

Ich beschränke mich auf einige Punkte, die dazu einladen sollen, in breiteren Kreisen von Bildungspolitikern, Sozialpädagogen und anderen von Bildung und Lernen Betroffenen diskutiert zu werden.

4.1 Top-down oder bottom up?

Schulorganisatorische und Bildungsreformen – Ganztagsbildung – müssen in lokalen Sozialräumen verankert werden, um Wirkung zu entfalten, darüber sind sich erfreulicher Weise immer mehr gesellschaftliche Akteure einig. In den Niederlanden hat die *brede school*-Bewegung dezidiert als lokale Initiative begonnen (die sog. *vensterscholen* in Groningen) und vorgeführt, wie Viertel- und Stadtteilressourcen zu aller Vorteil im Kleinkind- und Vorschul-/Grundschulbereich gebündelt werden können. Aber im Sekundarschulwesen ist eine solche basisnahe Schulpolitik nur noch bedingt möglich, weil die Schulverbände viel größer und die Schulorganisation entsprechend weiter entfernt von der Basis ist. Das „Top" sind dann außer nationalen Rahmenrichtlinien Schulvorstände und Stadtpolitik, die nicht immer an einem Strang ziehen. In den Städten, in denen die Schulkrise am sichtbarsten ist, entwickeln sich neue top-down-Politiken zwischen Stadt, Brennpunktschule und Schulvorständen, die von der Landespolitik geduldet werden (müssen). So hat etwa Rotterdam aufgrund der Erfahrungen mit Schule, Schulausfall, Jugendhilfe und anderen außerschulischen Initiativen den Schluss gezogen, dass für die lernschwächsten Schüler das herrschende Hauptschul-/Berufsschulcurriculum, trotz aller außerschulischer Abstützungen, nichts zur Chancenverbesserung beiträgt und beschlossen, eine rein praxisbezogene Berufsausbildung zu installieren. Dies, sagte ein hierzu befragter Altminister, sind „Tu-Kinder" (doe leerlingen). „Wenn es uns gelingt, diese Kinder zwischen ihrem 12. und 18. Jahr auf dem rechten Weg zu halten, ist die Chance groß, dass sie mit 25 die 3 WWW's wählen: wijf, werken en wonen (Frau, Arbeit, Wohnen)."[25]

4.2 Kinder mit Migrationshintergrund

Das (Wieder-)Aufleben der Ganztagsschule – mit oder ohne integrierte Gesamtschule – ist eng verbunden mit der Zunahme von Immigranten und damit neuen Schülerpopulationen, die Schwierigkeiten haben, sich in die Schulen ihrer Gastländer zu integrieren. Brennpunktschulen sind überwiegend Schulen mit hohen Anteilen dieser Schüler. Aber selbst nach 40 Jahren Bildungspolitik in Migrationsgesellschaften ist es nicht gelungen, eine Schule mit einem Curriculum zu schaffen, in der Migrationsschüler nicht schlechter lernen als ihre (weißen) Mitschüler. Die Frage ist, ob die Erwartungen an außerschulische Angebote gerechtfertigt sind, dieser Chancenungleichheit abzuhelfen[26].

Das Rotterdammer Modell, eine Neuauflage der alten Berufsschule für die „Tu-Kinder", verbunden mit einer Neuauflage der alten (geschlechtsspezifischen) Normalbiografie (die drei WWW's), ist aus akuter Not entstanden und hält als Massenmodell in einer sich weiterentwickelnden Wissensgesellschaft nicht stand. Es führt also kein Weg daran vorbei, auch Migrationskinder auf anspruchsvollere Arbeitsmärkte vorzubereiten, wenn immer mehr Jobs für Geringqualifizierte im Industrie- und Dienstleistungssektor abgebaut oder in Dritte-Welt-Länder ausgelagert werden. Für Ganztagsbildner ist hieraus zu lernen, dass es mit außerschulischen Angeboten allein nicht getan ist, wenn sich am formalen Curriculum nichts Wesentliches ändert. Zu tun ist es entweder mit einer wirklich erneuerten Schule mit integriertem und erfahrungsoffenem Curriculum ohne scharfe Trennungen zwischen den beteiligten Berufsgruppen oder – zur anderen Seite hin – mit einer segregierten, aber qualitativ hochwertig ausgestatteten Schule und entsprechendem Lehrpersonal, das in enger Zusammenarbeit mit lokalen Arbeitsmärkten den Übergang diese Schüler gewährleistet. In *beiden* Fällen, darauf sollte man ausdrücklich hinweisen, ist eine Querschnittspolitik

---

25 Professor P. Winsemius als Reaktion auf eine Initiative des Rotterdammer Gemeinderates, diese Maßnahme durchzuführen (NRC Handelsblad 27. Juni 2006).
26 Selbst in einem so einflussreichen Werk wie der vom Europäischen Rat herausgegebenen Publikation „Reconciling migrants' well-being in the public interest" (2008) spielen Schule und Bildung kaum eine Rolle.

und sind neue Kooperationen zwischen verschiedenen gesellschaftlichen Einrichtungen und Akteuren erforderlich[27].
Europäische Gesellschaften (sch)wanken zwischen diesen beiden Extremmodellen hin und her und werden das, wie es aussieht, auch weiterhin tun, da für keins der Extreme politische Mehrheiten zu gewinnen sind.

4.3 Selektive Modernisierung

Wie ich mehrfach an anderer Stelle vorgeschlagen habe, ist die „Lösung" für die großen Schulkrisen in den Bildungssystemen europäischer Gegenwartsgesellschaften *selektive Modernisierung* (du Bois-Reymond 2007; 2008). Keiner der europäischen Mitgliedstaaten antwortet auf seine je spezifischen Krisen mit einer ganzheitlichen und integralen Bildungsreform, von der Kleinkinderziehung über die Grundschule bis hin zum sekundären Schulwesen und weiterführenden Bildungswegen, die wirklich *alle* Kinder und Schüler optimal und dauerhaft fördert. Eine solche „Totalreform" würde formale und nicht-formale Bildung selbstverständlich als zwei Seiten einer Lernmedaille sehen. Stattdessen konzentrieren sich die jeweiligen Länder auf bestimmte Schwachstellen ihres Bildungssystems und betrachten außerschulische Bildung in der Regel als Kompensation und Addition zum formalen herrschenden Schulcurriculum. Damit wählen sie einen realistischen Weg, der allerdings nicht zu einer demokratischen Schule führt; die Bildungsungleichheiten nehmen in Migrationsgesellschaften eher zu als ab.

In diese Entwicklung gehört auch eine fortschreitende *Deprofessionalisierung* der Lehrerschaft durch eine immer weitergehende (wenngleich oft gründlich misslingende) Auslagerung von Problemen und Problemschülern nach der Logik: die Lehrer müssen von nicht-unterrichtlichen Aufgaben und Problemen entlastet werden, damit sie sich ihrer „eigentlichen" Aufgabe zuwenden können. Dass diese „eigentliche" Aufgabe unter heutigen gesellschaftlichen Bedingungen ein Anachronismus aus der Frühzeit der Massenschule ist, wird dabei nicht bedacht. Eine *Reprofessionalisierung* der Lehrerschaft (inklusive Frühkinderziehung[28]) würde eine grundlegende Erneuerung der Lehrerausbildung sowie eine ebenso grundlegende Politik zur Aufwertung dieser Berufe erfordern – eine gesamtgesellschaftliche Aufgabe und Verantwortung, der sich Bildungspolitiker nicht zu stellen wagen.

Der Weg der selektiven Modernisierung entspricht der europäischen Rhetorik über den Wert bürgerschaftlichen Engagements für ein produktives Zusammenleben. Citizenship und Civic Education sind im gängigen Verständnis etwas für außerschulische Bildung; sie führen nicht zu einer europäischen Bildungsidee und Bildungswirklichkeit. An der Verwirklichung einer solchen europäischen Bildungsidee und der ihr entsprechenden Bildungseinrichtungen zu arbeiten, ist aber nach meinem Verständnis der Bildungsauftrag für die Zukunft.

---

27 Anlässlich der Jahreskonferenz 2007 des Forums Demographischer Wandel des Bundespräsidenten in Zusammenarbeit mit der Bertelsmann Stiftung hielt P. Cappon einen Vortrag mit dem Titel: „Anforderungen an Bildungsreformen im demographischen Wandel" und berichtete aus Kanada über einen sog. Composite Learning Index, der die gegebenen Bildungs- und Lernvoraussetzungen in einem Land, eine Region oder einem Stadtbezirk berechnet. Aufgrund eines solchen Index können (lokale) Bildungsträger (zu denen auch und besonders Eltern gehören) ihre Entscheidungen messen und beurteilen.
28 15 Prozent aller niederländischen Erzieherinnen (Fachschulausbildung) beherrschen die niederländische Sprache unvollkommen und müssen nachgeschult werden (NRC Handelsblad 21.2.2009).

Literatur

du Bois-Reymond, M. (2007): Europas neue Lerner. Ein bildungspolitischer Essay. Opladen und Farmington Hills: Barbara Budrich

du Bois-Reymond, M. (2008): The Dutch "brede school"/Die holländische „Bredeschule" – Expertise anlässlich der Klausurtagung „Bildungslandschaft und Capabilities", Bielefeld 29.-30. Mai 2008

du Bois-Reymond, M./Diepstraten, I. (2007): Neue Lern- und Arbeitsbiographien. In Kahlert, Heike/Mansel, Jürgen (Hrsg.) Bildung und Berufsorientierung. Der Einfluss von Schule und informellen Kontexten auf die berufliche Identitätsentwicklung. Weinheim und München: Juventa, S. 207-226

Coelen, T./Otto, H.-U. (Hrsg.) (2008): Grundbegriffe Ganztagsbildung. Das Handbuch. Wiesbaden: VS Verlag für Sozialwissenschaften

Entzinger, H./Dourleijn, E. (2008): De lat steeds hoger. De leefwereld van jongeren in een multietnische stad (Die Latte immer höher. Die Lebenswelt von Jugendlichen in einer multiethnischen Stadt). Assen: Van Gorcum

Rauschenbach, T. (2008): Gerechtigkeit durch Bildung? DJI bulletin, Jg. 22, H. 1, S. 4-7

RMO Raad voor Maatschappelijke Ontwikkelingen (2005): Niet langer met de ruggen naar elkaar (Nicht länger mit den Rücken gegeneinander stehen). Een advies over verbinden. Den Haag

Vedder, Paul (2006) Black and white schools in the Netherlands. European Education, Vol. 38, No. 2, pp. 36-49

Wetzel, K. (2006): Ganztagsbildung – eine europäische Debatte. Wien

IV. Soziale Ungleichheit und Hochschulbildung

Warum bildungsferne Gruppen von der Universität fernbleiben und wie man sie für das Studium an der Universität gewinnen könnte

Rolf Becker

1 Problemstellung

Trotz der Bildungsreformen und des Ausbaus der Hochschulen ist der Zugang zu Deutschlands Universitäten durch soziale Ungleichheit gekennzeichnet (vgl. Mayer/Müller/Pollak 2007; Maaz 2006; Becker 2006; Mayer 2003). So haben immer noch vor allem Arbeiterkinder geringere Chancen, an Fachhochschulen und Universitäten zu studieren (vgl. Müller/Pollak 2008). Während im Jahre 2000 die Studienanfängerquote – der relative Anteil der Studienanfänger an der 18- bis unter 22-jährigen Bevölkerung – 33 Prozent betrug, gelangten allenfalls 12 Prozent der altersgleichen Arbeiterkinder an Deutschlands Hochschulen. Hingegen hatten Beamtenkinder mit einer Studienanfängerquote von 72 Prozent eine 19-mal bessere Chance, ein Hochschulstudium zu beginnen als Arbeiterkinder. Betrachtet man ausschließlich den Zugang zu den Universitäten, so lag im gleichen Jahr die Studienanfängerquote bei insgesamt 22 Prozent, aber bei 6 Prozent für die Arbeiterkinder und bei 54 Prozent für die Beamtenkinder. Damit hatten sie eine rund 18-mal bessere Chance, ein Universitätsstudium zu beginnen als Arbeiterkinder (vgl. Becker 2008; 2009). Es gibt keine empirischen Hinweise dafür, dass sich diese augenfälligen Ungleichheiten bis in die jüngste Gegenwart verringert hätten (vgl. Mayer et al. 2007; Müller et al. 2009).

Sowohl die im internationalen Vergleich geringe Studienbeteiligung und Akademikerquote als auch die in Deutschland besonders ausgeprägte soziale Ungleichheit von Studienchancen war und ist heute immer noch Gegenstand bildungspolitischer Diskussionen (vgl. Mayer 2003). Hierbei wird vor allem betont, dass die Talente bildungsferner, aber studienbegabter Gruppierungen nicht ausgeschöpft werden. Um diese Talente an die Universitäten zu bringen, müssen die Ursachen für ihre Studienabstinenz bekannt sein, um wirksame bildungspolitische Maßnahmen und Programme entwickeln zu können. Als eine gewichtige Ursache für dauerhafte soziale Ungleichheit beim Hochschulzugang gelten *institutionelle Strukturen und Regelungen des Bildungssystems*, welche die *Bildungsentscheidungen von Individuen und Familien* in der Art und Weise kanalisieren, dass vor allem bildungsferne Gruppen vom Weg zur Universität abgelenkt werden (vgl. Becker/Hecken 2008). In Deutschland ist die gymnasiale Oberstufe der „Flaschenhals" und schließlich der Erwerb der Hochschulberechtigung ein „Nadelöhr" auf dem Weg zur höheren Bildung (vgl. Mayer et al. 2007). Aber bereits auf dem Weg zum Gymnasium, zum Abitur und dann zur Universität werden an den Übergangsstellen systematische Ablenkungswirkungen des stratifizierten und wenig durchlässigen Bildungssystem offensichtlich, die gerade Arbeiterkinder am Zugang zur universitären Ausbildung (be)hindern (vgl. Becker 2003; Becker/Schubert 2006):

1. Frühe, kaum revidierbare und für den weiteren Bildungsverlauf entscheidende Weichenstellungen am Ende der Primarschulzeit forcieren bei Arbeiterschichten die Entscheidung für kürzere sowie weniger anspruchsvolle Bildungsgänge, die den späteren Zugang zur akademischen Ausbildung erschweren oder versperren.
2. Attraktive weniger anspruchsvolle, aber sichere Bildungserträge in Aussicht stellende berufsbildende Komponenten des deutschen Bildungssystems strukturieren für den weiteren Bildungs- und späteren Berufsverlauf entscheidende Weichenstellungen am Ende der Primarschulzeit und am Ende der Sekundarstufe I, so dass sich Arbeiterfamilien eher für eine qualifizierende, ertragreiche und wenig riskant erscheinende Berufsausbildung ihrer Kinder entscheiden.
3. Beim Übergang in die gymnasiale Oberstufe oder nach dem Abitur entscheiden sich Arbeiterkinder eher für attraktive und kostengünstigere Angebote des dualen Berufsbildungssystems als für die tertiäre Bildungslaufbahn. Insgesamt gilt: Die Ablenkung der Arbeiterkinder vom Weg zur Universität erfolgt durch *selektive Anreize und Restriktionen*, die mit der *Opportunitätsstruktur des Bildungssystems* verbunden sind (vgl. Müller/Pollak 2008).

Vor diesem Hintergrund sind zunächst folgende Fragen zu klären: *Warum* werden Arbeiterkinder in hochgradig stratifizierten, segmentierten und viele Bildungsentscheidungen abverlangenden Bildungssystemen vom Studium an Universitäten abgelenkt? *Warum* werden diese Anreize und Restriktionen gerade bei den Arbeiterkindern in der Weise wirksam, dass sie vom Weg zur höheren Bildung abgelenkt werden? Welche *Mechanismen individueller Bildungsentscheidungen* sind entscheidend dafür, dass auch studienbegabte Arbeiterkinder vom Universitätsstudium abgelenkt werden? Aus den Antworten auf diese untereinander zusammenhängenden Fragen können unterschiedliche Strategien diskutiert werden, um die Studienchancen von Arbeiterkindern zu verbessern. Weil aber die Effizienz und Effektivität solcher Programme erst nach längerer Zeit unter erheblichem Aufwand einer Evaluation und bei hohen Kosten für ganze Geburtsjahrgänge oder Generationen festgestellt werden können, wird im vorliegenden Beitrag – in Anlehnung an die Arbeiten von Boudon (1974;1979), Nash (2003) und Müller-Benedict (2007) – mittels *Simulationen mit realen Daten* die Frage zu klären versucht, welche Wirkungen bestimmte Strategien oder konkrete Maßnahmen im Hinblick auf unsere Problemstellung haben werden: Welche sozial- oder bildungspolitische Maßnahmen sind unter Qualitäts- und Kostengesichtspunkten geeignet, Talente aus bildungsfernen Gruppen für ein Universitätsstudium zu gewinnen?

Die hier vorgelegten empirischen Analysen und Simulationen basieren auf Informationen von sächsischen Abiturienten und Abiturientinnen in den Abschlussklassen an allgemein bildenden Gymnasien, beruflichen Gymnasien und Fachoberschulen (vgl. Wolter/Lenz/Laskowski. 2006). Sie wurden jeweils zu Anfang 2000, 2002, 2004 und 2006 im Auftrag des Sächsischen Staatsministeriums für Kultus in sächsischen Regionalschulbezirken erhoben. Die Erhebung erfolgte an zufällig ausgewählten Schulen und umfasst jeweils 10 Prozent der Schüler und Schülerinnen in den Abschlussklassen an allgemein bildenden Gymnasien, beruflichen Gymnasien und Fachoberschulen. Für die einzelnen Erhebungszeitpunkte liegen schriftlich mit einem standardisierten Fragebogen erhobene Informationen für jeweils rund 2.000 Personen in der 12. bzw. 13. Klassenstufe vor. In den statistischen Analysen werden nur Befragte berücksichtigt, die sich sicher waren, was sie unmittelbar nach dem Abitur tun werden. Unberücksichtigt bleiben unentschlossene Befragte

(18% aller Befragten). Da die Unentschlossenheit nicht mit der sozialen Herkunft der Befragten korreliert, haben sie keine ungünstigen Auswirkungen auf die Analysen. Weitere Details zu den Daten und der Selektivität der Analysestichproben können den Beiträgen von Becker und Hecken (2007; 2008; 2009) entnommen werden.

2 Warum werden Arbeiterkinder von der Universität abgelenkt?

Um diese erste Frage beantworten zu können, ist es – Boudon (1974) zufolge – theoretisch sinnvoll, zwischen *primären und sekundären Effekten der sozialen Ungleichheit* zu unterscheiden. Die *primären Herkunftseffekte* spiegeln den Zusammenhang von sozialer Herkunft und schulischen Leistungen und ihre Auswirkungen auf darauf basierende Bildungserfolge wider. Da Kinder aus höheren Sozialschichten den jeweiligen schulischen Leistungsanforderungen besser gerecht werden, haben sie vergleichsweise größere Chancen, auf das Gymnasium zu wechseln und mit dem Abitur die Berechtigung für ein Studium zu erwerben (vgl. Becker 2003; Stockè 2007). Weil Abiturienten aus höheren Sozialschichten bessere schulische Leistungen haben und daher eher institutionelle Hürden wie etwa Numerus Clausus überwinden, und weil sie eher erwarten, ein Studium erfolgreich bewältigen zu können, entscheiden sie sich eher für ein Universitätsstudium als Arbeiterkinder (vgl. Becker /Hecken 2007). *Sekundäre Effekte sozialer Herkunft* umfassen Wirkungen von sozialer Herkunft auf Bildungsentscheidungen zu Gunsten weiterführender und höherer Bildung und ihre Folgen für den Bildungserfolg. Aufgrund der verfügbaren ökonomischen Ressourcen und ihrer vergleichsweise geringen sozialen Distanz zum System höherer Bildung entscheiden sich die Elternhäuser in höheren Sozialschichten eher für die gymnasiale Schullaufbahn ihres Kindes als diejenigen in den Arbeiterschichten. Bei gleichen Leistungen oder bei gleicher Leistungsfähigkeit entscheiden sich Abiturienten aus höheren Sozialschichten eher für ein Universitätsstudium als Abiturienten aus den Arbeiterschichten (vgl. Becker/Hecken 2008).

Im Hinblick auf die Entscheidungen für spätere nichttertiäre oder universitäre Ausbildungen sind soziale Disparitäten beim Zeithorizont für Bildungsplanungen im Lebenslauf zu berücksichtigen (vgl. Hillmert/Jacob 2003). So verfügen aus „bildungsfernen" Schichten stammende Arbeiterkinder über einen kürzeren Zeithorizont, weil für sie die sofort anfallenden Kosten einer Ausbildung schwerer wiegen, aber die späteren Renditen vergleichsweise unsicherer erscheinen. Denn je niedriger das Bildungsniveau der Eltern ist, umso mehr Bildungshürden müssen bis zum Hochschulzugang überwunden werden und desto größer sind für statusniedrige und „bildungsferne" Sozialgruppen die *sozialen Distanzen zum System höherer Bildung* und die *Aufwendungen für den Erwerb eines Universitätsabschlusses*. Dieses Faktum macht plausibel, warum es – unabhängig von den verfügbaren Einkommen, die für die Bildungsinvestitionen mobilisiert werden können, aber wegen den damit verbundenen Informations- und Transaktionskosten – eine ausgeprägte intergenerationale Reproduktion von akademischer Bildung und Hochschulabschlüssen gibt (vgl. Bourdieu/Passeron 1971). Reichen die Leistungen vorerst nicht aus, so können die höheren Sozialschichten aufgrund ihrer vorteilhaften ökonomischen Ressourcen eher die Option offen halten, höhere Bildung nachzuholen (Doppelausbildungen: zuerst Lehre, dann Studium), während sich Arbeiterkinder eher für die nichttertiäre Berufsausbildung entscheiden (vgl. Büchel/Helberger 1995; Becker 2000).

All diese Argumente zeigen, dass sich die „Bildungsferne" von Angehörigen der Arbeiterschichten aus dem Wechselspiel von primären und sekundären Herkunftseffekten, also aus dem Zusammenspiel von sozialen Disparitäten der schulischen Leistungen, des erwarteten Studienerfolgs, der Bildungsmotivationen sowie der Investitionsrisiken ergeben. In Anlehnung an Erikson und Jonsson (1996) können diese theoretischen Argumente in folgender Weise formalisiert werden: Bei der Studienentscheidung wählen Abiturienten aus einer Auswahl möglicher Bildungswege diejenige Alternative aus, die bei einer Abwägung von erwarteten Kosten und Erträgen sowie dem wahrscheinlichen Bildungserfolg den größten Nutzen erbringen. Im Hinblick darauf, den bislang vom Elternhaus erreichten sozioökonomischen Status in der Generationenabfolge zu erhalten, sind Einkommen und berufliches Prestige bedeutsame Bildungserträge. Für die einzelnen Bildungsalternativen bilden die Abiturienten Erwartungswerte für den Nutzen *EU* (expected utility), die sie miteinander vergleichen. Diese Erwartungswerte ergeben sich aus dem subjektiv eingeschätzten Wert für den Ertrag der jeweiligen Bildungsabschlüsse B (benefit), dem Wert für die erwarteten direkten und indirekten Kosten C (cost) für die einzelnen Bildungsalternativen und dem Wert für die Wahrscheinlichkeit p (probability), dass das Kind den avisierten Bildungsweg erfolgreich abschließen wird. Bei einem Misserfolg ist der Bildungsertrag gleich Null, während die Kosten den Wert C beibehalten. Diesen Zusammenhang formalisieren Erikson und Jonsson (1996, S. 14) in folgender Weise: $EU(.)=(B-C)p-C(1-p)$. Eine Vereinfachung der Gleichung ergibt schließlich: $EU(.) = p\,B-C$. Die Entscheidung für eine nichttertiäre berufliche Ausbildung A oder für ein Universitätsstudium S erfolgt demnach in Abhängigkeit des jeweils erwarteten Nettonutzens EU(.) einer Ausbildungsalternative. Ein Abiturient entscheidet sich demnach höchstwahrscheinlich für das Universitätsstudium, wenn gilt: $EU(S)=pB(S)-C(S)>EU(A)=pB(A)-C(A)$. Im Aggregat ergeben diese individuellen, zwischen sozialen Gruppen differierenden Ausbildungsentscheidungen die zu erklärenden Phänomene wie etwa (schichtspezifische) Studienanfängerquoten oder „Bildungsferne" der Arbeiterkinder.

Wie sieht die soziale Disparität von Bildungsmotivation aus? Zwar ist der erwartete Nutzen von tertiärer Bildung für alle Sozialschichten gleich, aber für höhere Sozialschichten, insbesondere für Akademikerfamilien, ist das Universitätsstudium notwendig, um den Sozialstatus in der Abfolge von Generationen erhalten zu können. Für die Arbeiterschichten hingegen ist eine qualifizierte Schul- und Berufsausbildung ausreichend für den intergenerationalen Statuserhalt. Aus diesen Tatsachen ergeben sich für Mittel- und Oberschichten höhere Bildungsmotivationen zu Gunsten eines Universitätsstudiums als für „bildungsferne" Arbeiterschichten. Dieser Umstand „erklärt" auch die sozialen Disparitäten in der Bewertung des Abiturs: Während für Abiturienten aus höheren Sozialschichten das Abitur ein für den Statuserhalt notwendiges Patent ist, definieren Arbeiterkinder das Abitur eher als *omnioptionales Bildungspatent*, mit dem alle Ausbildungs- und Berufsoptionen offen gehalten werden können (vgl. Becker/Hecken 2009). Während rund 60 Prozent der befragten Abiturienten aus Arbeiterschichten das Abitur ausschließlich als Studienberechtigung definieren, tun dies mehr als drei Viertel der Abiturienten aus Mittel- und Oberschichten.

Wie gestalten sich die sozialen Disparitäten des Investitionsrisikos und welche Folgen haben sie? Der objektive wie subjektiv erwartete Kostendruck bei Bildungsinvestitionen ist wegen der verfügbaren Einkommen und der sozialen Distanz zum System höherer Bildung für Arbeiterfamilien höher als für Mittel- und Oberschichten. Auch der objektive Bildungserfolg sowie der subjektiv erwartete Erfolg bei weiterführender Schulausbildung und tertiärer Ausbildung sind für Arbeiterkinder geringer als für Mittel- und Oberschichten. Deswegen sind auch die objektiven wie subjektiv erwarteten Investitionsrisiken – das Verhältnis zwischen erwarteten Bildungskosten und erwarteten Erfolgswahrscheinlichkeiten – für die Arbeiterschichten höher als für höhere Sozialschichten.

Tabelle 1: Verteilung von Determinanten der Ausbildungsentscheidung nach sozialer Herkunft (Mittelwert und in Klammern: Standardabweichung)

	Arbeiterschichten	Mittelschichten	Oberschicht
Schulleistung P	2,60	3,26	3,37
(1 = sehr schlecht – 4 = sehr gut)	(0,65)	(0,68)	(0,69)
Studienerfolg p	1,21	2,87	2,86
(0 = weiß nicht – 1 = sehr niedrig – 2 = sehr hoch)	(0,95)	(0,94)	(0,92)
Beruflicher Nutzen B	3,31	3,29	3,34
(1 = sehr niedrig – 5 = sehr hoch)	(1,48)	(1,44)	(1,36)
Kosten für Studium C	3,17	2,80	2,66
(1 = sehr niedrig – 4 = sehr hoch)	(1,31)	(1,31)	(1,28)
Soziale Distanz SD	2,64	1,34	0,72
(0 = nicht vorhanden – 4 = sehr hoch)	(0,85)	(1,54)	(1,87)
Unmittelbares Investitionsrisiko C/p	1,84	1,63	1,52
	(1,35)	(1,27)	(1,24)
Langfristiges Investitionsrisiko SD/P	1,09	0,60	0,40
	(0,42)	(0,59)	(0,55)

Quelle: Abiturientenbefragung in Sachsen 2000-06, eigene Berechnungen.

Betrachtet man die schichtspezifische Verteilung für die theoretisch abgeleiteten Determinanten der Ausbildungsentscheidungen sächsischer Abiturienten, finden sich eindrucksvolle empirische Belege für die hypothetischen Annahmen (siehe Tab. 1). Auch für Abiturienten, die bereits alle Hürden im Schulsystem genommen haben, sind primäre Herkunftseffekte offensichtlich. So sehen sich Arbeiterkinder eher als schlechtere Schüler als Abiturienten aus den Mittel- und Oberschichten. Hingegen sind Abiturienten aus höheren Sozialschichten eher davon überzeugt, ein Universitätsstudium erfolgreich abschließen zu können als Arbeiterkinder. Die Unterschiede der arithmetischen Mittelwerte dieser *selbstzugeschriebenen Leistungspotentiale* und *Erfolgserwartungen* sind auf dem 5-%-Niveau signifikant. Hingegen unterscheiden sich Abiturienten unterschiedlicher sozialer Herkunft nicht bedeutsam in der Bewertung des beruflichen Nutzens einer tertiären Ausbildung. Aber diese sozialen Disparitäten sind entsprechend den theoretischen Ausgangsüberlegungen für die anderen Bestandteile, welche die sekundären Effekte der Ausbildungsentscheidung ausmachen, umso deutlicher. Die *unmittelbaren Studienkosten* sowie die *mittelbaren Ausbildungskosten bis zum Erwerb der Studienberechtigung* sind für Arbeiterkinder deutlich höher als für Abiturienten aus sozioökonomisch privilegierten Sozialschichten. Für Arbeiterkinder sind auch die *unmittelbaren* und besonders die *langfristigen Investitionsrisiken* deutlich höher. Ingesamt wird für die einzelnen Einflussfaktoren für die Ausbildungsentscheidung von Abiturienten ersichtlich, dass die *sozialstrukturelle Trennungslinie* zwischen Arbeiterkindern auf der einen Seite und Abiturienten aus höheren Sozialschichten auf der anderen Seite liegen.

Tabelle 2: Zugang zur Universität (odds ratios, geschätzt mit binärer Logit-Regression)

Arbeiterschichten Modell	1	2	3	4
Schulische Leistung	1,71*	1,74*	1,76*	
Beruflicher Nutzen	1,08*	1,09*	1,10*	1,10*
Erwarteter Studienerfolg	1,52*	1,51*		1,57*
Erwartete Kosten	0,85*			0,86*
Kosten aufgrund sozialer Distanz		0,82*	0,79*	
Unmittelbares Investitionsrisiko C/p			0,77*	
Langfristiges Investitionsrisiko SD/P				0,42*
Pseudo-R^2 (McFadden) N (Quote für Universitätsstudium in %)	0,071 1848 (33%)	0,069 1848 (33%)	0,064 1848 (33%)	0,070 1848 (33%)
Mittel- und Oberschichten Modell	1	2	3	4
Schulische Leistung	1,79*	1,69*	1,65*	
Beruflicher Nutzen	1,17*	1,16*	1,16*	1,18*
Erwarteter Studienerfolg	1,26*	1,29*		1,35*
Erwartete Kosten	0,73*			0,75*
Kosten aufgrund sozialer Distanz		0,74*	0,72*	
Unmittelbares Investitionsrisiko C/p			0,73*	
Langfristiges Investitionsrisiko SD/P				0,43*
Pseudo-R^2 (McFadden) N (Quote für Universitätsstudium in %)	0,089 3550 (45%)	0,090 3550 (45%)	0,104 3550 (45%)	0,099 3550 (45%)

* mindestens $p \leq 0,05$
Quelle: Abiturientenbefragung in Sachsen 2000-06 – eigene Berechnungen

Wie verändern sich diese schichtspezifischen Verteilungen der Ausbildungsentscheidung, wenn die Entscheidung für oder gegen ein Universitätsstudium in Rechnung gestellt wird? Um diese Frage zu klären, wird die Ausbildungsentscheidung mittels der binären logistischen Regression – getrennt für die Arbeiterkinder und Abiturienten aus den höheren Sozialschichten – modelliert (vgl. Long 1997). Die abhängige Variable ist die Entscheidung für ein Universitätsstudium und die Referenzkategorie sind andere Ausbildungswege. Um die Komplexität zu reduzieren, werden die *odds ratios* (Chancenverhältnisse, d.h. Anti-Logarithmus der geschätzten Logit-Koeffizienten) berichtet. Wenn es keinen Zusammenhang zwischen unabhängiger und abhängiger Variable gibt, liegt der Odds-Ratio-Wert bei 1. Größere Werte als 1 indizieren positive Effekte und Werte kleiner als 1 jeweils einen negativen Effekt.

Betrachten wir zunächst die Einflüsse auf die Entscheidung zu Gunsten eines Universitätsstudiums (Tabelle 2): Zum einen bestätigen sich die theoretischen Überlegungen von Boudon (1974) sowie Erikson und Jonsson (1996) zu den primären und sekundären Herkunftseffekten. Je günstiger die akademische Leistungsfähigkeit und je höher die Erfolgswahrscheinlichkeit eingeschätzt wird und je höher der berufliche Nutzen eines Universitätsstudiums, desto eher entscheiden sich die Abiturienten für ein Universitätsstudium. Je höher die Kosten und Investitionsrisiken eingeschätzt werden, desto eher sehen sie von einem Universitätsstudium ab. Gerade diese beiden Faktoren beeinflussen bei allen Abiturienten – unabhängig von ihrer sozialen Herkunft – am stärksten ihre Ausbildungsentscheidung. Zum anderen unterscheiden sich die Größen der Einflussfaktoren nicht signifikant zwischen den Abiturienten aus verschiedenen Sozialschichten. Dieses Ergebnis bedeutet, dass sich die für die Ausbildungsdeterminanten festgestellte sozialstrukturelle Trennungslinie zwischen den Arbeiterkindern auf der einen Seite und den Abiturienten aus den höheren Sozialschichten auf der anderen Seite auch dann nicht auflöst, wenn die Entscheidung für oder gegen ein Universitätsstudium berücksichtigt wird. Demnach machen sowohl *soziale Disparitäten in der akademischen Leistungsfähigkeit und Erfolgserwartung* als auch *erwartete Ausbildungskosten* die Abstinenz der Arbeiterkinder von den Universitäten aus. An diesen Restriktionen müssten sich dann die bildungspolitischen Maßnahmen orientieren, die beabsichtigen, die Begabtenreserven in den Arbeiterschichten auszuschöpfen und die Arbeiterkinder verstärkt an die Universität zu führen.

3 ... und wie könnte man sie für das Studium an der Universität gewinnen?

Die vorherigen Befunde lassen es ratsam erscheinen, sowohl an den primären als auch an den sekundären Herkunftseffekten anzusetzen. Aber wie wirksam sind Maßnahmen zur Kompensation dieser Herkunftseffekte? Wie viele Arbeiterkinder können dann zusätzlich für ein Universitätsstudium gewonnen werden? Um diese zweite Frage zu beantworten, werden zunächst Effekte betrachtet, wenn für die Arbeiterkinder die Auswirkungen der an der schulischen Leistungsfähigkeit gemessenen Leistungspotentiale für die Studienentscheidung kompensiert werden (Tabelle 3). Die primären Herkunftseffekte sind offensichtlich: Rund 54 Prozent der Arbeiterkinder sehen sich als gute bzw. sehr gute Schüler; von diesen beabsichtigen rund 42 Prozent, an der Universität zu studieren (Übergangsrate: 0,421). Von den Mittel- und Oberschichtkindern in der gleichen Leistungskategorie wollen mehr als die Hälfte an der Universität studieren (Übergangsrate: 0,551).

Um die Wirkungen einer Kompensation primärer Herkunftseffekte abschätzen zu können, stellt sich die Frage, wie die Übergangsraten für die Arbeiterkinder aussehen würden, wenn sie die gleichen Leistungspotentiale hätten wie die Absolventen aus den höheren Sozialschichten: $56{,}2\% \cdot 0{,}421 + 41{,}9\% \cdot 0{,}232 + 1{,}9\% \cdot 0{,}097 \approx 34$ Prozent. Demnach würden sich rund 34 Prozent der Arbeiterkinder für ein Universitätsstudium entscheiden. Gegenüber der faktischen Übergangsrate von 33 Prozent können keine deutlichen Steigerungen der Studierneigung unter den „bildungsfernen" Abiturienten erzielt werden.

Ein gleiches Ergebnis würde man erzielen, wenn man statt der selbst eingeschätzten schulischen Leistung die subjektive Erwartung für einen Studienerfolg kompensieren würde (siehe Tabelle 3): $33{,}4\% \cdot 0{,}21 + 5{,}0\% \cdot 0{,}113 + 61{,}6\% \cdot 0{,}43 \approx 34$ Prozent. Zu solch einem späten Zeitpunkt im Bildungsverlauf haben Maßnahmen für die Neutralisierung primärer Herkunftseffekte äußerst begrenzte Möglichkeiten, die Übergangsraten bei den Arbeiterkindern bedeutsam zu steigern.

Wie groß ist die Steigerung der Studienanfängerquote bei den Arbeiterkindern, wenn sie bei Berücksichtigung der unterschiedlichen Leistungspotentiale (und in diesem Sinne bei Kontrolle der primären Herkunftseffekte) die gleichen Übergangswahrscheinlichkeiten wie die Absolventen aus den anderen Sozialschichten aufweisen würden? Neutralisiert man den sekundären Effekt der sozialen Herkunft, dann entscheiden sich: $53{,}7\% \cdot 0{,}551 + 44{,}6\% \cdot 0{,}307 + 1{,}6\% \cdot 0{,}309 \approx 44$ Prozent der Arbeiterkinder für ein Universitätsstudium.

Ein identisches Ergebnis erhält man, wenn statt der schulischen Leistungsfähigkeit der erwartete Studienerfolg in Rechnung gestellt wird. Die Kompensation sekundärer Effekte erbringt eine Steigerung der Übergänge um rund 11 Prozentpunkte bzw. eine Steigerung der Zahl der an die Universität wechselnden Arbeiterkinder um ein Drittel.

Tabelle 3: Leistungspotentiale und Entscheidung für Universitätsstudium

Aus der:	*Arbeiterschicht*		
haben Leistungspotential:	Sehr gut. bzw. gut 53,7%	Mittelmäßig 44,6%	Schlecht 1,6%
und gehen auf die Universität:	42,1%	23,2%	9,7%
Aus der:	*Mittel- und Oberschichten*		
haben Leistungspotential:	Sehr gut. bzw. gut 56,2%	Mittelmäßig 41,9%	Schlecht 1,9%
und gehen auf die Universität:	55,1%	30,7%	30,9%
Aus der:	*Arbeiterschicht*		
haben Erfolgserwartung:	Unsicher 36,7%	Niedrig 5,6%	Hoch 57,7%
und gehen auf die Universität:	21,0%	11,3%	43,0%
Aus der:	*Mittel- und Oberschichten*		
haben Erfolgserwartung:	Unsicher 33,4%	Niedrig 5,0%	Hoch 61,6%
und gehen auf die Universität:	32,2%	18,2%	53,2%

Quelle: Abiturientenbefragung in Sachsen 2000-06 – eigene Berechnungen

So gesehen sind Neutralisierungen sekundärer Herkunftseffekte effektiver, um die bildungsfernen Gruppen an die Universitäten zu bringen. Aber was müsste man konkret tun? Zuvor haben wir gesehen, dass der erwartete berufliche Nutzen nicht entscheidend sein kann, weil sich die Abiturienten unterschiedlicher Herkunft nicht überzufällig darin unterscheiden, wie sie die Renditen eines Universitätsstudiums beurteilen. Auch das Statuserhaltmotiv, das die einzelnen Sozialschichten in der Motivation für tertiäre Bildung systematisch voneinander trennt, kann hier nicht Gegenstand der Simulation sein, weil dann – wie es beispielsweise von Erikson (1996), Breen (2005) oder Becker (2006; 2009) nahe gelegt wird – die soziale Ungleichheit außerhalb des Bildungssystems, also in der Gesamtgesellschaft, reduziert werden müsse. Aus nahe liegenden Gründen konzentrieren wir uns hier auf die Möglichkeiten, das Bildungssystem zu steuern, sowie auf die finanziellen Anreize und Subventionen, die der Wohlfahrtsstaat auch für das Bildungsverhalten bieten kann. Aber nichtsdestotrotz können Restriktionen reduziert werden, die mit sozialer Ungleichheit von sozioökonomischen Ressourcen zusammenhängen – wie etwa die erwarteten Ausbildungskosten. Wie zuvor gesehen, lenken die erwarteten Kosten für eine aufwändigere und länger andauernde Ausbildung eine Vielzahl von Arbeiterkindern von der Universität ab.

Werden die *unmittelbar erwarteten Studienkosten* kompensiert, dann entscheiden sich: 22,4% · 0,344 + 23,0% · 0,436 + 22,7% · 0,346 + 21,4% · 0,335 + 10,5% · 0,206 ≈ 35 Prozent der Arbeiterkinder dafür, an der Universität zu studieren (Tabelle 4). Die Steigerung um zwei Prozentpunkte fällt vergleichsweise geringer aus, als wenn die *mittelbaren Ausbildungskosten* kompensiert werden (Tabelle 5). Denn dann würden sich ebenfalls: 42,5% · 0,556 + 20,1% · 0,397 + 9,4% · 0,342 + 27,9% · 0,319 ≈ 44 Prozent der Arbeiterkinder für ein Universitätsstudium entscheiden. Für die Gruppe der hier betrachteten Absolventen – einer selektiven Gruppe, die alle Bildungshürden bis zum Abitur bewältigt haben – bedeutet dies, dass der gesamte sekundäre Herkunftseffekt dadurch neutralisiert wird.

Tabelle 4: Einfluss der unmittelbaren Studienkosten auf den Übergang auf die Universität

Aus der:	*Arbeiterschicht*				
haben Kostendruck:	sehr gering 15,6%	gering 17,3%	mittel 24,5%	hoch 25,8%	sehr hoch 16,7%
und gehen auf die Universität:	34,4%	43,6%	34,6%	33,5%	20,6%
Aus der:	*Mittel- und Oberschichten*				
haben Kostendruck:	sehr gering 22,4%	gering 23,0%	mittel 22,7%	hoch 21,4%	sehr hoch 10,5%
und gehen auf die Universität:	54,3%	57,4%	42,7%	36,1%	22,3%

Quelle: Abiturientenbefragung in Sachsen 2000-06 – eigene Berechnungen

Tabelle 5: Einfluss der sozialen Distanz auf den Übergang auf die Universität

Aus der:	*Arbeiterschicht*			
haben Kostendruck:	sehr gering 2,4%	gering 3,6%	mittel 20,8%	hoch 73,2%
und gehen auf die Universität:	55,6%	39,7%	34,2%	31,9%
Aus der:	*Mittel- und Oberschichten*			
haben Kostendruck:	sehr gering 42,5%	gering 20,1%	mittel 9,4%	hoch 27,9%
und gehen auf die Universität:	58,9%	39,8%	33,3%	29,4%

Quelle: Abiturientenbefragung in Sachsen 2000-06 – eigene Berechnungen

Im Falle einer weitreichenden Kostenneutralisierung würde man für die „bildungsfernen" Gruppen fast die gesamten Ablenkungswirkungen kompensieren, die sich aus den sekundären Herkunftseffekten ergeben. Dieses Argument ist auf den ersten Blick tautologieverdächtig, aber die soziale Distanz korreliert nicht perfekt mit der Klassenlage des Elternhauses, so dass recht valide Messungen des Kostendrucks und der Effekte von Kostenneutralisierung gegeben sind. Diese Strategien für eine Kompensation von Ausbildungskosten, die bereits in unterschiedlichen Facetten – angefangen von Stipendien für studienbegabte Arbeiterkinder über Steuererleichterungen für Arbeiterfamilien bis hin zur kostenlosen Bildung für ökonomisch schwache Familien – diskutiert werden, würden daher effizienter und effektiver sein, als die teilweise Kompensation primärer Herkunftseffekte. Allerdings haben die empirischen Befunde auf diesem Gebiet gezeigt, dass dabei allfällige Reformen des Bildungssystems nicht aus dem Auge verloren werden dürfen, die eben zu zwischen den Sozialschichten differierenden finanziellen Belastungen und Kostenerwartungen für höhere Bildung und somit zur Ablenkung studienbegabter Arbeiterkinder vom Universitätsstudium beitragen (vgl. Becker/Hecken 2009; Müller/Pollak 2008; Hillmert/Jacob 2003).

4 Was kann man tun?

Ausgehend von der Frage, warum so wenige Arbeiterkinder an Deutschlands Universitäten sind, konnte anhand empirischer Daten für sächsische Abiturienten in unterschiedlichen Jahrgängen gezeigt werden, dass neben den sozialen Disparitäten der selbst eingeschätzten akademischen Leistungsfähigkeit und Erfolgserwartungen vor allem die Aufwendungen und erwarteten Ausbildungskosten die Arbeiterkinder vom Universitätsstudium ablenken. Dass vor allem in einem hochgradig stratifizierten, wenig durchlässigen und daher auch sozial selektiven Bildungssystem der Kostendruck signifikant zur Bildungsferne beiträgt ist offensichtlich. Aus institutioneller Sicht stellt sich angesichts der Ablenkungswirkung mit *enormen negativen Externalitäten* für komplette Geburtsjahrgänge, Bildungsinstitutionen, Arbeitsmärkte und schließlich für die Allgemeinheit sehr wohl die Schulstrukturfrage, die in den bildungspolitischen Kreisen aus eigennutzorientierten Interessengründen beiseite geschoben wird (vgl. Solga 2005; Becker 2007; siehe auch den Beitrag von Andrä Wolter im vorliegenden Sammelband).

Abgesehen von den strukturellen Änderungen müssten die Anstrengungen darin liegen, sofern ein politisches Interesse besteht, bildungsferne Gruppen an Deutschlands Universitäten zu bringen, die *Investitionsrisiken – also den kurzfristigen Kostendruck sowie langfristige Kostenerwartungen bei gegebenen Leistungspotentialen – für „bildungsferne"* Gruppen zu reduzieren. Zum einen bedarf es angesichts der für alle Gruppierungen gleichlaufenden Interaktionen von schulischer Leistungsfähigkeit und erwartetem Studienerfolg nur einen geringen organisatorischen Aufwand, studienbegabte Arbeiterkinder davon zu überzeugen, dass sie erfolgreich studieren können. Für die Mobilisierung von Abiturienten aus „bildungsfernen" Gruppen wäre es nicht zwingend nötig, ihre Bildungsmotivation mittels Informationskampagnen über Vorteile einer akademischen Ausbildung zu stärken, weil sie die Vorzüge eines Studiums bereits kennen. Frühzeitige wie bessere Information von leistungsstärkeren, aus bildungsfernen Schichten stammenden Abiturienten in der Schule sowie in der Berufs- und Studienberatung, wie leicht sie bei ihrem Leistungspotential ein Studium bestehen könnten, wären notwendig, aber sicherlich nicht hinreichend.

Weitaus bedeutsamer für die Arbeiterkinder und ihre Familien wären – über die Begabtenförderung, welche typisch für eine konservative Bildungspolitik wäre (vgl. Müller/Mayer 1976) – unterstützende Strategien langfristiger Kostenneutralisierung, um ihre Bildungsplanungen und ihr Bildungsverhalten in günstiger Weise zu beeinflussen. Eine vollständige Kostenkompensation durch die Gewährung großzügiger und nicht rückzahlungspflichtiger (staatlicher) Finanzhilfen für leistungsfähige und -bereite Arbeiterkinder (kostenfreie Bildung und Stipendien) könnte „bildungsferne", aber studienbegabte Arbeiterkinder zu optimalen Bildungsanstrengungen anregen. Die Einführung von Studiengebühren hingegen bedeutet nichts anderes als eine Anhebung von direkten Ausbildungskosten sowie Opportunitätskosten zu Lasten „bildungsferner" Gruppen. Dadurch werden, unvereinbar mit den allseits anerkannten meritokratischen Kriterien der Chancengleichheit, vorhandene Ablenkungswirkungen des deutschen Bildungssystems in ungerechtfertigter wie ungerechter Weise verstärkt (vgl. Solga 2005). Angesichts der positiven Folgewirkungen des *qualifikatorischen Upgradings* von bislang „bildungsfernen", aber leistungsfähigen Gruppen in der Bevölkerung für den Arbeitsmarkt, die wirtschaftliche Entwicklung und den Wohlfahrtsstaat sind die Kosten einer unterlassenen Ausschöpfung von „Begabtenreserven" weitaus höher als die Kosten, die bei einer Alimentierung von Ausbildungen ökonomisch schwacher, aber studienbegabter Generationen anfallen. Mit der Erhöhung und Konservierung von Bildungshürden schaden sich die an der *„Illusion von Chancengleichheit"* interessierten Gruppierungen mehr als dass es ihnen langfristig nützt (vgl. Bourdieu/Passeron 1971).

Literatur

Becker, R. (2000): Determinanten der Studierbereitschaft in Ostdeutschland. Eine empirische Anwendung der Humankapital- und Werterwartungstheorie am Beispiel sächsischer Abiturienten in den Jahren 1996 u. 1998. In: Mitteilungen aus der Arbeitsmarktforschung, Jg. 33, H. 2, S. 261-276

Becker, R. (2003): Educational Expansion and Persistent Inequalities of Education: Utilizing the Subjective Expected Utility Theory to Explain the Increasing Participation Rates in Upper Secondary School in the Federal Republic Of Germany. In: European Sociological Review, Vol. 19, No. 1, pp. 1-24

Becker, R. (2006): Dauerhafte Bildungsungleichheiten als unerwartete Folge der Bildungsexpansion? In: Andreas Hadjar und Rolf Becker (Hrsg.): Bildungsexpansion – Erwartete und unerwartete Folgen. Wiesbaden: VS Verlag für Sozialwissenschaften, S. 27-62

Becker, R., (2007): Lassen sich aus den Ergebnissen von PISA Reformperspektiven für die Bildungssysteme ableiten? In: Schweizerische Zeitschrift für Bildungswissenschaften, Jg. 29, H. 1, S. 13-31

Becker, R. (2008): Bildung und Chancengleichheit. In: Statistisches Bundesamt (Destatis), Gesellschaft Sozialwissenschaftlicher Einrichtungen (GESIS-ZUMA) und Wissenschaftszentrum Berlin für Sozialforschung (WZB) (Hrsg.): Datenreport 2008. Zahlen und Fakten über die Bundesrepublik Deutschland. Bonn: Bundeszentrale für politische Bildung, S. 74-79

Becker, R. (2009): Entstehung und Reproduktion dauerhafter Bildungsungleichheiten. Erscheint in: Rolf Becker (Hrsg.): Lehrbuch der Bildungssoziologie. Wiesbaden: VS Verlag für Sozialwissenschaften, S. 85-130

Becker, R./Hecken, A. E. (2007): Studium oder Berufsausbildung? Eine empirische Überprüfung der Modelle zur Erklärung von Bildungsentscheidungen von Esser sowie von Breen und Goldthorpe. In: Zeitschrift für Soziologie, Jg. 36, H. 2, S. 100-117

Becker, R./Hecken, A. E. (2008): Warum werden Arbeiterkinder vom Studium an Universitäten abgelenkt? Eine empirische Überprüfung der „Ablenkungsthese" von Müller und Pollak (2007) und ihrer Erweiterung durch Hillmert und Jacob (2003). In: Kölner Zeitschrift für Soziologie und Sozialpsychologie, Jg. 60, H. 1, S. 3-29

Becker, R./Hecken A.E. (2009): Higher Education or Vocational Training? An Empirical Test of the Rational Action Model of Educational Choices Suggested by Breen and Goldthorpe (1997) and Esser (1999). Acta Sociologica, Vol. 52, No. 1, pp. 25-45

Becker, R./Schubert F. (2006): Soziale Ungleichheit von Lesekompetenzen. Eine Matching-Analyse im Längsschnitt mit Querschnittsdaten von PIRLS 2001 und PISA 2000. In: Kölner Zeitschrift für Soziologie und Sozialpsychologie, Jg. 58, H. 2, S. 253-284

Boudon, R. (1974): Education, Opportunity, and Social Inequality. New York: Wiley

Boudon, R. (1979): Widersprüche sozialen Handelns. Neuwied: Luchterhand

Bourdieu, P./Passeron, J. C. (1971): Die Illusion der Chancengleichheit Untersuchungen zur Soziologie des Bildungswesens am Beispiel Frankreichs. Stuttgart: Klett

Breen, R. (2005): Why Did Class Inequalities in Educational Attainment Remain Unchanged over Much of the Twentieth Century? In: Heath, A. F./ Ermisch, J./Gallie, D. (Eds.): Understanding Social Change: Proceedings of the British Academy. Oxford: Oxford University Press, pp. 55-72

Büchel, F./Helberger, Ch. (1995): Bildungsnachfrage als Versicherungsstrategie. Der Effekt eines zusätzlich erworbenen Lehrabschlusses auf die beruflichen Startchancen von Hochschulabsolventen. In: Mitteilungen aus der Arbeitsmarkt- und Berufsforschung, Jg. 28, H. 1, S. 32-42

Erikson, R. (1996): Explaining Change in Educational Inequality – Economic Structure and School Reforms. In: Robert E./Jonsson, J. O. (Eds.): Can Education Be Equalized? The Swedish Case in Comparative Perspective. Boulder: Westview Press, pp. 95-112

Erikson, R./Jonsson, J. O. (1996): Explaining Class Inequality in Education: The Swedish Test Case. In: Erikson, R. Jonsson, J. O. (Eds.): Can Education Be Equalized? Boulder: Westview Press, pp. 1-63

Hillmert, S./Jacob, M. (2003): Social inequality in higher education: is vocational training a pathway leading to or away from university? In: European Sociological Review, Vol. 19, No. 3, pp. 319-334

Maaz, K. (2006): Soziale Herkunft und Hochschulzugang. Effekte institutioneller Öffnung im Bildungssystem. Wiesbaden: VS Verlag für Sozialwissenschaften

Mayer, K. U. (2003): Das Hochschulwesen. In: Cortina, K. S./Baumert, J./Leschinsky, A./Mayer, K. U. (Hrsg.): Das Bildungswesen in der Bundesrepublik Deutschland. Reinbek: Rowohlt, S. 581-624

Mayer, K. U./Müller W./Pollak, R. (2007): Germany: Institutional Change and Inequalities of Access in Higher Education. In: Shavit, Y./Arum, R./Gamoran, A. (Eds.): Stratification in Higher Education. Stanford: Stanford University Press, pp. 240-265

Müller, W./ Mayer, K. U.(1976): Chancengleichheit durch Bildung? Stuttgart: Klett

Müller, W./Pollak, R./Reimer, D./Schindler, S. (2009): Hochschulbildung und soziale Ungleichheit. Erscheint in: Becker, R. (Hrsg.): Lehrbuch der Bildungssoziologie. Wiesbaden: VS Verlag für Sozialwissenschaften

Müller, W./Pollak, R. (2008): Weshalb gibt es so wenige Arbeiterkinder in Deutschlands Universitäten? In: Becker, R./Lauterbach, W. (Hrsg.): Bildung als Privileg. – 3. Aufl. – Wiesbaden: VS Verlag für Sozialwissenschaften, S. 307-346

Müller-Benedict, V. (2007): Wodurch kann die soziale Ungleichheit des Schulerfolgs am stärksten verringert werden? In: Kölner Zeitschrift für Soziologie und Sozialpsychologie, Jg. 59, H. 4, S. 615-639

Nash, R. (2003): Inequality/difference in education: is a real explanation of primary and secondary effects possible? In: British Journal of Sociology, Vol. 54, No. 4, pp. 433-451

Solga, H. (2005): Meritokratie – die moderne Legitimation ungleicher Bildungschancen. In: Berger P. A./Kahlert, H. (Hrsg.): Institutionalisierte Ungleichheiten? Stabilität und Wandel von Bildungschancen. Weinheim/München: Juventa, S. 19-38

Stockè, V. (2007): Explaining Educational Decision and Effects of Families' Social Class Position: An Empirical Test of the Breen-Goldthorpe Model of Educational Attainment. In: European Sociological Review, Vol. 23, No. 4, pp. 505-519

Wolter, A./Lenz, K./Laskowski, R. (2006): Studierbereitschaft bleibt auf hohem Niveau. Die Studien- und Berufswahl von Studienberechtigten des Abschlussjahrgangs 2006 in Sachsen. Eine empirische Untersuchung des Sächsischen Staatsministeriums für Kultus in Zusammenarbeit mit der Technischen Universität Dresden (Abschlussbericht). Dresden: SMK und TU Dresden.

Zwischen Spitzenforschung und Breitenausbildung. Strukturelle Differenzierungen an deutschen Hochschulen im internationalen Vergleich

Reinhard Kreckel

1 Einleitung

Der Beitrag von *Rolf Becker* beschäftigt sich vor allem mit der Entwicklung der Ungleichheit der *individuellen* Partizipationschancen an Hochschulen. Komplementär dazu werde ich mich nun auf ausgewählte *institutionelle* Ungleichheiten im Hochschulbereich konzentrieren. Ich gehe dabei von der Prämisse aus, dass die Hochschulsysteme in allen fortgeschrittenen Gesellschaften in jüngster Zeit eine starke Expansion erfahren haben und dass sie deshalb vor dem grundlegenden Problem stehen, wie sie die Notwendigkeiten zunehmender Breitenausbildung mit den Erfordernissen der Spitzenforschung und der Qualifikation erstklassischen wissenschaftlichen Nachwuchses vereinbaren können. Sie sind, anders gesagt, mit einem *Spitze-Breite-Dilemma* konfrontiert, das Handlungsdruck erzeugt und institutionelle Anpassungen erforderlich macht.

Wenn man heute Hochschulstrukturen sozialwissenschaftlich analysieren will, so muss man von einer alles dominierenden Grundtatsache ausgehen, der Grundtatsache der starken *weltweiten Hochschulexpansion* in der zweiten Hälfte des letzen Jahrhunderts (Meyer/Schofer 2005; Reisz/Stock 2007). Vor diesem Hintergrund eines kontinuierlichen Strukturwandels ist der Umstand umso bemerkenswerter, dass die Hochschulexpansion sich in den letzten zehn oder fünfzehn Jahren noch einmal erheblich *beschleunigt* hat, und zwar gerade in den hochentwickelten Ländern, die schon längst ein hohes Hochschulbildungsniveau erreicht hatten. Sie begreifen sich nun zunehmend als „Wissensgesellschaften", in denen die Höherqualifizierung der gesamten Bevölkerung zum politischen Ziel wird. Wie anschließend gezeigt wird, sind allein in den OECD-Ländern in den letzten zwölf bis fünfzehn Jahren die Studienanfängerquoten im Durchschnitt um rund 50% angestiegen, was einen gewaltigen Umbruch darstellt.

Dieser dramatische Strukturwandel hat für die sozialwissenschaftliche Ungleichheitsforschung erhebliche Implikationen, denn das Hochschulstudium fungiert in modernen Gesellschaften bekanntlich als eine zentrale Schaltstelle bei der Verteilung von Lebenschancen. Dabei geht es zum einen um die Zugangschancen zu beruflichen Spitzenpositionen. Zum anderen wird der Hochschulbesuch aber zunehmend als Schlüssel zum Eintritt in eine berufliche „Normalbiografie" und als Schutz vor dem Abgleiten in die gesellschaftliche Marginalität begriffen. D.h., wenn die Hochschulen sich öffnen, hat das Folgen für die Chancenstruktur der Gesellschaft.

Selbstverständlich ist eine Vielzahl von institutionellen Antworten möglich, mit denen auf diese strukturell induzierte Problematik und das damit verbundene Spitze-Breite-Dilemma reagiert werden kann. In der Regel sind solche Antworten stark von nationalen Traditionen und Pfadabhängigkeiten geprägt und variieren deshalb von Land zu Land beträchtlich.¹ Um die Vielfalt des institutionell Möglichen ausloten zu können, ist deshalb der internationale Strukturvergleich ein angemessenes Verfahren (vgl. Shavit/Arum/Glamorgan 2007). Meine folgenden Ausführungen stützen sich auf eine kürzlich im Auftrag des Bundesministeriums für Bildung und Forschung abgeschlossenen Studie, in der die akademischen Personalstrukturen in Frankreich, Großbritannien, USA, Schweden, Niederlande, Österreich und der Schweiz im vergleichenden Kontrast zu Deutschland untersucht wurden (Kreckel 2008a). Weder in dieser Studie noch im vorliegenden Beitrag ist eine umfassende vergleichende Analyse angestrebt. Der Ausgangspunkt ist vielmehr die zurzeit gegebene Reformsituation an den deutschen Hochschulen. Von da aus gehe ich der Frage nach, welche Erfahrungen sich aus dem internationalen Strukturvergleich für die Entwicklung der Hochschullandschaft in Deutschland gewinnen lassen könnten.

Zunächst beginne ich meine Ausführungen mit einem kurzen Rückblick auf den Prozess der Hochschulexpansion der letzten Jahrzehnte, um daran die Genese des strukturellen Spitze-Breite-Dilemmas aufzuzeigen, dem sich alle hier verglichenen Hochschulsysteme zu stellen hatten bzw. haben. Danach greife ich drei zurzeit besonders brisante und kontrovers diskutierte institutionelle Antworten heraus, mit denen auf dieses Dilemma reagiert werden kann:² Eine typische Antwort ist die Betonung von strukturellen Differenzierungen auf der Ebene des *Wissenschaftssystems* selbst. Eine zweite Möglichkeit des Umgangs mit dem Spitze-Breite-Dilemma ist die Nutzung von Differenzierungen auf der Ebene der *Hochschulabschlüsse*. Eine dritte Antwort betrifft die Differenzierung von Status- und Laufbahnstrukturen für das *wissenschaftliche Personal*. Mit diesen drei Aspekten möchte ich mich hier in international vergleichender Perspektive beschäftigen und damit gewissermaßen einen „Handwerkskasten" für die Bearbeitung der Spitze-Breite-Problematik vorstellen.

2 Beschleunigte Hochschulexpansion als strukturelle Grundtatsache

Zunächst zur Grundtatsache der beschleunigten Hochschulexpansion, für die die Partizipationsrate ein gängiges Maß ist: Stützt man sich auf die von der OECD publizierten Zahlen, so ergibt sich, dass zwischen 1995 und 2006 die Netto-Studienanfängerate an Hochschulen (im Tertiärbereich A) im Durchschnitt der OECD-Länder von 37% auf 56% des Altersjahrgangs zugenommen hat, eine massive Steigerung um rund 50% in zwölf Jahren. Allerdings sind die Unterschiede zwischen einzelnen Ländern beträchtlich. So erreichen die skandinavischen Länder und Polen sowie Australien und Neuseeland heute bereits Anfängerquoten von über 75%, Russland und die USA liegen einträchtig bei rund 64% (OECD 2008, S. 69). Deutschland befindet sich am anderen Ende der Skala. Auch hier ist ein rascher Expansionsprozess zu verzeichnen, allerdings – u.a. wegen des in Deutschland geltenden dualen Ausbildungssystems – auf deutlich niedrigerem Niveau: Zwischen 1993 und 2008 ist die Studienanfängerquote in Deutschland von 25,5% auf 39,3% angestiegen, also: um ca. 54%³. Damit ist das in der gemeinsamen „Qualifizierungsinitiative für Deutschland" von

---

[1] In der internationalen Hochschulforschung wird dieser Zusammenhang unter Begriffen wie *institutional diversity* oder *structural differentiation* diskutiert (vgl. z.B. UNESCO 2004; Teichler 1990; 2005a; 2008, Guri-Rosenblit/Sebkova/Teichler 2007).
[2] Einen Überblick über die gesamte Bandbreite der heute diskutierten Möglichkeiten und Varianten institutioneller und struktureller Differenzierung im Hochschulbereich gibt Teichler (2008).
[3] Quelle: Destatis (2007, Tab. 3) sowie Statistisches Bundesamt, Pressemitteilung Nr. 457 vom 01.12.2008.

Bund und Ländern 2008 beschlossene mittelfristige Ziel einer Studienanfängerquote von 40% bereits so gut wie erreicht.[4]

Der amerikanische Soziologe und Hochschulforscher Martin Trow (1970; 2006) hat die in Tafel 1 dargestellte Typologie von drei Entwicklungsphasen des weltweiten Hochschulexpansionsprozesses entworfen. Ich habe sie noch um eine vierte Phase ergänzt. Folgt man Trows Verlaufsschema und den Angaben der OECD, so befindet sich Deutschland zurzeit noch mitten in der zweiten Entwicklungsphase, der Phase der *mass higher education*, in der der Konflikt zwischen akademischer „Spitzen-" und „Breiten"-Ausbildung noch voll im Gange ist. Der OECD-Durchschnitt hat dagegen bereits die dritte Phase, das Zeitalter der *universal higher education* erreicht. Einige Länder (Australien, Neuseeland, Polen, Finnland, Schweden) nähern sich sogar bereits einem Zustand an, den man – in Analogie zur allgemeinen Schulpflicht – als Phase der „allgemeinen Hochschulpflicht" charakterisieren kann, weil dort der Hochschulbesuch seine frühere Exklusivität ganz verloren hat und zur Regel geworden ist. Damit stellt sich fast zwangsläufig die Frage, wie unter dieser Voraussetzung die Ausbildung von hochqualifizierten Forschern geregelt ist.

Tafel 1: Phasen der Hochschulexpansion und Genese des Spitze-Breite-Dilemmas

Phase 1: Elite higher education (bis ca. 1960)	Partizipationsrate:	0 - 15%
Phase 2: Mass higher education (ca. 1960-1995)	Partizipationsrate:	16 - 50%
Phase 3: Universal higher education (ab ca. 1995)	Partizipationsrate:	> 50%
Phase 4: Allgemeine Hochschulpflicht	*Partizipationsrate:*	> 75%

Quelle: Trow 1970; 2006

Schon die bloßen OECD-Daten lassen erkennen, dass die nationalen Variationen erheblich sind und dass die Hochschulexpansion von Land zu Land einen sehr unterschiedlichen Verlauf genommen hat. Dennoch lassen sich in den letzten Jahrzehnten zwei Zeiträume unterscheiden, in denen sich überall die hochschulpolitischen Aktivitäten im Gefolge der Hochschulexpansion stark intensiviert haben, mit wichtigen Auswirkungen für die Spitze-Breite-Problematik:

1.) Die erste große Hochschulexpansions- und Hochschulreformperiode wird von magischen Daten wie dem „Sputnikschock" von 1957 und der Studentenrevolte von 1968 markiert. In dieser Zeit wurde an den Hochschulen im westlichen Europa und in Nordamerika der Übergang von der *elite higher education* zur *mass higher education* eingeleitet. Die Phase ging etwa Mitte der 1970er Jahre zu Ende. In dieser ersten Expansionsphase wurde vor allem mit zwei Maßnahmen auf das Spitze-Breite-Problem reagiert:

Zur Bewältigung der steigenden Nachfrage nach Studienplätzen baute man zum einen die existierenden Universitäten großzügig aus und gründete außerdem zahlreiche *neue Universitäten*. Dabei hielt man weitgehend am althergebrachten universitären Elitemodell fest. Allerdings wurde die traditionelle Professorenuniversität überall durch die Einführung von bestimmten Mitbestimmungselementen zur „Gruppenuniversität" weiterentwickelt. Für den Ausbau und die Neugründung von Universitäten wurden damals staatliche Finanzmittel in beträchtlichem Umfang bereitgestellt.

---

4 Quelle: http://www.bmbf.de/13133.php; [Zugriff: 08.11.2008].

Um aber die Kosten nicht zu weit ausufern zu lassen, wurde zum anderen ein *neuer Hochschultypus* eingeführt, der praxisnah und kostengünstig die Bedürfnisse der tertiären Breitenausbildung bedienen sollte: die Fachhochschulen in Deutschland, die *Polytechnics* in Großbritannien, die *Instituts Universitaires de Technologie* in Frankreich, die *Hogescholen* in den Niederlanden, die *Högskolor* in Schweden usw.

2.) Mit der erneuten Beschleunigung des Expansionsprozesses seit Mitte der 1990er Jahre hat eine zweite Hochschulexpansions- und Hochschulreformperiode begonnen. Dieses Mal ist eine ähnliche Ausbau- und Neugründungswelle wie in der ersten Periode freilich nicht zu erkennen. Nirgends halten die staatlichen Finanzmittel für die Hochschulen mit dem Anwachsen der Studierendenzahlen Schritt. Auch der Ausbau der Fachhochschulen ist ins Stocken geraten. Ebenso ist von der verstärkten Einführung von Mitbestimmungsmodellen, die im Gefolge der 1968er Revolte durchgesetzt wurden, mittlerweile nur noch wenig zu spüren.

Da man heute nicht mehr bereit oder in der Lage ist, so intensiv in die Hochschulen zu investieren wie in der ersten Expansionsphase, bemühen sich einige Länder, im westlichen Europa vor allem Großbritannien, die sich öffnende Finanzierungslücke durch private Finanzquellen, vor allem durch substantielle *Studiengebühren* zu schließen. In Deutschland ist man diesen Weg bisher nicht (bzw. nicht konsequent) gegangen. Ich werde ihn deshalb im Folgenden bei meiner vergleichenden Betrachtung nicht weiter in Betracht ziehen. Das heißt, meine Hauptaufmerksamkeit gilt der Frage, welche institutionellen Antworten auf das Spitze-Breite-Dilemma von überwiegend öffentlich finanzierten, typischerweise unter Mittelknappheit stehenden Hochschulsystemen gegeben werden. Sie stehen in der Regel unter dem Motto der *„Leistungsverdichtung"* durch Intensivierung des Wettbewerbs, durch Einführung neuer Steuerungsmodelle, durch Entwicklung einer „Evaluationskultur" (Teichler 2005b) und durch Stärkung der Hochschulleitungen zu Lasten der akademischen Mitbestimmung.

Selbstverständlich ist diese typologisierende Periodisierung sehr vereinfachend. Vor allem bildet sie die Vielfalt der unterschiedlichen nationalen Entwicklungen nicht ausreichend ab. Ich möchte deshalb im Folgenden auf drei institutionelle Mechanismen, die bei der Bewältigung der Hochschulexpansion und der mit ihr einhergehenden Spitze-Breite-Problematik zum Tragen kommen, etwas genauer eingehen:

Eine typische Antwort ist die Betonung von strukturellen Differenzierungen auf der Ebene des *Wissenschaftssystems* selbst. Eine zweite Möglichkeit ist die Nutzung von Differenzierungen auf der Ebene der *Hochschulabschlüsse*. Eine dritte Antwort betrifft die Differenzierung von Status- und Laufbahnstrukturen für das *wissenschaftliche Personal*. Mit diesen drei Aspekten möchte ich mich hier in international vergleichender Perspektive beschäftigen. Denn trotz beobachtbarer Angleichungs- und Standardisierungstendenzen im globalen und europäischen Rahmen sind die institutionellen Antworten auf den weltweiten Druck zur Hochschul- und Wissenschaftsexpansion immer noch in hohem Maße pfadabhängig und an nationale Strukturvorgaben und Traditionen gebunden.

3 Strukturelle Differenzierungen im Wissenschaftssystem[5]

Wenn man von „Hoch*schulen*" oder „Institutions of Higher *Education*" spricht, ist das etwas irreführend. Denn faktisch hat sich das europäisch-amerikanische Modell der *Forschungs*universität heute weltweit als Leitbild durchgesetzt: Überall gelten heute die Universitäten als die zentralen institutionellen Orte, wo höhere Bildung in Verbindung mit wissenschaftlicher *Forschung* vermittelt und das Leitbild der Einheit von Lehre und Forschung zelebriert wird. Andere tertiäre Bildungseinrichtungen, etwa die Fachhochschulen, orientieren sich an den Universitäten und versuchen deshalb vielfach auch, als *forschende* Hochschulen wahrgenommen und als Universitäten bezeichnet zu werden. Ebenso hat sich die (Forschungs-)Promotion als notwendige Mindestqualifikation für Hochschullehrerpositionen weitgehend durchgesetzt. Insoweit ist also das geheiligte Prinzip der Verbindung von Forschung und Lehre zum normativen Allgemeingut geworden (vgl. Burkhardt 2008).

Tafel 2: Typologie struktureller Differenzierungen im Wissenschaftssystem

---

1. Kategoriale Segmentierung
- *Binäre Systeme* (D, NL, S, GB [vor 1992], A, CH)
- *Komplexe Systeme* (F, USA)

2. Institutionelle Externalisierung
- *Akademische Forschung an außeruniversitären Einrichtungen*
  – (ausgeprägt in Frankreich; weniger ausgeprägt in D, NL, A)

3. Interne Funktionsdifferenzierung
- *Differenzierung zwischen Hochschulbereichen/Instituten für Lehre und für Forschung*
  – (z.B. Sonderforschungsbereiche, Interdisziplinäre Forschungszentren etc.)
- *Unterscheidung von Personal für Lehre und Personal für Forschung*
  – Differenzierung zwischen Lehr- und von Forschungsprofessuren
  – Vermehrung der Positionen für „nichtselbständige" Lehre
  – Unterscheidung zwischen (nicht lehrendem) Drittmittelpersonal und wissenschaftlichem Personal mit Lehraufgaben

4. Vertikale Stratifizierung
- *USA-Spitzenbereich*
- *GB [nach 1992]*

Geht man somit davon aus, dass es in den wissenschaftlichen Hochschulen nicht nur um wissenschaftliche Bildung geht, wie die Bezeichnung suggeriert, sondern immer auch um die aktive Ausübung von Wissenschaft, also um Forschung, dann führt das Spitze-Breite-Dilemma unweigerlich zu der Frage, wie die Hochschulen angesichts von steigenden Studierendenzahlen und stagnierenden Mitteln noch akademische Forschung auf hohem Niveau gewährleisten können. Befürchtet wird, dass die Forschung zunehmend in den „Schatten der Lehre" (Schimank 1995) gerät und von ihr verdrängt wird. Es gibt nun eine Reihe von strukturellen Antworten auf dieses Problem, die alle darauf hinauslaufen, die *akademische Forschung von der Lehre zu entlasten*. Ich nenne sie: Kategoriale Segmentierung,

---

[5] Genaue Belege und detaillierte Literaturangaben für die empirischen Angaben in diesem Abschnitt finden sich in Kreckel (2008a).

institutionelle Externalisierung, interne Differenzierung und vertikale Stratifizierung (vgl. Tafel 2). Diese vier verbreiteten Strategietypen schließen einander nicht aus. In der Realität pflegen sie in unterschiedlichen Mischungsverhältnissen und Ausprägungen aufzutreten, die jeweils von nationalen Traditionen und Strukturvorgaben geprägt sind.

1.) Bei der Strategie der *kategorialen Segmentierung* des Hochschulsektors geht es darum, dass zwischen solchen Hochschularten unterschieden wird, die primär der Lehre dienen, und solchen, die die akademischen Kernaufgaben der Lehre, Forschung und akademischen Nachwuchsqualifikation miteinander verbinden sollen. Besondere Bedeutung hat in Europa der Modus der *binären Differenzierung* erlangt, der u.a. in Deutschland, Schweden, den Niederlanden, Österreich und der Schweiz gegangen wird.[6] Dort wird unterschieden zwischen einem lehrintensiven (und kostengünstigen) Fachhochschulsektor einerseits, der den größten Teil des Studierendenandranges bewältigen soll, und dem universitären Sektor andererseits, dem dadurch der Rücken für Forschungs- und Nachwuchsförderungsaufgaben freigehalten wird.

Allerdings ist es nur den Niederlanden tatsächlich gelungen, mit rund zwei Dritteln den Großteil der Studierenden in die Fachhochschulen zu lenken. In Deutschland ist die Entwicklung (mit einem Drittel) auf halbem Wege stehen geblieben.[7] Die meisten klassischen akademischen Studienfächer werden in Deutschland weiterhin nur an den Universitäten angeboten, die deshalb nach wie vor mit dem Problem der „massification" angesichts knapper Finanzmittel kämpfen müssen und Schwierigkeiten haben, ein für die Einheit von Forschung und Lehre förderliches Milieu zu bieten. Analog verhält es sich in Schweden, Österreich und der Schweiz.

Komplexere kategoriale Segmentierungen sind aus Frankreich bekannt (mit Grandes Écoles, Universitäten, IUTs und universitären Studiengängen an Gymnasien). Eine komplexe Segmentierung des Hochschulbereiches findet sich auch in den USA, was allerdings in der hochschulpolitischen Diskussion vielfach übersehen wird: Von den rund 17,5 Mio. Studierenden des Jahres 2004 an US-Hochschulen besuchten lediglich 27% eine Universität mit Promotionsrecht. 22% der Studierenden besuchten 4-Year-Colleges, an denen als höchster Grad der Master erworben werden kann, 12% gingen auf reine Bachelor-Colleges. 39% studierten an 2-Year-Colleges ohne Graduierungsrecht. Anders gesagt, von den über 4.000 Hochschuleinrichtungen der USA gelten laut Carnegie Classification nur 279 (6,4%) als Forschungsuniversitäten, davon nur 96 (2,2%) als „Universities with very high research activity". Rechnet man noch die 665 „Master's Colleges and Universities" ohne Promotionsrecht hinzu, kommt man auf einen Anteil von 21,5%. Das heißt, für die übergroße Mehrzahl der US-amerikanischen Hochschulen stellt sich das Problem der Einheit von Forschung und Lehre überhaupt nicht, da sie reine Lehranstalten sind.[8]

2.) Als nächstes ist die Strategie der *institutionellen Externalisierung* zu nennen. Sie läuft darauf hinaus, die akademische Kernaufgabe der Forschung, insbesondere die betriebsförmig und professionell betriebene Forschung, ganz oder teilweise an *außeruniversi-*

---

6 Auch das britische Hochschulsystem war bis zur Eingliederung der *Polytechnics* in den universitären Sektor, die 1992 einsetzte und 2006 abgeschlossen wurde, ein binäres System.

7 In Deutschland waren im Wintersemester 2005/6 insgesamt 33,4% der Studierenden im ersten Hochschulsemester an einer Fachhochschule (einschl. Verwaltungsfachhochschule) eingeschrieben, in den Niederlanden nahmen die Hochschule für Höhere Berufsbildung (HBO) 67,4% der Studienanfänger auf (Statistisches Bundesamt 2005, Tabelle 1.1; MINOCW 2006, S. 101, 113).

8 Quelle: http://www.carnegiefoundation.org/classifications/index.asp?key=805; Zugriff. 14.01.2008. Vgl. dazu auch Janson/Schomburg/Teichler (2007), Schreiterer (2008).

täre akademische Forschungseinrichtungen[9] zu übertragen. Bei den Hochschulen verbleiben dann die Aufgaben der Lehre und der Nachwuchsqualifikation. Forschung findet dort hauptsächlich als Qualifikationsforschung statt, die von Doktoranden und Post-Docs betrieben wird.

Diesem Typus steht vor allem das Hochschulsystem in Frankreich nahe. An den französischen Universitäten und Grandes Écoles stand die Lehrfunktion traditionsgemäß immer im Vordergrund. Bis vor kurzem hat es dort kaum betriebsförmige Forschungsaktivitäten oder nennenswerte Drittmittelforschung gegeben, sondern vor allem Qualifikationsforschung und reine Gelehrtenforschung. Der Großteil der akademischen Forschung fand in den außeruniversitären (allerdings vielfach auf Universitätsareal situierten) Forschungseinrichtungen des *centre national de recherche scientifique* (CNRS) und der anderen staatlichen Forschungsorganisationen statt: Ca. 22.000 beamtete Forscher waren 2005 dort tätig, gegenüber rund 57.000 beamteten Hochschullehrern im universitären Bereich.[10] Der im außeruniversitären Bereich des französischen akademischen Wissenschaftssystems tätige Anteil beträgt damit rund 28%. Erst in den letzten Jahren bemüht man sich, gegenzusteuern und *unités mixtes de recherche* zu schaffen, in denen Universitäten und außeruniversitäre Institute in der Forschung kooperieren. Man versucht auch, durch die Einrichtung einer DFG-ähnlichen *agence nationale de recherche* (ANR) die Drittmittelforschung an den Universitäten anzuregen.

Auch in Deutschland liegen, von der hochschulwissenschaftlichen Diskussion oft ignoriert, bereits seit Gründung der Kaiser-Wilhelm-Gesellschaft im Jahr 1911 deutliche Ansätze zu einer ähnlichen institutionellen Doppelstruktur vor, die allerdings weniger ausgeprägt ist als in Frankreich. Heute gibt es in Deutschland über 200 Max-Planck-, Leibniz-, Helmholtz- und Fraunhofer-Institute mit staatlicher Grundfinanzierung, in denen akademische Forschungsaufgaben ohne Lehrverpflichtung wahrgenommen werden. Rund 27.000 Wissenschaftlerinnen und Wissenschaftler sind dort tätig (Stellenäquivalente), während es an den deutschen Universitäten rund 92.000, an den Hochschulen insgesamt rund 125.000 Planstellen für wissenschaftliches (und künstlerisches) Personal gibt. D.h., rund 18% der Wissenschaftlerstellen liegen in Deutschland im außeruniversitären Sektor. Außerdem sind rund ein Fünftel (2005: 22,6%) der Wissenschaftler an den deutschen Hochschulen, vor allem an Universitäten, auf Drittmittelbasis beschäftigt, in der Regel als reine Forscher ohne Lehraufgaben.[11]

In Österreich, mit den außeruniversitären Forschungsinstituten der Österreichischen Akademie der Wissenschaften und der Ludwig-Boltzmann Gesellschaft, und in den Niederlanden, mit den Instituten der *Nederlandse Organisatie voor Wetenshappelijk Onderzoek* (NWO) und der *Koninklijke Nederlands Akademie van Wetenschappen* (KNAW), findet man analoge Strukturen. Dagegen ist in Ländern wie Großbritannien, Schweden oder der Schweiz sowie in den USA die Tendenz stärker ausgeprägt, die akademische Forschung primär in den Universitäten zu verankern.

---

9 In Anlehnung an die gängige Frascati-Klassifikation der OECD (OECD 2003: 69ff.) werden hier *staatlich geförderte akademische Forschungsinstitute* außerhalb der Hochschulen, die in der OECD-Klassifikation als „'borderline' research institutions" dem Hochschulsektor (HES) zugeordnet werden, als außeruniversitäre 'akademische' Forschungseinrichtungen verstanden.
10 Quelle: http://cisad.adc.education.fr/reperes/public/chiffres/france/adm.htm; Zugriff: 14.01.2008.
11 Nach: Statistisches Bundesamt, Fachserie 14/Reihe 3.6, 2005, S. 47; Fachserie 11/Reihe 4.4, 2005, S. 143ff., 227, 247.

3.) Damit komme ich zu einer dritten Strategievariante, der *internen Funktionsdifferenzierung*. Wenn nämlich auch bei wachsender Bildungsbeteiligung Forschung von nennenswertem Gewicht innerhalb der Hochschulen stattfinden soll, müssen nicht nur die erforderlichen infrastrukturellen Voraussetzungen vorhanden sein. Es muss auch gewährleistet werden, dass geeignetes Forschungspersonal verfügbar ist, das nicht von Lehraufgaben absorbiert wird. Die eine Denkmöglichkeit ist die Schaffung von gesonderten Instituten oder inneruniversitären Zentren, die rein der Forschung dienen und sich von den Bereichen mit Lehraufgaben abheben. Fast überall ist daneben eine zweite Form der Funktionsdifferenzierung im Wissenschaftlerbereich zu beobachten, die auf der Unterscheidung zwischen „regulärem" wissenschaftlichem Personal mit Lehraufgaben und sog. Drittmittelpersonal mit reinen Forschungsfunktionen beruht. Die (generell befristete) Drittmittelfinanzierung und Projektförmigkeit der Forschung ist im Zuge der zunehmenden Wettbewerbs- und Evaluationsorientierung im Hochschulbereich überall auf dem Vormarsch (Matthes 1988, Torka 2006).

Der Pferdefuß dieser zurzeit gängigsten Lösung bleibt die unumgängliche Befristung der Drittmittelstellen und das Fehlen einer klaren hochschulinternen Karriere für Forscher. Denn wissenschaftliche Dauerstellen an Hochschulen sind fast ausnahmslos Hochschullehrerstellen, die zwar eine Forschungsqualifikation voraussetzen, aber dann in hohem Maße durch Lehraufgaben definiert sind. Eine Folge ist, dass für die hochschulinterne Drittmittelforschung selbst dann, wenn es sich um Spitzenforschung handelt, vor allem Qualifikanten und junge Berufsanfänger zur Verfügung stehen und es schwer fällt, ein erfahrenes Forscherteam zusammen zu halten. Wenn andererseits erfahrene Hochschullehrer die Rolle des *principal investigator* ernsthaft wahrnehmen, leidet ihre Lehrfunktion: Die Lehre tritt dann in den „Schatten der Forschung", eine in Deutschland heute ebenfalls oft beklagte Entwicklung.

4.) Eine vierte, heute in der öffentlichen Diskussion oft favorisierte Möglichkeit des institutionellen Umganges mit der Spitze-Breite-Problematik ist die vertikale Differenzierung bzw. *Stratifizierung* des Hochschulsystems, wie sie etwa im oberen „universitären" Hochschulbereich der USA zu beobachten ist. Zwischen den amerikanischen Forschungsuniversitäten gibt es deutliche, öffentlich anerkannte und durch Rankings immer wieder bestätigte Leistungs- bzw. Reputationsunterschiede (vgl. Schreiterer 2008). Im kontinentalen Europa hat man dagegen bisher eher dazu geneigt, für alle Hochschulen der gleichen Kategorie von einer „ständischen" Gleichheitsfiktion auszugehen und deren Abschlüsse als gleichwertig anzuerkennen.

Für Großbritannien hat diese Fiktion nie ganz gegolten, da Oxford und Cambridge immer eine Sonderstellung eingenommen haben. Aber auch dort gab es bis 1992 eine binäre Hochschulstruktur, die zwischen Universitäten als Orten der Forschung und Lehre einerseits und primär lehrenden *Polytechnics* andererseits scharf unterschied. In den Folgejahren wurde diese kategoriale Differenzierung sukzessive aufgehoben und der Umbau zu einer einheitlichen stratifikatorischen Hochschulstruktur vorgenommen, die nur noch formal gleichberechtigte, aber in ihrer Ausstattung und Leistungsfähigkeit sehr ungleiche Universitäten kennt.[12] Der universitäre Hochschulbereich der USA stand dabei Pate. Das seit den 1980er Jahren landesweit durchgeführte Research Assessment Exercise (RAE) führte in

---

12 Ganz konsequent ist dieser Vereinheitlichungsprozess nicht vollzogen worden. Noch immer gibt es in Großbritannien eine Reihe von Colleges of Higher Education ohne Universitätsstatus (vgl. Clark 2006, S. 21).

Großbritannien schrittweise zu einer leistungs- bzw. evaluationsbezogenen Verteilung der staatlichen Forschungs- und Forschungsinfrastrukturmittel. In der Konsequenz konzentrieren sich mittlerweile rund 33% der für Forschung bestimmten Zuweisungen auf 8 britische Universitäten (darunter Oxford und Cambridge). Die im RAE von 2001 erfolgreichsten 25 (von insgesamt 173 beteiligten) Hochschuleinrichtungen erhalten ca. 75% der jährlich vergebenen Haushaltsmittel für Forschung (Shattock 2006, S. 1024). Aus der früheren kategorialen Unterscheidung zwischen Universitäten und *Polytechnics* ist mit der Einbeziehung letzterer als „New Universities" in das RAE eine *graduelle Schichtung der Universitäten* entstanden[13]: An der Spitze stehen forschungsorientierte und forschungsstarke Universitäten, die Mittelgruppe bilden Universitäten, die über einige forschungsstarke Departments verfügen, am unteren Ende stehen die vornehmlich lehrorientierten Universitäten sowie kleinere Colleges of Higher Education ohne größere Forschungsaktivitäten. Der überwiegende Teil der New Universities gehört der letztgenannten Gruppe der Lehruniversitäten an. In der Konsequenz ist an den britischen Universitäten eine *Zielverschiebung von der Lehre hin zur Forschung als erstem Leitwert* zu beobachten, wobei nahezu alle „neuen" Universitäten, aber auch ein nicht unerheblicher Teil der insgesamt 59 großen „alten" Universitäten keine guten Karten haben.

Es kann nicht die Aufgabe dieses Beitrages sein, systematische Erwägungen über die Vor- oder Nachteile dieses schrittweisen Vorganges der Stratifizierung im Vergleich zu der bisher maßgeblichen „Gleichheitsfiktion" anzustellen. Vielmehr ist es mir zunächst einmal nur darum gegangen, mit Hilfe der skizzierten vier Strategietypen eine begriffliche Werkzeugkiste zusammenzustellen, die es gestattet, die unterschiedlichen strukturellen Möglichkeiten des Umganges mit dem Spitze-Breite-Problem angesichts des Trends zu universeller Bildungsinklusion zu erfassen. Möchte man sie auf einen gemeinsamen Nenner bringen, so laufen alle Strategien auf *Abschottung* hinaus, und zwar vor allem auf *Abschottung der Forschung von der Lehre*. Dabei gehen mehrere Interessenlagen Hand in Hand:

- Exzellente Forschung gilt als Voraussetzung für *wirtschaftlichen* Erfolg im internationalen Wettbewerb;
- Forschungserfolge der Hochschulen dienen der *politischen* Legitimation staatlicher Hochschulfinanzierung;
- Das Ethos des Forschens („Wissenschaft als Beruf") prägt die traditionelle Selbstwahrnehmung und die *Reputation* der Hochschullehrer.

Betrachtet man vor diesem Hintergrund die deutsche Exzellenzinitiative, so lassen sich über deren faktische Auswirkungen aufgrund der Kürze der Zeit noch keine belastbaren Aussagen treffen. Unverkennbar ist freilich, dass es sich hier um einen Versuch zur symbolischen Stratifizierung des deutschen Hochschulsystems handelt, der bislang allerdings nur durch zeitlich und quantitativ begrenzte Mittel untermauert ist. Von einer wirklich einschneidenden evaluationsbezogenen Umverteilung von Haushaltsmitteln, wie sie in Großbritannien zu beobachten ist, kann deshalb in Deutschland bisher noch nicht die Rede sein.[14]

---

13 Die Ergebnisse der bisherigen Research Assessment Exercises sind im Internet dokumentiert unter: http://www.hero.ac.uk/rae/Results/.
14 Kritisch dazu vor allem Münch (2007).

4 Hierarchische Differenzierung von Studienabschlüssen

Die hierarchische Differenzierung zwischen unterschiedlichen akademischen „Graden", nämlich: Bakkalaureus, Magister und Doktor, ist ein fester Bestandteil der alteuropäischen Universitätstradition. Aber im Laufe der Zeit sind die nationalen Unterschiede der Hochschulabschlüsse immer größer geworden. Deshalb wird jetzt im Zuge des sogenannten Bologna-Prozesses eine Vereinheitlichung für Europa angestrebt. Die Ausgangssituation vor dem Einsetzen der Bolognareform ab 1998 lässt sich etwa so zusammenfassen:

1. Auf der obersten Stufe der akademischen Abschlüsse besteht die relativ größte internationale Übereinstimmung: Der *Doktorgrad*, insbesondere das forschungsbasierte Doktorat[15], hat sich überall als der höchste akademische Titel etabliert[16], der nur sehr selektiv vergeben wird. Deutschland nimmt hier eine internationale Spitzenstellung ein: Auf 1.000 Einwohner im Alter von 25 bis 34 Jahren kommen 2,1 Promotionen bzw. auf 100 grundständige Hochschulabschlüsse knapp 12 Promotionen (Burkhardt 2008, S. 141f.).
2. Sehr unterschiedlich sind hingegen die nationalen Antworten auf die Frage, was als akademischer „Regelabschluss" gelten soll. Für Deutschland war die Lage bis vor kurzem eindeutig: Der Regelabschluss an Universitäten war der Magister bzw. das Diplom oder das Staatsexamen, mit einer Studiendauer von mindestens acht Semestern. Die deutschen Fachhochschulen vergaben das niedriger eingestufte (meist siebensemestrige) Fachhochschuldiplom. In Österreich, der Schweiz, Schweden und den Niederlanden verhielt es sich analog: Die erste („grundständige") Studienphase wurde dort traditionellerweise als ein *einstufiges Langzeitstudium* verstanden.
3. In den angelsächsischen Ländern ist dagegen seit alters her ein *zweistufiges Studiensystem* üblich: Das (in Großbritannien drei- oder vierjährige, in den USA grundsätzlich vierjährige) *undergraduate*-Studium führt zum Bachelorgrad, dem ersten akademischen Abschluss, der zugleich als Regelabschluss gilt. Masterstudiengänge und *professional degrees*[17] gehören dort bereits zum Postgraduierten-Studium, mit stark selektivem Zugang: In Großbritannien kommen im Durchschnitt auf 100 Bachelor-Abschlüsse etwa 35 Masterabschlüsse, in den USA rund 40. Rechnet man die *professional degrees* hinzu, erhöhen sich die Anteile der *postgraduate degrees* (ohne Promotion) in Großbritannien immerhin auf 58, in den USA auf 46 höhere Abschlüsse pro 100 Bachelors.[18] Auch Frankreich kennt schon immer ein stark diversifiziertes und hierarchisiertes System von Studienabschlüssen.
4. Unterhalb des akademischen Regelabschlusses gibt es eine weitere Differenzierungsebene, die *Kurzstudiengänge*: Rund 40% der US-amerikanischen Studierenden besuchen sog. *Two-Year-Colleges*, die nur einen *associate's degree* ohne vollwertigen akademischen Status verleihen. Auch an britischen Universitäten werden diverse Kurz-

---

15 Daneben gibt es in einer Reihe von Ländern *professional doctorates*, Doktorpromotionen ohne Forschungsdissertation, die z.T. – vor allem in der Medizin – auch als akademische Regelabschlüsse verstanden werden.
16 Die in einigen mitteleuropäischen Ländern übliche Habilitation ist nicht mehr als Studienabschluss, sondern eher als eine berufsbegleitende Weiterqualifikation zu verstehen.
17 In den USA vor allem in Medizin, Jura und Theologie, in Großbritannien auch bei der Lehrerbildung.
18 USA (2005/6): http://nces.ed.gov/programs/digest/d07/tables/dt07_258.asp?referrer=report, Table 266; GB (2006/7): http://www.hesa.uk/index.php, Table 14 (Zugriff: 08.11.2008).

studiengänge mit Abschlüssen unterhalb des Bachelor-Niveaus (HND, HNC, DipHE, *foundation degree*) angeboten, die immerhin ein Fünftel der Studienabschlüsse ausmachen. Ähnliche Entwicklungen finden sich auch in Schweden. In Frankreich gibt es unterhalb der dreijährigen, als Äquivalent für den Bachelor geltenden *licence* als erstem akademischem Vollabschluss ein *diplôme universitaire de technologie* (DUT) und ein *brevet de technicien supérieur* (BTS), die bereits nach zwei Studienjahren erworben werden können.

Man sieht also im Ländervergleich, dass es immer schon unterschiedliche institutionelle Mechanismen gegeben hat, durch die die Spitze-Breite-Problematik bereits im Vorfeld entschärft werden kann. Kategoriale Differenzierungen wie die zwischen Universitäten und Fachhochschulen oder zwischen *Two-Year-* und *Four-Year-Colleges* erweisen sich dabei vor allem dann als wirksam, wenn sie mit der Vergabe von *kategorial unterschiedlichen Studienabschlüssen* verbunden sind, die den Übergang zu höherwertigen Studiengängen erschweren. So studieren z.B. rund zwei Drittel der niederländischen Studierenden an Fachhochschulen (HBOs), rund vierzig Prozent der US-amerikanischen Studierenden an *Two-Year-Colleges*, deren Abschlüsse nur in Ausnahmefällen zu einem weiterführenden Studium führen.

Im Zuge des Bologna-Prozesses wird nun seit einigen Jahren überall in Europa versucht, ein für alle Länder und Hochschultypen einheitliches Bachelor-Master-System einzuführen. In Deutschland wird dabei vor allem die Einführung eines dreijährigen grundständigen Bachelorstudiums sehr ernst genommen, das als „erster berufsqualifizierender Abschluss" verstanden werden soll.[19] Damit kommt es in Deutschland in zweierlei Hinsicht zu einer Abkehr von bestehenden Leitvorstellungen: Zum einen wird dadurch der kategoriale Unterschied zwischen Fachhochschul- und Universitätsabschlüssen de facto beseitigt: Bachelor- und Mastergrade werden jetzt unterschiedslos von Universitäten *und* Fachhochschulen vergeben (vgl. Witte 2008, S. 432). Die Grenzen zwischen den beiden Hochschultypen werden dadurch unschärfer und durchlässiger. Zum anderen erzwingt die Bologna-Reform die Abkehr vom Leitbild des einstufigen Langzeitstudiums. Sie ist in Deutschland mit der expliziten hochschulpolitischen Zielvorgabe verbunden, dass künftig der (nunmehr an Universitäten und Fachhochschulen gleichermaßen vergebene) *Bachelorgrad der akademische Regelabschluss* sein solle. Dem steht die Sorge gegenüber, dass diese Entwicklung dazu führen könne, dass die künftigen Masterabschlüsse hinter der Zahl der bisherigen Magister-, Diplom- und Staatsexamensabschlüsse zurückbleiben werden und es damit insgesamt zu einer Dequalifizierung der deutschen Absolventen kommen müsse.

Es ist abzusehen, dass hier ein neues Konfliktfeld im Entstehen ist. Völlig ungeklärt und heiß umstritten sind in Deutschland zurzeit vor allem die beabsichtigten und die wahrscheinlichen Übergangsquoten zwischen der Bachelor- und der Master-Ebene. Die Prognosen schwanken zwischen 40 und 70% (vgl. Hüning/Langer 2006; Hermann 2008). Ein erster empirischer Befund aus dem Jahr 2007 besagt, dass auf 23.400 Bachelorabschlüsse an deutschen Hochschulen 14.200 Masterabschlüsse kamen, also immerhin rund 60%. Angesichts der Gesamtzahl von 262.600 Studienabschlüssen (ohne Promotionen) ist der prognostische Wert dieser Übergangsquote allerdings noch gering (vgl. Statistisches Bundesamt, Pressemitteilung 312/2008). Die vom Hochschulinformationssystem HIS jährlich

---

19 Siehe zu den unterschiedlichen Strategien und Zielen bei der Umsetzung des Bologna-Prozesses in verschiedenen europäischen Ländern die Analysen von Witte (2006).

durchgeführten Befragungen von Bachelor-Studierenden lassen erkennen, dass durchgängig rund 75-80% der Befragten die „Möglichkeit der Studienfortsetzung mit einem Masterstudiengang" als Beweggrund für die Wahl eines Bachelorstudienganges nennen (HIS 2007, S. 4f.).

In welchem tatsächlichen Zahlenverhältnis das Angebot von Bachelor- und von Master-Studienplätzen an deutschen Hochschulen künftig stehen wird, ist somit heute noch offen. Angaben über anzustrebende Übergangsquoten schwanken je nach hochschulpolitischer Interessenlage zwischen fünfundzwanzig und hundert Prozent. Explizite politische Vorgaben gibt es in keinem der deutschen Bundesländer (vgl. Hermann 2008). Allerdings finden sich vielerorts inhaltliche Zugangsvoraussetzungen und Notenvorgaben für die Zulassung zum Masterstudium. Außerdem werden de-facto-Vorentscheidungen gefällt, indem für die Masterausbildung z.T. nur beschränkte Personalkapazitäten zur Verfügung gestellt werden, die zu Zulassungsbeschränkungen zwingen (vgl. dazu Witte/von Stuckrad 2007). Viola Herrmann (2008, S. 13) spricht daher von „versteckten Quotierungen".

An dieser Stelle lässt sich zurzeit nur sagen, dass die künftigen Auswirkungen der Bologna-Reform auf die Selektivität des deutschen Hochschulsystems noch sehr offen sind, so dass empirische Begleitforschung dringend notwendig ist. Denn nach meiner Einschätzung hängt die künftige Antwort auf das Spitze-Breite-Dilemma in Deutschland sehr stark davon ab, ob bzw. inwieweit das Bachelor-Studium zum alleinigen Ort des „Breiten-„ bzw. „Massenstudiums" wird und der Bachelor-Abschluss sich faktisch als *Regelabschluss* durchsetzt. Dann nämlich wird der Zugang zum Masterstudium die Funktion einer neuen Selektions- und Exklusionsschwelle auf dem Weg zum „Spitzenstudium" übernehmen (vgl. Leutze/Allmendinger 2008, S. 77). Ebenso ist es aber auch denkbar, dass das Leitbild des akademischen Langzeitstudiums als „Vollstudium" weiterhin wirksam bleibt und der Bachelor von Studierenden, Arbeitgebern und der Öffentlichkeit nicht als Regelabschluss, sondern nur als *Zwischenabschluss* auf dem Weg zum obligatorischen Master akzeptiert wird. Genau das zeichnet sich in den Niederlanden ab: Dort haben alle universitären Bachelor-Absolventen einen Anspruch auf einen Master-Studienplatz (Witte 2006, S. 252). De facto liegt die Übergangsquote vom Bachelor zum Master an niederländischen Universitäten heute bei rund 90% (Westerheijden u.a. 2008, S. 29). Ähnlich verhält es sich in Schweden und anderen skandinavischen Ländern.[20]

Was somit in Deutschland die Frage des akademischen Regelabschlusses anbetrifft, so haben wir es zum gegenwärtigen Zeitpunkt mit einem stark umkämpften Feld mit noch ungewissem Ausgang zu tun. Die Waage könnte sich eher zum Bachelor-Kurzstudium oder eher zum Master-Langstudium neigen. Dabei ist es auch nicht auszuschließen, dass es in verschiedenen Studienfächern und Fachkulturen zu unterschiedlichen Antworten kommen wird.

---

20 So berichten Heublein/Schwarzenberger (2005, S. 7) für *Dänemark*: „Die Übergangsquote von Bachelor- zu Master-Studiengängen beträgt unter den Studierenden an den Universitäten 95%. Damit spielt in Dänemark der Bachelor als universitärer Abschluss faktisch keine Rolle." Vgl. dazu: Danish Ministry of Education (2008, S. 99).

5 Akademische Karrierestrukturen im Spannungsfeld von Inklusion und Exklusivität

In keinem Hochschulsystem der Welt sind alle Hochschullehrer als Forscher tätig, geschweige denn als Spitzenforscher. Die große Mehrzahl der heute aktiven Hochschullehrer verfügt zwar über eine Forschungsqualifikation, mindestens auf dem Niveau des Doktorgrades. Aber die vordringliche akademische Aufgabe der meisten Hochschullehrer an Fachhochschulen und an „normalen" Universitäten, die nicht zur Spitzenklasse der überwiegend forschenden Hochschulen gehören, ist die *Lehre*. Im Zuge der in jüngster Zeit nochmals beschleunigten Hochschulexpansion verstärkt sich das. Meine Frage ist nun, wie die unterschiedlichen nationalen Hochschulsysteme mit dieser Sachlage umgehen und welches Problemlösungspotential in den dort geltenden akademischen Karrieremodellen für das Spitze-Breite-Dilemma enthalten ist.

Für binäre Hochschulsysteme, die zwischen Universitäten und Fachhochschulen unterscheiden, besteht die Möglichkeit, mit binären Karrieremodellen zu operieren und damit einen Teil des Problems zu lösen: Für Hochschullehrer an Fachhochschulen wird dabei ein eigenes Aufgabenprofil vorgegeben, das eindeutig auf die Lehre ausgerichtet und in der Regel mit einem sehr hohen Lehrdeputat ausgestattet ist. Das ist in Deutschland, Niederlande, Österreich und der Schweiz der Fall, und es galt auch für die britischen *Polytechnics*. In allen diesen Ländern gehört die Forschung nur in sehr eingeschränktem Maße und die wissenschaftliche Nachwuchsqualifizierung überhaupt nicht zu den Aufgaben der Fachhochschulen. Deshalb fehlen den Fachhochschulen typischerweise die Mittelbau- bzw. Qualifikationsstellen. Die Lehre wird dort von hauptamtlichen Hochschullehrern mit sehr hohem Lehrdeputat und von zahlreichen nebenamtlichen Lehrbeauftragten und Honorarprofessoren erbracht. Ein durchschlagender Entlastungseffekt für die Universitäten könnte sich aus dieser strukturellen Lösung freilich nur dann ergeben, wenn der ganz überwiegende Teil der Studierenden in Fachhochschulen ausgebildet würde (so etwa Mittelstraß 1994, S. 17f.). De facto ist das aber nur in den Niederlanden der Fall, mit rund zwei Dritteln der Studierenden an den *hogescholen,* während das Spitze-Breite-Problem in Deutschland, Österreich und der Schweiz bis weit in die Universitäten hinein reicht, die für den Großteil der zunehmenden Studierendenzahlen zuständig sind.

Ich werde mich deshalb im Folgenden auf die personelle Situation an den *Universitäten* konzentrieren. Mein Hauptaugenmerk gilt dabei nicht in erster Linie der kleinen Zahl von forschungsstarken Spitzenuniversitäten, die – besonders in den USA und Großbritannien – dazu übergehen, forschungsstarke „Starprofessoren" mit hohen Gehältern und geringem Lehrdeputat an sich zu binden. Der Kern des Problems, dem ich mich jetzt zuwende, liegt vielmehr bei den *ganz „normalen" Universitäten*, die weder zur Spitze der Forschung gehören, noch reine Lehranstalten sind. Ihr Anspruch ist die „Einheit von Forschung und Lehre". In der Realität fehlen ihnen aber die Mittel, sich als genuine Forschungsuniversitäten zu etablieren und gegenüber dem steigenden Lehrandrang abzuschotten. Das gelingt ihnen allenfalls in wenigen besonders geförderten Schwerpunktbereichen. Ansonsten dominieren die Lehraufgaben. In Ländern mit substantiellen Studiengebühren wird die Lehre für die „normalen" Universitäten sogar zu einer lebenswichtigen Finanzierungsquelle. Die von ihnen praktizierten akademischen Karrieremodelle sind aber weiterhin von der Dominanz der Forschungsqualifikation geprägt.

Für die international vergleichende Analyse der akademischen Karrieremodelle an „normalen" Universitäten ist die idealtypische Unterscheidung zwischen dem Tenure-Modell und dem Habilitationsmodell grundlegend:[21]

1.) In den Systemen mit ausgeprägtem *Tenure-Modell* (Großbritannien, Niederlande, Schweden) berechtigt die Berufung auf eine Stelle als *Lecturer, Docent o.ä* (mit oder ohne Promotion) zu selbständiger Lehre und Forschung. Nach kurzer Probezeit ist die unbefristete Anstellung als Hochschullehrer („tenure") üblich, mit der Möglichkeit des internen Aufstiegs zum Senior Lecturer und Professor. Der Großteil der Hochschullehreraufgaben wird von hauptberuflichen Lecturers bzw. Senior Lecturers versehen. Der Anteil der Professoren am Lehrkörper variiert allerdings von Land zu Land: In Schweden kommen auf einen Professor zwei Lecturers/Senior Lecturers, in den Niederlanden liegt das Verhältnis bei eins zu drei, in Großbritannien, wo der Professorentitel immer eine geringere Bedeutung hatte, sogar bei eins zu vier bis fünf. Den drei Varianten des Tenure-Modells ist gemeinsam, dass die Hochschullehreraufgaben im Regelfall von fest angestelltem, meist promoviertem wissenschaftlichem Personal wahrgenommen werden. Hausberufungsverbote gibt es nicht, interne Aufstiege bis zur Professur sind generell möglich.

Alle diese Merkmale des Tenure-Modells gelten analog auch für die beamtete Lebenszeitposition des *Maître de Conférences* in Frankreich. Die Promotion ist dafür die Berufungsvoraussetzung. Eine zusätzliche Habilitation ist in Frankreich erst für die Berufung zum Professor erforderlich, interne Berufungen sind möglich. Das Zahlenverhältnis zwischen Professoren und Maîtres de Conférences liegt bei etwa eins zu zwei.

2.) Eine spezifische Variante des Tenure-Modells ist das *„Tenure-Track"-System* der USA. Hier, anders als im stärker titelorientierten Europa, tragen alle Vollmitglieder des Lehrkörpers (*faculty*) den Professorentitel. Allerdings wird dem Assistant Professor im Unterschied zum europäischen Lecturer, Docent oder Maître de Conférence die Festanstellung nicht fast automatisch gewährt, sondern nur in Aussicht gestellt (*tenure track*) und erst nach 4-7 Jahren und strenger Leistungsüberprüfung gewährt. Die mit dem Tenure-Verfahren verbundene Evaluation der Forschungs- und Lehrleistungen trägt insbesondere an den angesehenen Forschungsuniversitäten der USA deutliche Züge der europäischen Habilitation. Allerdings ist in jüngster Zeit zu beobachten, dass Stellen für Assistant Professors immer häufiger befristet und ohne Tenure Track-Zusage besetzt werden und dass die Zahl der befristeten Postdoc-Positionen ohne klare Karriereperspektive in den USA zunimmt.

3.) Das *Habilitations-Modell* der akademischen Karriere findet sich in relativ reiner Form in den traditionellen Universitätssystemen von Deutschland, Österreich und der Schweiz: Dort verleiht nicht schon die Promotion, sondern erst der Erwerb der Habilitation (oder eines Äquivalentes) die Befähigung zu selbständiger Forschung und Lehre. Alle Lehr- und Forschungstätigkeiten vor der Habilitation bzw. vor der Berufung auf eine Professur gelten daher eo ipso als „unselbständig". Die für Nichthabilitierte vorgesehenen Stellen werden deshalb vor allem als befristete Qualifikationsstellen verstanden. In diesen drei noch stark vom klassischen Lehrstuhlprinzip geprägten Universitätssystemen sind etatmäßige Professoren (mit nur rund 15% der Stellen für hauptberufliches wissenschaftliches Personal) eher rar. In allen drei Ländern setzt sich der universitäre Lehrkörper überwiegend aus befristet beschäftigtem Personal mit assistierender Funktion und in unselb-

---

21 Belege und Quellenangaben zu dieser Typologie in Kreckel (2008a und 2008b).

ständiger Stellung zusammen. Diese Qualifikationsstelleninhaber tragen einen erheblichen Teil der akademischen Lehre.

Ein weiterer neuralgischer Punkt sind im Habilitations-Modell die nicht auf Professuren berufenen Habilitierten. In Deutschland gibt es für sie, schon wegen des noch immer wirksamen Hausberufungstabus, keine Stellen. In Frankreich verbleiben sie als Maître de Conférences, in Österreich als Dozent bzw. Extraordinarius weiter an ihrer Universität.[22]

Tafel 3: Hauptberufliches wissenschaftliches Personal an Universitäten mit Tenure-System: Niederlande, Großbritannien und USA im Vergleich zu Deutschland (ca. 2005)

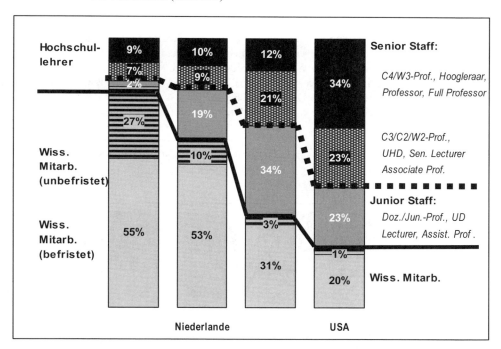

In der Schweiz und Deutschland wird seit kurzer Zeit versucht, diesem Problem abzuhelfen und mit der *Assistenz-* bzw. mit der *Juniorprofessur* den Weg zur selbständigen Fachvertretung ohne Habilitation zu eröffnen. Dabei sind die Anleihen beim amerikanischen Tenure-Track-System unverkennbar. Verallgemeinerungsfähige Erfahrungen mit diesem neuen Konzept gibt es bisher noch nicht. In Deutschland sind zurzeit nur für etwa 0,4% des wissenschaftlichen Personals Juniorprofessuren vorhanden, meistens befristet und ohne Tenure-Track-Zusage (vgl. Teuteberg 2006a, Federkeil/Buch 2007). Aber es deutet sich immerhin an, dass die erfolgreiche Evaluation von Juniorprofessoren als habilititationsäquivalenter Qualifikationsnachweis akzeptiert wird. Allerdings ist eine Tendenz zur flächendeckenden Einführung von Junior- bzw. Assistenzprofessuren bis jetzt

---

22 Durch das Österreichische Universitätsgesetz von 2002 ist der Dozentenstatus (wie auch der Beamtenstatus) für alle Hochschullehrer abgeschafft worden. Für das vorhandene Personal bleiben die alten Rechte aber erhalten.

nicht zu erkennen, u.a. wohl deshalb, weil das nur auf Kosten der traditionellen Assistentenstellen möglich wäre.

Wenn man nach diesem kurzen typologischen Überblick nun die Situation an den deutschen Universitäten mit den Personalstrukturen anderer großer westlicher Universitätssysteme konfrontiert, wird erkennbar, dass sie alle über akademische Karrierestrukturen verfügen, die sie eher in die Lage versetzen, mit gesteigerten Lehranforderungen flexibel umzugehen. Überall gibt es dort *junior staff*- bzw. *junior faculty*-Positionen: Sie führen so unterschiedliche Bezeichnungen wie Lecturer, Docent, Maître de Conférences oder Assistant Professor. Ihr gemeinsames Merkmal ist es, dass sie als selbständige Hochschullehrer eigene Lehr- und Forschungsaufgaben wahrnehmen und sich in dieser Hinsicht nicht vom *senior staff* (Professoren und Senior Lecturers oder Readers bzw. Associate Professors) unterscheiden. *An den deutschen Hochschulen fehlt dagegen die Dozentenebene.* Das gilt zunächst im Vergleich zu den Universitätssystemen mit Tenure-Modell, die in Tafel 3 dargestellt werden. Man könnte nun vermuten, dass Systeme, die auf die Habilitation als zusätzliche Selektionsstufe auf dem Weg zur Professur setzen, keinen Raum für eigenständige junior staff-Positionen bieten, da sie unterhalb der Professur im Prinzip nur temporäre „Nachwuchs"-Positionen kennen. Die anschließende Tafel 4 macht aber deutlich, dass auch das Habilitationsmodell kein wirkliches Hindernis für die Entstehung einer universitären Dozentenebene darstellt.

Tafel 4: Hauptberufliches wissenschaftliches Personal an Universitäten mit Habilitations-System: Schweiz, Österreich und Frankreich im Vergleich zu Deutschland (ca. 2005)

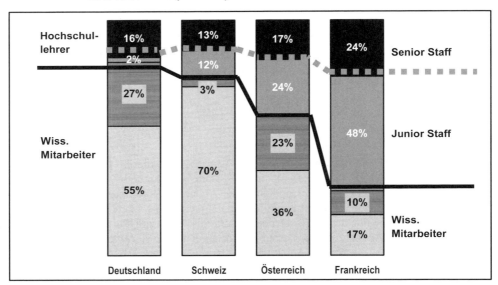

Quellennachweise zu den Tafeln 3 und 4 in: Kreckel (2008b, S. 134f.).
Für die Niederlande: http://www.vsnu.nl/web/show/id=77379/langid=43; Zugriff: 25.02.2008.

Aus den Tafeln 3 und 4 ergibt sich somit: Die fest bestallten Dozenten, dem britischen Lecturer oder dem französischen Maître de Conférences vergleichbar, machen an deutschen

Universitäten nur ein bis zwei Prozent des hauptberuflichen wissenschaftlichen Personals aus. An französischen Universitäten beträgt der Anteil der Maîtres de Conférences hingegen 48%, an britischen der der Lecturers 34%. An den niederländischen Universitäten liegt der Dozentenanteil bei 29%. An den österreichischen Universitäten sind zurzeit noch etwas mehr als ein Viertel des hauptamtlichen wissenschaftlichen Personals als Dozenten (bzw. apl. Professoren) in unbefristeter Stellung tätig; sie sind in der Regel habilitiert, statusrechtlich werden sie aber dem Mittelbau zugerechnet. An den Universitäten der Schweiz gehören immerhin etwa 12% des hauptberuflichen wissenschaftlichen Personals dem selbständig lehrenden und forschenden „oberen Mittelbau" an. Die deutsche Sonderstellung bestätigt sich, wenn man noch weitere Länder mit Habilitationssystem (zu denen auch Polen, Tschechien, die Slowakei und Ungarn zählen) mit in den Blick nimmt: Die deutschen Universitäten sind die einzigen, an denen die akademische Juniorposition praktisch ausfällt. Überall sonst findet sich die Rolle des Universitätsdozenten auf Dauer, teils mit, teils ohne Habilitation (vgl. Enders/de Weert 2004).

Auch wenn aufgrund der unterschiedlichen hochschulstatistischen Zählweisen die Angaben in den Tafeln 3 und 4 nicht voll vergleichbar sind[23], bleibt doch festzuhalten, dass allein Deutschland (und in abgeschwächter Form auch die Schweiz) über ein Universitätssystem verfügt, in dem fest angestellte, eigenständig lehrende und forschende Hochschullehrer beim hauptberuflichen wissenschaftlichen Personal eine große Seltenheit sind. Das bedeutet, dass anfallende Lehr- und Forschungsaufgaben dort schon rein rechnerisch nur auf relativ wenige professionelle Schultern verteilt werden können. Über 80% des hauptberuflichen wissenschaftlichen Personals an deutschen Universitäten ist auf unselbständigen Mittelbaupositionen unterhalb der Hochschullehrerebene beschäftigt, zwei Drittel davon auf befristeten Qualifikations- und/oder Drittmittelstellen.

Nur ein kleiner Teil des Mittelbaupersonals an deutschen Universitäten, etwa ein Drittel der wissenschaftlichen Mitarbeiter und Mitarbeiterinnen, ist auf unterschiedlichsten Positionen (Akademische Räte, Mitarbeiter auf Funktionsstellen, Lehrkräfte für besondere Aufgaben, Lektoren u.ä.) dauerhaft beschäftigt.[24] Bei der Besetzung dieser Dauer-Mittelbaustellen werden systematische Qualitätssicherungsverfahren, wie sie bei der Berufung von Hochschullehrern oder bei Habilitationen und der Evaluation von Juniorprofessuren üblich sind, in der Regel nicht eingesetzt. Wer sich aktuelle Stellenanzeigen ansieht, wird feststellen, dass an deutschen Universitäten erstaunlich häufig unselbständige Mittelbaupositionen mit sehr hohem Lehrdeputat (teilweise bis zu 18 Semesterwochenstunden) ausgeschrieben werden.[25] Eine ausbalancierte Verbindung von Forschung und Lehre dürfte damit nicht zu gewährleisten sein, eine überzeugende Qualitätssicherung wohl auch nicht.

---

23 Vgl. zu dieser Problematik Kreckel 2008a, S. 363ff.
24 Nach: Statistisches Bundesamt, Fachserie 11/Reihe 4.4, 2006, S.50; vgl. dazu auch Burkhardt (2008).
25 Vgl. etwa die folgende Ausschreibung für zwei halbe, auf zwei Jahre befristetete 13 TV-L-Stellen für Lehrkräfte für besondere Aufgaben an der Universität Würzburg: „Von dem/der künftigen Stelleninhaber/in wird erwartet, dass er/sie Aufgaben v.a. in folgenden Bereichen wahrnimmt: Durchführung eigener Lehrveranstaltungen im Rahmen des Bachelorstudiengangs „Political and Social Studies" und im Grund- und Hauptstudium des Magisterstudiengangs (im Umfang von bis zu 18 LVS pro Semester; bei einer halben Stelle sind dies 9 LVS pro Semester), ggfls. die Abnahme von Prüfungen, Beratung bei Abschlussarbeiten sowie andere Betreuungstätigkeiten. Es wird eine Beteiligung an anderweitig am Institut anfallende Aufgaben erwartet. (…) Vorausgesetzt wird ein abgeschlossenes Hochschulstudium in Soziologie; eine abgeschlossene Promotion ist erwünscht. Eine Spezialisierung und sehr gute Kenntnisse im jeweiligen Bereich sind erforderlich. Darüber hinaus werden große Kommunikationsfähigkeiten, ein hohes Engagement und Teambereitschaft erwartet" (Forschung & Lehre 1/2008, S. 63).

6 Ausblicke für Deutschland

Sucht man für die deutschen Universitäten nach Alternativen, so stößt man im internationalen Vergleich auf eine Lösung, für die alle anderen hier skizzierten europäischen Universitätssysteme bereits mehr oder weniger deutlich optiert haben: Die Ausweitung der Gruppe der selbständigen Hochschullehrer, speziell der Universitätsdozenten, die nach strengen Qualitätskriterien berufen werden. Auf diese Weise können die Aufgaben von Lehre, Forschung und Nachwuchsqualifizierung auf mehr Schultern verteilt werden, qualifikations- und funktionsbezogene Differenzierungen von Tätigkeitsschwerpunkten für einzelne Hochschullehrerinnen oder Hochschullehrer werden erleichtert. Spitzenforschung *und* Breitenausbildung könnten so eher unter einem Dach in Einklang gebracht werden als im traditionellen Modell der Professorenuniversität, das nur wenige selbständige Hochschullehrerpositionen kennt. Als Voraussetzung dafür wäre freilich die allmähliche Reduktion der (von der Professorenschaft abhängigen) Statusgruppe des akademischen Mittelbaus an den Universitäten erforderlich, ein nicht ganz einfaches Unterfangen. Es würde bedeuten, dass die Professoren „ihre" Mitarbeiter und damit einen Teil der „Ausstattung" ihrer Professur verlören. Wohl auch aus diesem Grund hat der Wissenschaftsrat diesen Lösungsweg, den er in seinen internen Diskussionen lange Zeit favorisiert hatte, letztlich doch nicht in die jüngst veröffentlichten „Empfehlungen zu einer lehrorientierten Personalreform an den Universitäten" (Wissenschaftsrat 2007) aufgenommen. Noch waren die Widerstände zu stark. Aber das letzte Wort ist in dieser Sache wahrscheinlich noch nicht gesprochen.

Tafel 5: Hauptberufliches wissenschaftliches Personal an Universitäten in Deutschland, nach Bundesländern (2006, in Prozent)

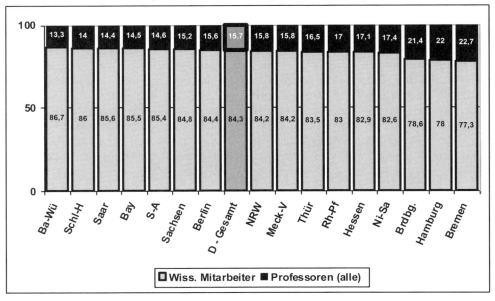

Quelle: BMBF, Grund- und Strukturdaten 2008, Tab. 4.14.3

Allerdings zeigt ein innerdeutscher Vergleich zwischen den sechzehn deutschen Bundesländern, dass die Verhältnisse in Deutschland doch nicht ganz so monolithisch sind (vgl. Tafel 5). Immerhin variiert der Professorenanteil an deutschen Universitäten zwischen rund 13% in Baden-Württemberg und knapp 23% in Bremen. Man darf gespannt sein, wie die im Zuge der Föderalismusreform von 2006 von den Ländern erstrittene Länderhoheit in Fragen der akademischen Personalstruktur sich hier in Zukunft auswirken wird.

Als Fazit lässt sich somit sagen: Wenn man an den „normalen" deutschen Universitäten, für die es nicht möglich ist, nur einen kleinen Kreis von „handverlesenen" Studierenden aufzunehmen, dennoch das Prinzip der forschungsbasierten Lehre nicht aufgeben will, so ist eine deutliche Ausweitung der Anzahl der für Lehre *und* Forschung qualifizierten selbständigen Hochschullehrer und Hochschullehrerinnen notwendig. Die anderen fortgeschrittenen Hochschulsysteme haben diesen Weg bereits beschritten, wie der Ländervergleich gezeigt hat.

Als Alternative dazu wäre die besonders von Jürgen Mittelstraß (1994) immer wieder vorgetragene Strategie denkbar, an der traditionellen deutschen Professorenuniversität festzuhalten, indem man die Breitenausbildung an die Fachhochschulen auslagert. Den Universitäten würden dann in hoch selektive „Elite"-Bildungsstätten umgewandelt, die sich auf Forschung und Nachwuchsqualifizierung konzentrieren. Hier wäre dann etwa an das binäre Hochschulsystem der Niederlande als Vorbild zu denken, wo zwei Drittel der Studierenden eine *Hogeschool voor Hoger Beroepsonderwijs* (HBO) besuchen, also: eine Fachhochschule für höhere Berufsbildung. Im Falle Deutschlands würde das freilich auf eine Verdoppelung der Fachhochschulstudierenden und eine drastische Reduktion der Studierenden an Universitäten hinauslaufen.

Aber selbst wenn man diese Entwicklung anstreben sollte, sie ist in Deutschland zurzeit eher unwahrscheinlich. Wie wir am Beispiel der von Universitäten und Fachhochschulen gleichermaßen vergebenen neuen Bachelor- und Mastergrade gesehen haben, beginnen in Deutschland die Grenzen des binären Systems zwischen „normalen" Universitäten und forschungsorientierten Fachhochschulen zu verschwimmen. Die Mehrzahl der „normalen" Universitäten knüpft, ähnlich wie die Fachhochschulen, ihr Überlebensinteresse eher daran, für möglichst viele Studierende attraktiv zu sein, als sich von der Breitenausbildung zurückzuziehen. Auch der zwischen Bund und Ländern vereinbarte „Hochschulpakt 2020" setzt finanzielle Anreize, die in diese Richtung zielen.[26]

Es würde mich deshalb nicht wundern, wenn in Deutschland, ähnlich wie in Großbritannien, die binäre Hochschulstruktur allmählich verblasst und schrittweise von einem stärker stratifizierten System überlagert wird. Einige forschungsstarke Universitäten, mit massiver symbolischer und moderater materieller Förderung durch die Exzellenzinitiative ausgestattet, könnten sich im Spitzenbereich etablieren, vor allem dann, wenn es ihnen gelingt, den Exodus der Grundlagenforschung in die außeruniversitären Einrichtungen umzukehren, wie das zurzeit mit dem Karlsruher Institut für Technologie (KIT) erprobt wird. Für die „normalen" Universitäten, die allenfalls in wenigen Schwerpunktbereichen drittmittelstarke Spitzenforschung erbringen können, wird dagegen die expandierende Breitenausbildung strukturprägend sein, die von chronischer finanzieller Unterversorgung bedroht ist. Die Übergänge zwischen kleineren Regionaluniversitäten und Fachhochschulen dürften dabei zunehmend fließend werden.

---

26 http://www.bmbf.de/pub/verwaltungsvereinbarung_hochschulpakt2020.pdf; [Zugriff: 15.11.2008].

Die große Unbekannte in diesem Zukunftsszenario ist bis jetzt noch die künftige Entwicklung der Bachelor-Master-Reform: Noch ist nicht zu erkennen, ob die Bachelor-Ausbildung auch für Forschungsuniversitäten interessant bleibt oder ob sie sich eher dem US-Modell der Graduate School annähern werden. Noch ist auch unklar, ob sich der Bachelor in Deutschland überhaupt als Regelabschluss durchsetzen kann oder ob sich nicht doch auch in Deutschland das Leitbild des akademischen Langzeitstudiums als stärker erweist, wie es zurzeit etwa in den Niederlanden oder in Dänemark zu beobachten ist.

Auf jeden Fall deutet sich an, das dass deutsche Hochschulsystem angesichts der andauernden Bildungsexpansion selektiver werden dürfte. Nach allem, was wir von der sozialwissenschaftlichen Bildungsforschung wissen, ist zu erwarten, dass ein solches selektives Hochschulsystem auch zu einer expliziten Hierarchisierung der Hochschulabschlüsse führen wird, die weit über die bisherige binäre Differenzierung zwischen Fachhochschul- und Universitätsabschlüssen hinausgeht. Die allgemeine Gleichheitsvermutung (oder Gleichheitsfiktion) für akademische Abschlüsse wäre damit Vergangenheit.

Literatur

BMBF = Bundesministerium für Bildung, Wissenschaft und Forschung (2008): Grund- und Strukturdaten 2007/2008. Daten zur Bildung in Deutschland. Bonn/Berlin (http://gus.his.de/gus/docs/GuS_Internet_2007_2008.pdf).
Burkhardt, A. (Hrsg.) (2008): Wagnis Wissenschaft. Akademische Karrierewege und das Fördersystem in Deutschland. Leipzig
Clark, T. (2006): OECD Thematic Review of Higher Education Country Report: United Kingdom. DES – Research Report 767. London
Danish Ministry of Education (2008): Facts and Figures 2007. Key Figures in Education (http://pub.uvm.dk/2008/facts/; Zugriff: 12/2008)
Enders, J. (Hrsg.) (2001): Academic Staff in Europe. Changing Contexts and Conditions. Westport, London
Enders, J. (2006): The Academic Profession. In: Forest, J. J. F./Altbach, P. G. (Eds.): International Handbook of Higher Education. Bd. 1. New York, pp. 5-21
Enders, J./Teichler, U. (1995): Der Hochschullehrerberuf im internationalen Vergleich. Ergebnisse einer Befragung über die wissenschaftliche Profession in 13 Ländern. Bonn
Enders, J./Weert, E. de (2004): The International Attractiveness of the Academic Workplace in Europe. In: Materialien und Dokumente Hochschule und Forschung, 107, Frankfurt a. M.
Federkeil, G./Buch, F. (2007): Fünf Jahre Juniorprofessur. Zweite CHE-Befragung zum Stand der Einführung. CHE-Arbeitspapier 90. Gütersloh
Guri-Rosenblit, S./Sebkova, H./Teichler, U. (2007): Massification and Diversity of Higher Education Sytems: Interplay and Complex Dimensions. In: Higher Education Policy, Vol 20, pp. 373-389
Heublein, U./Schwarzenberger, A. (2005): Studiendauer in zweistufigen Studiengängen – ein internationaler Vergleich. In: HIS-Kurzinformation A2/2005. Hannover
Herrmann, V. (2008): Quantitäten der Übergänge von den Bachelor- in die Masterstudiengänge in ihren Auswirkungen auf das Qualifikationsniveau. Masterarbeit an der Universität Erfurt (http://www.db-thueringen.de/servlets/DerivateServlet/Derivate-14809/herrmann.pdf)
HIS = Hochschul-Informations-System (2007): Bachelor! Was sonst? Abschlussarten deutscher Studienanfänger im WS 2006/07. Hisbus-Kurzinformation Nr. 17 (https://hisbus.his.de/hisbus/docs/hisbus17.pdf; Zugriff 10.12.2008)
Hüning, L./Langer, M. F. (2006): Der Mastermarkt nach Bologna. Den Markt für Master-Programme verstehen, Strategien gestalten. Arbeitspapier Nr. 81. Gütersloh

Janson, K./Schomburg, H./Teichler, U. (2007): Wege zur Professur. Qualifizierung und Beschäftigung an Hochschulen in Deutschland und den USA. Münster

Kogan, M./Teichler, U. (Hrsg.) (2007): Key Challenges to the Academic Profession. (INCHER-Werkstattbericht 65). Paris/Kassel

Kreckel, R. (2006): Education, Knowledge and Social Differentiation: New Elites and New Inequalities. In: Meyer, H.-G. (Hrsg.): Der Dezennien-Dissens. Die deutsche Hochschul-Reform-Kontroverse als Verlaufsform. Berlin, S. 261-275

Kreckel, R. (Hrsg.) (2008a): Zwischen Promotion und Professur. Das wissenschaftliche Personal der Hochschulen und Forschungseinrichtungen im internationalen Vergleich. Leipzig

Kreckel, R. (2008b): Die akademische Juniorposition zwischen Beharrung und Reformdruck: Deutschland im Strukturvergleich mit Frankreich, Großbritannien und USA sowie Schweiz und Österreich. In: Gützkow, F./Quaißer, G. (Hrsg.): Jahrbuch Hochschule gestalten 2007/2008 – Denkanstöße in einer föderalisierten Hochschullandschaft. Bielefeld: UVW, S. 117-135.

Kreckel, R. (2008c): Zwischen universeller Inklusion und neuer Exklusivität. Institutionelle Differenzierungen und Karrieremuster im akademischen Feld: Deutschland im Internationalen Vergleich. In: Kehm, B. M. (Hrsg.): Hochschule im Wandel. Die Universität als Forschungsgegenstand. Festschrift für Ulrich Teichler. Frankfurt a. M./New York, S. 181-194

Leutze, K./Allmendinger, J. (2008): „Ungleiche Karrierepfade – institutionelle Differenzierung und der Übergang von der Hochschule in den Arbeitsmarkt". In: Kehm, B. M. (Hrsg.): Hochschule im Wandel. Die Universität als Forschungsgegenstand. Festschrift für Ulrich Teichler. Frankfurt a. M./New York, S. 65-79

Matthes, J. (1988): Projekte – nein, danke? Eine (un)zeitgemäße Betrachtung. In: Zeitschrift für Soziologie, Jg. 17, S. 465-473

Meyer, J. W./Schofer, E. (2005): Universität in der globalen Gesellschaft. Die Expansion des 20. Jahrhunderts. In: Die Hochschule, Jg. 14, H. 2, S. 81-98

MINOCW = Ministerie von Onderwijs, Culturen en Wetenshap (2006): Science, Technology and Innovation in the Netherlands. Policies, Facts and Figures 2006. Den Haag

Mittelstraß, J. (1994): Die unzeitgemäße Universität. Frankfurt a. M.

Münch, R. (2007): Die akademische Elite. Zur sozialwissenschaftlichen Konstruktion wissenschaftlicher Exzellenz. Frankfurt a. M.

Musselin, C. (2005): Le marché des universitaires. France, Allemagne, Etats-Unis. Paris

OECD (2003): Frascati Manual 2002. The Measurement of Scientific and Technological Activities. Paris

OECD (2008): Education at a Glance 2008. OECD Indicators. Paris

Reisz, R. D./Stock, M. (2007): Inklusion in Hochschulen. Beteiligung an der Hochschulbildung und gesellschaftlichen Entwicklung in Europa und in den USA (1990-2000). Bonn

Schimank, U. (1995): Hochschulforschung im Schatten der Lehre. Frankfurt a. M./New York

Schreiterer, U. (2008): Traumfabrik Harvard. Warum amerikanische Universitäten so anders sind. Frankfurt a. M./New York

Shavit, Y./Arum, R./Gamoran, A. (Eds.) (2007): Stratification in Higher Education. A Comparative Study. Stanford

Shattock, M. (2006): "United Kingdom". In: Forest, J. J. F./Altbach, P. G. (Eds.): International Handbook of Higher Education. Bd.1. New York, pp. 1019-1033

Statistisches Bundesamt (2005): Aktuelle Ergebnisse aus der Studentenstatistik für das Wintersemester 2005/2006. Wiesbaden

Statistisches Bundesamt (2008): Neuer Höchststand bei Studienanfängerquote. Pressemitteilung Nr. 457 vom 01.12.2008 (http://www.destatis.de/jetspeed/portal/cms/Sites/destatis/Internet/DE/Presse/pm/2008/12/PD08__457__213,templateId=renderPrint.psml; Zugriff: 10.12.2008)

Teichler, U. (1990): Europäische Hochschulsysteme: Die Beharrlichkeit vielfältiger Modelle. Frankfurt a. M./New York

Teichler, U. (2005a): Hochschulsysteme und Hochschulpolitik. Münster u.a.

Teichler, U. (2005b): Hochschulstrukturen im Umbruch. Frankfurt a. M./New York
Teichler, U. (2008): Diversification? Trends and Explanations of the Shape and Size of Higher Education. In: Higher Education, Vol. 56, pp. 349-379
Teuteberg, F. (2006): Die Junior-Professur – Teil 1: Situationsanalyse und Erfahrungen. In: Das Hochschulwesen, H. 2, S. 52-56
Trow, M. (1970): Reflections on the Transition from Mass to Universal Higher Education. In: Daedalus, Bd. 90, pp. 1-42.
Trow, M. (2006): Reflections on the Transition from Elite to Mass to Universal Access: Forms and Phases of Higher Education in Modern Societies since WWII. In: Forest, J. J. F./Altbach, P. G. (Eds.): International Handbook of Higher Education. Bd. 1. New York, pp. 243-280
Torka, M. (2006): Die Projektförmigkeit der Forschung. In: Die Hochschule, Jg. 15, H. 1, S. 63-83
UNESCO (Ed.) (2004): Diversification of Higher Education and the Changing Role of Knowledge and Research. UNESCO Forum Occasional Paper Series, Paper No. 6
 (http://unesdoc.unesco.org/images/0014/001467/146736e.pdf; Zugriff: 10.11.2008)
Westerheijden, D. F. u.a. (2008): New Degrees in the Netherlands. Evaluation of the Bachelor-Master Structure and Accreditation in Dutch Higher Education. Final Report. Twente: CHEPS
 (http://www.minocw.nl/documenten/815307.pdf; Zugriff 10.11.2008)
Wissenschaftsrat (2007): Empfehlungen zu einer lehrorientierten Personalreform an den Universitäten (Drs. 7721-07). Berlin
Witte, J. (2006): Change of Degrees and Degrees of Change. Comparing Adaptations of European Higher Education Systems in the Context of the Bologna Process. Enschede: CHEPS/UT
 (http://www.che.de/downloads/C6JW144_final.pdf; Zugriff 12.01.2007)
Witte, J. (2008): Von Bologna nach Babylon – und zurück? Abschlusstitel im europäischen Hochschulraum. In: Kehm, B.M. (Hg.), Hochschule im Wandel. Die Universität als Forschungsgegenstand. Festschrift für Ulrich Teichler. Frankfurt a. M./New York, S. 429-440
Witte, J./von Stuckrad, T. (2007): Kapazitätsplanung in gestuften Studienstrukturen. Vergleichende Analyse des Vorgehens in 16 Bundesländern. CHE-Arbeitspapier 89. Gütersloh
 (http://www.che.de/downloads/Kapazitaetsplanung_in_gestuften_Studienstrukturen_AP89.pdf; letzter Zugriff: 10.11.2008)

V. Soziale Ungleichheit und Berufsbildung

Wie Ausbildungsbetriebe soziale Ungleichheit reproduzieren: Der Ausschluss von Migrantenjugendlichen bei der Lehrlingsselektion[1]

Christian Imdorf

1 Das Tor zur betrieblichen Ausbildung als Produktionsort sozialer Ungleichheit

Die duale Berufsausbildung mit ihren beiden Lernorten Schule und Betrieb ist traditionell in den deutschsprachigen Berufsbildungssystemen stark verankert. In der Schweiz stehen über 200 verschiedene Ausbildungsberufe zur Wahl, deren Zertifikate den Eintritt in den qualifizierten Arbeitsmarkt regulieren, wobei die Arbeitsmarktchancen von Personen ohne berufliche Qualifikation in den letzten zwei Jahrzehnten abgenommen haben (Meyer 2009). Auch wenn eine abgeschlossene Berufslehre noch keine sichere Arbeitsstelle garantiert, so gilt sie noch immer als wichtige Voraussetzung dafür. Die berufsrelevante Humankapitalvermittlung sowie der Erwerb eines beruflichen Titels sind dabei zwei wichtige Erträge der beruflichen Erstausbildung, die vor Jugendarbeitslosigkeit, prekären Berufskarrieren und den damit verbundenen Merkmalen sozialer Benachteiligung und Ungleichheit schützen (Imdorf 2008).

Ein gelingender Übergang in die berufliche Ausbildung entscheidet demnach über die späteren beruflichen Möglichkeiten der Ausbildungsanwärter. Da ein beruflicher Abschluss ohne einen Ausbildungsplatz nicht zu haben ist, beginnt die Integration in den Arbeitsmarkt als eine wichtige Bedingung für gesellschaftliche Anerkennung und soziale Sicherheit bereits mit der erfolgreichen Lehrstellensuche. Dies trifft in besonderem Maße für die Vermittlung von Arbeitsmarktchancen von ‚Ausländern' zu. Die Berufsausbildung stellt auch für sie den Zugang zu den qualifizierten Segmenten des Arbeitsmarkts sicher und leistet somit einen bedeutenden Beitrag zu ihrer gesellschaftlichen Integration (Seibert 2005, S. 232).

Die betriebliche Erstausbildung als Tor in den qualifizierten Arbeitsmarkt ist im deutschsprachigen Raum jedoch gerade für ausländische Schulabgänger nicht in gleichem Maß zugänglich wie für Inländer (für die Schweiz vgl. Hupka/Stalder 2004; Imdorf 2005; für Deutschland: Boos-Nünning/Granato 2008, S. 59; Diehl/Friedrich/Hall 2009; für Österreich: Wieser et al. 2008, S. 37). Auch die deutsche Bundesregierung (2007, S. 70) hält im Nationalen Integrationsplan inzwischen fest, dass die Ausgangsposition von Migrantenjugendlichen für einen Übergang in die berufliche Ausbildung deutlich schlechter ist als jene von Jugendlichen ohne Migrationshintergrund. Damit wird auf höchster politischer Ebene ein soziales Problem anerkannt, welches sich in Deutschland und der Schweiz in den

---

[1] Der vorliegende Aufsatz wurde anlässlich zweier Forschungsaufenthalte am Laboratoire d'Économie et de Sociologie du Travail (Aix en Provence) sowie an der Adam Smith Research Foundation (University of Glasgow) durch ein Stipendium des Schweizerischen Nationalfonds ermöglicht. Er gibt an mehreren Stellen Auszüge aus einer ausführlicheren Publikation zu Migrantenjugendlichen in der betrieblichen Ausbildungsplatzvergabe wieder (vgl. Imdorf 2008) und erweitert zugleich deren theoretische Argumentation.

vergangenen Jahren verschärft hat (Granato 2006), auf das aber bereits seit Ende der Neunzigerjahre hingewiesen wurde (Attia et al. 2000, S. 71).

Am stärksten vom tendenziellen Ausschluss aus der betrieblichen Berufsausbildung betroffen sind insbesondere jene Jugendlichen, die im öffentlichen Diskurs als ‚Ausländer' gelten (Diehl et al. 2009). In Deutschland handelt es sich dabei um türkischstämmige Jugendliche und um Zuwanderer aus den Nachfolgestaaten der Sowjetunion (ebd.); in der Schweiz sind es dagegen in erster Linie Jugendliche aus Familien, die aus den Nachfolgeländern des ehemaligen Jugoslawien in die Schweiz immigriert sind (Imdorf 2008). Männliche Jugendliche aus diesen Gruppen haben dabei besonders große Probleme, Zugänge in die betriebliche Berufsausbildung zu erhalten (Diehl et al. 2009).

Als mögliche Gründe für den Ausschluss von Migrantenjugendlichen von der Berufsausbildung werden verschiedene Erklärungen vorgebracht. Dominant ist der Diskurs um die für eine berufliche Ausbildung ungenügende schulische Qualifizierung und (insbesondere sprachliche) Leistungsfähigkeit von Jugendlichen, die als ausländisch gelten (vgl. Imdorf 2007). Des Weiteren wird auf unzureichende Kenntnisse der Mechanismen und Gepflogenheiten, die den Lehrstellenmarkt prägen, sowie auf einen reduzierten Zugang zu innerbetrieblichen Rekrutierungsnetzwerken bei Migrantenfamilien hingewiesen (vgl. Lee/Wrench 1983; Boos-Nünning/Granato 2008; Meyer 2009). Schließlich ist im Nationalen Integrationsplan auch von „Vorbehalten bei der Einstellungsentscheidung" die Rede (Bundesregierung 2007, S. 70), womit auf betriebliche Rekrutierungs- und Selektionsstrategien verwiesen wird, welche Migrantenjugendliche möglicherweise benachteiligen (vgl. Boos-Nünning/Granato 2008; Imdorf 2008).

Inzwischen liegen Befunde vor, welche die Schuldefizitthese in der Tendenz widerlegen. Neuere Untersuchungen zeigen, dass Jugendliche mit Migrationshintergrund noch bei Kontrolle ihres schulischen Leistungsausweises erheblich reduzierte Chancen auf einen betrieblichen Ausbildungsplatz haben (Boos-Nünning/Granato 2008, S. 70f; Diehl et al. 2009; Imdorf 2007). Auch anderweitige individualtheoretische Argumente, die eine unzureichende Bildungsplanung und nachteilige Bildungsorientierungen bzw. Suchstrategien von Migrantenjugendlichen und ihrer Eltern behaupten, konnten empirisch bisher nicht belegt werden (Boos-Nünning/Granato 2008). In Anbetracht der Untersuchungsergebnisse von Diel et al. (2009) gilt es zudem auch die Bedeutung der bewerberseitigen Netzwerkressourcen für die Ausbildungsplatzvergabe kritisch zu hinterfragen.

Angesichts der anhaltenden Übergangsprobleme von ausländischen Schulabgängern in die Berufsausbildung und der damit einhergehenden Hypothek nicht nur für die Betroffenen selbst, sondern auch für die Kommunen, denen in letzter Instanz die Bearbeitung der daraus entstehenden sozialen Probleme zufällt (Imdorf 2008), stellt sich die Frage nach einer adäquaten theoretischen Konzeptualisierung der Eintrittshürden in die betriebliche Ausbildung. Der vorliegende Aufsatz plädiert dafür, die bisherigen individualtheoretischen Erklärungen um *betriebliche Dimensionen* zu erweitern, um den Ausschluss von jungen ‚Ausländern' bei der Lehrlingsselektion zu analysieren. Ich gehe davon aus, dass erst eine betriebliche Perspektive ein angemessenes Verständnis ihres Ausschlusses bei der Selektion und damit eine wirkungsvolle Unterstützung ihrer Integration in Ausbildung, Arbeitsmarkt und Gesellschaft ermöglicht.

2 Theoretische Zugänge zum Ausländerausschluss bei der Stellenbesetzung

2.1 Lehrlingsselektion: Ein für Diskriminierung prädestinierter Spezialfall der Personalselektion

Obwohl Auszubildende im dualen System sowohl im Betrieb als auch in der Berufsschule qualifiziert werden, sind es im deutschsprachigen Raum die Betriebe, die oft in eigener Regie über den Abschluss eines Ausbildungsvertrags entscheiden. Bei der betrieblichen Auswahl von Auszubildenden handelt es sich dabei um einen Spezialfall der Personalselektion, der sich aus folgenden Gründen für die Untersuchung von Diskriminierung besonders gut eignet: Während die innere Gestaltung der Ausbildungsverhältnisse staatlich reguliert ist, gilt dies für die Auswahl der Lernenden selbst kaum. Die Schweiz kennt keine Antidiskriminierungsgesetze, auf die sich bei der Lehrlingsselektion Benachteiligte berufen könnten. Betriebe erhalten zudem meist eine hohe Zahl von Bewerbungen für eine offene Ausbildungsstelle, und dies eröffnet ihnen eine große Wahlfreiheit bei der Entscheidung für einen Kandidaten, der absehbar den eigenen Ansprüchen am besten zu genügen vermag. Da sich in der Schweiz die große Mehrheit der Bewerber aus Abgängern der obligatorischen Schule sowie des Übergangssystems zusammensetzt, und da deren persönliches Entwicklungspotential inmitten der Adoleszenz als kaum berechenbar gilt, stehen den Betrieben kaum Informationen zur Verfügung, welche die Produktivität eines Lernenden abschätzbar machen würden. Um eine Prognose hinsichtlich ihrer betrieblichen und beruflichen Eignung zu stellen, wenden Klein- und Mittelbetriebe – betriebliche Ausbildung findet besonders häufig in Klein- und Mittelbetrieben statt, die in der Schweiz annähernd 90% sämtlicher Ausbildungsplätze anbieten (Imdorf 2008, S. 153) – zudem nur limitierte Ressourcen auf. Den Ausbildungsverantwortlichen solcher Betriebe fehlt es meist an spezifischen Fachkompetenzen der Personalauswahl, und ihnen steht für die Aufgabe der Lehrlingsselektion nur wenig Zeit zur Verfügung. Sie bedienen sich daher mehr oder weniger effektiver, im Wesentlichen auf Erfahrung und Glauben basierender Lösungen der Komplexitätsreduktion. All diese Merkmale lassen erwarten, dass Diskriminierung bei der Ausbildungsstellenvergabe – verstanden als Personalselektion, die über eine meritokratische Beurteilung individueller Leistungsmerkmale hinausgeht – eher der Normalfall als ein Sonderfall ist. Die Analyse der Auswahl von Lernenden in Klein- und Mittelbetrieben bietet sich entsprechend als Ort der Produktion von sozialer Ungleichheit in der Ausbildungslaufbahn im Speziellen sowie als Untersuchungsgegenstand von Diskriminierung bei der Stellenvergabe im Allgemeinen an.

2.2 Modelle zur Erklärung des Ausländerausschlusses bei der Personalselektion

Betriebliche Selektionsmechanismen, die über soziale Netzwerkrekrutierung und die Bewertung von Schulzeugnissen hinausgehen, wurden in den bisher vorliegenden quantitativen Untersuchungen nur unzureichend reflektiert und allenfalls als ungeklärte ‚Residualgröße' in Betracht gezogen. Mit Ausnahme vereinzelter Studien zu Großbetrieben (vgl. Bommes 1996; Moser 2004), finden sich kaum Untersuchungen, die das betriebliche Entscheidungsverhalten bei der Vergabe von Ausbildungsstellen vertieft analysieren. Studien, die auch Klein- und Mittelbetriebe in die Analyse des Ausländerausschlusses bei der Lehrlingsselektion miteinbezogen haben, sind älteren Datums (vgl. Lee/Wrench 1983; Schaub

1991). Da diese Studien nur beschränkt die Theoriebildung zur betrieblichen Auswahl von Auszubildenden stimuliert haben, scheint es vorerst sinnvoll, in der bestehenden Forschungsliteratur nach Erklärungen für den empirisch beobachtbaren Ausländerausschluss bei der Personalselektion zu suchen.

Unzureichendes Humankapital (Becker 1993) sowie fehlende soziale Netzwerke (Granovetter 1995, S. 133; Holzer 1987) stellen auch in der internationalen Literatur die dominanten Konzepte dar, um nachteilige Arbeitsmarktzugänge von Ausländer- bzw. Migrantengruppen zu erklären. Zahlreiche Bewerberexperimente (vgl. Pager 2007), die es erlauben, Humankapital und soziale Netzwerkressourcen zu kontrollieren, haben jedoch gezeigt, dass sich der Ausländerausschluss mit den zwei obgenannten Erklärungsansätzen nicht befriedigend verstehen lässt. Obwohl solche Feldexperimente die Messung von Diskriminierung bei der Stellenvergabe ermöglichen, vermögen sie jedoch nicht zu erklären, *weshalb* Arbeitgeber motiviert sind, Kategorien der sozialen Zugehörigkeit (neben Nationalität, Ethnie oder Rasse auch Geschlecht, Alter oder Behinderung) bei der Personalauswahl zu verwerten.

Die angloamerikanische Diskriminierungsforschung bietet zu dieser Frage eine breite Palette von Antworten an (für einen Forschungsüberblick vgl. Pager/Shepherd 2008). Am meisten verbreitet sind wohl jene Ansätze, welche aus Arbeitgebersicht danach fragen, welche Bewerber zukünftig am *wenigsten produktiv* sein könnten. Sie basieren auf der Annahme, dass alle Bewerber mit einer individuellen Produktivität bzw. mit individueller Kompetenz ausgestattet sind, die sich unter idealen Bedingungen objektiv messen ließe (Eymard-Duvernay 2008, S. 56). Das Modell der statistischen Diskriminierung (Arrow 1972; Phelps 1972) hebt dabei den betrieblichen Informationsmangel über diese individuelle Produktivität von Bewerbern hervor, bzw. die Kosten, welche zu deren Messung anfallen würden. Die Arbeitgeber lösen dieses Problem, indem sie generalisierte Produktivitäts-Annahmen über ‚Ausländer' machen, die sich durch Erfahrung oder anderweitige empirische Belege stützen lassen. Implizite Vorurteilsmodelle (vgl. Quillian 2006) betonen dagegen tiefere Produktivitätserwartungen von Arbeitgebern gegenüber Ausländergruppen, welche sich eher auf Gefühl und Glauben als auf empirische Belege stützen.

Das Problem solcher Erklärungsansätze besteht jedoch darin, dass die Reduktion von Bewerbern auf Annahmen über ihre individuelle Produktivität die komplexen sozialen Bezüge und Abhängigkeiten eines Betriebs vernachlässigt, die ebenso zum wirtschaftlichen Erfolg beitragen (Kirschenman/Neckerman 1991, S. 231). In den Blick gerät damit zum einen das soziale Beziehungsgeflecht innerhalb eines Produktionsbetriebs, d.h. die horizontalen Sozialbeziehungen innerhalb der Belegschaft. Modelle der sozialen Schließung (Roscigno/Garcia/Bobbitt-Zeher 2007) behaupten, dass Diskriminierung bei der Stellenvergabe vorwiegend durch partikularistische Interessen der Belegschaft vor Ort verursacht sei. Die Personalverantwortlichen respektieren solche Partikularinteressen, wenn sie nach (inländischen) Personen suchen, die sozial möglichst gut in eine bestehende inländische Belegschaft ‚passen' (Jenkins 1986), um damit künftigen sozialen Spannungen möglichst vorzubeugen. Zum anderen sind die Vorgesetzten aber auch daran interessiert, solche Bewerber einzustellen, von denen zu erwarten ist, dass sie sich der betrieblichen Anleitung und Führung weder entziehen noch widersetzen, die sich also möglichst reibungsfrei ‚managen' lassen. ‚Ausländer' können dann bei der Personalauswahl benachteiligt sein, wenn ihre betriebliche Fügsamkeit und ihr Wille zur Unterordnung zur Diskussion stehen (Waldinger/Lichter 2003, S. 143f). Aus dieser Perspektive lässt sich Produktivität als betrieblicher Selektionskalkül eher als Resultat von Sozialbeziehungen am Arbeitsplatz und weniger als Funktion individueller Kompetenzen im Sinne der Humankapitaltheorie verstehen (Shih 2002, S. 102).

Neben den innerbetrieblichen horizontalen und vertikalen Sozialbeziehungen gilt es schließlich auch die betrieblichen Markt- und Kundenbeziehungen bei der Analyse von Diskriminierung zu berücksichtigen. Sowohl Produktions- als auch Dienstleistungsbetriebe sind in der Regel gewillt, die Bedürfnisse und Wünsche der Kundschaft bei wichtigen Entscheiden zu berücksichtigen. Gemäß Becker (1971, S. 75ff) kann die Kundschaft bei der Bewertung eines Produkts oder einer Dienstleistung Merkmale des Verkaufspersonals wie deren Rassen- oder Religionszugehörigkeit mitberücksichtigen und aus rassistischen Gründen eine Verkaufsabteilung meiden.

Die Berücksichtigung dieser Sozialbeziehungen, von denen die Koordinationsleistungen des betrieblichen Produktionsprozesses entscheidend abhängen, verweist auf eine genuin soziologische Theorie der Personalauswahl, die versucht, die wohlbekannten kognitiven und sozialpsychologischen Prozesse bei der Personalselektion mit organisationalen Kontexten und Opportunitätsstrukturen in Beziehung zu setzen. Aus dieser Perspektive gilt es, den (Ausbildungs-)Betrieb als zentrale Analyseeinheit bei der Theoretisierung von Diskriminierungsprozessen zu berücksichtigen, und die betrieblichen Mechanismen herauszuarbeiten, welche eine askriptive Selektion erst ermöglichen (vgl. Baron/Pfeffer 1994; Reskin 2003).

3 Multiple Koordinationsanforderungen an Auszubildende: Ein organisationstheoretisches Modell der Lehrlingsselektion

Im Folgenden wird eine organisationstheoretisch inspirierte und um eine Theorie der Rechtfertigung erweiterte Konzeption der Ausbildungsplatzvergabe vorgeschlagen, um den Ausschluss von ‚Ausländern' aus Sicht der Betriebe zu verstehen. Die Konzeption wurde in Konfrontation mit Rechtfertigungsreden von Ausbildungsverantwortlichen in kleineren Schweizer Betrieben entwickelt.[2]

3.1 Auf der Suche nach akzeptablen und akzeptierten Auszubildenden

Ausgangspunkt sind zunächst Bedürfnisse und Sachzwänge von Ausbildungsbetrieben, die sich aus dem Zwang des ökonomischen Überlebens auf dem Branchenmarkt ergeben (für

---

2 Die empirischen Forschungen wurden im Rahmen der Untersuchung ‚Lehrlingsselektion in KMU' von 2004–2006 am Heilpädagogischen Institut der Universität Fribourg durchgeführt. Die Studie wurde im Rahmen des Nationalen Forschungsprogramms ‚Integration und Ausschluss' (NFP51) durch den Schweizerischen Nationalfonds gefördert. Die Zitate im vorliegenden Text basieren auf leitfadenstrukturierten Interviews mit Ausbildungsverantwortlichen aus 81 Klein- und Mittelbetrieben der deutschsprachigen Schweiz aus dem Jahr 2005. Bei den Betrieben handelte es sich um private Arzt- und Zahnarztpraxen, Autogaragen und Autospritzereien, Schreinereien sowie um kaufmännische Abteilungen in Betrieben unterschiedlicher Branchen. Die betriebliche Stichprobe ist das Resultat einer Nachverfolgung von erfolglosen Bewerbungen Jugendlicher auf ausgewählte Ausbildungsplätze (Dentalassistentin, Medizinische Praxisassistentin, Automechaniker und -monteur, Autolackierer, Schreiner, sowie kaufmännische Ausbildungen). Die Studie erhebt keinen Anspruch auf Repräsentativität, sondern dient hier primär der empiriegeleiteten Entwicklung eines theoretischen Modells der Ausbildungsplatzvergabe mit dem Ziel, eines ihrer Resultate – den praktischen Ausschluss von Migrantenjugendlichen – besser zu verstehen.

eine ausführlichere Darstellung der nachfolgenden organisationstheoretischen Überlegungen siehe Imdorf 2008, S. 119ff). Bei der Lehrlingsauswahl geht es daher immer auch um ein potentielles ‚Profitgeschäft' (vgl. Mühlemann, Wolter, Fuhrer/Wüest 2007): Die Ausbildung muss sich für einen Betrieb früher oder später lohnen, also zum eigenen Bestand beitragen.

Ein Hauptproblem, wenn Betriebe Auszubildende auswählen, besteht darin, unter Bedingungen von Zeitknappheit und Unsicherheit das implizite, erfahrungsbasierte betriebliche Ausbildungsstellenprofil (u.a. Anforderungen der beruflichen, arbeitsförmigen und sozialen Passung) auf pragmatische Weise mit den gegebenen jugendlichen Bewerbern – bzw. was von ihnen aufgrund externer Unterscheidungsangebote der Betriebsumwelt gewusst werden kann – so zu ‚matchen', dass dieser Selektionsprozess nicht in der Umwelt eines Betriebs in Frage gestellt wird. Mehrfache Strukturprobleme im Selektionsprozess (u.a. multidimensionale Anforderungen des Stellenprofils, die kein Bewerber in ihrer Gesamtheit annähernd perfekt erfüllt) führen dazu, dass ‚der beste Kandidat' gar nicht gefunden werden kann. Profitmaximierung als Leitprinzip bei der Lehrlingsauswahl funktioniert daher nicht, und Betriebe brechen ihre Suchbemühungen frühzeitig ab, sobald ein Kandidat gefunden ist, der die multiplen betrieblichen Anforderungen ‚genügend befriedigt' (im Sinne des *satisficing*, vgl. March/Simon 1958, S. 169).

Darüber hinaus erfordert dieses pragmatische *matching* von Bewerber und Stelle, dass das Resultat der Selektion in den betriebsrelevanten Öffentlichkeiten auf Akzeptanz stößt. Das Publikum eines Kleinbetriebs setzt sich einerseits aus der Kundschaft und den Geschäftspartnern zusammen. Andererseits gilt es Protest innerhalb der eigenen Mauern, insbesondere unter den Mitarbeitern, die in kleineren Betrieben meist an den Auswahlverfahren mitbeteiligt sind, zu vermeiden, um deren Kooperation und Arbeitsmotivation zu sichern (vgl. Boltanski/Chiapello 2003).

3.2 Koordinationsanforderungen als Rechtfertigungsressourcen: Die legitime Bewertung von Bewerbern im Hinblick auf ein Gemeinwohl

Um die Komplexität und Mehrdeutigkeit bei der Personalselektion erfolgreich zu bewältigen, sind die Selektionsverantwortlichen daher auf Formen und Ordnungen der Rechtfertigung angewiesen, die es erst ermöglichen, eine getroffene Wahl gegenüber den betrieblich relevanten Öffentlichkeiten als legitim darzustellen. Personalentscheide lassen sich rechtfertigen, wenn die Selektionskriterien in diesen Öffentlichkeiten als einem Gemeinwohl dienend und somit als fair und gerecht erachtet werden (vgl. Eymard-Duvernay 2004, S. 98). Das bedeutet, dass ein Selektionsentscheid nicht nur den Eigeninteressen der Angehörigen des Betriebs oder der Kundschaft zugute kommen darf, sondern darüber hinaus auch einem übergeordneten Gemeinwesen.[3]

So lässt sich beispielsweise eine Selektionslogik, die primär auf betriebliche Produktivität ausgerichtet ist, damit legitimieren, dass letztere über das betriebliche Wohl hinaus –

---

3   Ich beziehe mich nachfolgend auf das Konzept der Rechtfertigungsordnung, das von Boltanski und Thévenot 1991 in ihrem schulbildenden Werk ‚De la justification. Les économies de la grandeur' (deutsch: Boltanski/Thévenot 2007) eingeführt wurde. In ihrem Werk leiten die Autoren unterschiedliche Formen von Gemeinwesen und Gemeinwohl aus mehreren klassischen Werken der politischen Philosophie her (Boltanski/Thévenot 2007, S. 97). Sie beziehen sich unter anderem auf die modellhafte politische Marktphilosophie von Adam Smith (2006 [1790]), der mit der Argumentation, dass der Wohlstand der Reichen allen zugute komme, die marktwirtschaftliche Ordnung rechtfertigen konnte.

vermittelt etwa über betriebliche Sozialabgaben und steuerliche Leistungen – auch einem übergeordneten gesellschaftlichen Wohl zugute kommt. Alternativ lässt sich ein Betrieb auch eingebettet in ein lokales Gemeinwesen denken (z.B. ein Dorf, in welchem ein Betrieb angesiedelt ist). Der soziale Zusammenhalt dieses Gemeinwesens kann unter anderem dann gefördert werden, wenn die Ausbildner bei der Bearbeitung von Problemen mit Auszubildenden durch deren Eltern unterstützt werden. Im (Familien-) Unternehmen agiert ein Lehrmeister am Arbeitsplatz dann als eine Art Vaterersatz, der über die Unterstützung der leiblichen Eltern des Lehrlings in seiner Autorität zusätzlich gestärkt wird, um letzteren zu maßregeln (Boltanski/Chiapello 2003, S. 182). Die antizipierte Elternunterstützung kann auf diesem Hintergrund als legitimes Selektionskriterium vertreten werden.

Entsprechend können unterschiedliche Selektionslogiken unterschieden werden, die sich jeweils in spezifischer Weise auf ein Gemeinwesen und auf ein daran geknüpftes Allgemeinwohl beziehen lassen.[4] Von selektionsrelevanter Bedeutung ist nun, dass die Beförderung eines Gemeinwohls eine bestimmte Form der Koordinierung (Boltanski/Thévenot 2007, S. 95f) bzw. der *Koordination*[5] von sozialen Akteuren voraussetzt, damit sich im betrieblichen Alltag die dazu nötigen Verhaltensweisen aufeinander abstimmen lassen (Eymard-Duvernay 2004, S. 66).[6] Einer Person, die in einer betrieblich relevanten Situation Koordinationsfähigkeit unter Beweis stellt, wird Größe (*grandeur*) in Bezug auf diese Situation zugesprochen (Boltanski/Thévenot 1999, S. 363).

Boltanski und Thévenot (2007, S. 183) sprechen nun mit Bezugnahme auf die *Bewertung von Größe* in unterschiedlichen Gemeinwesen von verschiedenen *Welten*, in denen ein je spezifisches Koordinations- bzw. Ordnungsprinzip (u.a. Effizienz oder Seniorität) zugrunde gelegt wird (verstanden auch als moralisches Prinzip bzw. Gerechtigkeitsprinzip einer jeweiligen Welt). Solche Ordnungsprinzipien funktionieren wie Äquivalenzprinzipien, die es gestatten, in Respektierung des jeweilig gültigen Prinzips Wertigkeiten von Menschen festzulegen. Im Kontext der Personalselektion gestattet der Rekurs auf solche Prinzipien den Personalverantwortlichen, zwei oder mehrere Bewerber begründbar miteinander zu vergleichen, zu bewerten und in eine Rangordnung zu bringen.

Die Wertigkeiten eines Bewerbers werden im Rahmen der Lehrlingsselektion in einer Reihe unterschiedlicher Prüfsituationen – u.a. bei der Sichtung von Bewerbungsunterlagen, im Rahmen von Leistungstests oder Betriebspraktika – mittels so genannter *Bewährungsproben* bestimmt. Solche Bewährungsproben (zum Begriff vgl. Boltanski/Chiapello 2003; für empirische Beispiele vgl. Imdorf 2008) ermöglichen – mittels einer begründbaren differenzbasierten Auslese von Personen auf Rangplätze unterschiedlicher Wertigkeit – die

---

4   Das übergeordnete Gemeinwohl als konstitutive Bedingung einer Rechtfertigungsordnung ist sowohl in den politischen Philosophien (vgl. Boltanski/Thévenot 2007, S. 115) als auch im eigenen empirischen Material schwierig nachzuweisen, es bleibt in der Regel implizit. Die angeführten zwei Beispiele sind konstruiert und empirisch nicht gedeckt. Entscheidend ist, dass sich ein persönlicher Gewinn oder Vorteil (hier: ein aus betrieblicher Sicht vertretbarer Selektionsentscheid) erst dann überzeugend rechtfertigen lässt, wenn dieser auf einer höheren Ebene gleichzeitig einem Gemeinwesen zugute kommt, was dann dessen Gemeinwohl befördert (ebd., S. 111).
5   Auf dem Werk von Boltanski und Thévenot gründet auch die französische Konventionen-Ökonomie (vgl. Eymard-Duvernay 2004, S. 71ff), von welcher ich den Begriff der Koordination übernehme.
6   Es lässt sich zeigen, dass von solchen verschiedenen Formen bzw. Konventionen der Koordination – Boltanski und Thévenot (2007) beziehen sich darauf, wenn sie von Ordnungsprinzipien sprechen – auch die Funktionstüchtigkeit und damit der Bestandeserhalt eines Betriebs abhängt, weshalb die vorliegende Konzeption der Personalauswahl den Anspruch einer Organisationstheorie hat, die über eine bloße Theorie der Rechtfertigung hinausgeht.

Reduktion von Komplexität und Ungewissheit im Selektionsprozess. Bei der Personalauswahl stützt sich eine Bewährungsprobe auf Selektionsformen und -routinen unterschiedlichen Formalisierungsgrade, wobei sehr verschiedene Diagnose-Instrumente zum Einsatz kommen: Neben den wohlbekannten Methoden der Leistungs- und Kompetenzmessung stellt auch der ‚Bauch' (als Metapher für das affektive Evaluationsinstrumentarium des Betriebs) ein zentrales Prüfinstrument dar. Die fehlende soziale Passung eines ‚Ausländers' wird nicht objektiv gemessen, sondern durch die Selektionsbeteiligten systematisch gefühlt.

Überträgt man nun also die zentralen Ideen bei Boltanski und Thévenot (2007) auf die betriebliche Auswahl von Auszubildenden, so haben die Selektionsverantwortlichen multiple aber dennoch limitierte Normen der Koordination (und entsprechende Äquivalenzprinzipien) zur Verfügung, um Bewerber in eine Rangordnung zu bringen und den Selektionsentscheid zu rechtfertigen. Jede Koordinationsnorm verweist auf eine eigene ‚Welt'. Man kann nun verschiedene solcher Welten wie die ‚industrielle Welt', die ‚häusliche Welt', die ‚projektförmige Welt' oder die ‚Welt des Marktes' unterscheiden, um den Ausländerausschluss bei der Selektion von Auszubildenden besser zu verstehen.

4 Lehrlingsauswahl in den verschiedenen ‚Welten' eines Betriebs

4.1 Lehrlingsselektion in der industriellen Welt

In der ‚industriellen Welt' eines Betriebs wird Handelsware produziert oder eine Dienstleistung angeboten – Produkte, deren Bereitstellung effiziente Produktionsabläufe erfordern, die ein Auszubildender möglichst nicht stören sollte. In der industriellen Welt zählen dabei neben den traditionellen Arbeitstugenden (wie Pünktlichkeit, Regelmäßigkeit oder Ordnung im Sinne industrieller Koordinationsanforderungen) berufsspezifische und vor allem schulische Kompetenzen. Betriebe streben als industrielle Welt ein möglichst günstiges Kosten-Nutzen-Verhältnis an: Den betrieblichen Aufwänden für ein Ausbildungsverhältnis – Lehrlings- und Ausbilderlöhne (bzw. die Zeit, die für die Anleitung der Auszubildenden erforderlich ist), Personaladministration, Anlagen und Materialien – steht ein potentieller Nutzen gegenüber, der sich in Lohneinsparung für durch Lehrlinge substituierte (un)qualifizierte Arbeitskraft sowie längerfristig – im Falle einer Übernahme des Ausgebildeten – in Einsparungen von Rekrutierungs- und Einarbeitungskosten für qualifizierte Arbeitskraft niederschlägt (vgl. Mühlemann et al. 2007). In dieser industriellen Welt des Betriebs wird den als ausländisch geltenden Ausbildungsanwärtern bei der Selektion insbesondere ein Mangel an schulischen und sprachlichen Kompetenzen zugeschrieben. Dabei fällt auf, dass sich die Betriebe mit diesen Argumenten primär auf die industrielle Welt der Berufsschule (bzw. auf deren Leistungs- und Koordinationsanforderungen) beziehen, und weniger auf jene des eigenen Betriebs. Befürchtet wird, dass ‚schulische und sprachliche Defizite' die erfolgreiche Absolvierung der Berufsschule sowie den Abschluss der Lehrabschlussprüfung in Frage stellen könnten – mit der Folge, dass die betrieblichen Rentabilitätserwartungen an das Ausbildungsverhältnis nicht eingelöst würden. Bei den angeführten Argumenten handelt es sich jedoch oftmals um in sich nicht sehr schlüssige Rechtfertigungen, und sie scheinen zudem vielfach einer erfahrungsbasierten Stützung zu entbehren (Imdorf 2008, S. 135f).[7]

4.2 Die Anforderungen der häuslichen Welt eines Ausbildungsbetriebs

Die Koordinationsanforderung der ‚häuslichen Welt' eines Betriebs scheinen besonders relevant zu sein, um die Diskriminierung von ‚Ausländern' bei der Lehrstellenvergabe jenseits von defizitären sprachlichen und schulischen Leistungszuschreibungen zu verstehen (Imdorf 2008, S. 138ff): Gemeint sind solche zwischenmenschlichen Beziehungen und Erwartungen zwischen den Mitarbeitern, die sich in Klein- und Mittelbetrieben an den Koordinationsformen der traditionellen, patriarchal strukturierten Familie orientieren: Vertrauen, Achtung und Respekt, die Differenz zwischen ‚Wir und den Anderen', nach Alter geordnete Autoritäts- und Abhängigkeitsverhältnisse, traditionell ausgerichtete Geschlechterrollen. Im betrieblichen Kontext schlägt sich dies in sozialen Kontrollstrukturen, im Respekt vor den Vorgesetzten, der Anerkennung der Autorität älterer Mitarbeiter oder der geschlechtsspezifischen Arbeitsteilung nieder. Darauf beziehen sich die Mitglieder eines Betriebes oftmals als ‚Geist des Hauses' und Bewerber werden daraufhin beobachtet, ob sie ‚dazu passen'. In dieser häuslichen Welt ist die Wertigkeit einer Person durch eine Vertrauenshierarchie bestimmt, die von Tradition, Abstammung, sozialer Nähe und Respekt getragen ist (Boltanski/Thévenot 1999, S. 370) und die Beziehungen zwischen Personen strukturiert. Entsprechend besteht die Bewährungsprobe oft aus einem ‚Vertrauenstest' (Thévenot 2001, S. 415) ‚aus dem Bauch' und auf der Basis von gegenseitigem Kennen und Anerkennen.

‚Ausländer' finden in diesem Familienmodell kaum einen Platz. Sie gelten als Fremde, die den ‚Geist des Hauses' in Frage stellen, und mit ihrer Präsenz droht die Beeinträchtigung der betrieblichen Funktionstüchtigkeit beziehungsweise der Anfall hoher ‚sozialer Kosten' (Sayad 2006, S. 35ff.) im eigenen Haus. Die Ausbilder betonen auch ohne Bezugnahme auf eine antizipierte Sprachproblematik die Privilegierung von ‚Einheimischen' (im Sinne von Nicht-‚Ausländern'), da diese besser in das soziale Gefüge des eigenen Betriebs passten. Dabei wird das vertrauensbasierte Inländerprivileg im Auswahlverfahren oftmals bereits bei der Vorselektion auf der Grundlage der vorliegenden Informationen zu Namen und Nationalität im Bewerbungsdossier durchgesetzt.

Die Rechtfertigungsreden im eigenen Material verweisen wiederholt darauf, dass die soziale Zusammensetzung der Belegschaft von hoher betrieblicher Relevanz ist. Bei ausländischen Bewerbern werden teilweise soziale Konflikte am Arbeitsplatz und die Gefahr von Mobbing antizipiert. In einem größeren zahnmedizinischen Betrieb hat ein für die Vorselektionen zuständiger Verwalter argumentiert, dass die relativ vielen Bewerbungen

---

7   Genau besehen kann Sprache als das ‚kostengünstigste' Argument der Rechtfertigung von Selektionsentscheidungen betrachtet werden, denn aufgrund seiner unmittelbaren Plausibilität erübrigen sich weitere Stützungen durch empirische Belegerzählungen. Das Sprachargument ist für die Betriebe aber vor allem auch ‚kostengünstig', weil es jeden potentiellen, gegen den Ausschluss von ‚ausländischen' Bewerbern gerichteten Protest frühzeitig und effizient abzuwenden erlaubt. Denn Sprache ist ein wohlfeiles Argument, welches seinen Halt im Common Sense hat und durch seine ‚Unschlagbarkeit' überzeugt: Wer nicht sprachkompetent ist, kann die mit einer Lehre verbundenen Leistungsanforderungen nicht erfüllen. Die Betriebe bedürfen keiner Belege dafür, dass die Ortssprachkompetenzen eines multilingualen Jugendlichen den Anforderungen einer Lehre nicht genügen würden. Der Verweis auf Sprachdefizite bei ‚Ausländern' ist selbsterklärend und sieht keine zuverlässigen betrieblichen Bewährungsproben vor (Imdorf 2008, S. 136).

von ‚Ausländerinnen', „und eben teilweise, ja eben von Ex-Jugoslawien" für den Betrieb ein „Riesenproblem" seien, da „in Serbien, Montenegro, Kosovo (...) gewisse Kulturen aufeinander prallen" würden. Gestützt auf diese alltagsbewährte Kulturkonfliktthese bildet der Betrieb bevorzugt ‚Schweizerinnen' zu Dentalassistentinnen aus. Ein Zahnarzt einer anderen Praxis berichtete über eine Konflikteskalation in seinem interethnisch zusammengesetzten Team von beträchtlicher betrieblicher Bedeutsamkeit. Er verwies auf eine bis dahin noch nicht erlebte Dimension von Mobbing zwischen seinen Angestellten mit ‚katastrophalen' Auswirkungen auf die Arbeitsprozesse. Diese Konflikterfahrung, deren Ursache vom Zahnarzt auf religiös kulturell bedingte Unterschiede zurück geführt wurde, hatte Konsequenzen für seine anschließende Auswahl neuer Auszubildender:

> „Wir haben den Anspruch Team. Ich muss schauen, was braucht unsere Praxis im Moment (...). Ich bin überhaupt nicht ausländerfeindlich, aber.. Das hat ein sehr unglückliches/Spannungen ausgelöst in dieser Praxis, und ich habe gesagt, ich will ganz sicher niemanden mehr aus diesem Kreis jetzt in dieses bestehende Team einbauen. Weil ich (...) weitere Konflikte dann gesehen habe, die auf uns zukommen."

Das Argument des zitierten Zahnarztes, dass er selbst „nichts gegen Ausländer habe", dass er aber zur Vorbeugung betrieblicher Probleme gegen ‚Ausländer' entscheiden müsse, kehrt auch in anderen Aussagen wieder. Ein Garagist verweist darauf, dass seine Mitarbeiter einen ‚ausländischen' Lehrling möglicherweise nicht positiv aufnehmen würden:

> Ich würde mich überhaupt nicht schämen, irgendjemanden hier drinnen zu haben, der eine andere Hautfarbe hat; das gibt es für mich nicht. Äh, aber ich muss auch die Meinung von anderen, muss ich eben akzeptieren (...). Ich habe nichts gegen das Völkergemisch grundsätzlich. Aber meine Leute da hinten, ja meine Mechen zum Beispiel. Und äh, DAS sind Schweizer.. Also ich habe keine Ausländer".

Wie die abschließende Sequenz aus einer Arztpraxis zeigt, sitzt die Befürchtung, dass die ‚Ausländer' den intimen, familiären Zusammenhalt in der Praxis gefährden könnten, tief in den ‚Bäuchen' betrieblicher Mitarbeiter:

> Arzthelferin: „Also bei mir war es nur Sympathie, ich wollte sie [eine als ausländisch geltende junge Frau, die sich ohne Erfolg in der Arztpraxis beworben hatte] eigentlich nicht, von Anfang nicht (...). Eben dieses Überbeflissene, das hat mich genervt, (...) und einfach ihre ganze Art, die sie hatte, hat mich (...) Schwierig zu sagen. JA [Stimme wird lauter], aber ich weiß, es ist schwierig (...). Ja, es ist dann eben aus dem Bauch heraus, dass man nur schwer sagen kann (...). Sie war mir vielleicht irgendwie fremd gewesen mit ihrer ganzen Art (...). Nur schon wie sie geredet hat, oder wie sie gefragt hat (...). Wir sind eigentlich eine Praxis, die sehr intim arbeitet, oder, also die, sagen wir einmal, äh, wenn Sie mit den Lehrtöchtern, sobald Sie hier sind als Lehrtochter, sind wir per DU, oder, und äh ja, wir sind so eben, angenehm vom Klima her".

Im Unterschied zur ‚Anpassungsfähigkeit' von ausländischen Jugendlichen, die in den Interviews relativ selten problematisiert wurde, scheint der Selektionskalkül der ‚sozialen Passung' bzw. der ‚Teampassung' ein wesentlicher Mechanismus für den betrieblichen Ausländerausschluss zu sein.

Während harmonische Arbeitsbeziehungen für die Führbarkeit eines produktiven Arbeitsteams indirekt bedeutsam sind, verweisen anderweitige Argumente direkt auf den betrieblichen Bedarf nach führbaren und fügsamen Auszubildenden. So wird beispielsweise darauf geachtet, dass nicht mehrere bzw. zu viele Mitarbeitende derselben, als ausländisch geltenden Nationalität rekrutiert werden. Damit lässt sich die Bildung fremdsprachlich homogener Mitarbeitergruppen vermeiden, deren Kommunikation und Dynamik schwierig zu kontrollieren wäre. Bei ‚ausländischen Jugendlichen' werden zudem öfter die elterlichen Unterstützungsressourcen im Hinblick auf die Lösung betrieblicher Probleme gering geschätzt. Die Ausbilder wünschten sich jedoch, bei der Durchsetzung ihrer ‚häuslichen Autorität' zur Sanktionierung eines aus betrieblicher Sicht problematischen Verhaltens eines Auszubildenden auf die Unterstützung der Eltern zählen zu können. Schließlich sind junge ‚ausländische' Männer in besonderem Maße von betrieblicher Problemantizipation betroffen, insbesondere wenn ihnen ein machohaftes Verhalten zugeschrieben wird. Sie stehen dann im Verdacht, dass sie sich gegenüber weiblichen Vorgesetzten nicht angemessen unterordnen könnten.

4.3 Kundenbindung als betriebliches Kalkül bei der Lehrlingsselektion

Zusätzlich zu ihrer ‚industriellen' und ‚häuslichen Größe' erhalten Auszubildende im Direktkontakt mit Kunden einen zusätzlichen Wert für den Betrieb, da sie den Verkauf eines Produktes oder einer Dienstleistung fördern oder hemmen können (Imdorf 2008, S. 137f). Durch ihre Erscheinung und durch ihr Verhalten stoßen Auszubildende bei der Kundschaft in unterschiedlichem Maß auf Gefallen, was sich auf aktuelle und zukünftige Kundenbindungen auswirken kann. In den Worten eines Garagisten, der neu auf weibliche Auszubildende setzt: „Wir sind eine Frauengarage, und ich habe das Gefühl, eine Frau in der Werkstatt bringt mir noch mehr Kunden". Arbeitgeber repräsentieren somit die Bedürfnisse ihrer eigenen Klientel, wenn sie im Selektionsprozess die für die Kundenbindung nötigen Koordinationsressourcen prüfen. Dazu zählen verkaufsrelevante Kriterien wie sympathisches oder hübsches Aussehen, ‚gute' Umgangsformen, sowie vorteilhafte Sprach- und Sprechweisen. Der betriebliche Wert eines Mitarbeiters im Austausch mit der Kundschaft basiert dabei auf unterschiedlichen Typen der Koordination bzw. – im Sinne von Boltanski und Thévenot (2007, S. 367ff) – auf einem ‚Kompromiss' von mehreren Rechtfertigungsordnungen, insbesondere wenn die Qualität der Kundenbindung von adäquaten ‚Sozialkompetenzen' der Mitarbeiter abhängt.

Kundenbindungen lassen sich *erstens* in der häuslichen Welt verorten, sofern sie eine harmonische persönliche Beziehung voraussetzen, was in kleineren Betrieben üblich und im Falle von personalisierten Dienstleistungen (u.a. in Arzt- und Zahnarztpraxen) fundamental ist. *Zweitens* kann die Verhaltensanforderung an Mitarbeitende, mit adäquaten kommunikativen und Kontakt fördernden Kompetenzen Beziehungen mit Kunden zu knüpfen, über die häuslichen Normen hinaus als eine eigene Größe verstanden werden. Die entsprechende Welt haben Boltanski und Chiapello (2003) als ‚projektbasierte Polis' bezeichnet, in der ‚Netzwerkmenschen' soziale Beziehungen projektförmig leben. In einer Zahnarztpraxis wurde beispielsweise mit Bezugnahme auf diese projektförmige Welt berichtet, dass sich ausländische Bewerberinnen in Praktika verschlossen gezeigt und sich zurückgezogen hätten, was aus Sicht der Personalverantwortlichen als „Handicap" und als den Patienten nicht zumutbar beurteilt wurde.

Betriebe können *drittens* Vorbehalte haben, weil sie befürchten, dass ‚ausländische' Auszubildende Kundenbindungen aufgrund von Kundenvorbehalten gegenüber ausländischen Angestellten gefährden könnten. Im Direktkontakt mit der Kundschaft nehmen sie dann einen eigentlichen Warencharakter an, und jenseits ihrer sozialen Kompetenzen rückt ihre Größe in einer ‚Welt des Marktes' in den Blick. In einem kleinen Reisebüro argumentierte die Inhaberin aus Rücksicht auf ihre Klientel, dass sie sich nicht vorstellen könne, eine Kopftuchtragende junge Frau einzustellen, da sie vom Klatsch der eigenen Kunden her wisse, dass diese „völlig irgendwie gegen solche Ausländer etwas haben". Ein Zahnarzt äußerte das Gefühl, „dass gute, langjährige Schweizerpatienten" aufgrund ausländischer Namen von Angestellten „abspringen könnten". Ausbilder, die Bewerber aufgrund eines zugeschriebenen ‚Marktwerts' beurteilen, bewegen sich jedoch auf brüchigem Boden der Rechtfertigung, da die Bewerber die Zuschreibungsprozesse und damit ihre Größe in der marktförmigen Welt nicht beeinflussen können. Deshalb handelt es sich hier gemäß Boltanski und Thévenot (2007, S. 116ff) um eine illegitime Rechtfertigungsordnung, die sich nicht auf ein Gemeinwohl berufen kann und protestanfällig ist. Dies könnte ein Grund dafür sein, dass Kundenvorbehalte gegenüber ausländischen Jugendlichen in den Interviews selten direkt thematisiert wurden.

Dagegen fand sich interessanterweise in mehreren Betrieben das Argument, dass man bei der Lehrlingsauswahl auch darauf achte, dass neue Auszubildende keine unliebsame Kundschaft anziehen. Eine Zahnarztpraxis befürchtete beispielsweise, sich mit der Einstellung einer albanischen Lehrtochter für albanische Patienten, welche „keinen Sinn für eine normale Zahnhygiene" hätten, attraktiv zu machen. Ein Garagist problematisierte die Kundschaft der Albaner und Kosovaren („Das sind unmögliche Typen"). Er verwies auf den eigenen Gebrauchtwagenmarkt,

„wo wir sie haben und zu kämpfen haben mit. Wir hatten einmal einen [kosovarischen Angestellten] im Waschbereich hinten, und dann hatten wir zehn, zwölf nachher ums Haus herum, und da sagten wir, das müssen wir nicht haben (...). Und dann sagten wir einfach einmal generell, keine Ausländer, also in diesem Sinne, keine Ausländer, einfach vor allem Kosovo, und die Bewerbungen waren neunzig Prozent solche".

Dieser Selektionskalkül verweist auf eine unerwartete Spielart der Marktlogik: ‚Ausländische' Jugendliche können offenbar die marktförmige Welt eines Betriebs stören, indem sie eine aus betrieblicher Sicht unliebsame ethnische Klientel anziehen, die dem Betrieb besondere Probleme bereiten könnte. Um dies zu vermeiden, verzichten einige Ausbildungsbetriebe drauf, Jugendliche mit entsprechender ethnischer Herkunft einzustellen. Dies erscheint dann als Erfolg versprechende betriebliche Strategie, um die Nachfrage nach den eigenen Produkten bzw. Dienstleistungen im Eigeninteresse zu beschränken.

4.4 Ausländerausschluss in multiplen Welten

Aus dem eigenen empirischen Material ergeben sich vielfältige Hinweise darauf, dass es bei der Lehrlingsselektion nicht darum geht, den leistungsstärksten Kandidaten zu ermitteln. Die Ausbildungsbetriebe suchen vielmehr nach einer Person, welche die unterschiedlichen Koordinationsanforderungen in den verschiedenen Welten eines Betriebs befriedigend erfüllt. Eine Lehrstelle zu besetzen, bedeutet für den Ausbildungsbetrieb ‚Kosten und Nutzen' – Ausbilder sprechen oftmals in der Metapher des gegenseitigen ‚Geben und Nehmens' – in allen relevanten Welten des Betriebs abzuwägen und das Störpotential, das Auszubildende in diese verschiedenen Welten hineintragen könnten, zu erkennen und möglichst rechtzeitig abzuwenden (Imdorf 2008, S. 124).[8] Bewerber um einen Ausbildungsplatz sind entsprechend gefordert, im Rahmen des Auswahlverfahrens ihr Einfügungsvermögen in diese verschiedenen Welten des Betriebs glaubhaft zu machen. Die Lehrlingsselektion kann dabei als eine komplexe Verkettung von zeitlich aufeinander folgenden oder simultan ablaufenden Bewährungsproben in den verschiedenen Welten verstanden werden, welche ein erfolgreicher Kandidat zu bestehen hat.

Vor diesem Hintergrund erweist sich der Ausschluss der ‚Ausländer' bei der Lehrstellenvergabe als Resultat einer für sie verhängnisvollen Verknüpfung von Anforderungen, welche die Ausbildungsbetriebe an die Betroffenen stellen, und die sie weniger wahrscheinlich als ihre Konkurrenten erfüllen können (ebd., 145): Ausländische Jugendliche gelten aus der Perspektive der Ausbilder in den relevanten Welten des Betriebs als potentiell nicht ‚passend' bzw. als ‚sperrig': Ihre Kompetenz steht in der industriellen Welt der Berufsschule in Frage, was die erfolgreiche Absolvierung der Berufslehre gefährden kann; ihre Binnenloyalität in der häuslichen Welt, in der sie als potentielle Störer einer eingespielten sozialen Ordnung wahrgenommen werden; und ihre Kundenfreundlichkeit auf dem Branchenmarkt, wo sie ein Kundenrisiko darstellen, u.a. weil sie Risikokunden anziehen.

Das empirische Material der eigenen Untersuchung verweist entsprechend darauf, dass von als ausländisch geltenden Jugendlichen in besonderem Maße betriebliche Störungen erwartet werden. Das behauptete Problempotential, welches diese Jugendlichen in die Betriebe hineintragen könnten, geht dabei über Belange der industriellen Welt, auf welche die Probleme von ausländischen Lehrstellensuchenden und ihre institutionelle Bearbeitung oft reduziert werden, weit hinaus. Das skizzierte theoretische Modell der Ausbildungsstellenvergabe erklärt dabei nur die primären Mechanismen des Ausländerausschlusses. Daran schließen anderweitige sekundäre Ausschlussprozesse an, welche die Chancen, einen Ausbildungsplatz zu erhalten, für ausländische Lernende zusätzlich reduzieren. Denn aufgrund ihres primären Ausschlusses müssen sie sich im Gegensatz zu den inländischen Bewerbern nun häufiger, über größere geographische Distanzen, über längere Dauer im Jahresverlauf, sowie auf ein breiteres berufliches Spektrum bewerben. Dies führt sie in einen eigentlichen Teufelskreis, da solche Merkmale aus betrieblicher Sicht unabhängig des Ausländerstigmas als zusätzliche Indizien für absehbare Probleme im Ausbildungsverlauf gedeutet werden (näher dazu Imdorf 2008, S. 143ff).

5 Schlussfolgerungen

Versteht man Betriebe als Organisationen, die in ihrem alltäglichen Prozessieren verschiedene Koordinations- und Rechtfertigungsordnungen miteinander in Einklang bringen müssen, dann bietet es sich an, das Phänomen der ‚Ausländer'-Diskriminierung bei der Personaleinstellung als Konsequenz der Handhabung miteinander konfligierender Normen der Koordination – und damit unterschiedlicher Gerechtigkeitsnormen – in verschiedenen betrieblichen Welten zu deuten (Imdorf 2008, S. 126). Diskriminierung bei der Stellenverga-

---

8   Bei den skizzierten Welten handelt es sich – vor jeder ökonomischen Verwertungs- und Überlebenslogik – um historische und soziale Konstruktionen (Boltanski/Thévenot 1999, S. 369). Ausgehend von der Prämisse, dass Betriebe auch bei Verzicht auf ökonomische Profitmaximierung grundsätzlich überleben können, erscheint es letztlich unmöglich, den wirtschaftlichen Beitrag von sozialen gegenüber ökonomischen Faktoren der betrieblichen Reproduktion zu quantifizieren (u.a. da sich die sozialen Faktoren einer ökonometrischen Vermessung entziehen).

be lässt sich nun verstehen als eine Ungleichbehandlung von Bewerbern trotz vergleichbarer industrieller Größe bzw. Kompetenz, unter anderem wenn askriptive soziale Merkmale (u.a. Nationalität, Geschlecht, Alter) in den betrieblichen Entscheidungsprozessen mitverwertet werden. Solche sozialen Selektionskalküle erscheinen in solchen Betrieben als funktional, die bei der betriebsinternen Einschätzung der Bedingungen des eigenen Bestanderhaltes noch vor den Anforderungen der industriellen Welt den Bedürfnissen der häuslichen, projekt- und marktförmigen Welten den Vorrang geben. Es sind die Anforderungen dieser Welten, welche durch ihre je eigenen Reproduktionsanforderungen und Zutrittskriterien unablässig sozial ungleiche Zugänge zu betrieblichen Ausbildungsplätzen produzieren und damit soziale Ungleichheit im Übergang von der Schule in die Berufsausbildung reproduzieren. Diskriminierung ist somit das Resultat von befürchteten Problemen in diesen Welten, jenseits einer Problemantizipation in der industriellen Welt.

Die Nicht-Berücksichtigung ‚ausländischer' Schulabgänger bei der Ausbildungsplatzvergabe hat also ihre Grundlage in der Funktionsweise der Betriebe selbst, in ihrer Handhabung der Herausforderungen der für sie relevanten Welten, deren Zugang den Betroffenen verwehrt wird. Neben den bisher vorgestellten Koordinations- und Rechtfertigungsordnungen könnte eine weitere von Boltanski und Thévenot (1999, S. 372) aufgezeigte Welt, in welche Betriebe unabdingbar eingebunden sind – die ‚staatsbürgerliche Welt' – allenfalls Mittel bereithalten, um dem Ausländerausschluss bei der Stellenvergabe vorzubeugen. Diese Welt reklamiert einen Gesellschaftsvertrag, gegründet auf einem Kollektivinteresse, der das eigensüchtige Interessehandeln der Betriebe durch Bindung an das Kriterium der Wahrung des sozialen Friedens Beschränkungen unterwirft (Imdorf 2008, S. 126). Die staatsbürgerliche Norm erfordert von den Betrieben zuallererst die Einhaltung des Gesetzes sowie die Respektierung sozialer und gewerkschaftlicher Rechte. Da der Staat aber die betriebliche Lehrlingsselektion kaum reguliert, interveniert die staatsbürgerliche Welt bei der Vergabe von Ausbildungsplätzen nur schwach. Im staatsbürgerlichen Gleichheitsbegriff verankerte soziale Gerechtigkeitsvorstellungen werden auch von den Betrieben nicht in genügendem Maß auf freiwilliger Basis respektiert, obwohl dies in einzelnen Fällen durchaus gegeben ist. Solange die Vergabe von Ausbildungsplätzen staatlich nicht geregelt werden kann, braucht es somit Interventionen außerhalb der staatsbürgerlichen Welt, um die betrieblichen Ausbildungschancen von ausländischen Jugendlichen zu erhöhen.

Das hier vorgeschlagene Verständnis des betrieblichen Ausländerausschlusses beruht auf einem soziologischen Modell der Ausbildungsstellenvergabe. Es ist zuallererst ein theoretischer Entwurf, der es ermöglicht, Ausbildungsbetriebe als bildungspolitisch relevanten und bearbeitbaren Ort der Produktion von Bildungsungleichheit zu verstehen. Der Entwurf kann vorerst dazu dienen, dokumentierte empirische Rechtfertigungsreden von Ausbildungsverantwortlichen zum Ausschluss von ausländischen Ausbildungsplatzsuchenden (vgl. Imdorf 2008; Lee/Wrench 1983; Schaub 1991) angemessen zu deuten. Praxisrelevante Implikationen der hier vorgestellten Überlegungen stehen jedoch unter dem Vorbehalt ihrer weiteren empirischen und wissenschaftlichen Bewährung (zu möglichen praktischen Implikationen des Modells vgl. Imdorf 2008, S. 146ff). Dazu sind Arbeitgeberbefragungen notwendig, deren Erhebungsinstrumente die Ideen des vorliegenden theoretischen Entwurfs aufgreifen.

Literatur

Arrow, K. J. (1972): Models of Job Discrimination. In: Pascal, A. H. (Hrsg.): Racial Discrimination in Economic Life. Lexington: D.C. Heath, pp. 83-102
Attia, I./Aziz, L./Marburger, H./Menge, J. (2000): Auf Ausbildungsplatzsuche. In: Attia, I./Marburger, H. (Hrsg.): Alltag und Lebenswelten von Migrantenjugendlichen. Frankfurt a. M., S. 71-100
Baron, J. N./Pfeffer, J. (1994): The Social Psychology of Organizations and Inequality. In: Social Psychology Quarterly, Vol. 57, No. 3, pp. 190-209
Becker, G. S. (1993): Human capital: A theoretical and empirical analysis with special reference to education. Third Edition. New York
Becker, G. S. (1971): The Economics of Discrimination. Second Edition. Chicago: University of Chicago Press
Boltanski, L./Chiapello, E. (2003): Der neue Geist des Kapitalismus. Konstanz
Boltanski, L./Thévenot, L. (1999): The Sociology of Critical Capacity. In: European Journal of Social Theory, Vol. 2, No. 3, pp. 359-377
Boltanski, L./Thévenot, L. (2007): Über die Rechtfertigung. Eine Soziologie der kritischen Urteilskraft. Hamburg
Bommes, M. (1996): Ausbildung in Grossbetrieben. Einige Gründe, warum ausländische Jugendliche weniger Berücksichtigung finden. In: Kersten, R./Kiesel D./Sargut, S. (Hrsg.): Ausbilden statt Ausgrenzen. Jugendliche ausländischer Herkunft in Schule, Ausbildung und Beruf. Frankfurt, S. 31-44
Boos-Nünning, U./Granato, M. (2008): Integration junger Menschen mit Migrationshintergrund: Ausbildungschancen und Ausbildungsorientierung. Forschungsergebnisse und offene Fragen. In: Bade, K. J./Bommes, M./Oltmer, J. (Hrsg.): Nachholende Integrationspolitik – Problemfelder und Forschungsfragen (IMIS-Beiträge Nr. 34). Osnabrück, S. 57-89
Die Bundesregierung (2007): Der Nationale Integrationsplan. Neue Wege – Neue Chancen. Berlin: Presse- und Informationsamt der Bundesregierung
Diehl, C./Friedrich, M./Hall, A. (2009): Jugendliche ausländischer Herkunft beim Übergang in die Berufsausbildung: Vom Wollen, Können und Dürfen. In: Zeitschrift für Soziologie, Jg. 38, H. 1, S. 48-67
Eymard-Duvernay, F. (2004): Économie politique de l'entreprise. Paris
Eymard-Duvernay, F. (2008): Justesse et justice dans les recrutements. In: Formation Emploi, No. 101, pp. 55-69
Granovetter, M. (1995): Getting a Job. A Study of Contacts and Careers. Second Edition. Chicago.Holzer, H. J. (1987): Informal Job Search and Black Youth Unemployment. In: The American Economic Review, Vol. 77, No. 3, pp. 446-452
Hupka, S./Stalder, B. E. (2004): Die Situation junger Migrantinnen und Migranten beim Übergang Sek I/Sek II. In: Schweiz. Konferenz der Gleichstellungsbeauftragten (Hrsg.): Achtung Gender. Ausbildungsverhalten von Mädchen und jungen Frauen. Trends und Tipps. Zürich/Buchs, S. 79-94
Imdorf, Ch. (2005): Schulqualifikation und Berufsfindung. Wie Geschlecht und nationale Herkunft den Übergang in die Berufsbildung strukturieren. Wiesbaden
Imdorf, Ch. (2007): Individuelle oder organisationale Ressourcen als Determinanten des Bildungserfolgs? Organisatorischer Problemlösungsbedarf als Motor sozialer Ungleichheit. In: Schweizerische Zeitschrift für Soziologie, Jg. 33, H. 3, S. 407-423
Imdorf, Ch. (2008): Migrantenjugendliche in der betrieblichen Ausbildungsplatzvergabe – auch ein Problem für Kommunen. In: Michael B./Krüger-Potratz, M. (Hrsg.): Migrationsreport 2008. Fakten – Analysen – Perspektiven. Frankfurt a.M., S. 113-158
Jenkins, R. (1986): Racism and Recruitment. Managers, Organisations and Equal Opportunity in the Labour Market. Cambridge

Kirschenman, J./Neckerman, K. M. (1991): "We'd Love to Hire Them, But...": The Meaning of Race for Employers. In: Jencks, C./Peterson, P. E. (Hrsg.): The Urban Underclass. Washington, pp. 203-232

Lee, G./Wrench, J. (1983): Skill Seekers – black youth, apprenticeships and disadvantage. Leicester

March, J. G./Simon, H. A. (1958): Organizations. New York

Meyer, Th. (2009): Wer hat, dem wird gegeben: Bildungsungleichheit in der Schweiz. In: Suter, Ch./Perrenoud, S./Levy, R./Kuhn, U./Joye, D./Gazareth, P. (Hrsg.): Sozialbericht 2008. Die Schweiz vermessen und vergleichen. Zürich, S. 60-81

Moser, U. (2004): Jugendliche zwischen Schule und Berufsbildung. Eine Evaluation bei Schweizer Grossunternehmen unter Berücksichtigung des internationalen Schulleistungsvergleich PISA. Bern: h.e.p. Verlag

Mühlemann, S./Wolter, S. C./Fuhrer, M./Wüest, A. (2007): Lehrlingsausbildung – ökonomisch betrachtet. Ergebnisse der zweiten Kosten-Nutzen-Studie. Chur/Zürich

Pager, D. (2007): The Use of Field Experiments for Studies of Employment Discrimination: Contributions, Critiques, and Directions for the Future. In: The ANNALS of the American Academy of Political and Social Science, Vol. 609, No. 1, pp. 104-133

Pager, D./Shepherd, H. (2008): The Sociology of Discrimination: Racial Discrimination in Employment, Housing, Credit, and Consumer Markets. In: Annual Review of Sociology, Vol. 34, No. 1, pp. 181-209

Phelps, E. S. (1972): The statistical theory of racism and sexism. In: American Economic Review, Vol. 62, September, pp. 659-661

Quillian, L. (2006): New Approaches to Understanding Racial Prejudice and Discrimination. In: Annual Review of Sociology, Vol. 32, No. 1, pp. 299-328

Reskin, B. F. (2003): Including Mechanisms in Our Models of Ascriptive Inequality. In: American Sociological Reviev, Vol. 68, February, pp. 1-21

Roscigno, V. J./Garcia, L. M./Bobbitt-Zeher, D. (2007): Social Closure and Processes of Race/Sex Employment Discrimination. In: The ANNALS of the American Academy of Political and Social Science, Vol. 609, No. 1, pp. 16-48

Sayad, A. (2006): L'immigration ou les paradoxes de l'altérité. 1. L'illusion du provisoire. Paris: Raisons d'agir Éditions

Schaub, G. (1991): Betriebliche Rekrutierungsstrategien und Selektionsmechanismen für die Ausbildung und Beschäftigung junger Ausländer. Berlin

Seibert, H. (2005): Integration durch Ausbildung? Berufliche Platzierung ausländischer Ausbildungsabsolventen der Geburtsjahrgänge 1960 bis 1971. Berlin

Shih, J. (2002): "...Yeah, I could hire this one, but I know it's gonna be a problem": how race, nativity and gender affect employers' perceptions of the manageability of job seekers. In: Ethnic and Racial Studies, Vol. 25, No. 1, pp. 99-119

Smith, A. (2006 [1790]): The Theory of Moral Sentiments. 6th ed.. Mineola: Dover Publications

Thévenot, L. (2001): Organized Complexity: Conventions of Coordination and the Composition of Economic Arrangements. In: European Journal of Social Theory, Vol. 4, No. 4, pp. 405-425

Uhly, A./Granato, M. (2006): Werden ausländische Jugendliche aus dem dualen System der Berufsausbildung verdrängt? In: Berufsbildung in Wissenschaft und Praxis, H. 03/2006, S. 51-55

Waldinger, R./Lichter, M. I. (2003): How the Other Half Works. Immigration and the Social Organization of Labor. Berkeley

Wieser, R./Dornmayr, H./Neubauer, B./Rothmüller, B. (2008): Bildungs- und Berufsberatung für Jugendliche mit Migrationshintergrund gegen Ende der Schulpflicht. Endbericht. Wien

Neue soziale Segmentationsmuster in der beruflichen Bildung

Martin Baethge

Von sozialen Segmentationsmustern zu reden, meint mehr als nur temporäre soziale Benachteiligungen. Die Kategorie der Segmentationsmuster zielt auf relativ dauerhafte Ungleichheitsverteilungen in der Teilhabe an gesellschaftlichen Gütern – in unserem Fall an der Berufsbildung. Segmentationsmuster sind begründet in institutionellen Arrangements und Verhaltensnormierungen sowie in strukturellen Entwicklungen, die ihnen relative Stabilität und Dauerhaftigkeit verleihen. In der Berufsbildung ist lange Zeit die Unterprivilegierung – man kann auch von Ausschluss sprechen – von Mädchen/jungen Frauen im Zugang zu dualer Berufsausbildung in der Hochphase fordistischer Industrialisierung das prominenteste Beispiel für solch ein Segmentationsmuster gewesen (vgl. Krüger 1999 und 2004). Der Hauptsektor der Wirtschaft, die Industrie, privilegierte mit technisch ausgerichteter Fach- und körperlich anstrengender Massenarbeit die männlichen Jugendlichen. Die bürgerlichen Stereotype geschlechtsspezifischer Arbeitsteilung in der Gesellschaft taten ein Übriges, um den Mädchen den Zugang zur dualen Berufsausbildung zu erschweren oder zu versperren. Dieses alte Segmentationsmuster wirkt bis heute nach – insbesondere in den geschlechtsspezifischen Berufszuweisungen (Männer mehr zu den gewerblich-technischen, Frauen mehr zu sozialen und kaufmännischen Berufen) –, auch wenn sich mit dem Wandel zur Dienstleistungsökonomie die Ausbildungsmöglichkeiten für junge Frauen sukzessive verbessert haben.

Die aktuellen Segmentationslinien in der Berufsbildung sind erst vor dem Hintergrund der Institutionalisierungsgeschichte des deutschen Bildungswesens als Ganzes – von der Grundschule bis zur Hochschule – zu verstehen, weil Segmentationsmuster sich langsam herausbilden und nicht kurzfristigem funktionalistischen Bedarf und Kalkül folgen. Diese können sie verschärfen oder modifizieren, nicht aber von heute auf morgen auflösen oder ihre Richtung grundlegend verändern.

1 Institutionelle Segmentierung im deutschen Bildungssystem

In der Nach-PISA-Diskussion ist in Wissenschaft und Politik immer wieder auf die im internationalen Vergleich hohe soziale Selektivität des deutschen Bildungssystems hingewiesen worden (vgl. u.a. Maaz/Baumert/Cortina 2008, S. 235 ff.; Baumert/Schümer 2001). Selbst wenn man die sozialen Disparitäten der Bildungsbeteiligung entscheidungstheoretisch nach der Frage, „Warum Familien in Abhängigkeit ihrer Sozialschichtzugehörigkeit unterschiedliche Bildungsentscheidungen treffen" (Maaz/Baumert/Cortina 2008, S. 223), zu erklären versucht, bleibt man auf die institutionellen Differenzierungen im Bildungswesen verwiesen. Diese bilden den vorgegebenen Rahmen für Entscheidungen und eröffnen unterschiedliche Optionshorizonte für soziale Gruppen, auch wenn in die Entscheidungen individuelle oder vom sozialen Umfeld geprägte Aspirationen und Parameter eingehen.

Das hohe Maß an sozialer Selektion des deutschen Bildungssystems wird institutionentheoretisch zumeist darauf zurückgeführt, dass es die „berufsständische Gliederung!" (von Friedeburg 1989, S. 334) seines allgemeinbildenden Schulwesens bis heute nicht überwunden habe. Dies freilich ist nur der eine Teil der Wahrheit, deren anderer darin besteht, dass im Gegensatz zu vielen anderen Ländern mit ähnlichem sozioökonomischen Entwicklungsstand in Deutschland das allgemeinbildende Schul- und Hochschulwesen und die Berufsausbildung von ihren Anfängen her unterschiedlichen institutionellen Entwicklungspfaden gefolgt sind und heute noch folgen. Die in diesen Entwicklungspfaden verfestigte institutionelle wechselseitige Abschottung der beiden großen Bildungsbereiche gegeneinander beruht darauf, dass jeder Bildungsbereich eine andere institutionelle Ordnung ausgebildet hat. Institutionelle Ordnungen sind Sätze von relativ dauerhaft gültigen Verfahrensregeln und Verhaltensnormen, die die Funktionsprozesse, das Verhalten und Zusammenwirken der Mitglieder und Nutzer einer Organisation steuern sollen – unabhängig davon, ob diese Organisation eine Kirche, das Militär oder ein Bildungssystem ist. Was institutionelle Ordnung im Bildungswesen meint, lässt sich an der Gegenüberstellung von allgemeinbildenden Schulen und dualer Berufsausbildung als der in Deutschland dominierenden Form der Berufsausbildung unterhalb der Hochschulebene einsichtig machen.

Übersicht 1: Institutionelle Ordnungen von allgemeinbildender Schule und dualer Berufsausbildung

Merkmale institutioneller Ordnungen im Bildungswesen	Allgemeinbildende Schule	duale Berufsbildung
Dominante Zielperspektive	gebildete Persönlichkeit/ individuelle Regulationsfähigkeit (Autonomie)	berufliche Handlungskompetenz
Bezugspunkt für Lernzieldefinition und Curricula	Kanon repräsentativen systematisierten Wissens/ Wissenschaftsorientierung	Arbeitsmarkt und Beschäftigungsstruktur; wirtschaftlicher Bedarf an Qualifikationen
Politische Steuerung, Aufsicht, (Qualitäts)Kontrolle	staatliche (demokratische Kontrolle) durch die Bundesländer	korporatistische Selbstverwaltung der Wirtschaft (Kammern) auf Basis bundesstaatlicher Regulierung
Finanzierung	öffentlich (Länder, Kommunen)	primär privat (Ausbildungsbetriebe)
Status des Lernenden	Schüler	Auszubildende(r) im Arbeitsverhältnis
Instruktionsprinzip/Organisation der Lernprozesse	praxisenthoben (-fern) in eigenen Organisationen	praxisintegriert (Verbindung von Arbeit und Lernen)
Personal	professionalisiert; öffentlicher Dienst	nicht- bis semi-professionell private Arbeitsverträge

Die Übersicht zeigt die institutionellen Differenzen der beiden großen Bildungsbereiche an zentralen Merkmalen:

- Bei der dominanten Zielperspektive folgt das allgemeinbildende Schulwesen in der deutschen Bildungstradition der Vorstellung einer „gebildeten Persönlichkeit". In der nationalen Bildungsberichterstattung wird dem mit dem Begriff der „individuellen Regulationsfähigkeit" versucht Rechnung zu tragen. Er meint die Fähigkeit, sein Leben in der Gesellschaft autonom gestalten zu können und umfasst die kognitiven und emotionalen Kompetenzen, die hierfür erforderlich sind. Allen voran stehen sicherlich in der höheren Allgemeinbildung erweiterte kulturelle Kompetenzen der Beherrschung von Sprachen, mathematischen und naturwissenschaftlichen Grundlagen sowie ein Bewusstsein von der historischen Gewordenheit und den aktuellen Bedingungen des gesellschaftlichen Zusammenlebens (Konsortium Bildungsberichterstattung 2006, S. 2). Ihre Grundlage bildet ein Kanon repräsentativen Wissens – gleichsam ein „Weltcurriculum" des Wissens –, bei dem in den letzten Jahrzehnten Wissenschaftsorientierung eine zunehmende Bedeutung gewonnen hat – zumindest für die in unserem Zusammenhang zentrale Sekundarstufe II.

- Demgegenüber steht im Zentrum der Berufsbildung die Vermittlung von beruflicher Handlungskompetenz, d.h. die Fähigkeit, berufliche Rollen wahrzunehmen, sich in (betrieblichen) Organisationen orientieren und verhalten, sich auf Arbeitsmärkten bewegen sowie die Bedeutung technologischen und ökonomischen Wandels für die eigene Berufsbiographie erkennen zu können. Sicherlich spielen auch hier die vorher genannten allgemeinen Kompetenzen hinein, aber mehr als Voraussetzung und mitlaufende Aspekte denn als eigenständige Instruktionsgegenstände. Der Bezugspunkt für berufliche Curricula sind im Wesentlichen die fachlichen und sozialen Qualifikationsanforderungen in der Erwerbsarbeit, die Veränderungen der Beschäftigungsstrukturen in einer arbeitsteiligen Gesellschaft und die Dynamik des Arbeitsmarktes (vgl. Baethge/Achtenhagen u.a. 2006, S. 12 ff.).

- In der politischen Systemsteuerung und -kontrolle unterliegt das allgemeinbildende Schulwesen einer staatlichen Steuerung durch die Bundesländer, deren Bildungsadministrationen parlamentarischer Kontrolle unterworfen sind. Ganz anders sieht es in der betrieblich dominierten Berufsbildung aus. Sie wird wesentlich korporatistisch durch die großen Interessenvertretungen der Arbeitgeber und der Arbeitnehmer unter Beteiligung der Bundesregierung gesteuert. Die Kontrolle der betrieblichen Ausbildung erfolgt durch die Kammern als Selbstverwaltungsorganisationen der Wirtschaft. Auf der Bundesebene ist das Wirtschaftsministerium für den Erlass, das Ministerium für Bildung und Forschung für die inhaltliche Seite der Berufsbildungs-Curricula zuständig. Diese rechtliche Einbindung und das hohe Gewicht der beiden großen Arbeitsmarktparteien in den berufsbildungspolitischen Entscheidungsprozessen hat dazu geführt, dass die Berufsbildung in erster Linie als Teil der Arbeitsmarktpolitik und nicht der Bildungspolitik gestaltet wird (vgl. Baethge 2006).

- Dem korrespondiert die Finanzierung: Das allgemeinbildende Schulwesen wird öffentlich durch Länder und Kommunen finanziert. Seine Entwicklung und Bildungsressourcen sind damit von politischen Haushaltsentscheidungen abhängig, die auf Ebene von Ländern und Kommunen parlamentarisch kontrolliert werden. Die Berufsbildung wird primär privat von den Ausbildungsbetrieben finanziert und ist im Angebot und in der Qualität von Ausbildungsplätzen von der Ausbildungsbereitschaft der Betriebe abhängig. Eine Ausbildungspflicht für den einzelnen Betrieb existiert nicht (wohl eine Ausbildungsverpflichtung für die Wirtschaft als Ganze [nach Bundesverfassungsgerichtsurteil].). Die enge Bindung an die einzelbetriebliche Finanzierung macht das quantitative und qualitative Ausbildungsangebot unmittelbar von konjunkturellen und

strukturellen Bewegungen der Wirtschaft abhängig. Die hohen Ausbildungsplatzlücken im letzten Jahrzehnt – gemessen an der Nachfrage – machen die Problematik der Einzelbetriebsfinanzierung deutlich.
- Das Recht der Arbeit und der Wirtschaft schlägt sich auch in der rechtlichen Definition des Auszubildendenstatus nieder. Das Ausbildungsverhältnis ist ein sozialversicherungspflichtiges Beschäftigungsverhältnis („Ausbildungsvergütung"), kein öffentlich-rechtlich geregeltes Schüler-Verhältnis wie in der Allgemeinbildung (vgl. Greinert 2003).

Die Organisation der Lern- bzw. Ausbildungsverhältnisse lässt sich nach dem Kriterium der Praxisnähe charakterisieren. Allgemeinbildende Schulen sind aus dem Lebens- und Arbeitsalltag ausgegliederte Einrichtungen, deren Widmungszweck die Organisation von Lernprozessen ist. Im Gegensatz dazu findet die Berufsausbildung zu den größten Teilen in unmittelbarer Verbindung mit Arbeitsprozessen statt. Die Integration von Lernen und Arbeiten ist oft als die große Stärke der deutschen Berufsausbildung beschrieben worden, da die unmittelbare Anschauung der Nützlichkeit des Gelernten und die Erfahrung des eigenen produktiven Beitrags im Arbeitsprozess eine hohe Lernmotivation bei Jugendlichen freisetze. Dagegen bewirke die Abgehobenheit schulischer Lernprozesse vom sonstigen Alltagsleben leicht Demotivation. Erkauft sind die Vorteile der Berufsbildung oft mit Enge der Vermittlungsgegenstände, Begrenzung des Spektrums kognitiver Kompetenzen und des systematischen Wissens und geringeren Irrtumstoleranzen in den Ausbildungsprozessen; in diesen Bereichen werden die Stärken schulischer Allgemeinbildung gesehen. (Institutionelle Zuschreibungen bedeuten nicht, dass die Realität beider Bildungsorganisationstypen ihnen immer entspricht, sie bezeichnen zunächst nur strukturelle Differenzen.)
Schließlich sind auch die institutionellen Differenzen im Status und Professionalität des Personals nicht zu vernachlässigen. Lehrer sind zumeist Angestellte oder Beamte im öffentlichen Dienst und haben einen Hochschulabschluss, d.h. sie besitzen einen professionellen Status und relativ hohe Beschäftigungssicherheit. Demgegenüber sind betriebliche Ausbilder Privatangestellte und in der Regel wenig professionalisiert.

2 Zur Segmentierungsgeschichte von Berufs- und Allgemeinbildung

So wenig der Rahmen eines Artikels den Raum dafür bietet, die Entwicklungspfade der beiden institutionellen Ordnungen nachzuzeichnen, so wenig verzichtbar sind wenigstens einige Hinweise auf die Geschichte institutioneller Segmentierung in Deutschland. Beide großen institutionellen Ordnungen des Bildungswesens – die der Allgemeinbildung wie die der Berufsausbildung – nahmen ihren Ausgang in noch vorindustrieller Zeit: Für die Berufsausbildung ist es die handwerkliche, von den Zünften organisierte Lehre, deren Grundstruktur von der Industrie übernommen und modifiziert wurde, ohne dass ihr Kern, die in die Erwerbsarbeit integrierte und in der Selbstverwaltung der Betriebe kontrollierte Ausbildung preisgegeben wurde. Auch für die höhere Allgemeinbildung, deren Anhängsel die „niedere" werden sollte, gilt, dass sie sich abseits von der entstehenden Industrie und bürgerlichen Gewerbe entwickelte und keineswegs als Ausdruck eines „geradlinigen, ungebrochenen Modernisierungsprozess(es)" (Herrlitz 1982, S. 101) zu verstehen ist.

Die Neudefinition der höheren Allgemeinbildung, die das deutsche Bildungswesen bis weit in die zweite Hälfte des 20. Jahrhunderts prägte, erfolgte mit der von W. v. Humboldt wesentlich beeinflussten neuhumanistischen Bildungsreform am Beginn des 19. Jahrhunderts in Preußen. Auf diese Reform ist hier nicht im Einzelnen einzugehen. Es sind nur ihre in unserem Zusammenhang – der Berufsbildung – weiterwirkenden Resultate festzuhalten: Sie machte ein Bildungsideal „allgemeiner Menschenbildung" (v. Humboldt) für die Gestaltung des öffentlichen Schul- und Hochschulwesens verbindlich, das jenseits der praktischen Gewerbe stand, ja bewusst gegen die aufkommende Industrie und die auf Nutzen und Nützlichkeit gerichtete Aufklärungspädagogik gerichtet war (vgl. Blankertz 1982). Sie etablierte zugleich die bildungsstrukturelle und -politische Vorrangstellung von Gymnasial- und Universitätsbildung gegenüber Volksschul-, Realschul- und Berufsbildung und ließ letztere ohne eine eigene Bildungskonzeption, die über die Vermittlung von elementaren Kulturtechniken des Lesens, Schreibens und Rechnens sowie die Einübung von „Zucht und Ordnung" (für die untere und mittlere Allgemeinbildung) hinausging. Die Berufsbildung folgte den traditionellen handwerklichen Idealen.

Der vor- bzw. frühindustrielle Charakter dieses Allgemeinbildungskonzepts kommt darin zum Ausdruck, dass zum einen die Ausbildung für die Gewerbe außen vor blieb und diesen selbst zugewiesen wurde und zum anderen die höhere Allgemeinbildung fast ausschließlich darauf ausgerichtet war, den Beamtennachwuchs des monarchischen Staates und der akademischen Berufe – außerhalb von Industrie und Gewerbe – auszubilden. Diese Ausrichtung behielt die höhere Allgemeinbildung bis ins letzte Drittel des 20. Jahrhunderts. Die Gymnasialbildung war auf Vorbereitung zum Universitätsstudium ausgelegt, über 90% der Gymnasiumsabsolventen begannen ein Studium. Von den Universitätsabsolventen mündeten noch in den 1960er Jahren annähernd 80% in die staatlichen und anderen akademischen Berufe (Riese 1967). Heute dürfte es noch ungefähr die Hälfte sein.

Die humboldtsche Allgemeinbildungskonzeption hat die preußische Schulpolitik im 19. Jahrhundert zwar nur begrenzt bestimmt; vor allem fielen ihre Ideale in der Volksschulbildung schnell der staatlichen Finanzpolitik zum Opfer, und der Druck der beginnenden Industrialisierung und des gewerblichen Bürgertums führte zum Ausbau von (Ober-)Real- und Mittelschulen. Aber die Grundstruktur jener „berufsständischen Gliederung" des allgemeinbildenden Schulwesens (von Friedeburg 1989) war für die nächsten 150 Jahre festgeschrieben. Sie beginnt sich erst in den letzten Jahrzehnten aufzulösen.

Vollzog sich die Entwicklung der höheren Allgemeinbildung abseits von Industrialisierung und praktischen Gewerben, so entwickelte sich die Berufsbildung abseits der Institutionen der höheren Bildung. Einer praxisfernen Allgemeinbildung korrespondierte eine „bildungsferne" Praxis der Berufsbildung. Diese widersprüchliche Verschränkung der beiden großen Sektoren des Bildungswesens – eben das deutsche Bildungs-Schisma (vgl. Baethge 2007) – besteht nun in Deutschland seit fast zwei Jahrhunderten. Möglich war dieses, weil die sich entfaltende Industrie über lange Zeit kaum akademische Qualifikationen für ihren unmittelbaren Bedarf benötigte und für den eigenen Fachkräftenachwuchs die Übernahme und Modifizierung der (vorindustriellen) handwerklichen Lehre ausreichte. Die schulische Ergänzung der betrieblichen Ausbildung durch die Einrichtung von „Fortbildungsschulen" in dieser Zeit folgte mehr politischen Integrationsinteressen des monarchischen Staates als funktional ökonomischen Erfordernissen. Als Teilzeitberufsschule wurde sie auch erst mit dem Reichspflichtschulgesetz von 1938 allgemein verbindlich.

Die Etablierung des handwerklichen Ausbildungsmodells als betriebliche Lehre, die im 19. Jahrhundert im Interesse von staatlicher Mittelstandsförderung politisch stabilisiert (vgl. Stratmann/Pätzold 1985) und zur Basis der gesamten mittleren Berufsausbildung wurde, ist in dem spezifischen deutschen Pfad der („verspäteten") Industrialisierung begründet. Das im Bündnis von Obrigkeitsstaat, Handwerk und Bildungsbürgertum im Ausgang des 19. Jahrhunderts zunächst *gegen* die Industrialisierung und ihre „unstete Arbeit" (M. Weber) hoch gehaltene Berufsprinzip konnte von der Industrie umso leichter adaptiert werden, als der Anteil handwerklicher Produktion in ihr (z. B. im Maschinenbau) hoch war. Der Ausbau der handwerklichen Ausbildung zu einem industriespezifischen Berufsbildungsmodell am Beginn des 20. Jahrhunderts durch eigene Lehrwerkstätten und Facharbeiterprofile beruht auf jenem spezifisch deutschen Industrialisierungspfad, den W. Abelshauser schon für die Wende zum 20. Jahrhundert als „diversifizierte Qualitätsproduktion" charakterisiert (Abelshauser 2004, S. 42). Dieser Industrialisierungspfad begründete die Erfolgsgeschichte der deutschen Wirtschaft bis in die Gegenwart hinein. Gemeint ist damit eine Produktionsweise, die nicht vorrangig auf tayloristische Massenfertigung und Billigprodukte setzte, sondern ihre Wertschöpfung über eine relativ qualifikationsintensive Qualitätsproduktion auf den exportorientierten Hochpreissegmenten des Weltmarktes realisiert. Bei ihr spielt der Facharbeiter eine entscheidende Rolle, er bildet gleichsam das Rückgrat der Produktion.

Blickt man auf die sektorale Erwerbsstruktur der letzten beiden Jahrhunderte, dann wird deutlich, wie sehr im 19. und wie lange im 20. Jahrhundert eine landwirtschaftlich-handwerkliche und industrielle Beschäftigung, die die Basis für das Berufsausbildungsmodell abgeben, dominierte. Erst ab Mitte der 1970er Jahre wird der Dienstleistungssektor zum Hauptsektor der Beschäftigungsentwicklung; in ihm hat das traditionale duale Ausbildungsmodell keine ähnlich hohe Bedeutung wie in Handwerk und Industrie.

Sowohl in der höheren Allgemeinbildung als auch in der Berufsbildung hat es im Laufe des 20. Jahrhunderts zwar durchaus größere Reformen gegeben, vor allem in den 1960er Jahren. Zu nennen sind in der Allgemeinbildung die große Bildungsexpansion seit Mitte der 1960er Jahre, in der Berufsbildung wiederum das Berufsbildungsgesetz von 1969, das der Berufsbildung ein neues Ordnungsgerüst gab und den traditionellen Korporatismus der Kammern durch Einbezug von Gewerkschaften und Arbeitgebervertretungen auf eine breitere demokratische Basis stellte; ferner die Neuordnung der Berufsbilder in den 1980er Jahren, die das duale Berufsbildungswesen inhaltlich modernisierte.

Diese Reformen aber blieben jeweils auf die Optimierung der beiden Teilsysteme beschränkt. Eine grundlegende Reform, die das institutionelle Schisma zwischen höherer Allgemein- und Berufsbildung aufgehoben hätte, hat es nie gegeben, obwohl sie oft – am nachdrücklichsten in der Bildungsreformdiskussion der 1960er Jahre und vom Deutschen Bildungsrat (1970) – gefordert worden ist (vgl. Baethge 2007).

3 Neue Segmentationslinien in der beruflichen Bildung

Die „berufsständische Gliederung" des allgemeinbildenden Schulwesens, die von der Schüler-Klientel der Schularten her gedacht ist, setzte sich in den Selektions- und Zuweisungsmustern der Schulabsolventen in der Berufsbildung fort. In grober Vereinfachung: Der Hauptschulabschluss führte vor allem – für die männlichen Jugendlichen – entweder direkt in die Erwerbsarbeit (für Mädchen auch in die Hausarbeit) oder in die gewerblich-technischen Berufe in Industrie und Handwerk sowie – vor allem für weibliche Jugendliche – in die weniger anspruchsvollen kaufmännischen und Büroberufe. Dem Realschulabschluss entsprach die Zuweisung zu den anspruchsvolleren kaufmännischen und – außerhalb des dualen Systems und besonders für Mädchen – zu den sozial- und gesundheitspflegerischen Berufen, während für Abiturienten das Hochschulstudium bis ins letzte Viertel des 20. Jahrhunderts die Hauptoption darstellte. Das hiermit skizzierte Selektions- und Segmentationsmuster hatte mehr oder weniger Gültigkeit bis in die 1960er Jahre.

Abbildung 1: Entwicklung der relativen Bildungsbeteiligungen 1992 bis 2005

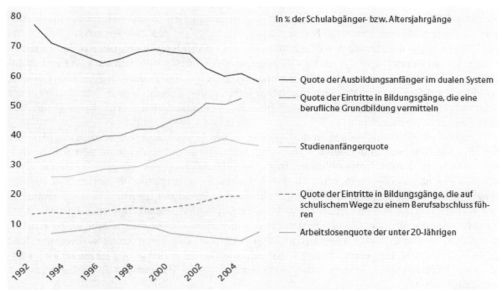

Anm.: Die Quoten zur Bildungsbeteiligung beziehen sich auf die Zahl der Schulabgänger des jeweiligen Jahres. Sie addieren sich zu weit mehr als 100%, da sich die jeweiligen Anfängerzahlen aus Schulabgängern vieler Jahre zusammensetzen.
Quelle: Statistisches Bundesamt, Bundesagentur für Arbeit, Bundesinstitut für Berufsbildung, aus: Berufsbildungsbericht 2006, S. 3.

Die große Bildungsexpansion der 1960er Jahre wertete auch die berufliche Bildung unterhalb des Hochschulniveaus auf und ließ immer mehr Absolventen von Haupt- und Realschulen eine Ausbildung – vor allem im dualen System – anstreben, so dass in den 1970er Jahren bis zu 70% eines Altersjahrgangs eine Berufsbildung in der dualen Ausbildung oder im Schulberufssystem erhielten. In neuerer Zeit nimmt der Stellenwert des dualen Systems im Bildungssystem insgesamt ab. Die Entwicklung der relativen Bildungsbeteiligung seit Anfang der 1990er Jahre zeigt, dass die Quote der Ausbildungsanfänger im dualen System um annähernd 20 Prozentpunkte zurückging, während gleichzeitig die Studienanfängerquote um gut 10 Prozentpunkte und die Quote der Jugendlichen, die ins Übergangssystem (d. h. Vermittlung irgendeiner Form beruflicher Grundbildung und/oder Nachholen eines Schulabschlusses) eintraten, um 20 Prozentpunkte stieg. Die Quote der Neuanfänger im Schulberufssystem erhöhte sich um etwa sieben Prozentpunkte. Auch wenn man im Auge behalten muss, dass die Kurven in Abbildung 1 sich auf jeweils unterschiedliche Grundgesamtheiten beziehen, drücken sie eine eindeutige Tendenz aus: Die duale Berufsausbildung verliert Anteile nach oben (zum Hochschulstudium) und nach unten (zum Übergangssystem).

Soziale Selektionsprozesse vollziehen sich vor allem an Übergängen im Lebensverlauf, sind mit Chancen und Risiken behaftet (Mayer 1998) und fungieren häufig als Statuspassagen innerhalb eines zunehmend institutionalisierten Lebenslaufes (vgl. Kohli 1985). Übergänge von allgemeinbildenden Schulen in Berufsbildung oder Erwerbsarbeit stellen in besonderer Weise eine solche Gelenkstelle im Lebensverlauf dar. Anders als in früheren Zeiten, in denen das duale System gleichsam als Synonym für Berufsausbildung stand, sind sie heute mit Blick auf die Definition des Berufsbildungssystem zu betrachten, wie sie das Konsortium Bildungsberichterstattung im ersten nationalen Bildungsbericht mit seinen Drei-Sektoren-Modell vorgelegt hat: das *duale System,* und das *Schulberufssystem* als die beiden Sektoren, die zu einem voll qualifizierenden Ausbildungsabschluss auf der mittleren Qualifikationsebene führen, und das *Übergangssystem*, dessen unterschiedliche Einrichtungen und Maßnahmetypen[1] zu keinem arbeitsmarktgängigen qualifizierten Abschluss führen, sondern Berufsvorbereitung und gegebenenfalls -grundbildung sowie Nachholen eines allgemeinbildenden Abschlusses (Haupt- und Realschule) anbieten (vgl. Konsortium Bildungsberichterstattung 2006, S. 79).

Schon die Verschiebungen in der Verteilung der Neuzugänge zur beruflichen Bildung auf die drei Sektoren in den letzten 10 bis 15 Jahren zeigen eine der zentralen Segmentationswirkungen, die die Entwicklungen in der Berufsausbildung hervorgerufen haben: Zwischen 1995 und 2006 verringern sich die Anteile der Neuzugänge im dualen System von gut 51% auf 43,5%, im Schulberufssystem bleibt der Anteil mit knapp 17% stabil, während der Anteil des Übergangssystems um 8% auf fast 40% der Neuzugänge ansteigt (vgl. Abb. 2). Mit anderen Worten: Zwei Fünftel der Jugendlichen, die in einem Jahr einen Ausbildungsplatz suchen, landen zunächst in einer Situation, die ihnen keine sichere und klar definierte Ausbildungsperspektive eröffnet und die für diese Phase des Lebenszyklus konstitutive Unsicherheit und damit das Scheiternsrisiko am Beginn der Erwerbsbiographie zusätzlich erhöht.

Die Anteilsverschiebungen zwischen den drei Sektoren vollziehen sich, obwohl die absolute Zahl der Neuzugänge im dualen System im Betrachtungszeitraum bei kleineren Schwankungen relativ stabil bleibt und sich die Zahl der Neuzugänge im Schulberufssystem sogar um ein Sechstel erhöht. Auf den ersten Blick scheint es sich um einen Effekt demografisch bedingt steigender Nachfrage (steigende Zahlen der Schulentlassjahrgänge) zu handeln, die allein durch Ausweitung des Übergangssystems aufgefangen wurde, während das duale System keine nach oben gerichtete Flexibilität im Ausbildungsplatzangebot, das Schulberufssystem nur eine begrenzte zeigte. Aber der erste Blick könnte mit dem Verweis auf den Nachfrageanstieg eine Begrenzung des Problemhorizonts auf die quantitative Angebots-Nachfrage-Relation in der Ausbildung nahelegen und die qualitativen Probleme des Übergangs ausblenden. Dass diese nicht zu vernachlässigen sind, zeigt sich daran, dass sich bereits 1995 ein Drittel der Jugendlichen in Übergangsmaßnahmen befanden. Selbst 1992, als das Ausbildungsplatzangebot im dualen und im Schulberufssystem die Nachfrage deutlich überstieg, waren knapp 300.000 Jugendliche im Übergangssystem (vgl. Krekel/Ulrich 2009, S. 42ff.). Man kann daraus schließen, dass die Übergänge aus der all-

---

1 Zum Übergangssystems zählt der Bildungsbericht die Berufsvorbereitenden Maßnahmen der BA (vorher auch Jugendsofortprogramm), ein- und zweijährige Berufsfachschulen, soweit sie keinen qualifizierten Ausbildungsabschluss vermitteln, Berufsgrundbildungsjahr (BGJ, soweit nicht als erstes Ausbildungsjahr anerkannt), Berufsvorbereitungsjahr (BVJ), Berufsschulen-Schüler ohne Ausbildungsvertrag, sonstige schulische Bildungsgänge und die Einstiegsqualifizierung Jugendlicher (EQJ) (Konsortium Bildungsberichterstattung 2006, S. 81).

gemeinbildenden Schule in eine qualifizierte Berufsausbildung in einer langfristigen Perspektive strukturell labiler geworden und die Unsicherheiten gewachsen sind.

Abbildung 2: Verteilung der Neuzugänge auf die drei Sektoren des beruflichen Ausbildungssystems 1995, 2000 und 2004 bis 2006

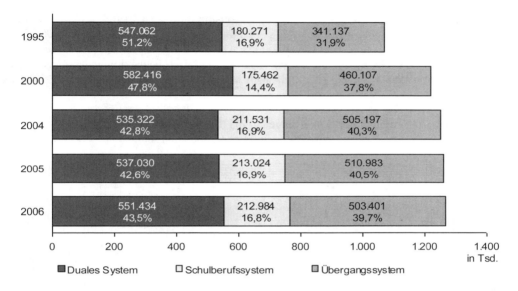

Quelle: Autorengruppe Bildungsberichterstattung, Bildung in Deutschland 2008, S. 96.

Vor dem Hintergrund strukturell wie zyklisch bedingt (Angebot-Nachfrage-Relation) steigender Übergangsunsicherheit sind die Selektionsmuster bei der Einmündung in die Berufsbildung nach sozialstrukturellen Merkmalen genauer auszuleuchten. Es sind insgesamt vier hervorstechende und kumulativ zusammen wirkende Problemkonstellationen, aus denen die neuen Segmentationsmuster hervorgehen: regionale Disparitäten (insbesondere von Angebot und Nachfrage nach Ausbildungsplätzen), ein niedriges schulischen Vorbildungsniveau (das zugleich bis zu einem gewissen Grad als sozialer Schichtenindikator gelten kann), spezifischer Migrationshintergrund und neue Ungleichheitslinien nach Geschlecht.

Auf die *regionale Disparitäten* gehe ich nur kurz ein, da sie seit langem mehr oder weniger gleichen Mustern folgen: Die Ausbildungsplatzsituation in den neuen Bundesländern erweist sich immer noch als relativ prekär und wird vor allem durch außerbetriebliche und öffentlich subventionierte Ausbildungsplätze abgefedert. Auch wenn sich die Ausbildungsstellensituation, gemessen an der Angebots-Nachfrage-Relation im dualen System, 2007 und 2008 in vielen Arbeitsagenturbezirken verbessert hat, bleibt sie in annähernd der Hälfte der Bezirke noch angespannt (vgl. Autorengruppe Bildungsberichterstattung 2008, S. 101). Für diese Bezirke lassen sich die sozioökonomischen Merkmale angeben, die selbst 2007 noch eine defizitäre Angebots-Nachfrage-Relation bewirken: es sind zum einen Bezirke in Ostdeutschland mit starken Arbeitsplatzdefiziten, ferner großstädtisch geprägte Bezirke vorwiegend in Westdeutschland mit hoher Arbeitslosigkeit und schließlich ebenfalls in Westdeutschland mittelstädtische und ländliche Gebiete mit durchschnittlicher Arbeitslosigkeit (vgl. Autorengruppe Bildungsberichterstattung 2008, S. 102). Man kann davon ausgehen, dass sich in diesen Gebieten die im Folgenden skizzierten Segmentationslinien nach sozialen Merkmalen besonders ausgeprägt finden.

Schulische Vorbildung

Man hätte erwarten können, dass die Bildungsexpansion im letzten Drittel des 20. Jahrhunderts eine Aufweichung der sozialen Segmentationsmuster nach sich ziehen würden. Tatsächlich ist mit Blick auf die Berufsausbildung eher ein entgegen gesetzter Effekt eingetreten: dass sich neue Segmentationsmuster innerhalb der Berufsausbildung herausgebildet und verfestigt haben, wie sich im schulischen Vorbildungsniveau der Ausbildungsberufe zeigen lässt.

Abbildung 3: Verteilung der Neuzugänge auf die drei Sektoren des beruflichen Ausbildungssystems 2000, 2004 und 2006 nach schulischer Vorbildung (in %)

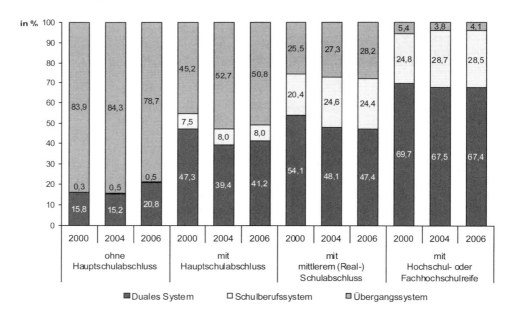

Quelle: Autorengruppe Bildungsberichterstattung 2008, S. 158

Nach schulischer Vorbildung hat sich im letzten Jahrzehnt ein relativ stabiles Segmentationsmuster in der beruflichen Bildung herauskristallisiert: Gerade einmal ein Fünftel der Ausbildungsanfänger ohne Schulabschluss und nur gut zwei Fünftel mit Hauptschulabschluss münden 2006 in das duale System ein. Dagegen landen 80% der Ausbildungseinsteiger ohne Hauptschulabschluss und jeder zweite mit Hauptschulabschluss zunächst im Übergangssystem. Selbst fast 30% von Jugendlichen mit mittlerem Abschluss starten ihre Berufslaufbahn im Übergangssystem (Abb. 3). Trotz dieses beträchtlichen Anteils, der allerdings schwerer eindeutig als bei Hauptschulabsolventen zu interpretieren ist, weil es sich vielfach um junge Frauen mit dem typischen Einstieg in eine kaufmännische Ausbildung über eine ein- oder zweijährige Berufsfachschule handeln kann, muss man feststellen, dass die voll qualifizierenden Ausbildungen in der Mehrheit von Jugendlichen und jungen Erwachsenen mit mittleren und höheren Schulabschlüssen und das Übergangssystem vorwiegend von Jugendlichen mit niedrigen Schulabschlüssen besucht wird. Die duale Berufsausbildung hat offensichtlich eine ihrer früheren Stärken, Jugendliche aus den unteren sozialen Schichten beruflich und sozial in die Gesellschaft zu integrieren, merklich eingebüßt.

Der qualifikatorischen Segmentierung beim Zugang zur beruflichen Bildung korrespondiert eine Segmentation nach Vorbildungsniveau *innerhalb der Berufe*. Galt das auf der dualen oder einer niveaugleichen Schulberufsausbildung basierende mittlere Fachkräfteareal lange Zeit als sozial relativ homogen, so kann man heute von einem in Segmente gespaltenen mittleren Berufsbereich sprechen. Die für früher angenommene Homogenität löst sich nach dem Kriterium der dominierenden schulischen Vorbildung der Ausbildungsanfänger in vier große Berufssegmente auf:

Das oberste Segment stellt sich heute als Feld von Berufen dar, die von Jugendlichen mit Hochschulberechtigung dominiert werden. Sie stellen in allen sechs Berufen dieses Segments die größte Gruppe, in der Hälfte sogar die Mehrheit der Ausbildungsanfänger. In keinem der Berufe erreichen Hauptschüler einen Anteil von 10% (vgl. Tab. 1). Es sind vor allem kaufmännische bzw. Verwaltungsberufe, von denen die Hälfte erst in jüngster Zeit auf Basis der neuen Technologien/Medien entstanden ist.

Das zweithöchste Segment ist dadurch definiert, dass in ihm Ausbildungsanfänger mit Mittlerem Abschluss die stärkste, und solche mit Studienberechtigung die zweitstärkste Gruppe abgeben. Gemeinsam stellen sie fast überall zwischen 80% und 90% der Ausbildungsanfänger, so dass für Hauptschüler mit und ohne Abschluss nur noch kleine Margen – insgesamt nicht einmal ein Siebtel der Ausbildungsstellen (14%) – übrig bleiben. Wie schon im obersten Segment findet sich auch unter den 10 Berufen des zweiten Segments kein handwerklicher Beruf. Wiederum sind es vorzugsweise kaufmännische und Verwaltungsberufe – mit dem Industrieelektroniker, dem Mechatroniker und Chemielaboranten/Chemikanten aber auch drei gewerblich-technische Berufe.

Auch im dritten Segment – in der Bildungsberichterstattung als „untere Mitte" bezeichnet (Autorengruppe Bildungsberichterstattung 2008, S. 110) – dominiert der Mittlere Abschluss als Einstiegsqualifikation, gefolgt – im Gegensatz zur „oberen Mitte" – vom Hauptschulabschluss, allerdings in der Mehrheit der Berufe mit hohem Abstand (zumeist um 20-Prozentpunkte und mehr zum mittleren Abschluss). Der Anteil mit Studienberechtigung liegt bei bis zu 12%. Das Berufespektrum dieses Segments umfasst vor allem technische und gewerbliche Berufe aus Handwerk und Industrie.

Das unterste Segment ist dadurch definiert, dass in 12 Berufen der klassischen handwerklichen Tätigkeiten der Bau- und Bauhilfsberufe, des Ernährungsgewerbes und einiger personenbezogener Dienstleistungstätigkeiten der Hauptschulabschluss dominiert. Hauptschüler mit (57,8%) und ohne Abschluss (3,7%) machen drei Fünftel der Ausbildungsanfänger aus, Anfänger mit mittlerem Abschluss stellen ein Drittel, Studienberechtigte wählen Berufe aus diesem Segment kaum (3%).

Mit dem Vorbildungsniveau dürfte sich auch die Sozialstruktur der Ausbildungsberufe und damit die Chancenstruktur für die unterschiedlichen sozialen Gruppen gewandelt haben. Als Gewinner gehen die Jugendlichen mit Studienberechtigung aus der Entwicklung der letzten Dekaden hervor, für die jetzt neben dem Hochschulstudium die mittlere Fachkräfteausbildung eine ernsthafte Option geworden ist – oft auch als Vorstufe zum Studium. Die Rückläufigkeit der Studienaufnahme von studienberechtigten Schulabsolventinnen und -absolventen von 87% Anfang der 1980er Jahre auf um die 70% 2006 bestätigt diese Optionserweiterung (Autorengruppe Bildungsberichterstattung 2008, S. 171). Auffällig ist dabei, dass der Anstieg der Hochschulberechtigten in der Berufsausbildung weit überproportional zu ihrem Anteil an den Schulabsolventen gestiegen zu sein scheint.[2]

Der Optionserweiterung der einen (Hochschulberechtigte) steht eine Optionsverengung der anderen Gruppe, der Jugendlichen mit maximal Hauptschulabschluss, gegenüber, ohne dass es in der Größenordnung oder in der Kausalität einen unmittelbaren Zusammenhang zwischen beiden Prozessen gibt. Es handelt sich nicht um einen einfachen Verdrängungsprozess im Sinne eines Kaskadenmodells von oben über die Mitte nach unten (vgl. dazu Abschnitt 4.). Die Optionsverengung äußert sich darin, dass den Hauptschulabsolventen mehrheitlich nur noch ein Ausbildungssegment zugeordnet werden kann (das unterste). Selbst bei der Restkategorie der Sonstigen Ausbildungsberufe sind sie mit knapp 42% gegenüber der gemeinsamen Gruppe Hochschulberechtigten und Absolventen mit Mittleren Abschluss (54%) in der Minderheit (vgl. Tab. 1).

Die nur quantitative Betrachtung lässt einen zentralen Aspekt dieser Segmentation außer Acht. Bei den beiden für Hauptschulabsolventen relativ offenen Ausbildungssegmenten (unterster und „Sonstige") handelt es sich oft um Berufe, deren Ausbildung relativ hohe Abbrecherquoten aufweisen und in denen nach Ausbildungsabschluss häufiger als bei anderen Berufen Arbeitslosigkeit und/oder eine nicht ausbildungsadäquate Beschäftigung drohen (vgl. Autorengruppe Bildungsberichterstattung 2008, S. 182 ff.), die also im Durchschnitt durch ein höheres Maß an Ausbildungs- und Berufsunsicherheit geprägt sind.

Zwar kann es sowohl innerhalb der Segmente als auch zwischen ihnen durchaus zu Verschiebungen im Vorbildungsniveau kommen, insbesondere bei neuen Berufen (z.B. Mediengestalter, Tab. 1). Diese Verschiebungen halten sich aber in engen Grenzen. Die Fluktuation der Berufe zwischen den vier Segmenten ist zwischen 1993 und 2006 relativ gering. Das heißt: Über ganz unterschiedliche Zeiträume, was die konjunkturelle Entwicklung angeht, haben wir es mit relativ stabilen Relationen zwischen Ausbildungsberuf und Vorbildung zu tun. Diese Stabilität über die Zeit rechtfertigt die Rede von einem Segmentationsmuster.

---

2 Ein genauer Vergleich ist in langer Zeitreihe nicht möglich, weil das Vorbildungsniveau früher nur bezogen auf die Ratsuchenden bei der BA erhoben wurde. Gab es beispielsweise Anfang der 1980er Jahre nur einen Beruf (Bankkaufmann) mit einem nennenswerten Anteil an Abiturienten (15%) (vgl. Baethge 1983, S. 74), so sind es 2006 – wie gezeigt – eine ganze Reihe und der Anstieg bei den Bankkaufleuten erreicht fast 60%.

Neue soziale Segmentationsmuster in der beruflichen Bildung

Tabelle 1: Neu abgeschlossene Ausbildungsverträge 2006 nach Berufssegmenten, Berufen/Berufsgruppen sowie Anteile schulischer Vorbildung* und Geschlecht

Beruf/-sgruppe im angegebenen Ausbildungsbereich	Insgesamt (=100%) Anzahl	darunter: Frauenanteil in %	davon: ohne Hauptschulabschluss	Hauptschulabschluss	Mittlerer Abschluss in %	Fach-/Hochschulreife	Sonstige und ohne Angabe
Oberes Segment	**61.995**	**51,6**	**0,1**	**6,9**	**37,9**	**52,3**	**2,8**
Kaufmann/Kauffrau für Marketingkommunikation u.ä. (IH)[1]	4.482	67,2	0,1	5,2	19,9	71,4	3,4
Steuerfachangestellte(r) (FB)	5.670	74,6	0,0	4,0	38,2	57,2	0,6
Bankkaufmann/-kauffrau u.ä. (IH)[2]	17.961	56,0	0,1	4,5	35,1	58,4	1,9
Industriekaufmann/-kauffrau (IH)	18.876	61,4	0,1	8,3	43,8	45,4	2,5
Fachinformatiker/in u.ä. (IH)[3]	11.204	10,4	0,1	9,9	40,4	45,1	4,4
Mediengestalter/in für Digital- und Printmedien (alle FR) (IH)	3.802	51,3	0,3	9,2	35,5	48,7	6,4
Obere Mitte	**100.082**	**56,3**	**0,3**	**13,7**	**56,4**	**25,8**	**3,8**
Rechtsanwalts- und Notarfachangestellte(r) (FB)	7.427	95,5	0,1	5,3	59,6	32,9	2,1
Verwaltungsfachangestellte(r) (ÖD)	5.209	70,4	0,2	5,0	63,2	29,7	1,9
Kaufmann/Kauffrau für Spedition und Logistikdienstleistung (IH)	5.267	42,5	0,2	10,8	45,2	40,2	3,6
Chemielaborant/in, Chemikant/in (IH)	3.406	35,5	0,1	6,9	61,6	29,4	2,1
Kaufmann/Kauffrau im Groß- und Außenhandel (IH)	15.070	42,1	0,1	12,8	50,8	32,4	3,9
Mechatroniker/in (IH)	6.675	5,0	0,3	9,5	69,2	18,0	3,0
Bauzeichner/in, Technische(r) Zeichner/in (IH)	4.012	44,6	0,5	12,5	57,0	25,1	4,9
Hotelkaufmann/Hotelkauffrau (IH)	13.136	76,5	0,4	19,2	48,8	26,5	5,1
Elektroniker/in (Betriebstechnik, Geräte und Systeme, Gebäude- und Infrastruktursysteme) (IH)	8.303	4,7	0,6	13,7	70,5	12,8	2,4
Bürokaufmann/Bürokauffrau, Kaufmann/Kauffrau für Bürokommunikation	31.577	73,6	0,3	17,6	55,1	22,3	4,6
Untere Mitte	**126.093**	**42,3**	**0,8**	**31,8**	**55,3**	**8,5**	**3,6**
Medizinische(r), Zahn- und Tiermedizinische(r) Fachangestellte(r) (FB)	26.103	99,1	0,5	21,7	63,0	10,7	4,1
Industriemechaniker/in u.ä. (IH)[4]	24.178	3,9	0,3	29,5	61,1	6,1	2,8
Einzelhandels- und Automobilkaufmann/-kauffrau (IH)	35.570	54,1	0,5	32,3	50,8	11,7	4,7
Kraftfahrzeugmechatroniker/in (Hw)	20.381	2,2	1,7	41,1	51,0	4,9	1,3
Restaurantfachmann/-frau, Fachmann/-frau für Systemgastronomie (IH)	9.816	67,8	0,8	32,4	50,4	9,8	6,5
Elektroniker/in (Automatisierungstechnik, Energie- und Gebäudetechnik) (Hw)	10.045	1,2	2,0	42,0	50,8	3,5	1,7
Unteres Segment	**147.084**	**37,5**	**3,7**	**57,8**	**32,0**	**3,0**	**3,5**
Gärtner/in (Lw)	6.566	20,2	3,8	47,0	37,1	9,1	2,9
Tischler/in, Dachdecker/in, Zimmerer/Zimmerin (Hw)	16.049	5,3	3,5	56,7	32,9	5,7	1,3
Anlagenmechaniker/in für Sanitär-, Heizungs- und Klimatechnik, Kälteanlagenbauer/in (Hw)	11.206	0,9	2,9	55,2	38,1	2,4	1,3
Friseur/in, Kosmetiker/in (Hw)	16.282	88,2	3,8	56,4	35,2	2,8	1,9
Koch/Köchin, Beikoch/Beiköchin (IH)	19.969	24,2	3,2	46,3	37,9	4,8	7,8
Metallbauer/in (Hw)	8.628	0,8	4,3	61,8	30,6	1,8	1,4
Verkäufer/in (IH)	21.305	63,6	1,6	54,2	36,2	2,0	6,0
Fachverkäufer/in im Lebensmittelhandwerk (Hw)	12.616	92,0	2,7	68,9	26,0	0,6	1,8
Konditor/in, Bäcker/in, Fleischer/in (Hw)	10.779	21,1	4,8	66,5	24,5	2,0	2,2
Maurer/in, Maler/in und Lackierer/in, Fahrzeuglackierer/in (Hw)	17.081	7,3	6,7	69,0	21,0	1,3	2,0
Hauswirtschafter/in (Hausw.)	1.927	93,7	8,1	53,9	29,4	1,6	7,0
Fachkraft im Gastgewerbe (IH)	4.676	67,8	4,5	57,2	28,0	1,2	9,0
Sonstige Berufe	**145.927**	**28,7**	**4,4**	**37,5**	**40,1**	**13,1**	**4,8**
Insgesamt	**581.181**	**41,1**	**2,3**	**34,0**	**43,9**	**15,9**	**3,8**

*) die schulische Vorbildung wurde teilweise geschätzt. Für Berufszuordnung, Segmente und Schätzverfahren siehe Methodenkasten.
1) Kaufmann/Kauffrau für Marketingkommunikation, Veranstaltungskaufmann/-kauffrau, Medienkaufmann/-kauffrau Digital und Print, Kaufmann/Kauffrau für audiovisuelle Medien, Mediengestalter/in für Digital- und Printmedien -Medienberatung (IH)
2) Bankkaufmann/-kauffrau, Investmentfondskaufmann/-kauffrau, Kaufmann/Kauffrau für Versicherung und Finanzen, Kaufmann/Kauffrau im Gesundheitswesen (IH)
3) Fachinformatiker/in, Informatikkaufmann/-kauffrau, Informations- und Telekommunikationssystem-Kaufmann/Kauffrau (IH)
4) Industriemechaniker/in, Anlagenmechaniker/in, Zerspanungsmechaniker/in, Werkzeugmechaniker/in (IH)
Quelle: Autorengruppe Bildungsberichterstattung 2008, S. 285

Migrationshintergrund

Die Ausbildungssituation von Jugendlichen, deren Eltern nicht in Deutschland geboren sind, lässt sich unter einem realitätsgerechten Konzept „Migrationshintergrund" erst seit dem ersten nationalen Bildungsbericht (2006) angemessen beschreiben, weil erst der Mikrozensus 2005 des Statistischen Bundesamtes von dem bis dato praktizierten Staatsangehörigkeitsprinzip bei der statistischen Erfassung der Bevölkerung Abstand nahm und den Migrationshintergrund differenziert zu betrachten gestattete. Wie groß die Differenz ist, wenn man statt der Staatsangehörigkeit das Migrationskriterium anlegt, demonstriert der erste Bildungsbericht: nach Migrationskonzept lebten 2005 15,3 Mio. Menschen mit Migrationshintergrund in der BRD (oder 18,6% der Gesamtbevölkerung), nach Ausländerkonzept 7,3 Millionen (oder 8,9% Anteil); bei der für Bildung besonders relevanten Gruppe der unter 25Jährigen belief sich der Anteil auf gut 27% (Konsortium Bildungsberichterstattung 2006, S. 140ff.). Da die statistische Umstellung in den Bundesländern langsam vorangin g, muss man gegenwärtig noch mit beiden Erfassungskonzepten arbeiten.

Für die ausländischen Jugendlichen stellt sich der Start ins Berufsleben noch wesentlich ungünstiger dar als für Jugendliche ohne Migrationshintergrund. Verteilt sich die Gesamtheit der Neuzugänge zur Berufsbildung mit 43,5% auf das duale System, zu 17% auf die Schulberufe und zu 40% auf das Übergangssystem, so sind die entsprechenden Werte bei den ausländischen Jugendlichen 28%, 11,5% und 60,5%. Insbesondere der hohe Wert der Jugendlichen, die ins Übergangssystem einmünden, macht die prekäre Situation der Mehrheit ausländischer Jugendlicher sichtbar (vgl. Abb. 4).

Abbildung 4: Neuzugänge mit deutscher und ausländischer Staatsangehörigkeit in den Sektoren des Berufsbildungssystems 2006 (in %)

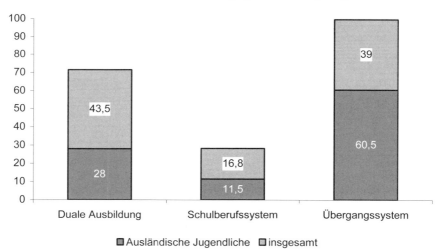

Quelle: Eigene Berechnungen nach Autorengruppe Bildungsberichterstattung 2008, S. 162f.

Die Unterprivilegierung ausländischer Jugendlicher variiert nach Regionen. Da der Ausländeranteil insgesamt in den neuen Bundesländern noch sehr niedrig ist, beschränkt sich die regionale Betrachtung auf die alten Bundesländer. Als durchgängiges Muster lässt sich erkennen, dass im Jahr 2006 mit Ausnahme von Bayern der Anteil ausländischer Jugendlicher am Übergangssystem immer höher ist als ihr Anteil an den Schulentlassenen und entsprechend ihr Anteil an einer voll qualifizierenden Ausbildung niedriger ist (vgl. Abb. 5). Die Hauptproblemzonen liegen in den drei Stadtstaaten, in Hessen, Nordrhein-Westfalen und Bayern. In diesen Bundesländern liegt der Anteil am Übergangssystem merklich über dem Bundesdurchschnitt.

Die Übergangsstudie des BiBB zeigt, dass die Ungleichverteilungen viel mit den größeren Schwierigkeiten zu tun haben, denen Jugendliche mit Migrationshintergrund[3] im Übergangsprozess ausgesetzt sind. Die BiBB-Studie zeichnet den Übergangsprozess 30 Monate nach Verlassen der allgemeinbildenden Schule nach (vgl. Abb. 5). Nimmt man die Gesamtheit überhaupt möglicher Übergänge in eine voll qualifizierende Ausbildung (einschließlich Studium), so zeigt sich: Während Jugendliche ohne Migrationshintergrund zur Hälfte bereits nach vier Monaten eine qualifizierte Ausbildung erreichen, gelingt dies der Hälfte der Jugendlichen mit Migrationshintergrund erst nach 14 Monaten. Für die andere Hälfte verläuft die Einmündungskurve bis zum 30. Monat bei den Jugendlichen mit Migrationshintergrund deutlich flacher als bei denen ohne und endet schließlich weniger oft in einer Ausbildung (68% zu 80% – Abb. 6).

Abbildung 5: Anteil von Neuzugängen mit ausländischer Staatszugehörigkeit in den Sektoren des beruflichen Ausbildungssystems 2006 in ausgewählten Ländern*

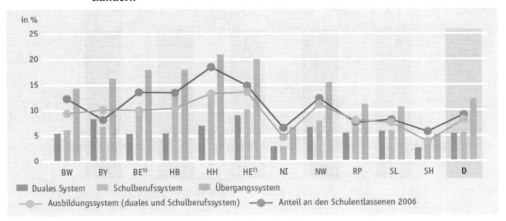

* Da der Ausländeranteil in Ostdeutschland sehr niedrig ist, beschränkt sich die Grafik auf die westdeutschen Länder und Berlin.
1) Duales System einschließlich BGJ 2) Ohne Schulen des Gesundheitswesens.
Quelle: Autorengruppe Bildungsberichterstattung 2008, S. 159

Bereits im Bildungsbericht 2006 war darauf hingewiesen worden, dass die undifferenzierte Formulierung „Jugendliche mit Migrationshintergrund" Art und Größenordnung der Deprivilegierung nicht offen legt. Es gibt etliche Gruppen mit Migrationshintergrund, die

---

3   Da es sich um eine vom BiBB gezogene Stichprobe handelt, konnte nach dem Migrationskriterium verfahren werden.

ein gleiches Bildungsniveau und vergleichbare Übergangsbiografien aufweisen wie Jugendliche ohne Migrationshintergrund. Die Segmentation betrifft in erster Linie Jugendliche mit türkischen und islamischen Hintergrund aus anderen Ländern (vgl. Konsortium Bildungsberichterstattung 2006, S. 160ff.).

Es wäre aber verkürzt, die Erklärung der Segmentation nach Migrationshintergrund nur in den häufig niedrigeren Schulabschlüssen dieser Jugendlichen und in den ethnisch-kulturellen Normierungen in ihrem Umfeld zu suchen. Aus qualitativen Studien ist bekannt, dass Jugendliche mit Migrationshintergrund bei gleichem schulischen Leistungsstand sehr viel länger als ihre deutschen Altersgenossen auf einen Ausbildungsplatz warten müssen. Die Chance deutscher Jugendlicher ohne Migrationshintergrund, eine voll qualifizierende Ausbildung zu erreichen, ist bei gleicher allgemeiner Fachleistung zweimal so hoch wie die ausländischer Jugendlicher, und dies gilt für ausländische Jugendliche im unteren wie im höheren Leistungsniveau gleichermaßen (Lehmann u.a. 2006, S. 108ff.; vgl. auch BMBF 2004, S. 79 und 98ff.). Diese Benachteiligung von Jugendlichen mit Migrationshintergrund ist vor allem den Einstellungspraktiken auf dem Ausbildungsstellenmarkt geschuldet (vgl. auch Lehmann u.a. 2004). Da in die Einstellungspraktiken von Betrieben, besonders stark von Kleinbetrieben, oft auch Empfehlungen aus dem sozialen Umfeld eingehen (Seyfried 2006, S. 35), lässt sich die schwierige Ausbildungsplatzsuche auch auf Defizite bei Netzwerkressourcen zurückführen (Solga 2005; Kalter 2006). Hierüber mag der Sachverhalt erklärbar sein, dass das (zumeist kleinbetriebliche) Handwerk, das Ende der 1980er Jahre noch über 10% Anteile an ausländischen Jugendlichen unter seinen Auszubildenden hatte, 2005 den Anteil fast halbiert hatte (5,6% – Baethge/Solga/Wieck 2007, S. 42). Wenn ausländische Arbeitskräfte in der Krise in den kleinbetrieblichen Sektoren ihren Arbeitsplatz verlieren, gehen ihren Kindern auch soziale Beziehungen verloren.

Geschlechtsspezifische Segmentation

Die aktuelle Situation scheint den Jahrzehnte lang in der Bundesrepublik politisch wie wissenschaftlich geführten Geschlechter-Diskurs in der Berufsbildung auf den Kopf zu stellen. Galten in diesem Diskurs die Mädchen als die in der Berufsbildung benachteiligte Gruppe, der man mit Förderprogrammen wie „Mädchen in Männerberufe" aufhelfen zu müssen glaubte, so zeichnen sich im letzten Jahrzehnt mehr und mehr Probleme für Jungen und junge Männer in der Berufsbildung ab, vor allem beim Übergang von der Schule in Ausbildung. Demgegenüber halten sich die Übergangsprobleme für junge Frauen in deutlich engeren Grenzen, auch wenn das nicht heißt, sie wären von den großen Engpässen im Ausbildungsplatzangebot nicht betroffen gewesen. Junge Männer sind mit fast 60% Anteil am Übergangssystem deutlich stärkeren Problemen beim Start in die Ausbildung ausgesetzt als junge Frauen, die zwei Fünftel am Übergangssystem stellen (vgl. Abb. 7).

Abbildung 6: Wahrscheinlichkeit der Einmündung in eine vollqualifizierende Ausbildung (einschließlich Studium) – Jugendliche nach Verlassen des allgemeinbildenden Schulsystems insgesamt*

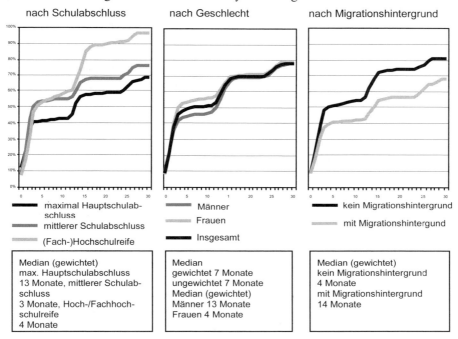

* Kumulierte Einmündungsfunktion (gewichtet).
Quelle: BiBB-Übergangsstudie.

Was sich bei den Übergangsverläufen (Abb. 6) bereits andeutet, findet in der Verteilungsrelation im Übergangssystem (Abb. 7) seine Bestätigung: Nimmt man alle Möglichkeiten einer vollqualifizierenden Ausbildung (einschließlich des Studiums), dann münden die jungen Frauen zur Hälfte bereits nach 4, die jungen Männer erst nach 13 Monaten in eine Ausbildung ein. Erst im weiteren Verlauf nähern sich die Verlaufskurven bis zum 30. Monat wieder an.

Die Richtung in der Verteilung der Geschlechter auf die beiden vollqualifizierenden Qualifikationssegmente, das duale und das Schulberufssystem, bleibt zwar erhalten, aber die Differenz schwächt sich in beiden ab. Mit dem Ergebnis, dass in den Ausbildungen des mittleren beruflichen Sektors die Geschlechter in etwa gleich stark repräsentiert sind: lag 1995 der Anteil der jungen Frauen im dualen System nur bei 36%, stieg er bis 2006 auf 42%, während ihr Anteil im Schulberufssystem von 76% auf 70% fiel. Da das duale System aber in etwa drei Mal so viel Ausbildungsplätze wie das Schulberufssystem ausweist, verlaufen die Tendenzen in beiden Sektoren zusammen genommen zu Gunsten der jungen Frauen.

Die Verteilung der Übergangsprobleme findet sich auch in den Jugendarbeitslosigkeitsquoten wieder: Lag Anfang der 1990er Jahre die Arbeitslosigkeitsquote der Frauen unter 25 Jahren noch leicht über der der gleichaltrigen Männer, so wandelt sich ab der Jahrhundertwende das Bild grundlegend. Mit dem Anstieg der allgemeinen Arbeitslosigkeitsquote erhöht sich auch die der Jugendlichen, und zwar deutlich stärker als die allgemeine Arbeitslosigkeitsquote. Vor allem aber steigt die Arbeitslosigkeitsquote der jungen Männer, die Schere zwischen den Geschlechtern öffnet sich seit 2001 auf eine annähernd vier Prozentpunkte-Differenz zu Ungunsten der Männer (vgl. Baethge/Solga/Wieck 2007, S. 49).

Abbildung 7: Verteilung der Neuzugänge in voll qualifizierende Ausbildung (Duales und Schulberufssystem) und Übergangssystem nach Geschlecht und schulischer Vorbildung 2006

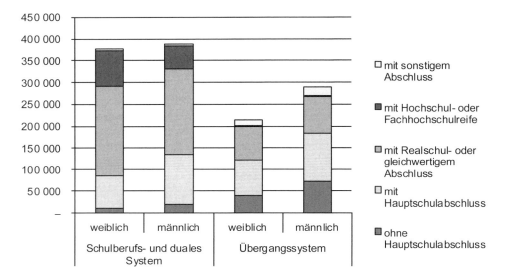

Quelle: Autorengruppe Bildungsberichterstattung 2008, S. 160

Für die Ursache der neuen Geschlechterdisparität in der Berufsbildung lassen sich drei langfristig wirkende Wandlungstendenzen benennen, deren Zusammenspiel eine stabile Benachteiligungskonstellation für die Jungen schafft, die schwer auflösbar erscheint: Wandel in der Bildungsbeteiligung, in der Erwerbsstruktur und in den Wissensvoraussetzungen (Qualifikationsanforderungen) der Arbeit.

Das Bildungsniveau, gemessen am Anteil der Schulabschlüsse an der Gesamtheit der Schulabgänger nach Geschlecht, ist bei den Mädchen höher als bei den Jungen. Dies äußert sich ebenso an deutlich niedrigeren Quoten an Hauptschülerinnen mit und ohne Abschluss wie an höheren Absolventenquoten mit mittlerem Abschluss und mit allgemeiner Hochschulreife.

Was man in der Erwerbstätigkeit als Tertiarisierungstrend bezeichnet, reduziert die gewerblich-technischen Berufe in Industrie und Handwerk, die traditionell als Domäne für Männerbeschäftigung und -ausbildung fungierten, und stärkt das Gewicht jener Dienstleistungstätigkeiten, die zu größeren Teilen von Frauen wahrgenommen wurden und werden – insbesondere bei den Gesundheitsdienst- und Sozialpflege- sowie Erziehungsberufen. Da diese Berufe oft in öffentlichen Trägerorganisationen wahrgenommen werden, ist die Ausbildung zu ihnen auch weniger konjunkturellen Schwankungen unterworfen als die zumeist an die Privatwirtschaft gebundene gewerblich-technische Ausbildung.

Schließlich sind in fast allen Berufsbereichen die Anforderungen an die kognitiven Fähigkeiten gestiegen, was die Selektionskriterien der Betriebe heraufsetzt, die Absolventen mit höheren und mittleren Schulabschlüssen bei der Rekrutierung von Auszubildenden begünstigt und die unteren Qualifikationsgruppen ins Hintertreffen bringt.

Segmentation im Übergang zur Hochschule

Die Segmentation im Zugang zu und innerhalb der Berufsbildung setzt sich fort am Ende der Berufsausbildung im Übergang zum tertiären Bildungsbereich. Die Hoch- und Fachhochschulen sind gegenüber der voll qualifizierenden Berufsausbildung im Sekundarbereich fast hermetisch abgeschlossen. Obwohl es in allen Bundesländern seit ca. zwei Jahrzehnten rechtlich unterschiedlich ausgestaltete Zugangsverfahren für beruflich qualifizierte Bewerber ohne schulische Studienberechtigung gibt (KMK 2006), liegt im Wintersemester 2006/07 der Anteil der Berufstätigen ohne formale Hochschulzugangsberechtigte unter den Studienanfängern an Universitäten bei 0,6%, an den Fachhochschulen bei 1,9% (vgl. Abb. 8 – Zahlen für 3. Bildungsweg). Der Anteil der Berufstätigen ohne schulische Zugangsberechtigung an den Studienanfängern ist zudem trotz Ausbaus der formalen Zugangsmöglichkeiten seit 1993 um etwa ein Drittel zurückgegangen (vgl. Baethge/Solga/Wieck 2007, S. 64).

Abbildung 8: Deutsche Studienanfängerinnen und -anfänger an Universitäten und Fachhochschulen im Wintersemester 2006/07 nach Herkunft der Studienberechtigung* (in %)

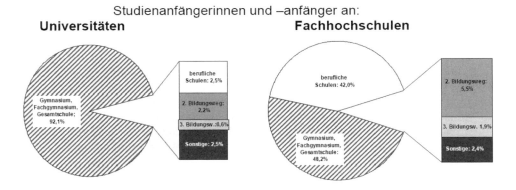

* Berufliche Schulen: Fachoberschule, Berufsfachschule, Fachschule, Fachakademie
2. Bildungsweg: Abendgymnasien, Kollegs
3. Bildungsweg: Begabtenprüfung sowie Hochschulzugang für beruflich Qualifizierte
Sonstige: Eignungsprüfung für Kunst/Musik, ausländische Studienberechtigung, sonstige Studienberechtigung, ohne Angabe
Quelle: Autorengruppe Bildungsberichterstattung 2008, S. 177

Die Nichtinanspruchnahme formal gegebener Studienberechtigung durch qualifizierte Absolventen beruflicher Ausbildungsgänge und Meister lässt sich plausibel am ehesten durch die wechselseitige institutionelle Distanz der Einrichtungen der beruflichen Ausbildung und der Hochschulbildung erklären: Die berufliche Ausbildung ist in ihrem Qualifizierungsprogramm und der normativen Orientierung der Auszubildenden ganz auf den Arbeitsmarkt ausgerichtet, nicht auf den Übergang in ein wissenschaftliches Studium. Obwohl die Wissensanteile in allen Ausbildungsgängen in den letzten Jahrzehnten zugenommen haben, gewinnen sie keinen eigenen systematischen Stellenwert in der Ausbildung im Sinne einer Öffnung der beruflichen Handlungskompetenz auch zur Wissenschaftsorientierung. Auf der anderen Seite haben die deutschen Universitäten – bei den Fachhochschulen sieht die Sache etwas anders aus – in ihrem Lehrangebot und in ihrer Studienorganisation die besondere Situation, das spezifische kognitive Profil und die Bedürfnisse von Berufstätigen noch nicht wahrgenommen. Dies steht im Gegensatz zu anderen, insbesondere angloamerikanischen Ländern, die eine für Berufstätige sehr viel offenere und flexiblere Studienorganisation praktizieren.

4   Institutionelle mismatches als Ursache für neue Segmentationsmuster

Alle drei neuen sozialen Segmentationsmuster in der beruflichen Bildung – nach Vorbildungsniveau, nach Migrationshintergrund und nach Geschlecht – wie auch die mangelnde Durchlässigkeit von der Berufsausbildung zur Hochschule, die mit für die niedrige Studienbeteiligungsquote von Kindern aus Arbeiterfamilien (17% –DSW/HIS 2006) verantwortlich ist, lassen sich als Ausdruck der fortwirkenden institutionellen Segmentation und Abstimmungsprobleme im deutschen Bildungswesen als Ganzes begreifen. Diese Feststellung ist nicht trivial, auch wenn sie auf den ersten Blick ein wenig tautologisch klingt; richtet sie doch den Blick auf die historischen Ursachen aktueller Disparitäten und weist damit auch auf Ansatzpunkte für politische Veränderungsstrategien: Sie lassen sich erfolgreich schwerlich nur innerhalb eines Bildungs-/Ausbildungssegments anzielen, sondern müssen immer zugleich den Zusammenhang der Bildungsinstitutionen und die auf unterschiedlichen institutionellen Ordnungen beruhenden Passungsprobleme zwischen den großen Bildungsbereichen im Auge behalten. Insofern bleibt die Strukturdebatte aktuell.

Institutionelle Segmentation des Bildungswesens muss solange keine sozialstrukturellen Verwerfungen und ökonomische Mängellagen hervorbringen, solange Wissen und Bildungszertifikate nicht zum strategischen Faktor von gesellschaftlicher Statusdistribution und ökonomischem Wachstum geworden sind. Die skizzierte Segmentierung zwischen Berufs- und höherer Allgemeinbildung (vgl. Abschnitte 1. und 2.) war eher Ausdruck der frühindustriellen Sozialstruktur und ökonomischen Qualifikationsprofile, als dass sie diese sehr nachhaltig beeinflusst hätte. Ein hoch elitäres Universitätssystem genügte den Anforderungen des Marktes, war auf Reproduktion, nicht aber auf Expansion des bildungsbürgerlichen Segments in der Sozialstruktur ausgelegt. Die Wissensvoraussetzungen für die Aufnahme einer handwerklichen oder industriellen Berufsausbildung blieben lange Zeit begrenzt. Der Sachverhalt, dass bis heute die duale Berufsausbildung als eines der ganz wenigen Ausbildungssysteme innerhalb der hochentwickelten Gesellschaften de jure keine formale Zugangsberechtigung (Schulzertifikate) verlangt, reflektiert die lange Zeit geltende historische Ausgangssituation der industriellen Berufsbildung um die Wende vom 19. zum 20. Jahrhundert. Von ihr ging bis in die 1960er Jahre kein Druck auf eine Anhebung der

„Volksschulbildung" aus. Die Verbindung einer zwar elitären, aber leistungsfähigen Universitätsausbildung mit einer den industriellen Bedürfnissen angepassten Fachkräfteausbildung konnte über ein halbes Jahrhundert den quantitativen und qualitativen Arbeitskräftebedarf einer lange prosperierenden Wirtschaft gewährleisten.

Janossys (1966) einschlägige Analyse zeigt, dass der Bereich von Arbeit und Wirtschaft das dynamische, die Bildungsinstitutionen eher das beharrende, unter Umständen sogar restringierende Moment der Entwicklung des menschlichen Arbeitsvermögens abgeben. Unabhängig davon, ob man Janossys Analyse von Institutionen als Trägheitsmoment gesellschaftlicher Entwicklung generelle oder nur epochale Gültigkeit zuspricht – die deutsche Bildungs- und Berufsbildungsgeschichte des letzten Jahrhunderts bietet bis heute vielfältige Anhaltspunkte für ihre Richtigkeit. Trotz kontinuierlich zunehmender Wissensintensität von Arbeit und Wirtschaft, die ihren Niederschlag sowohl in einem Anstieg der kognitiven Voraussetzungen für eine Berufsausbildung als auch in einer starken Expansion einer Hochqualifizierten-Beschäftigung gefunden hat, hat sich an der segmentativen Grundstruktur des deutschen Bildungs- und Ausbildungswesens wenig verändert.

Es sind drei langfristig wirkende Entwicklungstrends, die der alten segmentativen Grundstruktur des deutschen Bildungs- und Ausbildungswesens jenen neuen Charakter aufdrücken, der sich in den drei beschriebenen Segmentationsmustern darstellt:

Die zunehmende Wissensbasierung aller gesellschaftlichen Austauschprozesse und der mit ihr verbundene *Wandel der dominanten Wissensbasis* von (impliziten) Erfahrungs- zu systematischen Wissen (vgl. Mayer 2003, S. 581ff.) macht auch vor der traditionellen Berufsausbildung nicht Halt.[4]

Eng mit dem Wandel der Wissensformen ist die *starke Bildungsexpansion* seit Mitte der 1960 Jahre verbunden, die sich im allgemeinbildenden Schulwesen im Wesentlichen in der Umschichtung der Anteile der drei traditionellen Schultypen (Haupt-, Realschule, Gymnasien) an einem Entlassjahrgang zugunsten von Absolventen mit Hochschulberechtigung und mittlerem Abschluss, die heute an die 70% eines Entlassjahrgans stellen. Die Hauptschulabsolventen, bis Ende der 1960er noch über die Hälfte eines Entlassjahrgangs, sind heute auf einen Anteil von knapp 30% zurückgefallen (vgl. Autorengruppe Bildungsberichterstattung 2008, S. 87). Die Umschichtungen üben eine weitere Sogwirkung in den elterlichen Bildungsentscheidungen zugunsten der höheren Bildungskategorien aus, was mit einer Entwertung der unteren Bildungsabschlüsse korrespondiert.

Die *Dynamisierung der Berufs- und Arbeitsmarktstrukturen* äußern sich zum einen in einer Beschleunigung des Wandels der Qualifikationsnachfrage, die mit einer erhöhten Prognoseunsicherheit über den quantitativen und qualitativen Bedarf verbunden ist. Zum anderen in einer zunehmenden Internationalisierung der Arbeitsmärkte. Diese hat einerseits zu einem Anstieg der Anteile von Arbeitskräften mit Migrationshintergrund geführt, andererseits die Anforderungen an interkulturelle Kommunikationsfähigkeit bei einem Großteil der Beschäftigten erhöht.

Im Lichte dieser Entwicklungstrends werden die Segmentationslinien verständlich. Von den drei Linien lassen sich die „bildungsmeritokratischen Rekrutierungsmuster" (Mül-

---

4 Wandel der Wissensformen meint nicht Auswechslung der einen durch die andere, sondern neue Gewichtsverteilungen in dem immer und auf jener Stufe der Arbeit gegebenen Mischungsverhältnis von Erfahrungs- und systematischen Wissen. Deswegen ist die Betonung „dominante" Wissensform so wichtig. Das systematische Wissen repräsentiert seit einigen Jahrzehnten auch in der Berufsbildung das entwicklungsbestimmende Moment.

ler 1998) der Unternehmen erklären. Wenn die Anforderungen an systematisches Wissen und kommunikative Kompetenzen (in breitestem Sinne) steigen und zugleich – bedingt durch beschleunigte Innovationszyklen und globalisierte Märkte – die Prognoseunsicherheit über den zukünftigen Bedarf zunimmt, erscheint es plausibel, die Schulabsolventen für die Ausbildung zu rekrutieren, denen man das vergleichsweise beste Flexibilitäts- und Lernpotential zutraut. Dies sind im Vergleich der Absolventenkategorien dann eher die mit mittlerem oder höherem als nur mit Hauptschulabschluss. Selbst bei letzteren spielen Unterschiede in den Zeugnisnoten noch eine wichtige Rolle (vgl. Krekel/Ulrich 2009). Bildungsmeritokratische Rekrutierung ist bei steigender Wissensbasierung der Arbeit und vergrößertem Angebot formal besser qualifizierter Schulabsolventen unvermeidlich. Sie bedeutet nicht einfach Verdrängung, sondern basiert auf dem Zusammenspiel von steigenden kognitiven Anforderungen und durch die Bildungsexpansion gestiegenem Angebot an besser qualifizierten Schulabsolventen. Verdrängung ist bzw. wäre es in Fällen, in denen bei Ausbildungsstellen mit relativ gleichem (und niedrigem) Anforderungsniveau Absolventen mit höheren denen mit niedrigeren Abschlüssen vorgezogen werden. In Zeiten eines knappen Ausbildungsplatzangebots wird dieser Typus von Stellenbesetzung relativ häufig sein. Die interne Segmentierung der Ausbildungsberufe (Tab. 1) macht aber deutlich, dass sehr viele Berufe nicht auf gleichem kognitivem Anforderungsniveau liegen.

Die Gewinner bildungsmeritokratischer Rekrutierung sind die Absolventen mit dem höchsten allgemeinbildenden Schulabschluss, die Verlierer die Absolventen mit maximal Hauptschulabschluss. Wie die Daten zeigen, zählt die Gruppe mit mittlerem Abschluss eher zu den Gewinnern, auch wenn nicht übersehen werden darf, dass ein nicht unbeträchtlicher Teil von ihnen in Zeiten eines angespannten Ausbildungsmarktes auch erhebliche Übergangsprobleme hat (vgl. Abb. 3 und 6). Der Weg, bildungsmeritokratische Rekrutierungsmuster in ihren sozial exkludierenden Effekten zu mildern, besteht darin, das Bildungsniveau der unteren Schulabschlüsse anzuheben.

Da die offizielle Politik erst spät anerkannt hat, dass Deutschland ein Einwanderungsland ist, in dem knapp ein Fünftel der Bevölkerung einen Migrationshintergrund hat, sind weder allgemeinbildende Schulen noch die Einrichtungen der Berufsbildung auf den Umgang mit Kindern und Jugendlichen mit anderen ethnisch-kulturellem Hintergrund angemessen vorbereitet. In der Berufsbildung, die traditionell eher in einem lokalen oder regionalen Horizont operiert hat, wird das Problem der Integration von Migrantenkindern dadurch erschwert, dass lange Zeit die Zielgruppe der deutschen Arbeitsmarktpolitik (Anwerbung) eher gering qualifizierte Arbeitskräfte aus Süd- und Südosteuropa waren. Das Zusammentreffen von verspäteter politischer Wahrnehmung des Migrantenproblems mit den beiden anderen Entwicklungstrends (verstärkte Wissensbasierung, anhaltende Bildungsexpansion) macht die Lösung der starken Segmentation nach Migrationshintergrund außerordentlich schwer.

Im neuen Muster geschlechtsspezifischer Segmentation wirkt der ökonomische Strukturwandel zu einer wissensbasierten Dienstleistungsökonomie mit der spezifischen Verlaufsform der Bildungsexpansion im dreigliedrigen Schulsystem zusammen. Da die stark auf kognitives Wissen ausgerichtete allgemeinbildende Schule in der Sekundarstufe I Jungen dieser Altersphase benachteiligt, partizipieren sie weniger an der mittleren und höheren Allgemeinbildung, die zunehmend zur Voraussetzung einer Ausbildung in den anspruchsvolleren Dienstleistungsberufen wird. Zugleich bleiben sie gefangen in den Geschlechtsstereotypen gesellschaftlicher Arbeitsteilung, nach denen Jungen eher gewerblich-technische, allenfalls noch kaufmännischen, aber nicht personenbezogenen Dienstleistungsberufen zugeordnet werden. Auch die Aufhebung dieses Segmentationsmusters erfordert strukturelle Veränderungen vom Schulsystem und grundlegende Revisionen in den Stereotypen geschlechtstypischer Arbeitsteilungsformen in Wirtschaft und Gesellschaft.

Literatur

Abelshauser, W. (2004): Deutsche Wirtschaftsgeschichte seit 1945. München
Autorengruppe Bildungsberichterstattung (2008): Bildung in Deutschland 2008. Ein indikatorengestützter Bericht mit einer Analyse zu Übergängen im Anschluss an den Sekundarbereich I. Bielefeld
Baethge, M. (1983): Zu Strukturproblemen der Berufsbildung in der Bundesrepublik Deutschland in den 70er Jahren und zur Angebots-Nachfrage-Entwicklung bis 1990. In: Industriegewerkschaft Metall-Vorstand (Hrsg.): Finanzierung der beruflichen Bildung. Frankfurt a. M., S. 47-85
Baethge, M. (2006): Staatliche Berufsbildungspolitik in einem korporatistischem System. In: Weingart, P./Taubert, N. C. (Hrsg.): Das Wissensministerium. Ein halbes Jahrhundert Forschungs- und Bildungspolitik in Deutschland. Weilerswist, S. 435-469
Baethge, M. (2007): Das deutsche Bildungs-Schisma: Welche Probleme ein vorindustrielles Bildungswesen in einer nachindustriellen Gesellschaft hat. In: Lemmermöhle, D./Hasselhorn, M. (Hrsg.): Bildung und Lernen. Humanistische Ideale, gesellschaftliche Notwendigkeiten, wissenschaftliche Erkenntnisse. Göttingen, S. 93-116
Baethge, M./Achtenhagen, F./Arends, L./Babis, E./Baethge-Kinsky, V./Weber, S. (2006): Berufsbildungs-PISA. Machbarkeitsstudie. Stuttgart
Baethge, M./Solga, H./Wieck, M. (2007): Berufsbildung im Umbruch. Berlin
Baumert, J./Schümer, G. (2001): Familiäre Lebensverhältnisse, Bildungsbeteiligung und Kompetenzerwerb. In: Deutsches PISA-Konsortium (Hrsg.): PISA 2000. Opladen, S. 323-407
BiBB-Übergangsstudie = Beicht. U./Friedrich, M./Ulrich, J.G. (2008): Ausbildungschancen und Verbleib von Schulabsolventen in Zeiten eines angespannten Lehrstellenmarktes. Bielefeld
Blankertz, H. (1982): Die Geschichte der Pädagogik: Von der Aufklärung bis zur Gegenwart. Wetzlar
BMBF (2004): Berufsbildungsbericht 2004. Bonn
BMBF (2006): Berufsbildungsbericht 2006, Bonn/Berlin
Deutscher Bildungsrat (1970): Empfehlungen der Bildungskommission. Strukturplan für das Bildungswesen. Stuttgart
DSW/HIS (2006): 18. Sozialerhebung 2006
v. Friedeburg, L. (1989): Bildungsreform in Deutschland. Geschichte und gesellschaftlicher Widerspruch. Frankfurt a. M.
Greinert, W.-D. (2003): Realistische Bildung in Deutschland. Hohengehren
Herrlitz, H. G. (1982): Geschichte der gymnasialen Oberstufe. Theorie und Legitimation seit der Humboldt-Süverschen Reform. In: Blankertz, H./Derbolav, J./Kell, A./Kutscha, H. (Hrsg.): Sekundarstufe II – Jugendbildung zwischen Schule und Beruf (Enzyklopädie Erziehungswissenschaft. Bd. 9.1). Stuttgart
Janossy, F. (1966): Das Ende der Wirtschaftswunder. Wesen und Erscheinung der wirtschaftlichen Entwicklung. Frankfurt a. M.
Kalter, F. (2006): Auf der Suche nach einer Erklärung für die spezifischen Arbeitsmarktnachteile von Jugendlichen türkischer Herkunft. Zugleich eine Replik auf den Beitrag von Holger Seibert und Heike Solga: „Gleiche Chancen dank einer abgeschlossenen Ausbildung?" (ZfS 5/2005). Zeitschrift für Soziologie, Jg. 35, S. 144-160
KMK (2006): Synoptische Darstellung der in den Ländern bestehenden Möglichkeiten des Hochschulzugangs für beruflich qualifizierte Bewerber ohne schulische Hochschulzugangsberechtigung auf der Grundlage hochschulrechtlicher Regelungen (Stand Februar 2006). Bonn

Kohli, M. (1985): Die Institutionalisierung des Lebenslaufs. In: Kölner Zeitschrift für Soziologie und Sozialpsychologie, Jg. 37, H. 1, S. 1-29
Konsortium Bildungsberichterstattung (2006): Bildung in Deutschland. Bielefeld
Krekel, E. M./Ulrich, J. G. (2009): Jugendliche ohne Berufsabschluss. (Friedrich-Ebert-Stiftung). Berlin
Krüger, H. (1999): Gender and Skills. Distributive Ramifications of the German Skill System. In: Culpepper, P. D./Finegold, D. (Eds.): The German Skills machine Sustaining Comparative Advantage in a Global Economy. New York/Oxfort, pp. 189-227
Krüger, H. (2004): Zur Datenlage vollzeitschulischer Berufsausbildung. In: Baethge, M./Buss, K.-P./Lanfer, C. (Hrsg.): Expertisen zur den konzeptionellen Grundlagen für einen nationalen Bildungsbericht – Berufliche Bildung und Weiterbildung/lebenslanges Lernen. Bonn/Verlin, S. 141-164
Lehmann, R. H./Ivanov, S./Hunger, S./Gänsfuß, R. (2004): ULME I. Untersuchung der Leistungen, Motivationen und Einstellungen zu Beginn der beruflichen Ausbildung. Behörde für Bildung und Sport, Amt für Bildung, Referat Berufliche Bildung der Freien und Hansestadt Hamburg (Hrsg.)
Lehmann, R. H./Seeber, S./Hunger, S. (2006): ULME II. Untersuchung der Leistungen, Motivationen und Einstellungen der Schülerinnen und Schüler in den Abschlussklassen der teilqualifizierenden Berufsfachschulen. Behörde für Bildung und Sport, Amt für Bildung, Referat Berufliche Bildung der Freien und Hansestadt Hamburg (Hrsg.)
Maaz, K./Baumert, J./Cortina K. S. (2008): Soziale und regionale Ungleichheit im deutschen Bildungssystem. In: Cortina, J. S./Baumert, J./Leschinsky, A./Mayer, K. U./Trommer, L. (Hrsg.): Das Bildungswesen in der Bundesrepublik Deutschland. Reinbek, S. 205-243
Mayer, K. U. (1998): „Lebensverlauf". In: Schäfers, B./Zapf. W. (Hrsg.): Handwörterbuch zur Gesellschaft Deutschland. Opladen, S. 438-451
Mayer, K.U. (2003): Das Hochschulwesen. In: Cortina, K.S. u. a. (Hrsg.). Das Bildungswesen in der Bundesrepublik Deutschland, Reinbek
Müller, W. (1998): Erwartete und unerwartete Folgen der Bildungsexpansion. In: Friedrichs, J./Lepsius, R./Mayer, K.-U. (Hrsg.): Die Diagnosefähigkeit der Soziologie. Kölner Zeitschrift für Soziologie und Sozialpsychologie, Sonderband 38, Opladen, S. 81-122
Riese, H. (1967): Die Entwicklung des Bedarfs an Hochschulabsolventen in der Bundesrepublik Deutschland. Wiesbaden
Seyfried, B. (2006): Berufsausbildungsvorbereitung aus betrieblicher Sicht. Bonn: BIBB.
Solga, H. (2005): Ohne Abschluss in die Bildungsgesellschaft. Die Erwerbschancen gering qualifizierter Personen aus soziologischer und ökonomischer Perspektive. Opladen
Stratmann, K. W./Pätzold, G. (1985): Institutionalisierung der Berufsbildung. In: Baethge, M./Nevermann, K. (Hrsg.): Organisation, Recht und Ökonomie des Bildungswesens (Enzyklopädie Erziehungswissenschaft, Bd. 5). Stuttgart

Mehr Ungleichheit durch weniger duale Ausbildung? Probleme der Ausbildungsbereitschaft

Ingo Wiekert & Reinhold Sackmann

Seit einigen Jahren wird vermehrt die Zukunftsfähigkeit des dualen Systems der beruflichen Erstausbildung in Zeitungen und im wissenschaftlichen Diskurs diskutiert, da die betriebliche Bereitschaft auszubilden, nicht mehr als selbstverständlich gilt. Aufgrund der großen Bedeutung des dualen Ausbildungssystems für die Gesamtlogik des Bildungssystems in Deutschland (ca. zwei Drittel einer Kohorte durchlaufen in Deutschland nach wie vor eine duale Ausbildung) kommt der Analyse von Veränderungen in diesem Bereich besonderes Gewicht zu. Verschiebungen des Angebotes von Lehrstellen sind auch insofern relevant, als die Nachfrage nach ihnen ungebrochen ist. Die steigende Nachfrage nach dualer Ausbildung resultiert zum einen aus den Dynamiken der Bildungs- und Beschäftigungsentwicklung zunehmend interdependenter Ökonomien: In Zentrumsländern wie der Bundesrepublik nimmt die Konkurrenzfähigkeit unqualifizierter Beschäftigter ab, weil entsprechende Tätigkeiten und Branchensegmente in Niedriglohnländer ausgelagert werden. In Reaktion darauf versuchen auch Eltern ohne Berufsabschluss für ihre Kinder zumindest einen Lehrabschluss zu erreichen. Zum anderen gibt es in Deutschland und vergleichbaren Ländern mit einem prestigereichen dualen Ausbildungssystem eine „vertikale Anomalie" der Bildungsexpansion, insofern als auch Schüler mit schulischen Qualifikationen, die ein Studium ermöglichen würden (Abitur), eine scheinbar unterwertige Qualifikation in Form einer dualen Ausbildung anstreben (vgl. auch Becker und Kreckel in diesem Band). Die Studienanfängerquoten 2005 lagen in Ländern mit dualer Ausbildung wie Deutschland mit 36 Prozent und in der Schweiz und Österreich mit 37 Prozent deutlich unter dem OECD-Durchschnitt von 54 Prozent (vgl. Autorengruppe Bildungsberichterstattung 2008, S. 293). Die Konstellation aus konstanter (im Vergleich zur Mitte der 1990er Jahre) bzw. sinkender (im Vergleich zu den 1980er Jahren) betrieblicher Ausbildungsbereitschaft und leicht steigender Nachfrage führt immer wieder zu Ungleichgewichten in Form von „Lehrstellenknappheit".

Im Folgenden soll die Frage beantwortet werden, wie die Ausbildungsbereitschaft gewahrt und ausgebaut werden kann. Wir werden uns hierzu in den empirischen Teilen auf ostdeutsche Entwicklungen konzentrieren, da in dieser Region die Ausbildungsbereitschaft besonders stark gesunken ist und über die Bereitstellung überbetrieblicher Lehrstellen eine neue, stark umstrittene Parallelstruktur geschaffen wurde.

Einleitend wird dazu im ersten Teil der Frage nachgegangen, wie das betriebliche Engagement in der Berufsausbildung erklärt werden kann (1.1) und in welchem Zusammenhang es mit Produktionsregimen steht (1.2). Im zweiten Teil werden strukturelle Bedingungen der Ausbildungsbereitschaft in Ostdeutschland bezogen auf die Betriebsgröße und die Qualifikationsstruktur dargestellt (2.1), um den unterschiedlichen Grad an Abhängigkeit von Facharbeit aufzeigen zu können (2.2).

Zur Beschreibung der Herausforderungen des dualen Systems wird im dritten Teil erst die Entwicklung außerbetrieblicher Ausbildung in Ostdeutschland geschildert (3.1). Im empirischen Teil wird anschließend mittels einer Bildungsträgerbefragung 2004 und zweier repräsentativer Betriebsbefragungen aus den Jahren 2001 und 2006 geprüft, welchen Einfluss außerbetriebliche Bildungsträger auf die Ausbildungspolitik von Betrieben haben (3.2). Die Erhebung 2004 war eine Befragung von 1.466 (darunter 945 in der beruflichen Erstausbildung tätigen) Bildungsträgern in den neuen Bundesländern und Berlin durch das Zentrum für Sozialforschung Halle (zsh) (vgl. Grünert/Lutz/Wiekert 2006). Im Jahr 2001 wurden durch das zsh 768 ausbildende und 487 nicht ausbildende Betriebe in Sachsen-Anhalt (vgl. Grünert/Lutz/Wiekert 2002) und in 2006 1.363 Ausbildungsbetriebe in Sachsen-Anhalt, Brandenburg und Niedersachsen befragt (vgl. Grünert/Lutz/Wiekert 2007).

1 Ausbildung und Arbeitsorganisation

1.1 Ausbildungsentscheidung und Humankapitaltheorie

Auch wenn aus politischer Sicht und aus Sicht der Öffentlichkeit die Ansicht überwiegt, dass die Ausbildungsbereitschaft der Betriebe zu gering ist, so ist es aus theoretischer Sicht eher verblüffend, dass umfangreich betriebliches Geld in Ausbildungen investiert wird. Becker (1975) unterscheidet bei der Erklärung der betrieblichen Ausbildungsentscheidung zwischen zwei in einer Ausbildung erworbenen Humankapitalformen. *Allgemeines* Humankapital gehört, wenn es vom Individuum angeeignet wurde, diesem und kann auch in anderen Betrieben verwendet werden. Bei *spezifischem* Humankapital handelt es sich dagegen um Humankapital, das nur in dem ausbildenden Betrieb Verwendung findet. Aufgrund dieser Dualität geht Becker davon aus, dass stabile Ausbildungssysteme nur Bestand haben, wenn die Auszubildenden für die allgemeinen Humankapitalkosten aufkommen (also wie amerikanische Studierende über Gebühren oder „Lehrgeld"), während der Betrieb nur die Kosten für die spezifische Humankapitalausbildung zahlen sollte. In der Empirie haben sich „Lehrgeldsysteme" nicht halten können. In den angelsächsischen Ländern, aber nicht nur dort, stellt man einen radikalen Rückgang der betrieblichen Ausbildung fest, da Betriebe als eigeninteressierte Akteure darauf vertrauen, dass andere Unternehmen (oder der Staat) für sie ausbilden und sie dann die mit allgemeinem Humankapital (in einem beruflichen Sinn) ausgestatteten Arbeitskräfte einstellen können („poaching") (vgl. Stevens 1994).

Bezogen auf das deutsche System der beruflichen Bildung ist bemerkenswert, dass die betriebliche Beteiligung in ihm relativ hoch ist, obwohl die Ausgestaltung der beruflichen Bildung auf die Erstellung eines tauschbaren Bildungsgutes abzielt: Das Berufsbildungsgesetz formuliert als Ziel eine „breit angelegte berufliche Grundbildung", mit der durch allgemeinverbindliche Lehrpläne und Prüfungsanforderungen ein vom Betrieb unabhängiges Qualifikationspotential (§ 1 (2) BBiG) erreicht werden soll. Die in den staatlich anerkannten Ausbildungsberufen vermittelten Qualifikationen können folglich auch in anderen Betrieben als dem Ausbildungsbetrieb verwendet werden, womit die Ausbildung im dualen System im Wesentlichen der Bildung von allgemeinem Humankapital entspricht (vgl. Niederalt/Schnabel/Kaiser 2001, S. 11).

Im Licht von Weiterentwicklungen der Humankapitaltheorie lässt sich das betriebliche Engagement bei der Erstellung des quasi öffentlichen Gutes „Ausbildung" in zweierlei Hinsicht begründen: Die Ausbildungsentscheidung der Betriebe zahlt sich langfristig durch den Einsatz der auf diese Weise gewonnenen Fachkräfte im ausbildenden Betrieb aus („Investitionsmodell" für die zukünftige Produktion) bzw. der bereits in der Ausbildungszeit mögliche produktive Einsatz der Lehrlinge „rechnet" sich für den Betrieb („Produktionsmodell" für die laufende Produktion). Unabhängig von der make-or-buy-Entscheidung für oder gegen eine eigene betriebliche Ausbildung spielen also auch Kosten-Nutzen-Erwägungen des Betriebes eine Rolle, die von der Organisation der Arbeit und der damit im Zusammenhang stehenden Personalpolitik des Betriebes beeinflusst sind. So wird z.B. der produktive Beitrag einer potentiellen Ausbildung in nicht ausbildenden Unternehmen auf zwei Drittel des Wertes in Ausbildungsbetrieben geschätzt (vgl. Wolter 2008, S. 101). Übertragen heißt dies, so die Schlussfolgerung, dass Ausbildung respektive Nichtausbildung nicht von den erwarteten Kosten, sondern von dem erwarteten gegenwärtigen bzw. zukünftigen Nutzen der Ausbildung abhängen.

Das betriebliche Risiko von „poaching", also der Abwerbung von Ausgebildeten, kann durch den Aufbau spezifischer Qualifikationen minimiert werden. Diese sind auf die Erfordernisse des Betriebes bezogen und außerhalb des Betriebes, d.h. auf dem Arbeitsmarkt, nicht verwertbar. Zur Amortisierung dieser Investitionen in betriebspezifisches Humankapital ist dann auch das betriebliche Interesse – sowie das der Qualifizierten – an einer andauernden Beschäftigung plausibel (vgl. Struck/Simonson 2000, S. 5).

Die Unterscheidung von allgemeinem und spezifischem Humankapital ist jedoch eher analytischer Natur, worauf schon Becker verweist, denn „much on-the-job training is neither completely specific nor completely general but increases productivity more in the firms providing it and falls within the definition of specific training" (Becker 1975, S. 26). Es geht vielmehr um eine Kombination der beiden Ausprägungen unter der Annahme, dass die Spezifität des Humankapitals nicht durch den Inhalt, sondern durch die Nichtrealisierbarkeit der Erträge außerhalb des Betriebes bestimmt wird (vgl. Neubäumer 1999, S. 34).

Damit rückt die Transferierbarkeit der Qualifikation in den Fokus. Eine Qualifikation kann als transferierbar gelten, wenn über den Ausbildungsbetrieb hinaus ein Betrieb einen Nutzen davon hat. Dabei ist transferierbares Humankapital nicht zwangsläufig gleich allgemeinem Humankapital bzw. mehr als eine Kombination der beiden Kapitalsorten (vgl. Stevens 1994, S. 540ff.). Vielmehr hängt der Grad der Transferierbarkeit vom Umfang der Nachfrage auf dem externen Arbeitsmarkt ab. Vor diesem Hintergrund gilt, dass „specific skills are those for which there is no external market, and general skills correspond to the other limiting case in which the external market is very large" (Stevens 1994, S. 547). Als Einschränkung gegenüber dem Kern des neoklassischen Modells, dass Märkte vollkommen sind und die Akteure sich auf diesen rational und nutzenmaximierend verhalten, gilt der Einwand, dass die Vollkommenheit bzw. Unvollkommenheit des Marktes u.a. ebenso von der Nachfrage auf dem externen Arbeitsmarkt abhängt: z.B. kann ein Betrieb aufgrund einer monopsonistischen Stellung am Arbeitsmarkt einen Arbeitnehmer unter seiner Produktivität entlohnen, wenn er regional einziger Nachfrager von bestimmten Qualifikationen ist. Acemoglu und Pischke (1998) zeigen, dass unter der Annahme von unperfekten Arbeitsmärkten, die durch komprimierte Lohnstrukturen charakterisiert sind, durchaus Anreize für Betriebe bestehen, Investitionen in allgemeines, i.u.S. transferierbares Humankapital zu tätigen. Geht man davon aus, dass der Abstand zwischen Lohn und Produktivität bei höherqualifizierten Mitarbeitern größer ist als bei weniger gut Qualifizierten, bestünde für einen Betrieb ein Anreiz auszubilden. Zudem konnten sie theoretisch nachweisen (vgl. Acemoglu/Pischke 1999), dass mit längerfristigen Beschäftigungsverhältnissen die Anreize zur Investition in betriebspezifisches, i.u.S. transferierbares Humankapital (eben auch in betriebliche Ausbildung) zunehmen. Eine komprimierte Lohnstruktur führt u.a. dazu, dass gering qualifizierte Arbeitnehmer relativ teuer und die Renditen für Qualifizierte auf Arbeitsmärkten unvollständiger Konkurrenz höher sind. Die Attraktivität einer betrieblichen Beteiligung an der Ausbildung wird dadurch gesteigert.

Der relativ hohe Anteil betrieblichen Engagements in der beruflichen Erstausbildung kann zum einen mit der Unvollkommenheit bestimmter Arbeitsmärkte, zum anderen mit langfristigen Interessen (Investitionsmodell, Übernahme der Azubis) erklärt werden und nicht zuletzt mit dem Aspekt, dass Investitionen in transferierbares Humankapital oft einen betriebsspezifischen Anteil haben, der dem jeweiligen Unternehmen nützt, indem Auszubildende auch während der Lehrzeit produktiv eingesetzt werden können (Produktionsmodell). Zudem lassen sich die Transaktionskosten bei der Suche, Auswahl, Einarbeitung etc. für einen Betrieb günstiger gestalten. Das Ausbildungssystem schafft demzufolge einen „Spagat" zwischen allgemeinem und spezifischem Humankapital durch die Erstellung von transferierbarem Kapital.

Allerdings ist die ökonomische Theorie hier zu abstrakt, da sie nur geschichtslos mit Einzelakteuren argumentiert. Empirisch zeigt sich aber, dass in Marktgesellschaften sowohl Ökonomien weiter bestehen, in denen betriebliche Berufsausbildung fast verschwunden ist, als auch Ökonomien, wie die deutsche, in denen sie eine relativ große Bedeutung besitzen. In der Theorie der Produktionsregime werden deshalb Vernetzungsphänomene thematisiert.

1.2 Produktionsregime

Der Erweiterung der traditionellen Humankapitaltheorie durch Acemoglu und Pischke (1998, 1999) folgend liegt das systemische Argument nahe, dass Länder oder Wirtschaftsräume sich durch mehr oder weniger kompetitive Arbeitsmärkte auszeichnen. Dementsprechend gibt es Länder oder Sektoren, in denen sich ein Berufsbildungssystem halten kann oder auch nicht (vgl. Wolter 2008, S. 95). Von Hall und Soskice (2001) wurde konstatiert, dass es auch bei modernen demokratischen Marktgesellschaften zwei Typen von „Produktionsregimen" gibt: eine koordinierte Marktökonomie und eine liberale Marktökonomie. Diese Typen unterscheiden sich vor allem in zwei Dimensionen: In koordinierten Marktwirtschaften können Betriebe leichter langfristig angelegtes Kapital anziehen und, was für unseren Kontext wichtiger ist, sie können leichter beruflich gebildetes Fachpersonal rekrutieren. Für letzteres ist das duale Ausbildungssystem wichtig, dessen komplexe Koordination von Arbeitgebern Soskice über Jahrzehnte fasziniert hat. Insgesamt ist diese strategische Koordinationsform auf Langfristigkeit angelegt (vgl. Soskice 1999, S. 106ff.; Hall 2006, S. 187ff.). Soskice betont, dass die für Ausbildungssysteme erforderliche Kooperation zwischen Unternehmen aus Institutionen der Koordination erwächst. In Deutschland seien hier die Arbeitgeberverbände und die Industrie- und Handwerkskammern wichtig. Letztere wurden durchaus parallel zum dualen Ausbildungssystem zu Beginn des 20. Jahrhunderts geschaffen.

Es gibt deutliche Zeichen, dass diese Welt vor ihrem Aus stehen könnte. Veränderte Banken- und Firmenstrategien haben dazu geführt, dass auch in einem Kernland der koordinierten Marktökonomie Shareholder-value die Stakeholder-value verdrängt (vgl. Deeg 2001; Münch/Guenther 2005). Eine Folge davon ist, dass in stärker kurzfristig ausgerichteten Betrieben die Kapazitäten für Ausbildung reduziert wurden. Allgemein kann man eine ideologische Neuausrichtung des Staatsverständnisses feststellen, die Jessop (2003) auf die einprägsame Formel einer Ersetzung des Keynesianischen Wohlfahrtsstaates durch den Schumpeterianischen Workfare-Staat brachte. In letzterem ist zwar „Bildung, Bildung, Bildung" (Blair) das Interventionsmittel schlechthin, allerdings in der Form lebenslanger abstrakter Bildung zur Adaption an flexible Arbeitsanforderungen. Berufsbildung gehört hier ebenfalls der Vergangenheit an und wird entlegitimiert. Baethge (2006) greift diesen internationalen Diskurs zur Wissensgesellschaft auf, wenn er konstatiert, dass berufliche Bildung ein vorindustrielles Verständnis von Bildung transportiere, während in der nachindustriellen Gesellschaft nur durch höhere Allgemeinbildung vermittelbare Kompetenzen systematischen Wissens mit selbstorganisiertem Lernern erforderlich seien. In Deutschland gibt es also eine starke, bereits fortgeschrittene Angleichung des koordinierten Produktionsregimes an das liberale, sowohl auf der Ebene der Betriebsfinanzierung, der Betriebsorganisation und des ideellen Staats- und Bildungsverständnisses. Wird im Gefolge dieser Veränderungen das duale Ausbildungssystem verschwinden, zu einem Teil der Geschichte des 20. Jahrhunderts werden?

2   Strukturbedingungen der Ausbildungsbereitschaft in Ostdeutschland

Im Folgenden wollen wir uns auf die Bedingungen der Ausbildungsbereitschaft in Ostdeutschland konzentrieren, da in der Tradition von Maurice/Sellier/Silvestre (1986) davon auszugehen ist, dass der lokale, soziokulturelle Nexus eines Produktionsregimes entscheidend für die Ausbildungsbereitschaft ist. Ostdeutschland weist diesbezüglich Merkmale auf, die einerseits eine sehr niedrige Ausbildungsbereitschaft erwarten lassen, wie gleichzeitig Merkmale, die eine hohe Ausbildungsnotwendigkeit annehmen lassen.

In der DDR wurden duale Ausbildungen in sehr hohem Umfang durchgeführt und sowohl im akademischen Bereich seit den 1970er Jahren durch eine rigide Politik der Erdrosselung der Bildungsexpansion als auch im unteren Segment durch die Einführung von dualen Ausbildungen selbst für einfachste Tätigkeiten (wie Gebäudereinigung) stärker ausgeweitet als in Westdeutschland. Nach der Wende wurde diese Struktur massiv erschüttert: Die an Betrieben angesiedelten Ausbildungskapazitäten verschwanden mit der Abwicklung zahlreicher Betriebe ebenso wie in vielen Neugründungen erst einmal Kompetenzen, Qualifikationen und Routinen einer Ausbildungstätigkeit fehlten. Bei gleichzeitig in der ersten Hälfte der 1990er Jahre relativ großen Geburtskohorten, die auf den Arbeitsmarkt einmündeten, ergaben sich sehr schnell große „Lehrstellenlücken", die zu einem im nächsten Kapitel genauer beschriebenen Aufbau von umfangreichen Kapazitäten überbetrieblicher Ausbildung führten. Aus dem Zusammenspiel beider Faktoren lässt sich eine empirisch bis heute feststellbare geringere Ausbildungsbereitschaft in Ostdeutschland ableiten.

Andererseits gibt es Strukturelemente der ostdeutschen Betriebslandschaft, die eine größere Angewiesenheit der Betriebe auf eine Neurekrutierung von Facharbeitern und -angestellten nahe legen. So sind diese, wie zu erläutern sein wird, kleiner, stärker um mittlere Qualifikationen zentriert und folgen eher einem fachspezifischen Management. Alle diese drei Komponenten sind auf Flexibilitätsstrategien berufsfachlicher Arbeit angewiesen.

2.1 Betriebsgrößen- und Qualifikationsstruktur ostdeutscher Betriebe

Ostdeutsche Betriebe haben einen im Vergleich zu Westdeutschland kleineren Umfang. Der Einfluss der gewählten Privatisierungsmethode der Treuhandanstalt (z.B. die Präferenz für strategische Investoren) und die hohe Transformationsgeschwindigkeit im Zuge der Wirtschafts- und Währungsunion (vgl. Windolf/Brinkmann/Kulke 1999, S. 122f.; Brussig 2000) hatten eine tendenzielle De-Industrialisierung zur Folge. Die Zerlegung der großbetrieblichen Konglomerate und Betriebe in kleinere Einheiten hat dazu geführt, dass, im Trend der „Filialisierung" der post-sozialistischen Industrie in Ostdeutschland (vgl. Bluhm 2008, S. 8), große Betriebe nur als Bestandteil westlicher multinationaler Unternehmen überlebt haben. So wurden nach Schätzungen z.B. bis zu 24 Prozent der Betriebe der ehemaligen DDR durch Personalabbau auf die Größe von Kleinbetrieben mit weniger als 100 Beschäftigten geschrumpft (vgl. Brussig 1997, S. 433). Generell betrug die durchschnittliche Zahl der sozialversicherungspflichtigen Beschäftigten pro Betrieb im Jahr 2005 in Ostdeutschland 13 Mitarbeiter, im Westen dagegen 17 Beschäftigte. Der Beschäftigtenanteil in Betrieben mit weniger als 5 Beschäftigten lag hier über ein Drittel höher als in den alten Bundesländern (vgl. Bellmann u.a. 2006, S. 21) und macht die kleinbetriebliche Struktur der Wirtschaft in den neuen Ländern eindrucksvoll deutlich.

Nun setzt aber die Entwicklung, einer sich weltweit verschärfenden Konkurrenzsituation, wachsendem Kostendruck, beschleunigten Innovationszyklen u.a. begegnen zu müssen, Unternehmen höheren Anforderungen an die eigene betriebliche Flexibilität aus: Dabei meint Flexibilität des Betriebes vor allem die Flexibilität der Beschäftigten (vgl. Kratzer/Döhl 2000, S. 239). Die Flexibilisierungsstrategie, die der Internalisierung bzw. Externalisierung der betrieblichen Arbeitskräfteprobleme entspricht (vgl. Lutz 1987, S. 19ff.), hängt von der Betriebsgröße ab: Große Betriebe (mit internen Arbeitsmärkten) setzen eher auf internalisierte Personalanpassungsstrategien und den Aufbau bestehender Kernbelegschaften, die im Zuge auftretender akuter Bedarfe mittels Randbelegschaften erweitert werden können (heute meist in der Form atypischer Beschäftigung wie Teilzeit- oder Zeitarbeit). Auch zählen kleine Betriebe (in Form von Zulieferern oder „verlängerten Werkbänken") als Flexibilitätspuffer zum Rand solcher Unternehmensbelegschaftsstrukturen. Im Gegenteil dazu ist für die (kleineren) Facharbeiterbetriebe (vgl. Lutz 1987, S. 25) der Austausch mit dem externen, berufsfachlichen Arbeitsmarkt das bestimmende Flexibilitätsmuster (vgl. Kratzer/Döhl 2000, S. 243).

Die beiden Flexibilisierungsstrategien wurden im industriellen Flexibilitätsmodell mit Erfolg tradiert und damit das Entstehen verschiedener strukturierter betrieblicher Teilarbeitsmärkte begünstigt. Jedoch verzeichnen jüngere Untersuchungen einen Wandel der betrieblichen Steuerungsformen von einer berufs- und funktionsbezogenen hin zu einer prozessorientierten Organisationsform mit einem höheren Maß an Flexibilität und Kostenbezogenheit der betrieblichen Austauschstrukturen (vgl. Baethge/Baethge-Kinsky 1998, S. 464), wobei die Bewältigung von Flexibilisierungserfordernissen „immer weniger durch den flexiblen Einsatz eines Beschäftigungstyps allein erfolgen kann" (Kratzer/Döhl 2000, S. 241). Die Voraussetzung einer solchen Kombination von internen und externen Strategien ist eine Betriebsgröße, die mehrheitlich in den ostdeutschen Betrieben nicht gegeben ist. Sie bleiben deshalb auf externe Facharbeitsmärkte angewiesen.

Jedoch nicht allein die Betriebsgrößenstruktur, sondern auch die Qualifikationsstruktur der Beschäftigten unterscheidet sich in Ost- und Westdeutschland voneinander (Tab. 1): Im

Vergleich der Qualifikationsstruktur der Beschäftigten in den beiden Landesteilen fällt der höhere Anteil von Facharbeitern in den Betrieben der neuen Länder auf. Im Gegenteil dazu weisen die kaufmännischen Angestellten im Westen wiederum höhere Anteile auf.

Tabelle 1: Qualifikationsstruktur der Beschäftigten in Niedersachsen (Ns) und Sachsen-Anhalt (SaAn) nach Wirtschaftssegmenten – 2006, Mittelwert der Anteile

	Wirtschaftssegmente								Gesamt	
	primäres Segment		sekundäres Segment		tertiäres Segment		public sector			
	Ns	SaAn	Ns	SaAn	Ns	SaAn	Ns	SaAn	Ns	SaAn
An- und Ungelernte	12,7	10,9	10,4	8,0	10,8	7,0	17,3	11,8	11,7	8,4
Fachkräfte	32,8	52,7	38,9	43,8	23,0	41,9	38,3	50,0	33,8	44,6
Techniker, Meister	13,6	7,3	12,9	12,7	6,6	6,5	3,8	9,9	9,6	10,0
Kaufm. Angestellte	7,9	6,7	17,7	16,8	25,7	16,8	11,9	6,2	18,6	14,8
Führungskräfte	33,0	22,4	20,2	18,7	33,9	27,8	28,7	22,2	26,3	22,3

Quelle: zsh-Ausbildungsbetriebsbefragung 2006

Der höhere Anteil von Facharbeit in den Betrieben Ostdeutschlands ist an verschiedenen Stellen als ein Effekt des Nachwirkens von DDR-Strukturen interpretiert worden: Da es in der DDR faktisch keine Beschäftigten ohne einen Facharbeiterabschluss gab, war die betriebliche Wahrnehmung derart geprägt, dass selbst einfache Tätigkeiten (die eigentlich keine Berufausbildung erfordern) mit Facharbeitern besetzt wurden. Die Qualifikationsstruktur möglicher Bewerber hat sich bis heute zwar verändert, die betriebliche Wahrnehmung jedoch nicht (vgl. Bellmann u.a. 2006, S. 54; Soestra 2008, S. 19f.). Bemerkenswert ist in dieser Perspektive ein weiterer Sachverhalt: Ostdeutsche Betriebe greifen bei der Einstellung vermehrt auf qualifizierte Bewerber zurück und geben auch weniger häufig an (27 Prozent), bereit zu sein, ihre Ansprüche bei der fachlichen Qualifikation der Bewerber zu reduzieren, als dies westdeutsche Betriebe tun (41 Prozent) (vgl. Bellmann u.a. 2006, S. 57). Das ist ein Beleg für eine erhöhte Abhängigkeit der ostdeutschen Betriebe von Facharbeit, und zwar nicht qua Gewöhnung, sondern auf der Basis kleinbetrieblich strukturierter Arbeitsorganisation bzw. Arbeitssysteme (vgl. Brussig 2000, S. 167).

2.2 Abhängigkeit von Facharbeit

Die Zahlen zur Qualifikationsstruktur im Ost-West-Vergleich geben Grund zu der Annahme, dass es in ostdeutschen Betrieben eine mittlere Organisations- bzw. Hierarchieebene seltener gibt, dafür aber eine breitere Fachkräftebasis, die weniger einer Anleitung und Kontrolle durch ein mittleres Management bedarf, wie es in qualifikatorisch polarisierten Arbeitssystemen strukturell angelegt ist.

Diese Struktur mutet augenscheinlich modern an, da im Zuge des Erlahmens fordistischer Wachstumsparameter (vgl. Lutz 2003) und der zunehmenden Prozesse der „Vermarktlichung" und „Dezentralisierung" (Sauer/Döhl 1997) hierarchisch angelegte Koordinations- und Steuerungsmechanismen durch Marktmechanismen ersetzt werden. Die im fordistisch-differenzierten Arbeitssystem praktizierte Fremdkontrolle in der Arbeitsorganisation (mittels Hierarchie) weicht der organisierten Selbstkontrolle im Postfordismus (über interne Marktsimulationen wie z.B. Benchmarks) (vgl. Bechtle/Sauer, 2001, S. 57) anhand kurzfristig kalkulierter Kosten- und Rentabilitätsvorgaben.

Schmid und Gergs (2002) verweisen auf Tendenzen, die auf eine Auflösung des deutschen Management-Modells hindeuten, welches sich durch Langfristigkeit, Produktions- und Technikorientierung auszeichnete. Gegen Ende der 1980er Jahre zeichnet sich ein Generationswechsel im Management wie ein Wechsel der Managementkonzepte bzw. Managementqualifikationen ab (vgl. Schmidt/Gergs 2002, S. 563). Seit diesem Zeitpunkt wird die bisherige Dominanz der Techniker und Ingenieure im westdeutschen Management ansatzweise brüchig; für das ostdeutsche Management sei dies jedoch nicht zu beobachten. Es gibt erste Anzeichen, die auf eine verstärkte, kurzfristigere Orientierung auf finanzwirtschaftliche Ziele (Shareholder-value-Orientierung, Wertsteigerung des eingesetzten Aktienkapitals; vgl. Martens/Bluhm 2007, S. 12ff.) und hohe Marketingorientierung mit Auswirkungen auf die Qualifikationsstruktur des Managements verweisen. Vor allem kaufmännische Qualifikationen – Finanzen, Controlling, Marketing – gewinnen an Bedeutung. Dabei zeigen sich Differenzen zwischen großen und kleinen Unternehmen sowie zwischen Low-Tech- und High-Tech-Branchen. Im Ost-West-Unterschied wird vor allem auf die Dominanz der Techniker und Ingenieure in ostdeutschen Betrieben verwiesen. Zugleich wird dem ostdeutschen Management eine ‚de-ökonomisierte' Orientierung attestiert, d.h. Controlling, Finanzierung, Marketing werden der Produktion bzw. dem Produkt als nachrangig betrachtet: „die zumeist technisch oder naturwissenschaftlich geschulten ostdeutschen Führungskräfte [nehmen] den Markt als einen Mechanismus wahr, der quasi-automatisch das technisch beste Produkt prämiert" (vgl. Schmid/Gergs 2002, S. 563). Auch andere Untersuchungen bestätigen, dass der

> „industrielle Mittelstand (...) immer noch durch den ‚langen Schatten der Wende' beeinflusst [wird]. Es dominieren ‚Senior-Unternehmer' mit einem technischen Qualifikationshintergrund, deren gesellschaftspolitische Orientierungen sich deutlich von denen westdeutscher Vergleichsgruppen unterscheiden" (Martens 2008, S. 5222).

Der Anteil an technischer und ingenieurwissenschaftlicher Qualifikation der Führungskräfte liegt im westdeutschen Management des industriellen Mittelstandes im Schnitt bei 50 Prozent, bei Unternehmensleitern sind es 48 Prozent; im Osten dagegen liegt dieser Anteil der Techniker bei 69 Prozent und bei Ingenieuren bei 67 Prozent. Hinzu kommt, dass die Unterschiede in den Qualifikationsprofilen der ost- und westdeutschen Funktionseliten über die Nachfolge reproduziert werden: Der Ingenieursanteil ist unter westdeutschen Nachfolgern mit 41 Prozent rückläufig; die technische Qualifikation im Osten liegt jedoch bei 80 Prozent. Umgekehrt verhält es sich bei den kaufmännischen Ausbildungen: im Westen mit 63 Prozent gegenüber im Osten mit 27 Prozent.[1] Die Dominanz des technischen Wissens korrespondiert mit der hohen Wertschätzung des (technischen) Fachwissens als Grundlage der Anerkennung als Vorgesetzter, wobei ostdeutsche Nachfolger ihren Vorgängern ähnlicher sind als ihre westdeutschen Pendants.

Die Beobachtungen decken sich mit empirischen Befunden, die darauf hindeuten, dass das hohe Qualifikationsniveau der ostdeutschen Belegschaften „das Fehlen ausgeklügelter Formalstrukturen" (Behr 2000, S. 108) kompensiert. Eine Ausrichtung der Arbeitsorganisa-

---

1 Martens (2008) nutzt hier die Zahlen zur „qualitativen Illustration seiner Thesen" einer möglichen Entwicklung bei der Nachfolge.

tion auf ungelernte Arbeitskräfte würde für diese Betriebe einen entschieden höheren Explikations-, Strukturierungs- und Kontrollaufwand und somit eine Aufstockung des Führungspersonals erforderlich machen. Ganz im Gegenteil finden sich in den untersuchten Klein- und Mittelbetrieben durchweg „relativ schlanke Führungsstrukturen", die diesen Mangel an Struktur durch starke Persönlichkeiten in der Geschäftsführung wettmachen (vgl. ebd., S. 108ff.).

Zusammenfassend kann man also sagen, dass ostdeutsche Betriebe eher dem klassischen Modell des „occupational space" (Maurice u.a. 1986) folgen, da sie kleiner, mehr auf eigengeleitete Facharbeit mit fachlich qualifizierter Spitze setzen als qualifikatorisch polarisierte Betriebe des „organisational space" mit ihren größeren Anteilen an Management und unqualifizierter Arbeit und einer geringeren mittleren Qualifikationsebene. Sie benötigen deshalb berufsfachlich ausgebildetes Personal. Warum bilden sie dann noch immer so wenig aus?

3 Die Herausforderungen des Dualen Systems

Angesichts der anhaltend hohen Wertschätzung von Facharbeit in den ostdeutschen Betrieben (vgl. Grünert/Lutz/Wiekert 2002, S. 109f.; dies. 2007, S. 13f.) verwundert die seit Jahren sinkende oder zumindest stagnierende Ausbildungsbeteiligung dieser Betriebe. Exemplarisch kann dies an der Entwicklung unter den Betrieben in Sachsen-Anhalt gezeigt werden. Über einen Beobachtungszeitraum von sechs Jahren ist die Ausbildungsbeteiligung sachsen-anhaltinischer Betriebe gesunken. Lag der Anteil 2001 noch bei 24 Prozent, bildete 2006 nur noch jeder fünfte Betrieb in Sachsen-Anhalt aus. Diese Quote sinkt deutlich mit abnehmender Mitarbeiterzahl im Betrieb: Bilden drei Viertel der Betriebe mit 100 und mehr Beschäftigten mindestens einen Auszubildenden aus, ist es bei den mittelgroßen Betrieben, mit 20 bis 99 Beschäftigten, noch gut die Hälfte und bei den kleinen sind es knapp 16 Prozent. Die Entwicklung der Ausbildungsbeteilung im Vergleich zur Entwicklung der Gesamt-Betriebszahl ist in der Tabelle 2 wiedergegeben: Insgesamt gab es 2006 – verglichen mit 2001 – 16 Prozent weniger Betriebe. Der größte Rückgang (mit einem Minus von 16,4 Prozent) ist dabei in der kleinsten Betriebsgrößenklasse zu verzeichnen.[2]

Tabelle 2: Veränderungen der Betriebsstruktur in Sachsen-Anhalt zwischen 2001 und 2006 nach Betriebsgröße – Prozent, 2001 = 100%

	sachsen-anhaltinische Betriebe mit ... Beschäftigten			Gesamt
	bis 19	20 bis 99	100 und mehr	
Betriebe gesamt	-16,4	-14,6	-5,0	-16,0
darunter ausbildende Betriebe	-33,0	-22,1	-8,0	-29,3

Quelle: Bundesagentur für Arbeit 2001 und 2006; eigene Berechnungen

---

[2] Dies bedeutet im Umkehrschluss aber nicht, dass die sachsen-anhaltinischen Betriebe im Schnitt größer geworden sind.

Unter den ausbildenden Betrieben ist der Rückgang noch dramatischer: In 2006 bildete fast ein Drittel der Betriebe weniger aus als noch sechs Jahre zuvor, wobei auch hier der stärkste Rückgang unter den Ausbildungsbetrieben mit bis zu 19 Beschäftigten zu verzeichnen ist.

Vor dem Hintergrund dieser Entwicklungen sollen im dritten Teil die Ausdifferenzierungsprozesse des dualen Ausbildungssystems in den Blick genommen werden. Da es sich bei Ausdifferenzierungen um einen komplexen Prozess mit großer Formenvielfalt handelt, soll im Folgenden auf die außerbetrieblichen Ausbildungen, die in Ostdeutschland eine besonders große Rolle spielen, eingegangen werden. Unter den als Ausfransung nach unten bezeichneten Formen handelt es sich bei außerbetrieblichen Ausbildungen um höherwertige Angebote im Vergleich zu Formen, die eher Warteschleifen produzieren, da hierbei ein vollgültiges Zertifikat erworben werden kann (vgl. Baethge in diesem Band). Diese Ausbildungsform, erbracht von so genannten Bildungsträgern, war nach der deutschen Wiedervereinigung zunächst eine arbeitsmarktpolitische Reaktion auf transformationsbedingte Probleme bei der Versorgung mit Ausbildungsplätzen. Zu fragen ist, ob diese Reaktion Effekte zeitigte, die sich hemmend auf das betriebliche Ausbildungsverhalten auswirkten.

3.1 Die Etablierung der Trägerstruktur in den neuen Ländern

Ein Verständnis der institutionellen Dynamik des Systems beruflicher Bildung setzt auch eine grobe Vorstellung der Zuständigkeiten dieses Systems voraus. Wenn das föderale Bildungssystem in Deutschland als kompliziert gilt, so kann man die institutionelle Struktur der beruflichen Bildung sogar als noch komplizierter ansehen. Es gibt hier auch nach der Föderalismusreform stärker als in anderen Bildungsbereichen eine Kompetenz der Zentralregierung, die z.B. Ausbildungsordnungen zusammen mit Arbeitgebern, Gewerkschaften und Wissenschaft organisiert. Dies gilt ebenso für Teile der Arbeitsmarktpolitik, die Elemente von beruflicher Bildung beinhalten kann. Die schulische Ebene befindet sich dagegen in der Zuständigkeit der Bundesländer, die hier auch eigene Wege gehen können. Im Bereich der beruflichen Bildung können also Initiativen zur institutionellen Veränderung sowohl von der Bundesregierung als auch von einzelnen Bundesländern ausgehen.

Die Beteiligung der Betriebe am dualen Ausbildungssystem ist für das System konstitutiv. Doch diese Form der Kooperation von Ausbildungsbetrieb und Berufsschule, die mit ihrer Prägekraft dem deutschen Ausbildungssystem seinen Namen gab, diese Dualität ist einer Pluralität des deutschen Berufsbildungssystems gewichen. Die „Aufweichung" der Strukturen des dualen Systems durch die Hinzunahme und Unterstützung „systemfremder", von Bildungsträgern erbrachter Ausbildungsleistungen (vgl. Schmidt 1996, S. 54) erschien gerade in den neuen Bundesländern als ein vorübergehendes Resultat bildungs- und arbeitsmarktpolitischer Kompensationsbestrebungen im Verlauf des Transformationsprozesses. Diese Art von systemfremdem „Wildwuchs" werde sich im Laufe des Angleichungsprozesses wieder auswachsen.

Die mögliche Systemveränderung mit der außerbetrieblichen Ausbildung als festem Bestandteil des dualen Systems fand auch Anfang der neunziger Jahre nicht statt. Das hatte seinen Grund vor allem darin, dass die damalige Bundesanstalt für Arbeit die Finanzierung der Ausbildungsplätze einstellte. Jedoch blieben 70 Prozent der außerbetrieblichen Einrichtungen bestehen und wurden zu Partnern von Betrieben für die Aus- und Weiterbildung (vgl. Höpfner 1995, S. 32f. der Druckausgabe). Diese Träger seien jedoch nicht auf gleicher

Augenhöhe zu sehen, so war von der Arbeitgeberseite zu vernehmen, wenn es darum ging, Bildungsträger mit den in der Berufsbildung engagierten traditionellen Institutionen zu verknüpfen. Der Vertreter des Deutschen Industrie- und Handelstag (DIHT), Woortmann, schreibt in seinem Gutachten: „Eine Vernetzung der Träger mit der Region und den Sozialpartnern sollte aufgrund ihrer Übergangsfunktion nicht angestrebt werden" (Deutscher Bundestag 1994, S. 26).

Der Ausbau der außerbetrieblichen Ausbildung kann als Reaktion auf Lehrstellenmangel verstanden werden. Bezogen auf die als temporär angedachte Etablierung einer Bildungsträgerlandschaft ist zu fragen, ob die kurzfristig erfolgreichen Instrumente der Arbeitsmarktpolitik nichtintendierte Nebeneffekte hervorriefen, die zu einer andauernden, Betriebe in ihrer eigenen beruflichen Erstausbildung hemmenden oder unterstützenden Beteiligung von Bildungsträgern im dualen System führten. Denn allen Kompensationsbestrebungen (Förderprogramme und -maßnahmen) auf Landes- und Bundesebene ist gemein, dass sie als kurzfristige Maßnahmen von befristeter Dauer zur Schließung akuter Angebotslücken konzipiert und unter dem Druck akuter Engpässe bei der Deckung der Ausbildungsplatznachfrage implementiert worden waren.

Bereits zu Beginn der 1990er Jahre wurde auf der Basis der Identifizierung des aus dem strukturellen Umbruch resultierenden Lehrstellendefizits ein breiter Raum für Angebote von Bildungsträgern in der beruflichen Erstausbildung eröffnet. Mit der auf die Manifestation eines erheblichen Lehrstellendefizits konzentrierten Wahrnehmung der demografischen Problemlage war faktisch auch darüber entschieden, bei wem die Zuständigkeit für eine adäquate Reaktion liegen soll: Im Zentrum der als zureichend betrachteten Reaktion standen Programme und Maßnahmen, wie sie seit längerem in der beruflichen Bildung und der Betreuung von Behinderten westdeutsche Praxis waren. Die Bestrebungen des Bundes und der ostdeutschen Länder mit erheblichen Mitteln hier Abhilfe zu schaffen, waren jedoch stark von diesen westdeutschen Erfahrungen geprägt. Diese wiederum resultierten aus der erfolgreichen Bewältigung des Schülerberges, der um 1980 die allgemeinbildenden Schulen verließ (vgl. Lutz/Grünert 2003). Die „gefundenen" Lösungsansätze implizierten ebenso einen Adressaten für die Finanzierung der Lösung: die öffentliche Hand. So wurden z.B. „marktbenachteiligte" und damit förderfähige Jugendliche als soziale Kategorien konstruiert.

Der Ausbau des Bildungsmarktes durch den Aufbau eines Bildungsträgermarktes erfolgte in den neuen Ländern bereits kurz nach der Wirtschafts- und Währungsunion (vgl. Weiß/Bode 1992). Dieser Aufbau verlief, bezogen auf den Bildungsträgermarkt, in zwei Phasen: In der ersten Phase wurde sehr schnell die regionale Arbeitsverwaltung – die Nachfrageseite – installiert. Die Institutionen der Weiterbildung (wie Deutsche Angestelltenakademie oder Deutsches Handwerksinstitut) auf der Angebotsseite folgten weniger schnell. In direkter Folge entstand eine Gründungswelle privater Bildungsträger.

In der zweiten Phase erfolgte eine Konsolidierung des Bildungsträgermarktes mit neu gegründeten, oftmals ausschließlich regional bedeutsamen Bildungsträgern und den alteingesessenen Organisationen mit ihren Niederlassungen im gesamten Osten Deutschlands. Als Resultat dieser Verlaufsform folgte daraus ein insgesamt hoher Bestand an Bildungsträgern.[3] Die maßgebliche Gründungszeit dieser (privaten) Bildungseinrichtungen auf dem Gebiet der beruflichen Aus- und Weiterbildung liegt zwischen 1990 und 1992. Damals

---

3   In der Bildungsträgerbefragung des zsh im Jahr 2004, in der gut drei Viertel aller ostdeutschen Trägereinrichtungen angesprochen werden konnten, wurde dieses Bild bestätigt (Meier/Wiekert/Wiener 2007).

entstand die Hälfte aller Bildungsträger, die noch zum Befragungszeitpunkt 2004 in den neuen Ländern tätig waren (vgl. Wiekert 2007).

3.2 Stabilisierende Effekte durch Kooperation?

Vor diesem Hintergrund ist eine wichtige Frage, ob die in Wendezeiten gewachsene Struktur außerbetrieblicher Ausbildung einen Beitrag zur Stabilisierung betrieblicher Ausbildungsbereitschaft leistet oder ob sie diese behindert? Folgt man den im ersten Teil beschriebenen Theorien von Stevens, so ist zu erwarten, dass ein stärkeres staatliches Engagement im Ausbildungsbereich die „poaching"-Tendenzen der Betriebe verstärkt und damit die Ausbildungsbereitschaft reduziert. Ostdeutschland wäre dann – aufgrund der starken Stellung von außerbetrieblichen Ausbildungsstätten dort – der Vorreiter einer Entwicklung, die bereits in Großbritannien, Schweden und Frankreich zu einer dauerhaften Marginalisierung betrieblicher Ausbildung geführt hat (*Verdrängungsthese*). Alternativ könnte man aber auch vermuten, dass außerbetriebliche Ausbildungsstätten im Kontext eines koordinierten Produktionsregimes eine andere Funktion erfüllen: Vom Staat nur widerwillig unterstützt, machen sie einen Funktionswandel durch, der sie zu Kooperationshelfern ausbildungswilliger, aber nicht immer ausbildungsfähiger Unternehmen machen würde. Wenn diese These zutreffen würde, würden außerbetriebliche Ausbildungsstätten nach einer anfänglichen Dämpfung betrieblicher Ausbildungsbereitschaft mittelfristig zu einer Stabilisierung, evtl. sogar zu einem Ausbau der Ausbildungsbereitschaft beitragen (*Kooperationsthese*). Die Thesen sollen im Folgenden in drei Schritten geprüft werden: Verändert sich die Funktion von Bildungsträgern? Beeinflusst die Kooperation mit Bildungsträgern die Einstellungsbereitschaft? Beeinflusst die Kooperation mit Bildungsträgern die Ausbildungsplanung?

Der Funktionswandel einer Institution ist üblicherweise schwer zu erfassen, da statistische Kriterien eindeutige Grenzen verlangen, die sich üblicherweise an historisch gewachsenen, nicht an sich neu etablierenden Kategorien orientieren. Klassisch wäre anzunehmen, dass bei außerbetrieblichen Bildungsträgern Ausbildungsverträge mit der Einrichtung geschlossen werden und dass sich diese klar von betrieblichen Ausbildungsverträgen unterscheiden. Die Verdrängungsthese geht von einer Ersetzung letzterer durch erstere aus. Wenn allerdings ein Funktionswandel der Bildungsträger eingetreten wäre, dann würde man vermuten, dass immer mehr Ausbildungsverträge mit Betrieben abgeschlossen werden, die mit Bildungsträgern kooperieren.

Die folgenden Daten (Tab. 3), die aus einer Befragung mit einer für Ostdeutschland repräsentativen Stichprobe von Bildungsträgern gewonnen wurden, zeigen, dass in Ansätzen ein Funktionswandel der Träger erkennbar ist. Die meisten Verträge werden zwar mit der befragten Einrichtung (Bildungsträger: 70 Prozent) geschlossen, aber immerhin auch 40 Prozent der Verträge werden direkt mit einem Betrieb geschlossen. Bildungsträger beteiligen sich also inzwischen häufig an der betrieblichen Ausbildung, auch wenn sie nicht direkter Vertragspartner sind, bzw. sie bilden zusammen mit dem Betrieb aus. Sie übernehmen also auch eine unterstützende Funktion neben der kompensatorisch-verdrängenden. Wie wirkt sich dies auf das Verhalten der Unternehmen aus?

Tabelle 3: „Auszubildende haben einen Vertrag mit ..." – Bildungsträger in den neuen Bundesländern und Berlin, 2004, Prozent, Mehrfachnennungen[4], „trifft zu"-Angabe

	ostdeutsche Bildungsträger mit Angebot in der ...		Gesamt
	Beruflichen Erstausbildung	beruflichen Erstausbildung und Weiterbildung	
Bildungsträger	65,3	76,7	69,9
Zentrale des Bildungsträgers	3,2	4,2	3,6
Betrieb	41,5	36,4	39,4
anderem Träger oder schulischen Einrichtung	9,2	8,1	8,8
Ausbildungsverbund oder -gemeinschaft	3,4	3,3	3,4
Arbeitsagentur oder der zuständigen Kammer.	2,6	2,2	2,5

Quelle: zsh-Bildungsträgerbefragung 2004

Mit den Daten von zwei repräsentativen Betriebsbefragungen des zsh ist es möglich, sachsen-anhaltinische Ausbildungsbetriebe nach ihren Kooperationsformen zu unterscheiden und ihre Aussagen zum Ausbildungs- und Übernahmeverhalten sowie zur Zukunft der eigenen Ausbildung über die zwei Zeitpunkte 2001 und 2006 miteinander zu vergleichen.

Die Regelmäßigkeit der Neueinstellung von Auszubildenden und die Übernahme von selbst Ausgebildeten zeigen an, inwieweit ein Betrieb eine kontinuierliche Personalerneuerung vornimmt. Werden entsprechende Einstellungen unregelmäßig vorgenommen, so verweist dies darauf, dass eine kurzfristig opportunistische Personalplanung verfolgt wird (etwa weil die Ressourcen oder die Voraussicht für eine systematische Nachwuchsrekrutierung fehlen). Eine kontinuierliche Personalerneuerung indiziert dagegen, dass einer systematischen Nachwuchsrekrutierung mittels eigener Ausbildung eine wichtige Rolle bei der Personalplanung zukommt (vgl. Grünert/Wiekert 2004). Wenn außerbetriebliche Ausbildungsträger „poaching"-Verhalten begünstigen, so wäre mit einem überproportionalen Auftreten von unregelmäßigen Einstellungen bei Betrieben dieser Art zu rechnen. Wenn außerbetrieblichen Ausbildungsträgern eine stabilisierende Funktion zukäme, so wäre eher mit regelmäßigeren Neueinstellungen bei derartigen Betrieben zu rechnen.

Im Folgenden werden die ausbildenden Betriebe danach unterschieden, ob sie in den Betriebsbefragungen angegeben haben, dass sie in der Durchführung der praktischen Ausbildung nicht bzw. mit einem oder mehreren Betrieben kooperieren oder dass sie mit einem Bildungsträger kooperieren. Tabelle 4 zeigt entsprechende Aussagen zum Einstellungsverhalten von Auszubildenden in Abhängigkeit von ihrer Kooperationsart.

---

4   Mehrfachnennungen waren an dieser Stelle möglich, da die Träger in Abhängigkeit von ihrem Leistungsangebot ihre Ausbildungstätigkeit auf verschiedene Weise organisiert haben können (z.B. die Ausbildung in mehreren Berufen neben der Vermittlung einzelner Ausbildungsteile).

Tabelle 4: „Betrieb stellt Auszubildende ein ..." – Ausbildungsbetriebe Sachsen-Anhalts im Vergleich 2001 und 2006 nach Kooperationsart, Spaltenprozent

	Sachsen-anhaltinische Ausbildungsbetriebe in ...				Gesamt	
	Kooperation mit Bildungsträger		keiner bzw. betrieblicher Kooperation			
	2001	2006	2001	2006	2001	2006
... jedes Jahr	40,4	44,1	44,3	39,8	43,5	40,7
... alle 2 bis 3 Jahre	34,9	32,6	27,9	33,3	29,4	33,2
... eher unregelmäßig	24,7	23,3	27,8	26,9	27,1	26,2
Insgesamt	100,0	100,0	100,0	100,	100,0	100,0

Quelle: zsh-Betriebsbefragung 2001 und zsh-Ausbildungsbetriebsbefragung 2006

Insgesamt ist bei den Betrieben eine uneinheitliche Tendenz festzustellen, da sowohl der Anteil der Betriebe, die unregelmäßig Auszubildende einstellen, als auch die Zahl der Betriebe, die jährlich ausbilden, abgenommen hat. Bezogen auf den Einfluss der Kooperation mit Bildungsträgern ist festzuhalten, dass a) bei beiden Befragungen kooperierende Betriebe seltener unregelmäßig Auszubildende einstellen als nicht-kooperierende, sowie b) die Regelmäßigkeit der Neueinstellung bei kooperierenden Betrieben im Zeitverlauf zugenommen hat. Beide Befunde deuten darauf hin, dass mit Bildungsträgern kooperierende Ausbildungsbetriebe eine kontinuierlichere Nachwuchsrekrutierung betreiben als nicht-kooperierende. Da die Unterschiede nicht sehr groß sind, kann hier konstatiert werden, dass es sich eher um die Registrierung eines möglichen Wendepunktes hin zu einer kontinuierlicheren betrieblichen Nachwuchspolitik unter Einbeziehung von Bildungsträgern handelt, der zukünftig überprüft werden müsste, als dass an dieser Stelle eine eindeutige Kausalität bestimmt werden könnte.

Handlungsmuster einer betrieblichen „Ausbildungspolitik" bestimmen sich nicht nur über Selbstaussagen zu verfolgten Regelmäßigkeiten, sondern auch mit einer Konkretisierung im nächsten Fall. Für ausbildende Betriebe besteht der „nächste Fall" in den Übernahmeabsichten für derzeitige Azubis. Feste Pläne zur Übernahme oder auch zur Nicht-Übernahme indizieren hier eine Verfolgung eines „Investitionsmodells" (Übernahme) oder auch eines „Produktionsmodells" (Nicht-Übernahme) bei der Ausbildung, während dagegen Angaben zu fehlender Strategie oder zu unspezifischen Plänen eher auf opportunistisches Verhalten hindeuten. Wenn außerbetriebliche Ausbildung „poaching" begünstigt, dann wäre bei den mit Bildungsträgern kooperierenden Betrieben eher ein opportunistisches Verhalten zu vermuten. Wenn außerbetriebliche Ausbildung dagegen stabilisierend auf die Ausbildungspolitik wirkt, wäre eher mit einer entschiedeneren Planung bei Betrieben zu rechnen, die mit Bildungsträgern kooperieren. Abbildung 1 zeigt die diesbezüglichen empirischen Ergebnisse an.

Mehr Ungleichheit durch weniger duale Ausbildung? 315

Abbildung 1: Übernahmeverhalten sachsen-anhaltinischer Ausbildungsbetriebe im Vergleich 2001 und 2006 nach Kooperationsart – in Prozent

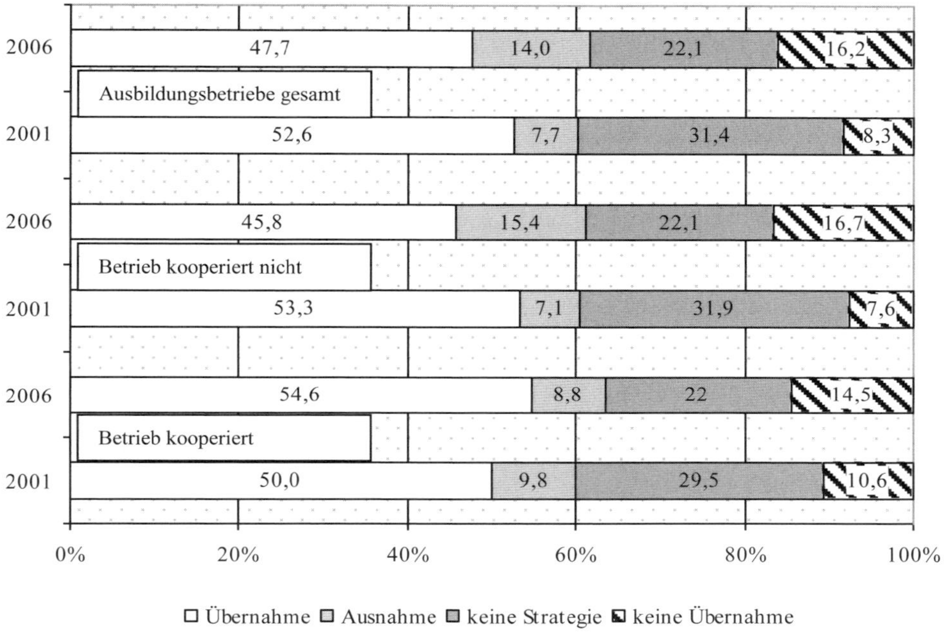

	Übernahme	Ausnahme	keine Strategie	keine Übernahme
Ausbildungsbetriebe gesamt				
2006	47,7	14,0	22,1	16,2
2001	52,6	7,7	31,4	8,3
Betrieb kooperiert nicht				
2006	45,8	15,4	22,1	16,7
2001	53,3	7,1	31,9	7,6
Betrieb kooperiert				
2006	54,6	8,8	22	14,5
2001	50,0	9,8	29,5	10,6

Quelle: zsh-Betriebsbefragung 2001 und zsh-Ausbildungsbetriebsbefragung 2006

Aus Abbildung 1 sind drei Entwicklungen zu ersehen: Zum einen hat zwischen 2001 und 2006 allgemein eine verstärkte Orientierung an Strategien der Übernahme stattgefunden. Die Antwortkategorie „keine Strategie" geht in diesem Zeitraum bei allen Betrieben von 31 Prozent auf 22 Prozent zurück. Die Nachwuchspolitik ostdeutscher Betriebe wird also in diesem Zeitraum reflektierter. Zum zweiten nimmt die Zahl der Betriebe, die eine Übernahme planen, bei jenen Betrieben leicht zu, die mit Bildungsträgern kooperieren. Zum dritten zeigt sich, dass im Vergleich zwischen 2001 und 2006 eine Umkehrung des Typs des „übernehmenden Betriebes" stattgefunden hat: Waren dazu 2001 noch 53 Prozent der alleinverantwortlichen Betriebe bereit (vs. 50 Prozent des mit einem Bildungsträger kooperierenden Unternehmens), so sind dies 2006 nur mehr 46 Prozent (vs. 55 Prozent bei den mit einem Bildungsträger kooperierenden Unternehmen).

Auch bei diesen Daten sollte man mit der Interpretation vorsichtig sein, weil sie sich nur auf zwei Zeitpunkte beziehen und die Prozentunterschiede nicht so eindeutig sind, um über jeden Zweifel erhaben zu sein. Dennoch legen auch diese Daten nahe, dass im Gefolge einer allgemeinen Verfestigung von betrieblichen Mustern der Nachwuchsrekrutierung in Ostdeutschland eine Kooperation eines Betriebes mit außerbetrieblichen Bildungsträgern eher zu einer Verstetigung nachhaltiger Ausbildungspolitik beigetragen hat.

Ein weiteres, u.E. entscheidendes Element einer betrieblichen Bildungspolitik ist die Ausbildungsbereitschaft. Sie ist, wie dargestellt, eingebettet in allgemeine Flexibilitätsstrategien von Betrieben und allgemeine Nachwuchsrekrutierungsmuster. Dennoch ist sie entscheidend für die hier im Mittelpunkt des Interesses stehende Angebotssituation auf dem Lehrstellenmarkt. Der Verdrängungsthese folgend würde man vermuten, dass Betriebe, die mit Bildungsträgern kooperieren, zukünftig weniger ausbilden wollen, da sie sich von Ausbildungslasten befreien möchten. Der Kooperationsthese zufolge wäre damit zu rechnen, dass die Zusammenarbeit von Betrieben mit Bildungsträgern deren Ausbildungsbereitschaft stabilisiert.

In der folgenden Abbildung 2 sind die Antwortverteilungen auf die Frage zu sehen, ob das betriebliche Ausbildungsplatzangebot in den nächsten drei Jahren unverändert bleiben wird, ob geplant wird, mehr bzw. weniger Lehrlinge einzustellen oder ob vorerst bzw. gar nicht mehr ausgebildet werden soll.

Abbildung 2: „Werden Sie in den nächsten drei Jahren ..." – Ausbildungsplanung sachsen-anhaltinischer Ausbildungsbetriebe im Vergleich 2001 und 2006 nach Kooperationsart – in Prozent

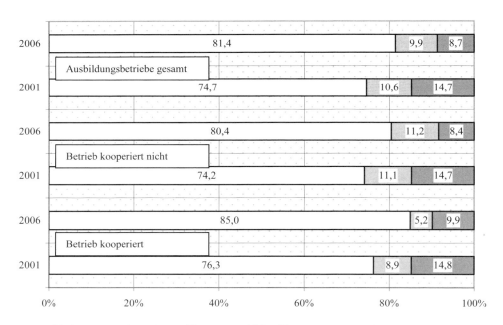

Quelle: zsh-Betriebsbefragung 2001 und zsh-Ausbildungsbetriebsbefragung 2006

Die Abbildung 2 zeigt, dass die große Mehrheit der Betriebe plant, ihr bestehendes Ausbildungsplatzangebot aufrecht zu erhalten oder gar auszuweiten. Dies sagten im Jahr 2001 drei Viertel der Interviewten. Zum letzten Befragungszeitpunkt stieg dieser Anteil sogar noch an: Über 80 Prozent wollen in den nächsten drei Jahren ihre berufliche Ausbildung im jetzigen Umfang beibehalten bzw. aufstocken. Im Vergleich der Ausbildungsformen sieht man weiterhin, dass Betriebe, die mit Bildungsträgern kooperieren, bei beiden Befragungsterminen häufiger weiter ausbilden wollen mit 76 Prozent (2001) und 85 Prozent (2006) im Vergleich zu Betrieben, die nicht mit Bildungsträgern kooperieren.

Da bei Fragen dieser Art die soziale Erwünschtheit von Antworten eine Rolle spielt, sollte an dieser Stelle mitbedacht werden, dass die hier deklarierten Absichten nicht mit den realen Handlungen übereinstimmen müssen. Es sei auch darauf verwiesen, dass es sich bei Ausbildungsbereitschaft um ein prozyklisches Verhalten handelt, dass im Krisenjahr 2001 eine geringere Ausbildungsbereitschaft wahrscheinlicher macht als im Boomjahr 2006. Aufgrund der ab 2008 in Ostdeutschland deutlich spürbaren Änderung der demografischen Situation durch das Eintreten der geburtenschwachen Wendejahrgänge in den Ausbildungsmarkt, dürfte es allerdings auch unabhängig vom Konjunkturverlauf starke angebotsinduzierte Impulse zur Ausbildungsbereitschaft geben, die die oben angesprochenen Tendenzen verstärken.

4 Resümee – Strukturauflösung durch Kooperation?

Abschließend sollen die Ergebnisse noch einmal in einen weiteren Kontext gestellt werden. In Bezug auf die Heuristik eines Challenge-Response-Modells kann man sagen, dass es in den letzten zwei Jahrzehnten mindestens eine große Herausforderung für die Berufsausbildung in Deutschland gab: den Mangel an Ausbildungsplätzen. In Reaktion auf den transformationsbedingten Challenge „Ausbildungsplatzlücke" in den neuen Ländern wurde mit erheblichem Einsatz von öffentlichen Mitteln eine breite Unterstützungsbasis für die berufliche Erstausbildung im dualen System etabliert und mit diesem institutionellen Response das System gleichzeitig weiter ausdifferenziert. In der Folge der (als temporär angedachten) Vernetzung der Bildungsträger mit der betrieblichen Ausbildung entstand für ausbildende Betriebe ein Angebot, das die betriebliche Ausbildung dauerhaft stabilisieren hilft. Gleichzeitig könnte man den nicht intendierten Effekt dieser Ausdifferenzierungsdynamik hin zu einem „trialen System" auch als Gefahr deuten: Ausbildungsbetriebe hätten sich dann an die Bereitstellung dieser Angebote „gewöhnt" bzw. vice versa durch diese Angebote der eigenen Ausbildung „entwöhnt", was unter Umständen zu einem weiteren Rückgang der betrieblichen Ausbildungsbeteiligung führen würde. Opportunistisches „poaching" und ein Verfall der Ausbildungskultur wären die Folge.

In der Diskussion um das deutsche Modell der qualifikationsbasierten Qualitätsproduktion (vgl. Bosch u.a. 2007) wurde immer auch auf die besondere Rolle der betrieblichen Ausbildung als notwendige Bedingung für das Funktionieren dieses Modells verwiesen. In der betrieblichen Handlungslogik der diversifizierten Qualitätsproduktion (vgl. Streeck 1992), die in den 1970er und 1980er Jahren die Grundlage für das deutsche Produktionsmodell bildete und für die Verbreitung industrieller Facharbeit sorgte, lag der Wettbewerbsvorteil in der Koordination der Marktwirtschaft (vgl. Hall/Soskice 2001). Das die betrieblichen Handlungen leitende Marktmodell hatte vereinfacht die Idee zur Grundlage, dass das Angebot die entsprechende Nachfrage fände: Geschäftspolitik und Arbeitsorganisation waren an der angebotsseitigen Strategie ausgerichtet und erwiesen sich als Garant für Prosperität und wirtschaftliches Überleben (vgl. Lutz 1989).

Diese Organisationsform der Qualitätsproduktion war entsprechend „qualifikationsbasiert". Die „German skill machine" (Culpepper/Finegold 1999) folgte einer vergleichbaren Logik, mit der davon ausgegangen werden konnte, dass das Angebot von Ausbildungs- bzw. Arbeitsplätzen die benötigten Nachfrager – sprich Fachkräfte und Ausbildungsplatzbewerber – fand. Demografische und/oder konjunkturelle Nachfrageeinbrüche stellten ein das betriebliche Verhalten rationalisierendes Handlungsmodell nicht in Frage. Geschäftspolitik und Personalpolitik folgten demselben, auf Langfristigkeit angelegten Marktmodell.

Angesichts des globalen Wettbewerbs vollzog sich ein Wandel innerhalb der geschäftspolitischen Strategie: Die Kundenseite gewinnt gegenüber der Produktionsseite an Gewicht, die Nachfrage findet das entsprechende Angebot – weltweit. Das bisherige, angebotszentrierte Marktmodell wird auf Nachfragezentrierung umgestellt, der Prozessbezug der Betriebsorganisation rückt in den Vordergrund. Dies hat Konsequenzen auf der Ebene der Arbeitsorganisation: Der parallel tradierte Funktions- und Berufsbezug der arbeitsteiligen Industrieproduktion verliert an Geltungs- und Gestaltungskraft; Produktionssysteme und vor allem Arbeitssysteme werden transformiert.

Der neue Prozesscharakter der geschäftspolitischen Strategien, einhergehend mit neuen Prinzipien der Wertschöpfungsorganisation, stellt das bisher gängige personalpolitische Modell der Arbeitsorganisation in Frage. Geschäftspolitik und Personalpolitik folgen nicht (mehr) bzw. nur noch in Teilen demselben Marktmodell. Aus einer zunehmenden Shareholder-value-Orientierung in den Betrieben, und hier vor allem innerhalb von kleinen und mittleren Unternehmen, resultieren Konsequenzen auf der Ebene der bisher langfristig angelegten Personalpolitik. Der Kostenfaktor Personal rückt in den Mittelpunkt betrieblicher Effizienzlogik. Der Flexibilisierungsdruck auf der personalpolitischen Ebene, der bereits zu einer „industriellen Kern(belegschafts)schmelze" geführt hat, setzt auch das nachwuchssichernde Personalinstrument der eigenen Ausbildung zusätzlichen Bewertungskriterien aus. Diese Entwicklung würde gerade in den ostdeutschen Betrieben zu erheblichen Problemen führen, da diese im erhöhten Maße von Fachqualifikation abhängig sind und geradezu in eine Zeitfalle zu geraten drohen (vgl. Lutz/Wiekert 2008). Durch die kleinbetriebliche Prägung der ostdeutschen Wirtschaftsstruktur und der damit im Zusammenhang stehenden integrativen Arbeitsorganisation wird das Problem der koordinativen Abstimmung nicht wie etwa bei den Formen differenzierter Arbeitssysteme durch normierte und ex ante definierte Leistungsstandards, sondern im Rahmen laufender Abstimmungs- und Verhandlungsprozesse zwischen allen beteiligten Akteuren bewältigt.

Verblüffenderweise zeigt sich in dieser Konstellation, dass außerbetrieblichen Bildungsträgern eher eine stabilisierende Funktion für die Ausbildungsbereitschaft von Betrieben zukommt, da sie Koordination und Kooperation erleichtern. Die empirischen Datenanalysen zeigen, dass es eine Trendwende der Ausbildungsbereitschaft in Ostdeutschland geben könnte.

Literatur

Acemoglu, D./Pischke, J.-S. (1998): Why Do Firms Train? Theory and Evidence. The Quarterly Journal of Economics, Vol. 113, No.1, pp. 79-119

Acemoglu, D./Pischke, J.-S. (1999): Beyond Becker: Training in imperfect labor markets. Economic Journal, Vol. 109, No. 453, pp. 112-142

Autorengruppe Bildungsberichterstattung (Hrsg.) (2008): Bildung in Deutschland 2008. Bielefeld: Bertelsmann

Baethge, M. (2006): Das deutsche Bildungs-Schisma: Welche Probleme ein vorindustrielles Bildungssystem in einer nachindustriellen Gesellschaft hat. SOFI-Mitteilungen 34, S. 13-27

Baethge, M./Baethge-Kinsky, V. (1998): Jenseits von Beruf und Beruflichkeit? – Neue Formen von Arbeitsorganisation und Beschäftigung und ihre Bedeutung für eine zentrale Kategorie gesellschaftlicher Integration. Mitteilungen aus Arbeitsmarkt- und Berufsforschung: Jg. 31, Nr. 3, S. 461-472

Bechtle, G./Sauer, D. (2001): Kapitalismus als Übergang – Heterogenität und Ambivalenz. In: Jahrbuch Arbeit, Bildung Kultur. Recklinghausen: Forschungsinstitut Arbeit, Bildung, Partizipation Recklinghausen: Bd. 19/20, S. 49-61

Becker, G. S. (1975): Human capital: a theoretical and empirical analysis, with special reference to education. New York: Columbia University Press, 2.ed.

Behr, M. (2000): Tradition und Dynamik. Beschäftigungsmuster, Rekrutierungsstrategien und Ausbildungsverhalten im Prozess der betrieblichen Konsolidierung. In: Lutz, B./Grünert, H./Steiner, C. (Hrsg.): Bildung und Beschäftigung in Ostdeutschland – Band 1. Forschungsergebnisse aus dem zsh. Berlin: Berliner Debatte, S. 87-145

Bellmann, L./Bielenski, H./Bilger, F./Dahms, V./Fischer, G./Frei, M./Wahse, J. (2006): Personalbewegungen und Fachkräfterekrutierung. Ergebnisse des IAB-Betriebspanels 2005. In: IAB-Forschungsbericht: Nr.11

Bluhm, K. (2008): Systemwechsel und Wandel der Wirtschaftselite. Der ostdeutsche Fall im internationalen Vergleich. Manuskript vom 26.09.2008, Ewha Womans Universität Seoul (www.katharina-bluhm.de/?page_id=23; 2.3.09)

Bosch, G./Haipeter, Th./Latniak, E./Lehndorff, S. (2007): Demontage oder Revitalisierung? Das deutsche Beschäftigungsmodell im Umbruch. Kölner Zeitschrift für Soziologie und Sozialpsychologie, Jg. 59, Nr. 2, S. 318-339

Brussig, M. (1997): Schrumpfbetriebe als Quelle von Kleinbetrieblichkeit. In Brussig, M./Lohr, K./Semlinger, K./Sorge, A./Strohwald, U. (Hrsg.): Kleinbetriebe in den neuen Bundesländern. Opladen: Leske+Budrich, S. 411-438

Brussig, M. (2000): Kleinbetriebliche Arbeitssysteme in den neuen Bundesländern. Theorie, Funktionsweise, Entwicklung. Berlin: Berliner Debatte Wissenschaftsverlag

Culpepper, P. D./Finegold, D. (Eds.) (1999): The German skills machine: sustaining comparative advantage in a global economy. New York u.a.: Berghahn Books

Deeg, R. (2001): Institutional change and the uses and limits of the concept of path dependency: the case of German finance. MPIFG discussion paper 01/6. Köln: Max-Planck-Institut für Gesellschaftsforschung

Deutscher Bundestag (1994): Anhörung des Bundestagsausschusses für Bildung und Wissenschaft zum Thema „Verbesserung der Qualität der außerbetrieblichen Ausbildung in den neuen Bundesländern". Bonn: Drucksache 249

Grünert, H./Lutz, B./Wiekert, I. (2002): Berufliche Erstausbildung in Sachsen-Anhalt. Forschungsberichte aus dem zsh 02-3; Halle: Zentrum für Sozialforschung Halle

Grünert, H./Lutz, B./Wiekert, I. (2006): Zukunftsperspektiven der Berufsausbildung in den neuen Ländern und die Rolle der Bildungsträger. Forschungsberichte aus dem zsh 06-5; Halle: Zentrum für Sozialforschung Halle

Grünert, H./Lutz, B./Wiekert, I. (2007): Betriebliche Ausbildung und Arbeitsmarktlage – eine vergleichende Untersuchung in Sachsen-Anhalt, Brandenburg und Niedersachsen. Forschungsberichte aus dem zsh 07-5; Halle: Zentrum für Sozialforschung Halle

Grünert, H./Wiekert, I. (2004): „Junge Leute sind die Zukunft?!" – Ausbildung ja, Übernahme vielleicht... In: Lutz, B./Grünert, H./Steiner, C. (Hrsg.): Bildung und Beschäftigung in Ostdeutschland – Band 2. Forschungsergebnisse aus dem zsh. Berlin: Berliner Debatte, S. 233-269

Hall, P. A. (2006): Stabilität und Wandel in den Spielarten des Kapitalismus. In: Beckert, J./Ebbinghaus, B./Hassel, A./Manow, P. (Hrsg.): Transformationen des Kapitalismus. Schriften aus dem Max-Planck-Institut für Gesellschaftsforschung, Bd. 57; Frankfurt a.M.: Campus, S. 181-204

Hall, P. A./Soskice, D. (Eds.) (2001): Varieties of capitalism. Oxford: Oxford University Press

Höpfner, H.-D. (1995): Generelle und regionalspezifische Entwicklungen der Berufausbildung in den neuen Ländern. Situation und Trends. Internetdokument der Friedrich-Ebert-Stiftung, http://library.fes.de/fulltext/asfo/00688003.htm (31.01.2006)

Jessop, B. (2003): The future of the state in an era of globalization. In: Internationale Politik und Gesellschaft, Jg. 9, Nr. 3, S. 30-46
Kratzer, N./Döhl, V. (2000): Flexibilisierung des Fachkräfteeinsatzes. In: Lutz, B./Meil, P./Wiener, B. (Hrsg.): Industrielle Fachkräfte für das 21. Jahrhundert. Aufgaben und Perspektiven für die Produktion von morgen. Frankfurt a.M. u.a.: Campus, S. 239-278
Lutz, B. (1987): Arbeitsmarktstruktur und betriebliche Arbeitskräftestrategie. Eine theoretisch-historische Skizze zur Entstehung betriebszentrierter Arbeitsmarktsegmentation. Frankfurt a.M.: Campus
Lutz, B. (1989): Der kurze Traum immerwährender Prosperität. Frankfurt a.M., New York: Campus, 2.Aufl.
Lutz, B. (2003): Employability – Wortblase oder neue Herausforderung für die Berufsausbildung? In: Clement, U./Lipsmeier, A. (Hrsg.): Berufsbildung zwischen Struktur und Innovation. Zeitschrift für Berufs- und Wirtschaftspädagogik, Beih. 17, S. 29-38
Lutz, B./Grünert, H. (2003): Aus der Geschichte lernen? Neue Lösungen für die geburtenstarken Jahrgänge. In: Berger, K./Walden, G. (Hrsg.): Öffentliche Ausbildungsförderung in Ostdeutschland unter der Lupe. Ergebnisse aktueller Evaluationsstudien. Bielefeld: Bertelsmann, S. 132-155
Lutz, B./Wiekert, I. (2008): Ostdeutsche Betriebe in der Falle oder im Paradigmenwechsel? In: Arbeits- und Industriesoziologische Studien. Online-Journal der Sektion Arbeits- und Industriesoziologie in der Deutschen Gesellschaft für Soziologie (DGS); www.ais-studien.de
Martens, B. (2008): Der Generationswechsel ökonomischer Funktionseliten in Ostdeutschland: Befunde und Szenarien. In: Rehberg, K.-S. (Hrsg.): Die Natur der Gesellschaft: Verhandlungen des 33. Kongresses der Deutschen Gesellschaft für Soziologie in Kassel 2006. Frankfurt a.M. u.a.: Campus: 5219-5225 (CD-Rom)
Martens, B./Bluhm, K. (2007): „Shareholder Value" ohne Aktionäre? Diffusion und mögliche Folgen wertorientierter Unternehmenssteuerung im industriellen Mittelstand. Working papers Economic Sociology Jena: Nr.2
Maurice, M./Sellier, F./Silvestre, J.-J. (1986): The Social Foundations of Industrial Power: a comparison of France and Germany. Cambridge, Mass.: MIT Press
Meier, H./Wiekert, I./Wiener, B. (2007): Die ostdeutsche Trägerlandschaft. Bestandsaufnahme auf einem turbulenten Feld. In: Berger, K./Grünert, H. (Hrsg.): Zwischen Markt und Förderung. Wirksamkeit und Zukunft von Ausbildungsplatzstrukturen in Ostdeutschland. Bielefeld: Bertelsmann, S. 125-138
Münch, R./Guenther, T. (2005): Der Markt in der Organisation. In: Windolf, P. (Hrsg.): Finanzmarkt-Kapitalismus. Sonderheft 45 der Kölner Zeitschrift für Soziologie und Sozialpsychologie, S. 394-417
Neubäumer, R. (1999): Der Ausbildungsstellenmarkt der Bundesrepublik Deutschland: eine theoretische und empirische Analyse. Berlin: Duncker & Humblot
Niederalt, M./Schnabel, C./Kaiser, C. (2001): Betriebliches Ausbildungsverhalten zwischen Kosten-Nutzen-Kalkül und gesellschaftlicher Verantwortung. Einflussfaktoren der Ausbildungsintensität von deutschen Betrieben. Friedrich-Alexander-Universität Nürnberg-Erlangen: Diskussionspapiere, Nr.7
Sauer, D./Döhl, V. (1997): Die Auflösung des Unternehmens? – Entwicklungstendenzen in der Unternehmensreorganisation in den 90er Jahren. In: ISF München u.a. (Hrsg.): Jahrbuch sozialwissenschaftliche Technikberichterstattung 1996 – Schwerpunkt: Reorganisationen. Berlin, S. 19-76
Schmidt, H. (1996): Duales System in der Krise? In: Ostendorf, A./Sehling, H. (Hrsg.): Berufsbildung im Umbruch. Beiträge zur aktuellen Berufsbildungsdiskussion. Bielefeld: Bertelsmann, S. 53-58
Schmidt, R./Gergs, H.-J. (2002): Generationswechsel im Management ost- und westdeutscher Unternehmen. Kommt es zu einer Amerikanisierung des deutschen Managementmodells? Kölner Zeitschrift für Soziologie und Sozialpsychologie, Jg. 54, Nr. 3, S. 553-578
Soestra (2008): IAB-Betriebspanel Sachsen-Anhalt. Ergebnisse der zwölften Welle 2007. Berlin

Soskice, D. (1999): Divergent production regimes: Coordinated and Uncoordinated Market economies in the 1980s and 1990s. In: Kitschelt, H./Lange, P./Marks, G./Stephens, J.D. (Eds.): Continuity and change in contemporary capitalism. Cambridge: Cambridge University Press, 101-134

Stevens, M. (1994): A theoretical model of on-the-job-training with imperfect competition. Oxford Economic Papers 46, Oxford University Press, pp. 537-562

Streeck, W. (1992): Social Institutions and Economic Performance. Studies of Industrial Relations in Advanced Capitalist Economies. London: Sage Publications

Struck, O./Simonson, J. (2000): Stabilität und De-Stabilität am betrieblichen Arbeitsmarkt. Eine Untersuchung zur betrieblichen Übergangspolitik in west- und ostdeutschen Unternehmen. Arbeitsberichte des Instituts für Soziologie der Universität Leipzig, Nr.11

Weiß, J./Bode O. F. (1992): Qualifizierungsmaßnahmen und Bildungsmarkt. Eine Art Einleitung. In: Bode, O. F./Hirschmann, K. (Hrsg.): Probleme der Einheit. Qualifizierungsmaßnahmen – Aktive Weiterbildung als Alternative zur Transformationsarbeitslosigkeit. Marburg: Metropolis-Verlag, S. 7-24

Wiekert, I. (2007): Wild blühende Landschaften? Strukturelle Merkmale der ostdeutschen Bildungsträgerlandschaft. In: Berger, K./Grünert, H. (Hrsg.): Zwischen Markt und Förderung. Wirksamkeit und Zukunft von Ausbildungsplatzstrukturen in Ostdeutschland. Bielefeld: Bertelsmann, S. 139-166

Windolf, P./Brinkmann, U./Kulke, D. (1999): Warum blüht der Osten nicht? Zur Transformation der ostdeutschen Betriebe. Berlin: Ed. Sigma

Wolter, S. C. (2008): Ausbildungskosten und -nutzen und die betriebliche Nachfrage nach Lehrlingen. In: Perspektiven der Wirtschaftspolitik, Vol. 9, Oxford, Blackwell Publishing, S. 90-108

Autorinnen und Autoren

Baethge, Martin, Prof. Dr. i. R., Jg. 1939, Präsident des Soziologischen Forschungsinstituts an der Universität Göttingen (SOFI); Arbeits- und Forschungsschwerpunkte: Arbeits-, Berufs- und Qualifikationsforschung (besonders Dienstleistungssektor), Berufsbildungs- und Weiterbildungsforschung im internationalen Verbleich, nationale Bildungsberichterstattung (Mitautor von „Bildung in Deutschland")
E-Mail: martin.baethge@sofi.uni-goettingen.de

Baumert, Jürgen, Prof. Dr., Jg. 1941, Wissenschaftliches Mitglied der Max-Planck-Gesellschaft und Direktor am Max-Planck-Institut für Bildungsforschung Berlin; Arbeits- und Forschungsschwerpunkte: Lehr-/Lernforschung; Forschung über Lehrerkompetenz; Internationaler Leistungsvergleich, Entwicklung von Bildungssystemen, kognitive und motivationale Entwicklung im Kindes- und Jugendalter
E-Mail: sekbaumert@mpib-berlin.mpg.de

Becker, Rolf, Prof. Dr. phil. habil., Jg. 1960, Ordinarius und Direktor der Abteilung Bildungssoziologie an der Universität Bern, Philosophisch-humanwissenschaftliche Fakultät, Institut für Erziehungswissenschaft; Arbeits- und Forschungsschwerpunkte: Bildungssoziologie, Sozialstrukturanalyse, Lebensverlaufsforschung, Methoden der empirischen Sozialforschung und angewandte Statistik, empirische Wahlforschung, Arbeitsmarkt- und Mobilitätsforschung
E-Mail: rolf.becker@edu.unibe.ch

du Bois-Reymond, Manuela, Prof. Dr. em., Jg. 1940, Professorin für Pädagogik an der Universität Leiden/NL; Arbeits- und Forschungsschwerpunkte: vergleichende Kindheits- und Jugendforschung, insbesondere Übergangsforschung im europäischen Vergleich, neue Lernformen und Schulreform
E-Mail: DUBOIS@FSW.leidenuniv.nl

Breidenstein, Georg, Prof. Dr., Jg. 1964, Professor für Grundschulpädagogik an der Martin-Luther-Universität Halle-Wittenberg; Arbeits- und Forschungsschwerpunkte: Kindheits- und Unterrichtsforschung, Methoden und Methodologie qualitativer Sozialforschung
E-Mail: georg.breidenstein@paedagogik.uni-halle.de

Budde, Jürgen, Dr. phil., Jg. 1968, wissenschaftlicher Mitarbeiter am Zentrum für Schul- und Bildungsforschung (ZSB), Martin-Luther-Universität Halle-Wittenberg; Arbeits- und Forschungsschwerpunkte: Gender und Bildung, Habitustransformationen im Bildungssystem
E-Mail: juergen.budde@zsb.uni-halle.de

Deppe, Ulrike, Dipl.-Päd, Jg. 1982, Promotionsstipendiatin der Hans-Böckler-Stiftung an der Martin-Luther-Universität Halle-Wittenberg; Arbeits- und Forschungsschwerpunkte: sozialwissenschaftliche Kindheits- und Jugendforschung, Bildungsforschung und Forschung zu sozialer Ungleichheit sowie qualitative Forschungsmethoden
E-Mail: ulrike.deppe@paedagogik.uni-halle.de

Helsper, Werner, Dr. phil. habil, Jg. 1953, Professor für Schulforschung und allgemeine Didaktik am Institut für Schulpädagogik und Grundschuldidaktik der Martin-Luther-Universität Halle-Wittenberg; Arbeits- und Forschungsschwerpunkte: Schul- und Jugendforschung, Professionstheorie und -forschung, Schultheorie, hermeneutisch rekonstruktive Methoden
E-Mail: werner.helsper@peadagogik.uni-halle.de

Imdorf, Christian, Dr. phil., Jg. 1971, Mitarbeiter am Institut für Soziologie der Universität Basel, seit 2007 als Forschungsstipendiat des Schweizerischen Nationalfonds zu Gast an der Universität Frankfurt a.M., am Laboratoire d'Économie et de Sociologie de Travail in Aix-en-Provence, sowie an der Universität Glasgow; Arbeits- und Forschungsschwerpunkte: Fragen des Übergangs Schule-Berufsausbildung, Forschung zur Selektion von Auszubildenden in Schweizer Klein- und Mittelbetrieben, Berufsbildungssoziologie, Soziologie der Diskriminierung
E-Mail: christian.imdorf@unibas.ch

Kramer, Rolf-Torsten, Dr. phil., Jg. 1969, wissenschaftlicher Mitarbeiter am Zentrum für Schul- und Bildungsforschung (ZSB), Martin-Luther-Universität Halle-Wittenberg; Arbeits- und Forschungsschwerpunkte: Rekonstruktionen zur Schulkultur und Schülerbiographie; schulische Selektion und Schulkarriere; Bildungsungleichheit, pädagogische Generationsbeziehungen in Familie und Schule; Methodologie und Methoden qualitativer Sozialforschung
E-Mail: rolf.kramer@zsb.uni-halle.de

Kreckel, Reinhard, Prof. Dr., Jg. 1940, Direktor des HoF – Institut für Hochschulforschung an der Martin-Luther-Universität Halle-Wittenberg; Arbeits- und Forschungsschwerpunkte: Theorie der Gesellschaft, Hochschulforschung, Ungleichheitsforschung
E-Mail: reinhard.kreckel@soziologie.uni-halle.de

Krüger, Heinz-Hermann, Dr. phil. habil., Jg. 1947, Professor für Erziehungswissenschaft an der Martin-Luther-Universität Halle-Wittenberg; Arbeits- und Forschungsschwerpunkte: Biographie-, Bildungs- und Schulforschung, Kindheits- und Jugendforschung, Theorien und Methoden der Erziehungswissenschaft
E-Mail: Heinz-Hermann.Krueger@paedagogik.uni-halle.de

Maaz, Kai, Dr. habil, Jg. 1972, Forschungsgruppenleiter am Max-Planck-Institut für Bildungsforschung, Berlin; Arbeits- und Forschungsschwerpunkte: Soziale Ungleichheit und Bildungsentscheidungen, Übergänge im Bildungssystem, Soziale Herkunft und Bildungs- und Berufschancen, Erfassung und Validierung von Angaben zum soziokulturellen Hintergrund
E-Mail: maaz@mpib-berlin.mpg.de

Otto, Hans-Uwe, Prof. Dr. Dr. h.c. mult., Jg. 1940, Senior Research Professor, Universität Bielefeld, Fakultät für Erziehungswissenschaft, Sprecher des „Bielefeld Center for Education and Capability Research", Leiter der „Research School Education Capabilities", Honorarprofessor an der School of Social Policy and Practice der University of Pennsylvania, Philadelphia, USA, Chairman of the "International Social Work & Socity Academy" (TISSA), Herausgeber nationaler (np, SLR) und internationaler Fachzeitschriften (Social Work & Society) (www.socwork.net)
E-mail: hansuwe.otto@uni-bielefeld.de

Pfeiffer, Friedhelm, Dr. habil., Jg. 1958, Privatdozent für Volkswirtschaftslehre an der Universität Mannheim; Arbeits- und Forschungsschwerpunkte: „Bildungsökonomik" im Bereich „Arbeitsmärkte, Personalmanagement und Soziale Sicherung" des ZEW, theoretische und empirische Humankapitalforschung, Ursachen und Konsequenzen des Erwerbs von kognitiven und nichtkognitiven Fähigkeiten im Lebenszyklus und Abschätzung der Wirksamkeit von Politikmaßnahmen
E-Mail: Pfeiffer@zew.de

Pryor, John, Dr. Phil., Jg. 1954, Reader in Education, University of Sussex, UK; Arbeits- und Forschungsschwerpunkte: Formative Bewertung, Identitäts- und Gerechtigkeitsfragen der Bildung, Ethnographische Forschung im Kontext der Bildung, Bildung und Entwicklung in Afrika
E-Mail: j.b.pryor@sussex.ac.uk

Rabe-Kleberg, Ursula, Prof. Dr., Jg. 1948, Diplom-Soziologin, Professorin für Soziologie der Bildung und Erziehung an der Martin-Luther-Universität Halle-Wittenberg; Arbeits- und Forschungsschwerpunkte: Reform der frühkindlichen Bildungsprozesse und des Kindergartensystems, Professionalisierung und Akademisierung des Erzieherinnenberufs sowie die Etablierung dieses Bereichs als Gegenstand akademischer Forschung und die Förderung des wissenschaftlichen Nachwuchses, Wissenschaftliche Leiterin des Instituts bildung:*elementar,* das sich vor allem dem gegenseitigen Transfer zwischen Wissenschaft, Profession und Praxis der elementaren Bildung widmet
E-Mail: ursula.rabe-kleberg@paedagogik.uni-halle.de

Sackmann, Reinhold, Dr. rer. pol., Jg. 1959, Professor für Soziologie an der Martin-Luther-Universität Halle-Wittenberg; Arbeits- und Forschungsschwerpunkte: Lebenslaufsoziologie, Bewältigung demographischen Wandels, Bildungssoziologie, Generationenforschung
E-Mail: reinhold.sackmann@soziologie.uni-halle.de

Schrödter, Mark, Dr., Jg. 1972, Geschäftsführer des „Bielefeld Center for Education and Capability Research"; Arbeits- und Forschungsschwerpunkte: Soziale Arbeit und Migration, Profession, Diagnostik
E-Mail: mark.schroedter@uni-bielefeld.de

Trautwein, Ulrich, Prof. Dr., Jg. 1972, Professor für Erziehungswissenschaft mit dem Schwerpunkt Empirische Bildungsforschung an der Universität Tübingen; Arbeits- und Forschungsschwerpunkte: Entwicklung selbstbezogener Kognitionen im schulischen Kontext, Effektivität unterschiedlicher Lehr-Lern-Umgebungen, Einflüsse von Hausaufgaben auf die Schulleistung
E-Mail: ulrich.trautwein@uni-tuebingen.de

Wenzel, Hartmut, Prof. Dr., Jg. 1945, Professor für Schulpädagogik und Allgemeine Didaktik an der Martin-Luther-Universität Halle-Wittenberg; Arbeits- und Forschungsschwerpunkte: Lehreraus- und -fortbildung, Unterrichtsforschung, Schulentwicklungsforschung
E-Mail: hartmut.wenzel@paedagogik.uni-halle.de

Wiekert, Ingo, Dipl.-Soz., Jg. 1973, wissenschaftlicher Mitarbeiter am Zentrum für Sozialforschung Halle e.V. (zsh) an der Martin-Luther-Universität Halle-Wittenberg; Arbeits- und Forschungsschwerpunkte: Entwicklungen auf dem zwischenbetrieblichen Arbeitsmarkt und Konsequenzen für die berufliche Bildung, Personalpolitiken in KMU
E-Mail: wiekert@zsh.uni-halle.de

Zaborowski, Katrin U., M.A., Jg. 1975, wissenschaftliche Mitarbeiterin am Zentrum für Schul- und Bildungsforschung (ZSB) an der Martin-Luther-Universität Halle-Wittenberg; Arbeits- und Forschungsschwerpunkte: qualitative Schul- und Unterrichtsforschung, Ethnographie
E-Mail: katrin.zaborowski@zsb.uni-halle.de